이야기가 있는 여성의 한시

이야기가 있는 여성의 한시

초판 1쇄 발행 2024년 2월 1일

지은이 이종묵

펴낸곳 서울대학교출판문화원
주소 08826 서울 관악구 관악로 1
도서주문 02-889-4424, 02-880-7995
홈페이지 www.snupress.com
페이스북 @snupress1947
인스타그램 @snupress
이메일 snubook@snu.ac.kr
출판등록 제15-3호

ISBN 978-89-521-3115-7 93810

이야기가 있는 여성의 한시漢詩

이종묵 지음

서울대학교출판문화원

머리말

경성제국대학교 예과 교수로 있던 일본인 학자 다다 마사토모(多田正知)는 1930년부터 『조선(朝鮮)』에 「고려조 한문학사(高麗朝漢文學史)」를 연재하고 이어 조선시대까지 관심을 확장하여 한국한문학사를 개관하는 작업을 시도하였다. 이 때문인지 몰라도 1932년 김태준은 다급히 『조선한문학사』를 출간하였다. 이를 두고 1934년 쓴 「조선문학사방법론」에서 중요한 골자를 많이 누락하였다고 스스로 비판하였다. 누락된 골자가 여성의 한문학임을 인식하고 1935년의 논문 「이조(李朝)의 한문학(漢文學) 원류(源流)」에서 고려와 조선의 여성 작가를 종합적으로 다루었으며 다시 「조선의 여류 문학」을 연재하여 조선 여성의 한문학을 정리한 바 있다.

조선 여성의 한시가 이렇게 연구되기 시작하였다. 그리고 1990년 무렵부터 허미자 교수와 이혜순 교수 등이 깊이 있는 성과를 내면서 이 분야 연구를 이끌었다. 특히 2000년 한국고전여성문학회가 창립되면서 활발한 연구가 이루어지고 탁월한 결실이 축적되고 있다.

그럼에도 아쉬움이 있다. 중국에서 한시가 유입된 이래 이 땅의 수많은 여성이 한시를 창작하고 향유한 것은 의심할 바 없지만 지금껏 전하는 그들의 작품은 많지 않다. 사람들의 입에 오르내리다가 문헌에 정착된 것이 대부분이다. 문집이나 시선집 등에 실린 여성의 한시는 어느 정도 정리되었지만, 시화나 잡록, 야담 등 다양한 문헌에 소개를 기다리는 작품이 상당수에 이른다.

30여 년 우리 한시를 연구하면서 틈틈이 여성 작가의 작품을 두루 모으고 꼼꼼히 읽었다. 이제 그렇게 하여 모으고 읽은 것을 정리하고자 한다. 다만 '한국여성한시사'와 같은 근대적인 저술의 방식을 따르지 않는다. 나 자신이 문학사를 기술할 역량과 시각이 부족하거니와, 대부분의 여성이 한두 편의 작품만을 남기고 있어 흐름을 말하는 것이 쉽지 않기 때문이다. 한두 편만 남겼을 때는 그 작품이 갖는 아름다움을 느끼고, 문집이 있는 경우 대표작을 음미하는 것이 더 긴요할 것 같다. 이와 함께 논문 형식의 한시 분석은 여성이 남긴 한시의 아름다움을 공감하기에는 어려움이 있다. 분석보다는 해설이 작품의 이해에 도움을 줄 때가 많다고 생각한다.

전통 시대 한시의 역사는 단편적이기는 하지만 시화(詩話)라는 형식으로 정리되는 것이 전례였기에 이를 따르고자 한다. 18세기 홍만종(洪萬宗)이 역대의 시화를 집성하여 『시화총림(詩話叢林)』을 편찬하는 한편 『소화시평(小華詩評)』으로 우리 한시를 통시적으로 정리한 바 있다. 시화라는 형식으로 여성의 한시를 정리하는 것이 한국 한시의 흐름을 이해하고 정수를 감상하는 데 가장 좋은 '방편(方便)'이라 생각한다.

이 책은 이 땅의 여성이 지은 한시를 대상으로 한 새로운 시화서다. 고려시대 이래 수많은 시화서에서 여성의 한시를 다루었는데 이를 수용하는 한편, 역사서와 개인 문집, 한시 선집, 야사잡록 등 다양한 문헌에 보이는 여성 한시를 찾아 시화로 꾸며 보았다. 익숙하지만 낯선 방식이기에 이 책을 읽는 사람의 질책을 기꺼이 받아들이겠다.

계묘년 섣달 관악산 자락 연구실에서 이종묵이 이렇게 쓴다.

차례

서설

여성 한시에 대한 몇 가지 질문

첫 번째 질문: 한시를 지은 여성 작가가 왜 적은가?

장보웨이(張伯偉) 교수에 따르면, 전통 시대 중국의 여성 시인이 4,000여 인이고 그 문집도 800여 종에 달하며 청대만 따져도 시를 남긴 여성이 3,000여 인이고 문집도 600여 종에 이른다고 한다.[1] 우리나라는 어떠한가? 김진영 교수 등은 우리나라 역대 여성 시인이 210여 명이라 하였고[2] 장보웨이 교수는 문집은 별집까지 포함하더라도 40종을 넘지 못한다고 하였다.

청 심선보(沈善寶, 1808-1862)가 『명원시화(名媛詩話)』에서 "조선이 옛 기자(箕子)의 나라로 예악(禮樂)과 문장(文章)으로 소문이 나서 중국과 그다지 현격한 차이가 나지 않고 규수 중에 시문에 능한 사람도 또한 많다."라 한 것은 실상으로 볼 때 사실과 같지 않다. 『명원시화』에서 들고 있는 조선 여성은 허난설헌(許蘭雪軒), 이옥봉(李玉峯), 성씨(成氏), 김임벽당(金林碧堂), 이계생(李桂生)에 불과하며 중국인인지 조선인인지 확실하지 않은 가담운(賈曇雲, 瓊花)까지 포함해도 여섯 명뿐이다. 심선보가 이 정도 알고 있었기에 자신이 모르는 조선 여성이 더욱 많을 것이라 막연하게 생각한 것이다.

---

1 張伯偉 主編, 『朝鮮時代女性詩文集全編』(南京 鳳凰出版社, 2011).

2 김진영 · 김동건, 「여성 한시의 데이터베이스 구축 방안 연구」, 『고전문학과 교육』 12(2006).

우리나라 여성이 남긴 시가 적은 것은 사실로 보아야 한다. 조선시대 사람들도 이 점을 개탄하였다. 이덕무(李德懋, 1741-1793)는 『청령국지(蜻蛉國志)』에서 일본인은 똑똑하여 10여 세가 되면 대부분 시를 지을 수 있고, 여성 중에 시와 글씨에 능한 사람이 매우 많다고 하였다.[3] 이 말은 조선의 여성들이 그러하지 못하였음을 지적한 것이다.

심수경(沈守慶, 1516-1599)은 『견한잡록(遣閑雜錄)』에서 "부인 가운데 문학에 능한 이로는 예전 조대가(曹大家), 반희(班姬), 설도(薛濤) 등이 있어 일일이 기록할 수 없으니 중국에서는 기이한 일이 아니지만, 우리나라에서는 거의 보이지 않으니 기이하다 하겠다."라 하여 조선의 여성이 문학에 능한 것이 희귀한 일이라 하였다. 또 "논란을 일으키는 자들이 부인은 술과 음식만 논의해야 마땅하니, 누에 치고 길쌈하는 일은 그만두고 오직 시를 읊조리는 일만 한다면 아름다운 행실이 아니라고 하지만, 내 생각은 그렇지 않아 그 기이함에 탄복하게 된다."라 하였다.[4] 당시로서는 제법 진보적인 발언이라 하겠다.

16세기의 문인 어숙권(魚叔權)도 『패관잡기(稗官雜記)』에서 "부인의 직분은 안에서 밥을 먹이고 베를 짜서 옷을 장만하는 일뿐이니, 문학적인 재질은 마땅한 것이 아니다. 우리나라의 논의가 예로부터 이러하였으므로, 타고난 재주가 출중한 사람이 있다 하더라도 또한 꺼리고 숨기며 문학에 힘을 쏟지 않으니 탄식할 만하다."라 한 것이 같은 뜻이다.[5] 부인의 직분을 들어 문학에 종사하지 않은 것을 개탄한 어숙권의 생각은 심수경의 발언과 함께 무척 의미 있는 것이다.

---

3 李德懋, 「蜻蛉國志」, 『靑莊館全書』 권64. 이하 따로 밝히지 않은 자료는 한국고전번역원의 한국문집종합DB를 이용한 것이다.

4 沈守慶, 『遣閑雜錄』. 심수경은 조대가와 반희를 다른 인물처럼 적었지만 같은 사람이다. 漢 班固의 누이동생 班昭는 班姬라고도 하는데, 扶風 曹世叔과 혼인하여 조대가로 불렸다. 『女戒』 등의 저술을 남겼다. 설도는 唐의 名妓로 문재가 있어 女校書로 불렸다.

5 魚叔權, 『稗官雜記』 권1(장서각본 『寒皐觀外史』 소재)에 실린 것을 이용하였다.

문필 활동이 부인의 직분이 아니라는 인식은 조선을 통틀어 일반적인 것이었다. 서거정(徐居正, 1420-1488)은 『동인시화(東人詩話)』에서 "우리 동방은 학문에 종사하는 여성이 절대 없다. 비록 영특한 자질이 있더라도 길쌈에 그칠 뿐이다. 이 때문에 부인의 시가 전하는 것이 드물다."라 하였다. 이어 『시경(詩經)』에서 '잘못 하는 일도 없고 자랑할 일도 없이, 오직 술과 밥 이 일이 적합하네.'라 하였고, 『주역(周易)』에서 '주부는 집안일을 주관하는 것이 바르고도 길하다고 하였으니 누에치고 베 짜는 일을 멈추고 번거롭게 시 짓고 글 쓰는 일에 종사할 필요가 없다. 하물며 천지사방은 제각기 개성이 있는 법이요, 천 리 떨어진 곳이면 풍속이 달라지지 않던가! 우리 동방 여자가 배우지 않는 풍속이 도리어 도움이 될 줄 어찌 알겠는가?"라 하였다.[6] 서거정은 조선 여성들이 학문을 하지 않는다고 개탄하고서는 오히려 여성들이 교육받지 않는 풍토로 인해 가사에 충실한 것이 다행이요, 여성이 가족의 옷을 장만하는 일을 하지 않고 문학에 고심하는 일을 해서는 아니 된다고 말을 바꾸었다.

여기서 여성의 문필 활동을 부정하는 논거를 『시경』과 『주역』, 『예기(禮記)』에서 찾았다는 점이 주목된다.[7] 이른바 '경전'에서 이렇게 말해 놓았으니 여성의 문필 활동이 제약받을 수밖에 없었다. 그뿐 아니다. 여성의 필독서인 『내훈(內訓)』에 정이천(程伊川)의 모친 후부인(侯夫人)이 글을 좋아하지만 글을 짓지는 않았고, 문장과 글씨를 남에게 전하는 것을 보면 매우 잘못으로 여겼다는 내용이 보인다.[8] 1475년 처음 간행된 『내훈』은 『어제내훈(御製內訓)』이라고도

---

6 徐居正, 『東人詩話』 卷下. 이종은·정민 편, 『韓國歷代詩話類編』(아세아문화사, 1988)에 실린 것을 참고하였다.

7 『시경』「斯干」에 "잘못 하는 일도 없고 자랑할 일도 없이, 오직 술과 밥 이 일이 적합하니, 부모에게 근심 끼치지 말아야지.(無非無儀, 唯酒食是議, 無父母貽罹.)"가 보인다. 또 『주역』의 「家人」에 "이루는 바가 없고 규중에 있으면서 음식을 장만하면 정하여 길하다.(無攸遂, 在中饋, 貞吉.)"가 보인다. 또 『예기』「內則」에 "베를 짜고 실을 꼬며, 여자의 일을 배워, 의복을 마련한다.(織紝組紃, 學女事, 以共衣服.)"가 보인다.

8 昭惠王后, 『御製內訓』 권1(국립중앙도서관 소장).

하는데 덕종(德宗)의 비 소혜왕후(昭惠王后)가 편찬한 책으로, 조선시대 여성의 수신 교과서로 읽혔으니 그 영향력을 짐작할 수 있다. 이황(李滉, 1501-1570) 역시 생각이 다르지 않았다. 여성이 읽어야 할 책으로 『시경』과 『서경』, 『사기(史記)』, 『소학(小學)』, 『예기』의 「내칙(內則)」 등을 들고[9] 알아야 할 지식의 범위를 역대의 국호(國號), 조상의 명자(名字)에 국한하여야 하며 글씨나 시를 짓는 일은 창기(娼妓)의 본색이라고까지 비판하였다.[10]

이러한 '가르침'이 있는데 조선의 여성들이 시를 자유롭게 지을 수 있었겠는가? 편자 미상의 『동시영언(東詩零言)』에 "우리나라 풍습에 글을 아는 부녀자가 매우 적다. 만약 글을 알면 민간에서 박명(薄命)해진다고 한다. 재주가 많아야 글을 지을 수 있고 재주가 많으면 복을 누릴 수 없으니 이치가 그러한 것인가?"라는 말도 보인다.[11] 글을 알면 팔자가 사나워진다는데 어찌 글을 익히겠는가?

그러나 사실 이 점은 변명거리가 되지 못한다. '경전'이나 정자의 말씀이 조선에서만 적용되었을 리 없다. 다만 조선의 문헌에서 거듭 이 점을 강조한 것으로 보아 이러한 '가르침'을 중국보다 맹신한 것은 분명하다. 이익(李瀷, 1681-1763)은 부녀자의 교육 문제를 두고 이렇게 주장하였다.

> 책을 읽고 의리를 강론하는 것은 장부의 일이다. 부인은 아침과 저녁, 여름과 겨울에 음식과 옷을 제공하고 귀신에게 제사를 지내며 손님을 접대하는 일이 있으니 어느 겨를에 책을 마주하고 외울 겨를이 있겠는가? 대개 보면 고금의 역사에 달

---

9 『시경』의 경우 여성의 모범이 되는 后妃의 덕을 읊은 「周南」, 「召南」 등 일부를 뽑아 조선 후기 한글로 옮겨 적어 여성들에게 읽혔다. 이에 대해서는 이 책의 뒤에 붙인 「조선시대 여성의 문자 생활과 한시」를 참고하기 바란다.

10 李滉, 『閨中要覽』(국립중앙도서관 소장). 이 책의 권두에 이황이 편찬한 것으로 되어 있어 이를 따른다.

11 편자 미상, 『東詩零言』(버클리대 소장).

통하고 예의를 설파하는 부녀자 중에 반드시 제 몸으로 실천은 하지 못하고 있으니 그 폐해가 끝이 없다. 더구나 우리나라 풍속은 중국과 같지 않아 문자의 공은 힘을 들이지 않으면 해낼 수 없으니, 애초에 귀하게 여김이 없다. 또 『소학』, 『내훈』 등도 모두 장부의 임무니, 조용히 탐구하여 그 말뜻을 알고 일에 맞추어 가르침대로 하면 된다. 여성으로 하여금 누에 치고 길쌈하는 일을 느슨하게 하고 먼저 책부터 집어 들게 한다면 어찌 옳겠는가?[12]

이익은 이황보다 독서의 범위를 더욱 축소하여 경서나 역사서 등도 배제하였거니와, 『소학』, 『내훈』 등도 직접 공부할 것이 아니라 가르쳐 주는 대로 따르면 될 뿐이요, 직접 책을 들고 공부하다 보면 가족에게 옷과 밥을 제공하는 일에서부터 봉제사(奉祭祀), 접빈객(接賓客) 등 기본적 의무를 저버리게 된다고 강변하였다.

그런데 여기서 주목할 만한 것은, 조선이 중국과 달라 문자(文字), 곧 한문을 따로 배워야 하므로 애초부터 공부하지 않는 것이 낫다고 한 점이다. 조선의 여성은 한문을 한글로 배워야 하였다. 신익황(申益愰, 1672-1722)은 『소학』과 『주자가례(朱子家禮)』 중에 여성 교육에 요긴한 것을 뽑아서 가르치되 한글로 옮겨 적어 외우게 하면 좋다고 하였다.[13] 조선 후기는 한글이 여성의 공식적인 문자가 되는 차별의 시대다. 여성이 읽어야 할 책은 한글로 옮겨 적는 것이 관례였다.[14] 이러한 상황에서 여성에게는 최소한의 교양을 익히거나 사건과 감정을 적는 데 필요한 한글 공부 외에 한시를 짓는 데 필요한 한문 교육은 제대로 이루어질 수 없었다. 이 때문에 중국에 비해 조선 여성 작가의 등장이 드물게 된 것이다. 신택권(申宅權, 1722-1801)도 이 점을 분명하게 지적한 바 있다.

---

12 李瀷, 「婦女之教」, 『星湖僿說』 권16.

13 申益愰, 「家塾雜訓」, 『克齋集』 권6.

14 이 점은 이 책의 뒤에 붙인 보론에서 자세히 밝혔다.

> 훈민정음이 나오고 우리 동방 부인이 문한(文翰)으로 세상에 이름을 떨친 자는 매우 드물다. 대개 부인의 직분은 길쌈하고 술과 밥을 내는 일에 있는 데다, 훈민정음으로도 문안하거나 일을 처리하는 데 부족함이 없으므로 부형 된 자가 문한은 가르치지 않는다. 뛰어난 자질을 타고나 배우지 않고서도 잘할 수 있는 사람이 아니라면 그 묘함을 터득할 수 없다.[15]

유명천(柳命天, 1633-1705)의 아내이며 신유(申濡, 1610-1665)와 신혼(申混, 1624-1656)의 누이동생이 쓴 『열녀전(列女傳)』에 신택권이 붙인 발문이다. 한문이 아닌 한글로만 공부했는데도 불구하고 문학과 서법에 탁월한 여성이 있었다고 하는 한편,[16] 한글 때문에 여성 문인이 많이 배출되지 못했다고 진단하였다. 이덕무도 훈민정음 반포 이전에는 여성 중에 문학과 글씨에 능한 이가 적지 않았지만 세종 이후로는 그렇지 못하게 되었고, 시에 능한 이가 종종 있지만 글씨로 이름을 떨친 이는 아예 드물다고 하였다.[17] 여성이 한문으로 된 시를 짓고 글씨를 쓰는 데 한글이 오히려 장애가 되었다는 논리다. 이 점이 중국에 비해 조선에서 여성 작가가 출현하기 더욱 어려운 여건이라 하겠다.

홍대용(洪大容, 1731-1783)의 인식도 이와 다르지 않았다. 그가 북경에서 만난 청의 문인 반정균(潘庭筠)이 동방의 부인 가운데 시에 능한 이가 있는지 묻자, 홍대용이 "우리나라 부인은 오직 언문으로 소식을 주고받으며 그들에게 한문 책은 읽히지 않소. 게다가 시는 부인의 마땅한 일이 아니니, 혹 있다 하더

---

15 申宅權, 「柳判書夫人筆跡列女傳卷後跋」, 『樗庵漫稿』 권2.

16 이 글에는 申末舟의 부인이 쓴 佛經(剛泉寺에서 소장하다 申景濬이 가져와 소장함), 洪天民의 부인이자 柳夢寅의 누이동생이 쓴 필첩도 함께 소개하였다. 또 유명천의 부인 신씨의 딸로 趙絅의 손자 趙九畹과 혼인한 조씨가 이 『열녀전』에 발문을 썼다고 한다. 吳始謙의 부인 신씨, 李濉의 딸 신씨도 문학적 성취가 있다고 하는데 작품이 전하지는 않는다. 李濉은 18세기 이름난 시인 李秉淵, 李秉成의 백부다.

17 李德懋, 「東國婦人能書」, 『青莊館全書』 권57.

라도 집안에 들여놓고 내보이지 않소이다."라 하였다. 또 난설헌을 언급하자 홍대용은 다시 "길쌈하는 여가에 서적을 곁으로 읽고 여성이 지켜야 할 가르침을 익혀 여성의 법도를 실천하는 것이 부녀자의 일이요, 수식을 일삼는 시를 가지고 이름을 얻는 것은 정도가 아니라오."라 하여 난설헌의 존재 자체를 무시하고 여성이 시를 짓는 것이 옳지 않다고 하였다.[18]

이 대화에서 홍대용은 거듭 『시경』에서 "잘못 하는 일도 없고 자랑할 일도 없이, 오직 술과 밥 이 일이 적합하네."라는 구절만 외우면서 이 화제 자체를 부담스러워하였다. 조선의 인식이 이러하였다. 다만 반정균은 "중국에서도 또한 적고, 어쩌다 있으면 경사로운 별[慶星]과 상서로운 구름[景雲]처럼 우러러본답니다."[19]라 하였다. 중국에서도 여성의 작품이 적다는 점을 말하면서도 여성의 작품을 별과 구름처럼 떠받든다고 하였다. 이 점이 중국과 조선의 차이라 하겠다. 홍대용이 조선 여성의 시문은 밖으로 드러내지 않는 것을 미덕으로 여긴다고 한 것과는 차이가 있다.

여성의 시문이 바깥으로 나도는 것을 극히 경계한 것 역시 조선시대 여성의 한시가 적게 남게 된 중요한 요인이라 하겠다. 이덕무도 『사소절(士小節)』에서 여성이 『서경』과 『사기』, 『논어』, 『시경』, 『소학』, 『여사서(女四書)』[20] 등을 읽어 그 뜻을 통하고 사람들의 성씨, 역대의 국호, 성현의 명자만 알면 될 뿐, 함부로 시를 지어 외부로 전파해서는 아니 된다고 하였다.[21] 물론 신택권의 글에서처럼 여성의 필첩이 가문을 중심으로 귀중하게 소장된 것은 부정할 수 없

---

18 洪大容, 「乾淨衕筆談」, 『湛軒集』 外集 권2.

19 洪大容, 위의 글.

20 『여사서』는 後漢 趙大家의 『女誡』, 唐 宋若昭의 『女論語』, 明 仁孝文皇后의 『內訓』, 明 王節婦의 『女範捷錄』을 묶은 것인데 조선에서 李德壽가 이를 언해하여 1737년 간행한 바 있다.

21 李德懋, 「士小節」, 『靑莊館全書』 권30. 이 글에서 書史는 통상적으로는 경학이나 역사 전적을 이르는데 뒤에 『논어』와 『시경』이 나오므로 『서경』과 『사기』로 풀이하였지만 애매하다. 앞서 본 『閨中要覽』에서 '詩書'라고 한 것도 비슷하거니와 논지 자체가 거의 같다.

다. 베개에 수놓은 임벽당의 한시가 가문에 전승되어 후손이 이를 다른 시와 함께 묶어 시집으로 편집하였다.[22] 『음식디미방』의 저자로 널리 알려진 안동 장씨(安東張氏, 1598-1680)가 시경체(詩經體)의 사언시(四言詩)로 지은 「학발삼장(鶴髮三章)」 등의 필첩[23]은 지금까지 전하고 있다. 그러나 이는 집안 내부에서 전승되는 가보일 뿐이요, 외부에 공개되는 것은 아니었다. 17세기 무렵이 되어서야 여성의 문필이 후손들의 자랑거리가 되어 외부에 알려지기 시작하였지만 이 역시 아주 특이한 사례다.

안동장씨가 어린 시절 지은 「학발삼장」을 두고 그 부친 장흥효(張興孝)가 칭찬하였지만, 여성이 공부를 하고 시를 짓는 일은 친정에 있을 때의 '비밀'이었다. 안동장씨는 이 시를 상자에 감추어 두고 있다가 훗날 자식들이 장성한 후에 내어 보였다. 남편 이시명(李時明)조차 이를 처음 보았기에 깜짝 놀라 다른 작품이 더 있는지 물었을 정도다.[24] 아들 이현일(李玄逸)도 모친의 행적을 기술하면서 시와 글씨를 배워 익히지 않고도 능하였다고 하였지만, 남긴 시를 두고는 "구사하는 말이 깨끗하고 단정하며 엄숙하기가 모두 이러하지만, 이들은 모두 10세 전후 때의 일이고, 조금 자라 비녀를 꽂을 나이가 되어서는 시 짓고 글씨 쓰는 일이 모두 여자가 해야 할 일이 아니라고 하여 마침내 모두 끊고 하지 않았기 때문에 좋은 시와 좋은 글씨가 많이 전하지 않는다."라 하였다.[25] 여성의 미덕을 칭송할 때 처녀 시절에는 학문과 문학에 뛰어난 자질을 보였지만 시집간 후에는 아예 붓을 들지 않아 시댁에서 아무도 알지 못하였다는 기록을 제문(祭文)이나 묘도문자(墓道文字), 행장(行狀) 등에서 쉽게 찾을 수 있다. 이러니 여성이 시문을 제작하였다 하더라도 전하는 것이 적을 수밖에 없다.

---

22 韓泰東, 「林碧堂兪公夫人金氏遺稿跋」, 『是窩遺稿』 권4.
23 睦萬中, 「李氏傳家寶帖叙」, 『餘窩集』 권11.
24 睦萬中, 위의 글.
25 李玄逸, 「先妣贈貞夫人張氏行實記」, 『葛庵集』 권27.

여성의 문필 활동은 어숙권, 심수경 등 일부 문인에 의해 단편적으로 언급되었을 뿐이다. 여성의 문학을 남녀 차별 없이 인정한 것은 거의 19세기에 이르러서였다. 윤기(尹愭, 1741-1826)가 1813년 무렵 지은 글에서 "하늘이 재주를 내려줄 때 남녀를 가리지 않는 것이 이와 같다."라 하였다.[26] 후술하겠거니와 이 시기에 와서야 비로소 여성들의 문집을 비교적 자유롭게 세상에 드러낼 수 있었다. 비록 간행에까지 이르지는 못하였지만 홍유한당(洪幽閒堂)의 문집 『유한집(幽閒集)』의 서문을 지은 사위 이대우(李大愚)가 1854년 지은 서문에서, 『시경』에서 이른 "잘못 하는 일도 없고 자랑할 일도 없이(無非無儀)"라는 한마디 말로 천고의 세월 동안 여성을 어리석게 만든 이유가 무엇인지 어릴 적 서당 훈장에게 따져 물은 일화를 소개한 것도 19세기라는 새로운 환경이었기에 가능한 일이었다. 또 조병유(趙秉瑜)가 서남전(徐藍田, 1849-1894)의 문집 『남전시고(藍田詩稿)』에 붙인 서문에서, "성품이 총명하고 재질이 영민하여 그 마음이 안에서 쉽게 감동하고 그 감정이 바깥에서 쉽게 표현되는 것은 여자다. 여자가 시를 배우면 쉽게 깨쳐 인공(人工)을 거치지 않고 천성에서 얻어지는 것이 많다. 비유하자면 앵무새가 말을 쉽게 하고 공작새가 길들이기 쉬운 것처럼 타고난 것이 같지 않기 때문이다."[27]라 한 것도 1905년의 일이다.

두 번째 질문: 조선시대 여성은 어떻게 시를 배웠는가?

동아시아에서 여성의 문필 활동이 고대로부터 부정적으로 인식된 데다 조선에서는 한문을 따로 배워야 한다는 제약이 더해져 여성이 한시를 짓는 사례가 많지 않았다. 더욱이 어쩌다 시를 지었다 하더라도 여성의 한시를 바깥에 보이지

26 尹愭, 「井上閒話」, 『無名子集』 12책.

27 趙秉瑜, 「藍田詩稿序」, 『藍田詩稿』. 『藍田詩稿』는 계명대학교에 소장되어 있는데 張伯偉의 『朝鮮時代女性詩文集全編』에 실린 것을 이용하였다.

않는 관례까지 보태져서 지금 전하는 조선 여성의 한시가 많지 않은 것이라 하겠다.

이제 이러한 상황에서 이어지는 질문은 여성이 한시를 짓기 어려운 형편에도 불구하고 시를 지었다면 어떻게 시를 배우고 또 어떻게 지을 수 있었는가, 이것이다. 조선에서 여성 작가는 기이한 존재다. 조선 땅에서 여성이 시인이 되기 위해서는 천부적인 자질이 필요하였다. 신방(申昉, 1686-1736)이 "여성이 시에 능한 것은 정말 그 재주가 타고난 것이라 그렇게 될 것을 기약하지 않아도 그렇게 된 사람이다."라 하였다.[28] 앞서 신택권도 천부적인 자질이 있어 배우지 않고서도 잘할 수 있어야 조선에서 시나 글씨에 능할 수 있다고 한 바 있다.

그러나 태어나면서부터 시를 지을 수는 없다. 천부적 자질을 전제로 하되 스스로 공부하거나 누군가에게 배워야 가능하다. 허봉(許篈, 1551-1588)은 여동생 난설헌의 재주가 배워서 이를 수 있는 것이 아니라 하였고 허균(許筠, 1569-1618)도 누나의 시재가 천부적으로 타고난 것이라 하였지만[29] 허균은 형님과 함께 누나의 글이 '가정(家庭)'에서 나왔다고 하였으니[30] 부친 허엽(許曄)의 교육이 있었던 것이 분명하다. 난설헌은 허균과 함께 이달(李達, 1539-1612)에게 시를 배웠다고 하는 전언이 있다.[31] 조선 후기 서얼 출신이나 중인 계층의 문인이 벌열가의 숙사(塾師)가 된 사례를 고려할 때 이달이 이 집을 출입하면서 허균뿐만 아니라 허난설헌에게도 시를 가르쳤을 가능성이 있다.

앞서 『내훈』 등 여성의 수신 교과서에서도 몇몇 경전과 함께 『시경』을 익히는 일은 인정하였으니, 반가의 여성들은 교양으로서 최소한의 학문과 문학

28 申昉, 「詩話」, 『屯庵集』 권8.

29 許筠, 『鶴山樵談』.

30 許筠, 「答李生書」, 『惺所覆瓿藁』 권10.

31 『한국민족문화대백과사전』 등에 난설헌이 이달에게 시를 배웠다고 되어 있으나 조선시대 문헌에서는 확인하지 못하였다.

은 배웠다고 보아야 할 것이다. 조선 초 안귀손(安貴孫)의 처는 부친 최치운(崔致雲)으로부터 『시경』과 『서경』을 배웠고 남편이 죽자 글을 지어 제사를 지냈다.[32] 신광수(申光洙, 1712-1775)의 여동생 신부용당(申芙蓉堂)의 시집에 서문을 쓴 비슷한 또래의 조카 신석상(申奭相, 1738-?)은 "예전 우리 조부모께서 덕의(德義)로 집안에서 교육하였기에 우리 아버님 형제 세 분이 문사(文詞)로 한 세대를 떨쳤다. 부인은 우리 조부모의 막내딸로 세 분의 풍모에 흥기하여 책은 『내칙(內則)』과 『곡례(曲禮)』, 『열녀전』을 읽었고, 문장은 한위(漢魏)의 고시(古詩)를 배웠다."라고 하였다.[33] 부용당은 여성의 일반적인 교육 수준을 넘어 한위의 고시까지 배웠다. 거의 아버지뻘인 신광수가 많이 가르쳤을 것 같다.

굳이 반가의 여성이 아니라도 딸이 천부적 자질을 가지고 글을 배우고자 한다면 어떤 아버지가 공부시키지 않겠는가? 영흥(永興)의 평민으로 추정되는 김민(金旻, 1653-?)의 딸은 총명하여 부친에게 배웠고 글을 한 번 보면 바로 외웠으며 그렇게 하여 시를 지을 수 있었다.[34] 또 난설헌과 함께 중국까지 명성을 날린 서녀 옥봉이 한시를 지을 수 있었던 것도 천재적인 자질에다 부친 이봉(李逢, 1526-?)의 자상한 가르침이 있었기 때문이다. "나면서 총명하고 기이하여 그 부친이 기특하게 여기고 예뻐하여 문자를 가르쳤다. 이해함이 묘하여 남들보다 뛰어났는데 좋아하는 바가 벽(癖)이 되었다. 그 부친이 해마다 서적을 구매하여 읽을거리로 삼게 하였다."[35]라 한 것이 이를 입증한다. 책을 사다가 읽혔기에 옥봉이 조선 중기 최고 시인의 반열에 들 수 있었던 것이다. 또 금원 교서(錦園校書)로 일컬어지고 김이양(金履陽)과 김덕희(金德喜)의 사랑을 받은 김금앵(金錦鶯)도 『호동서락기(湖東西洛記)』에서 "어려서 잔병이 많아 부모가 불쌍하게 여

---

32 李荇 등, 『新增東國輿地勝覽』 권29, 聞慶縣.

33 申奭相, 「祭姑母尹夫人文」[『山曉閣芙蓉詩選』, 한국한문학회 편, 『崇文聯芳集』(탐구당, 1975)].

34 南鶴鳴, 「詞翰」, 『晦隱集』 권5.

35 趙正萬, 「李玉峰行蹟」, 『寤齋集』 권3.

겨 여자가 하여야 할 가사나 바느질은 가르치지 않고 글공부를 시켜 매일 듣고 깨치는 것이 있어 얼마 되지 않아 경사(經史)를 대략 통하여 고금의 문장을 생각하고 본받아 때때로 흥이 솟으면 꽃을 시제로 삼기도 하고 달을 읊기도 하였다."라 하였다. 기녀의 신분이지만 부모의 가르침을 받아 시를 짓게 된 것이다.

물론 반가의 여성 중에 일부는 차별받아 글을 배우지 못하게 한 예도 있다. 이럴 때는 불타는 학구열로 '어깨너머'로 책 읽는 소리를 듣고 깨치고 이를 바탕으로 시를 지을 수 있었다. 오도일(吳道一, 1645-1703)의 모친 한양조씨(漢陽趙氏)는 예닐곱 살 때 오빠에게 글자를 물었지만 여자는 문자를 알 필요가 없다고 하여 가르쳐 주지 않았다. 그럼에도 조씨는 묵묵하게 글을 외웠고 차츰 『십구사략(十九史略)』 등을 익혔으며, 열너덧 살에는 외가에 가서 다른 남성들과 시를 지어 재주를 겨루어 그들을 압도하는 데까지 이르렀다.[36]

'어깨너머'로 공부를 한 예는 매우 흔하다. 유몽인(柳夢寅, 1559-1623)의 누이로 홍천민(洪天民, 1526-1574)의 아내가 된 유씨는 유몽인이 학업을 익힐 때 곁에서 몰래 배워 문장이 탁월해졌다고 한다.[37] 이능화의 『조선여속고(朝鮮女俗考)』에서 '견외견학(肩外見學)'을 두고 "가숙 안에서 자매는 형제가 곁에서 책을 읽는 소리를 어깨너머로 듣고 알게 된다."라 한 것[38]이 이러한 전통을 지적한 것으로 보면 될 듯하다.

'어깨너머'로 시를 배운 것은 미천한 신분의 여성도 마찬가지였다. 금가(琴哥) 혹은 취선(翠仙)으로 불리는 여종은 시청비(侍廳婢)로, "재주가 영리하고 탁월하여 마루 아래와 벽 너머에서 책 읽는 소리를 몰래 듣고 글의 뜻을 이해하여 마침내 문장을 하고 시에 뛰어나게 되었다."라 하고[39] 또 그 아우 한죽(寒竹),

---

36 吳道一, 「先妣行狀」, 『西坡集』 권23.

37 洪萬鍾, 『小華詩評』. 이하 『小華詩評』은 안대회, 『소화시평, 조선이 사랑한 시 이야기』(성균관대학교출판부, 2016)를 이용하였다.

38 이능화, 『조선여속고』(동양서원, 1927), 133쪽.

39 「雪竹事蹟」, 『白雲子詩稿』. 『安東漢文學論集』 6집(1997)에 영인된 자료를 이용하였다.

남동생 칠송(七松), 종제 초선(楚仙)이 모두 시에 능하였다고 하니 같은 방식으로 시를 익혔을 것이다.

물론 '어깨너머'로 시를 온전하게 지을 수는 없을 것이다. 큰아들 홍석주(洪奭周)가 쓴 행장에 의하면, 서영수합(徐令壽閤, 1753-1823)은 여자가 문사에 능하면 박명해진다고 친정어머니가 글을 배우지 못하게 하여, 때때로 형제들 틈에서 그들의 책 읽는 소리를 들었을 뿐이지만 그럼에도 시집가기 전에 이미 경서와 역사에 달통하였다고 한다. 다만 영수합은 시는 배우지 못하였다. 그 때문에 남편 홍인모(洪仁謨, 1755-1812)가 함께 시를 짓자고 할 때 평측(平仄)을 모른다고 답하였다. 이에 남편이 당의 율시 한 권을 주니 열흘이 되지 않아 율시를 바로 지을 수 있었고 장편 고시와 험운(險韻)도 곧장 성취를 보이지 않음이 없었다고 하였다.[40] 남편이 던져 준 당나라 율시 한 권을 읽고 열흘 만에 시를 짓게 되었으니 그 천부적 자질에 감탄하겠지만, 이미 갖추어져 있던 교양에다 한시의 형식과 관습을 익혀 바로 시를 짓게 된 것이라 하겠다.

영수합은 독학하였다고 하지만 대부분의 여성은 남편이나 정인의 도움이 있었다고 보아야 할 것이다. 앞서 금가가 어깨너머로 시를 배웠다고 하지만 그 주인이나 객이 오가면서 시를 가르쳤을 가능성이 높다. 이처럼 친정아버지나 오빠가 아니라 남편이 시를 가르친 예도 제법 보인다. 특히 정실부인이 아닌 첩실의 경우가 더욱 그러하였다. 진주의 기녀 승이교(勝二喬)도 자신을 아껴주는 김인갑(金仁甲)에게 시를 배웠고,[41] 부안(扶安)의 기녀로 매창(梅窓)의 후손인 복아(福娥)는 부안 군수로 온 이운해(李運海)에게 글자를 읽고 시 짓는 것을 배워 그의 사랑을 받았다.[42] 이능화도 『조선여속고』에서 "기녀 중에 첩실이 된 자는 그 남편이 글을 지을 수 있으면 또한 따라서 배웠을 뿐이다."라 한 바 있다. 타

40 洪奭周, 「先妣貞敬夫人大邱徐氏家狀」, 『淵泉集』 권35.

41 權應仁, 『松溪漫錄』(장서각본 『寒皐觀外史』).

42 黃胤錫, 『頤齋亂藁』 권20. 한국학중앙연구원의 정서본을 이용하였다.

고난 재질에 강한 배움의 욕구를 전제로 하여 주변 사람에게 도움을 받아 시에 입문하게 되는 것이 일반적이었다.

물론 독학도 불가능하지는 않았다. 김성달(金盛達)은 아내 연안이씨(延安李氏)와 시를 수창하며 살다가 부인이 죽은 후 부실 울산이씨(蔚山李氏)를 들여 함께 문학으로 늙고자 하였지만 실패하였다. 울산이씨는 정작 김성달이 죽은 후 독학으로 시를 깨쳤다.

> 예전 부녀자 중에 시에 능한 사람이 많았지만 불가의 돈오(頓悟)처럼 시도(詩道)를 깨쳤다는 말은 들어본 적이 없다. 또 그 마음의 영험함으로 성률의 어려움에 달통하였지만 글씨에 어두운 경우는 고금의 사람 중에 찾아보아도 더욱 본 적이 없다. 이온(李媼)과 같은 사람의 시는 아마도 하늘이 내린 것이 아닐까? 이온은 본디 무반 집안의 여성으로 시문을 알지 못하였다. 내 증조부의 의복 시중을 들었는데 붓과 벼루를 맡겼다. 날마다 모임에서 술과 안주를 주선하다 보니 천성이 영특하여 시를 지을 수 있게 된 사람인 듯하다. 증조부는 옛 가사(歌詞)를 풀이하여 깨우치게 하였지만 끝내 되지 않았다. 증조부가 별세하고 나서 이온은 그 유고를 안고서 밤낮으로 통곡하고 음식까지 끊었다. 때가 낀 얼굴로 죄수 같은 차림새를 하고 문을 닫고 혼자 지냈다. 하루는 밖에 나와 "내가 이제 시를 지을 수 있습니다."라 하였다. 그 입에서 나오는 것이 모두 청신하고 고고하여 뛰어났으니 마치 정신의 깨달음이 하늘에서 타고난 듯하였다. 듣는 이들이 모두 대경실색하였다. 그런데 종이를 주어 써 보라고 했더니 쓰지는 못하고 다른 사람의 시를 읽게 하였더니 역시 하지 못하였다. 이에 그가 딴 사람의 손을 빌린 것인가 의심하여 운자를 주어 시험해 보니 입에서 줄줄 시가 나와 예전 작품을 외우는 듯하였다.[43]

울산이씨는 시를 짓지 못하다가 남편이 죽은 후 기적처럼 시를 짓는 법을

43 金履坤,「李媼詩稿序」,『鳳麓集』권4.

깨쳤다. 당대 최고의 시인 김창흡(金昌翕, 1653-1722)이 탄복할 만큼 수준 높은 시를 지었다. 그럼에도 한자를 읽을 수도 없고 쓰지도 못하였다. 입으로만 시를 짓고 외웠다는 것이다. 어떻게 이럴 수 있을까? 한자는 몰라도 타고난 기억력에 의하여 거듭 시를 외웠는데 그러다 보니 말문이 트인 것처럼 입에서 절로 시가 나온 것이라 설명할 수밖에 없겠다.

기녀의 경우는 어떠한가? 이능화는 『조선여속고』에서 "첩실이나 기녀들도 또한 시를 지을 수 있는 자가 있었으니, 대개 재주가 있는 자가 기생이 되었다. 이 때문에 어떤 때는 교방에서 배웠고[예를 들면 평양의 교방에서 기녀들이 글을 배우고 가무를 하는 곳을 서재(書齋)라 하였다.]"라 한 바 있다. 시를 알고 있어야 양반의 사랑을 받을 수 있었으니 교방이 아니라도 자신의 힘으로 시를 배웠을 것이다. 18세기 편찬된 『고금가곡』에는 우리말 노래뿐만 아니라 한시가 상당수 수록되어 있는데 기녀들이 보았을 이러한 책이 한시를 배우는 교재로 쓰였을 가능성이 크다. 장서각에 소장된 『용성지(龍城誌)』는 비록 1923년에 필사된 것이기는 하지만 '교방조(敎坊條)'에 백거이(白居易)의 「장한가(長恨歌)」, 도잠(陶潛)의 「귀거래사(歸去來辭)」, 이백(李白)의 「장진주(將進酒)」, 왕발(王勃)의 「등왕각서(滕王閣序)」 등의 곡명이 보인다. 이러한 시문을 외우고 노래로 부르는 과정에서 한시를 제작할 수 있는 능력이 길러졌을 것 같다.

조선 후기에는 한시가 상당 정도 대중화되는 단계에 이른다. 상층 여성이나 남성 지식인의 첩실 혹은 그들을 상대하는 기녀뿐만 아니라 중인이나 평민, 천민 중에도 일부 여성이 한자나 한글을 읽을 수 있었고, 또 일상에서 몇 구의 시를 지을 수 있는 시대가 도래하였다. 조선시대 이름조차 알려지지 않은 지극히 평범한 여성의 시가 제법 전한다. 윤순(尹淳, 1680-1741)은 시에 뛰어난 시골 아낙네를 불러 시를 주고받았다.[44] 심노숭(沈魯崇, 1762-1837)의 『남천일록(南遷

44 편자 미상, 『海東詩話』(규장각 소장).

日錄)』에도 농부의 아내가 『시경』을 외우고, 유혹하는 유생에게 거절의 뜻으로 시를 지어 준 이야기가 실려 있다.[45] 조선 후기 시화서뿐만 아니라 『풍요속선(風謠續選)』과 『풍요삼선(風謠三選)』 등에는 이른바 '촌녀(村女)' 혹은 '촌부(村婦)'의 시를 심심찮게 볼 수 있다. 일정한 경제력을 갖춘 중인이나 평민의 딸은 자부할 정도로 시를 지을 수 있는 능력을 갖추고 더러 자신과 문학 취향을 함께할 남편을 구하려 하였다. 자신이 먼저 시를 지어 자신의 능력을 상대에게 보이고 구애를 한 예가 거듭 발견된다.[46]

이와 같은 현상의 이면에는 19세기 무렵 다양하게 편찬되고 간행된 한시 교재가 자리하고 있다. 기녀의 경우 『고금가곡』과 같은 책자를 주로 보았겠지만, 그 외에도 19세기 간행된 몇 종의 책이 여성들에게도 시를 배우는 데 교재로 쓰였을 것 같다.[47] 규장각에 소장된 『당음정선(唐音精選)』이 초보자를 위한 한시 학습서로 주목된다. 이 책은 글자의 평측을 표시하여 시를 짓는 데 도움이 될 수 있게 하였다. 평성이 들어갈 곳과 평성과 측성이 모두 가능한 곳이라는 범례까지 달았다. 이 책은 원(元) 양사홍(楊士弘)이 편찬하여 조선시대에 지대한 영향을 끼친 『당음(唐音)』을 조선에서 재편한 것인데 19세기 후반에는 이런 책들이 쏟아져 나왔다. 방각본 『오언당음(五言唐音)』, 『칠언당음(七言唐音)』, 『당시장편(唐詩長篇)』 등이 거듭 출판되었는데 영민한

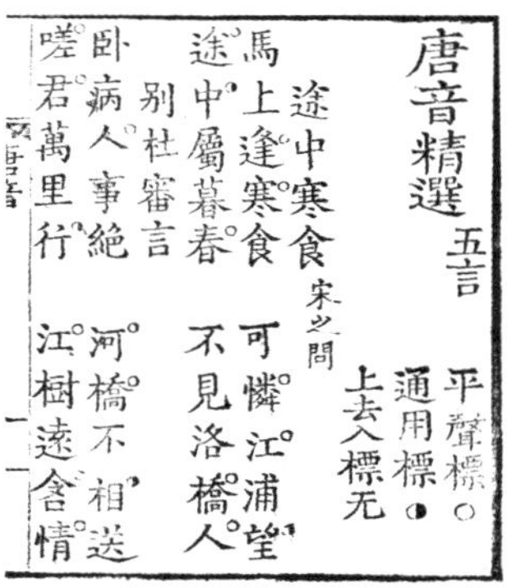
唐音精選 五言
平聲標○
通用標◑
上去入標无
途中寒食 宋之問
馬上逢寒食 途中屬暮春
可憐江浦望 不見洛橋人
別杜審言
卧病人事絶 嗟君萬里行
河橋不相送 江樹遠含情

그림 1 『당음정선』(국립중앙도서관 소장): 송지문의 「한식도중」을 싣고 평측을 이해할 수 있게 배려하였다.

45 沈魯崇, 『南遷日錄』(국립중앙도서관 소장).

46 이러한 현상에 대해서는 필자의 「여성이 한시로 배필을 구하는 일」, 『한국한시연구』 28(2020)에서 자세히 다루었다.

47 이하는 필자의 『조선 사람이 좋아한 당시』, 민음사, 2022에서 다룬 것을 요약한다.

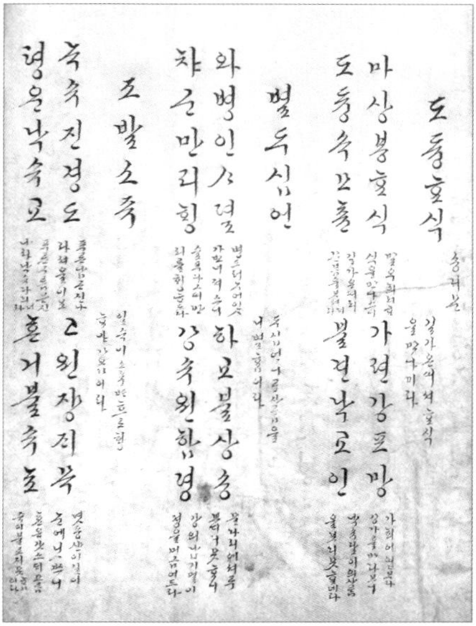

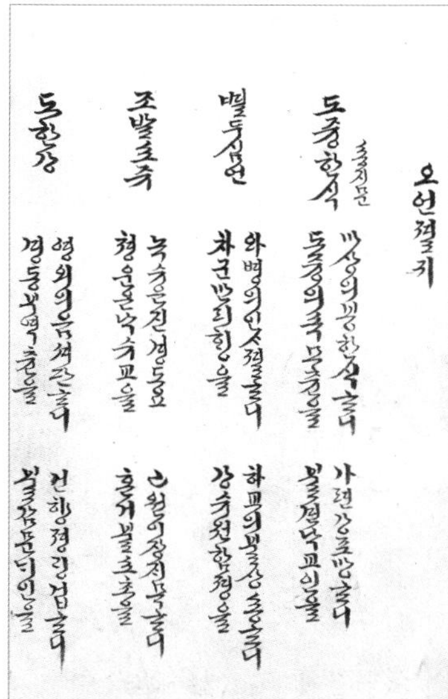

⇦ **그림 2** 『언해당음』(고려대학교 소장)
⇨ **그림 3** 『당시장편』(규장각 소장)

머리를 가진 여성이라면 이러한 책을 외워 시를 지을 수 있었을 것이다.

이러한 책 중에는 한글로 풀이가 이루어진 것도 있어 이용이 더욱 편하였을 것이다. 『유향(遺響)』이라는 서명으로 된 필사본이 국립중앙도서관 등에 소장되어 있는데 이 역시 여성의 한시 학습과 관련이 있어 보인다. 『당음』의 '유향' 부분만 뽑은 것으로, 한문 원문에다 간략히 주석을 달고 구결을 섞어 풀이까지 해 놓았다. 또 고려대학교에 필사본 『언해당음(諺解唐音)』이 소장되어 있는데, 『오언당음』의 원문을 한글로 적고 번역을 붙인 것이다. 1877년 편찬한 것으로 추정되는 이 책은 한글로 토를 달아 음을 적고 다시 번역을 아래 붙였다. 규장각에 소장된 『유취요람』도 비슷한 성격의 책이다. 또 규장각에 『당시장편』이라는 책이 있는데 널리 알려진 당시(唐詩)를 한글로 토만 달아 적어 놓은 것이다. 굳이 시의 뜻을 알 것까지 없는 사람이 유흥공간에서 당시를 외거나 노래하기 위해 나온 책으로 추정되는데, 여기서 조금만 더 나아가면 시를 지을 수 있었을 것이다. 울산이씨가 한글을 알았고 당대에 이런 종류의 책이 있었다면 혹 한시를 독학하는 데 큰 도움이 되었을 수도 있겠다.

세 번째 질문: 여성의 시는 어떻게 전해지는가?

앞서 말한 대로 양반가 여성들은 한시를 짓는 것이 기피되었거니와 지은 작품 자체도 외부로 노출하지 않았다. 그래서 여성의 한시는 전하는 것이 많지 않은 것이다. 서거정 등이 중심이 되어 국가에서 편찬한 『동문선(東文選)』에는 진덕왕(眞德王)의 이른바 「태평송(太平頌)」이 실려 있지만 아주 예외적인 것이다. 앞서 심수경이 여성의 문필활동을 긍정하면서 그들의 시를 소개한 것 역시 일반적이지 않다. 오히려 여성의 시가 문헌에 실리게 된 것은 양반의 '이야깃거리'가 되기 때문이었다.

앞서 본 대로 어숙권은 우리나라 여성들이 출중한 재주를 지녔다 하더라도 꺼리고 숨기며 문학에 힘을 쏟지 않기 때문에 "삼국시대는 들리는 것이 없고 고려 오백 년 동안 용성(龍城)의 창기 우돌(于咄)과 팽원(彭原)의 창기 동인홍(動人紅)만 있어 시를 지을 줄 알았다."라 하였다.[48] 팽원과 동인홍의 시는 고려의 문인 최자(崔滋, 1180-1260)의 『보한집(補閑集)』에 실려 있어 후대에 전해진 것인데, 최자가 이를 기록한 것은 여성의 문학을 존중해서가 아니라 '이야깃거리'로 소개한 것일 뿐이다. 문학과 용력, 부귀보다는 정력 센 남자가 좋다는 처녀의 속마음을 적은 시가 성현(成俔, 1439-1504)의 『용재총화(慵齋叢話)』에 실려 있는 것[49]

48 魚叔權, 『稗官雜記』 권1.

49 成俔, 『慵齋叢話』 권6.

도 같은 맥락이다. 이야깃거리가 아니라면 안귀손의 처가 지은 남편의 제문을 『신증동국여지승람(新增東國輿地勝覽)』에 싣고 또 『동국신속삼강행실도(東國新續三綱行實圖)』에 뽑아 넣은 것처럼 그 열행이 모범이 될 만하였기 때문이다.

여성의 시 자체가 우수하다는 점을 표명하면서 그 시를 소개한 문헌은 어숙권의 『패관잡기』가 거의 처음이다. 어숙권은 고려의 기녀 우돌과 동인홍 외에 반가의 여성인 정씨(鄭氏), 성씨(成氏), 김씨(金氏)의 시를 소개하였지만 그럼에도 성씨가 성희(成熺)의 딸이고 김씨가 유여주(兪汝舟, 1480-?)의 아내라는 사실을 밝히지 않아 '익명성'을 보장하였다. 시화나 야담 등에서 여성의 신상이 구체적으로 밝혀지는 것은 조선 후기에 가서야 나타난다.

한시를 선발한 책자도 사정이 다르지 않다. 청초(淸初) 주양공(周亮工)의 『인수옥서영(因樹屋書影)』에 그 부친 주문위(周文煒)가 "차라리 남들이 그가 재주 없다고 하는 것이 낫지 남들이 그가 덕이 없다고 해서는 불가하다. 세가(世家)의 대족(大族) 중에 시 한두 편이 불행히 유전되어 승려의 뒤나 창기의 앞에 꼭 배열되어 있으니 어찌 부끄럽지 않은가?"라 한 말이 있는데 이덕무가 이를 인용한 바 있다.[50] 중국에서 남송 위경지(魏慶之)의 『시인옥설(詩人玉屑)』과 명 고병(高棅)의 『당시품휘(唐詩品彙)』 등에서 '규수(閨秀)'라는 항목을 두었는데 일반 사족의 시, 승려와 도사, 규수, 기녀, 귀신 순으로 되어 있다. 그래서 주양공이 개탄한 것이다. 중국이 이러할진대 조선에서 시선집에 여성의 한시가 선발되지 않은 것은 당연한 현상이었다.

이를 고려하면 조선에서 여성의 한시를 처음으로 선발한 시선집인 허균의 『국조시산(國朝詩刪)』이 갖는 의미는 무척 크다. 이보다 앞서 유희령(柳希齡, 1480-1552)이 1542년 편찬한 『신편유취대동시림(新編類聚大東詩林)』에 처음 '규수'라는 항목이 설정되어 있지만, 안타깝게 어떤 인물의 어떤 작품이 실려 있

50 李德懋, 「士小節」, 『靑莊館全書』 권30.

는지는 알 수 없다.[51] 조선 여성의 한시가 선발된 시선집 중 지금 확인할 수 있는 것은 1607년 무렵 편찬된 『국조시산』이 처음이다. 여기에는 '규수'라는 항목을 정하지 않았지만 어숙권이 언급한 김씨, 양사언의 첩, 옥봉 등의 시를 선발하였다. 이후 남용익(南龍翼, 1628-1692)의 『기아(箕雅)』, 민백순(閔百順, 1711-1774)의 『대동시선(大東詩選)』, 윤광심(尹光心, 1751-1817)의 『병세집(幷世集)』, 천수경(千壽慶, ?-1818) 등의 『풍요속선(風謠續選)』, 유재건(劉在建, 1793-1880) 등의 『풍요삼선(風謠三選)』, 장지연(張志淵, 1864-1921)의 『대동시선(大東詩選)』 등 역대 시선집에 여성의 시가 버젓이 실리게 되는 전례가 『국조시산』이었다.

허균은 『학산초담(鶴山樵談)』에서 난설헌과 옥봉 외에 정문영(鄭文榮)의 처, 신순일(申純一)의 처, 양사언(楊士彦)의 첩, 정철(鄭澈)의 첩, 기녀 매창, 여종 금가 등의 시를 들고 "문풍(文風)의 성대함이 당나라 사람에게도 부끄럽지 않으니 또한 국가의 한 성사(盛事)다."라 자부한 것이 이 때문에 무척 의미 있는 발언이라 하겠다. 이수광(李睟光, 1563-1628)은 여기서 한 걸음 더 나아가 『지봉유설(芝峯類說)』에서 '규수', '기첩(妓妾)'으로 분류하여 중국 여성 작가와 함께 숙천령(肅川令)의 처, 난설헌, 옥봉, 양사기(楊士奇)의 첩, 매창 등을 소개하였다. 이런 과정을 거쳐 구전되던 여성의 한시가 문헌에 정착된 것이다.

조선 여성의 한시가 후세에 전하게 된 또 다른 중요한 요인은 중국 문인의 조선 여성 한시에 대한 높은 관심 때문이었다. 임진왜란이 발발하여 중국 원병이 조선에 출정하였고 이때부터 중국 문인들이 조선 문학에 지대한 관심을 표

---

51 魚叔權이 『稗官雜記』에서 『新編類聚大東詩林』의 문제점으로 첫째, 金時習을 緇流(僧)로 분류한 점, 천민 출신의 시인 魚無迹의 시를 싣지 않고 유희령 부친 柳仁貴의 시를 과다하게 선발한 점, 일본 使僧을 投化라 하여 조선 사람으로 보아 그들의 시를 선발한 점, 李奎報의 排律 「次韻吳東閣世文呈誥院諸學士三百韻」과 朴誾의 長篇古詩 「題鬣頭錄後」를 누락한 점 등과 함께, 閨秀의 시는 옳게 글이 되지 않는데도 모두 취하였다는 점을 들었다. 金烋의 『海東文獻總錄』에서도 이 책이 御製, 宗室, 名賢, 隱逸, 緇流, 童冠, 閨秀, 失名, 投化, 仙鬼 등으로 구성되어 있다고 하였다. 다만 『新編類聚大東詩林』이 일부만 전하는데 여기에는 閨秀의 시가 보이지 않는다.

하기 시작하였다. 1595년 중국 사신이 조선의 문학을 보고자 하여 1605년 『해동시부선(海東詩賦選)』을 편찬하였다. 지금 이 책이 전하지 않아 확인할 수 없지만 선조(宣祖)가 산인(山人)과 규수의 글도 선발하라는 지시를 내린 것으로 보아, 이 책에는 사대부의 시뿐만 아니라 승려, 여성의 한시까지 두루 선발하였을 것으로 추정된다.[52] 그리고 비슷한 시기 명 오명제(吳明濟)의 『조선시선(朝鮮詩選)』, 이 책과 관련성이 높은 남방위(藍芳威)의 『조선시선전집(朝鮮詩選全集)』, 그리고 실전된 초횡(焦竑, 1540-1620)의 『조선시선(朝鮮詩選)』과 왕세종(汪世鐘)의 『조선시(朝鮮詩)』 등 조선의 한시를 수록한 책자가 거듭 중국에서 간행되면서 여기에 실린 조선 여성의 시가 중국에까지 알려지게 되었다.

그리고 오명제의 『조선시선』을 바탕으로 조선의 한시를 수록한 전겸익(錢謙益, 1582-1664)의 『열조시집(列朝詩集)』이 조선에 유입되면서 역으로 조선 한시가 한치윤(韓致奫, 1765-1814)의 『해동역사(海東繹史)』 등의 문헌에 다시 소개되었다. 여기에 더하여 손치미(孫致彌, 1642-1709)가 『조선채풍록(朝鮮採風錄)』을 편찬하였는데 이 책은 전하지 않지만 그와 친분이 있던 주이준(朱彝尊, 1629-1709)의 『명시종(明詩綜)』과 『정지거시화(靜志居詩話)』, 우통(尤侗, 1618-1704)의 『간재잡설(艮齋雜說)』, 왕사정(王士禎, 1634-1711)의 『지북우담(池北偶談)』 등에 인용되어 여기에 실린 조선의 한시 역시 다시 조선에 소개되었다. 수록된 여성 작가는 진덕왕, 성씨, 김씨, 옥봉, 난설헌 등에 그치기는 하지만 그럼에도 조선 여성의 한시가 중국과 조선에 널리 전파되는 데는 크게 기여한 것으로 평가할 수 있다.

임진왜란 시기 중국인이 편찬한 시선집에 허균이 어떠한 형식으로든 간여를 한 것 같다. 예를 들면 『국조시산』의 부록에 붙은 『허문세고(許門世稿)』에 난설헌의 「상현요(湘絃謠)」가 실려 있는데 『조선시』를 편찬한 왕세종이 명나라 이

52 이하 중국에 전해진 조선의 한시는 필자의 「17-18세기 中國에 전해진 朝鮮의 漢詩」, 『한국문화』 45(2009)에서 다룬 것을 요약하였다.

후의 사람들이 미칠 바가 아니라 말한 평이 붙어 있다. 허균이 왕세종과 교분이 있었기에 그에게 비평을 청한 것이며, 이러한 과정에서 왕세종 등 중국 문인이 조선 여성의 한시를 접하게 되었을 것이다.

조선 여성 한시의 역사에서 허균은 참으로 큰 공을 세웠다. 그의 손에 편찬되어 간행된 『난설헌시(蘭雪軒詩)』가 조선 여성의 시문집으로는 첫 번째 사례라는 점에서도 입증된다. 난설헌의 문집이 처음 편찬되었을 때 1591년 유성룡(柳成龍, 1542-1607)이 발문을 지었고[53] 1608년 허균이 지은 발문까지 붙인 것으로 볼 때 이 무렵 지금 전하지 않는 초간본이 나왔을 가능성이 높다.[54]

난설헌 이전 상당한 수량의 한시를 남긴 반가의 여성으로는 앞서 든 유여주의 처 임벽당(1492-1549)과 유희춘(柳希春)의 처 송덕봉(宋德峰, 1521-1578) 정도에 불과하다. 덕봉의 시는 유희춘의 『미암일기(眉巖日記)』에 20수 남짓 실려 있다. 부인과 시를 주고받거나 부인과 관련한 일을 적다 보니 일기에 덕봉의 시가 실리게 된 것이다. 일기라는 성격 때문에 아내의 시를 실은 것이지 의도적으로 외부에 알리고자 한 것은 아니었다.

중국에까지 명성을 얻은 임벽당의 시도 『임벽당시권(林碧堂詩卷)』 혹은 『임벽당칠수고(林碧堂七首稿)』로 묶였지만 7수의 한시가 실려 있는 얇은 시첩이라 문집이라 하기는 무엇하다. 그렇지만 이러한 시집이 편찬된 것 자체가 17세기 들어 가문 의식의 성장과 함께 여성의 시도 '자랑거리'가 될 수 있다는 인식의 변화에서 비롯한 것이며, 『열조시집』 등 중국 문헌에 그 시가 실려 있기 때문에 더 큰 '자랑거리'가 된 것이라 하겠다. 앞서 본 안동장씨의 「학발삼장」 또한 다른 몇 편의 시와 함께 시첩 형식으로 만들어졌지만 집안의 문을 벗어나지 못

---

53 柳成龍, 「跋蘭雪軒集」, 『西厓集』 別集 권4.

54 박현규의 「1597년 허균(許筠) 선록본 허난설헌 『난설시한(蘭雪詩翰)』 고찰」, 『근역한문학회』 43(2016)에 따르면 허균이 1597년 난설헌의 시 16편을 뽑은 『蘭雪詩翰』을 藍芳威 혹은 그와 관련한 명의 다른 문인에게 주었는데 이 시집이 清 管庭芬의 『待清書屋雜鈔』(天津圖書館 소장)에 실려 있다고 한다. 가장 이른 시기 중국으로 전파된 시집이라 할 만하다.

하였다. 또 시에 자부한 오도일의 모친도 상당한 분량의 시를 지었으니 시집의 형태를 띠었겠지만 그대로 가문의 보배로 소장되다가 어느 시기 일실된 것으로 추정된다.

17세기 이후 여성 문집의 뚜렷한 존재가 기록에 등장한다. 정유길(鄭惟吉)의 딸로 광해군의 장모가 된 동래정씨(東萊鄭氏, 1541-1620)는 문집 『경루보이집(瓊樓報異集)』을 남겼다.[55] 신순일의 처 이설봉(李雪峯, ?-1621)도 27수의 시를 남겼는데 이를 묶어 『설봉유고(雪峯遺藁)』라 하였고 이인복(李仁復, 1683-1730)의 서문까지 받아 두었다고 하니[56] 온전한 시집의 형태를 띠고 있었던 것 같다. 김철근(金鐵根)의 처 곽청창(郭晴窓) 역시 시집 몇 권이 집안에 보관되어 있었다고 한다.[57] 그러나 이 모든 것이 전하지 않는다. 지금 여성의 문집 중 전하는 것보다 전하지 않은 것이 더욱 많을 것이며, 문헌에 기록조차 남지 않은 여성의 문집이 더 많이 존재하였다고 볼 수 있다.

이런 상황에서 난설헌의 문집이 간행되어 지금까지 전한다는 것은 무척 이례적이다. 지금 전하는 조선 후기 대부분의 여성 문집도 그들의 시문이 탁월하다는 점을 전제로 하고 있기는 하지만, 여성의 덕이 아닌 오직 시 하나가 후세에 전할 만하다고 하여 문집을 간행한 예는 『난설헌시』가 최초다.

이어 오직 시가 뛰어나기 때문에 간행된 또 다른 문집은 매창 이계생(1573-1610)의 『매창집(梅窓集)』이다. 발문에 따르면 이 문집은 부안 아전들의 입에 전승되던 것을 모아 1668년 개암사(開巖寺)에서 간행한 것이다. 매창이 원래 아전 이탕종(李湯從)의 딸이었기에 이 지역 아전들의 힘으로 문집이 간행될 수 있었고, 개암사가 매창이 자주 가던 절이었기에 이곳에서 간행이 이루어진 것이다. 난설헌과는 달리 매창이 양반가 여성이 아니었기에 그의 시가 바깥으로

55 편자 미상, 『左海詩藪』(와세다대학교 소장).

56 姜樸, 「淑夫人李氏遺事」, 『菊圃集』 권9.

57 黃胤錫, 『頤齋亂藁』 권15(1770. 6. 19).

전파되어 사람들의 인구에 회자될 수 있었고 그 때문에 희귀하게도 목판 인쇄가 가능하였다.

이 둘을 제외하면 여성의 문집이 목판본으로 간행된 예는 희귀하여 옥봉과 취선의 시집 정도만 들 수 있다. 옥봉은 요절한 난설헌과 비슷한 시기에 활동한 여성인데 1704년 목판본으로 간행된 『가림세고(嘉林世稿)』에 그의 시집이 합부되어 있다. 따로 문집의 이름이 붙어 있지 않지만 통상 『옥봉집(玉峯集)』으로 부른다.

이 문집이 간행된 것은 상당한 의미가 있다. 옥봉은 왕실의 후예지만 서녀였고 그 때문에 비교적 자유롭게 시를 지을 수 있었지만, 또 바로 이 시 때문에 남편의 버림을 받았다. 그럼에도 문중의 문집을 모은 『가림세고』에 옥봉의 시를 붙인 것은 일차적으로 중국에서 전파된 옥봉의 시명이 조선에까지 펴져 들어왔기 때문이다.[58] 그러나 이것만으로는 부족하다. 여기에 더하여 비록 쫓겨났지만 남편 임천 조씨(林川 趙氏) 가문의 명예를 높이는 데 도움이 된다는 믿음이 있었기 때문이다. 이 시기부터 거세어지는 이른바 가문 의식의 발로라 하겠다. 조정만(趙正萬, 1656-1739)이 따로 옥봉의 행적을 자세하고도 진솔하게 적은 「이옥봉행적(李玉峰行蹟)」에서 『열조시집』이 그의 시와 함께 임진왜란 때 절개를 지켜 죽은 사실을 적었다는 점을 강조한 것도 그 때문이다. 『옥봉집』을 이르는 독립된 문집 명칭을 두지 않은 것도 집안 남성의 작은 자존심이 발휘된 것 같다.

여종 금가가 나중에 기녀 취선으로 행세한 그의 문집에서도 비슷한 사례가 확인된다. 그의 문집은 1750년 목판본으로 간행된 권상원(權尙遠, 1571-?)의 『백운자시고(白雲子詩稿)』의 부록에 166수의 시와 함께 실려 있다. 남성 양반의 문집을 간행하면서 여종의 시문까지 수습하여 간행하였다는 점이 무척 이채롭

58 장보웨이의 앞의 글에서도 이 점을 특기한 바 있다.

다. '옥봉집'이라는 명칭을 붙이지 않은 것처럼 '취선집'이라는 문집의 이름을 붙이지 않았다는 점에서도 유사성이 있다. 위항인의 문학적 성취를 두고 왕화(王化)가 여항에까지 미친 것이라 한 것처럼, 안동 권씨 명문가의 교화가 여종에게까지 이른 것이라 자랑하고 싶은 마음이 발현된 것이라 하겠지만 그럼에도 대단히 낯선 풍경이다.

첩실뿐만 아니라 여종의 시집도 남편이나 주인의 문집에 붙어 간행되었지만 정작 이름난 집안의 의젓한 부인의 문집은 19세기에 가서야 비로소 남편의 문집 뒤에 붙을 수 있었다. '내외'가 오히려 엄격히 적용된 탓인 듯하다. 1824년 전사자(全史字)로 간행된 서영수합의 『영수합고(令壽閤稿)』가 그러한 예로, 남편 홍인모의 『족수당집(足睡堂集)』 부록으로 실렸다.[59] 오히려 명문가 여성의 문집이 독립적으로 간행되기가 쉽지는 않았다는 점을 인정하지 않을 수 없다. 전사자로 간행된 『풍산세고(豐山世稿)』에는 이 『영수합고』가 붙어 있지 않고, 따로 전하는 필사본 『족수당집』에만 부록으로 실려 있다는 점도 이 집안에서 여성의 문집이 버젓이 실리기 어려웠다는 것을 보여 준다.

지금 전하는 대부분의 조선시대 여성 문집은 18세기 이후 목활자로 간행되었다. 다소 조잡하기는 하지만 민간에서 목활자를 만들어 족보나 문집을 간행하는 일이 빈번해졌고 이에 따라 남성뿐만 아니라 여성의 문집도 간행이 비교적 용이해졌다. 1796년 간행된 임윤지당(任允摯堂, 1721-1793)의 『윤지당유고(允摯堂遺稿)』가 가장 빠른 여성문집 목활자본이다. 출판이 용이해졌을 뿐만 아니라 여성의 저술에 대한 긍정적 평가가 이 시기에 이르면 비교적 넓어진다는 점이 함께 작용한 것이다.

이를 이어 1836년 강정일당(姜靜一堂, 1772-1832)의 『정일당유고(靜一堂遺稿)』,

59 申緯의 「題海道人小照行看子」, 『警修堂全藁』 11책에서 洪顯周가 『豐山世稿』를 간행할 때 『令壽閤草』를 부록에 붙였다고 하였지만 지금 전하는 전사자본 『豐山世稿』에는 실려 있지 않다. '令壽閣'으로 표기한 데도 있지만 令壽閤이 옳다.

1858년 황정정당(黃情靜堂, 1754-1793?)의 『정정당유고(情靜堂遺藁)』 등이 간행되었다. 이때 여성의 문학이 아니라 덕행을 높인다는 명분이 우선한 점을 간과할 수 없다. 물론 윤지당의 오빠 임정주(任靖周, 1727-1796), 정정당의 아들 채정호(蔡廷鎬), 정일당의 남편 윤광연(尹光演)이 있었기에 이들 여성의 문집이 간행될 수 있었다. 홍직필(洪直弼, 1776-1852)은 윤지당의 남동생 임정주에게 보낸 편지에서 "『윤지당집』 역시 귀한 문장이니 규방에서 나왔다 하여 숨기지 마소서."라 하였고,[60] 박윤묵(朴允默, 1771-1849)도 임정주에게 보낸 편지에서 윤지당의 학문이 고명한데 10년 동안 사귀면서 한 번도 언급하지 않은 일을 책망하고 그 저술이 찬란하니 백세에 전하여 불후하게 하는 것이 마땅하다고 한 바 있다.[61] 정일당의 남편도 문학이 아닌 덕행을 세상에 알리고 싶어 아내의 문집을 간행하였다. 임헌회(任憲晦, 1811-1876)가 한운성(韓運聖)에게 보낸 편지에서 홍직필이 칭찬한 정일당의 글이 인멸되지 않도록 하는 것이 좋겠다고 하였다.[62]

1777년 목활자로 간행된 김자념(金子念, 1758-1775)의 『행당상자원고(杏堂殤姊寃稿)』도 주목할 만하다. 남동생 김경림(金景霖, 1760-1768)의 『행당원고(杏堂寃稿)』 뒤에 붙여 요절한 오누이의 문집이 함께 간행된 특수한 경우인데, 시인으로 명성이 제법 있던 '김동자(金童子)'의 천재적 자질을 기리려는 방편이었겠지만, 그 명분은 이 두 오누이의 효성 때문이다. 여러 편의 서발에서 거듭 칭송하고 있는 것도 이들의 문학이 아니라 효성이었다.

다만 김부륜(金富倫, 1531-1598)의 딸 김씨(1575-?)의 남편 이찬(李燦, 1575-1654)이 1895년 『국창집(菊窓集)』을 목활자로 간행할 때 그 부록으로 김씨의 문집 『광주김씨일고(光州金氏逸稿)』를 붙인 것은 이 시기에 이르러서야 부부의 문집을 함께 간행하는 것이 사회적으로 용인되고 또 여성의 문학이 긍정된 것으

---

60 洪直弼, 「上雲湖任丈」, 『梅山集』 권7.

61 朴胤源, 「與任穉共」, 『近齋集』 권8.

62 任憲晦, 「與韓文五運聖」, 『鼓山集』 권3.

로 보아야 할 것이다. 남정일헌(南貞一軒, 1840-1922)의 『정일헌시고(貞一軒詩藁)』와 김청한당(金淸閑堂, 1853-1890)의 『청한당산고(淸閒堂散稿)』가 각기 1923년과 1917년 연활자로 간행된 것도 이들이 근대의 인물이기에 가능하였을 것이다.

앞서 말한 대로 양반가 여성의 문집은 규문을 벗어나지 않았기 때문에 대부분 필사본이 가장되었다. 김성달의 시에다 그 부인과 부실, 아들과 딸의 시를 합친 『안동세고부연주록(安東世稿附聯珠錄)』, 그리고 『숭문연방집(崇文聯芳集)』에 붙은 신부용당(申芙蓉堂, 1732-1791)의 『산효각부용시선(山曉閣芙蓉詩選)』 등은 모두 집안에 소장되다가 근래 세상에 알려진 것이다. 영수합의 딸 홍유한당(1791-1852)의 『유한집(幽閒集)』과 며느리 숙선옹주(淑善翁主, 1793-1836)의 『의언실권(宜言室卷)』도 사정이 다르지 않다. 한글로 필사된 김호연재(金浩然齋, 1681-1722)의 『호연재유고(浩然齋遺稿)』, 남의유당(南意幽堂, 1727-1823)의 『의유당유고(意幽堂遺稿)』, 이빙허각(李憑虛閣, 1759-1824)의 『빙허각고략(憑虛閣稿略)』도 그러하다.[63]

이러한 사례를 제외하면 상당수 양반가의 여성 문집은 가장되다가 사라졌을 것으로 추정된다. 앞서 본 봉원부부인 동래정씨의 문집 『경루보이집』, 신순일의 처 이설봉의 『설봉유고』 외에, 이매헌(李梅軒)의 『매헌사고(梅軒私稿)』도 기록에서 확인할 수 있다. 매헌의 시가 수백 편 실려 있었지만 남편이 외부 유출을 꺼려 집안에서 가장하다가 유실되었다 하니[64] 여성 문집의 실전이 대개 이러하였다. 그나마 이들의 시는 몇 편이나마 전하지만 장연수(張延壽)의 처 허씨(許氏)의 『허씨시(許氏詩)』,[65] 동래정씨(東萊鄭氏)의 『동래정씨여자시권(東萊鄭氏女子詩卷)』[66] 등은 문집 이름만 기록에 보인다.

---

63 『동아일보』 1939년 1월 31일 자에 『憑虛閣全書』의 간행을 알리는 기사가 실렸지만 간행에 이르지 못하였다.

64 편자 미상, 『左溪裒譚』(국립중앙도서관 소장).

65 南公轍, 「許氏詩序」, 『金陵集』 권11.

66 申緯, 「題東萊鄭氏女子詩卷後」, 『警修堂全藁』 29책. 술을 좋아하고 『周易』과 『楚辭』를 즐겨 읽

기녀의 시집은 『매창집』 이외에 간행된 사례로 1851년 간행된 박죽서(朴竹西)의 『죽서시집(竹西詩集)』과 1877년 간행된 강담운(姜澹雲)의 『지재당고(只在堂稿)』에서만 확인된다. 이들의 신분이 기녀이기에 덕행보다 문학의 훌륭함을 내세워 목활자 간행에 이르게 된 예다. 첩실이지만 시가 인물인 서돈보(徐惇輔)가 『죽서시집』을 간행한 것은 죽서의 시인으로서 면모를 자랑할 만하다는 인식이 19세기에는 널리 퍼졌기 때문이다. 특히 『지재당고』는 기녀 출신의 첩실이지만 담운 생전에 남편 배전(裵婰, 1843-1899)에 의해 간행된 것이라는 점에서 의미가 크다. 이재긍(李載兢, ?-1881)이 1877년 서문을 썼고 안광묵(安光默)이 같은 해 12월 발문을 썼는데 담운의 죽음을 암시하는 표현은 보이지 않는다는 점에서 죽기 전에 문집이 간행된 독특한 사례라 할 만하다. 배전의 부탁을 받은 이재긍이 갓 스물의 어린 나이지만 그 재주를 아껴 『지재당고』를 간행해 준 듯하다.

기녀의 문집이 간행된 것은 특수한 사례고 대부분은 필사본으로 전하는데 이 역시 그들 자신의 뛰어난 문학적 성취 때문에 가능한 일이었다. 김영령(金泠泠, 1800-?)의 『금선시(琴仙詩)』가 그러하거니와 김부용(金芙蓉, 1805?-1854?)의 『운초당시고(雲楚堂詩稿)』와 『운초집(雲楚集)』, 『운초기완(雲楚奇玩)』 등 여러 종의 필사본이 거듭 나타나는 것 역시 운초의 시를 사랑한 인물이 많았음을 짐작하게 한다. 또 그 이면에는 김금앵(1817-1887?)의 『호동서락기』에서처럼 자신의 시를 세상에 남기겠다는 의식이 있었기에 가능한 일이었다. 서남전과 그의 딸 소람(小藍)의 『남전시고』와 『소람시(小藍詩)』가 필사본으로 전해지는 것도 그들의 시가 뛰어났기 때문이다. 평양의 기녀 국색(國色)이 『경란집(景蘭集)』을 남겼고[67] 역시 평양의 기녀인 죽향(竹香)도 시집이 있었다고 하는데[68] 당시 시로 명성이

었다고 한다.

67 李匡呂, 「朝奉德仲」, 『李參奉集』 권2.

68 張志淵, 「松齋漫筆(逸士遺事)」, 『매일신보』(1916. 8. 19).

높았기에 문집 편찬까지 이루어진 것이다.

조선시대 대다수 여성은 문집을 남기지 못하였고 한두 편만 전하는 예가 많다. 이런 작품은 남성들의 사랑방 이야깃거리로 전승되다가 시화나 한시선집, 야담에 정착되었다. 우리가 생각하는 것 이상으로 한시는 붓이 아닌 입으로 전승되는 경우가 많았다. 황윤석(黃胤錫, 1729-1791)의 일기 『이재난고(頤齋亂藁)』에서 소개한 한시는 대부분 다른 사람이 외어 준 것을 옮겨 적은 것이라는 점에서 이를 확인할 수 있다. 이 때문에 동일한 작품을 두고 작가를 다르게 소개하거나 남성의 작품을 여성의 것으로 오인한 예도 허다하고, 당연히 작품 내부에서도 글자의 출입이 많다. 한시가 손이 아니라 입으로 전승되었기 때문에 와전이 없을 수 없다. 이 점이 여성 한시의 유전과 관련하여 가장 중요한 특징이라 할 만하다.[69]

69 이상은 필자의 「조선시대 여성 한시에 대한 몇 가지 질문」, 『한국한시연구』 29(2021)를 일부 수정한 것이다.

01.
한국문학사를 연 여옥의 공후인

한국문학사는「공후인(箜篌引)」혹은「공무도하가(公無渡河歌)」,「공무도하곡(公無渡河曲)」으로 불리는 이른바 백수광부(白首狂夫) 처의 노래에서 비롯한다. 장지연의『대동시선』에도 우리 한시의 시작으로 이 시를 수록하였다. 중국 악부제(樂府題)의 하나가「공후인」혹은「공무도하」인데 그 시초가 바로 이 작품이니, 한국뿐만 아니라 중국에서도 이 작품의 중요성이 크다는 것이 절로 입증된다. 이 작품은 후한 채옹(蔡邕, 133-192)의『금조(琴操)』에 실린 것이 가장 빠르다.

「공후인」은 조선진졸(朝鮮津卒) 곽리자고(霍里子高)가 지은 것이다. 자고가 새벽에 배를 저어 가고 있었다. 한 미치광이가 머리를 풀어 헤치고 술병을 끼고 강물을 가로질러 건너고 있는데 그 아내가 따라가면서 멈추라고 하였지만 소용이 없었다. 미치광이는 마침내 강물에 빠져 죽었다. 이에 아내가 하늘에 소리치면서 탄식하고 공후를 연주하며 노래를 불렀다.

당신 강을 건너지 말라 했건만	公無渡河
당신은 기어이 강을 건너시네.	公竟渡河
강물에 빠져 돌아가시니	墮河而死
당신을 어찌하면 좋은가요.	當奈公何

아내는 노래를 다 부르고 나서 강물에 몸을 던져 죽었다. 자고가 이를 듣고 슬퍼하여 금(琴)을 당겨 연주하며 그 소리를 형용하였다. 이른바 「공무도하곡」이다.[1]

이 작품은 진 무제(晉武帝, 재위 266-290) 때의 학자 최표(崔豹)가 편찬한 『고금주(古今注)』에도 실려 있다. 백수광부의 아내가 부르는 노래를 듣고 자고가 아내 여옥(麗玉)에게 말하자 여옥이 공후를 끌어당겨 그 노래를 형용하였는데, 이를 듣고 눈물을 흘리지 않는 자가 없었다. 여옥이 이 노래를 가지고 이웃집 여자 여용(麗容)에게 전하였는데, 그 이름을 「공후인」이라 하였다. 곽리자고가 아닌 그 아내가 지은 것이라 하였는데 이것이 옳은 듯하다. 노랫말을 만든 사람은 백수광부의 아내고 이를 한시로 옮긴 사람은 곽리자고의 아내 여옥이다. 구양순(歐陽詢)의 『예문유취(藝文類聚)』와 서견(徐堅)의 『초학기(初學記)』, 백거이의 『백씨육첩사류집(白氏六帖事類集)』 등 당(唐)의 문헌에서도 비슷하게 실려 전한다.

이 작품의 배경에서 백수광부가 '호(壺)'를 끼고 강을 건넌다고 하였는데 호는 술병으로 풀이되어 술에 취한 미치광이로 보기도 하지만, 「공무도하가」를 제목으로 하는 후대의 악부에서 박[瓠]을 허리에 차고 물을 건너는 것으로 된 작품이 많다는 점에서 남편이 박 하나만 허리에 차고 강을 건너려다 죽은 것으로 풀이할 수도 있다.[2] 아내의 만류를 뿌리치고 강물을 건너다가 죽게 되자 그 슬픔에 아내도 따라 죽음을 택하였다는 점에서 가장 이른 시기 열부(烈婦)의 노래라 할 수 있다.[3]

이 작품은 「황조가(黃鳥歌)」처럼 우리말 노래가 나중에 사언(四言)의 한시로

---

1 蔡邕, 「箜篌引」, 『琴操』.

2 성범중, 「公無渡河歌 전승 일고 - 설화의 의미와 시가의 결구를 중심으로」, 『한국한시연구』 26(2018).

3 성기옥, 「공무도하가 연구」, 서울대학교 박사학위논문(1988)에서 이 작품을 정밀하게 분석한 바 있다.

번역된 것이지만, 평성 가운(歌韻)의 '하(河)'와 '하(何)'로 압운한 데서 어느 정도의 형식을 갖춘 시로 볼 수 있다. 사언시는 『시경』에서 보이거니와 오언시가 발흥한 한나라 때까지도 문인들이 애용한 형식이다. 『시경』에서 주로 보이는 사언은 오언 혹은 칠언, 잡언이 주가 되는 남북조(南北朝) 이후의 형식과는 차이가 있다. 이 점에서 이 노래가 채옹의 시대보다 훨씬 앞선 전한 초기의 작품일 가능성이 높다.[4]

'조선진(朝鮮津)'은 기원전 108년 설치한 한사군(漢四郡)의 하나인 낙랑군(樂浪郡)에 속한 대동강으로 보는 것이 일반적이다. 명(明)과 조선 문인들이 대개 이렇게 인식하였다. 명의 사신 기순(祁順, 1434-1497)이 1476년 조선에 왔을 때 대동강에서 지은 「조선잡영(朝鮮雜詠)」에서 "조선진 강물이 급한데, 과객들이 자주 등람한다네. 붉은 치마는 자취가 끊어졌는데, 흰 새는 절로 뜨락잠기락. 예전 박을 들고 가던 노인, 한 번 가서 소식이 없네. 공후에 그리움 일렁이니, 슬프다 여옥의 마음이여.(朝鮮津水急 過客頻登臨 紅裳絶踪迹 白鳥自浮沈 昔年提壺叟 一去無回音 箜篌動所思 傷彼麗玉心)"라 한 것이 『황화집(皇華集)』에 실려 있다. 기순은 「공후인」을 조선의 대동강에서 부른 노래로 본 것이다. 서거정이 여기에 차운한 작품에서도 "나루 강물은 왜 그리 급한가, 너무 급해 갈 수 없으니, 공이여 강을 건너지 마소, 강을 건널 때 안개도 자욱하니.(津流何太急 太急不可臨 公乎無渡河 渡河煙沈沈)"라 하고 그 후반부에서 "내 공후인을 들어 보니, 눈물이 줄줄 옷깃을 적시네. 좋겠다, 곽리자고여, 이름이 고금에 퍼졌으니.(我聞箜篌引 浪浪霑我襟 珍重霍里子 聲名橫古今)"라 한 바 있다.

이를 이어 차천로(車天輅, 1556-1615) 역시 최표의 『고금주』를 인용한 후 조선진은 대동강이라 한 다음, 이백의 「공무도하」에서 "황하가 서로 흘러와 곤

---

4 김은정, 「형성기 한국한시 연구」, 서울대학교 석사학위논문(1996)에서 자세히 다룬 바 있어 이를 크게 참조하였다.

륜을 터놓았으니, 만 리를 울부짖어 용문에 와서 부딪치네.(黃河西來決崑崙 咆哮萬里觸龍門)"라 한 것을 두고, "시인의 말이라고 하더라도 옛일을 구사하면서 사실을 잘못 인용하였으니, 본받을 것이 못 된다."라 하였다. 이백이 대동강을 황하로 잘못 안 것을 비판한 것이다. 정약용(丁若鏞, 1762-1836)의 『대동수경(大東水經)』에서도 역시 같은 시를 인용하고, 조선현(朝鮮縣)이 낙랑군에 있고 지금의 평양부(平壤府)이며 조선진은 대동하(大同河)이므로 이백의 시에서 황하라 한 것이 맞지 않다고 하였다.[5] 또 이덕무는 한 무제(漢武帝) 때의 작품이라고 한 차천로의 설을 인용하고,[6] 위만조선(衛滿朝鮮)이나 한사군을 설치할 때의 일로 추정하였다. 다만 곽리자고와 여옥, 여용 등이 세련된 이름인데 위만이 연(燕) 출신인 것처럼 곽리자고가 중국에서 온 사람일 수도 있다고 하였다. 성해응(成海應, 1760-1839)의 「동국지리변(東國地理辨)」에서도[7] 조선은 평양이고 백수광부가 빠진 곳은 대동강이며, 기자가 평양에 도읍을 정하고 팔조(八條)로 교화하여 열부의 행실이 있게 된 것이라 하였다. 중국 문명이 동방으로 와서 이룬 결실의 하나로 본 것이다.

5 丁若鏞, 「浿水二」, 『大東水經』.

6 李德懋, 「盎葉記」, 『靑莊館全書』 권54. 지금의 『五山說林草藁』에 이 대목은 확인되지 않는다.

7 成海應, 「東國地理辨」, 『硏經齋全集』 「續集」 16책.

02.
신라 진덕왕이 당에 보낸 시

우리 문헌에 전하는 본격적인 여성의 한시는 진덕왕(眞德王, 재위 647-654)이 당 고종(唐高宗)에게 보낸 것이다. 우리나라의 본격적인 오언고시가 여기서 비롯한다.

6월에 대당(大唐)에 사신을 보내 백제의 무리를 격파한 사실을 고하였다. 왕이 비단을 짜고 오언(五言)의 태평송(太平頌)을 짓고 김춘추(金春秋)의 아들인 김법민(金法敏)을 파견하여 당의 황제에게 바쳤다. 그 가사는 다음과 같다.

위대한 당나라가 대업을 열었으니 大唐開洪業
높디높은 황제의 계책이 창성하여라. 巍巍皇猷昌
전쟁 멈춤에 융의로 세상이 안정되고 止戈戎衣定
문치를 함에 백대의 왕을 계승하였네. 修文繼百王

천하를 통치하니 은총의 비가 흡족하고 統天崇雨施
만물을 다스려 함장의 덕을 실천하셨네. 理物體含章
인을 중시하여 만백성 일용이 조화롭고 深仁諧日用
시운을 따라 태평성세를 이루려 하시네. 撫運邁時康

휘날리는 깃발은 어찌 그리 빛나며	幡旗何赫赫
울리는 북소리는 어찌 그리 우렁찬가.	鉦皷何鍠鍠
오랑캐 중에 천명을 어기는 자는	外夷違命者
세상을 뒤집다가 천벌을 받으리라.	剪覆被天殃
순박한 풍속 음지와 양지에 모이니	淳風凝幽顯
원근에서 다투어 상서로움 바치네.	遐邇競呈祥
사시사철 옥촉처럼 조화로운 시절이라	四時和玉燭
해와 달과 별은 만방을 순행하네.	七曜巡萬方
높은 산은 재상의 인재를 내려주니	維嶽降宰輔
황제는 충량한 신하를 임용하시네.	維帝任忠良
삼황오제의 덕을 한가지로 하였으니	五三成一德
우리 당나라 황실을 비춰 주리라.	昭我唐家皇

고종이 가상하게 여기고 김법민을 태부경(太府卿)에 임명하여 돌려보냈다.[1]

김부식(金富軾)의 『삼국사기(三國史記)』에 이 시의 배경이 자세하게 기록되어 있다. 649년 8월, 해동의 증자(曾子)라 불리며 성군의 칭송을 받던 백제 의자왕(義慈王)의 공격으로 신라는 일곱 개의 성을 빼앗겼다. 그러나 바로 김유신(金庾信)이 반격하여 백제의 군사를 대파하였다. 이에 신라는 이러한 승전을 알리는 한편, 이보다 한 달 전 당 태종(唐太宗)이 고구려 정벌을 준비하다 죽고 당 고종이 제위에 오른 것을 축하하기 위하여 김법민을 사신으로 보내었다. 김법민은 태종무열왕(太宗武烈王) 김춘추의 아들이며 후에 문무왕(文武王)이 된 인물이

1 金富軾, 「新羅本紀」, 『三國史記』 권5.

다. 이때 진덕왕이 시를 짓고 이를 비단에 수를 놓아 고종에게 보내도록 한 것이다.[2]

진덕왕은 이름이 승만(勝曼)으로, 진평왕(眞平王)의 아우 국반갈문왕(國飯葛文王)과 월명부인(月明夫人) 박씨(朴氏) 사이에 태어났다. 즉위 초 잦은 고구려와 백제의 공격을 막아내기 위해 당과 화친을 강화하고 이를 위해 독자적인 연호 태화(太和)를 버리고 고종의 연호 영휘(永徽)를 사용하였으며 관제를 중국식으로 정비하였다. 진덕왕이 자신의 이름으로 시를 지어 고종에게 바친 것도 이러한 외교의 일환이었다.

비단에 문양을 넣어 수놓은 시를 선기도(璇璣圖) 혹은 직금(織錦)이라 한다. 진(晉)의 소혜(蘇蕙)가 변방에 가 있던 남편 두도(竇滔)를 그리워하여 오색실로 시를 비단에 짜서 보낸 것에서 유래한다. 조선에서도 말기까지 규방 여성 사이에 꾸준히 유행한 것이기도 하다. 진덕왕이 이렇게 만든 시를 보낸 일은 지금의 시각으로는 지나친 사대(事大)라 폄하할 수도 있지만, 당시 약소국 신라가 당의 힘을 빌기 위한 고육책이었을 것이다. 그래서 진덕왕이 지은 시도 개인의 창작이라기보다는 당시 최고의 문사들이 힘을 합쳐 신라의 문운(文運)을 과시한 것이라고도 할 수 있다.

이 작품은 먼저 당이 개국 이래 성군(聖君)이 태평성세를 열었음을 칭송하였다. 제왕의 대업을 이르는 '홍업(洪業)'[3]과 제왕의 책략을 이르는 '황유(皇猷)'로 시상을 열었다. 또 요(堯)의 위대한 덕을 칭송한 '위위(巍巍)', 『서경』에서 주 무왕(周武王)의 공덕을 이른 '융의(戎衣)', 삼황오제(三皇五帝)의 덕을 계승한 '백왕(百王)' 등 유래가 있는 문자를 가져와 당의 황제들이 요순문무(堯舜文武)의 정통

2 이 작품은 『삼국사기』 외에도 『三國遺事』, 『東文選』, 『東史綱目』, 『海東繹史』 등 많은 문헌에 실려 있고, 중국에서도 『舊唐書』, 『新唐書』, 『唐詩紀事』, 『文苑英華』, 『册府元龜』, 『玉海』, 『唐詩品彙』, 『全唐詩』 등 수많은 문헌에서 이 작품이 발견된다. 문헌에 따라 「織錦獻唐高宗」, 「大唐太平頌」, 「致唐太平頌」, 「太平頌」, 「太平詩」, 「太平歌」, 「織錦詩」 등 여러 제목으로 표기되어 있다.

3 '洪業'은 '鴻業'으로 되어 있는 곳도 있는데 모두 제왕의 大業을 이른다.

을 이었다고 칭송하였다.[4]

이어 한 반고(班固)의 『백호통(白虎通)』에서 이른 '승천이물(承天理物)' 혹은 『후한서』에서 이른 '통천이물(統天理物)' 등의 어휘로 황제의 위엄을 드러내는 한편, 은혜와 겸양을 비유하는 '우시(雨施)'와 '함장(含章)'에 연결하여 천자의 인덕(仁德)을 칭송하고,[5] 이로 인해 백성의 '일용(日用)'이 조화롭고 요순의 태평성세를 가리키는 '시강(時康)'에 이르게 되었다고 하였다.[6]

세 번째 단락은 당 문치에 이어 무위(武威)를 칭송한 것이다. 『시경』에 나오는 '혁혁(赫赫)'과 '황황(鍠鍠)'으로 당 고종을 주 문왕과 주 무왕에 비하였다.[7] '전복(翦覆)'은 역신 동탁(董卓)이 사해를 전복하였다는 『후한서』에서 나온 말이고, '천앙(天殃)'은 군대를 일으키면 하늘의 재앙을 받는다는 『예기』에서 나온 말이니, 신라는 백제나 고구려와 다르다는 점을 강조하고 백제와 고구려가 천하를 어지럽히고 있으니 당의 징벌을 받는 것이 마땅하다는 뜻을 이렇게 말한 것이다.

---

4 『論語』「泰伯」의 "위대하다, 요의 임금 됨이여. 높디높은 하늘만이 가장 크니, 오직 요 임금만 이를 본받았네.(大哉 堯之爲君也 巍巍乎唯天爲大 唯堯則之)", 『書經』「武成」의 "한 번 융의(戎衣)를 입으니, 천하가 평정되었다.(一戎衣 天下大定)", 『漢書』「董仲舒傳」의 "오제삼왕(五帝三王)의 도로 제도를 개혁하고 음악을 제작하여 천하가 화합하니 백왕이 이와 함께하였다.(五帝三王之道 改制作樂而天下洽和 百王同之.)" 등을 전고로 사용하였다.

5 董仲舒의 『春秋繁露』「暖燠孰多」 중 "성왕이 상위에 있으니 하늘이 덮고 땅이 실어 바람이 명령하고 비가 시행한다. 비가 시행하는 것은 덕을 고루 베푸는 것이고 바람이 명령하는 것은 곧게 말하여 명하는 것이다.(聖王在上位 天覆地載 風令雨施 雨施者,布德均也 風令者 言令直也)", 『周易』 坤卦 六三 중 "아름다움을 머금으면 정고하게 지킬 수 있으니, 혹 임금의 일에 종사함에 공을 이루지 못해도 끝맺음해야 한다.(含章可貞 或從王事 无成有終)"에 출처를 둔 어휘다.

6 『周易』「繫辞上」에 "백성이 매일 사용하면서도 알지 못하므로 군자의 도가 드문 것이다.(百姓日用而不知 故君子之道鮮矣)"가, 王粲의 「無射鍾銘」에 "계절의 아름다운 징조라, 사람들이 태평성세라 말하네.(休徵時序 人說時康)"가 보인다. 日月로 된 데도 있는데 이때는 일기가 순조롭다는 뜻이 된다. '時康'이 '陶唐'으로 된 데도 있는데 堯 임금을 이른다.

7 『詩經』「大明」의 "밝고 밝은 덕이 아래에 있어, 빛나고 빛나는 명이 위에 있네.(明明在下 赫赫在上)", 「執競」의 "종과 북이 쾅쾅 울리며, 경쇠와 피리가 쟁쟁히 울리니 복을 내림이 풍성하다.(鍾鼓鍠鍠 磬筦將將 降福穰穰.)"에 출처를 두고 있다.

이어 신라가 천명을 받은 당을 섬겨 천앙을 만나지 않았고 당의 순풍(淳風)에 힘입어 교화를 이루었다고 하였다.[8] 갈홍(葛洪)의 『포박자(抱朴子)』에서 순풍이 백대(百代)의 더러움을 씻기에 족하다고 하였고, 『한서』에서 "천자가 아름다워 종사(宗師)로 삼을지니, 사방의 멀고 가까운 데서 나라의 광채를 볼 것이다."라 하였으니, 변방의 신라가 중국의 연호와 관제를 따르게 되어 문명 세계로 들어섰다는 뜻이다. 또 주 문왕 때 적작(赤雀)이 상고시대 제왕의 도를 적은 단서(丹書)를 물고 왔다는 '정상(呈祥)'이 이어질 것이라 하였는데 신라에서 감사의 뜻으로 공물(貢物)을 바친 것을 함께 이른 것이다. 이를 이어 다시 한 번 더 당의 위엄을 찬송하였는데 『이아(爾雅)』에서 사계절의 기운이 조화로운 것을 옥촉(玉燭)이라 한다는 구절과 『후한서』에서 "위로 칠요(七燿)와 가지런하고 아래로 만국(萬國)을 누른다."라 한 구절을 끌어들였다.

그리고 마지막 대목에서 다시 한 번 당의 태평성세를 기원하였다. 『시경』「숭고(崧高)」에서 "사악(四嶽)이 신을 내려서 대대로 신백(申伯)과 보후(甫侯) 등의 뛰어난 재상을 내려보냈다."는 구절, 『서경』에서 문왕과 무왕이 총명한 성군으로 대소 신료가 모두 충량(忠良)하였다는 구절 등을 두루 끌어들였다. 이를 통해 당이 천명을 받았고 특히 고종 황제는 '요순문무'의 계보를 이은 성군임을 거듭 칭송한 다음, 다시 삼황오제와 그 덕을 함께하여 당 황실이 영원할 것이라는 축원의 말로 종결하였다.[9] 우리 당나라[我唐]라 하여 친근함을 표현한 것이 이 시를 보낸 가장 큰 뜻이기도 하다.

이 작품은 우리나라에서 본격적인 한시 창작 방법이 구사된 최초의 작품이라 할 만하다. 오언고시인데 평성 양운(陽韻) 하나로 압운하고 대(對)를 거듭 사용함으로써 엄정함을 보였다. 4구를 하나로 하여 다섯 단락으로 나누고, 담

---

8 원문의 "淳風凝幽顯"은 "淳風凝宇宙"로 된 데도 있다. '幽顯'은 음과 양, 이승과 저승을 이르는 말인데 우주와 함께 온 세상의 뜻으로 쓴 말이다.

9 마지막 구의 '唐家皇'은 '皇家唐', '唐家光'으로 된 데도 있는데 뜻 차이가 있는 것 같지는 않다.

고자 하는 내용을 적절히 안배하였다. 특히 중국 고대의 다양한 문헌을 바탕으로 깊이 있는 전고(典故)를 구사하였다는 점이 주목된다. 여기서 인용된 문헌에서 당시 신라 지식 정보의 양을 짐작할 수도 있다.

이와 함께 이 작품은 지금의 시각으로 보면 다소 아유(阿諛)의 혐의가 있지만, 한시가 문명과 교양의 중심에 있던 시대의 비평가에게는 매우 수준 높은 작품으로 평가되었다. 김만중(金萬重, 1637-1692)이 『서포만필(西浦漫筆)』에서 전아(典雅)하여 변방 오랑캐의 기풍이 없다고 하였고 명 고병도 『당시품휘』에서 "고고(高古)하고 웅혼(雄渾)하여 초당(初唐)의 여러 작품과 나란하다."라고 칭송한 데서 이를 확인할 수 있다.

03.
당으로 시집간 설씨의 반속요

신라는 중국과의 교류가 활발하였고 또 신라의 여성이 중국인과 혼인한 사례도 심심찮게 발견된다. 이러한 여성에 대한 기록은 주로 중국 문헌에 실려 있는데 한시가 에피소드로 인용되기도 한다. 당 진자앙(陳子昂)이 쓴, 동시대 신라 출신의 여성 설씨(薛氏, ?-693)의 묘지명(墓誌銘)에서 이러한 여성을 만날 수 있다.

> 희인(姬人)의 성은 설씨요, 본디 동명국(東明國)의 왕 김씨(金氏)의 후예다. 예전에 김씨 왕이 사랑하는 아들이 있어 설(薛) 땅에 따로 식읍(食邑)을 주었는데 이에 따라 성을 삼았고 대대로 김씨와는 혼인하지 않았다. 설씨의 고조와 증조는 김씨 왕의 높은 신하로 귀족이다. 부친은 승충(承沖)인데 당 고종 때 김인문(金仁問)과 함께 당나라로 귀화하였다. 황제가 그 공을 헤아려 좌무위대장군(左武衛大將軍)에 임명하였다.
>
> 희인은 어려서 미모가 있어, 아침에 오색구름이 피어오르는 듯하고 밤에 초승달이 하늘을 비추는 듯한 광채를 발하였다. 이 때문에 집안사람들이 아름답게 여겼다. 어려서의 이름은 선자(仙子)였는데 영대(嬴臺)에 공작과 봉황의 일이 있음을 알아 마음을 갖고 좋아하였다. 나이 열다섯에 대장군이 사망하자 마침내 머리를 깎고 출가하여 불법을 배우고자 하였다. 보수보살(寶手菩薩)을 보고서 6년 동안 정심하였지만 청련(靑蓮)이 이르지 않았다. 이에 이렇게 노래하였다.

운심을 바꾸려 숙진을 생각하였고	化雲心兮思淑眞

적멸에 빠지려 사람을 보지 않았건만.	洞寂滅兮不見人
고운 풀이 향긋해서 마음이 심란하니	瑶草芳兮思氛氳
장차 어찌 하리오, 이 푸른 봄날을.	將奈何兮青春

마침내 예전 옷으로 갈아입고 우리 곽공(郭公)에게 시집왔다. 곽공은 호탕하고 기이함을 좋아하는 사람이라, 각종 패물로 맞이하고 좋은 금(琴)으로 사랑하였으니 마치 청조(青鳥)와 비취(翡翠)가 짝을 연모하는 듯하였다. 꽃이 흐드러지면 고움도 바래고 즐거움이 다하면 슬픔이 오는 법, 장수(長壽) 2년(693) 계사년 2월 17일 병을 얻어 통천현(通泉縣)의 관아에서 죽었다.

아아, 슬프다, 곽공은 황망하여 아직 죽지 않은 사람처럼 여기고 보배를 입에 물리고 비단 이불을 덮어 주었다. 고향이 길이 멀어 돌려보낼 겨를이 없기에 통천현 혜보사(惠普寺)의 남원(南園)에 빈소를 차렸으니, 그 마음을 잊지 않은 것이다. 명은 이러하다.

높은 언덕의 저 흰 구름아	高丘之白雲兮
한 번 보고자 해도 그 언제일지?	願一見之何期
슬프다, 숙인이 영영 가버렸으니	哀淑人之永逝
감원(紺園)의 봄날이 사라져 버렸네.	滅紺園之春時
파랑새 되어 길이 날개 펼치고서	願作青鳥長比翼
혼백이 돌아가 고향에서 노닐기를.	魂魄來兮遊故國[1]

당 초기의 이름난 문인 진자앙이 지은 글인데 송 이방(李昉)의 『문원영화(文苑英華)』에 실린 것을 소개하였다.[2] 설씨는 설요(薛瑤)로 알려져 있지만 진자앙의 글에서는 '요(瑤)'라는 이름이 확인되지 않는다. 강희제(康熙帝) 때인 1705년 편

1 陳子昂, 「館陶郭公姬薛氏墓誌銘」, 李昉, 『文苑英華』 권964.

2 그의 문집 『陳伯玉集』, 明 陳天定의 『古今小品』, 賀復徵의 『文章辨體彙選』, 清 董誥의 『全唐文』 등에도 실려 있는데 글자가 조금 다른 곳도 있다.

차된 『전당시(全唐詩)』가 조선에 수입되었는데 여기에 그가 지은 시를 「요(謠)」라는 제목으로 수록하였으며, 「반속요(反俗謠)」라고도 한다고 하였다. '요'라는 이름의 근거는 알 수 없다.[3]

설씨는 부친이 설승충(薛承沖, 永沖으로 된 데도 있다.)이다. 문무왕의 아우 김인문(金仁問, 629-694)이 일곱 차례 당으로 오가며 외교활동을 펼쳤고 이로써 삼국통일에 큰 공을 세웠다. 설승충은 이때 당으로 건너갔다. 신라와 당이 전쟁을 치르던 674년 당 고종에 의해 김인문이 신라의 국왕으로 임명되었지만 부임하지 못하고 당에 머물고 있었다. 설승충은 김인문과 함께 당나라에서 외교활동을 전개하다가 귀화하여 궁궐의 숙위를 담당하는 정3품의 좌무위대장군에 임명되었다.

조선에서는 이덕무의 「앙엽기」에 이 작품이 처음 보인다.[4] 이덕무는 진자앙이 지은 설씨의 묘지명과 『전당시』의 기록을 바탕으로 변증하였다. 금와(金蛙)가 동명왕 고주몽(高朱蒙)을 낳았으므로 동명국 출신이라는 것은 곧 금와의 후손이라는 뜻이다. 진자앙이 이를 두고 김씨라 하였을 것으로 추정하였다.[5] 또 설승충은, 621년 당나라로 가서 태종 때 좌무위과의(左武衛果毅)를 지내고 고구려를 정벌할 때 주필산(駐蹕山)에서 전사한 설계두(薛罽頭)와 동일인인데 후에 개명하였을 것이라 하고는, 645년 설계두가 주필산에서 죽었으므로, 그때 설씨가 15세였다면 631년에 태어났을 것이라 하였다.

한치윤(韓致奫, 1765-1814)의 『해동역사』에도 이 내용을 거의 그대로 옮겼지만,[6] 대부분이 잘못된 추정이다. 설승충이 설계두와 같은 집안이라 하더라도 그의 손자뻘쯤 될 것이다. 설씨는 15세에 아버지가 별세하고 출가하여 6년

---

3 『全唐詩』에서 진자앙의 글 중간 대목에서 '瑶情悅之'를 오독한 듯하다. '요정'이 순결하고 진지한 정을 이르는 말이고, '요'가 이름은 아니다.

4 李德懋, 「盎葉記」, 『青莊館全書』 권54.

5 金蛙에서 金을 성으로 판단한 것인데 이러한 해석은 다른 데서 보이지 않는다.

6 韓致奫, 『海東繹史』 권47.

동안 수행하다가 곽원진(郭元振, 656-713)의 희인이 되었는데, 희인은 첩을 가리킨다. 곽원진은 백성을 구휼한 명관으로 조선시대 문헌에 그의 고사가 제법 보인다. 그 본명이 곽진(郭震)인데 자 원진(元振)으로 행세하였다. 재상과 장군으로 제주 자사(濟州刺史)를 역임한 곽애(郭愛)의 아들이고 위주(魏州) 귀향(貴鄕), 즉 지금의 하북성 한단시(邯鄲市) 대명현(大名縣) 출신인데 후에 재상을 지내고 대국공(代國公)에 봉해졌다. 당의 시인 두보(杜甫)의 「곽대공의 옛집을 지나며(過郭代公故宅)」에서 "대공이 통천현위를 지낼 때, 마음이 어찌 그리 태연하였나(代公尉通泉於意何自若)"라 한 바 있다.

곽원진은 젊은 시절 통천현위(通泉縣尉)를 지냈는데 그때 살던 집에서 설씨가 세상을 뜬 것으로 보인다. 또 설씨는 21세에 혼인하여 얼마 있지 않아 죽었으니 670년 무렵 태어난 것으로 보아야 할 것이다. 나당 전쟁이 670년 시작되었으니 이 무렵 설승충이 귀화하였을 것이고 바로 여인을 만나 설씨를 낳았을 것 같다.

설씨는 어려서부터 백옥 같은 피부를 가진 아름다운 자태가 있어 선자로 불렸다. 진자앙은 영대에 공작과 봉황의 일이 있음을 알고 뜻을 품고 좋아한다고 하였는데 영대는 진 목공(秦穆公)의 딸 농옥(弄玉)이 살던 봉대(鳳臺)다. 여기서는 궁궐을 지칭한다. 이백의 「상운락(上雲樂)」은 서역(西域)에서 사자나 봉황 등의 가면을 쓰고 추던 공연을 묘사한 작품인데, 설씨가 봉황과 공작의 일을 좋아하였다고 한 것이 궁중에서 연행하는 봉황이나 공작의 가면을 쓰고 추는 춤이었을 듯하다. 어린 설씨가 여기에 관심이 많아 이를 배웠을 것 같다. 나중에 환속한 후 곽원진의 첩이 된 것도 아마 이러한 가무에 능한 재주 때문이었을 가능성이 높다. 우리나라 여성이 중국에 가서 가무로 남편의 사랑을 받은 예는 거듭 보이는데 설씨가 가장 앞자리에 있다.

설씨는 어려서 화려하게 살았지만 15세에 아버지를 잃자 출가하였다. 이유는 알 수 없지만 돌봐 줄 사람이 없어 부득이하였을 것 같다. 출가한 지 얼마 되지 않아 보수보살을 보았다고 하였는데 보수보살은 보상보살(寶常菩薩)이라 고도 한다. 손에 연꽃을 들고 일체의 소원을 만족시켜 주는 존재다. 설씨는 보수보살을 보고 불법을 얻을 수 있으리라 생각하였지만 6년간의 수행에도 성과를 거두지 못하였다. 청련이 이르지 않았다는 말이 이 뜻이다. 청련은 푸른 연꽃으로 불안(佛眼)을 비유하는 말이기도 하다. 그래서 이 노래를 짓고 환속한 것이다.

「반속요」로 알려진 이 작품은 매우 난해하다. '운심(雲心)'은 구름처럼 한가한 마음인데 거꾸로 운심수성(雲心水性)이라 하면 구름과 물처럼 변화무상하고 항상되지 않은 여인의 마음을 비유하기도 한다. 특히 『대비로자나경(大毗盧遮那經)』에서 "무엇을 구름의 마음이라 하는가. 언제나 비를 내리려고 사념하는 것을 말한다."라 한 바 있다. 비가 내리려 할 때 사람의 기분이 우울해지고 고민이 많아져 마음이 활짝 개지 못한다 하여 운심이라 한다. 그렇다면 1구는 구름 낀 듯 답답한 마음을 바꾸려 숙진(淑眞), 즉 맑고 참됨 혹은 맑고 바른 생각을 하였다는 뜻이 된다.[7]

2구에서 적멸(寂滅)은 번뇌에서 벗어나고 생사의 고통에서 해탈한 경지를 이른다. 적멸에 잠심하려고 속인을 보지 않는다고 하였다. '인불견(人不見)'을 청련이 이르지 않는다는 뜻으로 보고 불법을 깨치지 못한 것을 비유한 것으로 풀이하기도 한다. 다만 그런 뜻이라면 견불(見佛)이라야 하는데 부처가 아닌 사람이 보이지 않는다 하였으니 석연하지 않다. 소박하게 사람을 보지 않는다는 뜻으로 풀이하면 오히려 뜻이 분명하다.

그리고 3구의 '분온(氛氳)'은 향기가 자욱하다는 뜻도 있지만 마음이 복잡하다는 뜻도 있다. 고운 풀이 향기를 뿜으니 오히려 마음이 뒤숭숭해진다고 보는 것이 좋을 듯하다. 아름다운 봄날 절간에서 불법을 닦아 보았지만 마음을

7 '淑眞'이 '淑貞'으로, '氛氳'이 '蒕蒀'으로 된 데도 있는데 뜻은 다르지 않다.

다스리는 데 별 소용이 없어 하산하게 되었다고 보고 싶다.[8]

그리고 설씨는 곽원진과 혼인하였다. 곽원진이 호탕하고 기이한 성품을 지녔다는 말은 설씨가 비구니 출신이지만 꺼리지 않았다는 뜻이다. 『시경』의 「여왈계명(女曰鷄鳴)」에서 "그대가 오신 것 알기에, 여러 패물을 드리리라. 그대가 따르는 것 알기에, 여러 패물을 보내리라. 그대가 좋아하는 줄 알기에, 여러 패물로 답하리라.(知子之來之 雜佩以贈之 知子之順之 雜佩以問之 知子之好之 雜佩以報之)"라고 한 구절과 「관저(關雎)」에서 "아리따운 숙녀를 금과 슬로 친애하네.(窈窕淑女 琴瑟友之)"라 한 구절을 끌어들여 곽원진이 온갖 패물을 주어 설씨를 맞고 또 금과 슬을 연주하면서 서로 사랑했다고 하였다. 설씨가 어린 시절 화려한 환경에 자랐고 가무에 능하였기에 이런 표현을 썼을 것이다. 또 곽원진은 설씨가 죽은 후에 입에 보배를 물리고 비단 이불을 덮어 주었다 하니 설씨를 얼마나 아꼈는지 짐작이 된다. 시신을 고향으로 돌려보낼 수 없었기에 인근의 혜보사 남쪽 언덕에 장사를 치렀는데, 성도(成都)의 동쪽 수녕시(遂寧市) 서북쪽 사홍현(射洪縣) 유수진(柳樹鎭) 인근, 왕발의 「재주 통천현 혜보사비(梓州通泉縣惠普寺碑)」가 세워진 곳이다. 고향은 신라가 아닌 장안(長安)일 수도 있겠다.

진자앙은 명(銘)에서 곽원진을 대신하여 설씨의 영령을 달랬다.[9] 무덤 위에 흰 구름이 떠있으니 인생사가 그처럼 허망하다. 다시 만나보고 싶지만 기약이 없다. 영영 가고 없으니 시신이 안장된 절간의 봄날은 슬프기만 하다. 이런 뜻을 말한 다음, 설씨가 파랑새 되어 그리운 고향으로 돌아갈 것을 염원하였다. 당대 최고의 시인 진자앙의 글솜씨도 함께 보게 해 준다.

---

8 이 작품은 '人'과 '春'이 平聲 眞韻이지만 칠언으로 정제되어 있지 않고 거듭 사용한 '兮'를 빼면 三言詩에 가깝다. 첫 구의 淑貞을 淑眞으로 하고, 隣韻인 평성 文韻의 '氳' 혹은 '蒕'을 두었다는 점에서 매구 압운한 것으로도 볼 수 있다. 또 평측도 고려하지 않았다.

9 '滅紺園之春時'는 '感紺園之春時'로 된 데도 있는데 절에서의 봄날을 생각하면 마음이 슬프다는 뜻이다. 또 '魂魄來兮遊故國'이 '魂魄歸來遊故國'으로 된 데도 있는데 뜻은 같다.

04.
여인의 몸을 빈 관음보살의 시

신라나 고려는 불교 국가였고 역사 기록도 불교와 관련한 내용이 많다. 특히 일연(一然, 1206-1289)의 『삼국유사(三國遺事)』에는 절의 창건과 관련한 설화가 풍성한데, 경덕왕(景德王)이 757년 세운 백월산(白月山) 남사(南寺)에 대한 것이 흥미를 끈다. 백월산은 경상남도 창원시 북면 월촌리에 있다. 남사는 남백사(南白寺)라고도 하는데 인근 무릉산(武陵山) 기슭에 집이 있던 주세붕(周世鵬, 1495-1554)이 우거한 적이 있다.[1] 『삼국유사』에 실려 있는 이 절의 연기설화에 관음보살(觀音菩薩)이 지은 두 편의 시가 인용되어 있다. 관음보살을 여성 작가로 볼 수는 없지만 인간 세상에서 여성의 몸으로 지은 것이라는 점에서 다룰 만하다. 후대 여성이 남성을 유혹하는 작품의 틀과 크게 다르지 않다는 점도 눈여겨볼 만하다.

백월산의 동남쪽 3,000보쯤 되는 곳에 선천촌(仙川村)이 있는데 이 마을에 두 사람이 살았다. 한 사람은 노힐부득(努肹夫得)인데 아버지는 이름이 월장(月藏)이고 어머니는 미승(味勝)이다. 또 한 사람은 달달박박(怛怛朴朴)인데 아버지는 이름이 수범(修梵)이고 어머니는 범마(梵摩)다. 두 사람 모두 풍채와 골격이 범상치 않은데 속세

1 周世鵬, 「棲白月山南白寺, 燈下有感」, 『武陵雜稿』 권2.

를 벗어나고자 하는 고상한 마음을 가지고 있어 서로 우애가 깊었다. 둘 다 약관의 나이가 되었을 때 마을 동북쪽 고개 너머 법적방(法積房)에 가서 살며 머리를 깎고 중이 되었다.

얼마 후 서남쪽의 치산촌(雉山村) 법종곡(法宗谷) 승도촌(僧道村)에 옛 절이 있어 참된 불법을 닦을 만하다는 말을 듣고 함께 가서 대불전(大佛田)과 소불전(小佛田) 두 마을에 각기 기거하였다. 노힐부득은 회진암(懷眞庵)에 살았는데 양사(壤寺)라고도 하였다. 달달박박은 유리광사(瑠璃光寺)에 살았다. 모두 처자를 데리고 와서 살면서 산업을 경영하였다. 서로 왕래하면서 몸과 마음을 수양하고 방외(方外)의 뜻을 잠시도 버리지 않았다. 그러다 육신과 세상의 무상함을 관조하고 서로 말하였다.

"기름진 논밭에 풍년이 들면 참으로 이롭지만, 옷과 밥이 마음에 걸리는 것보다는 저절로 배부르고 따뜻함을 얻는 것이 낫고, 아내와 집이 좋지만 극락정토(極樂淨土)의 연화장세계(蓮花藏世界)에서 수많은 성인과 함께 놀면서 앵무새나 공작새와 함께 즐기는 것만 못하다네. 하물며 불법을 배움에 마땅히 성불(成佛)해야 하고 참된 불법을 닦음에 반드시 참된 불법을 얻어야 하지 않겠는가. 지금 우리가 머리를 깎고 중이 되었으니, 마땅히 얽히고설킨 데서 벗어나 여래(如來)의 무상도(無上道)를 이루어야 할 것이라. 풍진에 골몰하여 세속의 무리와 다를 것이 없으면 어찌 옳겠는가?"

드디어 인간 세상을 떠나서 깊은 골짜기에 숨고자 하였다. 어느 날 꿈에 백호(白毫)의 빛이 서쪽으로부터 이르더니, 빛 가운데서 금색의 팔이 내려와 두 사람의 이마를 쓰다듬었다. 깨어나 꿈 이야기를 하는데 서로 똑같았다. 두 사람이 모두 한참 감탄하고 드디어 백월산 무등곡(無等谷)으로 들어갔다. 박박 대사는 북쪽 고개의 사자암(師子嵓)을 차지하여 판잣집 팔척방(八尺房)을 짓고 살아 그 이름을 판방(板房)이라고 하였고, 부득 대사는 동쪽 고개의 돌무더기 아래 물이 있는 곳에 역시 방장(方丈)을 만들고 살아 그 이름을 뇌방(磊房)이라고 하였다. 각자 암자에 거처하면서 노힐부득은 부지런히 미륵불을 구하고 달달박박은 아미타불을 염송하였다.

3년이 채 되지 못한 경룡(景龍) 3년 기유 성덕왕(聖德王) 즉위 8년(709년) 4월 8일 날이 저물 무렵, 한 낭자가 있어 나이 스무 살쯤 되었는데 자태가 아름답고 난초와 사향의 향기를 풍겼다. 금방 북쪽 암자에 오더니 하룻밤 묵기를 청하면서 글을 지어 바쳤다.

길 가다 해가 지고 첩첩 산이 저무는데	行逢日落千山暮
길 끊기고 마을 멀고 사방에 인가 없기에	路隔城遥絶四隣
오늘 밤은 이 암자에 하루 묵어가려 하니	今日欲投庵下宿
자비로운 화상이여 나를 꾸짖지 마소서.	慈悲和尙莫生嗔

달달박박이 말하였다.

"절간은 청정(淸淨)을 지키는 것이 의무인지라, 당신이 가까이 올 곳이 아닙니다. 어서 가세요. 이곳에 머물 수는 없습니다."

이렇게 말하고는 문을 닫고 들어가 버렸다. 낭자가 남쪽 암자로 가서 다시 앞서처럼 부탁하였다. 노힐부득이 말하였다.

"당신은 이 밤을 무릅쓰고 어디서 왔습니까?"

낭자가 대답하였다.

"맑고 평안하기가 태허(太虛)와 한 몸이 되었는데, 어찌 왕래함이 있겠습니까? 그저 현사(賢士)께서 소원이 깊고 무거우며 덕행이 높고 굳다는 것을 듣고 장차 도와 보리(菩提)의 입구를 만들고자 할 뿐입니다."

이에 게(偈) 한 수를 지어 그에게 주었다.

해 저물고 첩첩산중의 길이라	日暮千山路
가도 가도 사방에 인가가 없네.	行行絶四隣
솔과 대는 그늘이 더욱 깊은데	竹松陰轉邃
골짜기에 메아리 아직 새롭다오.	溪洞響猶新
묵어갈 것 청함 길 잃어서가 아니요	乞宿非迷路
존사께 길을 가르쳐 드리려 함이라.	尊師欲指津
원컨대 저의 부탁을 들어만 주시고	願惟從我請

무엇 하는 사람인지는 묻지는 마소서. 且莫問何人

대사가 게를 듣고 놀라 말하였다.

"이곳은 여인이 더럽힐 곳이 아니라오. 그러나 중생을 따르는 것도 보살행(菩薩行)의 하나겠지요. 게다가 궁벽한 산골에 밤이 어두우니 어찌 홀대할 수 있겠소?"

이에 맞아 예를 표하고 암자 안에 있도록 하였다. 밤이 되자 노힐부득은 마음을 맑게 하고 몸을 바로 잡고 벽에 걸린 희미한 등불 아래 느릿느릿 염불하였다. 밤이 깊어갈 때 낭자가 노힐부득을 불렀다.

"제가 불행히도 마침 해산할 것 같으니 화상께서는 짚자리를 좀 깔아 주십시오."

노힐부득은 불쌍히 여기고 거절하지 못하였다. 촛불이 은은한데 낭자가 해산을 하고 나서 다시 목욕을 하고 싶다고 부탁하였다. 노힐부득은 부끄러움과 두려움이 마음에 교차하였지만, 불쌍한 생각이 더해져 그만둘 수 없었다. 다시 통을 준비하여 그 안에 낭자를 앉히고 불을 지펴 물을 데워 목욕을 시켰다. 이윽고 통 속의 물에서 향기가 진동하더니 금빛 액체로 변하였다. 노힐부득이 매우 놀라자 낭자가 말하였다.

"우리 대사께서 여기서 목욕하셔도 됩니다."

노힐부득이 마지못해 그렇게 하였다. 홀연 정신이 상쾌해지고 살갗이 금빛으로 변하였다. 그 옆을 보니 연화대(蓮花臺) 하나가 생겨났다. 낭자가 권하여 앉히고 말하였다.

"나는 관음보살인데 대사가 대보리(大菩提)를 성취하도록 와서 도운 것입니다."

말이 끝나자 보이지 않았다.

달달박박은 노힐부득이 오늘 밤 틀림없이 계를 더럽혔을 것으로 여기고 가서 살펴보고자 하였다. 가서 보니, 노힐부득이 연화대에 앉아 미륵존상(彌勒尊像)이 되어 광명을 발산하며 몸에 단금(檀金)의 광채가 났다. 자신도 모르게 머리를 조아려 예를 올리면서 물었다.

"어찌하여 이렇게 되었습니까?"

노힐부득이 그 연유를 자세히 말하니, 박박이 탄식하면서 말하였다.

"저는 업장(業障)이 무거워서 요행히 대성(大聖)을 만나고도 도리어 뜻을 이루지 못하게 되었습니다. 대덕께서는 지극한 인자함으로 나보다 선편(先鞭)을 잡았으니, 원컨대 전날 함께 하고자 한 약조를 잊지 마시고 모름지기 함께 이끌어 주시기 바랍니다."

노힐부득이 말하였다.

"통에 남은 물이 있으니 목욕을 할 수 있습니다."

이에 달달박박도 목욕을 하니, 역시 앞서처럼 무량수불(無量壽佛)이 되어, 두 존상이 엄연히 마주하게 되었다. 산 아래 마을 사람들이 이 소식을 듣고 다투어 와서 우러러보고 감탄하면서 드물고 드문 일이라 하였다. 두 성인이 그들을 위하여 법요(法要)를 강설한 뒤 온몸에 구름을 두르고 떠나갔다.[2]

백월산 동남쪽 선천촌에 살던 노힐부득과 달달박박이 남수동의 무등곡으로 들어가 각기 조그만 판방과 뇌방을 짓고 미륵불과 아미타불을 염송하였다. 성덕왕 8년(709) 4월 8일 어떤 여인이 와서 하룻밤 재워달라고 하였는데 달달박박은 거절하고 노힐부득은 응하였다. 일연은 「백월산양성성도기(白月山兩聖成道記)」라는 글을 인용하였는데 여기에는 달달박박이 "나는 온갖 생각이 재처럼 식었으니 혈낭(血囊)으로 시험하지 말라"고 하면서 거절한 것으로 되어 있다고 하였다. 혈낭은 피를 담은 자루로 육체를 비유한 말이다. 누가 보아도 여인의 유혹처럼 보였으니 달달박박의 이런 반응이 당연하였을 것이다. 달달박박은 성욕으로 시험한 것이라 여겨 여인을 쫓았지만, 노힐부득은 여인을 불쌍히 여기는 마음에서 그 말을 따라 결과적으로는 먼저 미륵불이 되었고, 달달박박이 이를 후회하고 노힐부득처럼 목욕하여 무량수불, 곧 미타불이 되었다.

여인이 처음 달달박박에게 준 글은 칠언절구다. 평성 진운(眞韻)으로 압운

---

2 一然, 「塔像」, 『三國遺事』 권3.

하고 평측도 정확하게 지켰다. 1구와 2구는 대를 하였는데 칠언절구에서 흔한 방식이다. 관음보살이 현신한 여인이라는 배경 설화를 보지 않는다면 남성을 유혹하는 여인의 전형적인 시로 볼 수 있다. 일연은 낭자가 관음보살이 여인의 육신으로 감응한 것이라 하면서 여인의 글이 "애절하고 완곡하여 사랑스러우며 완연히 천선(天仙)의 의취가 있다."라고 칭송하였다. 마지막 구절에서 "맑은 바람 부는 한 침상에 누운 나를 꾸짖지 마세요.(淸風一榻莫予嗔)"라 하는 것이 좋았겠지만 너무 속세의 염정시처럼 보일까 하여 이렇게 한 것이라 하였다.

이어 다시 여인이 노힐부득에게 준 게는 오언율시다. 게는 불법을 깨친 뜻을 노래하는데 한 구의 자수가 다양하고 시형도 오언과 칠언, 절구와 율시, 고시 등으로 다양하다. 여인의 몸으로 나타난 관음보살이 지은 게는 앞서든 칠언절구처럼 평성 진운을 사용하였고 '송죽(松竹)'이라 하지 않고 '죽송(竹松)'이라 한 것에서 보듯 평측도 고려하였다.[3] 1연은 첫 번째 칠언절구의 1-2구를 달리 말한 것인데, 2연에서 이 뜻을 부연하여 소나무와 대나무가 우거졌다고 하고 개울 물소리와 골짜기 바람소리만 들린다고 하였다. 이어 칠언절구의 3구와 4구의 뜻을 자상하게 풀어서 길을 잃은 것이 아니라 노힐부득을 인도하기 위함이라 분명히 하고 자신의 존재를 의심하지 말고 신심(信心)을 가지라고 하였다. 달달박박이 받은 사(詞)라 한 칠언절구는 누가 보아도 여인이 유혹하는 시지만, 노힐부득이 받은 오언율시는 구도자의 신심을 시험하는 게임을 알아차릴 수 있다.

이 작품은 일연이 인용한 「백월산양성성도기」에 실려 있었을 것인데 어느 시기, 누구의 글인지는 알 수 없다. 그럼에도 두 성인이 불법을 깨친 것이 709년의 일인 것은 분명하니, 통일신라시대 불교의 성행과 함께 근체 절구나 율시가 게송(偈頌)의 형식으로 널리 쓰이게 된 것이라 하겠다.

---

3 이 두 작품에 대한 해석은 김은정의 앞의 논문을 참조하였다.

05.
고려의 해어화 동인홍과 우돌

16세기의 문인 어숙권은 『패관잡기』에서 "부인의 직분은 안에서 밥을 먹이고 베를 짜서 옷을 장만하는 일뿐이니, 문학적인 재질은 마땅한 것이 아니다. 우리나라의 논의가 예로부터 이러하였으므로, 타고난 재주가 출중한 사람이 있다 하더라도 또한 꺼리고 숨기며 문학에 힘을 쏟지 않으니 탄식할 만하다."라 하고 또 "삼국시대는 들리는 것이 없고 고려 오백 년 동안 용성(龍城)의 창기 우돌(于咄)과 팽원(彭原)의 창기 동인홍(動人紅)만 있어 시를 지을 줄 알았다."라 하였다.[1] 이 두 시기(詩妓)는 고려 중기의 문인 최자의 『보한집』에 등장한다. 먼저 동인홍에 대한 기록부터 보기로 한다.

> 동인홍은 팽원의 기녀인데 자못 문학을 알았다. 병마사(兵馬使)의 분도관(分道官) 벼슬을 하는 이가 있어 태수와 바둑을 두는데 숙취에서 깨어나지 못하여 태수가 시를 지었다.

도호부사가 천 잔 술을 구해 마시니	都護博得千杯酒
취하여 동쪽과 서쪽도 분간 못하네.	醉未分東西

1 魚叔權, 『稗官雜記』 권1. 이하 『稗官雜記』는 『寒皐觀外史』(한국학중앙연구원 장서각 소장)에 실린 것을 이용하였다.

동인홍이 곁에 있다가 답하였다.

태수가 진영을 나눠 한판 바둑을 두는데　　太守分營一局棋
몽롱하여 돌의 생사도 알지 못하네.　　蒙不知生死

일찍이 한 서생을 따라 한유(韓愈)의 글을 배우고자 하였는데, 서생이 "시를 짓지 않으면 가르치지 않겠노라."라 하자 마침내 팔운(八韻)의 시를 지어 말하였다.

술을 사려고 비단 치마를 벗었고　　買酒羅裳解
당신 오시라 섬섬옥수를 흔든다오.　　招君玉手搖

또 과거 준비를 하는 조씨(趙氏) 성의 거자(擧子)에게 시를 지어 주었다.

진수와 유수에서 만났으니　　幸逢溱洧會
작약꽃을 주시면 어떠하겠소?　　芍藥贈如何

스스로에 대해 이런 시를 지었다.

비천한 창기와 양가의 규수는　　倡女與良家
그 마음가짐이 어떠한가.　　其心間幾何
좋아라, 백주(栢舟)의 절개여　　可憐栢舟節
딴 마음 없기를 맹세하였으니.　　自誓死靡他

스스로에 대해 적은 뜻이 정렬(貞烈)이 있는 듯하다.[2]

2　崔滋, 『補閑集』 卷下.

동인홍은 고려시대 팽원(평안도 안주의 옛 이름)의 기생인데 13세기 전반 혹은 그 이전의 인물로 추정된다. 송의 풍류 시인 진관(秦觀)의 「남향자사(南鄉子詞)」에서 "무정해도 또한 사람을 움직이네(任是無情也動人)"라 하였으니 동인홍이라는 이름에 이 뜻이 있었던 듯하다.

동인홍이 만난 안북 대도호부사(安北大都護府使)는 평안도 병마사의 업무를 나누어 맡고 있었다. 안주 사또와 바둑을 두는데 숙취 상태라 엉망이었다. 먼저 사또가 칠언과 오언을 함께 섞어 잡언시(雜言詩) 형식으로, 부사가 과음하여 동서를 모른다고 하자, 동인홍은 자신의 상전을 대신하여 재치 있게 답을 하여 안주 사또 역시 숙취로 돌의 생사를 모르고 바둑을 둔다고 하였다. 비록 운을 맞추지는 않았지만 한 짝의 변려문(駢儷文)처럼 만들었으니 그 솜씨가 예사롭지 않다. 통상적인 잡언은 삼언, 오언, 칠언 등을 섞어 쓰지만, 이 작품처럼 한 연 안에서 칠언과 오언을 쓰고 이를 대구로 하는 방식은 찾아보기 어렵다. 그럼에도 술자리에서 이런 시를 주고받은 것을 보면 이 시기 이런 수창이 드물지 않았던 것 같다.

동인홍은 쉽지 않은 한유의 문장을 배우고자 한 서생에게 청하였는데 그 서생이 낸 테스트에 팔운으로 답하였다. 팔운은 원래 운자(韻字)를 여덟 개 두는 배율(排律)을 이르는 말인데 임금의 명을 받아 짓거나 문사들끼리 창화할 때 쓰던 형식이다. 여기서는 배율 중 대구가 잘 된 한 연만 보인 것이다. 또 과거 응시를 준비하던 조 아무개가 동인홍에게 집적대었던 모양이다. '진유(溱洧)'는 진수와 유수라는 두 강 이름인데 이곳을 배경으로 『시경』의 「진유」가 탄생하였다. 그 한 구절이 "남자와 여자, 서로 시시덕거리며, 작약꽃을 선물로 주고받네.(維士與女 伊其相謔 贈之以勺藥)"다. 남녀가 만나 야합(野合)하고 헤어질 때 이별의 증표로 작약꽃을 주어 훗날을 기약한 풍속을 담은 것이다. 동인홍은 이를 이용하여 서생이 과거에 급제한 후에 다시 만나자고 하였다.

마지막에 제시한 온전한 오언절구는 창기 동인홍이 아니라 숙녀(淑女) 동인홍의 곧은 뜻을 말한 것이다. 『보한집』에서 "스스로에 대해 적은 뜻이 정렬이 있는 듯하다."라고 하였는데 바로 이 뜻을 높인 것이다. 스스로의 다짐을 적은 이 작품은 장지연의 『대동시선』에 「자서(自敍)」로 실려 있다. 당 두순학(杜荀鶴) 이래 '자서'를 표방한 시는 자기 뜻을 담박하게 진술하는 전통이 있으며 이 작품 역시 그러하다.

동인홍은 한시를 자유자재로 지을 수 있는 능력을 갖추었거니와 『시경』도 두루 꿰고 있었다. 여기서 인용한 「백주」는 『시경』의 편명으로, 위(衛)의 공백(共伯)이 일찍 죽자 부모가 그 아내 공강(共姜)을 개가시키려 하였는데, 그녀가 자신의 절개를 지키려고, "두둥실 저 잣나무 배, 황하 한가운데에 있네. 저 다팔머리 드리운 분, 실로 나의 짝이실지니, 죽을지언정 맹세코 딴 사람에게 가지 않으리라. 하늘 같은 어머님이여, 사람 마음 몰라주시는가.(汎彼柏舟 在彼中河 髧彼兩髦 實維我儀 之死矢靡他 母也天只 不諒人只)"라는 시를 지어 정절을 맹세하였다고 한다. 이를 끌어들여 자신이 신분은 창기지만 그 의식은 양갓집 규수와 다를 바 없어 죽을지언정 절조를 잃지 않겠노라 하였다. 가장 이른 시기 기녀의 시가 분명한 자의식을 바탕으로 하였다는 점에서 의미가 있다.

최자의 『보한집』에는 동인홍과 함께 우돌의 시를 소개하였다. 우돌은 용성(함경도 덕원)의 기생으로 '우돌(旴咄)'로 표기된 데도 있다. 고려 고종 연간(1213-1259)의 인물로 추정된다.

> 학사 송국첨(宋國瞻)이 찰원(察院)으로 있다가 서북의 융막(戎幕)으로 나갔다. 용성의 관기 중에 이름이 우돌인 자가 있었는데, 항상 그곳에 내려온 관료들에게 총애를 받았다. 연회에서 수창을 잘하여 모두 즐겁게 놀았지만, 송국첨만 함께 어울리지 않았다. 우돌이 시를 지어 올렸다.

광평군의 철석간장 굳은 줄이야 일찍 알았기에　　廣平腸鐵早知堅

제 본시 잠자리를 함께할 것 생각하지 않았으니	兒本無心共枕眠
그저 하룻밤 시와 술을 나누는 이 자리에서	但願一宵詩酒席
음풍농월 도와서 꽃다운 인연 맺고 싶을 뿐이라오.	助吟風月結芳緣[3]

송국첨(?-1250)은 진주(鎭州, 진천) 출신으로 형부상서까지 올랐던 고려의 명환이다. 정4품의 학사(學士)를 지냈는데 학사는 학문과 문학에 뛰어난 사람을 보임하는 명예로운 자리니, 그의 문학적 재능을 짐작할 수 있다. 송국첨은 도찰원(都察院)의 어사(御史)로도 있으면서 부정과 비리를 감찰하는 업무를 맡았다. 이 때문에 당시의 실력자 최이(崔怡), 최항(崔沆) 등과 화합하지 못하여 지서북면병마사(知西北面兵馬事)로 좌천되었는데 서북의 융막이 이를 가리킨다. 송국첨은 이곳에서 죽었는데 그 전에 우돌을 만났다.

우돌은 송국첨을 광평(廣平)의 철석간장(鐵石肝腸)이라 하였는데 광평은 당 현종(唐玄宗) 때 문인 송경(宋璟)이다. 지방관으로 선정을 베풀어 '다리가 달린 봄볕(有脚之陽春)'으로 칭송받았으며 광평군공(廣平郡公)의 봉호(封號)를 받았다. 당의 피일휴(皮日休)가 「도화부의 서(桃花賦序)」에서 송경을 두고 "자세가 꼿꼿하고 바탕이 굳세며 태도가 꼿꼿하고 외모가 강해 보여, 그가 쇠로 된 마음과 돌로 된 창자를 가지고 있지나 않은지 의심스러우니, 부드럽고 아름다운 말을 표현할 줄 모를 것 같이 보인다."라 한 바 있다. 송국첨이 송경처럼 철석간장인 줄 익히 알지만 그럼에도 인연을 맺고 싶다는 간절한 바람을 표하였다.

우리나라 기녀의 존재가 문헌에 분명하게 드러나는 것은 이인로(李仁老)나 임춘(林椿)이 활동하던 12세기 후반이다. 상주(尙州) 교방(敎坊)에 소속된 일점홍(一點紅)이 문헌에서 거의 처음 확인되는 기녀의 이름이다.[4] 기녀의 이름에 '홍

3 崔滋, 위의 책.

4 林椿, 「戲尙州妓一點紅」, 『西河集』 권3. 또 李仁老의 『破閑集』에 기녀의 薦枕과 관련한 기사가 보인다. 이하 따로 밝히지 않은 문집은 한국고전번역원의 『한국문집총간』에 수록된 판본을 따른다.

(紅)' 자가 들어가는 것이 이 시대부터인 듯하다. 일점홍, 제일홍(第一紅) 등의 이름이 이들의 시에 보인다.[5] 이를 보면 문사들 틈에 시를 이해하고 또 지을 수 있는 기녀가 이 무렵 등장한 것 같다. 특히 이규보(李奎報)는 평양 기녀 진주(眞珠)를 두고 "경국지색과 시명은 세상이 다 아는데, 만날 길이 없어 그리기만 하네. 자네 말 한마디 기쁘다가 한스러우니, 문장을 바둑에 잘못 비겼기 때문이라.(國色詩名世盡知 無由會面浪相思 一言堪喜還堪恨 誤把文章當奕棋)"라 하였다.[6] 이 시의 주석에 따르면 평양의 기녀 진주는 시에 능한 이규보와 바둑의 일인자 구종(龜從)을 만나보는 것이 소원이었다고 한다. 이규보 시대가 되면 진주처럼 시에 능하고 바둑도 좋아한 기녀가 있었음을 알 수 있다. 문학을 아는 해어화(解語花)가 이렇게 하여 탄생하였다.

5 李奎報, 「書記使名妓第一紅, 奉簡乞詩, 走筆贈之」, 『東國李相國集』 권6.

6 李奎報, 「寄西京妓眞珠」 권11.

06.
김태현에게 시로 구애한 여인

한시를 남성 지식인의 전유물로 오인하지만, 우리 문학사에서 본격적인 한시를 창작한 첫 번째 사례가 진덕왕이었음을 앞서 보았다. 지금 전하지는 않지만 통일신라나 고려에도 문학에 능한 여성이 제법 있었던 것 같다. 그리고 고려시대에는 한시가 일부 여성에게도 교양으로 자리한 것이 분명하다. 김태현(金台鉉, 1261-1330)에게 시를 보내어 구애한 여성의 일화는 이러한 분위기를 잘 말해준다.

> 정승 김태현 공은 자가 불기(不器)요, 본관은 광주(光州)며 호는 쾌헌(快軒)이다. … 공은 충렬왕 병자년(1296) 이익방(李益邦)의 방(榜)에 급제하고, 대덕(大德) 기해년(1299) 성균관(成均館)의 시관(試官)이 되었으며, 계묘년(1303) 지공거(知貢擧)가 되었다. 4대에 걸쳐 국가의 원로가 되어 지위가 정승에 이르러 치사(致仕)하였다. 일찍이 국초 이래의 문장을 모아 이름을 『해동문감(海東文鑑)』이라 하였는데 세상에 유통되고 있다. 지순(至順) 경오년(1330) 향년 70세에 별세하였는데 시호는 문정(文正)이다.
>
> 공은 풍채와 위의가 단정하고 외모가 그림 같았다. 유생으로 있을 때 동년배들과 어떤 선배의 문하에서 수업하였다. 선배가 기특하게 여겨 아끼고 대우함이 다른 사람과 달랐으며 자주 안채로 데리고 들어가 밥을 먹였다. 그 집에 막 혼자된 딸이 있어 제법 시를 지을 줄 알았다. 하루는 창틈으로 시를 던져 보냈는데 이러하다.

말 타고 온 얼굴 뽀얀 도련님 뉘신지	馬上誰家白面生
이제 석 달 되도록 성함을 모르다가	邇來三月不知名
이제서야 비로소 김태현임을 알았는데	如今始識金台鉉
가는 눈 긴 눈썹 남몰래 정이 가네요.	細眼長眉暗入情

공은 이때부터 다시는 그 집에 가지 않았다.[1]

권근(權近, 1352-1409)은 우리나라 역대 명현의 행적을 기록한 『동현사략(東賢事略)』에서 김태현의 일화를 위와 같이 소개하였다. 김태현은 『고려사(高麗史)』에도 그의 삶이 자세히 기술되어 있는데 권근의 글은 이를 바탕으로 압축한 것이다. 김태현이 10세에 아버지를 여의고 어머니 고씨(高氏)에게 의리와 도덕을 배웠으니, 불우한 환경에서도 행실을 바르게 한 미담이 후세에 오래 기억되었다. 비록 실전되었지만 고려 중기까지의 시문을 선발한 『동국문감(東國文鑑)』이 그의 손에서 편찬되었다는 점에서 고려 문학을 발전시키는 데 꽤 공이 있었을 것이지만, 후대에는 주로 그의 바른 행실이 높게 평가되었다.

이 일화는 김태현의 곧은 행실을 기리기 위해 소개하였지만, 그 덕에 이름 모를 고려 여인의 한시가 세상에 전해졌다. 이덕무는 『청비록(淸脾錄)』에서 "고려 여인의 시는 한 수에 그친다."라고 하면서 이 시를 소개한 바 있다.[2]

이 일화에서 혼자된 여인이 김태현에게 먼저 시를 보내 구애한 점이 주목된다. 나이 어린 총각에게 추파를 던진 이 여인은, 그를 가끔 불러 식사를 대접하던 김태현 선배의 딸이다. 사위로 들였으면 하는 아버지의 뜻이 짐작된다. 아버지의 암묵적 동의 아래 그 딸은 석 달 동안 김태현을 보아오다가 아버지와 상의하고 직접 시를 지어 구애한 것이리라. 자연스럽게 두 남녀가 눈길이 부딪

1 權近, 「東賢事略」, 『陽村集』 권35.

2 李德懋, 「淸脾錄」, 『靑莊館全書』 권34.

힌 적이 있었을 것이고 그래서 김태현도 누가 지어 보낸 시인지 알고 있었다고 보아야 할 것이다.

이 시에서 백면생(白面生)은 백면랑(白面郎)이라고도 하는데 부잣집 도련님을 말한다. 두보의 「소년행(少年行)」에 "뉘 집 말을 탄 백면서생이, 섬돌에서 말에 내려 남의 탁상에 앉네.(馬上誰家白面郎 臨堦下馬坐人牀)"라 하였는데 이 뜻을 빈 것이다. 말을 타고 오가는 부잣집 도련님이 누군지 모르다가 석 달 만에 김태현이라는 것을 알게 되었는데 눈이 가늘고 눈썹이 긴 미남자라 마음에 든다고 하였다. 물론 정말 몰랐던 것은 아닐 것이다.

자신을 사모하는 여성을 물리친 김태현 같은 군자의 이야기는 이후에 다른 인물에게서도 확인된다. 조선 중기 문인 이문재(李文載, 1615-1689)는 고려와 조선 문인의 단정한 행실을 소개하면서 김태현의 고사를 소개한 다음, 김태현처럼 여성의 유혹에 단호하게 대처한 허공(許珙)의 일화를 들었다. "충숙왕 때 허공은 공손하고 검소하며 청렴하고 신중하였다. 젊은 시절 밤에 금(琴)을 타고 있는데 이웃 처녀가 담을 넘어 들어왔다. 공은 감히 가까이하지 않고 예법과 의리로 가르치니 그 처녀가 부끄러워하고 후회하며 돌아갔다."라 하고, "아, 노(魯)의 단정한 사내와 같은 사람이 어찌 없겠는가? 이 한 가지 절조에서 그 두 공의 사람됨을 상상해 볼 수 있다. 근래 장령(掌令) 윤원거(尹元擧, 1601-1672)가 중년에 반촌(泮村)에 살았는데 밤에 관비(官婢) 중에 시집을 가지 않은 이가 있어 뛰어들었다. 그러나 윤원거는 거절하고 들이지 않았다. 이에 관비는 다음날 다른 집으로 옮겨 버렸다. 또한 고인에 부끄러움이 없다."라고 하였다.[3]

사모하는 여성을 물리친 이야기는 조선 전기 정인지(鄭麟趾, 1396-1478), 김안국(金安國, 1478-1543) 등의 이름난 문인에게서도 확인된다.

---

3 李文載, 「謾記」, 『石洞遺稿』 권6.

정인지가 어려서 아버지를 잃고 홀어머니를 모시고 가난하게 살았다. 글재주가 조숙하고 용모가 옥과 같았다. 바깥채에서 밤이 늦도록 글을 읽는데 담장 너머 사는 한 처자가 명문세족의 딸로 용모가 매우 고왔다. 담장 틈으로 공을 엿보다가 미소년의 글 읽는 소리가 낭랑한 것을 보고 마음으로 사모하여, 밤에 담장을 넘어와서 가까이하려 하였다. 공이 정색하고 거절하자 처자가 소리를 질러 알리겠다고 하였다. 공은 거절하기 어려운 것을 알고 달래어 말하였다.

"내일 모친께 말씀드려 백년가약을 맺도록 하겠소. 지금 한 번 욕정을 이기지 못한다면 당신은 정조를 잃은 여인이 되리니, 내 마음이 편치 못하오. 우선 꾹 눌러 참았다가 양가에서 허락을 받아 혼례를 올리는 것이 좋겠소."

처자가 매우 기뻐하며 약속하고 돌아갔다. 공은 다음날 모친께 알리고 다른 집으로 이사하였으며, 그 전장도 팔아서 종적을 끊어 버렸다.[4]

모재(慕齋, 김안국) 선생이 경기도 고양에서 살 때의 일이다. 젊었을 때 얼굴이 옥과 같이 준수하였다. 이웃에 사는 처녀가 달밤에 찾아오자 선생이 "당신은 사대부가의 여식으로 밤에 다른 사람의 집으로 왔으니 윤리강상에 죄를 지은 것입니다."라 꾸짖고 회초리를 쳐서 돌려보냈다. 훗날 그 처녀는 재상의 아내가 되었다. 중종 기묘년에 사화가 일어나 모재도 화를 면할 수 없었는데 재상의 아들이 극력으로 간언하였으니, 그 모친이 어릴 때 일을 아들에게 말하면서 모재는 실로 군자라고 말하였기 때문이다.[5]

명문세족 출신의 아름다운 여인이 정인지의 책 읽는 소리에 반하여 방으로 뛰어들었고, 사대부가의 여식이 김안국의 처소로 침입하였다는 점은 주목할 만하다. 조광조(趙光祖, 1482-1519)도 비슷한 일화를 남겼다. 조광조의 책 읽는 소리를 듣고 흠모한 마음을 참지 못한 처녀가 멋대로 담을 넘어 그의 방으

4 柳夢寅, 『於于野談』(규장각 소장본).

5 金安國, 『東言當法』. 민병수, 『한국인의 지혜』(우석출판사, 1984)에서 인용하였다.

로 들어오자 조광조가 회초리를 쳐서 쫓았다.[6]

정인지와 김안국, 조광조와 같은 위인을 칭송하기 위해 여성이 성욕 때문에 난입한 것으로 설명하였지만, 사실인지는 장담하기 어렵다. 거짓말을 하고 자리를 피한 정인지의 일화는 그런대로 인정할 수 있지만 조광조가 양반가의 여성에게 회초리를 쳤다는 것은 믿기 어렵다. 글을 잘 읽는다는 것은 전도가 양양한 인재라는 말이다. 게다가 얼굴도 잘생겼으니, 여성이 관심을 가질 만하다. 여성 역시 미모가 빼어나다는 점을 강조하여 그것으로 남자를 유혹했다고 하였지만, 미모에 못하지 않은 지인지감(知人之鑑)을 갖추었을 것이다. 어찌 되었든 여성이 주체적인 의지를 가지고 자기 눈으로 배우자를 고르고 남편으로 삼고자 한 시도가 현실에 드문 일은 아니었다고 보아야 할 것이다.[7]

6 『憲宗實錄』(개수본), 1669년 1월 5일 자에 보인다.

7 이 문제는 졸고, 「여성이 한시로 배필을 구하는 일」, 『한국한시연구』 28(2020)에서 다룬 바 있다.

07.
충선왕을 사랑한 여인

충선왕(忠宣王, 1275-1325)은 1298년 1월 충렬왕의 선위를 받아 왕위에 올랐다. 그러나 부왕 충렬왕과의 불화 끝에 8월 국인(國印)을 빼앗기고 연경(燕京)으로 갔다. 1308년 충렬왕이 죽자 귀국하여 다시 즉위하였지만 정치에 싫증을 느껴 제안대군(齊安大君) 왕숙(王淑)에게 국정을 맡기고 연경에 가서 머물렀다. 또 1313년 귀국하여 아들 충숙왕을 즉위시킨 후, 이듬해 다시 연경에 가서 만권당(萬卷堂)을 세우고 서적을 수집하며 조맹부(趙孟頫) 등 대유(大儒)들과 교류하였다. 그러다가 1320년 환관 백안독고사(伯顔禿古思)의 모함을 받아 토번(吐藩, 티베트)에 유배되었다가 1323년 사면되어 연경에서 지내던 중 세상을 떴다. 이런 기구한 임금을 사랑하는 여인이 있었다.

고려 충선왕이 원나라에 오래 머물고 있을 때 정을 준 여인이 있었다. 왕이 고려로 돌아올 때 연꽃 한 송이를 꺾어 그 여인에게 주며 이별하였다. 저녁이 되자 왕이 그리움을 견딜 수 없어 익재(益齋) 이제현(李齊賢)에게 다시 가서 보게 하였다. 익재가 가서 보니 그 여인이 다락에 누워 있는데 식음을 전폐한 지 이미 여러 날이 되어 하는 말도 알아듣지 못하였지만, 억지로 붓을 잡고 절구 한 수를 썼다.

한 송이 주어 보낸 연꽃이　　　　贈送蓮花片

처음에는 그리도 붉더니만　　初來的的紅
가지 떠나 며칠 되었다고　　辭枝今幾日
나처럼 똑같이 초췌해졌나.　　憔悴與人同

익재가 돌아와서 아뢰었다.

"그 여인이 술집에서 젊은이와 술을 마시고 있어 불러도 나오지 않았습니다."

왕이 고민하다 더럽다고 하며 땅에 침을 뱉었다. 이듬해 왕의 생신에 익재가 술잔을 올리고 물러나 뜰 아래 엎드려 죽을죄를 저질렀다고 하였다. 왕이 묻자 익재가 그 시를 바치며 있었던 일을 말하였다. 이에 왕이 눈물을 흘리며 말하였다.

"그날 만약 내가 그 시를 보았더라면 죽을힘을 다하여 돌아갔을 것일세. 경이 과인을 사랑하여 일부러 달리 말하였으니 참으로 충심이 간절하오."[1]

성현의 『용재총화』에 처음 이 일화가 보인다. 안정복(安鼎福, 1712-1791)의 『동사강목(東史綱目)』(1313, 6월)에 충선왕의 귀국과 관련한 기사가 보인다. "4월 27일 왕이 상왕(上王)과 공주를 모시고 연경에서 출발하였다. 상왕은 왕위를 물려주고 그대로 원에 머물고자 하였지만 원에서 들어주지 않자 마지못해 돌아오게 되었다."라 하였으니 여인과의 이별은 이때의 일일 것이다. 이수광도 『지봉유설』에서 이 기사를 인용하고 여인의 시를 소개하였다. 빙허각(憑虛閣) 이씨(李氏, 1759~1824)의 『청규박물지(淸閨博物志)』에서도 이 시를 한글로 풀이하여 소개한 바 있다.[2]

충선왕은 1296년 원나라 진왕(晉王)의 딸 계국대장공주(薊國大長公主)와 혼인하였지만 불화가 심하였으니, 더욱 이 여인에게 정을 주었던 모양이다. 이 여인은 1313년 6월 고려로 돌아가는 충선왕과 작별하면서 받은 연꽃 한 송이가

1 成俔, 『慵齋叢話』 권3(경산대 영인본, 2000).

2 "일작 봉년화 조각은 가지를 하직ᄒᆞ연지가 이졔 몃 날인고 쳐음 올 젹 쟉〃이 불것도다 초췌ᄒᆞ야 ᄉᆞ롬으로 더부러 갓도다"로 번역되어 있다.

시들어 가는 것을 보면서 자신의 처지를 연꽃에 투영하여 이런 시를 지었다. 충선왕이 이 여인을 잊지 못하여 다시 연경으로 돌아갈까 우려한 이제현(1287-1367)이, 이 시를 보고도 충선왕에게 여인의 마음을 고하지 않았다. 후에 이 사연을 들은 충선왕은 이제현의 행동이 충심에서 나온 것이라 하였다.

『동사강목』에서 안정복은 이 일화를 적은 다음 "충선왕의 짐승 같은 행위는 책할 필요조차도 없다. 천승(千乘)의 높은 지위로서 상국(上國, 원나라)에 기려(羈旅)의 신하가 되어 유녀(游女)와 가까이하고 또 더불어 창화(唱和)까지 하였으니 추한 일이다."라 하였다. 일국의 왕이건만 타향에 우거하는 신하가 되어, 여인과 사랑놀이나 한 것을 두고 신랄하게 비판하였다.

안정복은 충선왕이 사랑한 여인을 유녀, 곧 기녀로 보았지만 누구인지는 알 수 없다. 원의 대도(大都), 지금의 북경은 당시 다양한 민족들이 몰려드는 세계의 중심이었고 고려의 여인들도 많이 가 있었다. 이곡(李穀, 1298-1351)은 공녀(貢女)의 폐단을 지적하면서 고려의 부녀자 중에 원나라로 가서 후비(后妃)의 반열에 든 사람은 왕후(王侯)의 존귀(尊貴)에 나란하며, 원의 공경(公卿)과 대신(大臣) 가운데 고려의 외손(外孫)에서 나온 자들이 많다고 한 바 있다.[3]

정확한 출신은 알 수 없지만 이씨(李氏)가 원 세조(元世祖, 1251-1294)의 궁인이 되어 총애받으며 이궁인(李宮人)으로 일컬어졌다. 기자오(奇子敖)의 딸은 혜종(惠宗, 1320-1370)의 정궁황후(正宮皇后)에 책봉되어 기황후(奇皇后, 1315-1369)로 알려졌다. 그 밖에도 많은 여성이 원의 황실로 들어갔는데 특히 이궁인과 기황후는 명성이 높아 원과 명의 문인들이 지은 궁사(宮詞)의 주인공이 된 바 있다. 이궁인은 충선왕이 연경에 오갈 때 비파(琵琶)로 원 세조의 사랑을 받고 있었다. 또 "기황후는 고려의 미인을 많이 모아 두고 대신 중에 권력을 가진 자에게 이를 보내주었다. 황성의 현달한 관리와 고귀한 인물이라면 고려의 여인을 얻은

---

3 李穀, 「代言官請罷取童女書」, 『稼亭集』 권8.

다음에야 명가가 되었다. 고려의 여인은 예쁘고 사람을 잘 섬겼기에, 이들이 이르면 모두 총애를 빼앗았다. 지정(至正, 1341-1370) 연간 이래 궁중의 급사(給事)와 사령(使令)은 태반이 고려의 여인이었다. 이 때문에 사방의 의복과 신발, 모자, 기물이 모두 고려 스타일을 따라 일시의 유행이 되었으니 온 세상이 미친 듯하였다."라는 기록이 확인된다.[4] 연경을 오갈 때도 미색과 기예에 능하여 충선왕의 마음을 사로잡은 여성은 고려 출신일 가능성이 높다.

4 明 權衡, 『庚申外史』. 필자의 「중국 皇室로 간 여인을 노래한 宮詞」, 『고전문학연구』 40(2011)에서 자세히 다룬 바 있다.

08.
함안기가 바친 만수무강의 노래

한 집안에 전승되던 고문서에도 드물지만 여성의 시가 삽입되어 있다. 『동사강목』을 편찬한 안정복 집안에 소장된 문서 중에는 고려 말 수연(壽宴)에서 노래를 부른 함안(咸安) 기녀의 시가 실려 있다. 안정복은 본관이 광주(廣州)다. 시조가 안방걸(安邦傑)인데 고려 때 전중시어사(殿中侍御史)를 지낸 안유(安綏)가 함안으로 이주하였다. 함안의 안리대촌(安李大村, 安仁村)에 우물을 파고 정자를 세웠는데 벼슬을 따서 우물과 정자의 이름을 각각 관찰사정(觀察使井), 어사정(御史亭)이라 하였다. 그리고 그 후손 안국주(安國柱)가 어사정을 중수하여 만세에 불후한 자취로 남기고자 하여 이름을 만세정(萬歲亭)이라 하였는데 안국주의 벼슬을 기려 사간정(司諫亭)으로도 불렸다.

안국주의 부친이 안기(安器, 1324-1408)인데 충선왕과 공양왕 대에 이부상서(吏部尙書)를 지냈고 봉순대부(奉順大夫) 판전농시사(判典農寺事)를 역임하였다. 후손인 안정복이 지은 묘갈명에 따르면 선대에 처향(妻鄕)인 함안으로 이주하여 세거하였는데 첫 번째 부인 청송심씨(靑松沈氏) 사이에서 안국주를, 두 번째 부인 밀양박씨(密陽朴氏) 사이에 안성(安省)을, 세 번째 부인 강양이씨(江陽李氏) 사이에 안몽득(安夢得)을 얻었다고 한다.

함안의 안리대촌에 관찰사정이라는 우물이 있다. 전중시어사 공(安綏)이 처음 경상도 관찰사로 왔을 때 판 것이다. 그 샘이 매우 차가워 한여름에도 얼음을 쓸 필요가 없었는데 오늘까지 전하여 관찰사정이라 부른다. 마을 사람들이 이르는 사간정이라 하는 것도 역시 전중시어사 공이 시어사로 있을 때 지은 것이라 어사정이라고도 부른다. 절사(節士) 찬성공(贊成公, 安國柱)이 처음 사간(司諫)으로 있을 때 어사정 동쪽에 나무를 심고 돌을 쌓았다. 그때 어사정이 크고 오래되었기에 공이 다시 축대를 쌓아 돋우고, 나무를 심어 뜻을 이었다. 불후의 뜻을 담아 이름을 만세정이라 하였지만, 마을 사람들이 공의 벼슬을 따라 사간정이라 전한다.

공(公, 安國柱)이 상서공(尙書公, 安器)을 위하여 이 정자 위에서 수연을 베풀고 도내의 사대부를 청하여 대엿새 연이어 헌수(獻壽)를 하는데 벼슬아치들이 구름처럼 모이고 단장한 기녀들이 숲을 이루었다. 이 정자를 둘러싸고 구경하는 이들이 수천을 헤아렸다. 이때 상서공의 연세가 여든 남짓이었다. 공이 아우 사간공(思簡公, 安省)과 함께 말석에 앉았고 일시의 명현들은 동서로 줄지어 앉았다. 세 줄의 단장한 여인들이 좌우에서 교태를 부려 노랫소리가 가물거리고 춤추는 소매가 나풀거렸다. 잠시 쉬었다가 다시 이어져 밤낮이 따로 없었다. 진실로 일대의 성대한 볼거리였다.

이때 상서공의 셋째 아들 안몽득(이씨 소출이다)이 나이가 13세였는데 총명하고 준수하며 용모가 옥보다 맑았다. 일어나 수연에서 춤을 추는데 그림 같은 맵시를 보이니 춤추는 긴 소매가 매우 묘하였다. 좌중에서 이를 빼어난 일이라 여겼다. 이에 함안의 한 기녀가 「만수가(萬壽歌)」 한 곡을 바치는데 그 노래는 이러하다.

동해가 변하여 뽕밭이 될 때	東海變桑田
서왕모의 천 년 복숭아를 심어서	願種王母千編桃
꽃 피고 열매 맺기를 세 번 하고	開花仍結子三度
천 년이 하루아침처럼 지난 후에	千年如一朝
오늘처럼 한 가지를 꺾어다가	今日折一枝
만수무강의 황금 술통에 꽂게 되시길.	揷此金樽萬壽醪

몽득이 총각으로 자리에 나아가 답가를 불렀다.

삼 층 누대 위에 세 줄로 늘어선 여인들	三層臺上三行粉
만세정 곁에서 만수무강의 술잔 올리네.	萬歲亭邊萬壽盃
오늘에 오늘 날 저문다 말씀하지 마소서,	今日莫言今日暮
해마다 이날이면 잔치가 열릴 터이니.	年年今日此筵開

좌중이 크게 기뻐하며 "실로 천하의 기이한 재주다."라 하였다.[1]

안기가 고려시대 으뜸가는 벼슬 판전농시사에 오르자 안국주 등 세 아들이 이를 축하하는 잔치를 베풀었다. 이때 안기의 나이가 여든 남짓이라 하였으니 1404년 조금 지난 시기의 일일 것이다. 장수를 축원하는 고관들이 구름처럼 모이고, 기녀들도 정자를 숲처럼 둘러쌌으며, 구경하는 사람들도 수천이 넘었다. 당대의 명현들이 좌우로 줄지어 앉아 있는데 안국주 형제는 말석에 앉아 있었다. 단장한 기녀들이 석 줄로 좌우에서 노래 부르고 춤을 추었다. 이 성대한 잔치는 밤낮을 이어 닷새간 계속되었다. 이때 안국주의 셋째 아들 안몽득이 당시 13세로 총명하고 재주가 빼어나며 용모 역시 백옥처럼 맑았는데 자리에서 일어나 춤을 추었다. 이에 함안의 기녀가 이 노래를 지어 바쳤고 안몽득이 그 자리에서 즉시 답가를 지어 올리자 좌중에서 크게 기뻐하며 칭찬하였다.

함안 기녀의 노래는 평성 호운(豪韻)의 '도(桃)'와 '료(醪)'를 평성 소운(蕭韻)의 '조(朝)'와 섞어 썼지만 이 정도는 한시의 규칙에서 용인된다. 한 구가 오언과 칠언이 뒤섞여 있어 후대의 잡언(雜言)과는 다른데, 앞서 동인홍의 시와 유사하므로 고려 후기 이래 이러한 시체가 유행한 듯하다. 3장 구성으로 되어 있다는 점에서 우리말로 부른 시조를 적절히 압운하여 한문으로 옮긴 것이라 보는

1 「苔巒公傳記」(『廣州安氏 順菴宗宅 고문서』「先世事跡謄書草」). 한국학디지털아카이브에서 이 자료의 원문을 제공하고 있다.

것도 좋을 듯하다. 안기의 무한한 만수를 송축한 과장의 수사법도 고려 후기 민간의 속요에서 자주 보인다. 그럼에도 중국의 고사에 매우 능통하였기에 이러한 노래를 불렀고 또 번역하면 절로 시가 될 수 있었다고 하겠다.

기녀가 부른 축수의 노래는 장지연의 『대동시선』에 「만수일곡을 판사 안기에게 바치다(萬壽一曲獻安判事器)」로 실려 있다. 동해가 뽕밭이 되고 다시 천 년에 한 번 열리는 서왕모(西王母)의 복숭아가 세 번 결실을 보면 그 꽃가지 하나를 꺾어 만수무강을 축원하는 술단지에 꽂겠노라 하였다. 선녀 마고(麻姑)가 신선 왕방평(王方平)을 만나 "저번에 우리가 만난 이래로 동해가 세 번이나 뽕밭으로 변한 것을 이미 보았는데, 저번에 봉래에 가서 보니 물이 또 과거에 보았을 때 비해서 약 반절로 줄어들었으니, 어쩌면 다시 땅으로 변하려 하는 것인지도 모르겠다."라고 말한 데서 나온 상전벽해(桑田碧海)의 고사를 활용하였다. 또 소식(蘇軾)의 『동파지림(東坡志林)』에 노인 세 사람이 만나서 서로의 나이를 말할 때 한 사람이 "바닷물이 말라서 뽕나무밭이 될 때면 내가 산가지 하나를 내려놓는데, 그동안 내가 헤아린 산가지가 열 칸의 내 집에 벌써 가득 찼다."라고 말한 고사도 있다. 한 무제(漢武帝) 때 서왕모가 궁전에 내려와 선도(仙桃) 일곱 개를 바쳤는데, 무제가 그 씨앗을 남겨 두려고 하자 서왕모가 "이는 세상에 있을 것이 못 되며, 3,000년에 하나가 열릴 뿐입니다."라고 말한 고사도 함께 구사하였다.

이 잔치가 열린 만세정은 후대에 안국주의 벼슬을 기려 사간정으로 불렸다. 근대의 문인 이남규(李南珪, 1855-1907)가 「안씨 사간정 구적비(安氏司諫亭舊蹟碑)」에서 이 공간에 대한 자세한 기록을 남겼다.[2] 고려의 문인 안유가 어사정을 지었고 그 손자 안수(安壽)가 만세정으로 바꾸었는데 사람들이 그 벼슬을 따서 사간정이라고도 불렀다고 하였다. 안기는 안수의 손자인데, 안정복 종택의 고문서에 실린 것과는 조금 다르다.

---

2 李南珪, 「安氏司諫亭舊蹟碑」, 『修堂遺集』 4책.

09.
명 영락제의 여인 현비 권씨

앞서 충선왕이 아낀 여인의 시를 본 바 있고 또 이 시기 공녀로 원 황실에 들어간 고려 여인이 많았다고 한 바 있다. 명 영락제(永樂帝) 때 공녀 제도가 폐지되었지만 이때까지 상당수의 고려 여인이 명나라로 끌려갔다. 정동유(鄭東愈, 1744-1808)는 『주영편(晝永編)』에 이러한 여성에 대해 자세한 기록을 남겼다. 고려 공민왕 때 주영찬(周英贊)의 딸이 명 태조(明太祖)의 주비(周妃)가 되어 민왕(岷王) 편(楩)과 한왕(韓王) 송(松)을 낳았고 명 태조의 공비(碽妃)도 출신이 분명하지 않지만 태종(太宗, 후에 成祖로 고쳤다) 영락제를 낳았다. 영락제의 여인 중에도 고려 출신이 여럿 있었다.

> 명나라 초기까지도 원나라 제도를 습용하였으므로 명나라 사람이 기록한 것을 보면 태조에게 공비가 있었고 태종에게는 현비(賢妃) 권씨(權氏)와 순비(順妃) 임씨(任氏), 소의(昭儀) 이씨(李氏), 첩여(婕妤) 여씨(呂氏), 미인(美人) 최씨(崔氏)가 있었는데 모두 조선 사람이었다. 권비가 곱고 빼어나며 시에 능하고 피리를 잘 불었다. 다음과 같이 시를 지었다.

갑자기 하늘 너머 옥퉁소 소리 들리니	忽聞天外玉簫聲
꽃 아래 천천히 걸으며 혼자서 듣노라.	花底徐行獨自聽

서른여섯 곳의 궁에 가을빛은 한가지건만　　　三十六宮秋一色
그 어느 곳에만 달빛이 유독 환한지 모르겠네.　　　不知何處月偏明

권비는 영락 8년(1410) 황제를 모시고 오랑캐를 정벌하러 갔다 돌아오다 도성에 이르러 죽었다. 시호(謚號)는 공헌(恭獻)이다. 이 일은 『태평청화(太平清話)』에 실려 있다.

또 고려 말의 기록에 보니 함안 사람 주영찬의 딸이 공녀로 들어가 총애받았다고 하였는데 고황제(高皇帝, 太祖) 때의 일이다. 영락 경인년(1410)에 공녀를 폐지한다는 조칙이 내린 것으로 되어 있지만 그 후 양절공(襄節公) 한확(韓確)의 누이 두 사람이 공녀로 들어가 총애받았다. 또 성종 때 공조전서(工曹典書) 권극화(權克和)의 딸이 공녀로 들어갔는데 매우 예쁘고 옥피리를 잘 불어 총애가 후궁 중에서 으뜸이었다. 명나라 사람의 궁사 중에서 또한 그 일을 읊조린 것이 있다. 대개 이러한 일은 총애를 받았기 때문에 드러난 것이다. 공녀로 들어갔지만 이름을 남기지 못 한 사람이 부지기수였을 것이다.[1]

영락제의 비로는 순비 임씨, 소의 이씨, 첩여 여씨, 미인 최씨 등이 있어 고려 출신이었는데 특히 현비 권씨(1391-1410)가 중국 사이트 바이두에 항목으로 되어 있을 정도로 유명하다. 현비는 정1품의 높은 여성의 품계다. 『명사(明史)』에 비교적 현비의 삶이 소상한데 이를 요약하면 다음과 같다. 권씨는 권영균(權永均)의 누이동생으로 1409년 명의 황실로 갔고 얼마 지나지 않아 현비에 봉해졌다. 영락제는 권씨의 얼굴빛이 희고 자질이 아름다운 것을 보고는 다른 재주가 무엇인가를 물었다. 이에 권씨는 가지고 있던 옥피리를 꺼내 불었는데 그 소리가 정교하고 아름다우며 멀리까지 퍼졌다. 영락제가 크게 기뻐하면서

1　鄭東愈, 『晝永編』(규장각 소장). 이 책은 안대회 등이 여러 이본을 교감하고 번역한 『주영편-종횡무진 정동유, 심심풀이로 조선 최고의 백과사전을 만들다』(휴머니스트, 2016)가 큰 도움이 된다.

권씨를 발탁하여 여러 여인의 윗자리에 앉혔고 한 달이 지나서는 현비로 책봉하였다. 이때 권영균은 종3품 광록시(光祿寺)의 경(卿)이 되었고, 그가 중국으로 다시 갈 때 해로가 위험하다면서 그때부터 육로를 이용할 수 있게 배려하였다. 1410년 10월 권씨는 영락제를 따라 동북 지역의 몽골족 달단(韃靼) 정벌에 나섰는데, 개선할 때 임성(臨城)에서 죽었고 산동(山東)의 역현(嶧縣)에 장사지냈다.

그런데 어숙권의 『패관잡기』에서는 현비 권씨에 대한 사연을 자세하면서도 좀 다르게 적었다.

> 영락 무자년(1408) 흠차태감(欽差太監) 황엄(黃儼)이 황제의 유시(諭示)를 받들고 조선에 와서 여자 몇 명을 뽑게 하였다. 본국에서 권씨, 임씨, 이씨, 여씨, 최씨를 황엄이 돌아갈 때 함께 바쳤다. 황제가 권씨를 봉하여 현인비(顯仁妃)로 삼고, 임씨 이하는 미인(美人), 소용(昭容) 등의 벼슬에 봉하였다. 또 권씨의 오빠 권영균은 광록시경에 제수하고, 임씨의 아비 임첨년(任添年)은 홍려시경(鴻臚寺卿)에, 이씨의 아비 이문명(李文命)과 여씨의 아비 여귀진(呂貴眞)은 함께 광록시소경(光祿寺小卿)에, 최씨의 아비 최득비(崔得霏)는 홍려시소경(鴻臚寺小卿)에 제수하였다. 신묘년(1411)에 권비가 총애를 독차지하자 여씨가 이를 질투하여 중국 내시 두 사람과 결탁하고 조선의 내시 김득(金得)과 김량(金良) 등을 사주하여, 은장(銀匠)의 집에서 비상을 빌려 가루로 만들어 호도차(糊都茶)에 넣어 권비에게 주어 마시게 하니, 얼마 안 되어 권비가 죽었다. 황제가 처음에는 그 일을 알지 못하였는데, 2년 뒤에 권비의 종이 여씨의 종을 꾸짖으며 "너의 주인이 우리 비(妃)에게 독약을 먹여 죽였다."라고 하는 것을 듣고 심문하니 과연 그러하였다. 드디어 내시와 은장이를 죽이고, 불에 달군 쇠로 여씨를 한 달 동안 지지니 마침내 여씨가 지쳐 죽었다.[2]

어숙권은 조선 공녀 출신인 여씨가 권비를 시기하여 독살하였다고 하였

---

2 魚叔權, 『稗官雜記』 권4.

다. 중국 문헌에는 1410년 권비가 영락제와 함께 개선하는 도중에 죽은 것으로 기록되어 있다. 중국 문헌에는 보이지 않지만 당시 조선에서 그의 독살설이 퍼졌던 모양이다. 죽은 해가 1411년으로 되어 있는 것은 어숙권의 착각인 듯하다.

정동유는 『주영편』에서 현비 권씨의 예술적 자질을 특별히 자세히 기록하였다. 영락제의 사랑을 독차지할 정도로 미모가 빼어나고 피리를 잘 불었던 모양이다. 원 말기의 문인 곽익(郭翼, 1305-1364)의 「제상행(堤上行)」에서 "고려 여자는 구슬을 팔뚝에 꿰어 차고, 옥 귀걸이 하고 배의 채붕에 앉아 있네. 돛에 명주로 동아줄을 매어 아침마다 타고, 구리로 만든 비파를 아름답게 울리네.(高麗女兒珠腕繩 玉環穿耳坐船棚 絲爲帆綷朝朝颺 銅作琵琶嘖嘖鳴)"라 한 바 있다.[3] 비록 현비 권씨를 두고 지은 시는 아니었겠지만, 황궁에서의 이런 모습으로 황제의 총애를 받았을 것이다.

정동유는 진계유(陳繼儒, 1558-1639)의 『태평청화』를 인용하여 권비의 시로 소개하였는데[4] 다른 문헌에는 이 작품이 영락제의 아우 영헌왕(寧獻王) 주권(朱權)의 작품으로 되어 있다. 명말청초 주이준의 『명시종』에는 이 작품이 주권이 권비의 일을 노래한 것인데 권비의 작품으로 잘못되어 있다고 하였다. 특히 청(淸) 오경욱(吳景旭)은 『역대시화(歷代詩話)』에서 이 점을 자세히 고증하였다.

> 영락 연간에 현비 권씨는 곧 고려국왕 이방원(李芳遠)이 올린 사람이다. 이때 고려에는 예에 따라 미인을 공녀로 바쳤으므로, 순비 임씨, 소의 이씨, 첩여 여씨, 미인 최씨 등이 모두 고려 사람이다. [경인년(1410) 조칙을 내려 이를 중지하게 하고 다시 공녀를 바치지 않게 하였다.] 권씨가 가장 아름답고 옥피리를 잘 불었다. 황상

---

3 元 顧瑛, 「堤上行」, 『草堂雅集』 권9.

4 明 陳繼儒, 『佘山詩話』에서 이 시와 함께 권비를 소개하였지만 작가를 구체적으로 밝히지는 않았다.

을 모시고 황성에 이르러 죽었다. 시호가 공헌인데, 그 총애가 가장 깊었기 때문이다. 구선(臞仙) 주권이 시를 지었는데 『궁규시사(宮閨詩史)』에는 이 시를 권비의 작품이라 하였으나 잘못이다. 구선은 고황제의 16자로 대녕(大寧)에 봉해졌는데, 정난(靖難)에서 공을 세워 문황제(文皇帝, 成祖)가 남창(南昌)으로 고쳐 봉하였다. 궁사 107수를 지었다. 또 "대궐의 물시계 조용하여 참성은 거꾸러졌는데, 미인은 아직도 퉁소 부는 법을 익히고 있네.(宮漏已沉參倒影 美人猶自學吹簫)"라 하였고 또 "서른여섯 궁궐에는 가을 달빛 밝은데, 미인은 꽃 아래에서 퉁소를 가르치네.(三十六宮秋月白 美人花下教吹簫)"라 하였는데 모두 현비와 관련된 사실을 기록한 것이다. 선덕(宣德) 연간에 여관(女官) 왕사채(王司綵)의 궁사에 "마음껏 군왕이 가마에 머물게 하려고, 밝은 달빛 아래 하늘까지 옥퉁소를 부네.(贏得君王留步輦 玉簫嘹喨月明中)"라 한 것 역시 이 현비를 지칭한 것이다.[5]

명말의 여류 문인이자 화가인 방유의(方維儀, 1585-1668)의 『궁규시사』에 권비가 지었다고 한 시를 두고 오경욱은 오류라 하면서 자세히 고증하였다. 정동유가 권비의 시로 소개한 작품은 주권의 것으로 보는 것이 옳겠다. 다만 왕사채 등 명나라 초기의 궁사에 등장하는 옥퉁소를 부는 미인은 대개 권비를 가리키므로 이 점은 주목할 만하다. 주권과 왕사채가 권비를 두고 지은 궁사는 명말청초 주이준의 『정지거시화』에 실리면서 조선에도 소개되었고 이덕무의 『앙엽기』와 한치윤의 『해동역사』에 위와 비슷한 내용이 보인다.

사실 이 시는 내용을 들여다보면 권비 자신이 짓지 않은 것은 분명하지만, 정동유처럼 권비의 시로 인식한 예가 있기에 다룬다. 궁중 여성의 외로운 처지를 노래하는 궁사의 전형을 따르고 있다는 점에서 더욱 그러하다. 하늘 너머는 임금이 있는 곳인데 그곳에서 옥퉁소 소리가 들린다고 하였으니 옥퉁소를 부는 여인은 권비고 꽃그늘 아래로 걸어가 그 소리를 듣는 사람은 다른 후궁이

5 吳景旭, 『歷代詩話』 권74.

다. 임금의 총애를 잃은 후궁이 시적 화자가 된다. '삼십육궁(三十六宮)'은 한의 반고가 궁궐을 소재로 하여 지은 명편 「서도부(西都賦)」에서 "이궁과 별관이 서른여섯 곳(離宮別館 三十六所)"이라 한 이래 궁궐의 수많은 전각을 이르는 표현인데 여기서는 후궁의 처소다. 그 많은 후궁은 모두 가을 부채 신세인데, 유독 권비만 총애를 입어 그 궁에 달빛이 환하다고 한 것이다.

여러 문헌에서 말한 대로, 영락제는 1410년 공식적으로 조서를 내려 공녀 제도를 중지시켰다. 아마도 후궁으로 들어온 조선 여인의 암투 때문에 이런 결정을 내린 듯하다. 그러나 이후에도 한확의 누이 두 사람과 권극화의 딸이 공녀로 들어갔는데, 역시 예쁘고 피리를 잘 불어 총애를 받았고 명나라 궁사에도 기록이 남아 있다고 한다. 그리고 총애받은 여인은 문헌에 기록으로 남았지만 이름을 남기지 못한 수많은 사람이 있었다는 정동유의 지적은 우리의 아픈 역사니 기억하여야 할 것이다.[6]

6 현비 권씨와 관련한 내용도 필자의 앞의 논문에서 자세히 다루었다.

10.
기녀 금란의 맹세와 처녀의 속마음

조선시대 관리가 외직으로 나갈 때 그곳의 기녀와 사랑에 빠지기도 하였다. 이 때문에 정약용의 『목민심서(牧民心書)』에는 기녀를 경계하라는 조목이 많다.

> 창기들의 음란한 풍습은 하은주(夏殷周) 삼대(三代) 선왕(先王)의 풍속이 아니다. 후세에 오랑캐의 풍속이 점차 중국으로 젖어 들어 가서 마침내 우리나라에까지 미친 것이다. 수령이 된 자는 절대 창기를 가까이해서는 아니 된다. 한번 가까이하면 그 정령(政令) 하나하나가 의심과 비방을 살 것이며, 공정한 처사라도 모두 여자의 말에 넘어갔다고 의심을 받을 것이니 또한 민망하지 아니한가. 매번 보면, 소박하고 순진하여 바깥출입이 없던 선비가 처음 기녀를 가까이하면 홀딱 빠져 잠자리에서 소곤소곤 이야기한 것을 철석같이 믿는다. 기녀는 사람마다 정을 주어 사람의 본성이 이미 사라졌기에 따로 정부(情夫)를 두고 밖으로 누설하지 않는 말이 없어, 밤중에 소곤거린 말이 아침이면 성안에 온통 퍼지고 저녁에는 사방에 두루 퍼진다는 것을 알지 못한다. 평생에 단정하던 선비가 하루아침에 어리석은 사람이 되니 어찌 애석한 일이 아니겠는가. 무릇 기녀는 요염한 것이니 눈짓을 주고받아서는 아니 된다.[1]

1 한국고전번역원의 번역을 이용하되 표현을 조금 바꾸었다.

정약용은 당시 형법의 준거가 되었던 『대명율(大明律)』에 관리가 창가에서 자는 경우 장(杖) 60대에 처한다는 규정이 있다는 사실을 여러 차례 말하였다. 또 유봉서(柳鳳瑞, 1654-1699)의 고사를 소개하였다. 그 부친 정승 유상운(柳尙運)은 아들이 여색에 빠질 것을 미리 알고서 임지로 떠날 때 자신의 초상을 주었다. 유봉서가 북평사(北評事)가 되어 나갔을 때 기녀에 빠져 헤어나지 못하자, 부친의 초상을 걸어 놓고 밤낮 쳐다보며 울었지만 끝내 기녀를 금하지 못하다가 병을 얻어 마침내 임지에서 죽은 고사를 들었다. 정약용이 이렇게까지 절실하게 기녀 문제를 다루었을 정도로, 목민관이 임지에 기녀와 사랑에 빠진 일이 비일비재하였다.

양반 사족과 기녀의 사랑은 조선시대 극성하였다. 성현의 『용재총화』에 실린 전목(全穆)과 충주 기녀 금란(金蘭)의 일화는 조선 초기 벼슬아치와 기녀의 풍속도를 잘 보여 준다. 전목은 고려 우왕(禑王) 때 진사시(進士試)에 합격하였는데 그후 조선에서 벼슬하다가 태종 때 양산(梁山)으로 유배된 바 있다. 금란도 비슷한 시기의 기녀지만 자세한 행적은 알 수 없다. 금란은 “두 사람이 마음을 합치면 그 향기가 난초와 같고 마음을 합친 말은 그 날카로움이 쇠를 끊는다.”는 『주역』의 구절에서 이름을 취한 것이다. 금란은 그 이름처럼 은근한 정을 주던 남자도 이별한 후에는 돌아보지 않는 매정함을 보였다.

> 전목이 충주 기녀 금란을 사랑하였다. 그가 경성으로 떠나려 할 때 금란을 불러 타일러 말하였다.
>
> “경솔히 남에게 몸을 허락하지 말라.”
>
> 금란이 답하였다.
>
> “월악산(月嶽山)은 무너질지라도 제 마음은 변치 않겠나이다.”
>
> 뒤에 단월역(斷月驛)의 역승(驛丞)을 사랑하게 되었는데 전목이 시를 지어 보내었다.

자네가 문득 단월역 역승을 사랑하여 聞汝便憐斷月丞
깊은 밤 늘 역으로 달려간다 들었으니 夜深常向驛奔騰
언제나 세모난 몽둥이를 들고 가서 何時手執三稜杖
월악산의 기약을 따져 물어볼 것인가! 歸問心期月嶽崩

이에 금란이 차운하여 이렇게 답하였다.

북쪽에 전군이, 남쪽에는 역승이 있으니 北有全君南有丞
제 마음 날아가는 구름처럼 정할 수 없네요. 妾心無定似雲騰
만약 맹세한 것처럼 산이 바뀐다고 한다면 若將盟誓山如變
월악산이 지금껏 몇 번이나 무너졌겠나요? 月嶽于今幾度崩

이것은 모두 사문(斯文) 양여공(梁汝恭)이 지은 것이라고도 한다.[2]

충주의 단월역은 후대 단월(丹月)로 이름이 바뀐 곳으로, 임경업(林慶業, 1594-1646)의 사당 충렬사(忠烈祠)가 세워진 곳이다. 그 동쪽에 월악산이 있고 새재를 넘으면 경상도 땅이다. 금란은 한양으로 가는 전목에게 월악산이 무너지더라도 자신의 마음은 변치 않을 것이라 하였는데, 그가 떠난 후 바로 단월역의 관리와 눈이 맞았다. 전목이 월악산의 맹세를 들고 삼릉장(三稜杖)을 쳐서 죄를 물을 것이라 하였지만, 금란은 기생의 맹세가 원래 그런 것이 아니냐고 맞받아쳤다. 이렇게 시를 지어 여유 있게 농을 하는 것이 이 시기 풍속도라 하겠다. 편자 미상의 『이조향렴시(李朝香奩詩)』(규장각 소장)에도 이 이야기가 실려 있으니 후대까지 널리 알려졌다 하겠다.

성현은 이 일화를 소개하면서 두 작품 모두 양여공이 지은 것이라는 설도

2 成俔, 『慵齋叢話』 권6(경산대 영인본, 2000).

있다고 하였다. 양여공은 본관이 충주고 자가 경지(敬之), 호는 유정(柳亭)으로, 태종 때 황주판관(黃州判官)과 병조정랑(兵曹正郎)을 지낸 인물이다. 『동문선』에 5수의 시가 실려 있는 것을 보면 제법 문명이 있었던 모양이다.

기녀의 맹세를 믿은 전목을 비웃은 것과 유사한 이야기가 서거정의 『태평한화골계전(太平閑話滑稽傳)』에 실려 후대에 널리 읽혔다. 경주의 한 기녀가 자신에게 빠진 한양의 젊은 소년과 이별하는 자리에서 소년의 신체를 자른 것을 얻고 싶다 하자 소년이 앞니를 분질러 주었다. 기녀는 소년이 한양에 돌아가자 바로 다른 남자에게 갔는데 이를 들은 소년이 하인을 보내어 앞니를 받아 오게 하였다. 이에 기녀가 박장대소하며 "백정더러 살생을 금하고 기녀더러 예법을 지키라는 것은, 어리석지 않으면 노망난 사람이지요."라 하였다. 어떤 사람이 기녀의 마음으로 시를 지어 "이러한 저를 보고 은정이 박하다 마오, 이 빠지고 머리 벗겨지면 장수할 징조라니.(莫言這物恩情薄 齒豁頭童得壽徵)"라 하였다. 소년이 원래 대머리였는데 앞니까지 빠졌기에 이렇게 놀린 것이다.

성현의 『용재총화』에는 금란의 일화 바로 앞에 어떤 처녀의 이야기가 실려 있다.

> 예전에 한 처녀가 살림살이를 맡고 있었는데 중매하고자 하는 이가 많았다. 어떤 이는 문장에 능하다 하고, 어떤 이는 활쏘기와 말타기를 잘한다 하고, 어떤 이는 못가에 좋은 밭 수십 마지기가 있다 하고, 어떤 이는 정력이 왕성하여 성기에 돌이 든 자루를 매달고 휘둘러 머리를 넘긴다고도 하였다. 처녀가 시를 지어 그 뜻을 보이며 말하였다.

문장이 활발해 보았자 고생이 많을 테고	文章闊發多勞苦
활과 말에 재주 있으면 전장에서 죽겠지.	射御材能戰死亡
못가에 밭이 있어도 홍수에 망가질 것	池下有田逢水損

돌 자루 뒤로 넘기는 것 내 마음에 맞다오. 石囊蹹首我心當[3]

문학과 용력, 부귀 이러한 것보다는 정력 센 남자가 좋다는 처녀의 속마음을 이렇게 시로 말하였다. 『삼국유사』에 지증왕(智證王)이 신붓감을 구하지 못할 정도로 성기가 컸다고 하였고, 『고려사』에는 김치양(金致陽)의 음경이 수레바퀴를 능히 걸 수 있을 정도라 하였다. 『사기(史記)』에는 노애(嫪毐)가 오동나무 바퀴살에 성기를 넣었지만 멀쩡하여 진시황(秦始皇)의 모후가 그와 사통하였다는 기록도 보인다. 조선 초기에는 크고 강한 성기를 두고 이러한 기담이 하나하나 더해졌고 이것이 처녀의 시로 만들어졌다. 조선 후기라면 나오기 어려운 음담이다.

---

3 成俔, 『慵齋叢話』 권6(경산대 영인본, 2000).

11.
이각 부인의 출새곡

조선시대 여성은 가사 노동의 부담이 있는 데다 여성의 문학 활동 자체가 부정적으로 인식되었기에 한시를 자유롭게 쓸 수 있는 사람이 많지 않았지만, 그럼에도 역사의 기록에 가려져 여성의 문학적 재능이 감추어진 예가 더욱 많았을 것이다. 자신의 시재를 밖으로 드러내지는 못하였지만, 남편과 시로 대화를 대신할 정도의 능력을 갖춘 여성들도 드물지 않았던 듯하다. 학문이나 문학으로 특별한 명성을 날린 것은 아닌 이각(李恪, 1374-1446)이라는 무인의 부인도 남편에게 시를 지어 남편을 전별할 능력을 갖추고 있었다.

세종 14년(1432) 북쪽 오랑캐가 노략질을 하자 최윤덕(崔潤德)과 이각에게 명하여 토벌하게 하였다. 이각이 출발하려 할 때 아내가 시를 주어 위로하였다.

어느 사막에다 푸른 깃발을 꽂으셨는지	何處沙場駐翠旗
수자리 노래 오랑캐 피리 꿈속에 슬프네.	戍歌羌笛夢中悲
길가 버들가지 꺾은 것은 내 후회하지 않지만	陌頭楊柳吾何悔
안장에 오랑캐 머리 달고 돌아오길 기다린다오.	只待歸鞍繫月支[1]

1 편자 미상, 『滄溪聞見』. 安往居, 「東詩叢話」, 『매일신보』 1917년 11월 20일 자에서 재인용하였다. 안왕거의 「東詩叢話」에는 근거가 분명하지 않은 자료도 있지만 출처를 명시한 것은 신빙성이 있

이각은 충청도 덕산(德山) 사람인데 생원시에 합격하고 무과에 다시 뽑혀 병조참판, 전라도 도절제사(都節制使)를 지냈다. 파저강(婆猪江) 야인(野人)을 토벌한 공으로 중추원사(中樞院使)로 승진하였고 후에 시호 양정(襄靖)이 내려졌는데 아들은 두지 못하였다. 세종 15년(1433) 5월 7일 평안도 절제사 최윤덕이 우군절제사(右軍節制使) 이각 등과 함께 변경을 침범한 파저강의 야인 이만주(李滿住)를 물리쳤다는 기록이 『세종실록』에 보인다.

근대의 문인 안왕거는 「동시총화(東詩叢話)」에서 편자를 알 수 없는 『창계문견(滄溪聞見)』에서 인용한 것이라 하면서 이렇게 소개하였다. 다만 이각은 1420년 함경도 병마절제사(兵馬節制使)가 된 이래 서북에서 계속 근무하였으므로 그의 부인이 1432년 이 시를 주었다고 한 것을 그대로 믿기는 어렵다.

이 작품은 장지연의 『대동시선』에도 「남편을 변방으로 보내고(送夫出塞)」로 수록되어 있다. 그립다는 말 대신 변방 군진에서 수자리 서는 병졸의 노랫가락과 그 너머 오랑캐의 피리 소리가 가물거린다고 하였다. 그리고 버들가지 꺾어 주면서 이별을 한 것을 후회하지 않으니, 큰 공을 세우고 돌아올 것을 당부하였다. 이 시에서 이른 사장(沙場)은 사막인데 주로 전장(戰場)을 이른다. 취기(翠旗)는 푸른 새 깃털을 장식한 깃발인데 군기(軍旗)를 가리킨다. 강적(羌笛)은 오랑캐가 부는 피리로, 호적(胡笛)이라고도 한다. 맥두양류(陌頭楊柳)는 길가의 버드나무다. 당시 이별할 때 버들가지를 꺾어 주는 풍속이 있었다. 월지(月支)는 북방 민족의 이름이다.

이런 시어를 즐겨 쓰는 시가 변새시(邊塞詩)다. 변새시에 일가를 이룬 당

다. 『滄溪聞見』은 전하지 않아 어떤 책인지 알 수 없지만, 金瑗根, 『(名媛)新女子寶鑑』(永昌書館, 1922)에서도 이 책을 인용한 것으로 보아 이 무렵까지는 전해진 듯하다. 안왕거와 「東詩叢話」는 김보성, 「東詩叢話(규장각본)의 저자 및 저본 고찰」, 『한국한문학연구』 68(2017)에 자세하다. 이에 따르면 안왕거의 본명은 安宅重(1858-1929)인데 초명은 安瑀重이다. 往居, 肯來, 之亭 등의 필명도 사용하였다. 장유승, 「열상규조(洌上閨藻) 연구-가상의 고대사와 허구의 여성들」, 『한국한문학연구』 79(2020)에서 안왕거의 저술 중 상당 부분이 허구일 것이라는 점을 밝혔다.

왕창령(王昌齡)의 「규방의 원망(閨怨)」에서 “규방의 젊은 아낙 근심을 몰라, 봄날 단장하고 푸른 누에 오르네. 갑자기 길가의 푸른 버들 보고선, 남편에게 제후가 될 공 세우라 한 것 후회하네.(閨中少婦不曾愁 春日凝妝上翠樓 忽見陌頭楊柳色 悔教夫壻覓封侯)”라 한 뜻을 뒤집어 표현한 것이다. 또 당 왕유(王維)의 「연지의 노래(燕支行)」 “칼을 뽑아 사나운 오랑캐 팔을 잘랐으니, 돌아오는 말안장에 월지의 해골에 술을 부어 함께 마시세(拔劒已斷天驕臂 歸鞍共飮月支頭)”를 읽은 흔적도 있다.

조선시대의 사례로는 아주 희귀하게도 이각이 아내의 병간호를 위해 휴가를 청한 기록이 『세종실록』에 보인다. 다음은 평안도 절제사로 있던 이각이 올린 상소다.

> 신(臣)은 별다른 재능도 없이 지나치게 성상의 은혜를 입어 품계가 정2품 자헌대부(資憲大夫)에 이르고 외람되게 중한 임무를 받았습니다. 다만 신의 나이가 61세라 오랜 병이 온몸에 얽혀 날로 심하고 달로 더하여 변방을 지키기에는 합당하지 못합니다. 그럼에도 성은에 답할 길이 없으니 쓰러져 죽고 나야 말 것입니다.
>
> 신의 처는 전라도 전주에 있사온데, 계축년(1433) 3월 풍질(風疾)을 앓기 시작하여 전신불수(全身不遂)로 명이 경각에 달렸는데 특별히 내의(內醫)에게 명하여 약을 내리고 치료하게 하여 겨우 생명을 보전하였지만, 아직 병상에 누워 신음하고 있습니다. 아들도 없고 딸도 없어 시탕(侍湯)할 사람이 없는 형편입니다. 관직을 면하여 아내를 구호하여 살리게 해 주시는 일은, 부모의 상을 당한 경우와는 달라 참으로 공의(公義)에 어긋남이 있으니, 신의 본래 뜻은 아닙니다. 방도를 바꾸고자 하더라도 부모의 경우는 중대하고 아내의 일은 경미하니, 사람들도 모두 그리하고자 하지 않을 것이요, 중대한 것을 피하고 경미한 것을 하려 한다는 책망을 면하지 못할 것입니다. 이 때문에 신이 밤낮으로 통탄하고 답답해하기를 마지않고 있습니다. 아내를 싣고 올 군인과 그들이 먹을 식대, 말 여물을 지급하시되 친척 가운데 한 사람을 시켜 데려오게 하면 진실로 다행이겠습니다. 그러나 계절이 바로 농사

철인지라 농사에 방해될까 염려되거니와 또 병세가 더욱 위독하여 길에서 혹 뜻밖의 우환이 생긴다면 이는 작은 사고가 아닐 것입니다. 다행히 오늘날 성상의 은택이 지극히 중하여 북쪽 변방 사람들이 귀순하였고, 얼음도 풀리고 강물이 많아져서 적도(賊徒)들이 절로 종식될 것이니 방비할 일이 조금 줄어들 것입니다. 그러니 한 달의 말미를 얻어 병든 아내와 영결할 수 있게 해 주신다면 이 얼마나 다행이겠습니까. 신은 다시 더 바랄 것이 없을 것입니다.[2]

그의 아내는 전라도 전주에 있었는데 1433년 3월 풍질을 앓기 시작하여 전신이 마비되어 목숨이 경각에 달렸다. 세종이 내의에게 약을 내려 치료하여 겨우 생명을 보전하였지만 병상에서 여전히 신음하고 있었다. 『경국대전(經國大典)』에 부모의 병환이 있으면 30일에서 70일 휴가를 준다는 규정이 있었지만 아내의 경우는 그러한 규정이 없었다. 이각은 아들도 없고 딸도 없으며 병간호를 할 사람이 없다면서 자신의 거처로 데려오고 싶지만 그 역시 길이 멀어 중도에 죽을 위험이 있어 그렇게 할 수도 없으니, 부득이 1개월의 말미를 얻어 병든 아내와 영결하고 싶다는 간곡한 상소를 올렸다. 그러나 세종은 급박한 변방 사정을 들어 윤허하지 않았다.

그의 부인은 1435년 11월 6일에 사망하였는데 이각은 계속 평안도에 머물러 있었던 듯하다. 부인의 죽음을 들은 세종이 전라도 감사로 하여금 관각(棺槨)과 부물(賻物)을 내리게 한 기사가 실록에 실려 있다. 공을 세우고 돌아오기를 바라는 아내의 시와, 아내의 병구완을 위해 휴가를 청하는 남편의 간절한 상소문, 이런 사례까지 보여 주는 조선 전기 실록의 기록 정신이 대단하다.

2 『世宗實錄』(1434. 10. 30).

12.
최치운과 홍계도의 딸이 지은 남편의 제문

조선시대 여성들은 먼저 세상을 떠난 남편을 애도하여 한글로 제문을 짓는 것이 일반적이었지만, 가끔은 한문으로 제문을 남긴 이들도 있다. 그 첫 번째 예가 문경(聞慶)의 열녀 최씨(崔氏)가 쓴 것으로 『신증동국여지승람』에 실려 있다.

> 사직(司直) 안귀손(安貴孫)의 처는 가은현(加恩縣)에 살았는데 그 부친 최치운(崔致雲)이 『시경』과 『서경(書經)』을 가르쳤다. 안귀손이 죽자 글을 지어 제사를 지냈다.

봉황새가 훨훨 날아서　　鳳凰于飛
정다운 울음소리 즐겁더니　　和鳴樂只
봉새가 날아가 내려오지 않아　　鳳飛不下
황새는 홀로 통곡할 뿐이라오.　　凰獨哭只
머리를 긁적이며 하늘에 묻건만　　搔首問天
하늘은 묵묵하게 입을 닫았네.　　天默默只
하늘이 길고 바다가 넓은데　　天長海闊
제 한도 또한 끝이 없답니다.　　恨無極只[1]

1　李荇 등, 『新增東國輿地勝覽』 권29, 聞慶縣.

이 제문을 지은 여성의 부친 최치운(1390-1440)은 본관이 강릉이고 자는 백경(伯卿), 호는 경호(鏡湖) 혹은 조은(釣隱)이며 이조참판을 지낸 인물이다. 세종 때 『무원록(無冤錄)』을 편찬하는 데 크게 이바지하였다. 2남 3녀를 두었는데 제문을 지은 최씨는 둘째 딸이다.[2] 그와 혼인한 안귀손은 15세기 중반의 인물로 정5품의 사직을 지냈다. 숙종 때 문경에 세워진 한천향현사(寒泉鄕賢祠)에 제향된 것을 보면 처사로서 명망이 높았음을 알 수 있다.

그림 4 『동국신속삼강행실도』(규장각 소장): 「최씨애사」로 실려 있는데 빈소에 최씨가 그려져 있다.

중국이나 우리나라에서 한시는 근체시든 고시든 대부분 오언이나 칠언으로 되어 있지만, 가끔 사언으로 된 시가 보이는데 그 근원은 『시경』에 있다. 안귀손의 처 최씨는 아버지로부터 『시경』과 『서경』을 배웠으니 이를 응용한 것이라 하겠다.[3] 이와 함께 망자의 영혼을 조문하는 제문도 사언으로 된 것이 많다. 한시라고는 부르지 않지만 실재는 운문이다. 이 작품은 '지(只)' 자를 운자로 반복하여 사용한 한시다. 봉새와 황새처럼 다정하게 살다가 봉새가 먼저 하늘로 올라가 혼자 남은 황새가 슬퍼한다는 내용은 단순하면서도 절절하다.

한문으로 제작된 남편을 애도한 아내의 제문은 존재 자체가 희귀하다. 이동윤(李東允, 1727-1809)의 『박소촌화(樸素村話)』에서 드문 자료 하나를 더 볼 수

2 李裕元, 「吏曹參判釣隱崔公神道碑」, 『嘉梧藁略』 15책.

3 『東國新續三綱行實圖』의 「崔氏哀辭」로도 실려 있는데 여기에 원문의 '詩書'를 '모시(毛詩) 샹셔(尙書)'로 언해하였기에 이를 따른다.

있다.

교관(敎官) 홍계도(洪啓道)의 딸이 이씨의 아내가 되었는데 시어머니의 마음을 얻지 못하여 부부가 별거하였다. 일찍 홀몸이 되어 부여(扶餘)의 강마을에 살았다. 남편의 제문은 변려문을 사용하였는데 설천(雪川) 이봉상(李鳳祥) 공이 극구 칭찬하여 "그 번다함만 산삭한다면 영원히 전할 만하다."라고 하였다.

가을 하늘 공활한데	秋天寥廓
애를 끊는 기러기 울자	腸斷雁叫
울음소리 강물에 퍼져	一聲江水
파도 차고 심장 찢어지는데	波寒心碎
달은 밝아 훤하네.	月明霽色

이러한 구절은 사람을 놀라게 할 만하다. 그가 차운하여 스스로를 애도한 시 또한 설천 공이 칭찬하였다. 내가 "이것이 『동문선』에 들어갈 만합니까?"라 하자, 설천 공은 "이는 반드시 그럴 것인지는 알 수 없지만, 시율(詩律)은 『기아』에 들어갈 만한 것이 있네."라 하였다. 이는 부인이 『사문유취(事文類聚)』 하나를 익히 읽어 자기 말처럼 외웠기에, 글이 곱게 나온 것이다.[4]

남편의 제문을 지은 여인은 홍계도의 딸이다. 홍계도는 홍계적(洪啓迪, 1680-1722)의 아우로 영조 초년에 벼슬을 하였고 신경윤(申景潤)의 딸과 혼인하여 세 아들을 둔 것은 확인되지만, 이씨 집안에 시집간 이 딸에 대한 정보는 확인하기 어렵다. 그를 알아준 이봉상(1675-1728)의 생몰년을 고려한다면, 홍계도의 딸은 18세기 초반의 인물로 보면 되겠다. 이봉상과 같은 전주 이씨 집안의

4 李東允, 『樸素村話』 권하(버클리대학교 소장).

여성일 가능성이 높다.

제문의 일부를 인용하고 변려문으로 되어 있다고 하였는데, 변려문은 사언과 육언을 중심으로 하되 정밀한 대우(對偶)와 깊은 전고 구사를 특징으로 하는 운문에 가까운 문체다. 다만 여기서 인용한 대목은 사언만 보인다. 또 자신의 처지를 애도한 시가 따로 있었다고 하지만 전해지지 않아 안타깝다. 당시 지식인이 즐겨 참고하던 『사문유취』와 같은 유서(類書)를 읽었다고 하니, 다양한 전고를 깊이 있게 구사한 작품을 남겼을 것 같다. 조선 초기 국가에서 편찬된 『동문선』에 뽑힐 정도의 수준이 되는가를 따진 것을 보면 이 여성의 문학적 능력이 상당하였음을 짐작할 수 있다. 또 『기아』에 실려 전할 만하다고 하였지만 남용익의 『기아』에는 그의 시가 보이지 않는다.

얼마 전 이응태(李應台, 1556-1586)의 묘에서 출토된 한글 편지가 심금을 울린 적 있다. 지금 전하는 것이 희귀하지만 죽은 남편에게 보내는 편지처럼 남편의 영전에 바친 한글 제문은 상당히 있었을 것 같고 드물지만 한문 제문도 있었을 것이다. 한 예로 율정(栗亭) 홍천민(洪天民, 1526-1574)의 아내 고흥유씨(高興柳氏, 1550-1637)는 스물다섯에 남편을 잃고 삭망(朔望)이 되면 제문을 손수 지어 제사를 지냈다고 한다. 유씨는 유당(柳檔)과 여흥민씨(驪興閔氏) 사이에 태어났는데 어우(於于) 유몽인이 그의 남동생이다, 영의정을 지낸 학곡(鶴谷) 홍서봉(洪瑞鳳, 1572-1645)을 낳아 엄하게 교육한 여성으로 알려져 있다. 지금 이 제문은 전하지 않지만 유씨가 문학에 상당히 뛰어났음은 다음에서 확인할 수 있다.

> 학곡의 대부인(大夫人)은 곧 어우 유몽인의 누이로, 어우가 수업받을 때 곁에서 몰래 배웠음에도 그 문장이 세상에서 뛰어났다. 그러나 스스로 부인이 시를 읊조리는 것이 합당하지 않다고 여겼기 때문에 전하는 것이 전혀 없다. 오직 "봄빛을 뚫고 골짜기에 들어서니, 물소리를 밟으며 다리를 건너네.(入洞穿春色 行橋踏水聲)"만 전한다.[5]

유씨는 젊은 시절 유몽인 곁에서 공부하여 문장이 뛰어났다. 유몽인은 아버지의 묘지명에서 이 누이가 천성으로 총명하여 천하의 책에 달통하였다고 한 바 있다. 박태순(朴泰淳, 1653-1704)은 홍서봉의 행장에서 "유 부인은 감식안이 넓고 깊으며 문장을 갖추었다. 고서(古書)에 두루 통하였지만 일가의 자제 사이라도 그 필묵을 본 적이 없다."라고 하였다.[6] 유씨는 장수를 누렸으니 상당한 작품을 남겼겠지만 여성이 자신의 시문을 자랑하지 않는 것을 미덕으로 여기는 풍조 때문에 이 시 한 구절만 전한다. 봄빛을 뚫고 물소리를 밟는다는 참신한 표현은 다른 데서 보이지 않는다는 점에서 이 여성의 탁월한 시재를 짐작할 수 있다.

5 洪萬鍾, 『小華詩評』. 안대회 교수의 『소화시평, 조선이 사랑한 시 이야기』(성균관대학교출판부, 2016)를 참고하였다.

6 朴泰淳, 「奮忠贊謨靖社竭忠効誠炳幾寧社功臣大匡輔國崇祿大夫議政府領議政兼領經筵弘文館藝文館春秋館觀象監事世子師益寧府院君鶴谷洪公行狀」, 『東溪集』 권10.

13.
조선 초기 글 잘하는 두 사람의 정씨

조선시대 양반가의 여성 중 일부는 시집가기 전 부모로부터 일정한 교육을 받아 시를 제작할 수 있는 능력을 갖추고 있었다. 그러나 여성의 문학 활동이 부정적으로 인식되었기에 자신의 문학적 재능을 숨길 때가 많았고 이 때문에 양반가 여성의 한시 중에 전하는 것이 많지 않다. 그럼에도 불구하고 지금 전하는 작품 중에는 남성의 시에 못지않은 뛰어난 수준을 보이는 것도 있다. 같은 인물인지 확인할 수 없지만, 조선 초기 두 정씨(鄭氏)가 있어 이 시기 여성 한시사를 빛내었다.

> 장원(壯元) 정인인(鄭麟仁)의 모친이 글에 능하여 비록 스스로 재주를 숨기고 지으려 들지 않았지만 내놓게 되면 문득 기이하고 빼어났다. 그의 오라비 □□□가 일찍이 근실히 글을 청하자 부인이 "여자가 할 일은 아니나 공을 위하여 한 번 보이겠소."라 하고 이에 벽에 걸린 「강태공조어도(姜太公釣魚圖)」를 제목으로 하여 시를 지었다.

낚싯대를 드리운 허연 머리 객	鶴髮投竿客
세상에 드문 초연한 노인일세.	超然不世翁
문왕이 사냥을 나서지 않았다면	若非西伯獵
오가는 기러기나 늘 벗 삼았겠지.	長伴往來鴻

그 후에 중국 사신이 와서 우리나라의 시를 보고자 할 때 이 시를 써서 보여 주었더니, 한참 읊조리다가 '여자의 의태가 있다'라 하였다.[1]

장지연의 『대동시선』에도 이 시가 실려 있는데 작가가 정자순(鄭子順)의 딸이고 군수 정찬우(鄭纘禹)의 부인이라 하였다. 정자순은 본관이 동래(東萊)로 정회(鄭繪)의 후손인데 예조참의(禮曹參議)를 지낸 정절(鄭節)의 아들이고 판서를 지낸 정구(鄭矩)의 조카이며 현감을 지냈다. 정자순의 사위 정찬우는 본관이 광주(光州)다. 정씨는 정인인(자 德秀)과 정순인(鄭純仁, 자 德老) 두 아들을 낳았는데 특히 정인인은 사헌부 장령으로 있던 중 갑자사화(甲子士禍)에 연루되어 죽은 신진사류다. 정찬우가 1477년 김제 군수로 있었다는 기록이 『성종실록』에 보이니 정씨는 성종 연간, 곧 15세기 중후반의 인물로 추정된다.

'태공조어도(太公釣魚圖)'는 태공망(太公望) 여상(呂尙, 姜太公)이 낚시하는 모습을 그린 그림이라는 점에서 여기에 쓴 정씨의 시는 제화시(題畫詩)다. 그러면서 동시에 역사 사실에 대한 잘잘못을 준엄하게 따지는 영사시(詠史詩)의 성격이 있다. 이 시에서 '불세옹(不世翁)'은 세상에 드문 큰 공을 세운 사람인데 문왕(文王)과 무왕(武王)을 보필한 여상을 가리킬 때가 많다. 서백(西伯)으로 추앙된 주 문왕이 사냥을 나서기 전에 점을 쳤는데 "잡을 것은 용이나 이무기도 아니요 범이나 곰도 아니니, 왕패(王霸)를 보좌할 인물이다."라는 괘(卦)가 나왔다. 점괘대로 사냥을 나가서 위수에서 여상을 만나 이야기를 나누고 크게 기뻐하며 수레에 태우고 함께 돌아와 태사(太師)로 삼았다. 그 후 여상은 주나라를 건국하는 데 큰 공을 세웠지만, 대신 은자의 한적한 삶을 다시 누리지 못하였다.

이제신(李濟臣, 1536-1583)의 『청강시화(淸江詩話)』에 정씨가 시를 쓴 동일한 그림을 보고 김시습(金時習, 1435-1493)이 지은 시가 소개되어 있다. "비바람이

1 李濟臣, 『淸江先生詩話』(『淸江雜著』, 일본 동양문고 소장).

쏴하고 낚시 바위를 스치는데, 위수의 새와 물고기에 욕심 버릴 줄 알았더니, 어찌하여 늘그막에 매 같이 날랜 장수가 되어서, 백이와 숙제 굶주려 고사리만 캐게 하였나.(風雨蕭蕭拂釣磯 渭川魚鳥識忘機 如何老作鷹揚將 空使夷齊餓采薇)"라 한 바 있다. 강태공이 기심(機心)을 잊고 살더니 문왕을 만나 창칼을 휘두르는 장군이 되어 은나라를 망하게 하였고 이 때문에 백이(伯夷)와 숙제(叔齊)가 고사리를 캐 먹다 굶어 죽게 하였다고 탓하였다. 이제신은 이 시를 본 서거정이 자신의 '죄안(罪案)'이라 하였다는 말을 덧붙였다. 수양대군(首陽大君) 진영의 일원으로 계유정난(癸酉靖難)에 공을 세운 서거정의 자괴심을 지적한 것이다.

이에 비해 정씨는 강태공이 문왕을 만나지 않았다면 은자로서 살아갔을 것이라 하여 세사에 초탈한 은자의 뜻을 부각하였다. 훗날 중국 사신이 와서 정씨의 이 시를 보고 '여태(女態)'가 있다고 하였는데, 김시습의 시에서 볼 수 있는 사론(史論)의 준엄함이 부족한 점을 지적한 듯하다.

그런데 『청강시화』나 다른 문헌에 이 시를 지은 여성이 어떤 집안 출신인지 밝히지 않았고, 또 그 남동생 이름도 삭제하였다. 정자순의 아들 정결(鄭潔)은 수양대군이 계유정난을 일으키고 왕위에 오르는 과정에서 공을 세워 좌익원종공신(佐翼原從功臣) 2등에 책록되었고 청주 목사를 지냈다. 왕위를 넘보는 수양대군을 도우려는 아우 정결의 뜻을 헤아린 정씨가 이 시를 지어 그 뜻을 넌지시 꾸짖은 것으로 볼 수 있을 듯하다. 다만 그렇다고 하여 정결의 이름을 지울 정도는 아니므로 혹 또 다른 아우가 있었는지도 모르겠다.

이 정씨 부인과 비슷한 시기 또 다른 시에 능한 정씨가 있었다.

> 우리 동방에는 여성 중에 학문을 하는 일이 절대 없다. 비록 뛰어난 자질이 있다 하더라도 길쌈하는 일에 그칠 뿐이다. 이 때문에 부인의 시는 전하는 것이 드물다. 사족 여성 정씨는 그 형제 중에 학업을 익히는 이가 있으면 곁에서 몰래 배워 시를 제법 지을 수 있었다. 하루는 진달래가 흐드러지게 피자, 그 남편이 시를 지어

보라고 하였는데 이에 정씨가 바로 지었다.

어젯밤 봄바람이 호젓한 안방에 들더니	昨夜春風入洞房
한 폭 비단 휘장에 붉은 꽃이 흐드러지네.	一張雲錦爛紅芳
이 꽃이 피어난 곳에 새 소리도 들리겠지	此花開處聞啼鳥
그윽한 자태 읊자 애간장도 한 번 끊어지네.	一詠幽姿一斷腸

비록 시에 능한 사람도 다시 능가할 수 있겠는가? 진실로 교육을 받은 바가 있었더라면 그 문예의 아름다움이 어찌 여기에 그쳤겠는가? 그러나 『시경』에서 "잘못 하는 일도 없고 자랑할 일도 없이, 오직 술과 밥만 하는 것이 적합하네."라 하였고, 『주역』에서 "주부는 집안일을 주관하니 바르고도 길하다."라 하였으니, 누에 치고 베 짜는 일을 멈추고 번거롭게 시 짓고 글 쓰는 일에 종사할 필요가 없다. 하물며 천지사방은 제각기 개성이 있는 법이요, 천 리 떨어진 곳이면 풍속이 달라지지 않던가! 우리 동방 여자가 배우지 않는 풍속이 도리어 도움이 될 줄 어찌 알겠는가?[2]

이 작품을 지은 정씨는 어떤 인물인지 알 수 없다. 서거정이 1474년에 편찬한 『동인시화(東人詩話)』에 소개되어 있으므로 15세기 중엽의 인물로 보면 될 듯하다. 앞서 본 동래정씨와 거의 같은 시대 인물이지만 동일한 사람인지는 확인할 수 없다. 어숙권의 『패관잡기』에도 정씨의 대표작으로 이 작품을 들었다. 또 장지연의 『대동시선』에는 「두견화를 읊다(詠杜鵑花)」로 실려 있다.

봄바람이 깊은 규방으로 불어오자 비단 병풍에 수놓은 진달래꽃조차 흐드러지게 피어날 것 같다. 병풍이 아닌 마당에 피어난 진달래 곁에는 봄날을 반기는 새들의 울음소리가 들리겠다. 꽃구경 가고 싶지만 규방을 벗어나는 것이

2 徐居正, 『東人詩話』 권하.

쉽지 않다. 봄이 와도 봄을 즐기지 못하는 여인의 한을 담은 것이라 보면 되겠다. 운금(雲錦)은 구름 문양을 수놓은 고급 비단인데, 이것으로 만든 휘장을 운금장(雲錦張), 운금위(雲錦幃)라 한다. 서거정은 정원에 활짝 핀 진달래를 보고 남편의 청에 의해 지은 작품이라 하였지만, 산속의 진달래가 아닌 휘장 위에 수놓은 진달래를 보고 쓴 시로 풀이하는 것이 좋을 듯하다. 봄바람이 규방에 들어 휘장의 꽃을 피웠다고 하면 더욱 시심이 곱다. 그리고 들판의 꽃이라면 새가 찾아들겠지만, 휘장에 수놓은 꽃인지라 새들이 찾아오지 못한다고 본다면 결구의 '단장'과 내적인 호응이 된다.

그런데 홍만종(1643-1725)의 『소화시평(小華詩評)』에 정씨가 진달래를 읊은 이 작품과 학을 노래한 작품도 함께 그의 시로 소개되어 있다.

> 예전 부인 가운데 글에 능한 사람은 조대가와 반희 아래로 이루 다 기록할 수 없다. 우리 동방의 여자는 문학에 종사하지 않아 뛰어난 자질이 있어도 길쌈하는 데 그치니, 이 때문에 부인의 시가 전하는 것이 드물다. 오직 우리 조선의 정씨가 읊은 "어젯밤 봄바람이 호젓한 안방에 들더니(昨夜春風入洞房)" 절구 하나만 사가 서거정의 『동인시화』에 실려 있다. 정씨는 또 「학을 읊조리다(詠鶴)」 시가 있다.
>
> 한 쌍의 선학이 맑은 하늘에서 우니 一雙仙鶴叫淸霄
> 신선 세상의 옥피리 소리인가 싶었네. 疑是丹邱弄玉簫
> 삼도와 십주로 돌아갈 마음이 하도 커서 三島十洲歸思濶
> 하늘 가득 바람과 이슬에 깃털을 가다듬네. 滿天風露刷寒毛
> (후략)
>
> 여러 편이 각기 그 오묘함을 다하였으니 절로 규방의 빼어난 자라 하겠다.[3]

3 洪萬鍾, 『小華詩評』(안대희 역, 『소화시평』, 성균관대학교출판부, 2016).

홍만종은 진달래를 노래한 정씨와 학을 노래한 정씨를 같은 사람으로 소개하였지만 그렇게 보기는 어렵다. 학을 읊조린 이 작품은 장지연의 『대동시선』에 「학을 읊조리다」로 실었는데, 작가가 정수묵(鄭守默)의 딸이고 김래(金琜, 1576-1613)의 부인이며[4] 연흥부원군(延興府院君) 김제남(1562-1613)의 며느리라 하였다. 정수묵은 정묵(鄭默, 1555-?)의 잘못이다. 정묵은 본관이 초계(草溪)로, 육조의 판서를 역임하고 우찬성(右贊成)까지 지낸 팔계군(八溪君) 정종영(鄭宗榮)의 아들로 군수를 지냈다. 그의 딸 정씨는 17세에 김래와 혼인하였다. 김래는 본관이 연안(延安)으로, 인목대비(仁穆大妃)의 오빠다. 청주 목사를 지냈는데 계축옥사(癸丑獄事) 때 부친 김제남, 두 아우, 자형 등과 함께 화를 당하였다. 정씨는 김래 사이에 2남 3녀를 두었는데 다행히 두 아들과 함께 목숨을 부지하였다. 또 큰 사위가 김상헌(金尙憲)의 아들 김광찬(金光燦)이다. 이 시를 지은 정씨는 당연히 서거정이 소개한 정씨와 동일 인물이 될 수 없다.

초계정씨(草溪鄭氏, 1575-1640)의 삶을 기록한 김상헌은 "부인은 법도가 있는 집안에서 생장하였으며, 성품과 식견이 밝고 민첩하였다. 어려서부터 『여훈(女訓)』 등 여러 서책을 배워 대의에 통하였으므로, 모든 것에 대해 법도를 준수하여 예에 맞는 것이 아니면 말하지 않았다. 김씨 집안으로 시집와서는 부도(婦道)를 아주 잘 닦았으므로 시부모가 애지중지하였다. 매번 다른 사람에게 칭하면서 반드시 어진 며느리라고 하였다."라고 적었다.[5] 빙허각 이씨의 『청규박물지』에서 '정씨 여자'의 작품으로 이 시를 수록하였으니 후세에까지 규방에서 널리 읽힌 작품이라 하겠다.[6]

초계정씨가 지은 이 작품은 맑게 우는 학 울음소리를 듣고 지은 것이다.

4 장지연의 『대동시선』에는 金徠로 되어 있지만 잘못이다.

5 金尙憲, 「淑夫人草溪鄭氏墓誌銘」, 『淸陰集』 권35. 李明漢, 「淸州牧使贈左承旨金公夫人鄭氏墓誌銘」, 『白洲集』 권17도 정씨의 묘지명이다.

6 "일쌍의 션학이 ᄆᆞᆰ은 ᄒᆞ놀의셔 우르니 의심컨ᄃᆡ 단구의셔 옥쇼을 농ᄒᆞᄒᆞᆫ도다 삼도십쥐에 도라가ᄂᆞᆫ 싱각이 널너시니 ᄒᆞ놀의 가득ᄒᆞᆫ ᄇᆞ람과 이슬의 ᄎᆞᆫ 털을 ᄆᆞᄅᆞ지엿도다"로 풀이되어 있다.

선학(仙鶴)은 백학(白鶴)을 이르는 말이지만 신선이 타는 학을 가리킬 때도 있다. 선계(仙界)의 신선이 타던 학이 인간 세상에 내려와 있지만 다시 선계로 돌아가고 싶은 뜻을 말한 것이다. 단구(丹邱)는 신선이 사는 별세계로 밤낮 늘 훤하다고 한다. 삼도(三島)와 십주(十洲)도 모두 신선이 사는 세상이다. 삼도는 동해에 있다는 봉래(蓬萊), 방장(方丈), 영주(瀛洲)의 삼신산(三神山)을 가리키고 십주 역시 바다에 있다고 하는 열 곳의 명산승경(名山勝境)을 이르는 말이다. 학이 선계로 가고자 자신을 정결하게 하기 위해 깃털을 바람과 이슬로 씻어 낸다고 하여 더욱 맑은 운치를 더하였다. 한모(寒毛)는 피부의 잔털로 인간 세상의 남은 자취라고 보면 된다. 계축옥사에 연루되어 멸문의 화를 당한 김래의 최후를 생각할 때 정씨 역시 온전하게 살았을 것 같지는 않다. 이 때문에 천상으로 복귀하는 학은 죽음을 앞둔 정씨의 마음을 담은 것처럼 읽힌다.

그런데 이 작품은 작가에 대한 논란이 있다. 임상원(任相元, 1638-1697)과 임천상(任天常, 1754-1822)이 함께 편찬한 『교거쇄편(郊居瑣編)』에도 이 시가 실려 있는데 여기에는 작가가 서원리(徐元履, 1596-1663)의 처 청풍김씨(清風金氏)로 되어 있다.

감사 서원리의 아내 김씨의 「감사에게 부치다(寄監司)」 시는 이러하다.

요즘 당신 소식은 어떠하신지요?	向來消息問如何
온 밤 그리움에 머리가 세려 하네요.	一夜相思鬢欲華
잠 못 이루어 홀로 난간에 기대니	獨倚雕欄眠不得
발 너머 성긴 대숲에 빗소리 거세네요.	隔簾疏竹雨聲多

그의 「학을 읊조리다」 시는 다음과 같다.

한 쌍의 선학이 맑은 하늘에서 우는데	一雙仙鶴叫清宵

곤륜산에서 부는 옥피리 소린가 싶구나.	疑是崑丘弄玉簫
요해와 벽천으로 갈 생각이 아득하여	瑤海碧天歸思遠
뜰 가득한 바람과 이슬에 깃털을 씻네.	滿庭風露刷寒毛[7]

청풍김씨는 김육(金堉, 1580-1658)과 윤급(尹汲)의 딸 파평윤씨 사이의 셋째 딸로 태어났는데 김좌명(金佐明), 김우명(金佑明) 등이 그의 형제다. 이경석(李景奭)이 지은 김육의 신도비명(神道碑銘)에는 이 여성이 서원리의 후처로 되어 있다. 서원리는 본관이 달성으로 서성(徐渻)의 손자다. 봉림대군(鳳林大君)의 사부(師傅)인데, 병자호란 뒤 볼모로 심양(瀋陽)에 잡혀 간 봉림대군을 모셨다. 김육은 대동법을 시행하고 동전의 주조와 유통을 주장하는 등 경제 정책과 관련하여 널리 알려진 학자이며 학문과 문학에도 탁월하였으니, 그의 딸 역시 문학에 상당한 재능이 있었을 것으로 짐작된다.

첫 번째 작품은 1662년 서원리가 호조참판에서 함경도 관찰사로 나갔을 때 청풍김씨가 남편에게 보낸 것이다. 장지연의 『대동시선』에는 제목이 「상사(想思)」로 되어 있고 그가 따로 편찬한 『일사유사』에도 이 시를 소개하였다. 함경도로 떠난 남편에게서 소식이 없어 그리움에 머리가 셀 지경이라 잠을 이루지 못하고 난간에 기대어 불면의 밤을 보내는데 늦가을 성긴 대숲에 처량한 빗소리가 들린다고 하였다. 마지막 구절에 청각적 심상을 넣어 여운이 길게 남게 한 것이 묘미가 있다. 여기서 댓잎에 떨어지는 빗소리에 자신의 울음소리를 숨겼다는 점이 더욱 시를 아름답게 하였다.

그런데 두 번째 작품이 앞서 본 『소화시평』에 실린 학을 읊은 시와 흡사하다. 2구의 곤구(崑丘)는 신선이 사는 곤륜산을 가리키니 『소화시평』의 단구(丹邱)와 뜻이 다르지 않다. 또 3구가 조금 다르기는 해도 역시 같은 뜻이다. 요해(瑤

7 任相元·任天常, 『郊居瑣編』 제5책(규장각 소장본).

海)는 신선이 산다고 하는 곤륜산 정상의 요지(瑤池)를 이른다. 밝은 달밤의 아름다운 하늘을 이르기도 한다. 푸른 하늘을 이르는 벽천(碧天)과 나란히 쓰였기에 '요해벽천'은 밝은 달밤 푸른 하늘로 풀이하면 무난하겠다.

그렇다면 「학을 읊조리다」는 김육의 딸이 지은 것인가? 그것도 아니다. 유희춘(1513-1577)의 부인 송씨(1521-1578)로 보는 것이 가장 온당할 듯하다. 유희춘의 『미암일기』에 실려 있는 「우연히 읊조리다(偶吟)」가 이 작품과 흡사하기 때문이다. 기록 정신이 탁월한 유희춘이 1543년 무장(茂長)의 현감으로 있을 때 부인이 관아에서 지은 작품이라 명시하고 있다. 여성의 한시는 입에서 입으로 전해지다 보니 이처럼 작가가 잘못 전하는 예가 상당하다. 『미암일기』에는 이렇게 실려 있다.

한 쌍의 선학이 맑은 하늘에서 우니	一雙仙鶴唳淸霄
아마도 항아가 옥피리를 부는 듯하네.	疑是姮娥弄玉簫
만 리 먼 하늘 구름 위가 돌아갈 곳이라	萬里浮雲歸思地
뜰 가득 가을 달빛 아래 깃털을 다듬네.	滿庭秋月刷鷴毛

두 마리 학의 울음소리를 달에 사는 항아(姮娥)가 옥피리를 부는 소리에 비하고, 구름 위 만 리 높은 하늘로 돌아가려고 밝은 달빛 아래 깃털을 정리한다고 하였으니 거의 비슷하다. 마지막 구절에서 솔개의 깃털[鷴毛]이라 한 것은 인간 세상으로 내려와 오염된 자국으로 보면 되겠다.

14.
중국에까지 시명을 날린 성씨

서거정은 조선의 여성들이 학문이나 문학에 종사하는 일이 없어 시가 거의 전하지 않는다고 하면서 정씨가 체계적인 교육을 받았더라면 더욱 큰 성취를 보였을 것이라 안타까워하였다. 그러면서도 오히려 조선 여성이 교육을 받지 않아 그 때문에 여성의 도리를 잃지 않게 되어 다행이라 하였다. 조선시대 내내 가장 일반적인 인식이었지만, 서거정과 크게 멀지 않은 시기의 인물인 어숙권이 『패관잡기』에서 보여 준 여성에 대한 인식은 상당히 진보적이다.

> 부인의 직분은 안에서 밥을 먹이고 베를 짜서 옷을 장만하는 일뿐이니, 문학적인 재질은 마땅히 갖추어야 할 것이 아니다. 우리나라의 논의가 예로부터 이러하였으므로, 타고난 재주가 출중한 사람이 있다 하더라도 또한 꺼리고 숨기며 문학에 힘을 쏟지 않으니 탄식할 만하다. 삼국시대는 들리는 것이 없고 고려 오백 년 동안 용성의 창기 우돌과 팽원의 창기 동인홍만 있어 시를 지을 줄 알았다. 우리 왕조에 정씨와 성씨, 김씨가 있는데 김씨의 시 작품이 세상에 전하지만 유약하여 기운이 적다. 오직 정씨의 "(생략)"라는 시와 성씨의 "(생략)"라는 구절, 그리고 김씨의 "(생략)"라는 시 등은 자못 사람의 뜻에 맞다. 지금 동양(東陽) 신씨(申氏)가 어려서부터 그림에 뛰어나며 특히 포도와 산수가 일시에 빼어나, 평하는 이들이 안견(安堅)에 버금간다고 한다. 아, 어찌 부인의 붓이라 하여 홀대할 수 있겠는가? 또 어찌 부인에게 마땅한 바가 아니라 하여 책망할 수 있겠는가?[1]

어숙권은 여성에 대한 편견 때문에 뛰어난 작가가 배출되지 못하고, 또 있다 하더라도 드러내지 않는 것을 안타까워하였다. 그리고 서거정이 칭송한 정씨, 그리고 뒤에서 살필 임벽당(林碧堂) 김씨(金氏), 사임당(師任堂) 신씨(申氏) 등과 함께 조선 초기 가장 뛰어난 여성 작가로 성씨(成氏)의 대표작을 들고 여성 문학의 우수성을 찬양하였다. 여기서 소개한 작품은 이러하다.

눈에는 두 줄기 눈물 자국이 있는데	眼帶雙行淚
가슴속엔 만 리의 마음이 담겨 있네.	胸藏萬里心
문밖에 복사꽃은 한꺼번에 다 졌는데	門外紅桃一時盡
시름겨워 흰 머리카락은 온통 새롭네.	愁中白髮十分新

아쉽게도 성씨가 지은 작품은 온전한 것이 없고 이렇게 편구 둘만 남았다. 두 줄기 눈물을 흘리며 떠나가는 사람을 보내지만 만 리 먼 곳에 가 있을 사람에 대한 그리움은 사라지지 않을 것이라 하였다. 또 붉은 복사꽃이 일시에 저버리고 청춘이 멀어져간다는 뜻을 말한 다음, 허연 머리로 홀로 방을 지키는 노인의 쓸쓸함을 대비하였다. 대구를 맞춘 솜씨가 예사롭지 않아 시재가 상당하였음을 짐작하게 한다.

어숙권은 성씨에 대한 더 이상의 정보를 제공하지 않았는데 나란히 소개한 정씨가 15세기 중후반의 인물이고 다음에 소개할 김씨가 16세기 전반의 인물임을 고려한다면 성씨는 16세기 전후한 시기의 인물로 추정할 수 있다. 이 시기 성씨 성의 여성 작가가 있었다. 바로 성희의 딸이다. 장지연의 『대동시선』에 이 성씨의 「어떤 이에게 주다(贈人)」를 싣고, 성씨가 성희의 딸이며 진사

1 魚叔權, 『稗官雜記』(『寒皐觀外史』, 장서각 소장).

최당(崔塘)의 처가 지은 것이라 하였다.

성희는 본관이 창녕(昌寧)으로, 성석용(成石瑢)의 손자요, 성개(成槪)의 아들이다. 교서관 교리를 지냈는데 1456년 단종 복위 사건에 연루되어 김해(金海)에 유배되었다가 1471년 복권되었지만 얼마 후 병으로 죽었다. 생육신의 한 사람 성담수(成聃壽), 홍문관 교리를 지낸 성담년(成聃年), 성담명(成聃命), 성담령(成聃齡), 성담중(成聃仲), 성담로(成聃老) 등 아들 여섯과 남기(南碕), 이순(李恂), 이정견(李釘堅), 이의무(李宜茂), 최당, 이복선(李復善)에게 시집간 여섯 딸을 두었다.

이 시를 쓴 사람은 그 중 최당의 부인이다. 이의무의 아들 이행(李荇)에게 이종사촌 누나가 된다. 이로 보아 성씨는 15세기 후반에 활동한 것으로 보면 될 것이다. 어숙권이 소개한 성씨와 거의 같은 시기다. 그래서 이 두 성씨는 같은 인물로 보고 싶다. 『대동시선』에 실린 성씨의 시 「어떤 이에게 주다(贈人)」는 다음과 같다.

이웃집에 걸어가 서너 번 불렀더니	步出隣家三四呼
어린아이가 나와 "주인어른 없는데요,	小童來報主人無
지팡이 짚고 꽃 보러 가신 것 아니면	若非杖策尋花去
분명 금을 끼고 술벗 찾아가셨겠죠."	定是携琴訪酒徒

이웃집의 벗을 찾아 갔더니 아이가 나와 주인이 꽃구경 갔거나 술 마시러 갔다고 답하더라는 내용이다. 당 가도(賈島)의 「은자를 찾아갔는데 만나지 못하고(訪隱者不遇)」에서 "솔 아래 동자에게 물으니 하는 말, '스승님 약초 캐러 가셨는데. 다만 이 산속에 계시겠지만, 구름 깊어 계신 곳을 모르겠소.'(松下問童子 言師采藥去 只在此山中 雲深不知處)"와 나란히 읽을 만하다.

17세기 전후한 시기 조선 여성의 시가 중국 여러 문헌에 실리게 되는데 그 첫머리에 바로 이 성씨가 있다. 다만 그의 이름으로 되어 있는 작품 대부분이 난설헌 허씨(1563-1589)의 것이 잘못 소개된 것이다. 명말청초 전겸익의 『열조시집』에는 「양류사(楊柳詞)」 2수를 성씨의 작품으로 수록하였고 한치윤 역시 『해동역사』에서 이를 다시 인용하였지만, 난설헌의 문집에 「양류지사(楊柳枝詞)」로 모두 실려 있다. 또 주이준의 『명시종』에 성씨의 작품으로 「죽지사(竹枝詞)」를 실었지만 역시 난설헌의 문집에 실려 있다. 다만 『열조시집』에서 성씨의 작품으로 오언율시 「숙손 형제의 시에 차운하여 회포를 적다(書懷次叔孫兄弟)」를 수록하고, 청(淸) 규서(揆敍)의 『역조규아(歷朝閨雅)』에서는 「의운루(倚雲樓)」를 수록하였는데 이 두 작품은 난설헌의 문집에 실려 있지 않다. 두 작품을 나란히 보인다.

일은 강물 따라 멀어지는데	事隨流水遠
시름은 봄 새벽 좇아 생겨나네.	愁逐曉春生
들판은 안개가 걷혀 파란데	野色開煙綠
산은 비가 지나자 환해지네.	山光過雨明
발 앞에 쌍쌍이 제비가 울고	簾前雙燕語
숲 밖에 꾀꼬리 떼 울어대네.	林外數鶯聲
홀로 있으니 흥이 일지 않아	獨坐無多興
상심해 몸단장하지 않노라.	傷心粧不成

높은 곳 오르니 생각은 끝없는데	登臨無限意
봄 시름에 홀로 머리를 긁적인다.	春思獨搔頭
빈 침상 곁엔 솔이 비 맞아 우니	虛榻松鳴雨
밭두둑엔 보리가 가을을 빌렸네.	村田麥借秋

어떤 경위로 성씨의 작품이 중국으로 흘러갔는지는 알 수 없다. 첫 번째 작품은 수련에서부터 정교하게 대를 하여 강물을 바라보면서 새벽부터 시름에

잠긴 여인의 모습으로 시상을 열고, 이어 함련과 경련에서 시각과 청각을 교차하여 경물을 묘사하였는데 그 뜻이 참신하다. 또 수련에서 제시한 주제어 '시름[愁]'을 함련과 경련에서 경물 묘사로 발전시킨 다음, 미련에서 '상심(傷心)'으로 호응시킨 것도 이 작품의 수준을 높였다.

두 번째 작품은 의운루에 오른 감회를 읊었다. 의운루는 전라도 옥과현(玉果縣) 관아 동쪽에 있던 누각이다. '의운'은 구름에 기댄다는 뜻이니 높다란 곳에 세워져 있있음을 짐작할 수 있다. 의운루 높은 누각에 오르자 사념이 끊어지지 않아 고향이 그립다. '소두(搔頭)'는 근심이 생겨 머리를 긁적인다는 말로 두보가 즐겨 쓰던 표현이다. 밤새 소나무를 울리는 빗소리를 홀로 듣고 아침에 일어나니 보리가 누렇게 익어 맥추(麥秋)라는 말이 실감 난다.

그런데 이 시는 무언가 맺음이 허술한 것처럼 느껴진다. 과연 이 시와 거의 같은 작품이 『신증동국여지승람』의 전라도 옥과현 기사에 의운루에서 지은 시가 실려 있는데 뒤에 네 구가 더 있다. 그 작가는 성임(成任, 1421-1484)이다. 성임은 성희와 같은 집안사람인데 모두 성석인(成石因)의 후손이다.

높은 곳 오르니 생각은 끝없는데	登臨無限意
봄이 가고 나니 홀로 머리 긁적인다.	春盡獨搔頭
빈 침상 곁엔 솔이 비 맞아 우니	虛榻松鳴雨
먼 마을엔 보리가 가을을 빌렸네.	遙村麥借秋
변방에서 수고로이 북녘을 바라보니	關山勞北望
이 신세를 흐르는 강물에 부치노라.	身世付東流
슬프게도 석양에 구름이 뭉쳐지니	日夕愁雲合
고향 생각이 간절하여 가시지 않네.	歸心爛不收

성씨의 작품이라 한 것이 성임의 오언율시에서 앞 4구만 취한 것임을 알

수 있다.[2] 그렇다면 첫 번째 오언율시도 과연 성씨의 작품인지 의심되기는 한다. 앞서 말한 대로 구전되는 여성의 시는 이래서 작가 비정이 어렵다.

2 '春思'가 '春盡'으로, '村田'이 '遙村'으로 되어 있다.

15.
시에 능한 음란 여성 어우동

조선시대 여성이 시를 짓는 일이 흔하지 않았지만, 행적이 특이한 여성에 관한 이야기가 사랑방에 전승되면서 그들이 지은 시도 함께 알려진 예가 제법 있다. 그래서 야사잡록이나 야담집에 여성의 시가 여기저기서 보인다. 권응인(權應仁, 1517-1588?)의 잡록 『송계만록(松溪漫錄)』에도 성종 때 섹스 스캔들로 세상을 떠들썩하게 한 어우동(於宇同)의 시가 실려 있다.

> 예전 한 부인이 있었는데 「부여회고시(扶餘懷古詩)」는 다음과 같다.
>
> 백마대는 빈 지 몇 해가 지났는가, 白馬臺空經幾歲
> 낙화암은 서서 오랜 세월을 지냈네. 落花巖立過多時
> 청산이 만약 입을 다물지 않는다면 靑山若不曾緘默
> 천고의 흥망을 물어 알 수 있으련만. 千古興亡問可知
>
> 어떤 사람은 어우동이 지은 것이라 한다. 음부(淫婦)이면서 이처럼 시에 능하니, 이른바 재주가 있지만 행실이 없는 사람이다.[1]

1 權應仁, 『松溪漫錄』(『大東野乘』 소재).

영사시는 역사적인 사건이나 인물의 잘잘못에 대한 사평(史評)의 기능을 가진다. 이에 비하여 회고시(懷古詩)는 역사적 사실보다 역사의 현장에서 느낀 감회를 적는다. 이 때문에 영원한 자연에 대비되는 인간사의 허망함을 노래할 때가 많다. 백마대(白馬臺)는 백마강 낙화암(落花巖) 아래에 있는 조룡대(釣龍臺)를 이른다. 나당 연합군이 백제를 공격하기 위해 백마강을 건널 때 소정방(蘇定方)이 백마를 미끼로 용을 낚았다는 전설이 있는 곳이다. 낙화암은 의자왕의 삼천 궁녀가 몸을 던진 전설의 현장이다. 인간사의 회한이 서린 조룡대와 낙화암은 오랜 세월을 겪었지만 그대로다. 영원한 자연에 대비되는 인간사의 허망함을 말하면서, 그 이유를 묻고자 하나 청산은 입이 없어 말을 하지 않는다 하였다.

권응인은 『송계만록』에서 이 시의 작자가 어우동일 수도 있다고 하고, 행실은 음란하지만 시에는 뛰어나다고 하면서 문학과 행실은 별개의 문제라 하였다. 장지연의 『대동시선』에도 『송계만록』을 인용하여 소개하였다.[2]

어우동은 14세기 후반 음란한 행실로 『성종실록』에까지 여러 차례 이름을 올렸다. 어우동은 어을우동(於乙宇同)이라고도 적는다. 같은 시대 성현의 『용재총화』에 이 여인과 관련한 이야기가 자세하다.

> 어우동이라는 자는 지승문원사(知承文院事) 박 선생의 딸로 그 집이 부유하였다. 이 여자는 예쁘장하여 자태가 곱지만, 성품이 방탕하여 제멋대로였다. 종실 태강수(泰江守) 이동(李仝)의 처가 되었는데 태강수가 제어하지 못하였다. 한번은 장인(匠人)을 불러 은그릇을 만들게 하였는데, 장인이 젊고 훤칠하여 그 여자가 좋아하였다. 남편이 외출할 때면 계집종의 옷을 입고 그 곁에 앉아서 그릇 만드는 솜씨가 정밀하다 칭찬하곤 하였다. 마침내 내실로 끌어들이고 날마다 음란한 짓을 멋대로 하고 남편이 돌아오는 기색이 있으면 숨겼다. 그러다가 남편이 실상을 알아차리고

---

2 장지연의 『대동시선』에는 「목록」에 어우동과 함께 '耕田女'가 있지만 그 시가 특히 우아하지 못하여 싣지 않는다고 하였다. 밭을 갈던 여성이 지은 한시인데 매우 음란하여 수록하지 못한 듯하다.

마침내 내쫓았다. 이 여자는 이로부터 행실을 멋대로 하여 거리낌이 없었다.

함께 다니는 계집종도 자태가 예뻤는데 어두워질 때면 좋은 옷을 입고 나가서 미소년을 끌어들여 여주인의 방에 넣어 주고 자신도 다른 젊은 사내를 끌어들여 동침하며 이를 일상사로 하였다. 꽃피는 아침이나 달뜨는 저녁 정욕을 참지 못하여, 둘이서 도성의 저잣거리를 쏘다니곤 하였다. 남자들이 유혹을 받아 그 집에 가면 어디인지도 모른 채 새벽이 되어서야 돌아왔다. 한번은 길가에 있는 집을 빌려 살면서 오가는 사람을 손가락으로 찍었다. 계집종이 "아무개는 나이가 젊고 아무개는 코가 크니 여주인께 바칠 만하네요."라 하고, 그 여자 또한 "아무개는 내가 맡고 아무개는 너에게 줄게."라고 하였다. 이렇게 히득거리지 않는 날이 없었다.

이 여자는 또 방산수(方山守) 이란(李瀾)과도 사통하였다. 방산수는 젊고 호탕하며 시를 지을 줄 알았기에, 이 여자가 사랑하여 자기 집에 맞아 부부처럼 지냈다. 하루는 방산수가 그의 집에 가니 여인이 마침 봄놀이를 나가 돌아오지 않았고 붉은 소매 적삼만 병풍 위에 걸려 있었다. 이에 마침내 이렇게 시를 지어 썼다.

물시계 소리 똑똑 밤기운이 맑은데	玉漏丁東夜氣清
흰 구름 높이 걷혀 달빛이 환하구려.	白雲高捲月分明
빈방은 적막해도 향기가 남아 있어	閒房寂謐餘香在
지금 꿈속의 정을 그려 낼 수 있겠소.	可寫如今夢裏情

이 외에도 조정의 벼슬아치나 유생 중에서 나이가 젊고 행실이 엉망인 자를 맞아들여 음란한 짓거리를 하지 않음이 없었다. 조정에서 이를 알고 국문하니, 어떤 자는 고문을 받고, 어떤 자는 벼슬에서 쫓겨나 먼 곳으로 유배된 사람만 해도 수십 명이었다. 죄상이 드러나지 않아서 모면한 자들도 또한 많았다. 의금부에서 그 죄를 보고하자, 주상께서 재상에게 명하여 의논하게 하였다. 모두들 "법으로는 죽일 수 없고 먼 곳으로 귀양 보냄이 합당합니다."라 하였다. 주상께서 풍속을 바로잡고자 하여 마침내 극형을 가하였다. 옥을 나서자 계집종이 수레에 올라와 허리를 껴안고, "주인께서는 정신을 놓지 마세요. 이런 일이 없더라도 이보다 더 큰 일이 생

길 수도 있다는 것을 어찌 다시 모르시나요?"라 하였다. 듣는 사람들이 비웃었다. 여자가 행실이 더러워 풍속을 더럽혔지만 양가(良家)의 딸로서 극형을 받게 되자 길에서 눈물을 흘리는 사람도 있었다.[3]

성현은 어우동이 계집종과 함께 적극적으로 음행을 저지른 일을 재미난 이야깃거리로 소개하였다. 『성종실록』에도 어우동은 어을우동으로 그의 음행이 자세히 기록되어 있다. 정3품의 지승문원 지사에 오른 박윤창(朴允昌)의 딸 어우동은 처음에 종실의 태강수 이동과 혼인하였는데 이동은 어우동을 감당하지 못하여 결국 내쳤다. 1476년 9월 5일의 『성종실록』 기사에는 이동이 기녀 연경비(燕輕飛)에게 빠져 정실부인 박씨를 버렸다 하여 처벌받은 것으로 되어 있으니 맞바람을 피우다 이런 사단이 난 듯하다. 어우동은 대담하게 종실의 여러 사람과 사통하였다. 방산수 이란은 세종의 별자 계양군(桂陽君)의 서자이고 시로 이름이 높은 부림군(富林君) 이식(李湜)의 아우다. 태강수는 효령대군(孝寧大君)의 손자이며 영천군(永川君) 이정(李定)의 서자니 방산수와 촌수가 멀지 않다.

남편 태강수와 달리 방산수는 문학에도 능하여 좀 더 정분이 두터웠던 모양이다. 서로가 시를 주고받기도 하였을 것 같다. 방산수의 작품이 여기서만 확인되는데, 달 밝은 밤 어우동의 집에 가니 사람은 없고 병풍에 옷만 걸려 있는데 옷에 남은 향을 통해 지난번의 사랑을 떠올리게 된다고 하였다. 초 양왕(楚襄王)이 꿈속에서 무산신녀(巫山神女)와 만나 운우지정(雲雨之情)을 나눈 고사를 활용한 것이 묘미가 있다. 어우동과 방산수가 음행을 저질렀지만 그 중간에 시가 자리하고 있다는 점이 흥미롭다. 어우동의 음행은 특히 성종 11년(1480) 10월 18일 교형(絞刑)에 처해질 때의 『성종실록』 기사에 가장 자세하다. 그 대략적인 사연은 이러하다.

---

3 成俔, 『慵齋叢話』(경산대 영인본, 2000).

태강수 이동이 장인을 집에다 맞이하여 은그릇을 만드는데, 어우동이 그를 보고 좋아하였다. 계집종처럼 꾸미고 곁에 가 말을 건네며 잠자리를 가지려고 생각하였는데 태강수가 그것을 알고 어우동을 내쫓았다. 어우동은 어머니의 집으로 돌아가서 슬퍼하며 탄식하였는데 계집종이 "사람이 얼마나 산다고 그렇게 상심하고 탄식하시나요?"라 하고, 사헌부의 도리(都吏) 오종년(吳從年)이 태강수보다 훨씬 잘생기고 집안도 좋다고 권하였다. 어우동은 이에 오종년을 데려오게 하여 그와 정을 통하였다. 방산수 이란과도 간통하였다. 이후 잠자리를 함께한 사람의 팔뚝에 어우동의 이름을 새기게 하였는데 전의감(典醫監)의 생도 박강창(朴强昌)과 서리 감의향(甘義享) 등이 그러한 자였다. 수산수(守山守) 이기(李驥), 양인(良人) 이근지(李謹之), 내금위 구전(具詮), 춘양군(春陽君)의 사위 이승언(李承彦), 학록(學錄) 홍찬(洪璨) 등도 간통한 명단에 올랐다. 어유소(魚有沼), 노공필(盧公弼), 김세적(金世勣), 김칭(金偁), 김휘(金暉), 정숙지(鄭叔墀) 등 고관대작의 이름도 나왔지만 물증이 없어 처벌을 면하였다. 어우동의 음행이 소문나자 밀성군(密城君)의 하인 지거비(知巨非)가 협박하여 그와 동침하는 일까지 벌어졌다.

어우동의 모친 정씨(鄭氏)도 음행이 있다는 의심을 받았는데, 딸의 행실을 두고 "사람이 누군들 정욕이 없겠는가? 내 딸이 남자에게 혹하는 것이 다만 너무 심할 뿐이다."라는 대담한 발언을 하였다. 어우동은 교형에 처해졌는데 사람들이 그의 죽음을 두고 눈물을 흘린 것을 보면 이와 유사한 일이 제법 있었고 또 그다지 죽을 만큼의 잘못으로 여기지도 않았던 것 같다. 1486년 1월 22일 『성종실록』 기사에는 덕성군(德城君)의 처 구씨(具氏)가 삼촌뻘 되는 이인언(李仁彦)과 정을 통하다 발각되자 "내가 차라리 어우동이 되어 죽더라도 정욕을 참을 수 없다."라고 답한 기사가 보인다. 어우동은 그 시기 '자유부인'의 상징이 되었다고 하겠다.

또 이보다 앞서 세종 때 유감동(兪甘同)이라는 여성이 있었는데 번듯한 사대부 집안 유귀수(兪龜壽)의 딸이고 최중기(崔仲基)의 아내였다. 『세종실록』

1427년 8월 17일 기사에 황치신(黃致身) 등 5인이 간부(姦夫)인데 몰래 간통한 사람은 헤아릴 수 없다고 하였고 8월 20일 기사에는 우군총제(右軍摠制) 정효문(鄭孝文) 등 9인이, 8월 30일 기사에는 15인이 간부의 명단에 추가되었다. 또 9월 2일에는 성달생(成達生) 등 알 만한 인물 9인도 간부였음이 드러났다. 9월 16일의 기사에는 여기에 포함되지 않는 사람이 여럿 보인다. 다행히 유감동은 죽음을 면하고 변방에 유배되었다. 그뿐만이 아니었다. 병조참판 이춘생(李春生)의 딸로 별시위(別侍衛) 이진문(李振文)의 처가 된 어리가(於里加)도 간부를 여럿 두어 『세종실록』에 이름이 여러 번 보인다. 어우동의 시대에 성 풍속도가 이러하였고 또 역사 기록에 이러한 일을 당당하게 남기는 것이 대수롭지 않았다.

16.
사또를 곤궁에 빠뜨린 노아의 시

우리 문학사의 중요한 소재 중 하나는 기녀가 양반을 골탕 먹이는 이야기다. 「지봉전(芝峰傳)」, 「배비장전(裵裨將傳)」 등의 소설로까지 발전하였는데 노아(蘆兒)라는 기녀가 가장 앞자리에 있다. 노아는 정구(鄭逑, 1543-1620)가 1587년 편찬한 『함주지(咸州誌)』에 처음 보이는데 조선 초기 함안(咸安)의 기녀라 하였다. 몇몇 문헌에는 성종 때의 이야기로 소개하였으니, 대략 15세기 후반의 인물로 보면 될 듯하다. 점잖은 학자 정구가 함안의 읍지에서 소개한 내용이니 실재한 일이라고 보아도 좋을 것이다.

> 국초(國初)에 군(郡)의 어떤 사내가 사형에 처할 중죄를 지어 조정에서 관리를 파견해 옥사를 다스리게 했는데 이 사내에게는 노아라는 딸이 있었다. 이름이 기적(妓籍)에 올라 있었는데 절세의 미모를 지녔고 글까지 겸하여 알았다. 안찰사(按察使)가 오면 곧장 잠자리 시중을 들었다. 안찰사가 잠자리 시중을 받으면 바로 혹해서 그 옥사를 다스리지 못하였으니, 이 때문에 파직되어 돌아가는 자가 줄을 이었다. 마침내 조정에서 강직하고 공정한 사람을 특별히 파견하였는데 그 명에 응한 사람이 이렇게 말하였다.
>
> "전에 이 임무를 맡는 자가 그 여자에게 쉽게 혹하였다. 그 자는 요물이니, 내가 그 낯을 보지 않고 먼저 그 죄를 가하여 죽게 한다면 옥사를 다스리는 데 무슨 어려움이 있겠는가?"

이렇게 먼저 엄하게 큰소리를 쳤다. 사람들이 모두 말하였다.

"노아가 제 아비를 살리지 못할 뿐만 아니라 제 몸 또한 하루도 보중하기 어렵겠구나."

하루는 안찰사의 행차가 칠원(漆原)의 영포(靈浦) 역정(驛亭)에 이를 것이라는 소식이 들렸다. 영포역과 함안 관아는 거리가 겨우 40여 리 남짓 되었다. 노아가 먼저 영포역에 도착해 역리(譯吏)와 꾀를 낸 다음, 평범한 소복 차림에 별 화장을 하지 않고 마치 시골 여자가 구경 나온 모양을 하고는, 음식을 조리하는 장막 안에 몸을 숨겼다가, 밖으로 나가 모습을 슬쩍 비치곤 하였다. 안찰사가 이를 보게 되었는데 눈길이 미치기도 전에 마음이 벌써 푹 빠졌다. 해가 저물어 어쩔 수 없다고 핑계 대고 역리의 집에 투숙하고는 주인 노파에서 물었다.

"오늘 역정에서 소복을 입고 있던 자는 뉘 집 여식인가?"

노파가 대답하였다.

"이 늙은이의 천한 딸년인데 무어 말할 것이 있겠나이까?"

안찰사가 몰래 명하여 들이게 하였다. 즐거운 마음이 두 사람 모두 극진하였다. 서로 약조하여 늘 흐르는 강물처럼, 살거나 죽거나 잊지 말자고 하였다. 노아는 제 팔에 바늘로 찔러 안찰사의 이름을 새겨 그 애정을 극진히 표시하였다. 그리고 닭이 울자 일어나서 말하였다.

"임금의 명을 받은 관리는 행색이 존엄한데 촌가의 미천한 몸이 분수에 벗어나는 짓을 하였으니, 이 일이 관가에 누설되어 부모님께 죄가 미칠까 두렵사옵니다. 아름다운 인연이 끝나지 않는다면 다른 날을 기약하였으면 하옵니다."

쓸쓸한 표정으로 아쉽게 이별하는 척하고는 곧바로 지름길로 달려 집으로 돌아갔다.

안찰사는 군의 경내로 들어오자마자 먼저 사내의 딸을 포박해오게 하였다. 엄하게 형틀에 묶게 하고는 문을 닫아걸고 내다보지 않은 채, 요망하게 관리를 현혹하여 국가의 법령을 문란하게 한 죄를 엮어, 동헌 마당에서 엄하고 급히 심문하였다. 그녀가 맞서 소리치며 말하였다.

"위엄을 조금 푸시고 죽임을 잠시 늦추어 주시기를 청하나이다. 비록 죽을죄를 지었지만 규례에 따라 마지막으로 결안(結案)을 하고 나서 죽을 것이니, 사또께서는 한 번 공초한 말을 보시기 바라옵나이다."

애원하며 부르짖기를 그치지 않자 안찰사는 공초를 들이게 하였다. 공초에는 원통한 사정을 먼저 적고 이어서 절구 한 수를 적어놓았다.

노아의 백옥 팔뚝에 누구의 이름인가요?	蘆兒玉臂是誰名
피부에 새긴 글자 하나하나 선명하네요.	刻入肌膚字字明
차라리 낙동강 강물이 말라 없어지더라도	寧見洛東江水盡
제 마음 끝내 첫 맹세 저버리지 않겠다고요.	妾心終不負初盟

안찰사가 경악하고 문을 열고 살펴보니 곧 어제 영포에서 만난 시골 여자였다. 비로소 그의 간계에 빠졌다는 것을 알았다. 이미 일을 그르쳐 버렸으니 배꼽을 물어뜯고 후회한들 아무 소용이 없었다. 곧바로 배탈이 났다고 핑계를 대고 물러났다. 그리고 병을 이유로 사직하고 돌아갔다. 세상에 이른바 함안차사(咸安差使)라는 것이 이를 말한다.[1]

노아 이야기는 조선시대 널리 퍼졌다. 이명배(李命培, 1672-1736)는 『함주지』의 기사를 전재하고 "노아는 요사하게 국법을 방해하였으니 죄라면 곧 죄이지만 그 아비를 위해 효심을 세운 것 또한 허여하지 않을 수 없다. 옛말에 '효를 옮겨 충이 된다'라 하였으니 가령 노아가 임진년과 계사년 왜란을 만났다면 논개(論介)나 계월향(桂月香)과 같은 의기(義妓)처럼 충절을 세우지 않았을 것이라 어찌 알겠는가? 나라에서 효도로 다스리는 법치에 있어서 아마도 그사이에 참작하여 용서됨이 혹 있을 법하다."[2]라 평가한 바 있다.

1 鄭逑, 『咸州誌』(규장각 소장).

2 李命培, 「蘆兒說」, 『茅溪集』 권3.

또 이보다 앞서 이시발(李時發, 1569-1626)의 「만기(謾記)」에서는 공산(公山; 公州) 기녀라 하면서 비슷한 내용을 소개하였는데 노아의 시가 "노아의 팔뚝 위 누구 이름 새겼나. 살갗 깊이 새긴 글자 하나하나 선명하네. 차라리 금강의 강물이 마르는 것 볼지언정, 제 마음 끝내 첫 맹세 바꾸지 않겠어요.(蘆兒臂上刻誰名 刻入深肌字字明 寧見錦江江水盡 妾心終不負初盟)"라 조금 다르게 되어 있다. 또 마지막 대목에 "죽이면 인정에 가깝지 않고 용서하면 반드시 후인에게 독이 되리니, 노부가 차라리 먼저 빠진 죄를 받아들여, 뒤에 오는 사람들의 끝없는 화를 끊는 것이 낫겠구나."라 하고 기녀를 데리고 돌아갔다는 내용으로 되어 있어 해학이 가미되었다.[3]

이 이야기는 조선 후기 더욱 다양한 변종이 나왔다. 노아가 함안도 아니고 공주도 아닌 장성(長城)의 기녀라 하였다. 구수훈(具樹勳, 1685-1757)의 『이순록(二旬錄)』에는 장성 기녀 노화(蘆花)의 이야기로 소개하였고 벼슬아치는 한양으로 돌아가지 않고 장성에 머물러 살다가 죽었는데 노령(蘆嶺)에 장사 지내 그 무덤을 한림총(翰林塚)이라 하고 그 곁에 노화가 살던 집이 있다고 하였다.[4] 임천상은 1795년 노령을 넘으면서 지은 시에서 비슷하지만 좀 더 자세한 설명을 붙였다.

> 노령 밑에 노희(蘆姬)의 옛 집터가 있다. 세상에서 우리나라의 이름난 미인을 일컬을 때 반드시 장성의 노희와 송도(松都)의 황진(黃眞)을 든다. 황진은 명종과 선조 연간의 사람인데 노희는 그 시기를 알 수 없다. 동네 사람의 말로는 노희가 살던 때 손 한림(孫翰林)이라는 자가 있었는데, 노희가 미색을 가지고 사람을 곤경에 빠

3 李時發, 「謾記」, 『碧梧遺稿』 권7.

4 『二旬錄』에 대해서는 박주현, 「具樹勳의 二旬錄 硏究」, 성균관대학교 석사 학위 논문(2020)에서 자세히 다루었다. 시가 "노화의 팔뚝 위에 누구의 이름인가? 묵으로 얼음 피부에 깊이 새겨 글자마다 선명하네. 동으로 흐르는 물이 변함이 있더라도, 이 마음 끝내 첫 맹세 저버리지 않겠어요.(蘆花臂上是誰名 墨入冰膚字字明 願使東流流有變 此心終不負初盟)"라 하여 조금 다르다.

뜨렸다 하여 처음에는 장살하려 하였지만 한 번 보고 미혹되어 마침내 벼슬을 버리고 노희와 여생을 함께하였다. 노희의 집 곁에 지금도 손 한림의 무덤이 있다.[5]

임천상은 노령 아래 노희가 살던 동네에서 이 이야기를 들었다. 노희는 우리말로 '갈이(葛伊)'라 부른다고 하고 『동사소문(東史謏聞)』이라는 책을 들어 꾀임에 빠진 사람이 고려 명종 때 한림 벼슬을 지낸 손전(孫瑱)이라 밝혔다. 『동사소문』이 어떤 책인지 알 수 없고 손전이라는 이름도 『고려사』에 보이지 않으니, 확인이 어렵다. 임천상은 이러한 내용의 서(序)와 함께 자신이 지은 4수의 시를 소개하였다. 목란촌(木蘭村) 맞은편에 여인의 눈썹 문양이 있는 아미암(蛾眉巖)이 있어 이 때문에 장성에 대대로 절색(絶色)이 나왔는데 그 한쪽을 쪼아낸 후에 자색이 아름다운 여인이 있으면 한 눈이 머는 기이한 일이 생겼다고도 하였다. 신위(申緯, 1769-1845)는 장성의 노령이 노아 때문에 생긴 이름이라고까지 하였다.[6] 장성에 오랜 기간 노희(갈이) 혹은 노아의 이름이 전승되었던 모양이다.

거의 비슷한 이야기가 이원명(李源命)의 『동야휘집(東野彙輯)』, 홍중인(洪重寅)의 『시화휘성(詩話彙成)』, 편자 미상의 『청구시화습유고(靑邱詩話拾遺稿)』,[7] 편자 미상의 『좌해시수(左海詩藪)』 등 야담집과 시화서에 빈번히 보이는데 대개 성종 때의 일이라 하였다. 양반을 골려 먹는 기녀의 이야기가 시화서로 연결된 사례로 주목할 만하다. 앞서 서거정의 『태평한화골계전』에 실린 기녀에게 속아 앞니를 빼 준 이야기를 보았거니와, 양반이 영특한 기녀에게 속아 욕을 본 이야

---

5 任天常, 「旣望踰蘆嶺」, 『窮悟遺稿』 권10(규장각 소장). 『窮悟集』에도 같은 서문이 실려 있지만 시가 1수만 실려 있고 蛾眉巖 관련 작품은 빠졌다.

6 申緯, 「送尹士瞻 致赫自嘉陵移拜長城」, 『警修堂全藁』 4책.

7 『靑邱詩話拾遺稿』는 규장각에 소장되어 있는데 표지에 '石史拾遺稿'로 되어 있어 편찬자가 石史 徐湄(1785-1850)일 가능성이 있다. 權夔의 「行狀」(『贅齭齋集』 권두)에는 『靑丘詩話』의 저자가 姜錫圭로 되어 있는데 『靑丘詩話』도 전하지 않는다.

기들이 야담에 제법 있는 것을 보면 실제 비슷한 일이 제법 있었던 모양이다.

유몽인의 『어우야담(於于野譚)』에 실려 있는 채수(蔡壽, 1449-1515) 이야기도 그러하다. 채수가 사고(史庫)의 포쇄(暴曬) 업무를 맡아 전주에 내려가게 되었는데 자신은 기생의 천침(薦枕)을 받지 않는다고 선언하였다. 이에 전주 부윤(全州府尹)이 기녀의 우두머리와 의논하여 나이 어리고 얼굴이 예쁜 기녀를 골라 소복을 입혀 청상과부처럼 꾸미고 채수가 묵는 객사 근처에서 방아를 찧게 하였다. 그리고 한양 재상집 여종이 시골집에 왔다가 부친의 상을 당해 머무는 중인 것처럼 꾸몄다. 이러한 꾀에 속은 채수는 그 여인을 보고 혹하여 방으로 끌어들여 매일 밤 잠자리를 함께하였다. 얼마 후 많은 기생이 화려한 차림으로 잔치에 나왔는데 그 여인이 있는 것을 보고 자신이 속은 줄 알았다고 한다. 팔뚝에 이름을 새기거나 시를 지은 것은 없지만 이야기의 기본 골격은 크게 다르지 않다. 천한 기녀가 높은 관리를 속여 웃음거리가 되게 한 이야기가 다양하게 나왔고 「배비장전」이 이를 소설로 탈바꿈한 것이라 할 만하다.

17.
죽음을 예고한 김씨와 윤씨

조선시대 한시 중에는 꿈속에서 본 것이 제법 있는데 대개 사람의 미래를 예언하는 내용이다. 특히 죽음을 예언할 때 그 공간이 천상의 신선 세상으로 등장한다. 당 이상은(李商隱)이 적은 이하(李賀)의 전기에서 "낮에 붉은 옷을 입은 어떤 사람이 찾아와서, '옥황상제(玉皇上帝)가 백옥루를 완성하고 당장 그대를 불러 기문(記文)을 짓게 하려 한다.'고 하였는데, 그 꿈을 꾸고 나서 그가 곧 죽었다."라고 한 것이 그러한 예의 한 전범이다.

조선에서는 난설헌(蘭雪軒) 허씨(許氏, 1563-1589)가 8세 때 「백옥루상량문(白玉樓上樑文)」을 지은 것이 죽음의 세계를 먼저 본 것이다. 그가 27세 때 죽음을 앞두고 꿈에서 지은 시에서는 "푸른 바다는 요해를 적시고, 푸른 난새는 오색 난새에 기대 있네(碧海浸瑤海 青鸞倚彩鸞)"라 하여 신선의 세상을 그렸다. 꿈의 예지력은 증명할 수 없지만 한시와 결부되어 더욱 신비감이 든다. 이런 사례는 난설헌에 앞서 창암(蒼巖) 김씨(金氏)의 사연에서도 보인다.

김창암은 광주(光州) 사람인데 병사(兵使) 김석진(金石珍)의 딸이다. 용모가 추하여 스스로 호를 창암이라 하였다. 집에 있을 때 늘 『가례(家禮)』와 『효경(孝經)』, 『예기』 등의 서적을 읽었다. 중종 3년 무진년(1508) 창암이 큰 바다 가운데의 높은 산에 들어가는 꿈을 꾸었다. 꽃과 나무가 울창하고 구름과 안개가 자욱한데 그림 같은 누각 하나가 아스라한 가운데 있어 단청이 눈부시고 새 울음소리가 들렸다. 네 여자가 나와 맞더니, "부인이 어찌 이리 늦으신가요?"라 하고 마침내 부축하여 집으로 들어갔다. 술잔을 올리고 노래를 부르는데 그 가사는 이러하다.

> 난새 탄 한 쌍의 신선은 돌아오지 않는데　　鸞仙一雙去不廻
> 푸른 벽도화는 구름 속 누대에서 늙어 버렸네.　　碧桃花 老雲臺
> 저 푸른 동해 바다로 일찍 돌아오셔서　　早歸來兮東海上
> 고운 금과 푸른 술잔에 함께 취하시길.　　瑤琴共醉綠葉杯

사흘이 지나 이에 병으로 일어나지 못하였다.[1]

근대의 문인 김원근(金瑗根)의 『명원신여자보감(名媛新女子寶鑑)』에서 『창계문견(滄溪聞見)』을 인용하여 이 기사를 소개하였다.[2] 김씨는 본관이 광주고 병마절도사를 지낸 김석진의 딸로, 용모가 추하여 스스로 호를 창암이라 하였지만 김석진이 어떤 인물인지 다른 문헌에서 확인되지 않는다.

김씨가 꿈속에서 들은 노래에서 천상의 세계로 돌아오라고 하였으니 김씨는 원래 신선이었다가 잠시 지상으로 내려왔다는 말이 된다. 그런데 김씨가 인간 세상에서 지은 시는 장지연의 『대동시선』에 따로 실려 있다. 인적 사항은 김원근이 적은 내용과 같지만 여기서 소개한 시는 전혀 다른 내용을 담았다.

1　편자 미상, 『滄溪聞見』. 金瑗根, 『(名媛)新女子寶鑑』, 永昌書館, 1922에서 재인용하였다.

2　『매일신보』 1917년 11월 13일 자의 「동시총화」에, "하루는 金瑗根 군이 편찬한 『朝鮮婦人詩文考』 한 책을 曹秉模 군이 내게 주며 확인해 달라고 요청하였다. 이 책을 보니 채집한 사람이 남을 헤아린 마음을 볼 수 있다. 이에 그 편집한 것 중에서 뛰어난 작품을 선발하고 또 편집에 빠진 것을 붙여 보완한다."라 하였다. 『조선부인시문고』는 지금 전하지 않는데 『名媛新女子寶鑑』(永昌書館, 1922)과 관련이 있는 것 같다. 김원근은 「朝鮮古今詩話」, 『青年』 5-7월 호(1922)를 연재하였고, 1930년부터 1934년까지 『新生』에 42회에 걸쳐 「朝鮮詩史」를 연재하였다. 이에 대해서는 필자의 「일제강점기의 한문학 연구의 성과」, 『한국한시연구』 13(2005)에서 자세히 다루었다. 『동아일보』에 1931년 10월 24일부터 1931년 11월 6일까지 연재한 「朝鮮鑄字考」는 인쇄문화사 연구에서 주목할 만한 업적이다.

덕을 지니고 인을 품어야 사람이라 하는 법	據德懷仁可謂人
화려한 비녀와 패물에 몸이 편한 것 아니라.	華簪寶貝莫安身
부귀와 영화를 나는 도리어 두려워하노니	脂膏榮祿吾還畏
위에 임금의 예법이, 아래에 백성이 있기에.	上有王章下有民

이는 「스스로 경계하다(自警)」라는 제목으로 되어 있다. 『창계문견』에서 이른 대로 고전을 두루 읽은 흔적이 보인다. '거덕회인(據德懷仁)'은 『논어』 "도에 뜻을 두고 덕에 의거하며 인에 의지하고 예에 노닌다.(志於道 據於德 依於仁 遊於藝)"에 출처를 두고 있다. 육가(陸賈)의 『신어(新語)』에 "성인은 인을 품고 의에 기댄다.(聖人懷仁仗義)"라 한 구절이 보이고 『예기』에 "군자가 예가 있으면 밖으로 조화롭고 안으로 원망이 없으므로 어떤 사물도 인을 품지 않음이 없다.(君子有禮 則外諧而內無怨 故物無不懷仁)"가 보인다. 또 송 사마광(司馬光)의 「오경 선생을 보내며(送吳耿先生)」에서 "인생은 마음 맞는 것이 귀한 법, 하필 화려한 동곳을 사모하랴.(人生貴適意 何必慕華簪)"라 하였고 『주역』에 "의리를 정밀하게 하여 신묘한 경지에 들어감은 쓰임에 지극히 하기 위해서요, 쓰임을 이롭게 하여 몸을 편안히 함은 덕을 높이기 위해서다.(精義入神 以致用也 利用安身 以崇德也)"라 한 말이 보인다. 이러한 명언을 두루 끌어들였다는 점에서 김씨의 박학을 짐작할 수 있다.

자신을 경계하는 '자경'을 제목으로 표방한 한시는 유극장(劉克莊), 손응시(孫應時), 주희(朱熹) 등 송나라 때부터 나타나기 시작하였고 우리나라에서는 김시습, 조위(曺偉), 기준(奇遵) 등 조선 초기부터 보인다. 삶의 방향을 제시하는 명(銘)의 성격을 띨 때가 많은데 이 작품 역시 그러하다. 김씨가 자신의 용모에 개의하지 않고 여성 군자로서 삶을 삶겠노라 선언한 이 작품은 이른바 '성정의 바름(性情之正)'에서 나온 것이라 할 만하다.

인간 세상의 김씨는 바른 성정에서 나온 유가적인 시를 지었지만 그가 천상으로 올라갔을 때 그를 맞아준 시는 도가적인 내용을 담았다. 중국 춘추시대 진 목공의 딸 농옥이 소사(蕭史)와 혼인하여 날마다 함께 피리를 불다가 봉황을 타고 신선이 되어 날아갔다고 한다. 이들이 타고 간 봉황이 난선(鸞仙)이다. 난새 탄 신선 한 쌍은 곧 김씨와 남편으로, 천상의 신선이 인간 세상에 적강(謫降)하였다 다시 올라가게 된 것이다.

조선시대 한시 중에 죽음을 앞두고 본 천상의 풍경이 대개 이러하다. 작가의 실체를 알 수 없는 다음 작품에도 비슷한 풍경이 담겨 있으니, 맑은 영혼을 지닌 조선시대 여성들이 죽으면 이런 세상을 보게 된다고 상상한 것이라 하겠다.

> 윤씨(尹氏)는 곧 장씨(張氏)의 며느리다. 일찍 홀몸이 되었는데 지은 글을 남들에게 보인 적이 없었다. 병들어 누워 죽음을 앞두고 갑자기 절구 한 수를 지었다.
>
> | | |
> |---|---|
> | 부용성 안에서 들려오는 옥퉁소 소리 | 芙蓉城裏玉簫聲 |
> | 열두 난간에 상서로운 노을이 피어나네. | 十二欄干瑞靄生 |
> | 허겁지겁 돌아갈 꿈 날이 새려 하는데 | 歸夢忽忽天欲曙 |
> | 창가에 지는 달이 꽃을 환히 비추네. | 半窓殘月映花明 |
>
> 붓끝에 불을 때서 밥을 지어 먹은 기운이 없으니 기이하다.[3]

편자 미상의 『동시영언』에 실려 있고 장지연의 『대동시선』에 「죽음에 임하여 지은 작품(臨死作)」으로 실려 전한다. 『동시영언』에서 『기문록(記聞錄)』을 인용하였는데 『기문록』은 인용된 다른 기사를 볼 때 18세기 말에 편찬된 듯하므로, 윤씨 역시 그 시기의 인물로 보면 될 듯하다. 꿈속에서 지은 것은 아니지

3 편자 미상, 『東詩零言』(버클리대학교 소장).

만 시의 내용은 꿈속에서 본 것과 같은 선계가 등장한다. 부용성은 송 구양수(歐陽修)의 『육일시화(六一詩話)』에서, 석만경(石曼卿)이 죽은 뒤, 하늘나라로 가서 부용성주(芙蓉城主)가 되었다고 한 데서 나온 말이다. 또 소식(蘇軾)의 「부용성(芙蓉城)」은 왕형(王迥)이 선인(仙人) 주요영(周瑤英)과 노닌 곳이라 한 고사를 사용한 작품이다. 여기서도 부용성은 신선이 사는 천상의 공간이다. 그곳에서 들려오는 옥퉁소가 윤씨를 불렀다. 그곳으로 고개를 돌려 바라보니 화려한 누각에 상서러운 노을이 피어오른다. 허겁지겁 그곳으로 가려다가 꿈에서 깨어보니 창가에 지는 달빛 아래 꽃이 환하더라고 하였다. 신선의 꿈을 적는 전형적인 유선시(遊仙詩)라 하겠다.

김씨가 꿈속에서 보았고 윤씨가 죽음에 임하여 지은 시는 모두 이들이 돌아갈 선계를 미리 본 것이다. 발랄한 문인 강극성(姜克誠, 1526-1576)은 꿈에서 만난 선녀와 시를 주고받았다. 꿈속에서 본 시 때문에 벼슬이 잘렸으니, 그나마 죽음에 이르지 않은 것은 다행이다. 이 때문인지 꿈속에서 본 것은 선계가 아닌 주점이었다.

집의(執義) 강극성이 계해년(1563) 봄 꿈에서 선객(仙客)과 함께 주루(酒樓)에 올랐는데, 한 선녀가 잔을 들어 흥을 돋웠다. 선객이 강극성의 시를 청하자 강극성은 절구 한 수를 지어 보여 주었다.

술집의 누각서 제멋대로 사는 광인인데도	酒肆粧樓放縱狂
만 사람의 입에서 그 이름은 향기롭다네.	萬人牙頰姓名香
그대를 만나 전생의 일을 말하게 된다면	逢君說着前身事
향안 앞에서 옥황상제를 받들었다 하리라.	香案前頭奉玉皇

이어 말미에 '선적(仙謫)'이라고 썼다. 선객이 보고 "선적이라는 것은 곧 적선(謫仙)인가?"라 물었다. 이윽고 선녀가 작별하려고 하자, 강극성이 만류하고 노래 한

곡을 불러 달라 청하였다. 선녀는 "저는 악보를 아직 잘 모르니 시로 화답하고 싶습니다."라 하였다. 이에 둥글부채에 시를 써 주었다. 그 시는 이러하다.

다급하게 몸단장하고 서루에 내려와서	匆匆粧束下西樓
두 신선을 모시고 빼어난 유흥 돕는다오.	來伴雙仙侑勝遊
그저 예주궁의 노래 한 곡조 부를 뿐이라	聊唱蕊珠歌一曲
노래 마쳐도 비단 머리띠 받지 않겠어요.	曲終非爲錦纏頭

다 쓰고 나서 마침내 가버렸다. 강극성이 깨고 보니 곧 꿈이었다. 강극성은 이해 가을 어떤 일로 벼슬이 떨어졌다. '적선'의 참언이 아닌가?[4]

강극성은 본관이 진주고 자가 백실(伯實), 호는 취죽(醉竹) 혹은 보만당(保晩堂)인데 홍문록(弘文錄)과 호당록(湖堂錄)에 이름을 올렸으니 그 재주를 짐작할 만하지만 행실이 곧지 못하여 비판을 자주 받았다. 1565년에는 파직되어 문외출송(門外出送)의 벌을 받았다. 그가 지은 시에서도 이러한 방달함이 확인된다. 술집을 오가는 파락호(破落戶)라 하면서도 자신의 시명(詩名)이 만 사람의 입에 오르내린다고 자부하였다. 그리고 굳이 전생을 말하자면 옥황상제를 모시는 향안리(香案吏)라 하고 이백처럼 인간 세상으로 귀양 온 적선이라 하였다. 그래서 꿈속에서 신선과 선녀를 만나 한바탕 논 것이다.

선녀는 적선의 유흥을 돕기 위해 내려왔기에 천상 예주궁(蕊珠宮)의 곡을 연주하는 것이니 전두(纏頭), 곧 화대를 받지 않겠노라 하였다. 꿈속의 일이 아니라면 주점에서 한바탕 창기와 논 것이요, 그 창기가 시를 지은 것이라 하겠다.

4 李濟臣, 『淸江先生詩話』(『淸江雜著』, 일본 동양문고 소장).

18.
남곤과 귀거래를 꿈꾼 조운

조선시대 기녀 중에는 좋은 남자를 만나 그의 첩실이 된 예가 많고 또 이들 중에 문학에 능한 이도 제법 된다. 기녀 신분이지만 이런 여성은 당대의 지식인과 유사한 의식을 보여 주기도 한다. 지정(止亭) 남곤(南袞, 1471-1527)의 첩실이 되어 함께 귀거래(歸去來)를 꿈꾼 조운(朝雲)도 그러하다. 조운은 송의 문인 소식의 첩 이름이니, 남곤이 소식이 되는 셈이다.

남곤은 기묘사화(己卯士禍)를 일으킨 사림의 공적으로 기억되었지만 사림의 영수로 추앙받는 김종직(金宗直, 1431-1492)의 수제자로, 학문과 문학의 성취가 대단하였다.[1] 지금 전하는 작품에서는 그의 고상한 뜻을 볼 수 있거니와, 어숙권의 『패관잡기』에서도 뜻을 함께하는 여인과 귀거래를 하는 것이 꿈이었음을 알 수 있다.

> 지정 남곤 공이 호남 관찰사로 있을 때 「초환자사(招宦子辭)」를 지었는데 그 서문은 이러하다.
>
> "완산의 기녀 중에 자가 조운이라는 여인이 있는데 「귀거래사(歸去來辭)」를 잘 외었다. 목을 빼어 구성지게 부르면 동진(東晉)의 낙하서생(洛下書生)이 읊조리던 것

1 필자의 「南袞의 삶과 문학」, 『한국한시작가연구』 4(1998)에서 남곤의 시를 다룬 바 있다.

처럼 하여 오음(五音)과 청탁(淸濁), 고저(高低)가 또렷하여 차이가 나지 않으니 듣는 사람이 지겨운 줄 몰랐다. 하루는 조운이 한 번 「귀거래사」를 외고 나에게 물었다.

"이것은 누가 지은 것이고 그 뜻은 무엇인가요?"

내가 대답하였다.

"진(晉)의 처사 도연명(陶淵明)이 벼슬을 그만두고 돌아가면서 스스로 한적한 뜻을 진술하여 이 작품이 있게 된 것일세."

조운이 말하였다.

"그 사람은 참 어질군요, 저의 속된 노래 가운데에도 그러한 뜻이 있답니다."

이에 노래를 짓고 말하였다.

"어르신을 위해 노래를 불러보겠나이다."

내가 이에 그 가사를 풀이하였다.

부귀와 공명일랑 또한 그만둡시다,	富貴功名可且休
산과 물 있으면 마음껏 노닙시다.	有山有水足遨遊
당신과 한 칸 집에 함께 누워서	與君共臥一間屋
추풍명월에 백년해로해봅시다.	秋風明月成白頭

읊조리고 나니 나도 모르게 쓸쓸해져 이렇게 말하였다.

"가곡이 사람을 감동하게 하는 것이 이 정도구나. 내가 후한(後漢)의 은자 방덕공(龐德公)처럼 은거하겠다면 자네도 절구 찧고 물 긷는 일에 만족할 수 있겠느냐?"

조운이 말하였다.

"어르신은 어찌 이리 사람을 박대하시나이까? 이미 수건과 빗을 들고 당신을 모시기로 하였으니 어찌 감히 다시 거리낄 것이 있겠사옵니까? 그렇게 될 기회를 만나지 못할까 겁날 뿐이옵니다."

이에 「환유자를 부르는 노래(招宦子篇)」를 지어 조운에게 노래 부르게 하였다. 그 가사는 이러하다.

구름이 어둑하고 골짜기가 으슥한데	雲冥冥兮洞壑深
물이 시원하고 넝쿨 풀이 그늘졌네.	水冷冷兮薜蘿陰
날다람쥐가 낮에도 날아다니고	鼪鼬兮晝飛
골짜기의 새들이 서로 우짖네.	谷鳥兮互吟
아침에 숲으로 가 도토밤을 주워	朝穿林兮拾橡栗
저녁에 돌아가 아내에게 준다네.	向夕歸兮遺細君
사립문 닫고 조용히 다리 뻗고 누우니	掩柴扉兮展卧寂
일천 봉우리에 달빛 하나 은은하네.	千峰兮月一痕
산중이라 이렇게 즐길 수 있는데	山之中兮可樂
저 벼슬하는 자들아 귀거래 어찌 않나?	彼宦子兮胡不來歸
붉게 칠한 수레는 아침 햇살조차 무색하고	朱丹轂兮朝日奪輝
벼슬아치 비단 도포에 나는 매를 수놓았으니	官錦袍兮鵰鶻盤飛
장터의 아이들만 그저 부러워 찬탄하지만	徒得市童之矜嗟
앞뒤에 놓인 함정과 덫을 알아채지 못하네.	不知前有穽兮後有機
칼날은 웃으며 장난치는 데 감추어져 있고	鋩刃藏於諧笑
독약은 맛난 꿩고기 속에 숨겨져 있는 것을.	腊毒隱於雉膏
이것이 부족타 하여 어찌 저것을 탐하는가,	是寧不足兮而與彼兮
도도히 낮이 밤 되고 밤이 낮 되어 가면	滔滔日復日兮夜復夜
머리카락 희게 세고 이빨도 빠지게 될 것을.	既縞髮兮又墮齒
산중의 즐거움은 잊을 수 없는데	山中之樂 不可以忘
어찌해서 저 벼슬아치는 돌아가지 않는가?	胡不來兮彼宦子

내가 예전이 이 노래를 호음(湖陰) 정사룡(鄭士龍) 공에게 올렸더니 공이 낭랑하게 여러 차례 읊조리고 "참으로 절창일세."라 하였다.[2]

2 魚叔權, 『稗官雜記』(『寒皐觀外史』 권5, 장서각 소장).

남곤이 호남 관찰사로 있던 1510년, 「환유자를 부르는 노래」를 지었는데 그 서문과 함께 조운의 노래가 실려 있다. 조운은 아침에는 구름이 되고 저녁에는 비가 되어 초 양왕(襄王)과 운우지정을 나누겠다는 고사에서 이름을 딴 것인데, 그 마음의 구름은 운우지정이 아니라 탈속의 상징 백운(白雲)이었다. 조운이 도연명의 「귀거래사」를 잘 외웠는데 남곤에게 「귀거래사」에 대해 묻고 자신이 그 뜻에 부합하는 작품을 지었다고 하면서 이를 노래로 불렀다. 조운이 부른 노래는 장지연의 『대동시선』에 「노래를 불러 지정 남곤에게 주다(歌贈南止亭袞)」로 실려 있으니 후대까지 애송된 작품임을 알 수 있다. 다만 조운이 부른 노래는 한시가 아닌 시조였는데 남곤이 한시로 바꾸었을 가능성이 크다.

남곤은 이 노래를 듣고 녹문산(鹿門山)에 아내와 함께 은거한 후한의 은자 방덕공(龐德公)처럼 살 수 있는지 물었고 조운은 기꺼이 따르겠다고 하였다. 이에 남곤은 「벼슬아치를 부르는 노래」를 지어 자기 뜻을 표하였다. 제목의 환자(宦子)는 환유자(宦遊子)로 벼슬을 구하는 사람이라는 뜻이다. 당 백거이(白居易)의 「우의시(寓意詩)」에 "벼슬살이하는 이에게 말하노니, 이제 고향으로 돌아오시게.(傳語宦遊子 且來歸故鄕)"라 한 바 있다. 남곤보다 앞서 최충성(崔忠成)은 1488년 「환유자를 부르는 노래(招宦遊子文)」를 지어 스스로 부귀에 집착하지 않고 강호에서 유유자적하는 삶을 다짐한 바 있는데, 남곤의 이 작품 역시 스스로 이 뜻을 다짐한 것이다.

조운이 부귀영화는 더 이상 추구하지 말고 산수 사이에서 초가삼간을 짓고 가을바람에 밝은 달을 보면서 한가하게 살아가자고 노래하자, 남곤이 그에 대한 답사로 환유자를 자연으로 소환하는 노래를 불렀다. 남곤은 당대 최고의 문사 중 한 사람이었지만 문집이 일실되어 전하는 작품이 그리 많지 않다는 점에서 이 작품의 자료적 가치가 높다. 또 이 작품을 두고 그의 후학 정사룡이 절창으로 평했다고 하는데 이 시기 대표적인 사(辭)로 꼽을 만하다.

남곤은 기녀와의 일화를 여럿 남겼다. 남곤이 황해도 관찰사로 있을 때 해주(海州)의 기녀를 사랑하였다. 임기를 마치고 한양으로 돌아갈 때 금교역(金郊驛)에서 기다렸지만 오지 않자 벽에다 한 수의 시를 적었다. "빈 마당에 낙엽이 달려와 울어대기에, 어젯밤 신발 끄는 소리인 줄 알고 놀랐지. 외로운 여관에서 도통 잠들지 못하는데, 빈 벽에 가물거리는 등불만 깜빡이네.(葉走空庭窣窣鳴 誤驚前夜曳鞋聲 旅窓孤枕渾無寐 半壁殘燈翳復明)"라 하였다.

김정국(金正國, 1485-1541)의 『사재척언(思齋摭言)』에는 이 여인이 쌍이(雙伊)라 하였다. 남곤은 나중에 쌍이를 한양으로 데리고 와서 친척 집에 임시로 거처하게 하고 만나곤 하였다. 하루는 벗들과 삼청동(三淸洞)에서 시회를 약속하였는데 남곤이 그 기녀가 있는 집에 들렀다 오느라 늦었다. 당시 벌주는 두 잔 받는 것이 풍속이었고 이를 '쌍(雙)'이라 하였는데 남곤이 병을 핑계 대고 한 잔만 마시고 넘어가려 하자 사람들이 예법을 지키지 않는 나쁜 손님이라 놀렸다. 이에 남곤이 "내가 방금 '쌍'을 하고 왔는데 왜 한 잔만 하였다고 질책하느냐?"라 농을 하였다. 남곤이 쌍이의 집에 들렀다 온 일을 들어 이렇게 말한 것이다. 또 남곤이 해주 기녀 부용월(芙蓉月)을 잊지 못해 정자 앞에다 연꽃을 심고 아침 저녁 바라보았는데 거위와 오리가 연꽃을 마구 쪼아 꽃이 피지 못하였다는 일화도 전한다.[3] 남곤은 후대 만들어진 부정적인 이미지와 달리 문학과 풍류에 두루 능하였고 귀거래의 꿈도 가졌던 문인이다.

3 李荇,「戲呈士華」,『容齋集』권1.

19.
김정국이 알아차린 요녀의 시

중국이나 한국에서 명시를 뽑은 선집에 귀신이 도사나 승, 여성 등과 함께 하나의 작가군으로 분류되어 있다. 또 시화에는 귀신이 지은 시가 빈번하게 소개되고 있으니, 예전에는 죽은 사람과 산 사람이 가까웠다. 이제신의 『청강시화』에 이런 내용이 실려 있다.

> 모재 김안국의 아우 사재(思齋) 김정국(金正國)은 시를 볼 줄 안다고 자부하였다. 모재가 경상도 관찰사로 있을 때 송씨(宋氏) 성을 가진 향교 유생이 시를 잘한다는 말을 듣고 월파정(月波亭)으로 불러 보고 근체 율시를 짓게 하였더니, 이에 다음과 같이 썼다.

강과 하늘을 누를 듯 울긋불긋 훤한 누각은	金碧樓明壓水天
어느 해 그 누가 이 봉우리 앞에다 지었는가?	昔年誰構此峯前
빗소리 너머에 한 칸 낚싯대 드리운 어부	一竿漁父雨聲外
산 그림자 곁에 십 리 길을 나서는 행인.	十里行人山影邊
무협의 새벽에 구름이 난간에 들어 피어나는데	入檻雲生巫峽曉
무릉의 안개 속에 꽃이 물결 따라 흘러나오네.	逐波花出武陵煙
백사장 갈매기는 양관의 이별가를 듣기만 할 뿐	沙鷗但聽陽關曲
송별하는 자리의 시름겨운 마음 어찌 알리오!	那識愁心送別筵

모재가 이를 보고 크게 감탄하고 칭찬하였다. 돌아가 사재에게 말하였더니, 사재가 "이는 반드시 귀신의 시요, 밥을 지어 먹는 사람이 지은 것이 아니라오."라 하였는데 과연 송씨는 요녀(妖女)를 구해 살고 있었다. 송씨는 애초에 글을 알지 못하였는데 요녀를 얻은 후 요녀가 늘 글 쓰는 것을 가르쳐 주어 그로 인하여 이름이 나게 되었고 그가 지은 시편은 극히 아름답지 않은 것이 없었다. 그 후 그 집안사람이 술법을 가지고 위협하여 요녀를 쫓았다. 그 요녀가 손바닥 이렇게 썼다.

꽃부인 이제 낙수의 귀신이 되리니 花婦今爲洛水神
세상에는 모두 박정한 사람이기에. 世間皆是薄情人

그리고 마침내 떠나갔다. 이에 송씨는 예전 같이 문자를 알지 못하게 되었다고 한다. 이 말은 허황한 것 같지만 영남 사람들이 매우 자세하게 전한다. 사재는 더욱 자신이 시를 볼 줄 안다고 믿고 매우 기뻐하였다. 그러나 이 작품은 영남루(嶺南樓)에서 고려의 도길부(都吉敷)가 지은 시인데, 필시 요녀가 이 시를 전하여 말해 주어 이런 일이 있게 된 것 같다.[1]

김안국과 김정국 형제는 문학과 도학에 모두 일가를 이룬 문인이다. 김안국이 경상도 관찰사로 있을 때라 하였으니 1517년이나 그 이듬해의 일일 것이겠지만, 이 무렵 김정국은 성균관과 홍문관, 승정원 등에서 근무하고 있었으니, 김안국과 함께 경상도에 있었을 것 같지는 않다. 아무튼 김안국이 상주 낙동강 강가의 이름난 누정 월파정에 들렀을 때 향교의 서생 송씨가 시에 능하다는 소문을 듣고 그를 불러 시를 짓게 하였다. 이에 송씨가 내어 보인 시가 이 작품이다.

조선 초기 상주 부사 이문정(李文挺)이 지은 월파정은 주변 풍광이 아름답

1 李濟臣, 『淸江先生詩話』(『淸江雜著』, 일본 동양문고 소장).

거니와 정자 자체도 장대하고 화려하였다. 그곳에서 요녀가 대신 지어 준 시는 그 풍격이 녹록하지 않다. 비를 맞으며 어부가 한가하게 낚시하는 모습과 산 그림자 아래로 먼 길을 떠나는 나그네의 모습을 병치한 다음, 월파정 난간에 피어오르는 구름과 낙동강에 떠내려오는 복사꽃을 확대하여 보였다. 초 양왕과 무산신녀의 운우지정 고사를 끌어들여 월파정의 질펀한 연회 분위기를 넌지시 말하고, 복숭아꽃이 떠내려오는 무릉도원(武陵桃源)의 고사를 통하여 월파정 주변의 평화로운 풍광을 그려 내었다. 이어 모래밭의 갈매기는 양관곡(陽關曲), 곧 이별의 노래를 익히 들어 익숙하지만 이별의 슬픔은 알지 못한다고 하여 시상을 종결하였다. 성대한 잔치가 끝나면 작별의 시간이 되기에 이렇게 말한 것이다.

송씨는 이 요녀의 도움으로 시로 명성을 날렸지만 요녀가 집안사람에게 쫓겨난 후 다시 재주가 시들해졌다. 요녀가 떠나면서 송씨의 손바닥에 쓴 시에서 화부(花婦)는 첩실을 비유한 말인 듯하다. 낙수신(洛水神)은 낙수에서 죽어 그 신이 된 복비(宓妃)인데 여기서는 물귀신이 되었다는 뜻이다. 이 구절은 인간 세상의 무정한 남자에게 버림받았으니 어쩔 수 없이 강물에 몸을 던져 죽겠다는 말이다.

이 시를 본 김정국은 귀신의 작품임을 단번에 알아보았고 이를 계기로 자신의 감식안을 자부하게 된 것이라 하였지만, 이 이야기에서 요녀는 귀신이 아니라 문학에 능한 여성이었을 가능성이 높다. 곽찬(郭璨, 1854-?)의 『동양역대여사시선(東洋歷代女史詩選)』[2]에서는 가야선녀(伽倻仙女)의 작품으로 소개하고 "밀양

---

2 이 책은 1920년 寶文館에서 연활자로 간행되었다. 이 자료는 장유승, 「열상규조(洌上閨藻) 연구-가상의 고대사와 허구의 여성들」, 『한국한문학연구』 79(2020)에서 소개한 바 있다. 이 책은 한중일 삼국 여성의 시 5,050여 수를 선발하였다. 곽찬(1854-?)은 본명이 郭琦로, 본관이 玄風, 호가 怡雲이며 1886년 문과에 급제하여 홍문관시독, 직산 군수 등을 역임하였다. 『苞山郭氏三綱錄』(1925), 『苞山郭氏世譜』(1925) 등도 그의 저술이다. 그러나 여기에 수록한 작품 중 근거를 알 수 없는 것이 많아 자료의 신빙성이 높지 않다.

의 시골 여자가 태어나면서부터 기이한 자질이 있었는데 7세 때 글을 지을 수 있었고 스스로 호를 가야선녀라 하였다. 영남루를 유람하고 이 시를 지었다." 라는 주석이 달려 있다.

그런데 이 이야기를 옮긴 이제신은 이 작품이 고려의 문인 도길부가 밀양의 영남루에서 지은 것이라 하였다. 도길부는 여말선초의 인물이지만 이 시의 작가라는 근거는 다른 데서 찾을 수 없다. 또 남용익의 『기아』에는 정희량(鄭希良, 1469-?)의 「영남루에 쓰다(題嶺南樓)」로 실려 있다. 정희량은 1502년 임진강의 낙하(洛河)에서 몸을 던져 생을 마쳤다고 하지만 그 행적이 신이하여 후대의 야담에 거듭 등장한다. 그가 지었는지, 그의 이름을 가탁한 것인지도 알 수 없다.

또 다른 여자 귀신이 지은 시로는 다음 작품도 제법 회자되었다.

어젯밤 꽃 피는 산 아래 집에서 자고	昨宿開花山下家
오늘 아침 꽃 지는 강을 다시 건너네.	今朝還渡落花波
인생이란 정말 오고 가는 봄과 같은 것	人生正似春來去
꽃 핀 것 보자마자 또 꽃이 져 버리네요.	纔見開花又落花

민백순이 1767년 편찬을 완료한 『대동시선』에 장단(長湍) 귀녀(鬼女)의 「낙화진의 배 안에서 다른 사람에게 답하다(落花津舟中答人)」로 실려 있으니 늦어도 18세기 중반 이전의 작품이라 하겠다. 장지연의 『대동시선』에는 교하(交河) 낙화진(落花津)의 여자가 지은 것이라 하고 선발하였는데 3구가 "봄빛은 도리어 사람이 오고 가는 것 같아(春光却似人來去)"로 조금 다르지만[3] 뜻 자체는 크게 다르지 않다. 낙화진이 교하에 있다고 하였는데 낙화진(落花津) 혹은 낙하진(洛河

3 2구의 '還渡'도 '又涉'으로 되어 있다.

津)으로도 표기되는 곳으로, 지금의 파주 낙하리에 있던 임진강 하류의 나루다.

1구의 개화산(開花山)은 김포와의 접경에 있는 산 이름이기도 하지만 여기서는 그냥 꽃이 핀 산이라 보는 것이 나을 듯하다. 어제 꽃이 핀 산 아래 여인의 집에서 하루를 유숙하고 다시 꽃이 지는 나루에서 강을 건넌다. 어제 핀 꽃이 오늘 지는 것처럼 만났다 금방 헤어지는 것이 인생이다. 나루의 주막에서 술과 몸을 파는 여성을 두고 민백순은 아예 여자 귀신이라 하였지만 굳이 그렇게 볼 것은 아닌 듯하다.

이런 이야기는 조선 후기 야담의 소재가 되었다. 신돈복(申敦復, 1692-1779)의 『학산한언(鶴山閑言)』에는 여자의 모습을 한 여우가 지은 시가 보인다.

> 어떤 선비가 그림을 제법 잘 그렸다. 한번은 산을 유람하다가 으슥한 곳에 이르렀는데 마을이 하나 있었다. 마을 사람들이 모두 절을 하면서 선비를 맞아들였다. 해가 벌써 저문 뒤라 한 집에서 하룻밤을 묵기로 하였다. 그 집에는 과부 모녀만 살고 있었다. 선비가 행랑의 양식을 건넸지만 받지 않고 정갈하게 새로 밥을 지어 주었다. 다음날 떠날 때가 되자 그 어미가 그림 한 폭을 얻고 싶다고 하면서 붓과 비단, 이금(泥金) 등의 도구를 받들어 올렸다. 비단에는 삼오칠언(三五七言)이 씌어 있는데 이러하였다.

물 빛은 깨끗하고	水色淨
산 빛은 아득한데	山色遙
절은 맑은 옥경 소리를 임하고	寺臨淸玉磬
중은 석양 비치는 다리를 건너네.	僧渡夕陽橋
배 정박한 심양강에 돌아온 기러기 드문데	舟泊潯陽歸雁少
동정호의 단풍잎은 저물녘에 쏴 소리 내네.	洞庭楓葉暮蕭蕭

> 이 시는 그 딸이 지은 것이었는데 선비가 놀라 감히 붓을 들지 못하였다고 한

다. 정말 귀신이 지은 말이다. 다만 귀신과 요괴는 캄캄한 밤에 나타나니 이 모녀는 아마 여우가 아니었을까? 선비가 살아나온 것은 요행이다. 다만 심양강과 동정호는 거리가 1,000여 리나 되는데 한 곳에 있는 줄 알았으니 참으로 시원찮은 요물이다.

심양강(潯陽江)은 백거이가 「비파행(琵琶行)」을 지은 곳인데 "심양의 강가 어느 날 밤 객을 전송하는데, 단풍잎 갈대꽃에 갈바람 쓸쓸하였지.(潯陽江頭夜送客 楓葉荻花秋瑟瑟)"라는 명구가 알려져 있다. 동정호(洞庭湖)와 매우 멀리 떨어져 있어 한눈에 들어올 풍경이 될 수 없다. 그래서 신돈복은 지식이 부족한 여우의 솜씨라 하였다. 시 자체는 '소상야우(瀟湘夜雨)'와 같은 중국 강남의 산수를 그린 그림을 보고 쓴 평범한 작품인데 왜 여우의 솜씨라 한 것인지는 알 수 없다. 「삼오칠언」은 당 이백에서 비롯한 잡체시의 하나인데 비록 여우가 변한 것이라 하였지만 여성의 작품으로 흔하지 않다. 한적한 곳에 모녀 두 사람만 살면서 시와 그림을 좋아하였으니 여우로 여긴 것인 듯하다.

20.
임벽당 김씨가 베개에 수놓은 시

조선시대 여성 중 여러 편의 시를 남기고 또 이를 수습하여 소략하나마 문집의 형태를 갖춘 첫 번째 인물이 임벽당(林碧堂) 김씨(金氏, 1492-1549)다. 앞서 『패관잡기』에서 정씨와 성씨에 이어 소개한 김씨가 바로 이 여성이다. 본관이 의성(義城)이고 별좌(別座)를 지낸 김수천(金壽千)의 딸이며 유여주(兪汝舟, 1480-?)의 계실(繼室)이다. 유여주는 18세에 현량과(賢良科)에 추천되었지만 이듬해 기묘사화가 일어나자 부인과 비인(庇仁)의 향리로 물러나 임벽당을 짓고 은거하였다. 임벽당은 유여주가 살던 집 이름이지만 후대 김씨의 당호가 되었다.

> 근자에 내가 듣자니 벗 유덕중(兪德仲, 世基) 군의 집에 돌아가신 조모 의성김씨(義城金氏)의 시 몇 편이 소장되어 있다고 한다. 유군의 7대조 유여주 공이 중종(中宗) 때 현량과에 선발되었지만 사화가 일어나자 걸어서 고향으로 돌아왔다. 못을 파고 집을 지어 호를 임벽당이라 하고 거처하였는데 부인이 실로 이를 좇았다. 밥을 짓고 길쌈하는 여가에 가끔 시를 읊조린 것이 있었다. 임벽당에서 두 수의 시를 지어 베갯머리에 수를 놓아, 한가하게 유유자적하는 정취를 풀어내었다고 한다.
>
> 환란에 상심하여 좌절하고 지겹게 곤궁을 타령하는 일은 세상에서 남자로 불리는 자들도 면하지 못하는데 하물며 부인은 어떠하겠는가? 뜻을 얻지 못하여 검소하게 지내던 시절 부부가 배필이 되어 곤궁하지만 더욱 편안하였으며 시로 풀어낸 것이 깊고도 간명하며 시원하고도 산뜻하였다. 산수 자연에 남모를 시름을 풀

어내고 태고의 순박함에 우아한 뜻을 부쳤다. 봄과 가을 계절이 바뀌거나 시비를 따지는 소리가 바깥에서 요란해도 그 마음을 흔들기에는 부족하였다. 김씨의 임벽당에 붙인 두 절구는 이러하다.

호젓한 작은 골짜기가 별천지를 이루어	小洞幽深別一區
천석고황 산수애로 시름을 잊을 만하네.	膏肓泉石可忘憂
인간사 시비는 도무지 얽힐 것이 없기에	人間非是渾無累
꽃 피면 봄이요 잎 지면 가을인 줄 안다네.	花發知春葉落秋

숲속의 한 채 집에는 먼지 한 톨 없으니	依林一室絶纖塵
은자가 참된 마음을 기르기에 딱 맞는다네.	秖合幽人養性眞
한가로이 누워 쉬노라니 봄잠에 푹 빠져	閒枕憩來春睡足
아무 일 없는 그 모습 태곳적 백성 같네.	無爲恰似太初民

그 근심하고 즐거워하는 바가 올바르니, 가히 성정(性情)에서 나온 국풍(國風)의 여음(餘音)에 비할 만하다. 조그마하게 수를 놓은 것도 남편을 그리워하여 신라의 진덕왕이 비단에 시를 수놓아 당나라에 바친 것에 어찌 양보할 수 있겠는가? 천 리 떨어진 중국 바깥 조선 땅에 사셨기에, 깊은 산 으슥한 골짜기에서 사는 평범한 아낙네와 함께하였을 뿐이라, 천자에게 공물로 바쳐져 서책에 오르지 못하고 베틀에서 짜서 바친 것과 필적할 만한 아름다운 보배가 되지 못한 것이 아쉽다. 비록 평일에 흥을 부치고 성정을 도야한 것이라 하더라도 대개 숨기고 드러내지 않았으니, 『국조시산』에 보이는 것도 겨우 적막한 단편일 뿐이다. 그 나머지는 숨겨지고 흩어져 전하는 것이 없다. 비유하자면 음지 벼랑의 꽃이나 개울가의 꽃처럼 절로 피었다가 절로 지고 마니 어찌 슬프지 않은가?

이에 유군이 연경에 사신으로 다녀온 자를 통해 목재 전겸익의 『열조시집』이라고 하는 책을 구하였다. 부인의 시 3수가 실려 있는데 우리나라에서 빠뜨린 것이고 후손들이 보지 못한 것이지만 중국 선비가 유독 이를 모아 편차하여 남은 작품을 채집해서 엮어 문예의 숲에 배열하게 되었다. 얼마나 기이한가! 내 생각에 문장의 아름다움은 옛사람이 금옥(金玉)에 비하였으니 모래와 자갈, 분뇨와 흙더미에 파묻힌다 하더라도 그 정채가 늘 절로 발현되는 법이다. 이는 중화나 변방의 차이가 없으니 이 때문에 사막의 옥이나 남해의 구슬이 오랑캐 산하의 궁벽한 곳에서 생산된다 하더라도, 저들은 그것을 보배로 알아 차지하지 못해도 늘 온 천하의 쓰임이 되는 법이다. 그러니 이 시가 우리 동방에는 누락되고 중국에서 전해진 것과 무엇이 다르겠는가? 내가 듣기로 전목재는 문장으로 일시에 드러난 사람이고 그가 편찬한 책이 정말 세상에 널리 전한다고 하니, 부인의 시는 반드시 『시경』「국풍」의 작품이나 소혜(蘇蕙)가 변방의 낭군 두도(竇滔)를 그리워하는 시를 비단에 짜 넣은 것과 함께 성대하게 빛나 불후할 것이다.

그러나 유군의 마음은 그럼에도 부족하다 여겨 집안에서 소장하고 있던 작품과 전목재가 뽑은 시를 합쳐 7수를 『임벽당유고(林碧堂遺稿)』라 하고, 세상에서 글깨나 짓는 자들에게 청하여 서문을 배열하였다. 더욱이 먼 후대에까지 보이려고 한 시도이니 그 뜻이 근실하다 하겠다. 나 또한 함께 노닌 사람 끝자락에 있지만 한마디 하지 않을 수 없어 마침내 글을 쓴다.[1]

위의 글에서 인용된 두 작품은 '침각수시(枕角繡詩)' 혹은 '침각시(枕角詩)'라는 이름으로 인구에 회자되었다. 임벽당 김씨는 스스로 지은 절구시 2수를 베고 자는 베개의 양 모서리에 자수를 놓았고 베개 모서리 네 귀에 '제임벽당(題林碧堂)'이라는 네 글자를 수놓은 고사를 남겼다.

첫 번째 작품은 비인의 산속 별천지에서 지은 작품이다. 임벽당에서 산수를 즐기면서 시름을 잊고 살아가는 즐거움을 말한 다음, 인간 세상 시비에 일체 얽매임 없이 자유롭게 살아간다고 하였다. 마지막 구절은 "산중이라 달력이 없다네.(山中無日曆)"라는 명언을 이렇게 달리 표현한 것이다.

---

1 韓泰東, 「林碧堂兪公夫人金氏遺稿跋」, 『是窩遺稿』 권4.

두 번째 작품은 속세의 더러움과 단절된 공간에서 은자로 살아가는 자기 삶을 자랑하였다. 3구에서 봄잠이 넉넉하다는 춘수족(春睡足)은 백거이가 특히 좋아하여 "눈이 어두워 봄잠이 넉넉하다.(眼昏春睡足)", "창가에 봄잠이 넉넉하다.(窗間春睡足)" 등의 구절을 남겼다. 송의 여성 시인 주숙진(朱淑眞)도 「춘수(春睡)」에서 "한낮의 창에 봄잠이 넉넉하니, 베개 밀고 일어나누나.(午窗春睡足 推枕起來時)"라 하였다. 이러한 표현을 끌어들여 삶의 여유를 말하였다. 4구의 태초민(太初民)은 천지가 나누어지기 전의 혼돈 상태에 살던 백성이라는 말로, 태고민(太古民)이라고도 한다. 희황씨(羲皇氏) 때의 백성 희황민(羲皇民)도 같은 뜻이다. 봄잠이 넉넉하기에 태곳적 백성의 한가함을 누린다고 한 것이다. 절로 그 넉넉함이 느껴지기에 법도가 있는 집안에서 모범으로 삼을 만하다.

그래서 유여주의 후손 유세기(兪世基, 1653-?)는 자신의 집안에 소장되어 있던 이 2수의 절구 「임벽당에 쓰다(題林碧堂)」에다, 집안에서 전해오던 오언절구 1수와 허균의 『국조시산』에 실린 오언절구 1수, 그리고 명말청초 전겸익의 『열조시집』에 실린 오언율시 1수와 오언절구 2수 등 도합 7수를 수습하여 1691년 『임벽당유고』로 엮었다. 유씨 집안에 전해오는 『임벽당유집(林碧堂遺集)』이 이 책인데 내제(內題)에는 『임벽당칠수고(林碧堂七首稿)』로 되어 있다. 위에 보인 글은 한태동(韓泰東, 1646-1687)의 발문으로 이 책의 말미에 붙어 있다. 남구만(南九萬, 1629-1711)은 서문을 짓고 유한준(兪漢雋, 1732-1811)도 발문을 지었다.[2]

그런데 『열조시집』에 '유여주 처'로 수록한 작품 중 오언율시 「증별(贈別)」은 임벽당 김씨의 작품이지만 오언절구 「빈여음(貧女吟)」, 「고객사(賈客詞)」는 난설헌의 작품인데 잘못 들어간 것이었다. 남구만은 집안에서 기록한 2수의 '침

2 남구만, 「金夫人枕角繡詩序」, 『藥泉集』 권27; 유한준, 「從九世祖處士公夫人金氏枕角繡詩帖跋」, 『自著』 準本1; 宋徵殷, 「題義城金氏林碧堂詩後」, 『約軒集』 권10도 여기에 붙인 글이다.

각시'가 문사와 운치가 고상하고 바르며 『국조시산』에 선발된 칠언절구도 이와 큰 차이가 없지만, 『열조시집』에 실린 3수는 성조가 급하고 문장이 부화하며, 특히 「빈여음」과 「고객사」는 옛사람의 진부한 말을 답습한 것이라 침각시와 큰 차이가 난다고 하였다. 한치윤의 『해동역사』에서도 「빈여음」과 「고객사」가 난설헌의 문집에 실려 있다고 하여 난설헌의 작품으로 바로잡아 인용하였다. 결국 『열조시집』에 실린 것 중 오언율시 「증별」만 임벽당 김씨의 작품으로 보아야 할 것이다.

한스러운 이별이 세 해가 지났는데	恨別逾三歲
갖옷 입고 홀로 겨울을 견디겠지요.	衣裘獨禦冬
가을바람이 짧아진 머리털에 부는데	秋風吹短鬢
찬 거울엔 내 쇠한 몰골이 비치네요.	寒鏡入衰容
떠도는 꿈은 풍진 사이에 막히는데	旅夢風塵際
이별의 시름은 변방에 깊어 가겠지요.	離愁關塞重
서성이며 멀리 계신 임 그리노라니	徘徊思遠近
흐르는 눈물만 방을 메울 뿐이라오.	流歎滿房櫳

이 작품은 『열조시집』 외에도 『명시종』, 『어선명시(御選明詩)』 등 중국 문헌에 실려 있다. 제목인 '증별'은 작별할 때 주는 선물이나 시문을 이른다. 중국 육조(六朝) 이래 이 제목의 시가 널리 창작되었는데 주로 이별의 뜻을 말한다. 이 작품 역시 유사한 주제를 다루고 있는데 변방에 수자리 서러 나간 남편을 그리워하는 정을 말하였다는 점에서 허구적인 악부(樂府)의 기풍이 강하다. 변방으로 떠난 지 3년 동안 추위에 떨고 있을 남편을 안타까워하는 것으로 시상을 연 다음, 다시 겨울을 앞둔 남편의 듬성듬성한 머리카락과 시든 얼굴로 구체화하였다. 이어 전장의 흙먼지로 꿈에서조차 만날 수 없어 이별의 시름이

점점 깊어간다고 한 다음, 먼 곳에 있는 남편을 그리워하면서 서성이다가 다시 방으로 들어가 장탄식을 하는 것으로 시상을 종결하였다.

남구만이 『국조시산』에 실려 있다고 한 작품은 앞서 소개한 대로 어숙권의 『패관잡기』에 실려 있다. "우리 조선에 정씨, 성씨, 김씨가 있다. 김씨의 시가 세상에 전하는데 기세가 부족하여 유약하다."라 하면서도 다음 김씨의 작품은 "자못 사람의 뜻에 맞다."라고 칭찬한 바 있다.

땅이 궁벽해 찾아오는 이 적고	境僻人來少
산이 깊어 속된 선비 드물다네.	山深俗士稀
집이 가난하여 한 말 술이 없어서	家貧無斗酒
자고 갈 분 밤인데도 돌아가시네.	宿客夜還歸

이 작품은 허균의 『국조시산』에 「증인(贈人)」으로 실려 있는데 이 제목을 표방한 시는 대개 사랑하는 사람에게 준다는 뜻이지만 여기서는 그냥 어떤 이에게 준다는 정도의 뜻이다. 이 작품은 고상한 분이 오셨는데도 술대접을 하지 못해 송구하다는 마음을 전하면서도 탈속적인 은자로서의 자부를 말한 것이다. 그런데 속된 선비 '속사(俗士)'가 『국조시산』에는 속된 일 '속사(俗事)'로 되어 있어 뜻이 달라진다. 찾아오는 사람이 없어 손님을 대접하는 기본적인 예절조차 갖추지 못하여 자책한다는 뜻이 된다. 장지연의 『대동시선』에는 「빈여음」으로 제목을 달리 단 것도 이 뜻을 분명히 밝힌 것이다.

난설헌 허씨의 작품 2수를 제하고 나면 임벽당 김씨의 작품은 5수가 전한다. 『임벽당유집』에 전하는 나머지 1수는 「조카에게 주다(贈姪子)」라는 작품이다.

골육들은 뜬구름처럼 흩어져 사는데	肉骨浮雲散

오늘처럼 친할 줄 어찌 알았겠는가?	那知今日親
멀리서 찾아주니 후의가 고맙구나,	遠尋多厚意
푸성귀 먹는 가난을 부끄러워 않고.	藜藿不羞貧

장조카로 관찰사를 지낸 유강(兪絳, 1510-1570)에게 준 작품이다. 일가친척들이 산지사방 흩어져 있어 만나기 어려운데 잊지 않고 찾아준 조카에게 고마움을 표하였다. 앞의 작품과 함께 비인의 임벽당에서 가난하게 살던 시절의 작품으로 추정된다.

임벽당은 베개에 수를 놓은 '침각시'로 후세에 이름을 드리웠다. 시와 자수에 모두 능한 여성이라야 할 수 있는 일이다. 장지연의 『대동시선』에서 소개한 광주(光州) 문관(文官) 이영(李渶)의 누이가 지은 「매화를 수놓은 베개(繡梅枕)」도 비슷하다. 문관은 무과 출신이 아니면서 군사와 관련한 업무를 보던 관리를 이른다. 본관이 청주(淸州)고 자가 춘장(春章)이며 1664년 문과에 급제한 이영이라는 인물과 동일한지는 확인할 수 없다. 이영이나 그 누이의 이력을 알 수 없지만 시가 맛깔나 소개한다.

한 폭의 차가운 가지 자태는	一幅寒槎色
가인의 자수 속 참모습이라.	佳人繡裏眞
언 가지와 눈 덮인 꽃받침에	冰條與雪蕚
베개 가에 늘 봄을 끼고 있겠네.	長帶枕邊春

한겨울 눈 덮인 가지에 꽃을 피운 매화를 베개에 수를 놓았으니 이 베개를 베고 누우면 늘 봄을 누릴 수 있다고 한 것이다. 이런 베개가 남아 있으면 보물이 될 텐데 전한다는 소문이 없다.

21.
조선 여성의 전범 사임당 신씨

조선시대 가장 널리 알려진 여성은 사임당(師任堂) 신씨(申氏, 1504-1551)일 것이다. 그림에 뛰어나 그의 이름으로 전하는 작품이 5만 원 지폐에까지 올려졌거니와 최고의 학자 율곡(栗谷) 이이(李珥, 1536-1584)를 길러 내었으니, 가히 현대적 의미에서도 이른바 '현모양처'라 할 만하다. 원래 현모양처는 어질고 선량한 것이 아니라 똑똑한 어머니, 능력 있는 아내를 이르는 말이다.

사임당은 본관이 평산(平山)으로 진사 신명화(申命和)의 딸이며 오죽헌(烏竹軒)의 주인 이사온(李思溫)의 외손녀다. 이원수(李元秀)에게 출가하였는데 본관이 덕수(德水)로 이의석(李宜碩)의 손자다. 그 자신은 벼슬이 감찰(監察)에 그쳤지만, 이 집안은 이행(李荇, 1478-1534), 이안눌(李安訥, 1571-1637), 이식(李植, 1584-1647) 등 한 시대를 대표하는 학자와 문인을 배출하였다. 신씨는 주 문왕의 어머니 태임(太任)을 사모하여 사임당(師任堂, 思任堂으로도 적는다), 혹은 임사재(妊思齋) 등의 호를 사용하였다. 그의 삶은 아들 이이의 행장에 자세하다.

> 자당의 이름은 모(某)고 진사 신공(申公)의 둘째 딸이다. 어릴 때 경전에 능통하고 글을 지을 줄 알았으며 글씨를 잘 썼다. 바느질에도 솜씨가 뛰어났고 그 자수는 정묘하지 않은 것이 없었다. 천부적인 자질이 온화하고 우아하며 절조가 곧고 맑았다. 행동거지가 편안하고 조용하였으며 일 처리하는 것이 편하고도 자상하였다.

과묵하고 신중하며 또 스스로 겸손하였다. 이 때문에 신공이 애지중지하였다. 성품이 또 효성스러워 부모가 병환이 있으면 꼭 얼굴이 슬픈 빛으로 바뀌고 병환이 나으면 원래대로 돌아갔다. 시집올 때 친정아버지 진사 어르신이 아버님께 "내가 여식이 많지만 딴 애는 집을 떠나 딴 사람에게 시집가도 내가 연연해하지 않았는데, 자네 처는 내 곁을 떠나게 하고 싶지 않네."라 하셨다.

진사 어르신이 돌아가시고 상이 끝나자 신부의 예로 시어머니 홍씨(洪氏)를 한양에서 뵈었는데 처신이나 언행을 함부로 하는 법이 없었다. 하루는 종중 사람들이 잔치를 하는데 여자 손님들이 모두 담소를 즐겼지만 자당은 그 가운데서 묵묵히 계셨다. 홍씨가 손으로 가리키며 "신부는 어찌 말을 하지 않는가?"라 하니, 자당이 이에 무릎을 꿇고 "저는 문밖으로 나서지 않아 본 것이 전혀 없습니다. 무슨 말을 하겠습니까?"라 하였다. 좌중의 사람들이 모두 부끄러웠다.

후에 자당께서 임영(臨瀛, 강릉)에서 돌아갈 때 친정어머니와 울며 이별하였다. 대관령 중턱에 이르렀을 때 북평(北坪)을 바라보고 백운(白雲)의 그리움이 일어 말을 멈추고 한참 있다가 쓸쓸히 눈물을 흘리고 이렇게 시를 지었다.

학발의 어머님은 강릉 땅에 계신데	慈親鶴髮在臨瀛
이 몸은 홀로 한양으로 떠나는 마음.	身向長安獨去情
고개 돌리니 북평이 한눈에 보이는데	回首北坪時一望
흰 구름 나는 아래 저녁 산이 푸르네.	白雲飛下暮山青

한양에 도착하여 수진방(壽進坊)에 거처하였는데 이때 시어머니 홍씨가 연로하여 신축년(1541)부터 가사를 돌보지 못하였다. 이에 자당께서 총부(冢婦)의 도리를 맡아 하였다. 아버지께서 성품이 호탕하여 가산에 신경을 쓰지 않아 집안이 자못 넉넉하지 않았다. 자당께서 지출을 절제하며 윗사람을 봉양하고 아랫사람을 부양하였다. 가사를 홀로 처리하지 않고 반드시 시어머니 홍씨께 고하였고 그 앞에서 첩에게 소리를 지른 적이 없었다. 말은 반드시 온순하고 얼굴빛은 반드시 온화하였다. 아버지께서 행여 실수가 있으면 법도대로 간언하고 자녀에게 과실이 있으면

훈계하였으며 좌우에서 죄를 지으면 꾸짖었다. 하인들은 모두 공경하여 떠받들며 기쁜 마음을 가졌다.

자당께서 평소에 늘 임영을 그리워하여 한밤중 인적이 고요할 때면 자주 눈물을 흘리면서 어떤 때는 새벽까지 잠을 이루지 못하였다. 하루는 집안 어른 심공(沈公)의 첩이 와서 거문고를 연주하는데 자당께서 듣고 눈물을 흘리면서 "거문고 소리에 그리워하는 사람이 있구려."라 하였다. 자리에 있던 모든 사람이 슬퍼하였지만 아무도 그 뜻을 알지 못하였다. 또 어버이를 그리워하여 지은 시가 있는데 "밤마다 달을 보고 기도하여, 살아생전 다시 뵙기를.(夜夜祈向月 願得見生前)"이라 하였다. 대개 그 효심이 천성에서 나온 것이었다.

자당께서는 홍치(弘治) 갑자년(1504) 겨울 10월 29일 임영에서 태어나 가정(嘉靖) 임오년(1522) 아버님께 시집왔다. 갑신년(1524) 한양에 왔는데 그 후 임영으로 돌아가기도 하고 봉평(蓬坪)에 머물기도 하다가 신축년(1541) 한양으로 돌아왔다. 경술년(1550) 여름 아버지께서 수운판관(水運判官)에 임명되셨는데 신해년(1551) 봄 삼청동(三淸洞) 집으로 이주하였다. 그해 여름 아버지께서 조운(漕運)의 일로 관서(關西)에 가셨는데 아들 선(璿)과 이(珥)가 모시고 갔다. 이때 자당께서 수점(水店)에서 편지를 보내셨는데 반드시 눈물을 흘리면서 글을 쓰셨겠지만 아무도 그 뜻을 알지 못하였다.

5월에 조운의 일을 마치고 아버지께서 배를 타고 서울로 향하는데 도착하기 전에 자당께서 병환이 깊었다. 2-3일 지나자 문득 여러 자식에게 "내가 일어나지 못하겠구나."라 하시고는, 한밤에 평소처럼 침소에 편안하게 누웠는데 자식들은 병에 차도가 있는 줄 알았다. 17일 갑진일 새벽 갑자기 돌아가셨다. 향년은 48세다. 그날 아버지께서 서강(西江)에 당도하고 나도 또한 모시고 있었는데 행장의 놋그릇이 모두 붉어져 사람들이 모두 괴이하게 여겼다. 이윽고 부고가 들려왔다.

자당께서 평소 붓을 놀리는 솜씨가 기이하셨다. 일곱 살 때 안견(安堅)이 그린 것을 모방하여 산수도(山水圖)를 그렸는데 극히 오묘하였다. 또 포도(葡萄)를 그렸는데 모두 세상에 비할 만한 것이 없었다. 병풍과 족자에 그린 것도 세상에 성대하게 전한다.[1]

아들 이이는 긴 행장을 지어 그의 삶을 기렸는데[2] 특히 친정에 대한 효심을 거듭 칭송하였다. 신씨의 친정은 강릉의 북평의 오죽헌으로, 이이도 여기서 태어났다. 북평은 북촌(北村)이라고도 한다. 신씨는 이곳에 살다가 한양의 덕수 이씨 집안으로 시집가면서 대관령을 오르내렸다. 고향 강릉이 내려다보이는 대관령에 서서 고향을 바라보면서 어머니를 그리워하였다. 그러한 마음을 담은 신씨의 작품은 장지연의 『대동시선』에 「대관령을 넘다가 친정을 바다보다(踰大關嶺望親庭)」로 실려 있다. 부모에 대한 그리움의 상징인 흰 구름 백운이 은자의 공간인 푸른 산과 대비를 이루는 것으로 시상을 종결한 것이 이 작품의 묘미다. 빙허각 이씨의 『청규박물지』에서 "율곡 모친 신씨의 별호는 사임당이니 화명(畫名)이 있어 세상 전하니"라 하면서 이 시를 소개하였다. 여성의 모범이 될 만한 작품으로 본 것이라 하겠다.[3]

「행장」에서 소개한 "밤마다 달을 보고 기도하여, 살아생전 다시 뵙기를." 이라는 구절도 부모에 대한 간절한 마음이 담겼는데 전편이 전하지 않아 아쉽다. 신씨의 작품 중 온전한 것으로는 「어머니를 그리워하며(思親)」가 널리 알려졌는데 장지연의 『대동시선』에도 실려 있다.

천 리 먼 고향은 만 겹 산에 막혀 있어	千里家山萬疊峰
돌아가고 싶은 마음은 늘 꿈속에 있다네.	歸心長在夢魂間[4]
한송정 곁에 두 개의 둥근 달이 오르고	寒松亭畔雙輪月
경포대 앞에는 한 줄기 바람이 분다네.	鏡浦臺前一陣風
갈매기는 매번 모래톱에 모였다 흩어지고	沙上白鷗恒聚散

1 李珥, 「先妣行狀」, 『栗谷全書』 권18.

2 任廉의 『蟾泉漫筆』에는 이 행장이 압축되어 있다.

3 "ᄌᆞ친이 학발노 님영의 게시니 몸이 당안을 향ᄒᆞᄂᆞᆫ 정이 홀노 가ᄂᆞᆫ도다 머리를 북촌으로 도로혀 ᄡᅢ로 ᄒᆞᆫ 번 ᄇᆞ라보니 ᄇᆡᆨ운이 ᄂᆞ라 ᄂᆞ리고 져믄 뫼희 프르엇도다"로 풀이되어 있다.

4 이 시는 2구가 압운이 되어 있지 않다. '間'이 아니라 '中'이 되어야 한다.

고깃배는 늘 파도 위를 이리저리 오간다네. 波頭漁艇每西東
그 언제 다시 강릉 가는 길을 밟고 가서 何時重踏臨瀛路
색동옷 입고 춤추며 곁에서 바느질할꼬? 綵舞斑衣膝下縫

한양의 시댁에서 친정을 그리워하여 지은 작품이다. 천 리 먼 고향이 첩첩 산에 막혀 있어 꿈길에서나 오간다고 하였다. 이어 친정집 근처 한송정(寒松亭)의 밝은 달과 경포대의 시원한 바람, 백사장의 물새와 동해의 고깃배 등을 추억하였다. 꿈길에서 친정에 다녀온 것을 이렇게 묘사한 다음, 홀로 계신 어머니에게 효를 다하지 못하는 딸의 안타까운 마음으로 시를 종결하였다. '채무반의(綵舞斑衣)'는 노래자(老萊子)가 일흔의 나이에 어린아이처럼 색동옷을 입고 춤을 추었다는 고사에서 온 말이다.

경포대는 『신증동국여지승람』 권44에 자세하다. "포구의 둘레가 20리다. 물이 깨끗하여 거울 같고 깊지도 얕지도 않아 겨우 사람의 어깨가 잠길 만하며, 사방과 복판이 꼭 같다. 또 서쪽 언덕에는 봉우리가 있고 봉우리 위에는 누대가 있고, 누대 곁에 선약을 만들던 돌절구가 있다. 포 동쪽 입구에 판교(板橋)가 있는데 강문교(江門橋)라 부른다. 다리 밖은 죽도(竹島)인데 섬 북쪽에는 5리나 되는 백사장이 있고 그 바깥은 만 리 넓은 창해다. 해돋이를 바로 바라볼 수 있어 가장 기이한 경치다. 또한 경호(鏡湖)라 하기도 하며 정자가 있다."라 하였다. 『동인시화』에 소개한 박신(朴信)과 기생 홍장(紅粧)의 사랑 이야기도 이곳을 배경으로 하고 있다.

경포대에는 오죽헌과 함께 심언광(沈彦光, 1487-1540)의 해운루(海雲樓)가 명성이 높았는데 지금은 사라졌다. 인근에 18세기 효령대군의 후손 이내번(李乃蕃)이 세운 선교장(仙橋莊)이 사랑받고 있다. 조인영(趙寅永)이 선교장의 활래정(活來亭)에 붙인 글에서 "영동에는 물이 많아 바다를 따라 호수가 여남은 곳이 있는데 경포호가 제일이다. 30리 경포호를 빙 둘러 구불구불 높다란 누정이 빼곡하게 바라다보인다. 산수는 천성에 알맞고 전원은 삶을 즐기기에 족하니 물을 기다리지 않아도 절로 한 구역을 이룬다. 여기에다 오죽헌, 해운루가 일컬어지는데 경포호에서 몇 리 떨어진 땅이다."라 한 바 있다.[5]

신씨의 친정 오죽헌은 경포대 안쪽에 있다. 오죽헌은 이이가 태어난 곳으로, 외손자 권처균(權處均)의 현손 권윤재(權允載)가 이곳을 중수하고 정호(鄭澔, 1648-1736)에게 글을 받아 걸었다.[6] 송병선(宋秉璿)에 따르면 마당에 수천 그루 오죽이 있어 오죽헌이라는 이름이 붙었고, 신씨가 이이를 회임한 방은 몽룡실(夢龍室)이라 현판이 붙어 있었다. 또 오죽헌의 글씨는 권상하(權尙夏)가 쓴 것이며 곁에 어제각(御製閣)이 있어 이이가 쓰던 작은 벼루가 소장되어 있는데 정조(正祖)의 글이 새겨져 있었다. 또 이이의 『격몽요결(擊蒙要訣)』 초고본이 있는데 여기에도 정조의 글을 이병모(李秉模, 1742-1806)가 쓴 것이 실려 있었다고 한다.[7]

그리고 한송정은 경포대 남쪽 강릉시 강동면 하시동리에 있던 정자다. 동쪽으로 바다에 임하고 소나무가 울창하여 명승으로 이름이 높았다. 『신증동국여지승람』에 따르면 정자 곁에 차샘[茶泉], 돌아궁이[石竈], 돌절구[石臼]가 있는데, 술랑선인(述郎仙人)들이 놀던 곳이라 한다. 또 「한송정곡(寒松亭曲)」을 비파 바닥에 써 둔 것이 파도를 타고 중국 강남 지방으로 떠밀려갔는데 그곳 사람들이 그 글의 뜻을 몰랐다. 고려 광종(光宗) 때 장진산(張晉山)이 강남에 사신으로 갔더니 강남 사람이 그 글 뜻을 묻기에 "달 밝은 한송정의 밤, 물결 고요한 경포의 가을, 슬피 울며 왔다가 가는, 믿음직한 백사장의 갈매기(月白寒松夜 波安鏡浦秋 哀鳴來又去 有信一沙鷗)"라고 풀이해 준 고사가 잘 알려져 있다.

신씨는 근대에 이르러서 더욱 각광을 받았고 또 그를 삶의 모델로 삼은 여

---

5 趙寅永, 「活來亭記」, 『雲石遺稿』 권10.

6 鄭澔, 「烏竹軒重修記」, 『丈巖集』 권24가 이 글이다.

7 宋秉璿, 「觀鏡浦臺烏竹軒記」, 『淵齋集』 권20.

성도 나타났다. 『중외일보』 1927년 2월 8일 자에 실려 있는 안왕거의 「열상규조」에 소개된 사신당(師申堂)이 그러한 여성이다. 사신당은 대구 문인 이삼만(李三萬)의 딸로 사임당을 숭모하여 사신당으로 호를 삼았다. 일찍 홀몸이 되었는데 남일우(南一祐)가 경상도 관찰사로 있을 때 어린 아들 대신 과거장에 들어가게 해달라고 진정을 올렸지만 규정에 어긋났기에 들어가지 못하고 바깥에서 대신 공령시(功令詩)를 지었다고 한다. 남일우가 1885년 경상도 관찰사로 있었던 것은 사실이지만 이삼만이나 사신당에 대한 기록은 다른 데서 확인되지 않으니, 사임당의 높은 명성에 기댄 허구일 수도 있다. 이와 유사한 사례로, 조선 역관과 명나라 여성 사이에 태어난 허경란(許景蘭)이 난설헌을 사모하여 소설헌(小雪軒)이라 하였다면서 그 문집 『소설헌집(少雪軒集)』이 만들어지고 난설헌의 문집을 합쳐 『난설소설헌집(蘭雪少雪軒集)』이 간행되기까지 하였다. 이 역시 안왕거의 솜씨로 추정된다.

22.
송도삼절 황진

황진이는 근래까지도 거듭 그의 삶이 영화로 만들어지고 심지어 그 이름을 연호하는 대중가요도 있다. 북한의 홍석중과 남한의 최인호가 나란히 『황진이』라는 소설을 내었고 근래에는 김탁환이 쓴 소설 『나 황진이』도 관심을 끌었다.

황진이는 옛 기록에 주로 황진(黃眞)으로 표기된다. 진이(眞伊) 또는 진랑(眞娘)이라고도 하는데 기명(妓名)은 명월(明月)이다. 황 진사(黃進士)의 서녀(庶女)라고도 하고 맹인의 딸이었다고도 하는데 중종 무렵 활동한 듯하다. 15세 때 기녀가 되었는데 시서(詩書)와 음률에 능통하여 당대 명사들과 교유하며 많은 일화를 남겼다. 지족선사(知足禪師), 벽계수(碧溪守), 양곡(陽谷) 소세양(蘇世讓, 1486-1562), 화담(花潭) 서경덕(徐敬德, 1489-1546) 등과의 사연이 유명하다. 박연폭포, 서경덕과 함께 송도삼절(松都三絶)로 불리기도 하였다.[1] 이런 인물이기에 황진이에 대한 기록은 무척 많다. 먼저 이덕형(李德泂, 1566-1645)의 『송도기이(松都記異)』에 실린 전기를 보기로 한다.

> 진이는 송도의 이름난 창기다. 그 어머니 현금(玄琴)이 꽤 자색이 아름다웠다. 나이 18세 때 병부교(兵部橋) 밑에서 빨래를 하고 있었다. 다리 위에 자태가 단아하

---

1 ‘송도삼절’은 許筠의 「惺翁識小錄」, 『惺所覆瓿藁』 권24에 처음 보인다.

고 의관이 화려한 사람 하나가 현금을 눈여겨보면서 혹은 웃기도 하고 가리키기도 하였다. 현금도 마음이 움직였지만 그 사람은 갑자기 보이지 않았다. 날이 이미 저녁때가 되어 빨래하던 여자들이 모두 흩어졌다. 그 사람이 갑자기 다리 위로 와서 기둥을 의지하고 길게 노래를 불렀다. 노래를 다 부르고 나서 물을 달라 하여 현금이 표주박에 물을 가득 떠서 주었다. 그 사람은 반쯤 마시더니 웃고 돌려주면서 "자네도 한 번 마셔 보아라."라 하였는데, 마시고 보니 술이었다. 현금은 놀라 기이하게 여기고 그와 함께 사랑을 나누어 드디어 진랑을 낳았다. 진이는 용모와 재주가 한때에 뛰어나고 노래도 절창이었다. 사람들은 그를 선녀라고 불렀다.

이덕형은 이어지는 글에서 황진이의 일화 몇 가지를 더 소개했다. 개성 유수(開城留守)로 온 풍류남아 송공(宋公)[2]이 황진의 아름다운 자태를 보고 머리를 묶지 않은 채 맨발로 뛰쳐나갔다고 하였다. 또 황진이가 평소 품행이 방정하였는데 시정의 잡배는 천금을 준다 해도 돌아다보지 않았으며 문인들과 함께 놀기를 즐기고 당시(唐詩) 읽는 것을 좋아했다고도 하였다. 황진의 생애를 가장 엄중하게 기술한 사람은 근대의 문인 김택영(金澤榮, 1850-1927)이다.

황진이라는 사람은 중종 때 황 진사의 서녀다. 모친 진현금(陳玄琴)이 병부교 아래에서 물을 마시고 감응하여 황진을 잉태하였다. 출산할 때 방안에 기이한 향기가 사흘 동안 풍겼다. 황진이 성장하자 자태가 빼어나고 글에도 능통하였다. 나이 열대여섯이 되었을 때 이웃에 한 서생이 있어 그녀를 보고 좋아하여 어찌해 보려고 하였지만 되지 않아 마침내 그 때문에 병이 생겨 죽었다. 상여가 나갈 때 황진의 문 앞에서 나아가려 하지 않았다. 이보다 앞서 이 서생이 병이 들었을 때 그 집안에서 사정을 좀 알았기에, 사람을 시켜 황진에게 간청해 그 저고리를 얻어 널을 덮은 다음에야 상여가 앞으로 나아갔다. 황진이 크게 마음이 움직여 이에 점차 기녀처

---

2 이덕형은 "宋礦이라고도 하고 宋純이라고도 하는데 어느 것이 옳은지 알 수가 없다."라고 하였는데 송순은 1548년 개성유수를 지냈지만 송렴이 개성유수를 지낸 이력은 확인되지 않는다.

럼 행동하게 되었다.

황진은 먼 곳으로 여행 가는 것을 좋아하고 시문이 맑고 빼어났다. 한때 누대와 산수의 비환(悲歡)과 성쇠(盛衰)를 만나면 붓을 들어 글을 지었는데 그 정황을 곡진하게 묘사하지 않음이 없었다. 일찍이 만월대(滿月臺)에 올라 옛일을 돌아보면서 시를 지었다.

쓸쓸한 낡은 절 대궐 도랑을 끼고 있는데	古寺蕭然傍御溝
지는 햇살에 교목이 사람을 시름겹게 하네.	夕陽喬木使人愁
안개와 노을은 노승의 꿈속에 차가운데	烟霞冷落殘僧夢
흐르는 세월은 부서진 탑 앞에 아득하네.	歲月崢嶸破塔頭
누런 봉황새 날아간 곳에는 참새만 날고	黃鳳羽歸飛鳥雀
붉은 진달래 핀 곳엔 소와 양이 풀을 뜯네.	杜鵑花發牧羊牛
그리워라, 송악의 번화하던 시절이여	神崧憶得繁華日
오늘에 봄날이 가을 같을 줄 어찌 알았으랴!	豈意如今春似秋

또 「초승달을 읊다(詠初月)」라는 시를 지었는데 이러하다.

누가 곤륜산의 옥을 깎아	誰斲崑山玉
직녀의 빗으로 만들었다가	裁成織女梳
견우가 한 번 가버린 후	牽牛一去後
시름겹게 창공에 던져 버렸나.	愁擲碧空虛

세상에서 다투어 전송하고 이계란(李季蘭)이나 설도(薛濤)의 무리에 비하곤 한다. 이 때문에 나라에서 명기(名妓)를 말할 때 먼저 황진을 든다. 황진이 죽을 무렵 그 집안사람에게 부탁하여 이렇게 말하였다.

"나는 천하 남자 때문에 자중하지 못하여 이렇게 되었으니, 내가 죽으면 수의(壽衣)와 관을 쓰지 말고 예전 동문 바깥 모래펄에 시신을 그냥 두시고, 개미와 여우, 삵이 내 살을 파먹어 천하 여자들로 하여금 황진을 경계로 삼게 해 주시기 바라나이다."

집안사람들이 그 말대로 하였다. 어떤 한 남자가 시신을 거두어 묻어 주었는데 지금의 장단(長湍) 구정현(口井峴) 남쪽에 황진의 묘가 있다. 황진의 시가 세상에 전하는 것이 4수인데 이렇게 2수를 기록한다.

외사씨(外史氏)는 말한다.

"황진의 일은 추해서 말할 만하지 못해도 음란한 상간(桑間)과 복상(濮上)의 음악이 있지 않던가? 상간과 복상의 음악은 『시경』에도 실려 있다. 봄날의 새와 가을날의 벌레가 천기(天機)에 따라 날고 우는 것처럼, 원망하기도 하고 비유하기도 하고 경계로 삼을 수도 있으니, 고인이 가르침을 베푼 한 가지 방도다. 이를 가지고 말하자면 이와 같은 부류는 기록할 만한 것이 못 되지만 그래도 이렇게 실어 놓았으니 하물며 황진처럼 맑은 시상과 빼어난 운치는 어떠하겠는가? 세상에 전하는 황진에 대한 다른 일들은 모두 허황하므로 기록하지 않는다.[3]

김택영은 「명원전(名媛傳)」에서 황진의 출생담을 압축하여 소개하고 2수의 시를 소개하였다. 황진을 당의 여도사 이계란과 명기 설도에 비유하였는데 이 두 사람은 중국 문학사에서 여성 시인으로 이름이 높으니, 황진을 조선 최고의 여성 시인으로 본 것이다. 김택영은 2수의 작품을 황진의 대표작으로 들었다.

첫 번째 작품은 「만월대에 올라 회고하다(登滿月臺懷古)」라는 제목으로 알려져 있다. 만월대는 고려의 대궐 건덕전(建德殿)이 있던 곳인데 인근에 광명사(廣明寺) 등의 사찰이 있었다. 이 절의 우물물을 대궐에서 식수로 사용하였다. 폐허가 된 만월대는 궁궐이 있던 자리라 교목(喬木)이 있어 비감을 더한다. 첫 구는 장지연의 『대동시선』 등에 "500년 종남산에 낡은 절이 남아 있어(五百終南餘古寺)"로 되어 있는데 여기서 종남산은 자남산(子男山)을 이른다. 늙은 중의 꿈속

3 金澤榮, 「名媛傳」, 『韶濩堂集』 권9.

에 만월대의 노을조차 스산하고 부서진 부도탑에서 무상한 세월에 강개하게 된다. 봉황새가 장식되어 있던 화려한 전각은 사라지고 참새만 날아다닌다. 군신이 조회하던 대궐의 뜰에는 진달래가 자라나고 풀을 뜯는 소와 양만 어슬렁거릴 뿐이다. 송악의 번화하던 시절을 생각해보면 화사한 봄날도 스산한 가을처럼 느껴진다고 하였다.

「초승달을 읊다」로 소개된 작품은 장지연의 『대동시선』에는 「반달을 읊다(詠半月)」로 되어 있고 3-4구가 "견우와 이별한 후에, 부질없이 푸른 허공에 던져두었나.(牽牛離別後 謾擲碧空虛)"로 되어 있다. 반달 혹은 초승달을 견우와 헤어진 후 단장할 일이 없는 직녀의 빗에 비유한 것이 이 작품의 묘미다. 빙허각 이씨의 『청규박물지』에서는 "진랑은 송도 명기니 서화담을 흠앙하고 박연폭포의 이름을 머물게 한 자"라 소개하고 이 시를 인용한 바 있다.[4]

그런데 이 작품은 작가가 누군지를 두고 논란이 있다. 옥봉(玉峯) 이씨(李氏)의 시를 수록한 『가림세고』의 부록에 "누가 곤륜산 옥을 캐어서, 교묘히 빗을 만들어 두었다가, 임과 이별하고 나서는, 시름 깊어 허공에 던져 버렸나.(誰採崑山玉 巧成一半梳 自從別離後 愁亂擲空虛)"로 실려 있어 옥봉의 작품으로 보기도 한다. 또 정문부(鄭文孚, 1565-1624)의 『농포집(農圃集)』에는 8세 때 지은 「초승달(初月)」로 실려 있다. "누가 곤륜산 옥을 깎고, 갈아서 직녀의 빗을 만들었다가, 견우와 이별한 후에, 시름겹게 푸른 하늘에 던져두었나.(誰斲崑山玉 磨成織女梳 牽牛離別後 愁擲碧空虛)"로 되어 있으니 다른 작품이라 할 수 없다. 신화적인 상상력은 아동의 시에 자주 보인다는 점에서 정문부의 작품일 수도 있다.

황진은 아름다운 자태와 뛰어난 시로 인해 후대 다양한 설화의 주인공이 되었거니와 그의 시도 후대 널리 전승되었다. 특히 양곡 소세양과의 일화가 흥

---

4 "뉘 곤산옥을 가져 직녀의 비슬 일웟ᄂᆞᆫ고 견우을 이별ᄒᆞᆫ 후이 ᄆᆞᆯ나 근심ᄒᆞ야 벽곡 허ᄒᆞᆫᄃᆡ 더졋도다"로 풀이되어 있다.

미롭다.

양곡 소세양이 젊어서 철석간장으로 자부하여, "여색에 유혹받으면 남자가 아니라." 매번 이렇게 말하곤 하였다. 송도의 창기 황진이 재색이 절세라는 말을 듣고 벗과 약조하여 말하였다.

"내가 이 여인과 30일 함께 자고 나면 바로 작별하고 끝을 볼 것이요, 한 점 미련을 갖지 않을 것일세. 이 기한을 넘기고 하루라도 더 머문다면, 너희들은 나를 사람이 아니라고 해도 좋네."

송도로 가서 황진을 만나보니 과연 이름난 여인이었다. 이에 함께 즐거움을 나누었다. 한 달을 기한으로 정하여 머문 다음, 다음날 작별을 고하려고 황진과 남루(南樓)에 올라 연회를 가졌다. 황진은 조금도 작별을 섭섭해하는 기색이 없이, "공과 헤어지는데 어찌 한마디 말이 없을 수 있겠소? 시원찮은 시구 하나 드려도 될는지요?" 이렇게 청하기만 하였다. 양곡이 허락하니 바로 율시 한 수를 올렸다.

달빛 비치는 뜨락 오동잎 다 지고	月下庭梧盡
서리 맞은 들국화 노랗게 피었네.	霜中野菊黃
누각은 높아 하늘까지 한 자 남짓	樓高天一尺
사람은 취하여 마신 술이 천 잔.	人醉酒千觴
유수곡이 거문고에 어울려 서늘한데	流水和琴冷
매화곡은 피리에 들어 향긋하네요.	梅花入笛香
내일 아침에 이별하고 나더라도	明朝相別後
정은 푸른 물결처럼 길이 남겠지요.	情與碧波長

양곡이 읊조리고 탄식하여 "나는 아마 사람이 아닌 모양이다."라고 하고 이 때문에 다시 더 머물렀다.[5]

5　任埅, 『水村漫錄』(『詩話叢林』 소재).

황진이 소세양에게 준 시는 임방(任埅, 1640-1724)의 『수촌만록(水村漫錄)』에 소개되어 있다. 달빛 비치는 마당, 오동잎 지고 들국화가 핀 것을 배경으로 하여 높다란 누각에서 두 사람이 술을 마신다. 백아(伯牙)가 연주하고 벗 종자기(鍾子期)가 이를 듣고 그 뜻을 알아주었다는 금곡(琴曲) 유수곡(流水曲)을 황진이 연주하고, 소세양은 피리로 부는 횡취곡(橫吹曲)의 하나인 매화락(梅花落)을 연주한다. 이런 아름다운 만남을 마치고 헤어지게 되면 그 아쉬움이 강물처럼 길어질 것이라 하였다.

황진의 작품 중에 「박연을 읊조리다(詠朴淵)」도 명편으로 널리 알려져 있다.

황진이 문사들과 박연에 놀러가서 운자를 부르고 시를 지었는데 황진이 먼저 시를 불렀다.

한 줄기 긴 개울이 계곡을 뿜고 나와	一派長川噴壑礱
백 길 깊은 용소에서 물이 콸콸 울리네.	龍湫百仞水潨潨
나는 샘물은 은하수 거꾸로 엎어 쏟아낸 듯	飛泉倒瀉疑銀漢
성난 폭포는 흰 무지개가 옆으로 드리운 듯.	怒瀑橫垂宛白虹
우박과 천둥이 마구 치듯 골짜기에 가득하고	雹亂霆馳彌洞府
진주와 옥구슬 부서진 듯 하늘까지 솟구치네.	珠舂玉碎徹晴空
구경 온 사람들아 중국 여산이 더 낫다 마소,	遊人莫道廬山勝
천마산이 해동의 으뜸임을 꼭 알아야 하리니.	須識天磨冠海東

시어가 극히 맑고 굳세어 화장하는 여인이 미칠 바가 아니다.[6]

6 洪萬鍾, 『詩評補遺』. 안대회의 『시평보유--못다 한 조선의 시 이야기』(성균관대학교출판부, 2019)를 참조하였다.

남용익의 『기아』, 장지연의 『대동시선』 등 역대 시선집에도 두루 뽑힌 수작이다. 개성 천마산(天磨山)과 성거산(聖居山) 사이의 험준한 골짜기로 흘러내리는 물이 선바위에 부딪쳐 돌면서 박연(朴淵)에 모였다가 바위벽으로 떨어지면서 박연폭포가 된다. 폭포 아래에는 폭포수에 의하여 패인 고모담(姑母潭)이 있다. 박 진사(朴進士)라는 사람이 이 못 옆에서 피리를 부니 용녀(龍女)가 감동하여 남편으로 삼았다고 해서 박생연(朴生淵) 혹은 박연으로 부르게 되었다는 전설이 『신증동국여지승람』에 전한다. 폭포를 노래한 한시는 당 이백의 「여산폭포를 바라보며(望廬山瀑布)」 "날아 바로 떨어지는 물줄기 삼천 척이나 되니, 아마도 하늘에서 은하수가 쏟아진 게 아닐까.(飛流直下三千尺 疑是銀河落九天)"가 가장 널리 알려져 있다. 중국의 여산폭포에 부족할 것이 없는 곳이 바로 이 박연폭포다. 황진의 시는 이 점을 부각하였다.

황진의 일화는 후대 다양한 문헌에 나타나는데 이덕무의 『청비록』에 기록된 것도 눈길을 끈다.

> 우리 조선에 송도의 기녀 황진은 자태가 곱고 시에 빼어나서 스스로 화담 서경덕 선생, 박연폭포와 자신이 송도삼절이라 하였다. 한번은 황혼에 비를 피해 선비의 집에 들어갔다. 너울거리는 등불 아래 그 요염한 자태를 본 선비는 마음으로 귀신이나 여우일 것이라 여기고 단정히 앉아 『옥추경(玉樞經)』을 외어 입에서 끊어지지 않게 하였다. 황진은 곁눈질로 보고 몰래 웃었다. 새벽닭이 울고 비가 그치자 황진은 선비를 보고 놀렸다.
>
> "당신도 귀가 있으니, 천지 사이에 명기 황진이 있다는 말은 들었지요? 바로 내가 그 사람인데요."
>
> 그러고는 옷깃을 뿌리치고 일어났다. 선비는 후회하였지만 소용이 없었다. 황진이 송도에서 시를 지었는데 이러하다.

눈빛과 달빛은 전조의 모습이요	雪月前朝色

찬 종소리는 망국의 소리인 듯. 寒鐘故國聲
남루에 시름겹게 홀로 서 있으니 南樓愁獨立
성곽에 저녁 안개가 피어오르네. 城郭暮烟生

어떤 이는 "이는 초루(艸樓) 권협(權韐)의 시다."라 한다.[7]

송도삼절이 황진의 입에서 나온 것이라 하고 송도에서 지은 시를 소개하였는데, 후대 대부분의 문헌에는 권협(1562-?)의 시로 되어 있다. 권협은 권벽(權擘)의 아들이고 권필(權韠)의 형으로, 이 집안의 문학적 성취가 대단하였다. 권협이 황진의 시를 자신의 것이라 자랑하였을 리는 없으므로, 권협의 시가 명성을 얻은 황진의 시로 둔갑한 것으로 보아야 하겠다.

7 李德懋, 「清脾錄」, 『青莊館全書』 권33.

23.
종실 숙천령의 처

조선은 문학을 숭상하였기에 위로 임금 중에 시에 능한 사람이 많았다. 성종과 연산군, 숙종, 영조, 정조, 순조 등은 상당히 많은 양의 시를 남겼고 조선 후기에는 일반 문인처럼 개인의 문집을 남겼다. 또 안평대군(安平大君), 월산대군(月山大君) 등 왕자들도 발군의 시인이었고 부림군(富林君), 주계군(朱溪君), 무풍정(茂豐正), 명양정(鳴陽正) 등도 뛰어난 시인으로 평가된다. 여기에 더하여 종실의 여성 중에도 시에 능한 사람이 있었다. 숙천령(肅川令)의 처가 그러하였다.

종실 숙천령의 아내는 재주가 있어 시를 잘하였다. 인종(仁宗)이 승하하고 명종(明宗)이 즉위하여 산릉(山陵)에 거둥할 때 구경하고 시를 지었다.

하늘에 해와 달이 새롭건만　　天中新日月
가마 아래엔 예전의 신민이라.　　輦下舊臣民
성 서쪽 길에 눈물을 뿌리니　　淚灑城西路
누가 나의 참 마음 알아주랴?　　誰知我意眞

그의 아들 이인조(李仁祚)는 무반에 종사하여 관직이 3품에 이르렀는데 또한 시로 명성을 날렸다. 어찌 같은 종실의 남은 절조 때문이 아니겠는가?[1]

이 글의 숙천령은 숙천부령(肅川副令) 이기(李琦)로 추정된다. 세종의 아들 담양군(潭陽君) 이거(李璖, 1439-1450)의 손자요 예안군(禮安君) 이헌(李軒)의 아들이지만 세계(世系)가 잊힌 듯 행적이 분명하지 않다. 『선조실록』(1581년 3월 28일)에 도총부도사(都摠府都事) 이인조를 파직하라는 기사가 보이므로 이인조의 아버지 숙천령과 그의 아내는 16세기 중반 활동한 것으로 보면 될 듯하다.

인종은 즉위한 지 9개월 만인 1545년 7월 1일 작고하였고 석 달 뒤인 10월 12일 영가(靈駕)가 산릉으로 떠났다. 인종의 능은 경기도 고양시 덕양구 원당동에 있는데 효릉(孝陵)이라 한다. 숙천령의 처가 이때의 행렬을 구경하고 이 시를 지었다.

인종의 재위가 불과 9개월이었기에 임금이 바뀌었지만 신하나 백성은 그대로라 한 것이다. 31세의 젊은 나이에 서거한 인종을 애도하였다는 점에서 인종을 위한 만사(輓詞)라 하겠다. 이 시를 기록한 곽열(郭說, 1548-1630)은 바로 이때 활동한 문인이니 사실에 가깝다고 하겠다.

그런데 이수광의 『지봉유설』에는 이 시의 1구와 2구를 들고 선조 초년의 거둥을 보고 지은 작품이라 하였는데 그렇다면 1567년 서거한 명종의 죽음을 애도한 것으로 보아야 하겠지만, 곽열의 착각이라 보기는 어려울 것이다.

이수광은 숙천령의 처가 젊은 시절 비를 읊조린 "백옥 새끼줄이 처마에 곧게 이어지는데, 은빛 요령이 땅에 둥글게 떨어지네.(玉索連簷直 銀鈴落地圓)"라는 구절도 소개하였다. 백옥으로 꼰 새끼 같은 빗줄기가 땅에 떨어져 둥근 은빛 요령처럼 동그랗게 낙숫물이 떨어지는 광경을 표현한 솜씨가 대단하다.

편자가 밝혀져 있지 않지만 18세기 중후반 편찬된 것으로 추정되는 『좌계부담(左溪裒譚)』에도 숙천령 처의 시가 소개되어 있는데 배경이 또 다르다.[2]

---

1 郭說, 「詩話」, 『西浦集』 권7.

2 『左溪裒談』은 조정윤, 「좌계부담 연구 - 저자 문제와 이본 검토를 중심으로」(『한문학논집』 35, 2012)에서 자세히 다룬 바 있다.

숙천령의 처는 성씨가 무엇인지 알 수 없는데 총명함이 발군이었다. 누가 보지 않아도 읽고 외는 데 근실하고 공부 과정을 번거롭게 두지 않아도 글을 잘 지었다. 선조가 즉위한 후에 중국 칙사를 맞는데 숙천령의 처가 홀로 눈물을 흘리며 구경하다가 시를 지어 "하늘에 해와 달이 새로운데, 가마 아래 예전의 신민이라.(天中新日月 輦下舊臣民)"라 하였다. 또 빗속에서 지은 시에서 "백옥 새끼줄이 처마에 곧게 이어지는데, 은빛 요령이 땅에 둥글게 떨어지네.(玉索連簷直 銀鈴落地圓)"라 하였다. 중국 사신의 귀에까지 들어갔는데 사신이 한참 읊조리고는 "제법 규수의 멋이 있소. 정(婷)이 지은 것보다 크게 낫소."라 하였다. 정은 월산대군의 이름인데 중국 사신이 여자로 착각한 것이다.[3]

1567년 명종이 서거하자 명에서 태감(太監) 장조(張朝)와 행인(行人) 구희직(歐希稷)을 보내 제문과 시호를 주었고 태감 요신(姚臣)과 이경(李慶)를 보내어 선조를 왕에 봉하는 고명(誥命)과 칙명(勅命)을 내렸다. 여기서는 이때 선조가 중국 사신을 맞는 것을 보고 숙천령의 처가 시를 지었다고 풀이하였으니 명종의 죽음을 배경으로 본 것이다. 그리고 비가 내리는 것을 보고 백옥 같은 새끼줄이 처마에서 드리운 듯하고 은빛 요령이 둥글게 땅에 떨어진다는 구절을 소개하고는 중국 사신이 월산대군의 작품보다 낫다고 한 평을 붙였다. 전겸익이 『열조시집』에서 월산대군의 시를 실었는데, 그 이름 '정'만 보고서 여성이라 자세히 고증한 바 있지만 모두 착각이었다.

숙천령의 처가 지은 시는 이 작품 외에 몇 편이 더 회자되었다. 홍만종은 『소화시평』에서 이 여성이 지은 「얼음 항아리를 읊다(詠冰壺)」를 소개하였다.

맛난 술 채워 상 위에 두면 가장 좋은데	最合床頭盛美酒
굳이 작은 시냇가로 옮겨 둘 것 있겠는가?	如何移置小溪邊

3 편자 미상, 『左溪裒譚』(국립중앙도서관 소장).

맑은 날에도 꽃밭에 소나기를 뿌릴 듯하니　　花間白日能飛雨
호리병 속에 별천지 있음을 이제야 알겠네.　　始信壺中別有天

이 작품은 장지연의 『대동시선』에도 실려 있는데 숙천령 처의 당호가 빙호당(氷壺堂)이라 하였다. 이 시에서 '빙호'를 노래하였기에 빙호당을 숙천령 처의 당호로 본 듯하지만 근거가 있는 것 같지는 않다.

빙호는 얼음을 담은 항아리로, 옥호빙(玉壺氷)이라고도 한다. 가을의 맑은 달빛을 더하여 빙호추월(氷壺秋月)이라고도 한다. 고결한 인품을 형용한다. 마지막 구절은 호중천(壺中天)의 고사를 끌어들인 것이기도 하다. 시장에서 약을 파는 노인이 호리병 하나를 걸어 놓았다가 시장이 파하면 그 안으로 들어가는 것을 본 비장방(費長房)이, 다음날 노인과 함께 병 안으로 들어가니 장엄한 옥당(玉堂)에 맛난 술과 안주가 가득 놓여 이를 실컷 먹고 나왔다고 한다. 얼음을 채운 항아리에 술을 담아 정원의 꽃밭에서 마시노라면 그것이 바로 별천지라 소나기가 내린 듯 절로 시원해진다고 하였다. 빙허각 이씨의 『청규박물지』에서 『지봉유설』을 인용하여 앞서 비를 두고 읊은 두 구절을 소개한 후 다시 「빙호를 읊은 시」로 이 작품을 소개하였다.[4]

4　앞서 소개한 비를 두고 지은 구절은 "오 노흔 쳠ᄒᆞ를 년ᄒᆞ야 고닷고 은 방울은 ᄡᅵᄒᆡ ᄡᅥ러져 둥그럿도다"로 풀이되어 있다. 원문은 "玉索連天直"으로 잘못 표기하였지만 번역은 바르게 되어 있다. 또 빙호를 읊은 시는 "상 머리의 합을 ᄌᆡ촉ᄒᆞ야 아람다온 술을 담앗거ᄂᆞᆯ 엇디ᄒᆞ야 옴겨 시ᄂᆡ가의 두엇ᄂᆞᆫ고 ᄭᅩᆺ ᄉᆞ이 흰 날의 능히 비가 ᄂᆞ니 비로소 병 가운ᄃᆡ 각별ᄒᆞᆫ 하ᄂᆞᆯ이 잇ᄃᆞ ᄒᆞ미 밋부도다"로 번역되어 있다. 첫 구의 번역이 어색하다. '最'를 '催'로 본 듯하다.

24. 유희춘과 덕봉 송씨

조선시대 부부 생활이 어떠하였는지 궁금하다. 이 궁금증을 상당 정도 해소해 주는 자료가 『미암일기(眉巖日記)』다. 이 책에는 유희춘(柳希春, 1513-1577)과 그의 아내 송씨(宋氏, 1521-1578)의 부부 생활이 비교적 소상하게 담겨 있다. 유희춘은 본관이 선산(善山)인데 해남(海南)에서 태어났다. 문과에 급제한 후 홍문관 수찬과 교리, 승지 등을 지내고 관찰사, 대사헌, 대사간, 참판 등을 지냈으니 관운이 그리 나쁘지 않았다. 물론 대부분 관리가 그러하듯 당쟁의 소용돌이에서 유배도 몇 차례 갔다.

유희춘은 1536년 24세 늦은 나이에 16세 송씨와 혼인하였다. 송씨는 본관이 홍주(洪州)로 송준(宋駿, 1564-1643)의 딸이며 해남 사람이다. 이름은 종개(鍾介)고 자는 성중(成仲)이며 덕봉(德峰)은 그의 호다. 여성 중에 이름과 자와 호가 모두 알려진 인물은 송씨가 유일한 듯하다. 유희춘은 외조부가 『표해록(漂海錄)』의 저자로 널리 알려진 최부(崔溥)인데 그의 집이 해남에 있어 그곳에서 태어나 자랐고 그 인연으로 송씨와 혼인을 맺은 것이다.

유희춘의 본가는 담양(潭陽)의 덕봉인데 이곳에서 부부가 살림을 시작하였다. 송씨의 호 덕봉이 여기서 나온 것이다. 이들 부부는 대체로 떨어지지 않고 함께 살았다. 그러나 유희춘이 1547년 양재역(良才驛) 벽서 사건에 연루되어 제주도에 유배되었다가 함경도 종성(鍾城)에 위리안치되면서 한참을 헤어져 살아야 하였다. 송씨는 시어머니의 삼년상을 치른 뒤 홀로 남편을 찾아갔다. 장지연의 『대동시선』 등 후대 시선집에는 「종성으로 가던 도중에(鍾城行道中)」, 혹은 「미암 공자를 따라 종성 적소에서(從眉庵公子鍾城謫所)」 등으로 실려 있는 작품이 이때의 것이다.

> 미암이 을사사화에 연좌되어 정언(正言)으로 종성에 유배되었다. 부인이 홀로 만 리 길을 가서 종성에서 미암을 좇았다. 마천령(摩天嶺)을 지날 때 시를 지었다.

걷고 또 걸어 마침내 마천령 다다르니	行行遂至摩天嶺
끝없는 동해바다 거울처럼 평평하구나.	東海無涯鏡面平
여인네가 만 리 길을 무슨 일로 왔는가?	萬里婦人何事到
삼종지도 중하고 이 한 몸 가벼워서라네.	三從義重一身輕[1]

담양에서 수천 리 걸어서 종성으로 가는 길의 마지막 높은 관문인 마천령에 올랐다. 마천령은 마천령(磨天嶺)으로도 적는데 함경남도 단천에서 함경북도로 넘어가는 높은 고개다. 삼종의(三從義)는 여인이 지켜야 할 도리로, 결혼 전에는 아버지를, 결혼 후에는 남편을, 남편이 죽은 뒤에는 아들을 따른다는 삼종지도를 가리킨다. 부인의 몸으로 머나먼 종성까지 간 것은 삼종지도를 위한 것이므로 일신의 수고로움은 별것이 아니라 하였다. 이를 두고 김시양(金時讓)은 『부계기문(涪溪記聞)』에서 "성정의 바름을 얻었다"라 고평하였다.[2] 후대 여러 시화집이나 야사집에서 이 작품이 인용된 이유가 여기에 있다. 또 『동시화(東詩話)』에서 하겸진(河謙鎭)은 송씨가 현숙하면서 문장을 잘 써서 난설헌 허씨

---

1 편자 미상, 『左海詩藪』(와세다대학교 소장).

2 金時讓, 『涪溪記聞』 권8(『大東野乘』 소재).

나 옥봉 이씨의 재주가 승한 것과 다르다고 칭찬하였다. 장지연의 『일사유사』에는 이들 부부의 시를 엮어 다정한 삶을 이렇게 소개하였다.

> 미암 유희춘의 부인 송씨는 신평(新平)의 현감 송준의 딸인데 문장에 능하고 시도 뛰어났다. 「새로 지은 집이 좋아서(喜新舍)」는 이러하다.
>
> 하느님은 삼신산 같은 장수를 보내 주시고　　天公爲送三山壽
> 까치는 백세의 영화 누리라고 울어 주소.　　靈鵲來通百世榮
> 드넓은 좋은 논밭은 이내 소원 아니오니　　萬頃良田非我願
> 원앙새처럼 오순도순 평생 화락하게 살기를.　　鴛鴦和樂過平生
>
> 미암이 전라 감사로 있을 때 부인이 시로 편지를 보내었다.
>
> 월 땅의 여인이 한 번 웃자 삼 년을 머물렀다니　　越女一笑三年留
> 당신이 그만두고 오는 것이 쉬운 일이겠나요?　　君之辭歸豈易乎
>
> 공이 답하였다.
>
> 월녀가 한 번 웃으면 삼 년을 머물렀다고　　越女一笑三年留
> 창려가 방자한 유사명을 이리 풍자하였지요.　　昌黎曾刺放心劉
> 평생 정자와 주자의 문호에 들기 원하였는데　　平生願入程朱戶
> 동문으로 잘못 머리 돌릴 일 어찌 있겠소?　　肯向東門錯轉頭
>
> 또 대전(大殿)의 탄신일을 맞아 술을 하사받았는데 부인이 공에게 시를 주었다.
>
> 눈 속이라 막걸리도 구하기 어려운데　　雪中白酒猶難得
> 어찌 다행히 황봉주가 대궐에서 왔을까?　　何幸黃封殿上來

한 잔 혼자 따라 마시니 홍조가 만면하니 自酌一盃紅滿面
당신과 태평세월 돌아온 것 하례합니다. 與君相賀太平廻[3]

「새로 지은 집이 좋아서」는 장지연의 『대동시선』에도 실려 있다. 이들 부부가 혼인한 후 담양의 덕봉에 살면서 새로 지은 집에 붙인 작품이다. 조선 전기 일상의 역사를 살피는 데 귀중한 사료로 평가되는 『미암일기』(권6)의 1571년 5월 11일의 기사에 이렇게 싣고 있지만 따로 시를 편집한 곳(권11)에는 제목이 「단오에 오씨 언니와 새집에 모여(端午與吳姊會新舍)」로 실려 있다. 또 "땅이 비어 푸른 산이 멀고, 처마가 높아 여름날이 시원하네. 남쪽 회랑에 까치가 집을 지으니, 자손 창성할 것을 응당 알려주겠지.(地曠靑山遠 簷高夏日凉 南廊成鵲室 應報子孫昌)"라는 작품이 먼저 실려 있다. 이어지는 이 시는 "하느님은 삼신산 같은 장수를 보내 주시고 땅의 신이 백세의 영화를 다투어 보내리니, 곳간과 창고가 가득한 것 내 원하는 바 아니요, 원앙새 화락함이 이내 일편단심이라오.(天公爲送三山壽 地祇爭輸百世榮 滿廩盈倉非我願 鴛鴦和樂乃丹誠)"라 하여 조금 다르다.

두 번째 작품은 『미암일기』에 1571년 9월 19일의 일로 실려 있다. 당 한유의 「유생의 시(劉生詩)」에서 "월나라 여자가 한 번 웃으면 3년 동안 붙들린다.(越女一笑三年留)"라 하였는데 유사명(劉師命)이 월(越) 땅의 미녀에게 빠져 3년간 지체하였던 것을 풍자한 것이다. 송씨는 이 구절을 끌어들여 남편이 혹 여색에 빠질까 경계하였다. 이에 유희춘은 자신이 정자(程子)와 주자(朱子)를 배우는 학자로서 그렇지 않을 것이라 답한 것이다. 『시경』의 「출기동문(出其東門)」에 "도성 문을 나서보니, 여자들이 삘기처럼 곱네.(出其闉闍 有女如荼)"라 한 구절을 끌

3 장지연, 『일사유사』 권6. 원문에 오류가 있는데 『眉巖日記』와 『眉巖集』을 바탕으로 하여 수정하여 옮겼다.

어들여 기생이 있는 동문으로는 가지 않을 것이라 다짐하였다.

세 번째 작품은 『미암일기』의 1572년 11월 11일의 기사에 보인다. 유희춘이 동지성균관사(同知成均館事)로 있을 때 대비전(大妃殿)의 생신을 맞아 입궐하여 하례를 마친 후 하사한 술을 들고 집으로 돌아왔다. 성균관에서 밥과 과일, 술도 집으로 보내주었는데 송씨는 그중에서 특히 배를 맛나게 먹었다. 그 기쁨에 송씨가 먼저 이렇게 시를 지었다. 황봉(黃封)은 황봉주로 관아에서 담아 황색 비단이나 종이로 봉한 술을 이른다.

『미암일기』에 이러한 사연을 자세히 적고 아내 송씨의 시까지 인용하였다. 그래서 송씨의 시가 후세에 전해질 수 있었거니와, 조선 전기 부부 생활의 단면을 보게 하였고 특히 부부 생활에서 문학이 어떠한 역할을 하였는지도 구체적으로 보여 주었다. 양반가 여성에게 한시가 생활의 일부였음도 함께 확인할 수 있다.

유희춘과 송씨가 시를 주고받은 이야기는 조선 후기에 유통된 듯하다. 다음 일화는 이들 부부 이야기의 변형이라 할 만하다.

> 한 여자가 시에 능하였는데 그 남편이 숙직하려 대궐에 갔을 때 여자가 절구 한 수를 지어 밥상에 매어서 보내었다. 그 시는 이러하다.

바람에 휘장이 펄럭이고 달은 구름에 숨었는데	風動羅帷月隱雲
눈보라가 창을 치는 소리 이불 속에서 듣는다오.	打窓飛雪擁衾聞
이렇게 기나긴 이 밤을 어찌해야 하나요,	如何若此漫漫夜
마음에 오가는 것은 그저 당신뿐인 것을.	來往心頭只是君[4]

4 洪萬鍾, 『詩評補遺』. 안대회의 『시평보유-못다 한 조선의 시 이야기』(성균관대학교출판부, 2019)를 참조하였다.

홍만종의 『시평보유』에 실려 있으니 17세기 말에 회자되던 이야기라 하겠다. 이어 소개한 작품은 대궐로 숙직하러 간 남편에게 밥상에 매달아 보낸 것이라는 설정이 재미있다. 북풍한설이 몰아치는 겨울 이불을 덮어쓴 채 남편을 그리워하는 여인의 마음이 읽힌다.

『미암일기』에 따르면 1569년 9월 1일 승지로 있던 유희춘은 모주(母酒) 한 동이를 집에 보내면서 아내에게 "눈 내려 바람이 한기를 더하는데, 찬 방에 있을 당신이 그립구려. 이 술 비록 품질이 좋지 않아도, 이 또한 찬 속을 족히 데우겠지요.(雪下風增冷 思君坐冷房 此醪雖品下 亦足煖寒腸)"라는 시를 보내었고, 이에 9월 13일 송씨가 감사의 뜻으로 "국화잎에 눈이 날리지만, 은대의 방은 따스하겠구려. 찬 방에서 데운 술을 받아, 배를 채우니 감사하다오.(菊葉雖飛雪 銀臺有煖房 寒堂溫酒受 多謝感充腸)"라는 시를 보내었다. 은근한 부부의 정을 읽을 수 있다. 유희춘 부부의 근엄함이 거세되면 위와 같은 작품으로 재생산될 수 있을 듯하다.

25.
금가가 부른 이별가와 그 변종

조선에서 기녀를 제외하고 천민 신분으로 시를 남긴 여성 중에서 권붕(權鵬)의 여종 금가(琴哥)의 명성이 가장 높다. 노비 신분이지만 집안 대소사를 맡아 하던 노호(奴戶)는 한문 구사 능력이 있었겠지만, 여종의 경우 어떻게 한문을 배우고 시를 짓게 되었는지 신기하다. 타고난 영특함을 바탕으로 양반 자제 틈에 시중을 들면서 어깨너머로 글을 배웠을 것이다. 허균의 『학산초담』에 그의 시가 처음으로 소개되었다.

> 유자 권붕의 여종은 이름이 금가인데 또한 글을 알아 이렇게 시를 지었다.
>
> | | |
> |---|---|
> | 장흥동에서 처음 잡은 손을 놓고서 | 長興洞裏初分手 |
> | 승학교에서 남몰래 애가 끊어졌지요. | 乘鶴橋邊暗斷魂 |
> | 해 질 무렵 고운 풀밭에서 이별한 후 | 芳草夕陽離別後 |
> | 꽃 지는 어디선들 임 생각 안 하겠나요. | 落花何處不思君[1] |

권붕(1537-?)은 문과에 급제하여 호조좌랑을 지냈는데 뚜렷한 저술을 내지

1 許筠, 『鶴山樵談』(『惺所覆瓿藁』 권26 부록, 한국고전번역원 db).

는 못하였지만 오히려 그 집안의 여종이 남긴 이 작품으로 인해 후세에 이름을 남겼다. 이 시에 보이는 장흥동(長興洞)은 지금의 양주시 장흥면으로 일영계곡과 송추계곡의 아름다움이 잘 알려져 있다. 그리고 승학교(乘鶴橋)는 양주시청 서쪽에 있던 다리다.[2] 장흥동에서 이별하고 승학교에 이르니 남몰래 애간장이 끊어진다. 아름다운 봄날 이별한지라 꽃이 지는 것을 보면 절로 사랑하는 사람이 그리워진다고 하였다.

그런데 이 작품은 문헌에 따라 표현이 조금씩 다르고 작가도 다르다. 정태제(鄭泰齊, 1612-1669)의 『국당배어(菊堂俳語)』에 거의 같은 시가 실려 있다.[3] "경성에 한 상민 딸이 있어 시에 능한데 누구에게서 배웠는지는 알 수 없지만 대개 천부적인 자질이 있었던 듯하다."라는 설명을 앞에 붙이고 낭군에게 준 시[贈郞詩]로 "장흥동에서 처음 만났는데, 승학교 곁에 다시 애가 끊어지네요. 고운 풀 지는 꽃 봄이 가버린 후에, 타향 어딘들 당신 그립지 않겠나요?(長興洞裏初相見 乘鶴橋邊更斷魂 芳草落花春去後 異鄕何處不思君)"를 소개하였다. 장흥동에서 처음 만났다가 승학교에서 헤어졌기에 봄이 간 후 타향에서 남편을 늘 그리워할 것이라 하여 시의 내용은 조금 다르다.

정태제는 이 평민 여성의 시를 소개한 후 "잘못하여 양주의 농부에게 시집갔는데, 나이와 외모가 이미 망가졌으니 박복함이 가련하다. 송 황정견(黃庭堅)의 「수선화(水仙花)」 시에서 '애석하게 국향을 하늘이 돌보지 않아, 인연 따라 백성의 집에 시들게 하였네(可惜國香天不管 隨緣流落小民家)'라 한 것이 이를 이름

---

2 승학교는 뒤편의 불곡산에 학이 많이 살아 이름이 붙은 것이지만, 揚州乘鶴의 뜻도 은근하게 담은 이름이다. 사람들이 모여서 각기 소원을 말하는데 한 사람은 揚州刺史가 되기를 원하고, 한 사람은 재물이 많기를 원하고, 한 사람은 학을 타고 하늘에 오르기를 원하였는데, 마지막 한 사람은 이를 겸하여 허리에 10만 관의 금을 차고는 학을 타고서 양주 상공을 날기를 원하였다는 고사가 있다.

3 鄭泰齊, 『菊堂俳語』(국립중앙도서관 소장). 「贈人詩」 "落葉風前語 殘花雨後啼 相思今夜夢 月白少樓西"를 먼저 소개하였는데 東陽尉 申翊聖의 여종이 지은 시와 거의 같다. 이에 대해서는 뒤에서 다시 다룬다.

이다."라 하였다. 아름다운 수선화가 하찮은 백성의 집에 피었다 지는 것에 비하였는데, 하층 여성의 재주를 이렇게 비유한 것이 묘미가 있다.

장지연의 『대동시선』에는 '양주(楊州) 전부(田婦)'의 「어떤 사람에게 주다(贈人)」로 뽑고 금가의 작품이라고도 한다고 하였다. 시가 정태제의 『국당배어』에 실린 것과 동일하고 시를 지은 여성이 양주 농부의 아내라 하였으므로 이 버전이 가장 널리 유통된 듯하다. 미천한 신분의 여성이 지은 시가 사람의 입을 통해 전승되었기에 이러한 변이가 생긴 것이다.

이능화의 『조선해어화사』에도 비슷한 시가 소개되어 있는데,[4] 도화(桃花)의 「삼군시(三君詩)」로 되어 있다. 비슷한 시가 다른 사람의 이름으로 거듭 회자된 데서 이 이별가가 오랜 기간 사람의 심금을 울렸다고 하겠다.

낙동강 강가에서 그대를 처음 만났고	洛東江上初逢君
보제원 역원에서 그대와 다시 헤어졌지.	普濟院裏更別君
땅 가득 복사꽃 붉은빛 흔적도 없는데	桃花滿地紅無跡
밝은 달 어느 때인들 당신 그립지 않으랴.	明月何時不憶君

영남의 낙동강에서 만났다가 동대문 밖 보제원(普濟院)에서 헤어졌다고 하였으니 긴 여정을 함께 한 듯하다. 붉은 복사꽃이 떨어진 것은 기녀 도화가 버림을 받았다는 뜻일 것이다. 배경이 낙동강과 보제원으로 바뀌었지만 그 뜻과 표현은 앞에서 본 것과 다르지 않다. 이규용(李圭瑢)의 『증보해동시선(增補海東詩選)』에도 도화의 작품으로 동일하게 수록하였는데[5] 제목이 「울면서 북헌과 헤

4 이능화, 『조선해어화사』(한남서림, 1925).

5 이 책은 1919년 匯東書館에서 처음 간행하였다. 崔永年의 발문에 따르면 이규용과 韓晩容이 2,300여 수의 시를 수집하여 편찬한 것이라 한다. 여기에는 여성의 한시가 상당한 비중으로 선발되어 있다. 이 책에 羅萬年妻, 嚴瓘夫妻, 女史陰松, 洪蕙史, 女史鳳仙, 香史 외에 기녀 一朵紅, 玉蘭, 蘭香, 小蘭香, 玉丹, 羞花, 香娘, 眞玉, 小紅, 梅鶴, 史鳳姬, 竹香, 楚玉, 蓮喜, 여승 淡桃, 慧定

어지다(泣別北軒)」로 되어 있다. 북헌은 김춘택(金春澤, 1670-1717)의 호이기는 하지만 그와 얽힌 기녀 이야기는 따로 확인되지 않는다.

이 시와 유사한 뜻의 작품이 거듭 보인다. 편자 미상의 『이조향렴시』에 "동래의 여자가 경성 사인의 첩이 되었는데 3년 만에 그 남편에게 쫓겨났다. 이에 시를 지어 남편에게 보내고는 강에 몸을 던져 죽었다."라 하고 다음 시를 수록하였다.[6]

낙동강 강가에서 처음 당신을 만났더니	洛東江上始逢君
솔파원 언덕에서 다시 당신과 작별합니다.	率坡原頭更君別
늙은 꽃 떨어진 곳에 붉은빛 자취도 없는데	老花落地紅無痕
달 밝은 어느 밤인들 당신 그립지 않겠나요.	明月何霄不憶君

경상도 동래의 여성이 한양 선비의 첩실이 되었지만 3년 만에 쫓겨난 서러움을 이렇게 시로 말하고 강에 몸을 던졌다. 자신을 지는 꽃잎에 비유하였으니, 그가 몸을 던진 곳도 또 다른 낙화암이라 하겠다. 다만 보제원이 솔파원(率坡原)으로 바뀌었는데 어디인지는 알 수 없다. 곽찬의 『동양역대여사시선』에도 이와 비슷한 시를 소개하고 이랑(李娘)의 작품이라 하였는데 사연도 조금 다르다.

> 동대문 바깥의 민가 여자가 음률에 능하고 또 서화도 뛰어났다. 도성의 한 소년과 서로 사랑하였지만 소년의 아버지가 이를 알고 크게 화를 내어 사람을 시켜

등 상당한 여성 작가의 시가 실려 있지만 대부분 그 출처를 알 수 없어 이 시기 '만들어진 여성 한시'일 수 있어 전면적으로 다루지 않는다. 다만 다른 문헌에서 확인되는 작가나 작품은 부차적인 자료로 활용한다.

6 편자 미상, 『李朝香奩詩』(규장각 소장).

그 여자를 내쫓았다. 이에 그 여자가 소년에게 시를 주었다.

흥인문 너머 당신을 처음 만났더니	興仁門外始逢君
흥인문 너머 당신과 또 작별합니다.	興仁門外又別君
벽도화가 지고 봄이 끝난 후에는	碧桃花落春盡後
달 밝은 어딘들 당신 그립지 않겠나요.	明月何處不思君

소년의 아버지가 이를 듣고 급히 만류하였지만 이미 물에 몸을 던져 죽어 버렸다.

벽도(碧桃)는 서왕모가 한 무제에게 주었다는 선도를 이르지만, 여기서 벽도화가 진다는 말은 자신의 죽음을 비유한 것이다. 금가의 시에서는 단순한 이별이었는데 여기에서는 이루지 못한 사랑으로 죽음에까지 이르렀다. 금가의 이별가가 이렇게 긴 파장을 가져왔으니 이런 유례를 찾기 어렵다.

26.
양사언과 양사기, 정철의 첩

우리 한시사에서 상당히 비중이 큰 여성 작가는 첩실이다. 양반가의 첩실로 들어간 서녀 역시 부계가 양반이므로 재능이 있는 경우에는 교육을 받고 그에 따라 시인으로 발돋움할 수 있었다. 기녀 출신으로 첩이 된 경우와는 달리 정실부인의 자식들로부터 '서모(庶母)'로 불리며 제법 대우도 받았다. 특히 조선 전기의 첩실 중에는 상당한 학식을 가지고 시에 뛰어난 솜씨를 보인 인물이 적지 않다. 뛰어난 시인이었던 봉래(蓬萊) 양사언(楊士彦, 1517-1584)과 죽재(竹齋) 양사기(楊士奇, 1531-1586) 형제, 송강(松江) 정철(鄭澈, 1536-1593)의 첩 등이 그러하였다.

양사언은 봉래라는 호를 사용한 데서 짐작할 수 있듯이 금강산을 사랑하였고 또 금강산에서 신선처럼 살다 간 시인이다. 양사기는 그의 아우로 형제가 나란히 문학으로 명성을 날렸다. 정철은 당쟁의 소용돌이에서 험한 삶을 살았지만 그가 보여 준 문학적 재질은 당대 최고 수준이었다. 이들 모두 최고의 시인이었기에 그들의 첩 역시 여성 작가로서의 수준이 결코 녹록하지 않았다.

> 양 부사(楊府使)의 첩도 시를 잘하였는데 「추한시(秋恨詩)」는 다음과 같다.
>
> 가을바람이 쏴 하고 오동나무 가지를 흔드는데 　　西風摵摵動梧枝
> 푸른 하늘 어둑하고 기러기 천천히 날아가네. 　　碧落冥冥雁去遲

고운 창에 기대어도 임 보이지 않아　　斜倚綺窓人不見
눈썹 같은 초승달이 서쪽 섬돌을 내려서네.　　一眉新月下西墀

송강 정철 상공의 첩이 남편의 호색을 경계하여 시를 지었다.

도헌의 벼슬은 낮지 않고　　都憲官非下
충성심은 주상도 아실 터,　　忠誠聖主知
나라 경륜할 솜씨 가지고　　徒將經國手
날마다 고운 눈썹 마주하시나.　　日日對蛾眉[1]

허균은 조선 전기 문풍의 성대함이 여성 작가에까지 미쳤다고 하면서 사대부가 여성의 한시를 소개하고 여기에 더하여 양사언의 첩과 정철의 첩이 남긴 작품을 함께 다루었다. 양사언 첩의 작품은 허균의 『국조시산』에는 「추한(秋恨)」으로,[2] 남용익의 『기아』와 장지연의 『대동시선』에는 「규원(閨怨)」으로 실려 있다. '규원'은 젊은 여성의 애원을 노래하는데 당 왕창령(王昌齡) 등의 작품이 유명하다. 이 작품 역시 여성의 외로움을 주제로 하였다. 오동잎이 떨어지면 천하에 가을이 온 줄 안다는 말처럼 오동잎은 가을의 상징이다. 어느새 계절이 바뀌어 오동잎이 가을바람에 떨어지고 푸른 하늘에는 기러기가 날아간다. 사랑하는 사람이 그리워 여인은 잠을 이루지 못하고 창가에서 서성이지만 사랑하는 임은 보이지 않는데 밤이 깊어 눈썹처럼 고운 초승달이 담장 위로 떠오른다. 사랑하는 사람을 기다리는 여인의 마음이 잘 그려져 있다. 『국조시산』에서 이 시를 비평하여 "여성의 전형적인 시이다.[脂粉常調]"라고 한 대로 '규원시'의 전통을 고수하였지만 그렇다고 진부한 표현에 머물지는 않았다.

1　許筠, 『鶴山樵談』(『惺所覆瓿藁』 권26 부록, 한국고전번역원 DB).

2　『國朝詩刪』에는 "斜倚綠窓仍不寐 一眉新月上西池"로 되어 있다. 고운 창에 기대어 있으며 잠을 이루지 못하는데 초승달이 서쪽 연못 위로 떠 오르는 것을 말하였는데 역시 뜻이 통한다.

이 작품은 조선 후기에도 널리 인구에 회자되었는데 황윤석의 『이재난고』(1790. 9. 13.)에는 비 오는 밤 꿈속에서 우연히 이 작품을 보았는데 깨어나 보니 영조(英祖)의 생신이라 꿈속에서 남편을 생각하는 작품이 신하가 임금을 그리워하는 것과 연결이 된다면서 이 시에 차운한 바 있다. 이른바 '남녀상열지사(男女相悅之詞)'가 '충신연주지사(忠臣戀主之詞)'로도 읽히는 전통이 여기서도 확인된다.

이 작품은 대부분의 문헌에 양사언의 첩이 지은 것으로 되어 있지만 홍만종의 『소화시평』에는 양사언이 아닌 그 아우 양사기의 첩이 지은 것으로 소개되어 있다. 빙허각 이씨의 『청규박물지』에서도 이 작품을 양사기의 첩이 지은 「규원」으로 소개하였다.[3] 양사언의 막내아우 양사기 역시 문학에 뛰어났고 그의 첩도 시를 남겼다. 양사기의 첩이 지은 작품은 이수광의 『지봉유설』에 따로 보인다.

선비 양사기의 첩도 시에 능하였다. 양사기가 풍천부사로 안악(安岳)에 갔다가 돌아오지 않았을 때 그 첩이 시를 지어 보내었다.

쓸쓸히 먼 길 바라보며 문도 걸지 않았는데	悵望長途不掩扉
밤이 깊어 바람과 이슬에 비단옷이 젖었네.	夜深風露濕羅衣
임 계신 양산관에는 꽃나무가 천 그루라니	楊山館裡花千樹
날마다 그 꽃 보시느라 언제 돌아오실는지.	日日看花歸未歸

양산(楊山)은 안악의 별칭이다.[4]

3 "서풍이 낙〃ᄒᆞ야 오동가지을 음작이니 벽낙이 명〃ᄒᆞ야 기력기 가기가 더ᄃᆡ러다 빗기 녹창의 의지ᄒᆞ야 사ᄅᆞᆷ이 자지 못ᄒᆞ니 ᄒᆞᆫ 눈셥 갓ᄒᆞᆫ 새 ᄃᆞᆯ이 셔녁 모ᄉᆡ ᄂᆞ리더라"로 번역되어 있다. '摵摵'이 '落落'으로, '下西墀'가 '下西池'로 되어 있다.

4 李睟光, 『芝峯類說』 권14.

남용익의 『기아』에는 「정인에게 부치다(寄情人)」로 실려 있으며 작가가 양사언의 첩으로 되어 있고 장지연의 『대동시선』에도 「봉래에게 부치다(寄蓬萊)」로 되어 있어 양사기가 아닌 양사언에게 보낸 것이라 하였지만, 옳지 않은 듯하다. 민백순의 『대동시선』에 「기원(寄遠)」으로 싣고 양사기가 안악에 갔다가 돌아오지 않아 그의 첩이 지은 작품이라 한 것이 정확하다 하겠다. 『청규박물지』에서도 『지봉유설』과 동일하게 양사기의 첩이 지은 작품으로 실었다.[5] 이 시에서 이른 양산관(楊山館)은 『신증동국여지승람』에 보이는데 안악의 객관 이름이다. 풍천 부사로 나간 양사기가 그곳 기녀에게 빠져 돌아오지 않는 것을 원망한 작품이다. 다만 문헌에서 양사기가 황해도 풍천 부사를 역임하였다는 기록은 확인되지 않는다.

그런데 이 작품의 작가가 양사언의 첩 유삼산(柳三山)이라는 설이 있었던 모양이다. 『중외일보』(1927. 2. 20.)에 실려 있는 안왕거의 「열상규조」에서 「정든 분에게(寄情)」로 위의 작품을 소개하면서 유삼산의 작품이라는 세간의 설이 잘못이라 하고 양사언의 작품이라 주장하였다. 양사언의 문집에 근거가 보이지 않으며 양사언이 선도(仙道)를 지향한 사람인데 첩을 두었을 리 없다고 부정하였다. 유삼산이라는 이름에서 유(柳)는 양(楊)과 같은 뜻이고 삼산(三山)은 봉래(蓬萊)를 이르므로 결국 양봉래와 유삼산은 같은 말이라 하였다. 이 기록 외에 유삼산이라는 이름은 달리 보이지 않으니, 유삼산의 존재 자체가 의심이 든다. 양사기의 첩이 지은 시로 보는 것이 가장 합당하겠다.

이어 허균이 소개한 정철의 첩이 지은 시는 여색을 밝히는 남편을 풍간한 것이다. 도헌(都憲)은 대사헌인데 정철이 1584년 대사헌에 임명되었으니 이때의 작품으로 보면 되겠다. 대사헌으로 국정을 규찰하는 중차대한 임무를 지닌

5 "초창ᄒᆞ야 긴 길을 ᄇᆞ람고ᄃᆡ비를 닷지 아니 〃 밤이 깁흐매 ᄇᆞ람과 이슬이 깁오슬 젓셔도다 양산관 속의 일쳔 나모 ᄭᅩᆺ츤[양산은 안악 별명] 날마다 ᄭᅩᆺ 보기의 도라오지 아잇ᄂᆞᆫ도다"로 번역되어 있다.

정철이 아리따운 눈썹의 여인만 마주해서 되겠느냐고 꾸짖었으니, 비록 첩이지만 책선(責善)의 내조(內助)를 게을리 하지 않았다 하겠다.

정철의 정실부인은 문화유씨(文化柳氏)고 첩은 진주유씨(晉州柳氏)인데 진주유씨가 지은 시 두 수가 친필로 전한다.[6] 한 수는 위에 보인 것인데 4구가 "매일 푸른 눈썹 여인을 가까이 하나(日近翠眉兒)"로 되어 있지만 뜻은 다르지 않다. 두 번째 작품은 다음과 같다.

팔월 그믐 울타리 국화가	仲晦籬邊菊
술잔 아래 향이 일어나네.	□□盞底香
어찌 알았으랴 시월 지난 후	那知十月後
다시 한 번 중양절 있을 줄을.	更有一重陽

이 작품 뒤에 서조모 유씨가 고성(高城) 사또로 있던 유예걸(柳禮傑)에게 보낸 절구라고 하였다.[7] 유예걸은 유형(柳珩, 1566-1615)의 서자다. 이경석이 1651년 의주 백마성(白馬城)의 위리안치에서 풀려나 금강산을 유람하고 돌아오는 길에 발연(鉢淵) 근처 유예걸의 집에서 쉰 적이 있다. 이를 보면 유형의 서모가 낳은 여동생이 정철의 첩실이 된 듯하다. 중회(仲晦)는 팔월 그믐을 이른다. 팔월 그믐에 담은 국화주를 마시면서 시월이 지나도록 중양절의 국화를 즐길 수 있다고 한 것이 묘미가 있다. 뒤에 붙은 글에서 유씨가 포도 그림에도 능했다고 하였다. 그리고 창평(昌平) 무등산 자락에 있던 서봉사(瑞峯寺) 입구 바위 위에 유씨가 쓴 '수운대(水雲臺)'라는 글씨가 새겨져 있었다고 한다.[8] 기이한 필법의 글씨라 하였지만 지금은 찾을 수 없다.

---

6 『松江全集』의 부록에 사진이 실려 있다.

7 사진이 흐려 정확한 판독이 어렵다.

8 趙根, 「楓溪漫錄」, 『損庵集』 권7.

27.
16세기 해어화 승이교와 덕개

조선 전기 시인으로서의 면모를 가진 기녀로는 단연 황진이 탁월하다. 황진을 이어 해어화가 여럿 등장하였으니 승이교(勝二喬)와 덕개씨(德介氏)가 그러하다. 먼저 권응인이 편찬한『송계만록』에 소개된 승이교부터 보기로 한다.

진주에 승이교라는 기녀가 있는데 어린 시절 이름은 억춘(億春)이다. 찰방을 지낸 김인갑(金仁甲)이 그를 아껴 시를 가르쳤는데 천성이 영리하여 시어를 제법 이해하였다. 작품 중에는 간혹 맑고 고운 것이 있다.

강양관 안에 가을바람이 불어오니	江陽館裡西風起
뒷산 붉어지고 앞강 맑아지려 하네.	後山欲醉前江淸
창가에 달 밝고 온갖 벌레 울어대니	紗窓月白百蟲咽
외로운 베개 이불 차서 잠 못 든다오.	孤枕衾寒夢不成

가을바람이 옷자락에 부니	西風吹衣裳
시든 얼굴에 세월이 슬퍼라.	衰容傷日月
연당에 가을 보슬비가 내리는데	蓮堂秋雨疏
이슬 맞은 가지에 찬 매미 우네.	露枝寒蟬咽
가을 기러기 나는 소리 들리니	霜雁墮飛聲

적막하게 산성을 지나가나 보다. 寂寞過山城
당신 그리는 외로운 꿈을 깨니 思君孤夢罷
가을 달이 창문을 훤히 비치네. 秋月照窓明

이와 같은 작품을 보면 크게 「이소(離騷)」의 운치가 있다. 나이 서른이 되지 못하였음에도 젊고 총명하였으니 자신을 제한하지 않았다면 옥봉에게 미치기가 어렵지 않았을 것이다.[1]

진주의 기녀 승이교는 이교(二喬)보다 낫다는 뜻으로 지은 이름이다. 삼국시대(三國時代) 교공(喬公)의 두 딸이 절세미인으로 언니는 손책(孫策)의 아내가 되고, 동생은 주유(周瑜)의 아내가 되었는데 이를 이교라 일컬었다. 승이교는 이 두 여인보다 뛰어나다는 자부를 심어 준 이름일 것이다. 권응인이 이 기사를 적었을 때 승이교의 나이가 서른이 되지 않았다고 하였으니 승이교는 16세기 중후반의 인물로 보면 될 듯하다. 찰방 벼슬을 지낸 김인갑으로부터 글을 배웠다고 하였는데 김인갑은 본관이 안동이고 음직(蔭職)으로 지현(知縣), 찰방(察訪) 등을 지냈다. 홍이곤(洪以坤, 1515-1582)의 사위고 하담(荷潭) 김시양(金時讓, 1581-1643)의 부친이다.[2]

권응인은 승이교의 시를 3수나 선발하고 더 자유롭게 시를 지었더라면 옥봉 이씨도 미치기 어려웠을 것이라 하였다. 또 굴원(屈原)이 지은 고전적인 작품 「이소」의 운치가 있다고 하였는데 보통은 임금을 그리워하는 '연군(戀君)'의 뜻을 이르지만 여기서는 임금이 아닌 남편을 그리워하는 뜻이 간절하다는 말이다. 아마 김인갑이 떠난 후 그에 대한 그리움을 노래한 것으로 본 듯하다.

장지연의 『대동시선』에는 승이교를 선조 때의 진주 기녀로 소개하고, 첫

---

1 權應仁, 『松溪漫錄』(『寒皐觀外史』, 장서각 소장).

2 李珥, 「漢城府庶尹洪公墓碣銘」, 『栗谷全書』 권17.

번째 작품은 「가을밤 느꺼움이 있어(秋夜有感)」로, 두 번째 작품은 「가을 그리움(秋懷)」으로 선발하였다. 첫 번째 작품에서 강양(江陽)이 합천(陜川)의 별칭이므로 강양관(江陽館)은 합천의 객관이라는 뜻인 듯하다. 함께 지내던 강양관에 가을바람 불어오니 더욱 외로움이 짙어진다. 뒷산은 붉은 단풍이 들고 앞강은 더욱 맑아지는데 이런 고운 풍광을 함께 즐기지 못하여 외로움에 뒤척인다고 한 것이다. 풀벌레 울음은 자신의 눈물을 감춘 것이기도 하다.

두 번째 작품도 분위기가 비슷하다. 청춘의 곱던 시절과 만물이 시드는 가을을 대조한 것이 더욱 애상을 돋운다. 그리고 가을이 되면 사라지는 매미의 울음소리에 자신을 투영하였다. 세 번째 작품에서는 가을 달을 보고 사랑하던 사람의 모습을 떠올리면서 한숨을 쉬는 자신의 모습을 담았다.[3] 전하는 작품이 이 3편에 불과하지만 시의 수준이 상당히 높아, 권응인의 칭송이 과하지 않을 듯하다.

승이교와 비슷한 시기 덕개씨가 있어 중국에까지 이름을 떨쳤다. 조선 전기 기녀로는 유일하게 그의 시가 중국 문헌에 거듭 실렸다. 전겸익은 『열조시집』에서 '고려기(高麗妓)'의 「가는 이를 보내며(送行)」를 소개하였다.

비파 소리에 아득한 정을 부쳐 보내려 해도	琵琶聲裡寄遙情
원한이 봄바람에 들어 곡조가 되지 않네요.	怨入東風曲不成
온 밤 높은 마루에서 달콤한 꿈조차 차가우니	一夜高堂香夢冷
고운 비단 치마 위에 눈물 흔적이 선명하네요.	越羅裙上淚痕明

전겸익의 『열조시집』이 조선에 널리 유포되면서 비로소 조선에 이 작품

3 宋 陸游의 「南堂夜坐」 "西風吹衣裳, 蕭然謝炎官", 項安世의 「雪後日出三絕句」 "六日陰寒一夜成夢回秋月照窗明" 등이 승이교의 시와 거의 같지만 우연히 같은 표현이 만들어진 듯하다.

이 알려졌다. 한치윤의 『해동역사』에 실린 것도 이를 인용한 것이다. 장지연의 『대동시선』에도 동일하게 수록되었다. 청 규서(揆叙, 1674-1717)의 『역조규아(歷朝閨雅)』, 장예장(張豫章)의 『어정사조시(御定四朝詩)』 등에도 실려 있으니 중국에서 널리 알려진 작품이라 하겠다. 특히 청말의 문인 뇌진(雷瑨)의 『청루시화(青樓詩話)』에서 이 시를 뽑고 "자못 청초하여 운치가 있다."라고 평가하였다.

사랑하는 사람에게 그리운 마음을 전하려 해도 따스한 봄이 되자 원망하는 마음이 깊어져 곡조가 이루어지지 않는다. 그리운 이를 만나는 달콤한 꿈을 꾸고 싶지만 그조차 되지 않는다. 치마에 눈물이 쏟아질 뿐이다. 월라(越羅)는 중국 월 지역에서 나는 비단으로 가볍고 정치하다. 고운 비단옷을 이르는 말로 쓰인다.

그런데 이 작품은 이승소(李承召, 1422-1484)의 "급박한 비파 소리에 수심을 부치려 해도, 원망하는 마음이 봄바람에 들어 곡조가 되지 않네. 온 밤 고당에서 달콤한 꿈 깨고 나니, 붉은 비단 치마에 눈물 자국 선명하네.(琵琶聲急寄愁情 怨入東風曲不成 一夜高唐香夢歇 紫羅裙上涙痕明)"[4]와 흡사하다. '고당(高堂)'이 아닌 '고당(高唐)'이라 하여 초 양왕이 고당에서 노닐 때 꿈속에서 아름다운 여인과 운우지정을 나눈 고사를 구사하였다는 점이 다를 뿐이다. 덕개씨가 이 시를 베껴 적어 사랑하는 사람에게 보낸 것으로 보아야 할 것이다. 중국에 전해진 조선의 여성 한시 중에 이처럼 작가의 오류가 많다는 점은 주의할 필요가 있다.

그런데 덕개씨는 하곡(荷谷) 허봉(許篈, 1551-1588)이 아낀 여인인 듯하다. 유몽인의 『어우야담』에 허봉과 그녀의 사연이 보인다. 여기에는 기녀가 아닌 여종 덕개로 등장한다. 덕개는 군자의 덕이 빛난다는 뜻이 있지만 조선에서는 돌개(乭介)처럼 천한 여성의 이름으로 쓰이니, 기녀라면 이보다는 좀 더 세련된 이름을 가졌을 것이다. 중국 문헌에서 덕개에 왜 씨(氏)가 덧붙여졌는지는 알 수

4 李承召, 「擬杜樊川贈別詩仍用其韻」, 『三灘集』 권4.

없다.

하곡 허봉은 성격이 여색을 좋아하였는데, 갑산(甲山)에 유배 갔다 막 돌아왔을 때 심일추(沈日樞) 집안의 여종 덕개와 제법 정분이 있었다. 홍가신(洪可臣)은 선비인지라 바람난 말 풍마(風馬)라 놀리고 그 아우 홍경신(洪慶臣)을 시켜 붓을 잡고 운(韻)을 부르게 하고 「풍마인(風馬引)」을 짓게 하였는데 허봉은 생각을 가다듬지도 않고 부르는 대로 연이어 지었다. 그 노래는 이러하다.

천우각에 천자의 의장이 펼쳐지니	千牛閣下開天仗
태액지의 아침 햇살이 선인장에 어리네.	太液朝暉映仙掌
머리를 맨 황금 굴레가 땅을 비춰 빛이 나니	絡首金羈照地光
푸른 구름 위에 머뭇머뭇 제 그림자 놀리네.	徘徊弄影靑雲上
구름이 멀고멀어 올라갈 수 없으니	雲迢雲迢不可攀
한평생 꿈길은 옥문관에 끊어졌구나.	一生夢斷玉門關
옥문관 서쪽으로 황하가 흘러가는데	玉門關西河水流
고운 풀이 무성하게 그사이에 난다지.	萋萋芳草生其間
남풍과 북풍이 긴 여름에 불어오면	南風北風吹長夏
웃으며 많은 무리 이끌고 평원에서 노닐겠지.	笑領千群戲平野
그대 못 들었나 사막의 초췌한 해골이 될지언정	君不聞寧爲沙漠憔悴骨
금마문 의장 앞의 말이 되지 말라는 말을.	莫作金門仗前馬

또 예전에 말을 보내 덕개를 맞아오게 하였는데 덕개가 그 주인에게 붙들려서 오지 못하였다. 홍경신 형제가 여종의 운명을 애석해한다는 제목으로 시를 짓게 하였더니, 장단구(長短句)를 지었는데 이러하다.

화려한 집에 백옥이 넘치는데	華堂沓白璧
고운 기둥은 황금을 들렀네.	繡柱圍黃金

저녁 빗발은 봄바람을 따르는데　　暮雨隨東風
구슬 주렴은 깊고도 깊다네.　　珠簾深復深
쌍쌍 제비 조잘대며 석양에 내려앉는데　　雙燕呢喃下夕陰
그리운 임에게 봄마음 부칠 길 없구나.　　相思無路托春心
봄마음 끝이라 부질없이 슬퍼하니　　春心已矣空怊悵
끊어진 구름 괜스레 이불로 들어오네.　　斷雲虛勞入錦衾

그 시의 호방함이 이러하다. 『하곡집(荷谷集)』에 실리지 않았기에 이렇게 기록한다.[5]

허봉은 1583년 서인(西人)의 탄핵을 받아 갑산으로 유배 갔다가 1585년 여름 풀려난 후 심일추라는 사람의 여종 덕개와 사랑에 빠졌다. 홍가신(1541-1615)이 이를 두고 바람난 말이라 놀리면서 아우를 보내 허봉에게 시를 지어보라 하였다. 탁월한 시재를 지녔던 허봉은 바로 「풍마인」을 지어 놀라게 하였다. 전반부에서는 천우각(千牛閣), 태액지(太液地), 선인장(仙人掌) 등 중국 고대 궁중의 풍광을 끌어들여 궁사의 분위기를 연출한 다음, 변방으로 출정해 공을 세워야 할 준마가 궁궐에 매여 있는 신세가 가련하다고 하였다. 옥문관(玉門關) 너머 평원에서 수천 마리 말을 이끌고 자유롭게 풀을 뜯어 먹는 것이 풍마의 소원인데 그렇지 못하다고 하여, 유배에서 풀려났지만 포부를 펼칠 수 없는 자신의 불우한 마음을 이렇게 노래한 것이다.

또 허봉은 덕개를 불렀지만 주인이 가지 못하게 하였다. 이에 홍경신 형제가 시로 지어보라고 하자 허봉이 다시 호탕하게 위와 같이 시를 지었다. 덕개의 마음을 대신하여 시를 지은 것이다. 덕개가 사는 집이 화려하지만 깊은 방 안에 갇혀 나가지 못하니 쌍쌍이 나는 제비가 부러울 뿐, 그리운 마음을 부칠

5 柳夢寅, 『於于野談』(규장각 소장본).

길이 없다. 마지막 구절은 부질없이 꿈속에서 운우지정을 나눈다는 뜻이다.

우리나라 문헌에는 덕개의 시가 전하지 않는데 전겸익이 어떤 경로로 그의 시를 보게 되었는지는 알 수 없다. 그리고 덕개의 시는 이승소의 것과 흡사하다는 점에서, 덕개가 이승소의 시를 좋아하여 자주 읊거나 노래하였는데 이 때문에 그의 시로 전해졌을 수도 있을 것 같다.

28.
정체를 알 수 없는 소수인

덕개처럼 중국 문헌에 실려 그 이름이 전하게 된 조선 여성으로는 정체불명의 소수인(小水人)이 있다. 소수인 이야기는 청 순치(順治) 연간(1644-1661)의 문인 시남(施男)의 문집 『공죽장(邛竹杖)』에 처음 보인다. 특히 이 작품이 주이준의 『명시종』이나 『정지거시화』에 실리면서 더욱 널리 알려졌고 중국의 바이두에도 '소수인'이 항목으로 나올 정도다.

> 소수인은 고려 여자인데 이숙원(李淑媛)이 소수인의 일을 기록하였다.
>
> 안성(安城)의 팽씨(彭氏) 성을 가진 사람이 산모퉁이에 절을 짓고 노비를 시켜 지키게 하였다. 저녁에 어떤 여자가 스스로 소수 사람[小水人]이라 하고 바로 방으로 들어와 옆에 누웠다. 노비가 물리치려 하자 여자가 낭랑히 시를 읊조렸다.
>
> "배를 기슭에 대는 것은 보았는데, 기슭에 정박한 배는 뵈지 않네요.(只見船泊岸不見岸泊船)"
>
> 그리고 "어찌 이리 무정하신가요?"라 하였다. 그리고는 치마를 벗고 노비의 몸 가까이 갔다. 노비가 겁이 나서 다른 침상으로 옮겨가서 잠을 잤다. 밤중에 여자가 다시 노비의 침상으로 올라왔다. 노비가 급히 들어서 던졌는데 나뭇잎 하나처럼 가벼웠다. 노비는 당황하여 불경을 들고 자신을 지키려 하였다. 여자가 말하였다.
>
> "불경은 부처를 좇아 나온 것인데 부처가 어찌 불경에 있겠나요? 당신은 내가

정말 불경을 겁낸다고 여기십니까?"

날이 밝으려 할 때 노비가 일어나 종을 치니, 여자가 말하였다.

"치지 마세요, 치지 마세요. 치다가 사람 머리 깨지겠네요."

머리에 꽂고 있던 상아 빗을 가지고 치면서 가 버렸다. 노비가 나가 어디로 갔는지 보니, 갑자기 솔숲으로 향하더니 보이지 않았다. 벽 위에 나머지 시 6수가 적혀 있었다.

저는 소수 물가에 사는데	妾住小水邊
당신은 푸른 산 아래 사네요.	君住靑山下
젊은 시절 다시 오지 않는데	靑年不可再
날마다 앉아 밤을 지새우네요.	日日坐成夜
배를 기슭에 대는 것은 보았는데	只見船泊岸
기슭에 정박한 배는 뵈지 않네요.	不見岸泊船
어찌하여 깊은 산골짜기 안에서	豈能源谷裏
비바람에 청춘을 속이시나요?	風雨誤芳年
박정할손 당신이 버리고 가시니	薄情君抛棄
지척이 만 리 길 마냥 멀어지네요.	咫尺萬里遠
밤새 달빛은 부질없이 밝은데	一夜月空明
파초는 심지를 펴지 못하네요.	芭蕉心不展
푸른 비단 치마 벗었는데도	解下綠羅裙
유정한 저를 무정히 대하시네요.	無情對有情
어찌 제 마음 깊은 줄 모르고	那知妾意重
제 몸 가볍다고만 하시는가요.	只道妾身輕

불경은 부처의 입에서 나온 것	經從佛口出
부처는 불경 안에 있지 않아요.	佛不在經裏
낭군은 제 마음에 있는데	郎在妾心頭
낭군의 몸은 만 리 떨어져 있네요.	郎身隔萬里

달빛이 비단옷을 비추는데	月色炤羅衣
밤새 잠을 이루지 못하였지요.	永夜不得寐
새벽에 종은 치지 마세요.	莫打五更鐘
치다가 남의 마음까지 부수겠네요.	打得人心碎

"장안의 여자가 봄볕 밟고 거니는데, 어느 곳 봄볕인들 애간장 끊지 않으랴.(長安女兒踏春陽 無處春陽不斷腸)"라 한 것과 사악하고 요염함이 한가지다.[1]

소수인이 어떤 사람인지 알 수 없다. 시남의 글에서는 소수인이 '고려 여자'라 하였을 뿐이다. 또 시남은 이숙원이 이 일을 기록했다고 하였는데, 어떤 문헌을 보고 옮긴 것인지는 확인할 수 없다. 중국 문헌에서 이숙원은 조선 조원의 첩 옥봉 이씨를 지칭한 곳이 있지만 이 글의 이숙원도 그러한지는 알 수 없다. 숙원은 중국 삼국시대 위 문제(魏文帝)가 설치한 여성의 관직 이름인데 아름다운 여성을 이르는 말로도 쓰이기 때문이다.

또 소수인이 산다는 안성이 조선에도 있지만 중국 산동에도 있다. 팽씨 자체도 중국에서 귀화한 성씨다. 고구려가 소수(小水)에 거주하여 소수맥(小水貊)이라고도 한다는 기록이 『후한서』에 보이니, '소수인'을 고려 사람으로 막연하게 생각하였던 것 같기도 하다. 소수인이 '고려 여자'인지는 확정하기 어렵지만 일단은 시남의 글을 믿기로 한다. 어느 시기 인물인지도 알 수 없지만 덕개

1 淸施男, 「小水人」, 『邛竹杖』.

와 함께 중국 문헌에 보이므로, 여기서 소개한다.

곽찬의 『동양역대여사시선』에서는 이 시를 한 편처럼 인용하였지만 6수의 연작이다. 첫 번째 수에서 여인은 자신이 소수에 살고 노비가 산중에 살고 있으니 청춘을 허비하면서 외롭게 밤을 지새울 것 없이 동침하자고 하였다. 두 번째 수에서는 노비를 배에, 자신은 기슭에 비유하고, 자신을 거부하여 청춘을 허비한다고 비난하였다. 세 번째 수에서도 고운 달밤에 파초가 새잎을 펼치지 못한다고 하여 자신을 안아 주지 않는다 하소연하고 네 번째 수에서는 치마까지 벗었는데도 무정하게 밀치면서 자신을 귀신으로 여긴다고 섭섭함을 말하였다. 다섯 번째 수에서는 겁을 먹은 노비가 불경을 외지만 소용이 없을 것이요, 자신이 낭군을 좋아하지만 낭군은 자신을 가까이하지 않는다고 하였다. 그리고 마지막 수에서는 사랑을 나누지 못하여 밤새 전전반측하였는데 시끄럽게 종을 울려 자신의 마음을 찢어 놓는다고 울부짖었다.

이 일화를 옮긴 시남은 "장안의 여자가 봄볕 밟고 거니는데, 어느 곳 봄볕인들 애간장 끊지 않으랴"라는 구절을 들어 소수인의 음란함을 비난하였다. 이 구절은 어떤 사람이 술에 취해 마루에 누워 자다 일어나보니 낡은 병풍 위에 그려져 있던 여인들이 침상에서 부르고 있었다는 노래다. 당 단성식(段成式)의 『유양잡조(酉陽雜俎)』 등에 보이는 고사다.

이 일화는 앞서 『삼국유사』에 실려 있는 여인의 몸을 빌린 관음보살과 크게 다르지 않다. 불교적인 믿음이 있으면 관음보살이 되고 유가적인 윤리의 잣대로 보면 음란 여성이 된다 하겠다.

29.
홍순언이 자랑한 첩

조선시대 여성이 시를 짓더라도 바깥사람에게 보이지 않는 것이 미덕이었고 남편이 아내의 시를 남들에게 보이는 일은 더욱 드물었다. 그런데 편자 미상의 『좌해시수』에는 첩이 시 잘 짓는다고 자랑한 홍순언(洪舜彦) 이야기가 시화로 실려 있다.

임천(林川)의 문관(文官) 홍순언은 자신의 첩이 시에 능하다고 스스로 말하고 그 지은 시를 외웠다.

꼬불꼬불 향 연기 사그라들고 날이 새려는데　寶篆香銷欲曙天
갑자기 창 앞에 조잘대는 새 소리가 들려오네.　忽聞啼鳥到窓前
한밤에 모래 언덕 어느 산에 비가 지나는가?　沙頭夜過何山雨
아침나절 버들 너머 먼 포구에 안개가 피어나네.　柳外朝生極浦烟
이별의 한은 어지러운 꽃 그림자를 몰래 따르는데　別恨暗隨花影亂
헤어져 있는 시름은 오색비단에 길게 끌려 나오네.　離愁長與錦紋牽
고운 아쟁으로 강남의 노래를 연주하고 나니　瑤箏彈罷江南曲
곡마다 짝 잃는 난새의 노래에 연밥 따는 노래라.　曲曲離鸞又採蓮

또 이런 시도 외웠다.

아이가 멀리 배 들어온다 하여	童報遠帆來
허겁지겁 누각에 올라 바라보니	忙登樓上望
물살 따라 바로 문을 지나치기에	隨潮直過門
부질없이 서글프게 돌아선다오.	背立空惆悵[1]

임천은 지금의 부여 임천면이다. 이곳에 살던 홍순언이라는 문관이 자랑한 두 편의 시는 그 수준이 상당하다. 장지연의 『대동시선』에는 이 두 작품을 「규방의 원망(閨怨)」과 「규방의 그리움(閨思)」이라는 제목으로 선발하고, 작자를 홍 당성(洪唐城)의 소실(小室)이라 하였다. '홍 당성'이라는 말은 당성의 고을원을 지낸 홍씨 성의 사람을 이른다. 당성은 남양(南陽)의 별칭이므로 남양부사를 지낸 홍 아무개의 첩이 이 작품을 지었다는 뜻이다. 남양은 홍씨의 본관이기도 하지만 본관을 성 뒤에 붙이는 경우는 흔치 않다. 다만 홍순언이라는 인물은 다른 문헌에서 찾을 수 없다.

홍순언이 지은 시는 전하는 것이 없으니 시를 짓는 재주가 시원찮았던 것 같다. 대신 시에 능한 첩이 있어 사람들에게 자랑하였고 그 덕에 이 여성의 시가 후대에 전승되었다. 「규방의 원망」이나 「규방의 그리움」은 모두 규방 여인의 외로움을 노래하는 전통이 있다. 대개 여성 화자의 입을 빌릴 때가 많은데 그 때문에 남성이 지은 이런 제목의 시는 허구적인 사랑 노래로 읽히지만 여성의 작품에서는 시적 화자가 작가와 동일시되기 쉽다. 그러나 남성이든 여성이든 규방의 노래는 현실 생활을 그대로 담지 않는다. 이 두 작품도 정한과 상사의 감정은 작가의 것이지만 작품의 상황 자체는 허구적으로 설정된 것으로 읽어야 한다.

첫 번째 「규방의 원망」은 장지연의 『대동시선』에 절구로 되어 있지만 『좌

1 편자 미상, 『左海詩藪』(와세다대학교 소장).

해시수』에서는 율시로 소개하였는데 시상을 볼 때 율시가 옳다.[2] 보전향(寶篆香)은 꼬불꼬불 피어오르는 향 연기를 미화한 말인데 이 연기가 사그라든다고 하였으니 규방에서 여인이 사랑하는 사람을 오래 기다렸다는 뜻이다. 그렇게 불면의 밤을 보내고 새벽이 되자 창가에 지저귀는 새 소리가 들려온다. 혹 임이 오시나 기다려진다. 모래톱을 바라보니 밤사이 어느 산에서인가 불어온 바람에 비가 날려 모래펄이 축축하게 젖었는데 비가 그치자 버들 숲 너머 포구에 안개가 자욱하다. 강가의 모래밭에 간밤 비가 뿌린 흔적은 자신의 눈물 자국인 듯싶고, 버들 숲 너머 자욱한 안개는 자신의 시름인 양 피어오른다. 이렇게 기다리건만 임은 오지 않는다. 봄을 맞아 정원에 흐드러지게 핀 꽃을 보니 꽃그늘에 임과 함께 거닐던 추억이 떠오르기에 이별이 더욱 서럽다. 그 때문에 헤어져 사는 시름을 노래하는 시가 길게 나온다. 이 구절의 금문(錦紋)은 수놓은 아름다운 비단을 이르는데 비단에 사랑하는 이를 그리워하는 시를 수놓은 것을 가리킨다.[3] 이별이 서러워 눈물짓고 그리움에 시를 짓는다는 뜻이다. 아쟁을 연주하여 시름을 풀고자 하지만 절로 나오는 곡조는 이별가다. 사랑하는 사람과의 이별을 노래하는 「강남곡(江南曲)」이나 짝 잃은 서러움을 노래하는 「이란곡(離鸞曲)」, 혹은 사랑을 갈구하는 「채련곡(採蓮曲)」 등이 이런 노래들이다.

이 작품은 사랑하는 이를 그리워하는 감정이 곡진하다. 그렇다고 하여 이 시를 지은 첩이 홍순언을 그리워하여 이 시를 지었다고 볼 수는 없다. 이러한 의고시(擬古詩)는 대개 추상적인 시공간에서 보편적인 주제를 노래하는 것이 일반적으므로 구체성을 갖지 않기 때문이다. 이어 소개한 「규방의 그리움」도 마

2 李能和의 『朝鮮女俗考』에 평양의 기녀가 지은 「이별 후에 읊조리다(別後有吟)」라는 제목으로 이 시와 비슷한 율시가 소개되어 있다. 1연이 "자다 깨니 흐릿하게 날이 새려 하는데, 우는 새 소리 창 앞에서 갑자기 들리네.(睡起濛濛欲曙天 忽聞啼鳥語窓前)"라 한 것 정도만 차이가 난다. 이능화는 이 작품의 출처를 밝히지 않았다.

3 錦紋은 땅에 떨어진 붉은 꽃잎이나 마당에 낀 고운 이끼를 비유하기도 한다. 또 쏘가리와 비슷한 물고기를 이를 때도 있다.

찬가지다. 멀리서 배가 오기에 사랑하는 이가 온 줄 알고 누각에 올라 기다렸지만 그 배는 곧장 다른 곳으로 가버렸다는 뜻을 말하였다. 규방의 외로움을 말하는 시가 흔히 의고로 흘러 진부하기 쉬운데 이 시는 새로운 뜻을 말하였다는 점에서 묘미가 있다.

남양부사를 지낸 임천 땅의 홍 아무개가 누구인지는 알 수 없다. 다만 한 자가 한 글자 다른 홍순언(洪純彦, 1530-1598)일 수도 있다. 홍순언은 역관 출신으로 종계변무(宗系辨誣) 문제에 공을 세워 공신에 책록되고 당성군(唐城君)에 봉해진 인물이다. '홍 당성'을 이렇게 볼 수 있다. 다만 이 홍순언과 임천의 관련성은 확인할 수 없다.

역관 출신의 홍순언은 한양 보은단동(報恩緞洞)의 고사를 만들어 내었다. 홍순언이 북경에 갔을 때 양한적(養漢的, 기녀를 길러 팔아먹는 사람을 이르는 말)에게 후한 재물을 주고 아름다운 여인을 만났다. 그 여인은 원래 양가의 규수였는데 부모가 죽자 가난하여 장례를 치를 수 없어 자신을 양한적에게 팔았지만 아직 몸은 더럽혀지지 않은 상태였다. 홍순언은 이를 가엾게 여겨 돈을 내어 풀어 주되 관계는 맺지 않았다. 그 후 이 여인은 명나라의 상서 석성(石星)의 총희(寵姬)가 되었다. 홍순언이 역관으로 변무(辨誣)의 일을 보러 갔을 때 이 여인의 도움을 크게 받았고 임진왜란 때 명에서 원병을 보내는 데도 큰 기여를 하였다. 이 여인이 보은의 뜻으로 손수 비단을 짜고 '보은단(報恩緞)'이라 수를 놓아 다른 진귀한 보물을 함께 주었다. 홍순언이 살던 동네가 보은단동이 된 사연이 이러하다.[4]

4 李瀷, 『星湖僿說』 권9에 이 고사가 자세하다.

30.
16세기 문풍을 빛낸 알려지지 않은 여성

허균은 『학산초담』에서 조선의 여성들이 가사에만 종사해야 한다는 관념 때문에 문학에 능한 사람이 없다고 개탄하면서 중국은 그러하지 않다고 하였다. 조선에서는 『시경』의 「사간(斯干)」에서 이른 "잘못함도 없고 잘함도 없는지라, 술과 밥에 대해서만 의논하여, 부모에게 근심을 끼침이 없네.(無非無儀 惟酒食是議 無父母貽罹)"라 한 구절을 더욱 추종하였기 때문이다. 이황이 편찬하였다는 『규중요람』에는 여성들이 책을 읽어 역대 나라 이름과 조상의 이름을 아는 것에만 그쳐야 하니, 글씨를 빼어나게 쓰거나 시를 아름답게 쓰는 것은 기생의 일이요, 양반가 여인이 행할 바가 아니라 하였다. 이런 사정을 고려하면 후세에 전하는 것보다 그렇지 않은 작품이 훨씬 많을 것이다. 허균이 이름이 알려지지 않은 여성의 시를 그의 시화에 담은 것이 그래서 더욱 가치가 있다.

> 우리나라 아낙네로서 시 잘하는 사람이 드문 까닭은, "술 빚고 밥 짓는 일만 해야지, 그밖에 시문(詩文)을 힘써서는 안 된다."라고 말하기 때문인가? 그러나 당나라 사람은 규수로서 시로 이름난 이가 20여 인이나 되고 문헌 또한 증빙할 만하다. 요즘 와서 조선에서도 제법 규수 시인이 있게 되어 경번(景樊: 난설헌) 허씨는 천선(天仙)의 재주가 있고 옥봉 이씨 또한 대가임은 더 말할 나위가 없다. 선비 정문영(鄭文榮)의 처가 남편을 대신하여 어떤 이에게 준 시는 이러하다.

바람 불고 이슬 내린 열두 층의 요대에는 風露瑤臺十二層
오색구름 모롱이에 신선 발걸음 소리 끊겼네. 步虛聲斷綵雲稜
소나무 숲에서 그립단 글을 부치고 싶어도 松間欲寄相思字
어쩌랴 병 많은 사마상여 무릉에 누워 있으니. 多病長卿臥茂陵

…

또 아무개 성의 처가 지은 시가 전한다.

으슥한 시냇물이 시원하고 달 돋지 않았는데 幽磵泠泠月未生
컴컴한 칡넝쿨 길을 덮어 다니는 이가 없구나. 暗藤垂路少人行
시골집이 앞산 그 너머에 있나 보다 村家知在前峰外
엷은 안개 성긴 별빛에 절구 소리 들리니. 淡霧疎星一杵鳴

이와 같은 작품은 손꼽을 수 없을 정도다. 문풍의 성대함이 당나라 사람에 부끄럽지 않으니, 또한 성대한 국운의 하나라 하겠다.[1]

허균은 자신의 시대를 대표하는 시인 난설헌과 옥봉의 시 외에도 뛰어난 작품이 헤아릴 수 없을 정도로 많다고 하고 당나라 때의 성대한 문풍에 부족함이 없다고 자부하였다. 그가 소개한 정문영이나 그의 처가 어떤 인물인지는 알 수 없다. 허균의 『학산초담』에서 소개한 것으로 보아 16세기 인물일 것 같지만 달리 더 확인할 수 있는 정보가 없다.

선비 정문영의 처가 지은 작품은 남편을 대신하여 지은 것이라 하였고 장지연의 『대동시선』에는 이 여성의 성을 알 수 없다고 하고 「남편을 대신하여 어떤 이에게 주다(代良人贈人)」로 실었다. 양인은 남편을 이르는 말이다. 여성이

1 許筠, 『鶴山樵談』(『惺所覆瓿藁』 권26 부록, 한국고전번역원 DB).

남편을 대신하여 시를 짓는 일이 조선시대 그리 드물지 않았다. 또 '증인'이라는 제목을 표방한 작품은 사랑하는 사람과의 이별을 노래하는 전통이 있다. 이 작품은 여성 화자의 입을 빌리고 있어 제목처럼 남편을 대신하여 지은 시는 될 수 없다. 정문영의 처가 지은 허구적인 사랑의 노래 정도로 보면 되겠다. 여성이 시를 짓는 일이 탐탁잖게 여겨지던 때라, 이러한 제목을 단 것으로 보는 것이 온당하다.

화려한 누대에 가을이 와 바람이 불고 이슬이 내리는데 찾아 주는 이가 없다. 사랑하는 이가 병으로 누워 있으니, 한적한 솔밭에 외롭게 지내지만 그립다는 글을 보내어도 만날 수 없는 안타까움을 말한 것이다.

이와 함께 이 작품은 상상으로 탈속의 선경(仙境)에서 노니는 정회를 노래하는 유선시의 면모도 갖고 있다. 유선시는 진(晉) 곽박(郭璞)이 그 전형을 마련한 바 있다. 이 작품에서 요대(瑤臺)는 신선이 사는 곤륜산(崑崙山)의 누대로 진(晉) 왕가(王嘉)의 『습유기(拾遺記)』에는 12층의 큰 건물로 넓이가 1,000보에 이르며 오색의 옥으로 치장하였다고 한다. 여기서는 여성이 사는 공간을 이렇게 화려하게 묘사한 것인데, 유선시의 분위기를 연출하려는 뜻이다. 또 보허(步虛)는 신선이 허공을 거닌다는 말이고 보허성(步虛聲)은 그러한 신선의 발걸음 소리를 이르는데, 여기서는 사랑하는 사람이 오지 않는다는 뜻이다. 그리고 이를 사마상여(司馬相如)와 탁문군(卓文君)의 고사로 연결하였다. 가난한 사마상여가 부잣집 딸 탁문군을 보고 반하여 봉새가 황새를 그리워하는 「봉구황(鳳求凰)」 노래로 꾀어 함께 살다가, 소갈병을 핑계로 무릉(茂陵)에 물러나 살았다. 여기서는 이를 뒤집어 탁문군이 그리움의 시를 지어 사마상여를 부르고자 하지만 사마상여가 병이 들어 돌아오지 못하는 것을 슬퍼한다고 하였다.

허균은 이어 성씨를 알 수 없는 여성의 작품을 소개하였는데 『국조시산』에서는 조씨(曹氏)의 「야행(夜行)」으로 수록하였고 남용익의 『기아』, 민백순의 『대동시선』, 장지연의 『대동시선』 등에도 그러하다. 다만 3구가 "시골집이 아마도 산굽이 도는 곳에 있는지(村家知在山回處)"로 되어 있다.[2] 이수광의 『지봉유설』에도 이 시를 싣고 작가를 알 수 없다고 하면서 소개하였다.[3] 빙허각 이씨의 『청규박물지』에서도 이 시를 인용하였는데 어떤 부인의 '사향시(思鄕詩)'로 소개하였다.[4]

밤길을 가노라니 개울은 달이 뜨지 않아 컴컴한데 산길은 칡넝쿨로 덮여 인적이 끊어졌다. 그래도 엷은 안개가 끼고 달빛이 듬성한 곳에 절구 소리가 들리는 것을 보니 아마도 인가가 있는 모양이라고 하였다. 『국조시산』에서 "귀신의 말 같다.(似鬼語)"라고 한 것처럼 다소 으스스한 분위기가 느껴진다.

그런데 『중외일보』 1927년 2월 27일 자에 실려 있는 안왕거의 「열상규조」에서는 이 시의 작가를 조계월(曹溪月)이라 하고 호는 선섬(禪蟾)이며 '암등(暗藤)'은 '난등(亂藤)', '담무(淡霧)'는 '담애(澹靄)'의 잘못이라 하였지만 근거는 알 수 없다. 계월이라는 이름은 시의 내용에서 취한 것일 뿐이다.

한편 『지봉유설』(권14)에서는 이 작품에 이어 작가 미상의 「가위(剪刀)」를 소개하였는데 여성의 작품으로 생각한 듯하다.

뜻이 있어 두 가슴 합치고	有意雙胸合
정이 많아 두 다리 벌렸네.	多情兩股開
흔드는 것은 내가 할 일이지만	動搖於我在
깊고 얕은 것은 당신에게 달린 것	深淺任君裁

가위를 성행위에 비유한 작품이기에 이수광은 이 시를 인용하고 "말이 공

2 2구의 '垂路'가 '垂地'로 되어 있지만 뜻은 같다.

3 『芝峯類說』에는 '垂地', '冷冷', '村家知在前峰外' 등으로 조금 다르다.

4 "그윽ᄒᆞᆫ 신ᄂᆡ가 닝〃ᄒᆞ야 ᄃᆞᆯ이 나지 아녀시니 어두운 등너출이 씌히 드리워시니 단이ᄂᆞᆫ 사ᄅᆞᆷ이 젹도다 촌가가 압 뫼 봉 밧긔 이스믈 아디['못하고'가 누락되었음] 담ᄒᆞᆫ 안ᄀᆡ와 셧긴 별의 ᄒᆞᆫ 방ᄒᆞ가 우더라"로 번역되어 있다. 원문은 『芝峯類說』과 같다.

교롭지만 너무 음란하다."라고 하였다. 이수광의 『지봉유설』에 소개된 것으로 보아 이 시를 지은 여성이 16세기 인물인 듯하지만 이름조차 남기지 못하였으니 아쉽다.

31. 처음으로 문집을 남긴 설봉 이씨

앞서 본 허균의 『학산초담』에는 정문영의 처를 소개한 후 "생원 신순일(申純一)의 처도 문장에 능하고 시에도 뛰어났다. 사람들이 절구 한 수를 전한다."라 하면서 다음 절구를 소개하였다. 이 시기 문풍을 빛낸 여성의 한 사람으로 꼽은 것이다.

구름 걷히고 하늘은 강물 같은데	雲險天如水
누각 높아 바라보면 날아오를 듯.	樓高望似飛
밤새 까닭 없이 추적추적 빗줄기	無端長夜雨
고운 풀에 일어나는 십 년의 그리움.	芳草十年思[1]

이 작품은 장지연의 『대동시선』에 「제목을 잃어버리다(失題)」로 실려 있다.[2] 사랑하는 사람을 그리워하는 정을 노래하였다. 강물처럼 맑은 하늘 아래 화려하고 웅장한 누각이 있는데 그 안에 외롭게 잠을 이루지 못하는 여인이 있다. 밤비가 내리는 것이 무슨 까닭이 있겠는가마는 빗소리가 밤새 잠을 이루지

1 許筠, 『鶴山樵談』(『惺所覆瓿藁』 권26 부록 한국고전번역원 DB).

2 장지연의 『대동시선』에 1구의 '雲險'이 '雲斂'으로 되어 있는데 구름의 형상이 험악한 것보다는 구름이 걷혀 하늘이 맑은 것이 자연스러워 이렇게 고친 것 같다. 이를 따른다.

못하게 하더니, 아침에 밖을 보니 어느새 봄이 와서 고운 풀이 돋아났다. 10년 그리움과 서러움이 봄비에 돋은 풀을 보고 한꺼번에 발산하게 처리한 것이 묘미가 있다. 한 회남소산(淮南小山)의 「초은사(招隱士)」에 "왕손이 떠나가 돌아오지 않는데, 봄풀은 자라서 무성하기만 하네.(王孫遊兮不歸 春草生兮萋萋)"라고 한 것처럼 봄풀은 그리움을 상기하는 촉매의 역할을 한다.

허균이 범상하게 소개하였지만 이 여성은 그리 녹록한 사람이 아니다. 남편 신순일(1550-?)은 본관이 평산(平山)이고 자는 순보(純甫)이며 1582년 생원시에 합격하고 연안도호부사(延安都護府使)를 지냈다. 1601년 고산군수로 있을 때 허균과도 직접 만난 사이다. 크게 내세울 것이 있는 것은 아니지만, 18세기 남인을 대표하는 문인 강박(姜樸, 1690-1742)은 이 여성에 대해 매우 자세히 밝혔다. 무척 길기 때문에 일부를 생략하고 둘로 나누어서 보기로 한다.

> 부인은 성종 조의 좌리공신(佐理功臣) 연성부원군(延城府院君) 저헌(樗軒) 이석형(李石亨) 공의 5대손이요, 을사명신(乙巳名臣) 이기(李巙)의 손녀이며 군수 이정현(李廷顯)의 딸이다. 우리 외조부 연안도호부사 신순일 부군(府君)에게 시집오셔서 평성부원군(平城府院君) 충경공(忠景公) 신점(申點, 1530-1601)의 총부(冢婦)가 되었다.
>
> 부인은 품성이 부드럽고 조용하였으며 지혜를 타고났다. (…) 경사(經史)에 능통하고 시에도 뛰어났으며 서법(書法)에도 통달하여 인간 세상으로 귀양 온 신선으로 일컬어졌다. (…) 부인은 평상시에 여자들이 하는 일에 구구하지 않았으니 책상 위에 늘 『주역』과 『이태백집(李太白集)』이 놓여 있었다고 한다. 문장을 보는 수준이 무척 높아 자제들이 과거를 치르고 돌아오면 그 시권(試卷)의 초고를 보고 합격 여부를 예측하였는데 적중하지 않은 적이 없었다. 혹여 과거에 합격하면 "세상에 글에 능한 자가 없어서 이런 자들도 합격하는구나."라 하였다. 이는 현모(賢母)의 말씀인지라, 세상의 대장부로서 요행을 바라는 자들에 비한다면 어떠한가?
>
> 필법도 정교하고 민첩하였다. 때로 남편 도호부사 공을 대신하여 간찰을 주고받았는데 글과 글씨가 모두 지극하여, 본 사람들이 규방에서 나온 것인 줄 분간하

지 못하였다. 하루는 대궐에서 흑색 8폭 비단을 내리고 부인에게 글을 써서 올리라 하였으니 병풍을 만들려는 것이었다. 그 글이 세상에 높게 평가됨이 이와 같았다.[3]

이씨(?-1621)는 본관이 연안이고 호는 설봉(雪峯)이다. 이석형(1415-1477)의 후손이고 이기(1493-1547)의 손녀이며 군수 이정현(1524-1591)의 딸이다. 조선시대 '연리광김(延李光金)'으로 일컬어졌고 성균관 인근에 세거하여 관동 이씨(館洞李氏)로 불린 집안이다. 남편 신순일은 연안부사를 지냈고, 시부가 선무공신(宣武功臣) 신점이다. 이 집안이 서호(西湖)에 경영한 별서가 긍사정(肯思亭)인데 이익과 강박 등 최고의 문인이 이곳에 기문을 붙였고, 이호민(李好閔)도 시를 지어 준 바 있다.[4]

설봉 이씨는 대단히 영특하고 자부가 강한 사람이었다. 위의 글에서 생략한 부분에 거의 신선 같은 행적을 소개하였는데 강박조차 부담스러워하는 기색이 보인다. 여성들이 하는 일에 별 관심을 두지 않고 늘 『주역』과 『이태백집』을 보았다. 문장의 감식안이 높아 자제들의 과거 답안지를 보고 당락을 예측하였다.

다만 자제들이 시원찮은 글로 급제하는 요행을 개탄했다고 하였는데 그 자식들의 행적을 보면 좀 다르다. 『광해군일기』(1612년 2월 15일)에는 손자 신율(申慄, 1572-1613)이 남이 지어 준 글로 급제하였는데 발각되지는 않았지만 선비들이 상대해 주지 않았고 조정에서도 명망이 없어 늘 앙앙불락하였다고 적었다. 또 봉산 군수로 있을 때 좀도둑을 잡아 대나무 못으로 열 손가락의 끝을 찔러 자복을 받아 내는 등 작은 절도도 큰 도둑으로 몰아 조작하였다는 비판을 받았다. 김직재(金直哉)의 옥사가 그로부터 비롯한 것도 우연이 아니었다. 이 집

3 姜樸, 「淑夫人李氏遺事」, 『菊圃集』 권9.
4 姜樸, 「肎思亭記」, 『菊圃集』 권8; 李瀷, 「肯思亭記」, 『星湖全集』 권53; 李好閔, 「題申純甫西湖亭」, 『五峯集』 권3.

은 늘 시끄러웠다. 신점이 한양에서 황정욱(黃廷彧)과 나란히 살 때 신순일이 노비를 시켜 행패를 부린 적도 있는데 발단은 다른 아들 신열(申悅)이 친 사고에서 비롯하였다.

그럼에도 이씨는 당차고 재주 있는 여성이었다. 남편을 대신하여 간찰을 주고받았는데 탄로 나지 않을 만큼 글과 글씨가 뛰어났다. 특히 그의 글씨가 높게 평가되었다. 궁중에서 병풍을 만들려고 비단을 보내 글씨를 받았다고 할 정도였다. 이뿐 아니라 시에도 뛰어났다.

> 남긴 시가 전란에 산일되었는데, 집안에 소장된 것과 입으로 전승되던 것을 나중에 구해 보니 각체의 시 27수였다. 아, 수백 수천 수 중에 한두 편이리니 어찌 이리 적은가? 그러나 예전 소백옥(蘇伯玉)의 처나 사안(謝安)의 질녀 사도온(謝道韞)과 같은 부류가 그 이름이 지금껏 세상에 널리 알려져 있지만 그 말을 보면 「반중(盤中)」이나 「등산(登山)」 등 몇 편에 불과하니, 어찌 굳이 많을 필요가 있겠는가. 이에 합쳐서 기록하고 이름을 『설봉유고(雪峯遺藁)』라 하였으니 부인이 쓰던 자호를 취한 것이다.
>
> 판서 김시양의 『하담록(荷潭錄)』에 부인의 시 절구 2수를 실었는데 나누어 두 사람의 작품으로 만들었다. 시 가운데 서너 곳도 문집과 조금 다른데 모두 잘못 기록된 것이다. 다만 '방초(芳草)' 1구는 원래의 문집을 따르면 실점(失粘)이 되고 뜻이 별로 없지만 『하담록』을 따르면 실점이 되지 않고 뜻이 더욱 좋다. 이것은 아마 원래 문집의 착오인 듯하다. 문집에 잘못된 곳을 바로 고친 것이 아홉 글자고 의심스럽지만 그대로 둔 것이 다섯 글자다.
>
> 내가 전해지는 일에 대해서는 제법 상세하게 알지만 시에 대해서는 그다지 깊지 않기에 벗 이내초(李來初; 李仁復) 군에게 맡겨 서문을 짓게 하였다. 내초는 시에 깊이가 있고 시를 논함에 잘못이 없다. 그의 글을 얻어 후세에 보일 만하다. 이는 곧 연보(延甫; 申苛) 씨의 뜻이기도 하다.
>
> 부인은 천계(天啓) 신유년(1621)에 돌아가셨는데 생년은 알 수 없지만 도호 공의

연세를 통해 계산해보면 향년이 일흔 아래인 듯하다.[5]

이씨는 상당히 많은 시를 지었기에 당시까지 전하는 것만 27수요, 이를 묶어 문집으로 편집하고 자호를 따서 『설봉유고』로 이름하였다. 지금 전하지 않지만 조선에서 여성의 문집으로 가장 이른 것이라 하겠다. 이 문집은 신연(申䓍)이 편찬하고 이인복(1683-1730)이 교감과 서문을 맡았던 것을 이 기록에서 알 수 있다. 1550년 무렵 태어나 1621년 작고한 생몰년도 여기서만 확인된다. 성해응의 『초사담헌(草榭談獻)』에도 설봉 이씨의 행적을 소개하였는데 강박이 기술한 것을 요약한 것이므로 설봉 이씨의 행적이 상당히 널리 알려졌음을 짐작할 수 있다. 또 장지연의 『일사유사』에서도 이 작품을 소개하고 이씨의 행적을 소개하였는데 시집 1권이 있었지만 병화에 잃어버리고 전하는 것은 20여 수밖에 되지 않는다고 하였다.[6] 장지연이 20여 수를 본 것은 아니고 강박이나 성해응의 글을 보고 쓴 듯하다. 지금 전하는 작품은 한 수뿐이다.

그런데 강박은 김시양의 『하담록』에 이씨의 시 두 수가 다른 사람이 지은 것으로 실려 있다고 하였다. 그중 한 수가 위에 보인 작품이다. 실점이라 김시양이 바로잡았다고 하였는데 지금 전하는 글자로는 평측에 오류가 없다. 김시양의 저술로 『하담파적록(荷潭破寂錄)』, 『부계기문(涪溪記聞)』, 『하담집(荷潭集)』 등 여러 종이 전하지만 『하담록』이 어떤 것을 가리키는지 알 수 없거니와 다른 사람의 이름으로 되어 있다는 이씨의 시도 보이지 않는다.

5 姜樸, 위의 글.

6 장지연, 『일사유사』 권6.

32.
요절한 천재 시인 난설헌 허씨

난설헌(蘭雪軒) 허씨(許氏, 1563-1589)는 남녀를 통틀어 중국에 가장 널리 알려진 작가다. 호 난설헌은 난초와 서리처럼 깨끗한 삶을 지향하여 스스로 붙인 것이며 난설재(蘭雪齋)라고도 한다. 허균은 『학산초담』에서 "난설헌의 이름은 초희(楚姬)고 자는 경번(景樊), 호는 난설헌으로, 초당(草堂) 허엽(許曄)의 딸이며 서당(西堂) 김성립(金誠立)의 아내다."라 소개하였다.[1]

전겸익의 『열조시집』 등 대부분의 중국 문헌에는 경번이나 경번당이 이름 혹은 호로 된 데도 많다. '경번'은 '번(樊)'을 경모한다는 뜻인데 '번'이 누구인지 헷갈린다. 박지원(朴趾源)은 『열하일기(熱河日記)』에서, 남편 김성립 얼굴이 못생겨 그 벗들이 놀리면서 허씨가 두번천(杜樊川)을 사모한다는 뜻으로 조롱하여 이른 것이라는 세간의 설을 비판하고 사실과 다르다고 하였다.[2] 두번천은 미남자로 '오입쟁이 두목지(杜牧之)'로 일컬어지는 두목(杜牧)이다. 또 이름 초희는 원래 초 장왕(楚莊王)의 부인 번희(樊姬)를 이른다. 번희는 『열녀전』에 이름을 올린 여성으로, 초 장왕이 사냥을 좋아하자 짐승의 고기를 먹지 않음으로 사냥을 중지하게 한 고사를 남겼다. 초희라는 이름을 보면 번희를 사모하여 경번이라 한

1 許筠의 『鶴山樵談』(『寒皐觀外史』 소재) 이 대목은 원본에는 실려 있지 않고 후대 金鑢가 덧붙인 것이다. 이에 대해서는 임미정, 「학산초담 재고찰」, 『동방학지』 196(2021)에 자세히 밝혔다.

2 朴趾源, 「太學留館錄」, 『熱河日記』.

것이 옳을 듯하지만 남편의 잘못을 바로잡겠다는 뜻을 담았으니 좀 어색하다. 또 촉(蜀)의 명장 조운(朝雲)에게 버림받은 여성도 번부인(樊夫人)이고 당나라의 국색으로 시를 지어 배항(裵航)의 아내가 된 여성도 번부인이지만, 난설헌이 이들을 경모하였다고 보기는 더욱 어렵다. 백거이의 첩이 번소(樊素)지만 자신을 첩으로 낮추었을 리도 없다. 결국 오입쟁이가 아닌 뛰어난 시인으로서 두목을 경모한 것이라 보아야 할 것이다.

난설헌은 허엽의 딸이고 허성(許筬)과 허봉(許篈)의 아우이며 허균의 누이다. 김성립(1562-1592)에게 출가하여 아들과 딸을 하나씩 두었지만 모두 요절하였다. 8세 때 「백옥루상량문(白玉樓上梁文)」을 지은 것으로 유명하다. 문집 『난설헌집』이 전한다. 조선에 사신으로 온 주지번(朱之蕃)이 허균과 친분이 있어 그 문집을 중국에 가져가서 성대하게 전하였다. 전겸익의 『열조시집』에 그의 시가 많이 수록되었는데 남편이 죽은 후 여도사(女道士)가 되었다는 등 잘못된 내용이 많다.

난설헌에 대한 기록은 조선과 중국 양쪽에 매우 풍성하다. 우선 이수광의 『지봉유설』에 실린 것부터 보기로 한다.

> 난설헌 허씨는 정자(正字) 김성립의 처다. 근대 규수 중 제일인데 일찍 죽었다. 시집이 세상에 유행한다. 평소 금실이 좋지 못하였기에 원망하여 지은 작품이 많다. 그 「채련곡(采蓮曲)」은 이러하다.

맑은 가을 긴 호수는 벽옥이 흐르는 듯	秋淨長湖碧玉流
연꽃 수북이 핀 곳에 목란 배를 매어 두고	荷花深處繫蘭舟
강 건너 있는 낭군 보고 연밥을 던졌다가	逢郎隔水投蓮子
멀리서 남에게 들켜 반나절이나 창피하였네.	遙被人知半日羞

중국인들이 그 시집을 구입해갔는데 『이담(耳談)』에도 편입되어 있다. 김성립이 젊을 때 강가의 집에서 독서를 하는데 그 처 허씨가 시를 부쳤다.

제비가 처마를 비스듬히 치고 쌍쌍이 나는데	燕掠斜簷兩兩飛
떨어진 꽃잎이 요란하게 비단옷을 치네요.	落花撩亂撲羅衣
규방에서 보이는 것마다 봄을 상심하게 하니	洞房極目傷春意
풀 푸른 강 남쪽에서 사람이 오지 않으시기에.	草綠江南人未歸

이 두 작품은 유탕(遊蕩)하여 문집에 실리지 않았다고 한다.[3]

이수광은 같은 시대 사람이기에 난설헌에 대해 잘 알고 있었다. 그 때문에 남편과 금실이 좋지 않았다고 하고, 또 문집에 실리지 않은 작품을 소개할 수 있었다. 먼저 인용한 「채련곡」은 연밥을 따면서 부르는 노래인데, 주로 청춘남녀의 밀애를 다룬다. 으슥한 곳에 배를 대어 놓고 저 멀리 있는 남자친구에게 연밥을 던져 신호를 보내다가 남에게 들켜 낯이 화끈거렸다는 내용이다.[4]

「채련곡」은 주로 이러한 내용을 다룬다. 남자들이 지은 청춘남녀 사랑의 시도 제목으로 이를 표방하였다. 게다가 대부분의 「채련곡」은 여성 화자라는 가면을 쓰고 있어 남성 작가가 시적 화자와 동일시되는 위험도 피할 수 있다. 당연히 이런 시를 지었다고 해서 양반의 체면이 구겨지는 것은 아니다. 다만 위의 작품은 여성인 난설헌이 쓴 것이라는 점 때문에 옛날의 악부를 모방해서 쓴 것임에도 불구하고 시적 화자와 동일시되어 그 행실이 논란거리가 되었다. 『지봉유설』에서 이 작품이 '유탕'하여 문집에 실리지 않았다고 하였는데, 바로

3 李睟光, 『芝峯類說』 권14.

4 3구의 '遙被'는 '剛被'로 된 데도 있는데 딱 걸렸다는 뜻이다. 宋 劉子寰의 「三臺山」 "무단히 나뭇잎을 흘려보냈다가, 세인에게 딱 걸리고 말았네.(無端流菜葉 剛被世人知)"에서 용례를 찾을 수 있다.

시적 화자와 시인이 동일시됨으로써 생기는 오해 때문이었다. '유탕'은 방탕하다는 뜻이다. 남성 작가가 「채련곡」을 지었다면 아무도 그 행실을 문제 삼았을 리 없으니, 똑같은 「채련곡」이지만 작가가 여성이라 하여 이런 차별이 생긴 것이다.

그럼에도 이 작품은 후대 널리 전승되었다. 김려(金鑢, 1766-1822)의 「사유악부(思牖樂府)」에 "너 무엇을 그리워하는가, 그리운 것 북쪽 바닷가라네. 영산옥이 잘게 쓴 해서는 강세황과 비슷한데, 푸른 비단 끝에다가 경번의 시를 썼다네.(問汝何所思 所思北海湄 玉嫂細楷似光之 綠錦端題景樊詩)"로 시작하는 시가 있다.[5] 귀양지 부령(富寧)에서 서배수(徐配修)의 첩이 된 기녀 영산옥(甯山玉)이, 시서화로 이름을 떨치고 있던 강세황(姜世晃, 1713-1791)의 필체로 난설헌의 이 작품을 쓴다 하였으니 기녀들에게까지 널리 전송된 것을 알 수 있다.

빙허각 이씨의 『청규박물지』에서도 『지봉유설』의 내용을 옮긴 다음 "그 시집이 중원까지 행세하니 다 기록하지 아니하고"라 하면서 이 작품을 소개하였다.[6] 다만 '유탕'하여 문집에 실리지 않았다는 말은 없앴으니, 이수광과는 달리 이 작품을 좋게 제대로 본 것이라 하겠다. 또 『청규박물지』에서는 「채련곡」에 이어 봉선화로 손톱을 물들이는 여인을 두고 지은 「금봉화염지가(金鳳花染指歌)」의 "거울을 드니 유성이 한밤 달빛에 흐르는데, 눈썹을 그리니 붉은 비가 봄 산을 지나가네.(撫鏡火星流夜月 拂眉紅雨過春山)"[7]를 소개하고 "이 글이 명나라 사람의 시집에서 취한 것이오."라 하였다. 또 「유선사(遊仙詞)」 중 2편과 「송궁인입도(送宮人入道)」 1수는 당시 가운데서 취한 것이라 하였다. 이 역시 『지봉유

5 金鑢, 「思牖樂府」, 『藫庭遺藁』 권5.

6 "가을이 당호의 조하 벽옥이 흐르니 년꼿 집흔 곳의 목난쥬을 ᄆᆡ얏도다 낭을 만나 물을 격ᄒᆞ야 년ᄌᆞ를 더지다가 먼 ᄃᆡ 사ᄅᆞᆷ의 아ᄂᆞᆫ 거슬 닙어 반일을 붓그려 ᄒᆞ난도다"로 번역하였다.

7 "거울을 믠지니 불별이 흰 달의 흐르고 눈셥을 썰치니 불근 비가 봄 산의 자ᄂᆞ더라"로 풀이되어 있다.

설』의 기사를 조금 바꾼 것이다.[8]

두 번째로 인용한 작품은 「강가의 집에 책을 읽으러 간 남편에게 부치다(寄夫江舍讀書)」로 알려져 있다. 쌍쌍이 나는 제비가 스칠 듯 처마로 날아들고 봄도 저물어 꽃잎이 치마에 떨어진다. 아름다운 봄을 사랑하는 사람과 함께 누리지 못하여 상심에 젖는다. 이 작품도 '규원'의 전통을 따르고 있어, 난설헌의 시가 대개 그러하듯 시적 화자가 난설헌과 일치한다고 보기 어렵다. 그럼에도 제목에서 명기하듯 실재한 상황에서 제작된 것일 수도 있다. 이 작품의 배경은 정태제의 『국당배어』에 자세하다. 다음은 신흠(申欽)의 말을 인용한 대목이다.

> 내가 젊을 때 김성립과 다른 벗의 집을 빌려 함께 과거 공부를 하였다. 벗이 유언비어를 만들어 김성립이 창루에 놀러 갔다고 하였는데 여종들이 이를 듣고 허씨에게 몰래 고자질하였다. 하루는 허씨가 맛난 안주를 갖추어 준비하고 큰 백자병에 술을 가득 담았다. 그리고 병의 배에다 시를 한 구절 써서 보내었다. "낭군은 절로 무정한 사람이라, 함께한 분 그 누가 멋대로 이간질하시나.(郎君自是無情客 同接何人縱半間)"라 하였다. 내가 그때 비로소 허씨가 시에 능하고 기개가 호탕하다는 것을 알게 되었다.[9]

신흠이 직접 겪은 일이라 하니 믿을 만하다. 난설헌이 남편과 불화가 있었

8 『芝峯類說』에는 난설헌의 시가 "거울을 닦자 유성이 한밤 달빛에 흐르는데, 눈썹을 그리니 붉은 비가 봄 산을 지나가네.(拂鏡火星流夜月 畫眉紅雨過春山)"에서 點化한 것이라 하였다. 이 구절은 明 李春熙의 『道聽錄』 등에 明 邱濬(1418-1495)의 작품으로 되어 있는데 清 張英의 『淵鑒類函』에는 작가가 元 楊維楨(1296-1370)으로 되어 있다. 『蘭雪軒詩集』의 「染指鳳仙花歌」에서 "喜看火星拋鏡面"과 "只疑紅雨過春山"이라는 구절을 두고 이수광이 표절의 혐의가 있다고 이렇게 비판한 것이다. 『清閨博物誌』에서 이를 잘못 이해하여 난설헌의 작품으로 인용하였다. 또 이수광은 「遊仙詞」는 唐 曹唐의 시에서, 「送宮人入道」는 明 唐震의 시에서 가져온 것이라 하였는데 『清閨博物誌』에서는 이를 생략하였다.

9 鄭泰齊, 『菊堂俳語』(국립중앙도서관 소장). 미국 버클리대학교 소장 『東詩零言』에도 같은 내용이 인용되어 있다.

다는 사실은 아우 허균의 진술에 보이지만 이 기록을 보면 이때까지는 금실이 나쁘지 않았다. 남편의 바른 행실을 믿고 있기에 재치 있게 시를 짓고 술병에다 써서 보내어 남편을 옹호하였다. 술병에 시를 적어 보낸 데서 난설헌의 시재와 함께 호탕한 성품을 보게 한다.

난설헌의 시가 중국에까지 널리 전하게 된 것은 아우 허균과 명 주지번의 힘이 컸다. 이수광은 난설헌의 시가 중국의 『이담』이라는 책에까지 실렸다고 하였는데 『이담』은 명 왕동궤(王同軌)의 저술이다. 여기에는 난설헌의 시가 보이지 않으니, 같은 책인지는 알 수 없다. 허균은 누이의 시가 뛰어나다면서 『국조시산』에서 많은 양을 할애하였고 또 『학산초담』에서도 거듭 여러 편을 소개하였다.

누님이 평상시에 또한 꿈에서 지은 시에서 이렇게 말하였다.

벽해는 요해를 적시고	碧海浸瑤海
청란은 채란에 기대 있는데	青鸞倚彩鸞
스물일곱 송이 핀 연꽃이	芙蓉三九朶
찬 달빛 아래 붉게 지누나.	紅墮月霜寒

이듬해 세상을 떴는데 27세였다. 향년의 수가 이와 같으니 미리 정해진 사람의 운명을 어찌 벗어날 수 있겠는가? 누님의 시문은 모두 천부적인 것인데 유선시를 즐겨 지었다. 시어가 모두 맑고 시원하여 불 때서 지은 밥을 먹은 보통 사람이 이를 수 있는 것이 아니다. 문장 또한 기굴(奇崛)한데 사륙문(四六文)이 가장 아름답다. 「백옥루상량문」이 세상에 전한다. 중형(仲兄)이 예전에 "경번의 재주는 배워서 이를 수 있는 것이 아니다. 대개 이태백이나 이장길(李長吉)이 남긴 음조라 하겠다."라고 한 적이 있다. 아, 태어나 금실이 좋지 못하였고 죽어서 제사까지 끊어졌으니, 아름다운 옥이 부서졌다는 통곡이 어찌 끝이 있겠는가?[10]

허균은 누이가 천부적인 자질로 시를 지었고 특히 유선시를 즐겨 지었는데 신선의 경지에 들었다고 하였다. 사륙문으로 지은 「백옥루상량문」이 특히 아름답다고 하면서 중형 허봉의 말을 인용하여 당의 시인 이백이나 이하(李賀)의 경지에 이르렀다고 고평하였다. 그러면서 살아서는 가정이 화목하지 못하여 불행하였고 자식을 두지 못해 죽어서도 제사를 지내줄 사람이 없다고 슬퍼하였다. 송의 황정견(黃庭堅)이 요절한 그의 여동생을 위해 「부서진 옥(毁璧)」이라는 시를 지었는데 이 고사를 빌려 통곡하였다.

이 시는 『난설헌시집』과 장지연의 『대동시선』 등에 「꿈에 광상산을 유람하고(夢遊廣桑山)」로 실려 있다. 꿈에서 본 선경 광상산을 그렸다. 광상산은 동해에 있다는 신선이 사는 산으로 공자(孔子)가 광상진군(廣桑眞君)이 되어 이곳을 다스린다고 한다. 『해내십주기(海內十洲記)』에 따르면 동해의 동쪽 해안에 있는 부상(扶桑)에서 육지로 올라가 만 리를 가면 벽해(碧海)가 나온다고 한다. 또 곤륜산 꼭대기에 요해(瑤海, 瑤池라고도 한다)가 있는데 서왕모가 주 목왕(周穆王)을 맞아 연회를 베푼 곳이다. 봉황새 중 붉은 것을 봉(鳳)이라 하고 푸른 것을 난(鸞)이라 하는데 신선이 타고 다닌다. 채란(彩鸞)은 오색빛깔이 아름다운 봉황새다. 벽해와 요해가 이어진 곳에 난새가 서로 어울려 노닐고 있다. 그곳에는 27송이의 연꽃이 피어났다가 차가운 서리를 맞은 달빛에 붉은 꽃잎이 떨어진다. 환상적인 선경을 묘사한 것이지만, 27송이의 연꽃이 떨어진다고 한 데서 시가 인간의 운명을 미리 알려 준다는 시참(詩讖)이 되어, 난설헌이 27세에 속세를 떠난 것이다. 꿈속에서 선계를 보면 얼마 후 죽음에 이르는 것이 고전 시학의 전통적 해석이다.

이 작품은 신위(申緯)의 「동인논시(東人論詩)」에서 다룰 만큼 난설헌의 대표작으로 인정되었다. "규방의 여인도 이름나는 것 꺼리니, 인간 세상 난설헌은

---

10 許筠, 『鶴山樵談』(『寒皐觀外史』 소재).

이설이 분분하였네. 붉게 떨어진 연꽃 스물일곱 송이로, 돌아가는 길에서 웃으며 광한궁을 가리키네.(閨媛亦忌盛名中 蘭雪人間議異同 紅墮芙蓉三九朶 歸程笑指廣寒宮)"라 하였다.[11] 신위는, 난설헌이 "규방의 제일(閨媛中第一)"이지만, 홍경신(洪慶臣), 허적(許樀)이 지적한 대로 난설헌의 시가 한두 편을 제외하고 모두 다른 사람의 것이고 「백옥루상량문」도 허균이 지은 것이라 가소롭다고 하였다. 인간 세상에서의 분분한 의론이라는 것이 이를 가리킨다. 그리고 난설헌이 이 시에서 암시한 것처럼 27세 때 신선이 사는 광한궁으로 돌아갔다고 하였다.

황현(黃玹)도 시로 시를 논하는 시를 지어 "초당의 집안 세 그루 보배 나무 중에서, 제일가는 신선의 재주는 경번이었네. 속진에서 오래 머물지 못할 것을 알았기에, 연꽃이 처량하게 찬 달빛을 띠고 있네.(三株寶樹草堂門 第一仙才屬景樊 料得塵寰難久住 芙蓉凄帶月霜痕)"라 하였다.[12] 초당 허엽이 낳은 삼형제 중 난설헌의 시가 가장 선취가 있다고 하면서 이 시를 들었다. 난설헌의 시 3구와 4구에 보이는 '부용(芙蓉)'과 '월상(月霜)'을 끌어들여 4구를 구성하였는데 시를 논하는 시 '논시(論詩)'의 특징이다. 신위의 논시에서는 3구가 그러하다.

난설헌의 작품은 후대 세인의 인구에 회자된 것이 무척 많다.[13]

남들은 강남땅 즐겁다 하지만	人言江南樂
나는 강남땅 시름을 보았지요.	我見江南愁
해마다 백사장 포구 입구에서	年年沙浦口
애간장 끊으며 돌아올 배 바라보니.	腸斷望歸舟
손으로 무쇠 가위를 잡으려니	手把金剪刀

11 申緯, 「東人論詩」, 『警修堂全藁』 17책.

12 黃玹, 「讀國朝諸家詩」, 『梅泉集』 권4.

13 김려가 『학산초담』에 덧붙여 소개한 난설헌의 시를 보인다. 「강남곡(江南曲)」, 「빈녀음(貧女吟)」 두 편이다.

밤이 차서 열 손가락 곧아지네.	夜寒十指直
남을 위해 시집갈 옷을 짓지만	爲人作嫁衣
해마다 도리어 외롭게 잔다네.	年年還獨宿

「강남곡」은 다섯 수의 연작인데 일부가 『국조시산』, 『기아』에 선발되어 있다. 『국조시산』에는 두 수가 더 실려 있는데, "호리에 달이 막 돋았는데, 연밥 따서 한밤에 돌아오네. 작은 배로도 언덕 가까이 가지 마세, 원앙새 놀라 날아갈까 겁이 나니.(湖里月初明 采蓮中夜歸 輕橈莫近岸 恐驚鴛鴦飛)", "강남의 마을에서 나고 자라, 젊은 시절 이별이 없더니, 어찌 알았으랴, 열다섯 나이에, 뱃사공에게 시집가게 될 줄을.(生長江南村 少年無別離 那知年十五 嫁與弄潮兒)"로 되어 있다. 「강남곡」은 악부제의 하나로 연밥을 따면서 사랑을 희구하거나 사랑하는 사람과의 밀애, 상인이나 사공에게 시집을 가는 등의 내용을 다루고 있다. 난설헌은 이 연작시의 첫째 작품에서는 사랑하는 사람과의 이별을, 둘째 작품에서는 사랑하는 사람을 만나지 못한 안타까움을, 세 번째 작품에서는 이별 많은 뱃사공과 혼인하게 된 일을 다루었다.

「강남곡」은 악부제 강남롱(江南弄) 칠곡(七曲) 중 하나로 민가풍의 노래다. 강남악(江南樂), 강남요(江南謠) 등으로도 불린다. 노동하면서 부르는 남녀의 사랑 노래에서 출발하여 중국 남북조 시대에 크게 유행하였다. 고려 말 정몽주(鄭夢周) 이래 이달(李達), 이수광, 정두경(鄭斗卿) 등 조선 중기 시인들이 즐겨 이러한 계열의 의고풍 한시를 지은 바 있다. 난설헌의 시 중에 표절이 많다는 비판이 있었거니와 명 이시행(李時行)의 「강남락(江南樂)」에 "사람들 강남 즐겁다 하니, 강남은 정말 사납지 않다네.(人言江南樂 江南信不惡)"와 같은 동일한 표현이 보인다.

「빈여음」이라는 제목은 가난한 여성의 한탄을 노래한다는 뜻인데, 당의 정곡(鄭穀), 송의 문천상(文天祥) 등이 같은 제목으로 시를 지은 바 있다. 허균의

『국조시산』과 장지연의 『대동시선』에 두 수가 더 실려 있는데 "어찌 용모가 남에게 빠지겠으며, 바느질도 잘하고 길쌈도 잘하건만, 어릴 적 가난한 집안에서 자라, 좋은 중매꾼이 알아주지 않네.(豈是乏容色 工針復工織 少小長寒門 良媒不相識)", "깊은 밤 베 짜기를 쉬지 않아, 칙칙 찬 베틀 소리 울리지만, 베틀에 걸린 한 폭의 비단은, 끝내 그 누구의 옷이 될는지!(夜久織未休 戛戛鳴寒機 機中一匹練 終作阿誰衣)"로 되어 있다. 민백순의 『대동시선』에는 세 수 모두 선발되었다.

첫 번째 작품은 당 장벽(張碧)의 「빈녀(貧女)」 "고운 얼굴이 아니겠으며, 베 짜는 일 모르겠는가마는, 절로 가난한 집에서 태어나, 좋은 중매쟁이 만나지 못하였다네.(豈是昧容華 豈不知機織 自是生寒門 良媒不相識)"를 표절한 감이 없지 않지만 구법의 변화가 느껴진다. 두 번째 작품 역시 당 진도옥(秦韜玉)의 「가난한 여인(貧女)」 "열 손가락 바느질 솜씨 좋다 자랑하랴, 두 눈썹 길게 그리려 다투지 않는다네. 해마다 금실로 옷 짜는 것 괴롭게 한탄하니, 남 시집갈 때 입는 옷을 장만하는 것이기에.(敢將十指誇鍼巧 不把雙眉鬪畫長 苦恨年年壓金綫 爲他人作嫁衣裳)"의 뜻을 이으면서도 짧은 악부풍의 오언절구로 바꾸었다는 점이 묘미가 있다.

또 두 번째 작품은 전겸익의 『열조시집』에 유여주의 처 임벽당의 것으로 되어 있는데 한치윤이 『해동역사』에 이 기사를 인용할 때 난설헌의 문집에 실려 있는 것을 알고 그의 작품으로 바로 잡았다. 청 강희제의 명으로 편찬한 『사조시(四朝詩)』에도 유여주의 처 작품으로 실었지만 난설헌의 것이다.

홍만종의 『소화시평』에는 대표작으로 다음 「궁사(宮詞)」를 뽑았다. 민백순의 『대동시선』에도 선발되어 있다.

목욕재계한 가을 전각 밤이 막 깊어 가는데	淸齋秋殿夜初長
궁녀를 용상 가까이 오도록 하지 않으시기에	不放宮人近御床
때때로 가위 쥐고 월나라 비단을 재단하여	時把剪刀裁越錦
촛불 앞에서 붉은 원앙새 한가히 수놓는다네.	燭前閒繡紫鴛鴦

궁사는 궁중의 생활을 칠언절구로 묘사하는 전통이 있으며 당 왕건(王建), 고황(顧況), 장호(張祜) 등의 작품이 널리 알려져 있다. 조선에서는 성간(成侃), 성현, 이달, 이수광, 신흠, 허균, 김상헌, 정두경, 신정(申晸) 등이 여러 편을 남긴 바 있다.

이 작품은 임금의 사랑을 입지 못한 궁녀의 비애를 그렸다. 밤이 깊어 가는데도 임금이 불러 주지 않아 원앙새를 수놓으면서 외로움을 달랜다고 하였다. 신흠의 『청창연담(晴窓軟談)』에는 허균이 세상에 잘 알려지지 않은 시를 표절하여 끼워 넣은 것이 많다면서 이 작품을 예로 들었다. 과연 1구는 왕건의 "목욕재계한 가을 전각 물시계 소리 긴데, 자미궁의 궁녀는 밤에 향을 태우네.(秋殿清齋刻漏長 紫微宮女夜焚香)"에서 가져온 표현이다.

난설헌의 이 「궁사」는 『난설헌시집』에 20수 연작으로 실려 있다. 『국조시산』에는 이 작품 외에 "새로 뽑힌 궁인이 임금의 침상에서 숙직하니, 비단 병풍 안에 향긋한 합환주를 처음 내리시네. 내일 아침에 내시가 와서 내게 묻는다면, 웃으며 가슴에 찬 작은 패물 주머니 가리켜야지.(新擇宮人直御床 錦屛初賜合歡香 明朝阿監來相問 笑指胷前小佩囊)"를 더 뽑았다. 첫 번째 작품과 반대로 임금의 사랑을 입게 된 궁녀의 기쁨을 노래하였다. 임금과 합환주를 마시고 잠자리를 들면서, 아침에 내시가 임금을 잘 모셨는지 물어본다면, 임금에게 선물로 받은 패물을 가리키며 웃을 것이라 하였다. 민백순의 『대동시선』에도 선발되어 있다.

난설헌은 조선 최고의 여성 작가로 조선과 중국에 널리 알려졌거니와 그의 대표작도 무척 많다. 민백순의 『대동시선』에는 오언절구 「빈여음」 3수, 칠언절구 「궁사」 2수, 「유선사」 8수, 오언고시 「견흥(遣興)」, 칠언절구 「망선요(望仙謠)」, 「상현요(湘絃謠)」 등 많은 작품이 더 선발되어 있으며, 장지연의 『대동시선』에는 「최국보체를 본받아 짓다(效崔國輔體)」, 「새하곡(塞下曲)」, 「입새곡(入塞曲)」, 「유선사」, 「꿈속에서 짓다(夢作)」, 「도관으로 들어가는 궁녀를 보내며(送宮

人入道)」, 「변방에서(塞上)」, 「선계를 바라보며(望仙謠)」, 「상수에서 거문고 타며 부르는 노래(湘絃謠)」 등 여러 수가 더 실려 있다.

앞서 난설헌의 시가 염정한 악부풍의 시에 능하고 유선시에 특장을 보였다고 하였거니와 현실을 담은 작품은 많지 않다. 다만 그의 오빠를 보내면서 지은 「둘째 오라버니의 고원 망고대 시에 차운하다(次仲氏高原望高臺韻)」는 여느 남성 작가의 작품에 못하지 않는 웅혼한 미감을 발휘하기에 소개한다.

층층 누대 하나가 높다랗게 솟아 있는데	層臺一柱壓嵯峨
서북의 뜬구름이 변새에 접하여 가득하네.	西北浮雲接塞多
철원에는 패도를 꿈꾼 용이 사라졌는데	鐵峽霸圖龍已去
목릉에는 가을빛의 기러기가 막 지나가네.	穆陵秋色雁初過
산은 대지를 돌아 세 군을 삼키고 있는데	山回大陸呑三郡
강은 평야를 갈라 온갖 하천을 받아들이네.	水割平原納九河
만 리 먼 곳에 올라 보니 해가 저무는데	萬里登臨日將暮
취하여 긴 칼 짚고 홀로 슬픈 노래 부르네.	醉憑長劍獨悲歌

허봉이 1578년 2월 함경도 순무어사(巡撫御史)로 나갔을 때 지은 시를 보고 난설헌이 차운한 것인데 허봉의 원시는 전하지 않는다. 장지연의 『대동시선』에도 뽑혀 있거니와 전겸익의 『열조시집』, 주이준의 『명시종』 등에도 선발되어 있다. 특히 청 심덕잠(沈德潛, 1673-1769)은 『명시별재(明詩別裁)』에서 이 시는 풍격과 의경이 모두 아름다운데도, 전겸익이 명의 의고파인 전후칠자(前後七子)의 시와 닮았다 하여 폄하하였다는 주석을 붙였다. 전후칠자는 웅장한 시 세계를 추구하여 고대의 시를 전범으로 하여 의고적 성향이 강한데 난설헌의 이 작품 역시 그러하다는 뜻이다. 왕업을 꿈꾼 궁예(弓裔)가 근거로 삼은 철원(鐵原)을 이르는 철협(鐵峽), 태조 이성계의 고조부 목조(穆祖)의 덕릉(德陵)을 가리키는 목릉(穆陵) 등의 고유명사를 구사하였고, 삼군(三郡)과 구하(九河)에서 숫자로 대를

하면서 '회(回)'와 '할(割)', '탄(呑)'과 '납(納)'과 같은 역동적인 동사를 병치한 것이 이러한 평을 듣게 한 것이다. 중국 문헌에는 마지막 구가 "술에 취해 푸른 산에 기대 홀로 슬픈 노래 부르네.(醉憑青嶂獨悲歌)"로 되어 있는데 뜻과 미감 자체는 크게 다르지 않다. 석양에 높은 곳에 올라 강개한 정을 토로하는 허봉의 호탕한 모습을 이 시에서 떠올릴 수 있다. 이래서 이 시가 명작이다.

33.
규방의 제일대가 옥봉 이씨

조선 중기를 대표하는 여성 작가는 난설헌 허씨(1563-1589), 옥봉(玉峯) 이씨(李氏, ?-1592), 매창(梅窓) 계생(桂生, 1573-1610)이라 할 수 있다. 이들은 양반가의 부인과 첩, 그리고 기녀로 신분이 다른데 각기 그 신분을 대표하는 작가라 하겠다.

옥봉 이씨의 행적은 남편 운강(雲江) 조원(趙瑗, 1544-1595)의 후손 조정만(趙正萬, 1656-1739)이 소상한 기록을 남겼다.

> 나의 고조부 운강 조원 공에게 소실 이씨가 있었는데 곧 왕실 계보의 끝자락에 있는 사람이다. 나면서 총명하고 기이하여 그 부친이 기특하게 여기고 예뻐하여 문자를 가르쳤더니 알아듣는 것이 묘하여 남들보다 뛰어났고 또 좋아하는 바가 벽이 되었다. 그 부친이 해마다 서적을 구매하여 읽을거리로 삼게 하니 시문의 재주가 날로 진보하였다. 시가 가장 뛰어나 천기에서 나왔기에 도습하지 않았지만 의경이 한가하고 운치가 우아하며 음조가 맑고 고왔다. 당나라 천보(天寶)와 정시(正始) 연간의 뛰어난 음조를 가져, 실로 규방의 제일이 되었다.
>
> 그 재주를 자부하여 가벼이 남의 작품을 인정하려 않았고, 일세에 재주와 명망이 높은 사람을 찾아 함께하려 하였다. 그 부친이 그 뜻을 깊이 알아 남편감을 구하였지만 되지 않았는데, 운강 공이 평소 성대한 명망이 있음을 듣고 명함을 가지고 가서 만나 사실대로 고하였는데 운강 공은 허락하지 않았다. 마침내 신암(新菴) 공

에게 찾아가서 그 사정을 다시 말하였다. 신암 공은 곧 운강 공의 장인인 판서 이준민(李俊民) 공인데 이 말을 듣고 웃으며 허락하였다. 운강 공에게 가서 "자네는 어찌 아무개의 간청을 듣지 않는가?"라 하니 운강 공이 "나이가 어린 관리로서 어찌 번거롭게 소실을 들일 수 있겠습니까?"라 하였다. 신암 공이 웃으며 "이는 대장부의 일이 아닐세."라 하고 마침내 날을 택해 데려오게 하였다. 그 용모도 재주처럼 뛰어나 신암 공도 또한 기특하게 여겼다.

운강 공이 이조좌랑에서 괴산군수로 보임되었으며 후에 삼척부사, 성주목사로 임명되었는데 이씨가 늘 따라다녔다. 영월(寧越)로 가는 도중에 시를 지었다.

한양에서 닷새 길을 사흘 만에 넘으니	五日長干三日越
애달픈 노래가 노릉의 구름에 끊어졌네.	哀辭吟斷魯陵雲
저 자신도 또한 왕손의 여식인지라	妾身亦是王孫女
이 땅 두견새 소리 차마 듣지 못하겠네.	此地鵑聲不忍聞

그 노래가 처절하고 격정적이라 충절을 지닌 신하나 선비의 말 같다.

운강 공이 관아에서 물러나 한가하게 있을 때 어떤 이가 달력을 구하고자 하였는데 가지고 있던 것이 없어, 공이 이씨로 하여금 답을 하게 하였다. 이에 이씨가 "어찌 남산의 중에게 빗을 빌리지 않나요?"라 하였다. 비록 한마디 말이라 하더라도 그 재주가 너무 드러난 것을 볼 수 있다.

일찍이 평소 알던 이웃의 여인이 와서 제 남편이 다른 백정에게 도둑으로 몰렸다면서 운강 공에게 형조(刑曹)에 편지 한 통을 보내 그 죄를 면할 수 있게 해 달라고 하였다. 이씨가 무척 가련하게 여겼지만 운강 공에게 알릴 수 없어 이에 "내가 감히 편지를 청할 수 없지만 마땅히 자네를 위해 소장의 글을 써 주겠노라."라 하고 절구 한 수를 썼다.

세수할 때 대야가 거울이 되고	洗面盆爲鏡
머리 빗을 때 물을 기름 삼지요.	梳頭水作油

첩의 신세가 직녀가 아닐진대	妾身非織女
낭군이 어찌 견우가 되겠나요?	郎豈是牽牛

형조의 여러 관리가 보고서 크게 놀라 "네 소장의 말은 누가 쓴 것인가?"라 캐물으니, 그 여인이 황급하여 곧이곧대로 말하였다. 여러 관리가 그 죄가 원통하다고 여겨 풀어 주고는 그 시를 소매에 넣고 운강 공을 찾아가, "공께서 이러한 기이한 재주꾼을 데리고 계신데도, 우리들이 빨리 알지 못하게 하였으니 한스럽소."라고 하였다. 운강 공은 손님을 전송한 후 마침내 이씨를 불러 내쫓으며 이렇게 말하였다.

"자네는 여러 해 나를 따랐는데 잘못한 것이 없더니, 지금 어찌 백정의 아내를 위해 시를 지어 주어, 국가의 죄인을 풀어 주게 하고 사람의 이목을 시끄럽게 하였는가? 이는 크게 불가한 일이라, 바로 자네 집으로 돌아가게."

이씨가 울면서 사죄하였지만 운강 공은 끝내 듣지 않았다. 이씨는 마침내 다시는 운강 공을 모시지 못하고 여러 해 친정으로 돌아가 살다가 이런 시를 지었다.

묻노니 근래 안부는 어떠하신지요?	近來安否問如何
달빛 드는 고운 창에 제 한이 많아요.	月到紗窓妾恨多
꿈속의 혼이 오가는 자취를 남긴다면	若使夢魂行有迹
집 앞 돌길이 벌써 모래가 되었겠지요.	門前石逕已成沙

말의 뜻이 비절하여 사람을 깊이 감동하게 하지만 운강 공은 끝내 돌아오도록 허락하지 않았으니 가법이 매우 엄함을 볼 수 있다.

후에 임진왜란을 만났을 때 이씨는 끝내 절개를 지켜 죽었다. 중국인들도 그 시를 기특하게 여기고 그 절개를 고평하여 그가 지은 시를 채록하여 『열조시집』에 수록하고 규수 옥봉 이씨라 칭하였다. 그 아래 다시 "한림 승지 조 아무개의 첩으로 임진왜란을 만나 죽었다. 이른바 옥봉이라는 것은 평소의 자호인 듯하다."라 썼다.

아, 얼음과 백옥 같은 절조를 가지고 수놓은 비단 같은 재능을 지녀 입을 열어 시를 읊조리면 바로 찬란한 문장을 이루었다. 재주 있는 사람을 구하기 어려운 시대를 맞아 규방의 여성 중에서 이런 분이 나왔으니 실로 또한 기이하다. 좋은 새가 나무를 골라 깃들이듯 그런 뜻을 품고서 군자의 의관을 받드는 여인이 되었으니, 뜻하는 바를 이루었고 갈 곳을 얻었다고 하겠다.

그러나 「견우(牽牛)」 한 편의 시가 끝내 짝 잃어 외로운 난새의 원망을 만들게 하였으니, 어찌 그리 운명이 박복하였던가? 세상에서 논하는 자들은 대인군자가 널리 포용하는 도리로 그냥 용납해도 해될 것이 없다고 말하는 이도 있으니, 이 역시 그럴 수도 있다. 우리 선조께서 관대하고 인자하셨으니 이렇게까지 할 필요는 없었겠지만 그 재주가 너무 승한 것을 미워해서 그러한 것이 아니었겠나? 비록 그렇기는 하지만 그분은 운강 공을 원망하지 않고 스스로 몸을 바르게 하여 창칼이 부딪치는 때에 절조를 지켜 그 이름이 동방에 퍼졌을 뿐만 아니라, 끝내 온 천하 사람들이 가상하게 여기게 되었으니, 비록 살았을 때는 액운이었지만 죽어서 불후하게 된 것은 위대하다 하겠다. 어찌 아름답지 않은가?

그 남동생 이순남(李舜南)이라는 사람도 또한 문학에 능하여 참의(參議) 서문상(徐文尙)과 재상 서문중(徐文重) 형제가 집에 들여 공부시켰으니, 그 또한 일을 상세하게 알았다.[1]

옥봉은 양녕대군(讓寧大君)의 고손자로, 군수를 지낸 이봉(李逢, 1526-?)의 서녀다. 이봉은 옥봉의 글재주를 기특히 여겨 해마다 책을 구입해 읽게 하였고 이에 그 문재(文才)가 나날이 좋아질 수 있었으며 마침내 조선 전기 최고의 여성 작가가 될 수 있었다. 위 문제 때 둔 여성의 벼슬을 이르는 숙원(淑媛)의 별칭을 얻어 이숙원으로도 불렸다.

스스로 재주 있는 사람의 아내가 되고자 하였고 젊고 뛰어난 조원을 선택

---

1 趙正萬, 「李玉峰行蹟」, 『寤齋集』 권3.

하여 그의 소실이 되었다. 조원의 장인인 이준민(1524-1590)이 이들의 만남을 적극적으로 도왔다. 당시 여성의 혼기를 생각하면 옥봉은 1560년 전후한 시기 태어나 열대여섯 살 이전에 후실로 간 듯하다.

조원은 본관이 임천이고 자가 백옥(伯玉)이며 조식(曺植)의 문하에 출입하였다. 전의이씨 사이에 낳은 아들 조희일(趙希逸, 1575-1638)의 명망이 높다. 조원은 1564년 진사시에서 장원을 차지하였는데 이때 생원시의 장원은 율곡 이이였다. 1572년 문과에 급제하고 예문관, 홍문관 등 청직에 바로 임용되었으니 장래가 촉망되던 젊은이였음에 틀림없다. 이 무렵 옥봉을 소실로 들인 듯하다. 이후 1579년 괴산군수, 1583년 삼척부사, 1585년 성주목사 등으로 나갔는데 그때마다 옥봉이 함께하였다.

옥봉의 남동생 이순남이 서문상(1630-1677)과 서문중(1634-1709) 형제의 숙사(塾師)였다고 한 데서도 옥봉이 무척 어린 나이에 조원의 소실로 들어갔음을 짐작할 수 있다. 『학산초담』에 옥봉의 아우도 시에 능했다고 하면서 "창 열고 새벽 달빛 아래 거니노라니, 이슬은 매화 가지에 함초롬히 맺혔네.(開窓步曉月 露濕梅花枝)"를 소개한 바 있는데 이 아우가 이순남인 듯하다.

조정만은 고조부 조원의 소실인 옥봉의 삶과 문학을 가장 자세히 기록으로 남겼다. 탁월한 시재와 함께 열행(烈行)을 높게 평가하고, 재승덕박(才勝德薄)하여 살아서는 불행하였지만 죽어서 세인에게 영원히 기억될 수 있어 다행이라 하였다. 그의 작품은 『명시종』, 『열조시집』, 『명원시귀』 등에 수록되어 중국에까지 알려졌다. 안왕거의 「동시총화」에는 "이옥봉이 지은 시고를 가슴에 품고 강에 빠져 죽었는데, 시신이 중국 강남으로 흘러가 중국 사람이 건져서 장사지내고 또 비석을 세워 주었다. 그녀의 시가 『황명시집(열조시집)』에 수록된 까닭이 이 때문이다."라 하였다.[2] 그 근거는 알 수 없다. 아무튼 중국까지 전

2 『매일신보』(1917. 7. 14).

해진 시명 덕에 옥봉의 시는 상당한 수량이 지금까지 전하고 또 1740년에 간행된 『가림세고』의 부록에 한시 32편이 수록될 수 있었다.

조정만은 옥봉의 시 세 편을 소개하였다. 첫 번째 작품은 그의 대표작 중 하나로, 허균의 『국조시산』과 민백순의 『대동시선』에 「영월도중(寧越道中)」으로,[3] 유근(柳根)의 『속청구풍아(續青丘風雅)』에 「관동에 갈 때 노릉을 지나면서(征關東過魯陵)」로 실려 있다. 허균의 『학산초담』, 이수광의 『지봉유설』, 이덕무의 『청비록』, 윤순거(尹舜擧)의 『노릉지(魯陵誌)』 등 많은 문헌에도 언급된 바 있다. 문헌에 따라 글자가 제법 다른데, 특히 『국조시산』에는 1구와 2구가 "천 리 긴 관문을 사흘에 넘어가니, 슬픈 노랫소리 노릉의 구름에 끊어지네.(千里長關三日越 哀歌唱斷魯陵雲)"로 되어 있다. 또 유성룡은 제2구를 "봄바람에 노릉의 구름 아래 말을 세웠네.(東風立馬魯陵雲)"로 소개한 바 있다.[4]

단종(端宗)은 수양대군에게 왕위를 물려준 뒤 노산군(魯山君)으로 강봉(降封)되어 영월로 유배되고 서인으로 죽었다. 숙종 24년(1698)에 복위되어 장릉(莊陵)으로 정해지기 전까지 그의 묘는 그냥 노릉(魯陵)으로 일컬어졌다. 복위되기 전까지는 노산군으로 불렸다.

옥봉은 자신이 서녀의 신분이지만 양녕대군의 후손으로 노산군과 같은 성씨인지라 초라한 노릉에 우는 두견새 울음이 슬프게 들렸다. 장간(長干)은 원래 남경(南京)의 골목 이름이니 한양 자신의 집이고 장관(長關)은 변방의 긴 관문을 이르니 영월이 된다. 한양에서 영월까지 닷새 일정의 먼 길을 사흘에 돌파하였으니 노릉을 빨리 보고자 한 마음을 담은 표현이다. 이 작품은 빙허각 이씨의 『청규박물지』에도 수록하였으니 여성이 읽을 만한 작품으로 생각한 듯하다.[5]

---

3 민백순의 『대동시선』에는 '五日長干'이 '七日長干'으로 되어 있다.

4 柳成龍, 「寧越聞杜鵑詩」, 『西厓集』 권15.

5 "오일 댱관을 삼일의 넘으니 슬픈 글에 읇ᄒᆞ매 노릉 구름의 긋허지ᄂᆞ도다 쳡의 몸의 역시 왕손이녀라 이 ᄯᅡ 두견셩을 ᄎᆞ마 듣지 못ᄒᆞ리로다"로 번역되어 있다.

여기서 보듯 옥봉은 서녀였지만 자신이 왕실의 후예라는 점에 상당한 자부심이 있었다. 여정을 생각할 때, 1583년 조원이 삼척부사로 나갈 때 함께 가면서 노산군의 묘를 찾아 지은 듯하다.

노산군은 유배지 영월에서 자신의 처량한 신세와 슬픈 마음을 산에서 들려오는 두견새 소리에 빗대어 "두견이 울고 산에 달이 뜨자, 그리움 사무쳐 누각에 기대어 보네. 네 괴로이 울어 내 괴로이 들으니, 네 울지 않으면 내 근심 없을 것을. 고생하는 세상 사람들아, 두견이 울고 달 비치는 춘삼월 누각에 오르지 마소.(蜀魄啼山月浮 相思憶倚樓頭 爾啼苦我聞苦 無爾啼無我愁 寄語世上勞苦人 愼莫登春三月 子規啼山月樓)"라는 시를 지었다. 또 "원통한 새 한 마리 궁중에서 나온 뒤로, 푸른 산에서 그림자만 짝하여 고단하네. 밤마다 잠 청해도 잠들지 못하니, 해마다 한 잊으려 해도 되지 않네. 울음소리 그친 새벽 산에 지는 달빛 환한데, 피 흐르는 봄 골짜기에 떨어진 꽃잎 붉구나. 하늘은 귀먹었는지 여태 하소연을 듣지 못하건만, 어찌하여 시름 깊은 사람의 귀만 유독 밝은지.(一自寃禽出帝宮 孤身隻影碧山中 假眠夜夜眠無假 窮恨年年恨不窮 聲斷曉岑殘月白 血流春谷落花紅 天聾尙未聞哀訴 胡乃愁人耳獨聰)"라 한 바 있다. 옥봉이 이 사연을 알기에 왕손으로서 차마 두견새 울음소리를 듣지 못하겠다고 한 것이다.

두 번째로 인용한 작품은 소도둑으로 몰린 백정의 아내를 위해 지어 준 것인데 옥봉의 기지를 잘 보여 준 것이지만 이 때문에 소박을 맞게 되었다. 세수할 때 얼굴이 비치는 대야의 물이 절로 거울이 되고 머리를 감고 기름 대신 물을 바른다고 한 것은 누구나 아는 당연한 이치라는 비유다. 소를 잡는 일을 하는 백정 곁에 소가 있는 것이 당연하다는 뜻이다. 백정이 다른 사람의 소를 끌고 갔다 하여 견우(牽牛)라 하고 그의 아내기에 직녀(織女)에 비유한 것이다.

이수광은 『지봉유설』에서 이 시를 소개하고, 당시 새롭게 수입되어 널리 읽힌 명 장일규(蔣一葵)의 『요산당외기(堯山堂外紀)』를 인용하여 당 이백이 한미하던 시절 현령이 앉은 자리 앞으로 소를 끌고 가다 현령의 아내가 질책하자

"직녀도 아닌데, 어찌 견우를 묻소.(若非是織女 何得問牽牛)"라 응대한 고사를 소도둑 문제에 잘 활용한 것이라 칭찬하였다. 또 이 구절이 조선 초기 이래 널리 읽힌 원 임정(林楨)의 『시학대성(詩學大成)』에 실려 있다고 하였는데 『청비록』에서 이덕무는 이를 받아들여 이 시의 두 구절이 아예 중국인의 작품이라고 적었다.[6] 그럼에도 옥봉이 이 구절을 적절히 응용하여 시를 지은 것으로 보아야 할 것이다. 『청규박물지』에는 이 시를 옥봉의 시와 함께 소개하였으니 조선 후기까지 그의 이름으로 회자된 작품이라 하겠다.[7]

세 번째 작품은 장지연의 『대동시선』에 「운강에게 주다(贈雲江)」로 실려 있다. 소박을 맞은 옥봉이 남편을 그리워하는 정을 노래한 것이다. 민가(民歌) 스타일의 과장법으로 연정을 형상화하는 여성 한시의 전형을 보여준다. 남학명(南鶴鳴, 1654-1722)도 재주가 덕보다 승하여 쫓겨났다고 하면서 이 작품을 소개한 바 있다.[8] 또 『지봉유설』에 따르면 옥봉보다 조금 앞선 시기의 문인 윤현(尹鉉, 1514-1578)이 1571년 충청도 관찰사로 있을 때 사랑하는 기생이 있어 "인간세상 만남과 헤어짐은 정말 고르지 못해, 눈물 참던 당시에 서글피 잡은 손을 놓았지. 꿈속의 혼령이 다닐 때 자국이 남는다면, 청주의 성벽 북쪽에도 모두 길이 났겠지.(人間離合固無齊 忍淚當時愴解携 若使夢魂行有迹 西原城北摠成蹊)"라 하였는데[9] 옥봉의 작품과 뜻이 유사하다. 사랑하는 사람에 대한 그리움을 이렇게 표현하는 것이 당시에 유행하였던 모양이다.

옥봉의 뛰어난 시재는 살아생전에 이미 상당한 화제였다. 그래서 당시의 기록에서 그에 대한 이야기를 쉽게 찾을 수 있다. 조원의 벗이었던 윤국형(尹國馨, 1543-1611)은 옥봉을 직접 만나 시를 받은 적이 있었다.

---

6 明 李詡(1505-1593)의 『戒菴漫筆』와 明 李贄(1527-1602)의 『山中一夕話』 등에 "洗面盆為鏡 梳頭水當油 妾身非織女 夫倒會牽牛"로 되어 있지만 이들 중국 문헌을 옥봉이 보았을지는 미지수다.

7 "쳡의 몸이 직녀가 아니어늘 낭이 엇디 이제 견우가 되얏도다."로 두 구절만 인용하여 번역하였다.

8 南鶴鳴, 「詞翰」, 『晦隱集』 권5.

9 尹鉉의 『菊磵集』에는 「題贈淸州人」로 실려 있는데 첫구가 "人間離合固無齊"로 되어 있다.

근세에 와서 규수로는 허씨(난설헌)가 가장 뛰어나다. 충의(忠儀) 이봉의 서녀도 시를 잘 짓는다는 명성이 있었는데, 나의 벗 조백옥(趙伯玉; 조원)이 데리고 살았다. 기축년(1589) 내가 새로 상주목사에 임명되었는데, 백옥이 성주목사에서 갈려 한양으로 올라가는 길이라, 상주 관아에서 유숙하게 되었다. 나는 백옥과 함께 그의 첩이 묵고 있는 곳에서 술자리를 베풀었더니, 백옥은 그 첩에게 시 한 구를 지어서 나에게 주라고 권하였다. 이씨는 즉석에서 입으로 부르고 백옥에게 쓰게 하였다. 그 시는 다음과 같다.

어찌하여 낙양의 재자를 이리 늦게 불렀소,	洛陽才子何遲召
상강에서 부를 지어 굴원을 조상하게 하시려고.	作賦湘潭弔屈原
손으로 역린을 잡은 것은 도리어 위태로운 일이라	手批逆鱗危此道
회양 땅에 편히 누운 것 역시 임금님 은혜라네.	淮陽高臥亦君恩

그는 시를 읊고 생각하는 동안에 손으로 백첩선(白疊扇)을 부치면서 때로는 입술을 가리기도 하는데, 그 목소리는 맑고 처절해서 이 세상 사람 같지 않았다.[10]

조원은 1589년 성주목사에서 체직되어 한양으로 올라가는 길에 윤국형이 있던 상주 관아에 들렀다. 이때 늘 함께 다니던 옥봉의 처소에서 술자리를 가졌는데 조원이 옥봉에게 시를 지어 윤국형에게 주라고 하였다. 이백이 가지(賈至)를 칭송하여 상강(湘江)에 귀양 온 낙양재자(洛陽才子)라 하였기에,[11] 이를 끌어들여 윤국형이 상주목사에 좌천된 것을 위로하였다. 윤국형은 1589년 승지로 있었는데 선조의 뜻을 거스르는 말을 하여 상주목사로 내려가게 된 사정이 있었던 듯하다. 역린(逆鱗)이 그래서 나온 말이다. 회양(淮陽)은 선정을 베푼 급암

10 尹國馨, 『聞韶漫錄』 上, 『寒皐觀外史』 권66(장서각 소장).

11 李白의 「陪族叔刑部侍郎曄及中書賈舍人至遊洞庭」 중 "洛陽才子謫湘川 元禮同舟月下仙 記得長安還一笑 不知何處是西天"에서 가져온 말이다.

(汲黯)을 이른다. 굴원이 유배된 상강에 상주의 낙동강을 비한 다음, 좌절하지 말고 급암처럼 선정을 베풀라고 하였으니 그 뜻을 부치는 솜씨가 예사롭지 않다. 옥봉이 시를 짓고 읊조리는 모습에 윤국형은 혼이 나간 듯하다.

조원이 옥봉에게 외간 남자인 윤국형과 함께 술자리를 갖게 하고 또 시를 지어 주라 한 것이 놀랍다. 앞서 옥봉이 주제넘게 시를 짓는다 하여 옥봉을 내쫓은 조원의 행동과 잘 맞지 않는다. 옥봉의 시재가 조원이 감당하기 어려울 정도였음에는 틀림이 없다.

옥봉은 당시에 많은 화제를 불러일으켰고 그가 지은 시는 바로 인구에 회자된 듯하다. 권문해(權文海, 1534-1591)도 옥봉의 시를 소개하였는데 『가림세고』에 수록되어 있지 않다는 점에서 소중한 자료다. 조원이 시관(試官)으로 출타할 때 준 절구다.

연산의 저녁 비에 행장이 다 젖었는데	燕山暮雨行裝濕
밤에 금강나루 푸른 단풍 숲에 배를 대겠지요.	夜泊靑楓錦水津
문학으로 남는 인재 뽑는다고 여기지 마소,	詞章莫以餘波選
옥을 가지고 의심받아 우는 이가 있었으니.	懷玉飜疑有泣人[12]

문헌에서 확인되지 않지만 조원이 연산(燕山)의 고을원으로 있을 때 공주감영에서 치른 과거의 시관으로 간 듯하다. 이때 옥봉은 남편에게 시관으로서 지방의 유생이라 깔보지 말고 인재를 잘 선발하라고 하면서 화씨벽(和氏璧)의 고사를 사용하였다. 춘추시대 초(楚)의 변화(卞和)가 형산(荊山)에서 돌 속에 숨겨진 귀한 옥을 구해 바쳤지만 이를 알아보지 못하여 오히려 벌을 받아 발이 잘려 억울한 마음에 눈물을 쏟은 고사가 있다. 특히 이 작품은 여성 작가의 작품

12 權文海, 「雜記」, 『草澗集』 권4.

에서 흔히 볼 수 없는 높은 수준의 전고 구사를 보이고 있다는 점에서 한시 작가로서 옥봉의 수준이 상당하였음을 알게 한다.

조원과 비슷한 연배인 유성룡도 옥봉의 시를 잘 알고 있었다. 유성룡은 조원이 삼척부사로 있을 때 옥봉이 죽서루(竹西樓)에서 지은 시 "강은 갈매기 꿈을 삼켜 드넓은데, 하늘은 기러기 수심에 들어 길구나.(江呑鷗夢闊 天入鴈愁長)"가 호사가들이 널리 애송하여 전해 온다고 하였다.[13] 조원이 1583년 삼척부사로 나갔으니 그즈음의 작품이라 하겠다.

이 밖에도 옥봉의 작품 중에 인구에 회자된 것이 상당하다. 유성룡, 허균, 이수광 등 그보다 나이가 많거나 비슷한 문인들이 다투어 그의 시를 기억한 데서 옥봉이 당대 얼마나 유명하였는지 짐작할 수 있다.

다만 부정확한 기록도 당대부터 보인다. 권응인(1517-?)의 『송계만록』에는 '옥봉여도사(玉峯女道士)'라는 여성의 시를 소개한 후 조원의 첩이라고 하는 설도 있다고 하여 다른 사람인 것처럼 다루었다. 『송계만록』은 1588년 편찬을 마칠 때까지 권응인은 옥봉과 조원의 첩이 동일한 사람인지 몰랐던 것 같다. 아래 인용한 두 작품은 여러 시화나 시선집에 모두 조원의 첩 옥봉 이씨가 지은 것으로 되어 있으니 같은 인물로 보아야 한다.

> 여자 중에 시에 능한 자는 자고로 보기 드물다. 하물며 재주가 있는 사람을 보기 어려운 시대에 있어서랴! 옥봉여도사라 일컬어지는 사람이 있다. 그 남편이 지방관의 명을 받았는데 공무로 서울에 올라와 있었다. 그때 북쪽 오랑캐가 들끓었는데 여자가 시를 지어 남편을 보내며 말하였다.

전쟁이 서생의 일과는 다르겠지만	干戈縱異書生道
나라 걱정에 응당 머리가 세었겠지요.	憂國唯應鬢髮蒼

13 柳成龍, 「女子能詩」, 『西厓集』 「別集」 권4.

적 제압할 이때는 곽거병이 생각나고	制敵此時思去病
전략 세울 오늘엔 장량이 그립답니다.	運籌今日憶張良
경원성은 전혈로 산하가 붉어졌는데	源城戰血山河赤
아산보는 요망한 기운에 일월이 누렇다오.	阿堡迷氛日月黃
한양에서 임의 소식이 늘 이르지 않으니	京洛音微常不達
창호의 봄빛도 처량하기만 하답니다.	滄湖春色亦凄凉

창호(滄湖)는 사는 곳의 강 이름이다. 낭군이 그 집에 도착한 것을 보고 또 절구 한 수를 지었다.

버들 숲 너머 강기슭에 다섯 필 말이 우는데	柳外江頭五馬嘶
술에 취하고 근심에 취하여 누각을 내려오네.	半醒愁醉下樓時
붉은 봄꽃 여위어 갈 때 거울 보기 부끄러워	春紅欲瘦羞看鏡
매화 창에서 반달 같은 눈썹을 그려 봅니다.	試畵梅窓却月眉

두 시가 청신하고 원만하며 웅장하고 화려하여 부인의 손에서 나온 것 같지 않아 심히 아름답다. 어떤 이는 이 작품이 선비 조원의 애첩이 지은 것이라고도 한다.[14]

첫 번째 「운강에게 부치다(寄雲江)」는 장지연의 『대동시선』에 뽑혀 있다. 1583년 1월 함경도 경원(慶源)에서 이탕개(尼湯介)를 우두머리로 하는 여진족이 일으킨 계미북란(癸未北亂)을 배경으로 하고 있다. 다른 데서 확인되지 않지만 이 시를 볼 때 조원이 이 시기 경원의 창호에 있다가 공무가 있어 잠시 한양에

14 權應仁, 『松溪漫錄』, 『寒皐觀外史』 권62. 이 판본에는 "玉峯道士李媛 本璿泒忠義衛逢之女 瑗字伯玉號雲江 林川人 官承旨 媛又有過魯陵詩曰 '五日長干三日越 哀歌唱斷魯陵雲 妾身亦是王孫女 此地鵑聲不忽聞' 莊陵誌載之 如'江涵鴻夢活 天入鴈愁長'者, 可謂絶唱者矣"라는 주석이 붙어 있다.

갔던 것 같다. 남편이 문관이지만 변경이 소란하여 그 때문에 머리가 다 세었다고 위로한 다음, 흉노를 토벌하는 데 큰 공을 세운 한나라의 명장 곽거병(霍去病)과, 유방(劉邦)의 책사로 한나라 개국에 큰 기여를 한 장량(張良) 같은 인재를 경원에 차출하기 위해 한양으로 갔다고 하였다. 그리고 이탕개의 난으로 경원성 군사들과 백성들이 피를 흘리고 있고 인근의 아산보(阿山堡)도 전진에 휩싸여 있다는 전황을 말하여 남편이 빨리 돌아오기를 간절히 기다린다고 하였다.

이어 인용한 작품은 장지연의 『대동시선』에 같은 제목의 「운강에게 주다(贈雲江)」로 되어 있는데 앞서 조정만의 글에서 세 번째로 소개한 작품과 2수 연작으로 되어 있다. 허균의 『국조시산』에는 「즉사(卽事)」라는 제목으로 따로 실려 있거니와 이 두 작품은 정조가 다소 달라 연작으로 보기는 어렵다. 이 작품은 『가림세고』에는 「만흥, 남편에게(漫興, 贈郎)」로 실려 있고 전겸익의 『열조시집』에도 같은 제목으로 실려 있다.[15] 민백순의 『대동시선』에도 선발되어 있다.

이별의 상징 버드나무 아래 강변에서 떠나가는 낭군을 전송한 후, 홀로 근심에 취해 술을 마시고, 술이 깨면 근심을 잊으려 다시 술을 먹다가 해가 기울어 누대에서 내려온다고 한 다음, 지는 꽃처럼 자신의 얼굴도 나날이 수척해지는데 보아 줄 사람이 없어 화장도 하지 않다가 그래도 언제 올지 모르는 사람을 위해 눈썹을 그린다고 하였다. 오마(五馬)는 필마(匹馬)와 상반된 개념으로 지방의 관리를 이른다. 권응인은 앞의 작품과 나란히 남성들의 작품에 못하지 않다고 고평하였고 홍만종도 『소화시평』에서 조선 최고의 시인이라 하면서 이 작품을 들었다.

조원과 안면이 있었을 것 같은 후배 허균도 옥봉의 시를 거듭 칭찬하였거니와 『국조시산』에도 제법 많은 작품을 뽑았다. 앞에서 보이지 않은 「비(雨)」와

15 『국조시산』에 "柳外江頭五馬嘶 半醒愁醉下樓時 春紅欲瘦臨粧鏡 試畫梅窓却月眉"로, 『열조시집』에는 "柳色江頭五馬嘶 半醒半醉下樓時 春紅欲瘦臨粧鏡 試畫梅窓却月眉"로 되어 있어 글자가 조금 다르지만 뜻은 크게 다르지 않다.

「누각 위에서(樓上)」를 보인다.

남산의 벼랑에 푸른 비가 걸렸는데	終南壁面懸靑雨
자각봉에 흩뿌리고 백각봉에는 개었네.	紫閣霏微白閣晴
구름이 흩어지고 저녁 햇살이 새 나오니	雲葉散邊殘照漏
하늘 가득 은빛 대나무 강에 걸쳐 있네.	漫天銀竹過江橫
붉은 난간 여섯 굽이 은하수를 누를 듯	紅欄六曲壓銀河
상서로운 안개 흩날려 푸른 휘장 걸린 듯.	瑞霧霏微懸翠羅
달빛 밝아 푸른 바다 저문 줄 모르겠지만	明月不知蒼海暮
구의산 아래에는 흰 구름이 많으리라.	九疑山下白雲多

「비」는 색채감각을 풍부하게 살려 남산에 비가 오는 경치를 묘사하였다. 중국 장안의 종남산(終南山)에 붉은 햇살이 어리는 자각봉(紫閣峰)과 늘 눈에 덮인 백각봉(白閣峰)이 있어 당 잠삼(岑參)의 「휴가를 받아 백각의 서쪽 초당에 돌아와(因假歸白閣西草堂)」에서 "동으로 백각봉의 구름을 보니, 반쯤 자각봉의 소나무로 들어가네.(東望白閣雲 半入紫閣松)"라 한 바 있다. 서울의 남산도 종남산이라 불렀고 자각봉이 남산의 별칭으로 쓰였다. 여기서는 남산 앞쪽에는 장대비가 내리는데, 이쪽 봉우리에는 부슬부슬 비가 뿌리더니 저쪽 봉우리에서 날이 개고 햇살이 구름 사이로 쏟아지며, 남쪽 한강에는 은빛 대나무처럼 굵은 비가 내린다고 하였다. 허균은 『국조시산』에서 "기발하고 고와서 분내를 단번에 씻었다."라고 하였다.

「누각 위에서」는 허균의 『국조시산』 뿐만 아니라 남용익의 『기아』, 민백순의 『대동시선』, 그리고 중국 전겸익의 『열조시집』, 심덕잠의 『명시별재』에도 뽑힌 명편이다. 누각에 올라 지은 작품이지만 유선사처럼 선경을 그렸다. 붉은 누각이 은하수를 찌를 듯이 솟아 있고 안개가 비단 휘장처럼 걸려 있는데, 밝은 달빛 아래 구름 걸린 순(舜)임금이 묻힌 구의산(九疑山)이 보인다고 하였다. 신선의 느낌을 주는 시어가 많이 구사되어 있어 허균은 "하늘에서 학의 울음소리가 들려오니 들으면 시원하다."라고 하였다. 안왕거의 「동시총화」에는 "구의(九疑)와 백운(白雲)의 구절은 단종의 고사에서 느낀 것이 있어 지은 듯하지만 결련(結聯)의 앞뒤 구절에 필시 오자가 있다. 앞 구절에서 명월부지(明月不知) 네 글자로 묘사하였으면, 마지막 구절에서 의당 밝은 달의 움직임으로 맺어야 한다."라 하였다.[16] 이 시를 단종의 무덤에서 지은 것으로 보았는데 근거가 분명하지 않다.

이수광도 『지봉유설』에서 옥봉의 시가 뛰어나다면서 여러 편의 시를 소개하였다.

> 첨지 조원의 첩 이씨는 호가 옥봉인데 여강으로 가는 사람을 보내면서 지은 시에서 "안개와 파도 이는 신륵사, 눈빛과 달빛 어린 청심루(神勒烟波寺 淸心雪月樓)"라 하고 어떤 사람이 찾아온 데 사례하여 이렇게 시를 지었다.
>
> 음수는 탁문군의 집이요　　飮水文君宅
> 청산은 사조의 집이라네.　　靑山謝眺廬
> 마당에는 빗속의 발자국　　庭痕雨裡屐
> 문 앞에는 눈 속의 노새.　　門到雪中驢
>
> 음수(飮水)는 곧 그가 살던 곳이다. 그가 노산군의 묘에서 시를 지었다(시는 생략함). 또 규방의 정을 노래한 시는 이러하다.
>
> 약속하고 낭군은 어찌 늦나요　　有約郎何晩

16 『매일신보』(1917. 7. 17).

마당의 매화가 지려고 하는데. 庭梅欲謝時
갑자기 가지에서 까치 울기에 忽聞枝上鵲
그저 거울 보고 눈썹을 그립니다. 虛畫鏡中眉

아름답다.[17]

제일 먼저 든 작품은 지금 전편이 전하지 않는데, 여강(驪江)을 사이에 두고 안개가 자욱하고 물결이 출렁이는 신륵사(神勒寺)와 눈이 내리다 그쳐 눈과 달이 환한 청심루(清心樓)를 나란히 명사구로 병치한 것이 묘미가 있다.

두 번째 작품은 『가림세고』에 「어떤 사람이 찾아온 것을 사례하다(謝人來訪)」로 실려 있다. 이수광은 음수가 옥봉이 살던 곳이라 하였는데 완주의 동상면, 진안의 성수면 등에 이 지명이 보이지만 어디인지 확인하기는 어렵다. 음수에 있는 자신의 집에서 사마상여에게 반하여 함께 도망간 탁문군처럼 살고 사조(謝朓)처럼 푸른 산속에 살고 있는데 비가 오면 나막신을 신고 이끼 낀 마당으로 들어오고 눈이 오면 노새를 타고 찾아와서 고맙다고 하였다. 『청규박물지』에서는 "사람이 와서 찾는 것을 사례한 시"로 이 작품을 거듭 소개하였으니,[18] 가장 비중 있는 작가로 대접한 것이다.

이수광은 앞서 본 노산군의 묘를 지나면서 지은 작품에 이어 「규정(閨情)」을 대표작으로 들었다. 이덕무의 『청비록』, 민백순의 『대동시선』, 장지연의 『대동시선』에도 실려 있다. 옥봉의 삶을 고려할 때 소박맞은 후의 심사를 노래한 것이라 할 수도 있겠지만 '규원'이나 '규정' 등을 제목으로 한 시는 대개 허구적인 사랑의 노래일 때가 많으므로, 이 작품도 그렇게 보는 것이 온당할 것

17 李睟光, 『芝峯類說』 권14.

18 "믈 마시기ᄂᆞᆫ 문군의 집이오 프른 산은 샤됴의 ᄆᆞ을이로다 뜰의 흔적은 비즈 나모신이오 문의 것구론 거ᄉᆞᆫ 눈 가온ᄃᆡ 나기로다"로 풀이되어 있다.

이다. 매화가 지려 한다고 한 것은 봄이 오기 전에 오겠다는 약속을 두고 한 말이지만 혼기를 놓쳐 버릴까 두려워하는 여자의 탄식을 노래한 『시경』「표유매(摽有梅)」의 뜻도 들어 있다. 오지 않을 줄 번히 알면서도 까치가 울면 반가운 손님이 온다고 하기에, 단장을 한다고 하였다.

옥봉은 여성 작가의 작품에서 유례가 드문 배율까지 지었다.「만죽 서익의 부실이 대자를 보내 주신 데 사례하여(謝徐萬竹益副室大字寄贈)」라는 작품은 민백순의 『대동시선』과 장지연의 『대동시선』에 실려 있다.

야윈 듯 굳세게 기발한 작품 쓰셨으니	瘦勁寫成天外態
원화각의 남은 자취를 여기서 보겠구려.	元和脚跡見遺縱
해서는 훨훨 봉새가 날아오르는 듯하고	眞書翥鳳飄揚裏
대자는 빽빽한 구름이 흩어지는 듯하네.	大字崩雲結密中
산속의 집에 걸어 보니 범이 뛰는가 싶고	試掛山軒疑躍虎
강가 누각에 놓아 보니 용이 오르는가 싶네.	乍臨江閣訝騰龍
위부인 필체라 웅건한 줄 이제 알겠는데	衛夫人筆方知健
소약란 재주만 어찌 공교함을 독차지하겠나?	蘇惹蘭才豈擅工
서체는 혜초처럼 부드러워도 구상은 장대하고	體若蕙枝思則壯
손은 청옥처럼 가늘어도 필체는 웅장하네.	手纖葱玉掃能雄
정신의 사귐이라 만 리까지 문묵으로 통하니	神交萬里通文墨
백옥동자 편에 보내온 용의 구슬에 답하노라.	爲報螭珠白玉童

이 작품은 허균의 『학산초담』에 「서 군수의 처가 보낸 편액과 오언율시에 사례하여 지은 시(謝徐君受之妻寄額書短律)」로 실려 있다. 이덕무의 『청비록』에는 1연과 5연만 수록하고 "부녀자로서 큰 글씨를 잘 쓰는 이는 우리나라에 드문데, 이 자가 난류(亂流) 서양갑(徐羊甲)의 모친인지 모르겠다."라고 하였다. 서익(徐益, 1542-1587)은 본관이 부여고, 자가 군수(君受), 호가 만죽(萬竹) 혹은 송당(松

堂)인데 문장과 덕행이 모두 뛰어났고 이이와 정철 등의 지우로 인정받았으며 문집 『만죽헌집(萬竹軒集)』이 전한다. 서익은 장수 황씨(長水黃氏) 황정수(黃廷秀)의 딸과 혼인하여 서용갑(徐龍甲), 서호갑(徐虎甲)을 낳았고 측실 이씨 사이에 서양갑 등을 낳았다.[19] 이덕무는 옥봉에게 글씨와 시를 보낸 사람이 서양갑의 모친 이씨라 추정하였다. 서익의 측실 이씨가 글씨에 능하였다는 기록은 이 시에서 확인된다. 옥봉은 자신의 방에 걸 편액을 이씨가 써 준 데 감사하는 뜻으로 이 시를 지어 보내었다.

옥봉은 그의 글씨를 두고 여위면서도 힘이 있는 '수경(瘦勁)'의 미가 있어 당 헌종(唐憲宗) 연간 글씨로 일가를 이룬 유공권(柳公權)의 서체를 닮았다고 하였다. 원화각(元和脚)은 유우석(劉禹錫)이 유공권에게 준 시 "유씨 집에 새로운 원화각의 서풍이 있는데, 또한 모두 공손히 배우는 학생들이라네.(劉家新樣元和脚且盡薑芽斂手徒)"에서 나온 말이다. 진서(眞書), 곧 해서(楷書)를 잘 썼고 특히 대자(大字)에 능하다고 하였다. '진서'가 '진행(眞行)'으로 된 데도 있는데 진행은 해서와 행서를 함께 이른 말이지만 이 시에서는 해서로 편액을 쓴 것이라 보는 것이 온당하다. 이 편액의 글씨가 용과 범이 뛰어오르는 듯하다고 하였는데 문장이나 글씨가 힘찬 것을 비유하는 말이다. 봉황새가 날아오르고 구름이 부서진다는 비유 역시 비슷한 뜻이다.

옥봉은 이씨의 글씨를 두고 다시 진(晉) 위부인(衛夫人)에 비하였다. 그의 글씨는 위부인체라 하는데 세종 때 이 서체를 본떠 갑인자(甲寅字)를 주조하였을 정도로 아름답다. 또 소약란(蘇惹蘭, 보통 蘇若蘭으로 표기한다.)에도 비하였다. 소약란은 전진(前秦)의 소혜(蘇蕙)로 두도(竇滔)의 아내가 되었는데, 첩 조양대(趙陽臺)와 불화하여 버림받자 그 회한을 그림 문양의 200여 수의 시로 지어 보냈다.

---

19 서양갑은 이른바 江邊七友의 한 사람인데 광해군 5년(1613) 서얼 차별에 불만을 품은 명문가의 서자인 朴應犀, 沈友英, 李耕俊, 朴致仁, 朴致毅, 金平孫 등과 함께 문경새재에서 銀商을 살해하고 재물을 강탈한 죄로 체포된 바 있다.

이 시가 후대 선기도(璇璣圖)의 연원이 되었다. 옥봉은 혜초(蕙草)의 가지나 푸른 빛의 옥과 같은 섬섬옥수로 이런 대작을 만든 것을 칭송한 다음, 비록 먼 곳에 떨어져 살지만 시서로 신교(神敎)하게 된 것을 기뻐하고 보내 준 아름다운 시에 답하는 시를 보낸다고 하였다. 이주(螭珠)는 여주(驪珠)로 된 데도 있는데 검은 용의 턱 밑에 있는 구슬로 이씨의 아름다운 시를 비유한다. 백옥동(白玉童)은 백옥같이 고운 모습의 동자라는 뜻인데, 서왕모가 신선들과 원구(圓丘)에서 노닐 때 옥동을 시켜 광주리에 오색의 신아(神蛾)를 담아 지고 다니게 하였다는 고사가 있다. 여기서는 이씨의 글씨와 시를 가져온 하인을 이른다. 마지막 구절의 '신교만리(神交萬里)'는 '신교천리(神交千里)'라고도 하는데 원진(元稹)이 백거이와의 우정을 두고 "천리의 신교는 부절처럼 딱 맞는 법, 붕우의 도는 기약하지 않아도 이른다네.(千里神交 合若符契 友朋之道 不期至歟)"라고 한 데서 나온 말이다.

남녀의 정을 관습적으로 노래하기 일쑤인 여성 한시의 역사에서 찾아보기 어려운 웅장한 작품이다. 서법과 관련한 다양한 전고를 깊이 있게 구사하고 시상을 정연하게 배열한 것이 돋보이거니와 여성의 '신교'를 논하였다는 점에서 큰 의의가 있는 작품이다. 이처럼 옥봉은 근체 절구에서부터 율시, 배율에 이르기까지 다양한 시체에 두루 능하였고, 주제에서도 그 편폭이 넓어 웬만한 남성 작가를 넘어서고 있다. 이 점에서 옥봉은 조선 최고의 여성 작가라 할 만하다.

34.
십장부회의 계월향과 옥개

연합뉴스 2005년 8월 22일 자 기사에서 북한 웹사이트 '우리민족끼리'를 인용하여 '평양십장사'를 소개하였다. "주먹으로 돌을 쳐 깨뜨린 전주복, 지붕을 훌쩍훌쩍 뛰어넘은 돈정신, 검술에 능한 법근, 힘장사 장이덕과 고충경, 활을 잘 쏜 김자택, 사리에 밝은 현수백, 지혜로운 박억, 동작이 날랜 림기동, 김응서(평안도 방어사)"가 "1593년 1월 인민들과 함께 평양성 탈환을 위한 결사 항전에 나서 20여 만 명의 대군으로 침략해 온 일본 침략군의 선봉 부대를 격파하고 임진왜란의 승리를 이룩하는 데 돌파구를 열었다. 이 전투에서 림기동, 전주복, 돈정신, 법근, 현수백, 김자택 등이 장렬하게 전사했다."라 하였다. 이 기록에서 '평양십장사'는 누구이고 어디에 출처가 있는가?

만력 3년 을해년(1575) 전주복(全周福), 돈정신(頓貞臣), 승(僧) 법근(法根)이 삼장사(三壯士)로 결의하였고, 경진년(1580) 삼장사가 장이덕(張以德), 고충경(高忠敬), 박억(朴億), 김자택(金自澤), 현수백(玄受白) 등과 다시 팔호걸(八豪傑)로 결의하였는데 이름이 영명사(永明寺)에 기록되어 있다. 이로부터 매일 풍류를 일삼았는데, 전주복은 북을 잘 치고 돈정신은 피리를 잘 불며 고충경은 생황에 뛰어나고 박억은 노래를 잘 부르며 김자택과 현수백은 춤을 잘 추고 승 법근은 손피리[手笛]와 구부(口缶)에 뛰어났다. 병술년(1586) 팔호걸이 을밀루(乙密樓)에서 모였는데 용강(龍岡)의 김경서(金景

瑞)가 마침 왔다. 팔호걸은 김경서가 외지인이라 하여 내쳤는데 김경서는 돼지 아홉 마리와 술 세 동이를 준비하여 나중에 참여한 예를 다하였다. 이로부터 다시 구영웅(九英雄)이 되었다. 정해년(1587) 영숭전(永崇殿) 참봉(參奉) 임기동(林起棟)이 구영웅의 모임을 듣고 또한 김경서의 예를 그대로 다하여 나중에 참가하여 다시 이름을 십장부(十丈夫)라 하였다. 임기동은 휘파람을 잘 불고 김경서도 춤을 잘 추었다. 무자년(1588) 십장부가 압류정(壓流亭, 安世泰가 지은 것)에서 모였는데 이때 명기 계월향(桂月香)과 옥개(玉介)가 자리에 있었다. 박억과 김자택이 기녀를 끼고 놀았는데 날이 저물어 각기 절구 한 수를 지었다.[1]

조선총독부에서 1926년 간행한 『한국지리풍속지총서(韓國地理風俗誌叢書)』의 하나로 간행된 『평양대지(平壤大誌)』에 「십장부압류정운(十丈夫壓流亭韻)」이라는 제목 아래 이렇게 실려 있다. 전주복, 돈정신, 승 법근의 삼장사회가 먼저 만들어졌고 장이덕, 고충경, 박억, 김자택, 현수백 등이 합세하여 팔호걸회가 되었으며, 여기에 김경서, 임기동이 다시 합세하여 십장부회가 되었다.

이 중 김경서(1564-1624)는 임진왜란 때 공을 세우고 평안도 병마절도사에 올랐으며, 후금(後金)과의 전투에서 패배하자 강홍립(姜弘立)과 투항하였는데 몰래 적정(敵情)을 정탐하다가 발각되어 처형된 인물이다. 용강 출신인 김경서를 제외하면 나머지 9인은 평양 출신인데 모두 풍류로 세상을 울렸고 전란에 장수로 출전하였다. 1597년 명군(明軍)이 평양을 공격할 때 고충경, 장이덕, 김응서 등이 장수로 참전한 기록이 『선조실록(宣祖實錄)』 등에서 확인된다. 평안도 출신 이시항(李時恒, 1672-1736)의 문집에는 전 판관(判官) 장이덕이 화원촌(花原村)에서 병사를 모았고 전 부장(部長) 고충경이 광법동(廣法洞)에서 진을 쳤다는 기록이 보인다.[2] 현수백도 대동강 재송정(栽松亭) 전투에서 교생(校生)으로 참전하

1 박근영, 『平壤大誌』(경인문화사 영인본, 1995).

여 공을 세웠다는 기록이 『선조실록』에서 확인된다.[3] 김자택도 간성 전투에서 그의 형제와 함께 공을 세웠다고 한다.[4] 박억, 돈정신, 임기동, 법근 등은 문헌에서 확인되지 않지만 비슷한 행적을 보였을 듯하다.

이러한 애국적인 활동을 보이기 전 태평 시절, 이들 풍류남아가 모인 자리에 계월향과 옥개가 함께 있었다. 계월향은 『평양지(平壤志)』 등에 그 행적이 실려 널리 알려졌다. 임진왜란 때 왜장 고니시 유키나가(小西行長)의 부장(副將)이 계월향을 지극히 아꼈는데 계월향이 친척을 보고 오겠다고 거짓말을 하고 김응서를 만나 탈출하게 해 준다면 죽음으로 갚겠다고 하였다. 김응서는 계월향의 오빠라 하고 적진으로 들어가 부장이 깊이 잠이 들었을 때 그 목을 베었다. 계월향은 김응서와 함께 달아나다가 탈출이 어려워지자 스스로 김응서의 칼에 찔려 죽었다고 한다. 김응서는 김경서의 초명이다.

계월향의 이런 열행이 후대 거듭 칭송되었다. 조면호(趙冕鎬, 1803-1887)의 글에 따르면 1815년 관찰사 정만석(鄭晩錫)이 장향각(藏香閣)에 초상을 걸었으며 1835년 평양 기녀 죽엽(竹葉) 등이 관찰사 정원용(鄭元容)에게 청원하여 평양성 북쪽에 의열사(義烈祠)를 짓고 제향을 하게 되었다고 한다.[5] 또 『개벽』에 실린 「녹족부인(鹿足夫人)·계월향·옥개」[6]라는 기사에 따르면 민영휘(閔泳徽, 1852-1935)가 평양 감사로 있을 때 의열사를 중건하고 평양 기녀 김채란(金彩鸞)과 옥개의 영정도 함께 걸었다고 한다. 옥개는 임진왜란 때 순절한 평양 기녀고, 김채란은 양덕(陽德) 기녀로 어재연(魚在淵, 1823-1871)의 첩이 되었는데 병인양요 때 남복을 하고 어재연 형제의 시신을 업고 나왔다고 한다.

---

2 李時恒, 「悔軒楊公行狀」, 『和隱集』 권7.

3 『宣祖實錄』에 高忠敬은 高忠卿으로, 玄受白은 玄守白으로 표기되어 있다.

4 徐榮輔, 「書杆城五士事蹟後」, 『竹石館遺集』 2책. 간성오사는 金自潑, 金自澤, 金自溶 형제와 朴應烈, 朴應勳 형제인데 임진왜란 때 공을 세운 사람들이다.

5 趙冕鎬, 「題義烈祠」, 『玉垂集』 권4.

6 『개벽』 제51호(1924. 9. 1).

『평양대지』에서는 안세태의 압류정에서 십장사와 계월향, 옥개 등이 가진 시회에서 제작한 12수의 시를 나란히 소개하였다. 남녀가 함께 어우러져 시회를 갖는 것은 19세기 무렵 보이기 시작한 풍속이었으니 이 시대에 이런 일이 있었다고 보기는 어렵다. 안세태의 압류정이 배경인데 정작 평양의 압류정이나 그 주인 안세태 혹은 송세태는 다른 문헌에서 확인되지 않는다. 몇 구절이 표절 혐의가 있고 십장부 시회와 관련한 기록이 다른 문헌에서 전혀 확인되지 않는다는 점에서 몇몇 실존 인물을 배경으로 20세기 초에 만들어진 이야기일 가능성도 제법 있지만, 우선 귀중한 자료라 살펴보기로 한다. 여기서 계월향, 옥개와 관련한 작품은 아래 세 편이다.

제9창(第九唱), **임기동**

관서 땅 열 명 준걸이 모이니	關西十俊會
강가에 누각 하나가 높다랗다.	江上一樓危
김씨와 박씨 춘정이 좋으니	金朴春情好
꽃 피는 시절 편히 잠을 자네.	高眠花發時

[김자택과 박억이 기생을 끼고 있음을 놀린 것이다.]

제10창(第十唱), **옥개**

옛집 옥으로 만든 나무가 있어	故家裁玉樹
꽃이 한 가지 위태하게 피었네.	花發一枝危
오직 황금빛 나비가 있어	惟有黃金蝶
꿀통을 스스로 고르고 있네.	蜜房自擇時

[위 2구는 옥개가 자신을 비유한 것이요, 아래 2구는 김자택을 비유한 것이다.]

제11창(第十一唱), **계월향**

계화가 가을 기다려 피어나니	桂花待秋發

소월이 가지 위에 위태롭네. 素月上枝危
바람아 나무를 움직이게 말라 林風休動樹
시드는 것은 같은 때 아니니. 零落不同時

['계화'와 '소월'은 자신을 비유한 것이고 '대추'는 박억의 별호 대추자(大秋子)를 비유한다. 아래 2구는 임기동의 시에 장난으로 답한 것이다.][7]

임기동의 시는 평양의 십장부가 연회를 벌이는데 김자택과 박억이 춘정이 도도하여 기녀를 끼고 논다고 놀렸다. 이에 대해 계월향이 답하였다. 자신을 목서(木犀)라고도 하는 계목나무와 낮에 뜨는 흰 달 소월에 비하고 박억의 호 대추자와 음이 같은 가을을 기다린다는 '대추(待秋)'로 연결하여 자신이 박억을

7 나머지 작품은 아래와 같다. 第一昌 張以德, "이슬 맺힌 풀에 벌레 울음 젖었는데, 바람 부는 가지는 새의 꿈이 위태롭다. 머리 돌려 세태를 바라보니, 고기 낚고 사냥 갔다 돌아오지 않았네.(露草蟲聲濕 風枝鳥夢危回頭看世泰 漁獵未歸時)"(주: 亭主宋世泰晩年事漁獵); 第二唱 朴億, "먼 숲은 깃발을 세워둔 듯, 뭇 산은 창칼이 위태한 듯. 천년 세월 강물이 그득하여, 썰물에서 빠지지 않는다네.(遠樹旌旄立 羣山劒戟危 千年江水滿 不見退潮時)"(주: 浿江有三灘之淺 上有十里深潭 朝不溢夕不淺); 第三唱 金景瑞, "옛 나라에 사람은 다 영걸한데, 황량한 성은 누각이 위태롭네. 강물이 흘러 물과 바위 울리니, 한 번 가서 돌아올 때가 없다네.(故國人皆傑 荒城樓獨危 江流鳴水石 一去無回時)"(주: 古詩 '百川東到海 何時復西流' 蓋此意也); 第四唱 僧 法根, "산인이 물가 누각에 오르니, 걸음마다 위태로움 어쩌랴! 마음만 취하였다 말하지 말라, 종소리 들리면 귀가 깨어나리니.(山人登水閣 步步不勝危 莫道心專醉 耳醒鍾到時)"(주: 寺鍾到則日已暮矣); 第五唱, 金自澤, "강물이 물가의 난간을 치는데, 높아도 위태한 것만은 아니라네. 술통 하나 들고 연과 조의 지사들, 성세를 저버렸다 비분강개하네.(江流撐水檻 高坐不專危 一樽燕趙士 慷慨負明時)"(주: 英雄遇同志慷慨者此也); 第六唱 玄受白, "마음 술에 잔뜩 취하였는데, 사람 그림자 온 강에 위태롭네. 바람이 물결 치는 것 앉아서 보니, 어부가 낚시를 다 마쳤나 보다.(人情中酒醉 人影半江危 坐看風鼓浪 漁人罷獵時)"(주: 時有人指點十丈夫水影 仍飜身沈沒 奴白鍊金救而得生); 第七唱 高忠敬, "내 사양하니 자네 권하지 말게, 심히 취하여 위태한 말 하게 되니. 근래 봉래섬의 무리가 늙은 고래 뼈를 말리고 있구나.(我辭君莫勸 醉劇吐言危 近日蓬萊徒 老鯨曝骨時)"(주: 是年汲水門外居民 得海鯨 斫之賣骨 忠敬以爲不祥); 第八唱 全周福, "남자의 앞일을 두고, 위태한지 말하지 말라. 권하니 그대 실컷 마시게, 빼어난 모임 많지 않으리니.(男子前頭事 莫言危不危 勸君酣此飮 勝會無多時)"(주: 以慰忠敬之志也 勝會無多時 時人以爲先見); 第十二唱 頓貞臣, "이 모임 시령이 엄격하니, 고음은 벌도 위중하기 때문. 십 년 소금장사하던 이가, 이제야 시를 완성하였네.(此會嚴詩令 苦吟罰亦危 十年海鹽客 始有賦成時)"(주: 貞臣鹽商供養老母者).

만나 몸을 의탁하려 하는데 늙은 임기동이 방해한다고 타박하였다. 결구는 임기동과 달리 박억은 아직 정력이 왕성하다는 뜻이다. 옥개는 자신을 옥으로 깎아 만든 나무에 비하여 이제 막 꽃을 피웠더니 김자택이 나비가 되어 꿀을 먹으러 온다고 놀렸다. 김자택의 이름을 같은 음의 '자택(自擇)'으로 풀이한 것이 재치가 있다. 그리고 십인회의 이야기는 다음과 같이 이어진다.

> 시회가 끝나자 술을 세 순배 마셨다. 갑자기 어떤 외모가 훤한 사람이 있어 자리로 뛰어들더니 좌우도 돌아보지 않고 시를 따라 품평하였다.
>
> "제1창은 창자를 비리게 하니 덤덤한 생애요, 제2창은 내심이 정밀하고 강건하여 나아갈지언정 물러서지 않고, 제3창은 고향을 버린 듯 몸과 영혼이 돌아오지 않으며, 제4창은 귀는 깨어 있어도 마음이 취해 있어 선골이 먼지 낀 창자가 된 것이다. 제5창은 고점리(高漸離)가 축을 연주하기도 전에 풍환(馮驩)이 칼을 치며 불평한 것이고, 제6창은 흰 매화가 바람과 물결에 흔들리고 저물녘 배가 쓸쓸한 것이며, 제7창은 사람을 아는 것이 쉽지 않고 때를 아는 것이 어렵지 않다고 하겠고, 제8창은 짝 잃은 외로운 고니가 지는 해에 구름을 치고 나는 것이며, 제9창은 만 리 텅 빈 하늘에 새매가 서로 싸우는 것이고, 제10창은 조그만 옥도 보배지만 황금이 없어 빛을 발하지 못하는 것이며, 제11창은 달빛 아래 꽃이 향을 뿜는데 햇살에 벼가 줄기가 꺾어진 것이고, 제12창은 참된 마음으로 나아가고자 힘쓰니 일을 보고 회피하지 않는 것이라 하겠다."
>
> 평을 마치자 절구 한 수로 화답하였다.

객의 마음 허황한 것 아니요	客言非妄誕
국사는 과연 안위가 문제로다.	國事果安危
풍악 울리던 사람 돌아가는 길에	簫鼓人歸路
아스라이 해가 서산마루에 지네.	蒼蒼日落時

마침내 붓을 던지고 성명도 밝히지 않고 가 버렸다. 10인이 괴이하게 여겼는데 법근이 말하였다.

"왕년에 도사 양백연(梁伯淵)이 신묘한 도술이 있다는 말을 듣고 가서 추종하려 하였는데 바닷속 섬 멀리 떨어져 있다고 하여 이 때문에 가지 못하였소. 아마 그 사람인 듯싶소."

10인이 이에 흥이 깨져서 돌아갔다.[8]

이들의 시에 일일이 평을 한 양백연이 누구인지 다른 데서는 확인되지 않는다. 임진왜란이라는 국가적 위기가 닥칠 것이라 예언한 것처럼 이인(異人)으로 알려져 있었던 모양이다. 스스로 영웅호걸이라 자처하는 이들의 흥겨운 자리에 찬 물을 끼얹었지만 그 자신이 의기양양하게 지은 시도 그다지 격조가 높은 것 같지는 않다. 제10창에서 옥개는 황금이 더해지지 못하여 빛을 발하지 못한 보옥으로, 제11창에서 계월향을 줄기가 꺾어져 결실을 보지 못하는 벼에 비유하였다는 점에서 이들 기녀의 고달픈 삶을 동정한 것이라 하겠다.

십장부와 계월향, 옥개의 이야기는 일제강점기에 퍼진 듯하다. 『삼천리』에 금성마(金城馬)라는 필명으로 「서경(西京)의 천재시인(天才詩人), 감추어진 그들의 면모를 추상함」이라는 기사가 실려 있다.

계월향이라고 하면, 너무나 유명한 기생임으로 더 말하지 않고 그가 십장부회에서 읊은 시를 보면, 그 좌석에 자리를 같이한 남자들을 능가할 만한 시재를 가졌다고 나는 봅니다. 그렇지 못하다는 이도 있겠지만, 그는 그 호활(浩闊)한 여자답지 않은 그 마음과 한가지로, 시재도 역시 탁월하였음을 나는 의심치 않습니다.[9]

---

8 위의 글.

9 『삼천리』 제6권 11호(1934. 11. 1).

이렇게 계월향의 시를 높게 평가하였다. 계월향과 옥개는 모두 임진왜란 때 절조를 지킨 여성이었다. 이들이 십장부와 어울려 시를 지었다는 것은 역사적 사실로 보기는 어렵다. 그럼에도 두 여성에 대한 기억이 근대까지 이어진 것은 분명하다. 계월향에 비하여 옥개는 지금 거의 알려지지 않았지만, 규장각에 민영휘가 1889년 세운 「의기옥개비명(義妓玉介碑銘)」의 탁본이 소장되어 있는 것을 보면 의기로서의 명성이 꽤 높았던 모양이다.

35.
근대에 등장한 최랑과 초운 이야기

거칠게 말하자면 조선시대 여성의 시는 남성 문인의 사랑방 '이야깃거리'였다. '이야깃거리'로서의 여성 한시는 20세기 신문이나 잡지 등의 대중매체가 사랑방을 대신함에 따라 대중적인 관심의 대상이 되기도 하였다. 안왕거(1858-1929)가 『매일신보』에 1915년 3월 15일부터 1918년 8월 20일까지 3년간 연재한 「동시총화」에서 여성 한시의 비중이 큰 것도 여성 문학에 대한 대중적 관심을 반영한 것이다. 안왕거는 『중외일보』에도 1927년 1월 21일부터 5월 16일까지 「열상규조」를 연재하여 여성 중심으로 한시를 소개하였다.

일제강점기가 이러한 시대였다. 김원근이 1917년 무렵 편찬한 『조선부인시문고(朝鮮婦人詩文考)』가 우리나라 여성의 문학만을 정리한 최초의 성과인데 여성 문학에 대한 대중의 관심을 담보로 한 것이다.[1] 전통적인 방식으로 한시를 선발한 이규용의 『증보해동시선』(회동서관, 1919)에서도 여성의 한시에 상당한 분량을 할애하였다. 또 고종 때 문과에 급제하여 조선에서 홍문관 부수찬과 사헌부 지평 등을 역임한 곽찬(1854-?)은 『동양역대여사시선』(보문관, 1920)을 편찬하여 동아시아 여성의 한시를 정리하였다. 이능화는 『조선해어화사』(한남서림, 1925)와 『조선여속고』(동양서원, 1927) 등의 저술을 통해 우리 여성사와 여

1 지금 이 책은 전하지 않는다. 『名媛新女子寶鑑』(永昌書館, 1922)이 이와 관련이 있는 듯하다.

성문학사를 기술하였다. 근대적인 학문을 익힌 김태준이 1931년 『조선한문학사』를 출간한 데 이어, 여기에 누락된 여성 작가를 대상으로 「이조(李朝)의 한문학원류(漢文學源流)」와 「조선(朝鮮)의 여류문학(女流文學)」 등의 학술적인 접근을 시도한 바 있다.[2]

여성 문학에 대한 관심이 고조된 것은 바람직하지만 허구적으로 새롭게 만들어진 이야기가 사실과 뒤섞여 버리는 병폐를 낳았다.[3] 안왕거가 「열상규조」를 연재하는 첫머리에서 "「열상규조」는 조선 부인의 문학이다. 자고로 동방 부인의 시들은 가짜가 많다. 중국에서는 더욱 그러하니 시계(詩界)가 넓을수록 안계(贋界) 또한 넓다. 그러나 조선에서도 가짜의 폐단이 없을 수 없으므로 그 가짜를 먼저 까부숴야 평가가 바르게 된다."라 하여[4] 자신의 글이 진짜임을 표방하였지만 그의 글에서 다룬 여성 작가 역시 가짜가 많다. 또 안왕거가 1915년 편찬한 『고부기담(姑婦奇譚)』(신해음사, 1915)도 대표적인 가짜의 예다. 여성문학에 대한 대중적 호기심에 부응하여 만들어진 상상력의 소산이라 하겠다. 안왕거의 「동시총화」와 「열상규조」뿐만 아니라 『증보해동시선』과 『동양역대여사시선』 등에도 그 출처가 분명치 않아 신빙성이 의심되는 작가와 작품이 제법 섞여 있다. 앞에서 본 십장사 이야기도 이 시기 처음 보인다는 점에서 의혹이 있다.

이러한 점을 고려할 때 20세기 이후 한시를 다룬 저술은 신중한 접근이 필요하다. 다만 조선시대 실존 인물을 다룬 경우에는 근거가 불명확하지만 사라진 문헌이나 구전되던 정보에 바탕하고 있을 가능성도 일부 있다. 다음 곽찬의

---

2 자세한 것은 필자의 「일제강점기의 한문학 연구의 성과」, 『한국한시연구』 13(2005)를 참조하기 바란다.

3 김보성의 「東詩叢話(규장각본)의 저자 및 저본 고찰」, 『한국한문학연구』 68(2017)과 장유승의 「洌上閨藻 연구-가상의 고대사와 허구의 여성들」, 『한국한문학연구』 79(2020)에서 「동시총화」, 「열상규조」, 『동양역대여사시선』 등의 성격이 규명된 바 있다.

4 안왕거, 「열상규조」, 『중외일보』(1927. 1. 21).

『동양역대여사시선』에 실려 있는 최랑(崔娘)의 시도 그러하다.

최랑은 평안도 민가의 여자다. 총계당(叢桂堂) 정지승(鄭之升)이 평안도에 나그네로 유람하다가 좋아하여 사통하였다. 달포 머물다가 일 때문에 돌아가겠다고 하였는데 더욱 버리고 가지 못할 듯이 하였다. 작별하고 4-5년이 지났을 때 여자가 병이 들어 죽게 되었는데 시를 보내어 무어라 하였다. 정지승이 이 시를 보고 비통해하고 말을 몰아 상가로 갔다. 듣는 이가 슬퍼하였다.

슬프게 동서로 헤어져	戚戚東西路
끝내 기약할 수 없으니,	終知不可期
뉘 알랴? 돌아볼 때마다	誰知一回顧
그리움의 비가 흘러내릴 것을.	交作雨相思(其一)
바라봐도 은하수처럼 아득하니	相望隔河漢
건너려도 안타깝게 다리가 없네요.	欲濟恨無梁
꾀꼬리 울음에 꽃이 또 지니	鶯啼花又落
아마도 쓰린 애간장 잘라내겠지요.	知是割愁腸(其二)[5]

이 이야기는 조선시대 야담에 나올 법하다. 정지승(1550-1589)은 자가 자신(子愼)이고 호는 총계당 외에 회계산인(會稽山人), 천유자(天遊子) 등을 사용하였다. 본관이 온양(溫陽)으로 종숙부 정렴(鄭磏), 정작(鄭碏) 등과 함께 시로 이름이 높았다. 벼슬에는 뜻을 두지 않고 은거하였는데 도인(道人)의 면모가 많아 후대 야담에 거듭 등장한다. 혼인하기 전 젊은 시절 창기를 가까이하였는데 부모가 옷을 빼앗아 숨겼지만 벗이 기녀의 편지를 몰래 전해주자 이에 답해 지은 시가

5 곽찬, 『동양역대여사시선』(옥문관, 1920).

『야승(野乘)』(장서각 소장)에 실려 있다. "배꽃 필 때 비바람에 겹문을 닫았더니, 파랑새가 날아와 눈물 자국 보이네. 한번 죽어 이 이별을 잊을 수 있겠나, 구천에서도 애간장 끊어진 혼이 되겠네.(梨花風雨掩重門 青鳥飛時見淚痕 一死可能忘此別 九原猶作断腸魂)"라는 작품이다.

위의 일화에서는 정지승과의 사랑을 잊지 못한 여인이 죽음에 임하여 쓴 시를 소개하였다. 첫 번째 작품에서는 한 번 돌아볼 때마다 그리움에 눈물이 빗줄기처럼 흘러내릴 것이라 한 것이 묘미가 있다. 두 번째 작품은 자신을 직녀에 비하고 은하수 건너 있는 견우를 만나지 못하고 있다는 설정을 한 후, 꾀꼬리 우는 봄이 가고 꽃이 지고 나면 자신의 애간장이 다 타서 죽고 말 것이라 하였다. 상사(相思)의 정을 잘 노래한 작품이다.

또 『삼천리』 1934년 11월 1일 자에 '금성마'라는 필명으로 「서경(西京)의 천재시인(天才詩人), 감추어진 그들의 면모(面貌)를 추상(追想)함」이 실려 있는데 여기에 앞서 본 '십장부' 이야기에 이어 초운(楚雲)과 박엽(朴燁, 1570-1623)의 일화가 소개되어 있다.

> 여기에 또 한 가지 이야기가 있습니다. 초운이라는 얼굴이 못생긴 기생이 있었는데, 그 대신 그는 시를 잘 지었다고 합니다. 초운이 하루는 감사 박엽을 보고, 한번 동침하기를 원한즉, 박엽은 위인이 다소 잔포한지라, 초운의 얼굴을 쳐다보고 크게 성을 내서 초운을 끌어내다 놓고 꾸짖어 말하기를, "어찌 네가 감히 그런 수작을 배웠느냐."라고 하니깐, 초운은 대답하여 말하기를, "다른 기생들은 얼굴이 예쁩니다만, 저는 그렇지 못함으로 남한테 귀염을 못 받습니다. 그러나 저는 그 대신 다른 아무 기생 애들 보담 시를 잘 짓는 것으로 자천(自薦)합니다. 그러니깐 결국 나도 한 가지 장조는 있는 셈이 아닙니까? 그래서 제가 감히 공보고 동침하기를 청할 용기도 났던 것입니다." 이렇게 말하니깐 박엽도 좀 가라앉아 "그럼 한 수 지어 보아라."라 하니깐 초운이 이렇게 하였답니다.

저는 원래 천상의 달에 사는 낭자인지라	妾曾天上月中娘
인간 세상 제일 창기로 귀양 내려왔지요.	謫下人間第一娼
저를 고소대 위에 있게 해 주었더라면	若使姑蘇臺上立
서시도 오왕을 취하게 하지 못하였겠지요.	不教西子醉吳王

초운은 평양의 명기 중 하나다. 자색이 뛰어나지도 않고 이야기를 잘하지도 않지만 유독 시를 잘하여 당시에 이름이 났다. 그러나 자고로 남자는 모두 그 아름다움만 취할 뿐이어서 시재(詩才)로 교제하는 일은 드물다.[6]

박엽이 1619년 평안도 관찰사가 되었는데 초운은 이즈음 만난 여인인 듯하다. 이 시기 다른 문인의 글에 초운의 이름이 보이니,[7] 박엽과 초운의 이야기는 조선시대 전승되던 것일 가능성이 높다. 박엽은 본관이 반남(潘南)이고 자가 숙야(叔夜), 호가 약창(葯窓)이다. 그 부인이 광해군의 세자빈과 인척이라 하여 인조반정 이후 평양 임지에서 처형된 인물이다.

초운은 초나라의 구름이라는 말인데 초운상수(楚雲湘水) 혹은 초운상우(楚雲湘雨)라 하여 운우지정을 비유하기도 한다. 미모가 뛰어나지 못하였지만 이 시를 보면 그 재주를 짐작할 수 있다. 초운은 자신이 천상의 항아(姮娥)가 인간 세상으로 귀양 와 천하제일의 기녀가 되었다고 하고, 자신이 그 옛날 고소대(姑蘇臺)에 있었더라면 서시(西施)가 오왕(吳王) 부차(夫差)를 미혹에 빠뜨려 나라를 망

6 이 대목은 한문으로 "楚雲平壤名妓之一也. 非有姿色美談, 而然特以善詩有名於當世. 然自古男子擧皆取其美妙, 而鮮以詩才相交. 古書."로 되어 있다. 古書는 어떤 책인지 알 수 없다. 이능화의 『조선해어화사』에 "朴燁이 爲箕伯ᄒᆞ니 有醜妓ᄒᆞ야 自願侍側이라 朴이 怒問 汝有何才오 妓曰 頗解作詩ᄒᆞ야 可敵美貌로다. 朴이 乃呼韻ᄒᆞ니 妓應口云 妾曾天上月中娘 謫下人間第一娼 若使姑蘇臺上立 不教西子醉吳王."으로 실려 있다.

7 洪命元(1573-1623)의 「종사관 남궁에게 주다(戲贈南宮從事)」(『海峯集』 권1)에서 "초운이 곳곳마다 자네 따라가리니, 긴긴밤 침소에서 향기 잔뜩 얻으리.(楚雲處處隨君去 添得長宵燕寢香)"라 하였는데 초운이 따른 예조의 관원이 누구를 지칭하는지는 알 수 없다. 沈攸(1620-1688)의 「장난으로 심광택에게 주다(戲贈沈九潤叔光澤)」(『梧灘集』 권3)에서 沈光澤에게 천침을 하게 한 연로한 歌妓 楚雲이 있었다. 박엽이 만난 기녀인지는 알 수 없다.

하게 하지 못하게 하였을 것이라 자부하였다. 비록 미모는 모자라지만 사랑하는 사람이 바른길로 나아갈 수 있게 하기에는 부족함이 없다는 뜻을 말한 것이다.

『삼천리』에는 이 이야기에 이어 소백주(小栢舟)가 지은 "상공(相公)을 뵈온 후 사사(事事)를 믿자오니, 졸직(拙直)한 마음에 병(病)들까 염려러니, 이리마 저리차하니 백년동포(同胞)하리라."를 소개하였다. 감사 박엽이 동헌에 앉아서 장기를 두다가 소백주에게 지어 보라고 하여 소백주가 지었다는 시조다. 장기의 상(象)을 상공(相公)으로 사(士)는 사사(事事)로, 졸(卒)은 졸직(拙直)으로, 병(兵)은 병(病)으로, 마(馬)는 '이리마'로, 차(車)는 '저리차'로, 포(砲)는 백년동포로 바꾸어 장기의 여섯 알을 모두 말한 것이다. 박엽의 주위에 이런 재치 있는 여성들이 있었다.

36.
부안삼절의 시인 매창

조선 중기 최고의 기녀 시인은 계생(桂生, 1573-1610)이다. 계생은 부안(扶安) 출신으로, 호가 매창(梅窓)이고 자가 천향(天香)이며 계생(癸生), 계랑(癸娘), 계랑(桂娘) 등으로도 불렸다. 아전 이탕종(李湯從)의 딸인데 기녀가 되었다. 시(詩)와 가무(歌舞), 금(琴)에 뛰어나 유희경(劉希慶, 1545-1636), 이귀(李貴, 1556-1632), 허균(許筠, 1569-1618), 심광세(沈光世, 1577-1624) 등 당대 최고 지식인과 교유가 깊었으며, 차천로(車天輅, 1556-1615), 한준겸(韓浚謙, 1557-1627)과도 교분이 있었다. 유희경, 직소폭포와 함께 '부안삼절(扶安三絶)'로 불리기도 하였으며, 기녀로서는 드물게 개인 시문집 『매창집(梅窓集)』을 남겼는데 이 문집은 생전 그가 사랑한 아름다운 절 개암사(開巖寺)에서 간행한 목판본이다. 임방은 『수촌만록』에서 매창을 이렇게 소개하였다.

> 부안 기녀 계생은 호가 매창인데 그 시는 이러하다.
>
> 강마을 작은 사립문 달린 집을 찾아가 보니　　水村來訪小柴門
> 찬 못에 연꽃 지고 화분의 국화는 시들어 가네.　　荷落寒塘菊老盆
> 갈까마귀 석양빛에 늙은 나무에서 울어대는데　　鴉帶夕陽啼古木
> 기러기 가을 생각 머금고 강 위 구름을 지나네.　　鴈含秋意度江雲

한양 땅 시속이 자주 변한다 말할 것 없으니	休言洛下時多變
인간 세상일일랑 나는야 듣고 싶지 않답니다.	我願人間事不聞
술잔 앞에 두고 한번 취함을 사양하지 마소	莫向樽前辭一醉
신릉군의 부귀영화도 풀 덮인 무덤일 뿐이니.	信陵豪氣草中墳

그 재주를 볼 수 있다. 계생은 자태가 아름답고 시에 능하여, 일대의 명사들 중에 시를 주고 시집에 글을 쓰지 않은 이가 없었으니 그 사람됨을 알 수 있다. 남쪽 지방에 『매창집』이 있어 세상에 간행되었다.[1]

이 작품은 『매창집』에 제목이 「부여 백마강을 유람하고(遊夫餘白馬江)」로 실려 있고,[2] 장지연의 『대동시선』에는 「무제(無題)」로 뽑혀 있다. 백마강 강변의 한 집을 찾았는데 군자의 꽃 연꽃과 은자의 꽃 국화를 심어 두었으니 그 주인의 사람됨을 알겠지만 주인은 세상을 떠나고 없다. 을씨년스럽게 까마귀가 울고 기러기는 남으로 내려간다. 주인은 한양의 염량세태를 싫어하여 세상 시비에서 벗어나려고 부여로 내려와 살았던 모양이다. 그를 조상하여 술을 한 잔 올렸다. 마지막 구절의 신릉군(信陵君)은 식객(食客)이 3,000명에 이르렀던 전국시대 위(魏)의 공자(公子)인데 그러한 부귀영화도 죽고 나면 다 덧없다. 이백이 「양원음(梁園吟)」에서 "옛사람 중 부귀로는 신릉군이라지만, 지금 사람들 신릉군 무덤에 농사를 짓네(昔人豪貴信陵君 今人耕種信陵墳)"라고 한 뜻을 끌어들인 것이다. 다만 매창이 찾은 집의 주인이 누구인지는 확인할 수 없다.

매창이 남긴 시는 이야기가 붙어 있는 것이 많다. 이수광은 『지봉유설』에서 그의 일화를 이렇게 소개하였다.

1 任埅, 『水村漫錄』(『詩話叢林』 소재).

2 제4구의 '秋意'가 '秋氣'로, 제8구의 '豪氣'가 '豪貴'로 되어 있지만 뜻은 별 차이가 없다.

계랑이라는 자는 부안의 천한 기녀인데 스스로 호를 매창이라 하였다. 예전 길손이 그 명성을 듣고 시로 유혹하니 계랑이 즉시 차운하여 이렇게 답하였다.

평생 동가숙서가식 그 말은 배우지 않아	平生不學食東家
매창에 달그림자 기우는 것만 좋아하였지요.	只愛梅窓月影斜
시인은 한가한 제 마음을 알아주지 않고서	詞人未識幽閑意
떠가는 구름 가리키며 그릇 자랑 많으시네.	指點行雲枉自多

그 사람이 슬퍼하며 가 버렸다. 계랑은 평소 금(琴)과 시를 좋아하여 죽을 때 금을 순장하였다고 한다.[3]

매창이 제 삶을 담담하게 말한 작품이다. 기녀지만 동가숙서가식(東家宿西家食)을 일삼지 않고 매화가 핀 창가에 달빛 비치는 것을 사랑하는 맑은 여인이라 하였다. 북송의 은자 임포(林逋)가 서호(西湖)의 고산(孤山)에 초막을 짓고 매화와 학을 사랑하여 매처학자(梅妻鶴子)로 불렸는데 그의 시 「산원소매(山園小梅)」에서 "맑고 얕은 물 위에 성긴 그림자 비끼고, 황혼 녘 달빛 속에 은은한 향기 떠도네.(疎影橫斜水淸淺 暗香浮動月黃昏)"라는 명구를 남겼다. 매창은 이 뜻을 말한 것이다. 마지막 구절에서는 자신의 그러한 뜻을 알아주지 못하는 것을 원망하였다. 떠가는 '행운(行雲)'은, 무산신녀가 초 양왕과 아침이면 구름이 되고 저녁이면 비가 되어 만나 운우지정을 나누고 싶다고 한 고사를 암용(暗用)한 것이다.[4] 빙허각 이씨의 『청규박물지』에 『지봉유설』에서 이 시화를 가져와 인용한 바 있다.[5]

---

3 李睟光, 『芝峯類說』.

4 『海東詩話』(하버드대학교 소장)에는 마지막 구절이 "가는 구름 가리키며 눈길 많이 준다 하네.(指點行雲注目多)"로 되어 있다.

5 "평ᄉᆡᆼ의 동녁 집의 밥 먹기를 ᄇᆡ호지 아냐시니 다만 ᄆᆡ화창의 달그림재 빗긴 거슬 ᄉᆞ랑ᄒᆞ노라 셰상 ᄉᆞᄅᆞᆷ이 유ᄒᆞᆫᄒᆞᆫ 쓰즐 아지 못ᄒᆞ고 ᄒᆡᆼ운을 지ᄒᆞ야 소ᄉᆞ로 왕비ᄒᆞ리 만도다"로 번역되어 있다.

또 『교거쇄편』에는 이런 사연과 함께 그의 또 다른 대표작을 들었다.

부안 기녀 계랑이 병사(兵使)의 잠자리를 모시게 된 적이 있는데 그 무인을 혐오하여 가까이하지 않았다. 병사가 그 소매를 붙들었는데 계랑이 일어나자 소매가 찢어졌다. 병사가 화를 내자 계랑은 즉흥적으로 절구 한 수를 지어 속죄하였다.

당신이 제 비단 적삼을 잡으니	歡子挽羅衫
비단 적삼이 손 따라 찢어지네요.	羅衫隨手裂
비단 적삼 찢어져도 아깝지 않지만	不惜羅衫裂
다만 은정이 끊어질까 겁이 나네요.	但恐恩情絶[6]

『교거쇄편』에서 소개한 작품에서도 동침을 요구하는 남성에 대한 매창의 괴로운 마음을 읽을 수 있다. 민백순의 『대동시선』과 『매창집』에 「취한 객에게 주다(贈醉客)」로 실려 있는데 1구가 "취한 객이 비단 적삼 잡으시니(醉客執羅衫)"로, 3구가 "비단 적삼 하나가 아깝지 않지만(不惜一羅衫)"으로 되어 있지만 뜻은 동일하다. 남용익의 『기아』, 장지연의 『대동시선』에도 실려 있다.

매창은 여러 남자의 사랑을 받았는데 특히 유희경과 교분이 깊었다. 유희경은 임진왜란 이전 젊은 시절 부안에 갔다가 매창을 만나 서로의 시재를 알아보고 바로 정인(情人)이 되었다. "나에게 선약(仙藥)이 있으니 찌푸린 고운 얼굴을 고칠 수 있다네. 깊이깊이 비단 보자기에 감추어두었다가, 그리운 임에게 주고 싶어라.(我有一仙藥 能醫玉頰嚬 深藏錦囊裏 欲與有情人)"라 한 것으로 보아[7] 유희경은 매창과 매우 깊은 정을 나눈 것으로 보인다. 시름에 겨운 매창을 낫게 할 수 있는 선약이란 서로 정을 나누는 것이겠다. 유희경은 매창에 대한 그리움에

6 任相元·任天常, 『郊居瑣編』(규장각 소장본).

7 劉希慶, 「贈癸娘」, 『村隱集』 권1.

여러 편의 시를 지었다. 늦가을 오동잎에 비가 떨어지는 소리를 들으며 그녀를 만나지 못해 애간장을 태우기도 하였고, 꽃피는 봄철에는 그녀의 베개가 외로울 것이라 여겨 함께 운우지락(雲雨之樂)을 즐길 수 있기를 꿈길에서 기원하기도 하였다.[8]

매창을 사랑한 사람은 무척 많았다. 1604년 무렵에는 윤선(尹銑)이 부안현감으로 있었는데 훗날 한성판윤(漢城判尹)까지 지낸 명현이다. 1607년에는 심광세가 부안현감으로 부임하였다. 문집 『휴옹집(休翁集)』이 전하거니와 그의 「해동악부」가 문학사에서 기림을 받고 있다. 허균은 1608년 8월 공주목사로 있다가 파직당하고 부안으로 내려가 우반동, 지금의 우동리 우동제 저수지 위 선계폭포 근처에 살고 있었다. 이들이 모두 매창의 연인이었다. 특히 윤선과 허균의 악연에 매창이 그 중심에 있었다.

선비 윤선이 부안의 사또가 되었는데 계랑을 사랑하였다. 그가 떠난 후에 계랑이 시를 지어 그리워하였다.

대숲 정원에 봄이 깊어 새 울음소리 많은데	竹院春深鳥語多
눈물 묻어 지워진 화장으로 휘장을 걷습니다.	殘粧含淚捲窓紗
고운 거문고로 그리움의 곡조를 연주하고 나니	瑤琴彈罷相思曲
봄바람에 꽃이 지고 제비 비스듬히 나네요.	花落東風燕子斜

고을 사람들이 거사비(去思碑)를 세웠는데 계랑이 달밤이면 그 비석 아래에서 거문고를 연주하면서 하늘을 보고 하소연하고 길게 노래를 불렀다. 이원형(李元亨)이라는 사람이 그 비석 위에 시를 썼다.

8 매창과 허균, 윤선 등과의 교유에 대해서는 필자의 「사랑과 혁명의 땅 우반동과 허균」, 『조선의 문화공간(2)』(휴머니스트, 2006)에서 자세히 다루었다.

가야금 한 곡에 자고새 원망하는 노래 一曲瑤琴怨鷓鴣
묵은 비석은 말이 없고 달만 휑하구려. 荒碑無語月輪高
그 당시 현산(峴山) 남쪽 땅의 비석에도 峴山當日征南石
눈물을 떨어뜨린 고운 여인이 있었던가. 亦有佳人墮淚無

당시 사람들이 절창이라 하였다. 이원형은 허균의 객이다. 계랑이 편지를 보내 무어라고 말하였는데 허균의 답장은 이러하였다.

"낭자는 보름날에 거문고를 연주하며 산자고(山鷓鴣)를 노래하였다지요. 왜 한가하고 은밀한 곳에서 몰래 하지 않고, 바로 윤가의 비석 앞에 있어서 습착치(習鑿齒) 같은 자에게 들키고, 석 자 거사비를 시로 더럽히게 하였소? 이는 낭자의 잘못인데, 허물이 내게 돌아오니 원통하오. 요즘도 참선(參禪)은 하시는가? 그리운 정이 간절하구려."

성소자(惺所子; 허균)가 그 여인이 죽었다는 소식을 듣고 시를 지어 애도하였다.

절묘한 글귀는 비단을 펼쳐 놓은 듯 妙句堪擒錦
맑은 노래는 구름조차 머물게 하였지. 淸歌解駐雲
복숭아 훔쳐 먹고 인간에 귀양 왔다 偸桃來下界
선약을 훔쳐서 이승을 떠나갔네. 竊藥去人群
연꽃 휘장에 등불이 어둑한데 燈暗芙蓉帳
비취색 치마에 향이 남아 있구려. 香殘翡翠裙
내년에 복사꽃이 피어날 때 明年小桃發
설도의 무덤을 그 누가 찾아줄까? 誰過薛濤墳

반첩여의 부채여 쓸쓸하여라 凄絶班姬扇
탁문군의 금인양 처량하구나. 悲涼卓女琴
날리는 꽃잎에 부질없이 한이 쌓이고 飄花空積恨
시든 난초에 그저 마음이 상할 뿐 衰蕙只傷心

봉래섬에 구름은 흔적조차 없는데	蓬島雲無迹
푸른 하늘에 달은 벌써 잠겨 버렸네.	滄溟月已沈
내년에 봄이 와도 소소의 집에는	他年蘇小宅
시든 버들이 그늘을 이루지 못 하리라.	殘柳不成陰

계랑은 평소 금과 시를 좋아하였는데 죽을 때 금을 순장하였다고 한다. 허균은 또 편지를 보낸 적이 있었다.

"봉래산의 가을이 한창일 터, 돌아가고 싶은 흥이 너울너울 인다오. 낭자는 반드시 나 성성옹(惺惺翁)이 산골로 돌아오겠다는 맹약을 어겼다고 필시 웃을 것일세. 그 시절에 만약 생각이 한 번 잘못되었더라면 나와 낭자의 사귐이 어떻게 10년 동안이나 그토록 견고할 수 있었겠소. 이제 와서 풍류객 회해(淮海) 진관(秦觀)은 진정한 사내가 아니라는 것을 알겠소. 참선으로 수행하는 것이 몸과 마음에 유익하겠지요. 어느 때 만나서 속마음을 토로할지, 편지지를 마주하니 마음이 서글프오."

(…)

그 재주를 볼 수 있다.[9]

매창은 1604년 군수로 온 윤선과 친분이 깊었는데 그가 떠난 후 윤선의 치적을 기려 백성들이 세워 준 거사비 앞에서 달밤에 가야금을 타고 자신의 신세를 하소연하며 길게 노래를 불렀다. 이 노래는 남용익의 『기아』, 장지연의 『대동시선』에는 제목이 「봄날의 원망(春怨)」으로 실려 있는 작품이다.[10]

이때 이원형이 지나다가 이를 보고 시를 지었다. 이원형은 자가 사상(士常)으로 허균, 이재영(李再榮) 등과 어릴 적 벗이었으며, 권필(權韠, 1569-1612)도 그를 좋아하고 칭찬하였다. 이문학관(吏文學官)을 지낸 것으로 보아 서자로 추정된

9 편자 미상, 『左海詩藪』(와세다대학교 소장). 위에서 생략한 부분은 「遊夫餘白馬江」을 인용한 시인데 앞에서 보았다.

10 『동양역대여사시선』에서는 關西妓 桂枝의 작품이라 하였는데 근거를 알 수 없다.

다. 허균의 집에 드나들던 식객으로 평생 허균의 동지가 되었던 인물이다.

그런데 이 시는 수령으로서 선정을 베풀지 않고 여색만 탐했다는 풍자의 뜻으로 읽힐 소지가 있다. 양호(羊祜)가 선정(善政)을 베풀었지만 기생의 눈물을 자아내게 한 적이 있었냐고 하였기 때문이다. 허균이 1609년 10월 이원형에게 보낸 편지에서 "자네가 윤 아무개의 비석에 쓴 시는 정말로 절창이라 하겠지만 나에게 해를 입힌 것이 매우 많네. 그대가 지은 것이라고 하더라도 여장(汝章, 권필)을 빼고 나면 아무도 믿을 사람이 없을 것이네. 앞으로 어떻게 스스로 해명하려는가? 나는 이 때문에 세 차례나 대관(臺官)의 의논에 걸렸는데 여러 사람의 도움을 받아야 하였다네. 내가 비방을 받도록 조장한 것이 적다고 하기 어려울 것일세. 앞으로는 조심해서 이런 일은 하지 말게나. 어잠부(魚潛夫; 魚無跡)가 매화를 찍어 버린 일을 읊었다가 화를 당한 일을 보지 않았던가? 아, 필시 두려운 일이네."라 하였다. 시를 정확하게 볼 줄 아는 권필이 아니라면 모두 이원형이 지은 시를 허균이 지은 것이라 하여 논란거리로 삼는다고 불만을 터뜨렸다.

이 사건을 두고 허균은 이보다 앞선 1609년 1월 매창에게 하소연을 하는 편지를 보내었다. 편지 끝에 아직 참선하는지 물은 것이 묘하다. 이어지는 매창의 죽음을 애도한 허균의 시를 수록하였는데 이 작품의 주석에 단서가 보인다. "계생은 부안 기녀인데, 시에 능하고 글도 알며 또 노래와 거문고도 잘하였지만 천성이 고고하고 개결하여 음란한 것을 좋아하지 않았다. 나는 그 재주를 사랑하여 교분이 막역하였으며 비록 담소하고 가까이 지냈지만 어지러운 지경에는 미치지 않았기 때문에 오래가도 변하지 않았다. 지금 그 죽음을 듣고 한 차례 눈물을 뿌리고서 율시 2수를 지어 슬퍼한다."[11] 허균이 매창에게 동침을 요구하자 매창이 불공을 올리는 중이라 거절하였기에 아직 참선하고 있는지

11 許筠, 「哀桂娘」, 『惺所覆瓿藁』 권2.

물은 것으로 이해하면 될 듯하다.

허균은 유희경, 윤선, 이귀 다음의 정인이었다. 허균이 전운판관(轉運判官)이 되어 1601년 6월 23일 처음 부안에 들렀을 때 이귀의 정인으로 있던 매창을 처음 만났다. 허균은 매창이 외모는 대단찮으나 금과 시에 뛰어났기에 종일 그와 술잔을 놓고 시를 읊으며 화답하였다. 허균은 매창과 잠자리를 갖지 않았지만 마음이 아예 없는 것은 아니었던 듯하다.

허균이 1609년 9월 매창에게 보낸 편지에도 비슷한 사연이 보인다. 여기서 봉래산은 소금강 변산(邊山)을 이른다. 1609년 2월 다시 벼슬을 받아 한양으로 올라간 허균은 매창에게 가을에 변산으로 내려오겠노라 약조를 하였는데 이를 지키지 못하여 미안한 마음을 표한 다음, 송의 바람둥이 시인 진관을 비판하면서 육체가 아닌 정신의 사랑을 유지하였기에 10년 동안 매창과의 관계가 유지될 수 있었다고 하였다. 이를 보더라도 허균은 매창과 잠자리를 갖지는 않았다고 하겠다.

불행히도 이 편지를 보낸 이듬해 매창은 세상을 떠났다. 허균은 만시에서 매창의 삶을 서왕모처럼 천상에서 선도를 훔쳐 인간 세상으로 내려왔다가 항아처럼 불사약을 훔쳐 먹고 달나라로 도망간 것으로 풀이하였다.[12] 그리고 당나라의 이름난 여성 시인으로 백거이, 원진 등과 친분이 깊었던 여성 시인 설도에 비하였다.

두 번째 수에서는 반첩여(班婕妤)와 탁문군의 고사를 원용하였다. 한 성제(漢成帝)의 총애를 조비연(趙飛燕)에게 빼앗긴 반첩여는 자신의 처지를 가을 부채에 비겨 「원가행(怨歌行)」을 지었고, 탁문군은 함께 무릉으로 도망한 사마상여가 그곳의 여자를 첩으로 삼자 「백두음(白頭吟)」을 지어 자기의 신세를 슬퍼한

12 첫 구절은 宋 蘇軾의 「蘇州閭丘江君二家雨中飮酒」 "已煩仙袂來行雨 莫遣歌聲便駐雲"을 이용한 것인데 계랑의 노래가 절묘하여 구름도 멈추게 한다는 뜻이다.

바 있다. 젊은 시절 뭇 남성의 사랑을 받던 매창이 노년에 외로워진 신세가 되어, 남제(南齊) 때 전당(錢塘)의 명기로 알려진 소소(蘇小)처럼 뛰어난 재주에도 불구하고 결국 잊히고 말 것이라 안타까워하였다.

장지연의 『대동시선』에는 「가을날의 그리움(秋思)」도 대표작으로 선발되어 있다.

비 긋고 서늘한 바람 대자리에 불어오니	雨後凉風玉簟秋
바퀴같이 둥근 달이 누각 위에 걸리네.	一輪明月掛樓頭
밤새 으슥한 방 가을 귀뚜라미 소리에	洞房終夜寒蛩響
가슴 속 만 섬의 시름을 모두 찧어 대네.	擣盡中腸萬斛愁

날이 개고 시원한 바람이 불어오는 달밤 누각에 올랐다 하여 그 흥이 맑음을 과시하였다. 귀뚜라미 울음소리가 가슴을 파고드는 것을 표현한 전구과 결구의 수법이 대단하다.

기녀 출신의 매창은 사대부가의 난설헌, 서족으로 첩실이 된 옥봉 등과 가장 대표적인 여성 작가로 명성이 높았다. 그래서인지 매창을 일컫는 계랑이라는 이름이 이 시기 인기가 있었다. 이안눌이 1632년 북경에 다녀오는 길에 평양에서 만나 시를 지어준 기생 이름이 계랑이었다.[13] 시대는 비슷해도 평양에서 활동한 기녀니 다른 사람이라고 하겠다. 또 순조 연간 서화로 이름을 날린 죽하(竹下) 김기서(金箕書)의 애첩도 계랑이었는데 시에 능하였다. 성해응의 「장난삼아 계랑의 시집 뒤에 쓰다(戱題桂娘軸後)」가 그 시집에 붙인 글이다. 또 그가 죽은 후 묘도문자 「계랑광지(桂娘壙誌)」도 써 준 일이 있다.[14] 그의 시가 전하지

13 李安訥, 「戱贈平壤病妓桂娘」(『東岳集』 권20).

14 成海應, 「戱題桂娘軸後」(『研經齋全集』 권16); 「桂娘壙誌」(권16).

않아 같은 이름 매창의 시와 나란히 보지 못하여 아쉽다.

그리고 『매창집』을 남긴 매창의 명성을 빌려 남성 독자들이 사랑방에서 낄낄거리면서 즐길 허구적인 이야기도 후대 만들어졌다.

선비 유도(柳塗)가 시재가 있었는데 젊은 시절 기방 출입을 좋아하였다. 청루를 지나다가 절구 한 수를 벽에다 썼다.

십 년 청루에서 잠을 잤으니　　　十載青樓宿
인간 세상 비방이 들끓었지.　　　人間積謗喧
미친 마음을 아직 없애지 못해　　　狂心猶未已
황혼에 다시 백마를 탄다네.　　　白馬又黃昏

재상 아계(鵝溪) 이산해(李山海)가 잔치 자리에서 취해서 돌아가다가 집에 이르기 전에 길가의 인가를 빌려 멈추게 되었는데 기녀의 집이었다. 술에서 깨어나 벽에 쓰인 시를 보고 경탄하여 만나는 사람마다 이를 언급하였기에 온 도성 사람들이 일시에 이를 외워 전하게 되었다. 이때 부안 기녀 계생이 시에 능하였는데 호를 매창이라 하였다. 선상기(選上妓)로 뽑혀 도성으로 가니 부잣집 자제들이 다투어 맞아 수창하였다. 유도가 그를 찾아갔는데 최 아무개와 김 아무개 두 사람도 풍류를 자부하였기에 먼저 자리에 와 있었다. 계생이 술상을 차리고 접대하는데 제법 얼큰해지자 세 사람이 눈길을 보내 유혹하였다. 계생이 웃으며 시령(詩令)을 제시하였다.

"청컨대 각기 풍류마당의 시를 읊어 한바탕 즐겁게 하면 좋겠습니다. '백옥 살갗은 천 사람의 베개요, 붉은 입술엔 만 사람의 향기라네. 네 몸은 잘 벼린 칼도 아닌데, 어찌 이리 급히 애간장을 자르나.(玉臂千人枕 丹脣萬口香 汝身非刃劒 何遽斷剛腸)'라든가, '삼경의 달빛에 주렴이 춤추니, 이불에 한바탕 바람이 이네. 이러한 때 무한한 맛은, 오직 두 사람만 함께 한다네.(足舞三更月 衾生一陣風 此時無限味 唯有兩人同)'와 같은 시는 천한 졸개들이 외우는 것이라 귀를 기울이기에 부족합니다. 만약 전에 제가 들어보지 못하였고 제 마음에 흡족한 것을 외워 전하는 것이 있으면 한 번 즐거움을 나누겠나이다."

세 사람이 좋다고 하였다. 김생이 김명원(金命元)의 시를 외웠다.[15]

한밤중 창밖에 가랑비 내리는데	窓外三更細雨時
두 사람 심사는 두 사람이 안다네.	兩人心事兩人知
새로운 정 미흡하여 날이 새려 하니	新情未洽天將曙
비단 적삼 잡고 훗날 기약 묻는다네.	更把羅衫問後期

최생이 이어 심희수(沈喜壽)의 시를 외었다.[16]

창 아래 부둥켜안고 쉬지 않고 희롱하니	抱向紗窓弄未休
반쯤 교태부리고 반쯤 부끄러운 척하네.	半含嬌態半含羞
낮은 소리로 몰래 그리웠느냐 물어보니	低聲暗問相思否
손으로 금비녀 만지며 머리를 끄덕이네.	手整金釵乍點頭

계생이 말하였다.

"앞의 시는 너무 굽혔고 뒤의 시는 너무 묘하지만 솜씨가 낮아 모두 들을 만하지 못합니다. 율시는 시의 정수요 칠언근체(七言近體)는 음향과 정취가 모두 어렵지요. 저는 마땅히 그 어려운 것을 취하렵니다."

김생이 마침내 정자당(鄭子堂)의 율시를 외웠다.[17]

나이 겨우 열다섯 아리따운 아가씨	年纔十五窈窕娘

---

15 김명원의 문집이 전하지 않아 이 시를 확인할 수 없다.

16 심희수의 문집 『一松集』에는 이 시가 실려 있지 않다.

17 이 시는 정자당의 문집 『靑松詩集』의 부록에 실려 있고 제목이 "贈妓"로 되어 있다. '第一坊'이 '第一娼坊'으로, "花長威令嚴如霜"이 "花官威令肅如霜"으로 되어 있다.

이름이 장안 제일 교방에 자자하네.	名滿長安第一坊
탕자의 은정은 바다처럼 깊건만	蕩子恩情深似海
행수의 명은 서리처럼 엄하다네.	花長威令嚴如霜
고운 창에 해가 높아 아침 화장 서두르고	蘭窓日晏朝粧急
솔 고개 거센 바람에 저녁 발길 급하다네.	松峴風高夕履忙
이별할 때 잦고 만나 볼 때가 적으니	相別時多相見少
양대의 구름과 비가 양왕을 괴롭히네.	陽臺雲雨惱襄王

최생이 말하였다.

"이 시가 아름답기는 하지만 이보다 아름다운 것도 있다오."

그리고는 제봉(霽峰) 고경명(高敬命)의 "이별이라 부러 천천히 모래 언덕에 말을 세우니(立馬沙頭別故遲)"라는 구절[18]을 읊조렸다. 계생이 말하였다.

"이 시는 정말 도긴개긴이네요. 맑은 풍치가 있기는 하지만 또한 사람을 감동하게 하기에는 부족합니다."

그리고는 유도를 돌아보고 말하였다.

"여기에 오직 공만 읊조릴 것이 없는가요?"

유도가 말하였다.

"나는 본디 글을 못하오. 그저 노애(嫪毒)가 바퀫살을 부순 기술만 있을 뿐이라오."

계생이 웃었다. 최생은 화를 내며 말하였다.

"자네가 뛰어난 기술을 가지고 있다 하지만 오늘 일은 시령대로 해야 마땅할 것이오."

---

18 『霽峯集』에 「步古韻贈友人以道惜別之意」로 실려 있고 전편은 다음과 같다. "이별이라 부러 천천히 모래 언덕에 말을 세우니, 얄밉구나 버드나무 가지 가장 긴 것이. 가인은 인연이 짧아 새로운 교태가 많고, 탕자는 정이 깊어 훗날의 기약을 묻는구나. 복사꽃 떨어지니 한식절이 되었는데, 자고새 날아가자 석양이 기우네. 풀빛 고운 남포에 봄 물결이 푸르니, 마름꽃 꺾어 임에게 주고 싶네.(立馬沙頭別意遲 生憎楊柳最長枝 佳人緣薄多新態 蕩子情深問後期 桃李落來寒食節 鷓鴣飛去夕陽時 草芳南浦春波綠 欲採蘋花有所思)"

자못 제 솜씨를 뻐기는 기색이 있어 좌우를 돌아보고 말하였다.

"율시 한 편으로 여러 시를 압도하겠소."

낭랑하게 정지승(鄭之升)의 칠언율시를 외었다.[19]

가을밤 훤해 오니 밤 길다 하지 말고	秋宵已曙莫言長
등불 앞에 비단옷을 어서어서 벗게나.	促向燈前解繡裳
외눈 가늘게 뜨니 눈동자에 기운이 뻗고	獨眼微開睛吐氣
양 가슴이 합쳐지니 땀에서 향기가 나네.	兩胸纔合汗生香
다리는 개구리가 물결을 급히 뒤집는 듯	脚如螻蟈飜波急
허리는 잠자리가 급히 물을 치고 오르는 듯.	腰似蜻蜓點水忙
강건하다 예전부터 마음으로 자부하노니	強健向來心自負
사랑하는 낭자 마음을 매파에게 물어보노라.	愛娘深淺問娘娘[20]

계생이 읊조리고 마음에 들었다. 유도가 말하였다.

"자네들이 읊은 것은 모두 이미 진부한 껍데기일 뿐일세. 어찌 눈을 비비고 볼 만하겠는가? 내 마땅히 새로운 율시 한 편을 지어서 오늘 이 자리에서 깃대를 세워 보겠네."

마침내 계생으로 하여금 운자를 부르게 하고 말이 떨어지기 무섭게 응대하였다.

봄을 찾는 호걸은 그 기운이 거세다네,	探春豪士氣昂然
비취새 이불 속에 좋은 인연 맺어 보세.	翡翠衾中結好緣
옥경을 저어 가니 두 다리가 높다란데	撐去玉莖雙脚屹
단혈을 찔러 가니 양 활시위 둥그러지네.	貫來丹穴兩弦圓

19 이 작품은 정지승의 문집『叢桂堂集』에 실려 있지 않다.

20 娘娘은 도교의 女神을 이른다.

처음 볼 때 예쁜 눈이 안개처럼 흐리더니	初看嬌眼渾如霧
점점 긴 하늘이 동전처럼 자그마해진다네.	漸覺長天小似錢
이 속에 유별난 재미를 따져본다면	這裏若論滋味別
하룻밤 높은 값이 천금이나 되겠지.	一宵高價値千金

계생이 읊어보고 탄식하여 말하였다.

"생각지 못하게 어르신께서 이렇게 누추한 곳에 왕림하셨군요. 예전 공께서 읊은 '광심이 아직 멈추지 않아, 황혼에 다시 백마를 탄다네.(狂心猶未已 白馬又黃昏)' 라는 시를 들어보았지요. 사모한 지가 한참 되었더니, 이제 다행히 뵙게 되었군요."

이에 술을 한 잔 따르고 말하였다.

"눈이 안개처럼 흐릿해지고 하늘이 동전처럼 작아진다면 그 값이야 어찌 천금 정도에 그치고 말겠습니까? 지난번 여러 공들이 읊은 허다한 시는 한 잔의 식은 물에 불과합니다."

김생과 최생 두 사람은 멍하니 물러났다.[21]

이원명(李源命, 1807-1887)의 『동야휘집(東野彙輯)』에 「계생을 찾아가 시령으로 즐거움을 돕다(訪桂娥詩令助歡)」로 실려 있는 야담이다. 편자 미상의 『청구시화습유고(靑邱詩話拾遺稿)』(규장각 소장)에도 같은 내용이 보인다. 선조 연간의 인물로 풍류남아인 유도와 제일의 명기 매창이 합쳐지면서 이런 이야기가 만들어진 듯하다. 이 이야기의 첫 대목은 이수광의 『지봉유설』에도 보인다. 유도가 젊어서 화류계에 이름을 날렸고 이 때문에 과거 시험 자격이 박탈되었다고 하면서 "십 년 청루에서 밥 먹느라, 하늘까지 비방이 요란하게 쌓였지. 광심을 아직도 멈추지 못하여, 황혼에 다시 백마를 탄다네.(十載靑樓食 薰天積謗喧 狂心猶未已

21 李源命, 『東野彙輯』(규장각 소장).

白馬又黃昏)"라는 시를 지었다고 하였다. 또 이산해(1539-1609)가 이 시를 보고 재주가 아깝다고 한 것도 소개하였다.[22] 이산해의 「연보(年譜)」에도 1590년의 기사로 『지봉유설』의 이 기사를 옮겼으니 당시 널리 알려진 이야기였음을 알 수 있다. 다만 그 이후의 이야기는 실려 있지 않다.

유도는 자신보다 훨씬 명성이 높은 쟁쟁한 문사들을 제치고 매창과 사랑을 나누었다. 노애는 오동나무로 만든 바퀴에 성기를 넣게 하고 수레를 굴렸는데 바큇살이 부서졌지만 성기는 멀쩡하였던 인물로 진시황의 모후와 사통하여 권력을 농단한 바 있다. 유도는 그런 노애의 능력을 갖추었다고 하고 자신과 동침하는 여인에게 눈이 안개처럼 흐릿해지고 하늘이 동전처럼 작아지게 만들 수 있다는 음란한 시를 지었다.

22 梁慶遇 역시 「詩話」에서 비슷한 내용을 소개하였는데 첫 구가 "반평생 청루에서 밥을 먹어(半世靑樓食)"로 되어 있다.

37.
봉원부부인 정씨와 딸 세자빈 유씨

조선시대 여성 작가는 계층이 다양하였다. 신라 진덕왕처럼 한 나라의 임금에서부터 금가처럼 노비까지도 시를 지었다. 또 앞서 본 유희춘과 송씨처럼 양반가에서 부부가 시를 짓기도 하고 뒤에서 볼 취선(翠仙)처럼 노비 신분인 남동생, 여동생이 시를 주고받은 예도 있다. 여기에 더하여 궁중에서 임금이 장모를 모시고 세자, 세자빈과 함께 시를 수창한 특이한 예도 발견된다.

이러한 모임의 주인공이 바로 동래정씨(東萊鄭氏, 1541-1620)다. 정씨는 정유길(鄭惟吉, 1515-1588)의 셋째 딸인데 오빠가 봉래부원군(蓬萊府院君) 정창연(鄭昌衍)이다. 문양부원군(文陽府院君) 유자신(柳自新, 1541-1612)과 혼인하여 낳은 셋째 딸이 광해군의 비(妃)가 되어 봉원부부인(蓬原府夫人)에 봉해졌다. 지금 전하는 시는 모두 중년 이후의 작품이다. 먼저 그의 대표작부터 보기로 한다.

> 문양부원군의 부인 정씨는 시에 능하여 남긴 시가 전한다. 일찍이 서빙고(西氷庫) 강가의 집에 머물 때 지은 시에서 이렇게 말하였다.

갈매기와 약조하고 찾아갔더니	來訪沙鷗約
강가의 언덕에 나뭇잎이 날리네.	江皐木葉飛
마당에서 도톨밤을 넉넉히 거두고	園收芋栗富

그물 걷자 생선이 살이 올라 있네. 網擧蟹鮮肥
발을 걷고서 푸른 산을 바라보고 褰箔看山翠
술 단지 열고서 달빛을 마주하네. 開樽對月輝
밤이 서늘하여 잠 못 이루는데 夜涼淸不寐
소나무 이슬이 비단옷을 적시네. 松露滴羅衣

시가 천성에서 나온 것임을 볼 수 있다. 일찍이 회현동(會賢洞)에 집을 샀다. 하루는 마루 아래에서 시구 하나를 찾았는데 피로 적힌 것이었다.

밤 새워 천 리 길을 가 보니 終夜行千里
예전 살던 곳이 비어 휑하네. 蒼茫舊地空
슬피 울어도 해와 달이 없으니 悲號無日月
붉게 흐르는 피를 뉘 알아보랴. 誰識血流紅

시를 쓴 종이는 죽청지(竹淸紙)였다. 즉시 그 집을 팔았는데 그 집은 봉사(奉事) 안유교(安惟敎)의 선친 직장(直長) 안중묵(安重默)이 사서 살았다. 계해년(1623) 반정이 일어나자 광해군의 부인은 스스로 목을 매었고, 문창부원군(文昌府院君) 유희분(柳希奮)과 참판(參判) 유희발(柳希發)이 모두 사형당하였으며, 무진년(1628)에 유효립(柳孝立)의 역모에 종족이 다 주살되었다. 문양부원군 부인의 식견이 신령하다 하지 않을 수 없다.[1]

서빙고 한강 강변에 사위 한창부원군(韓昌府院君) 조국필(趙國弼)이 경영하던 은파정(恩波亭)이 있어 유몽인이 기문을 남겼다. "매번 길일이나 명절을 만나면 장모 봉원태부인(蓬原太夫人)을 받들었는데 손님과 벗들이 아름다운 자리에 줄지어 모여 황금 병풍을 치고 화려한 술잔에 술을 내어 잔치를 베풀었다. 대

1 金命時, 『撫松小說』(버클리대학교 소장).

궐에서 온갖 맛난 음식이 수레가 부러질 듯 빨리 내려오곤 하였다."라고 한 곳이다.[2] 이 글에서 은파정 현판이 정씨의 사위 동궁(東宮), 곧 광해군이 쓴 것이라 하였는데 은파정이 원래 광해군의 처가 소유였기 때문이다. 정씨가 머문 강가의 집이 바로 이 은파정인 듯하다. 봉원태부인은 봉원부부인과 같은 말이다. 봉래부부인(蓬萊府夫人)이라고도 한다. 봉원 혹은 봉래는 정씨의 본관 동래의 별칭이다.

정씨가 이곳에서 지은 오언율시는 장지연의 『대동시선』에는 「강가의 집으로 나가(出江舍)」로 실려 있는 명편이다. 압구(狎鷗)라는 말이 있듯 갈매기와의 약속은 부귀영달을 벗어던지고 산수 간에 유유자적하는 삶을 가리킨다. 가을날 교외의 집으로 돌아오니 마당에는 도톨밤이 여기저기 떨어져 있고, 집 앞 강에서 그물을 걷으면 살이 오른 물고기가 파닥거린다. 낮이면 발을 걷고 강 남쪽 푸른 관악산을 보고, 밤이면 달빛 아래 술을 마신다. 청량한 기운에 잠을 이루지 못하고 서성이는 정씨의 맑은 정신을 볼 수 있는 작품이다.

유자신과 정씨 부부는 세상이 바뀔 때까지 너무 오래 살지는 않아 험한 꼴은 당하지 않았지만 인조반정 후 이들의 관작과 봉호가 모두 추탈되었으며, 권력을 농단하던 아들 유희분, 유희발은 처형되었다. 게다가 손자 유효립은 1628년 모반을 일으켰다가 거사 직전에 발각되어 멸족되었다. 유자신과 정씨는 훗날의 일을 예견한 듯 왕실과 혼인을 하면 그 아이가 부귀는 누리겠지만 아마도 끝을 좋게 맺을 수는 없을 것 같다고 하였는데 그렇게 되었다.

또 부귀를 얻은 후 구입한 회현동의 마루 아래 피로 적힌 시가 하나 나왔는데 비참한 말로를 암시한 내용이었다. 비슷한 이야기가 김시양의 『부계기문』에도 보이는데 "밤새 천 리 길을 가보니, 예전 살던 곳이 휑하게 비어 있네.

2 柳夢寅, 「恩波亭記」, 『默好稿』(규장각본). 「與楡岾寺僧靈運書」, 『於于集』 권5에는 일부가 인용되어 있다. 은파정은 인조반정 후에 金瑬(1571-1648)의 소유가 되었다. 이에 대해서는 필자의 『조선시대 경강의 별서(2)』(경인문화사, 2016)에서 자세히 다룬 바 있다.

슬피 소리쳐도 해와 달이 없어, 머리 돌리니 피가 붉게 흐르네.(終夜行千里 蒼茫古地空 悲呼無日月 回首血流紅)"로 되어 있다. 유자신과 정씨의 아들들이 권력을 농단하였기에 세인의 비난이 쏟아졌고 그 때문에 이러한 이야기가 만들어진 듯하다.

그런데 시댁인 문화 유씨 집안은 망하였지만 친정 정씨 집안은 두고두고 복록을 누렸다. 조선시대 재상이 가장 많이 배출된 집안이거니와, 회현동에 이들 집안이 세거하여 이른바 회동 정씨(會洞鄭氏)의 본산이 되었다. 그렇지만 정씨의 삶은 위의 시에서 보듯 절로 청초하였다.

봉래부인은 일찍이 문집 『경루보이집(瓊樓報異集)』이 있었다. 꿈속에서 지은 시에 서문이 있는데 생략하고 그 시만 적는다.

하룻저녁에 갈라져 속세로 내려왔다가	釵分一夕隔風塵
눈물 흘리며 바삐 가니 돌길이 낯서네.	垂淚行忙石路新
하늘 끝 옥루는 훗날 기약으로 남겼으니	天外玉樓留後約
무릉도원에 봄이 오면 정녕 찾아가리라.	殷勤來訪武陵春

유공이 성천 부사가 되었을 때 강선루(降仙樓)에 올랐는데 완전히 꿈속과 같아 시어가 비로소 확인되었다고 한다. 상세한 것은 문집에 있다.[3]

편자 미상의 『좌해시수』에 봉원부부인 정씨의 문집 『경루보이집』이 있다고 하였지만 불행히 전하지 않는다. 여기에 실린 시를 한 수 소개하였다. 스스로 천상의 선녀가 속세로 내려와 살려 하니 삶이 고달프지만 훗날 천상의 옥루(玉樓)로 반드시 돌아갈 것이라 한 내용이다. 유자신이 1595년 성천부사로 나갔

3 편자 미상, 『左海詩藪』(와세다대학교 소장).

을 때 정씨가 강선루에 올라 보니 그 전에 꿈속에서 쓴 이 시와 풍광이 비슷하였다고 한다. 천상의 옥루가 곧 강선루가 된 것이니, 훗날 봄이 온 무릉도원을 찾겠다는 다짐이 실현된 셈이다. 장지연의 『대동시선』에는 「몽중작(夢中作)」으로 실려 있다.

정유길의 후손 중에 재상이 거듭 배출되었거니와 효종의 다섯째 딸 숙정공주(淑靜公主)와 혼인하여 동평위(東平尉)에 봉해진 정재륜(鄭載崙, 1648-1723)의 명성도 높다. 그의 저술 『공사견문록(公私見聞錄)』은 조선 후기 가장 널리 읽힌 야사집이기도 하다. 여기에 광해군과 부인 유씨, 세자, 봉원부부인 정씨가 주고받은 시회에 대한 기록이 자세하다.

> 을묘년(1615) 광해군이 그 비의 자당인 봉원부부인 정씨를 위하여 서총대(瑞蔥臺)에서 잔치를 내렸다. 후에 폐위된 동궁이 시를 지어 주었다.

여든 바라보는 노령에 경사가 이어지는데	遐齡八耋慶綿綿
옥수와 지란 같은 자제분 눈앞에 가득하다.	玉樹芝蘭滿眼前
주상께서 백수에 가깝다 크게 가상히 여기시고	宸眷深嘉垂百歲
사위라 효심으로 천년 모실 것 늘 축원한다네.	孝思常願奉千年
술독 열자 붉은 술에 대궐의 향이 스미는데	樽開紅醞天香襲
보배를 하사하는 고운 누대엔 성은이 망극하네.	珍賜瑤臺雨露偏
후원의 새 가을 맞아 맑은 날씨가 이어지리니	上苑新秋晴日永
연못의 연꽃과 새는 오색구름으로 덮여 있네.	渚蓮沙鳥五雲邊

이에 정씨가 차운하였다.

대대로 계승하여 국운이 끝없이 이어지리니	繼繼承承寶曆綿
문왕의 자애에 무왕의 효심은 전무한 일이라네.	文慈武孝兩無前

빛이 문호에 비등하여 천재일우의 때를 만났고　光騰門戶逢千載
덕이 천지에 짝하여 만 년 국운을 축원한다오.　德配乾坤祝萬年
아직 죽기 전에 봉래도에 거듭 노닐었는데　未死重遊蓬島上
남은 생에 이리 깊은 성은을 유독 입었다오.　餘生深荷聖恩偏
양춘곡의 뛰어난 노래에 뉘 능히 답을 하랴　陽春一曲誰能和
동궁의 빼어난 글이 성상 곁을 어리비추네.　少海奎章映日邊

뒤에 "만력 을묘년(1615) 7월 25일 봉래부부인 신(臣) 정씨가 주상 전하께서 서총대에서 연회를 내리셨는데 동궁이 지은 시의 보운(寶韻)에 삼가 차운하다."라 적었다.

폐비가 또 정씨를 위하여 통명전(通明殿)에서 수연(壽宴)을 베풀었는데 광해군이 시를 주었다.

덕을 쌓은 명문가라 수(壽)와 복(福)이 온전하니　種德名門壽福全
집안 다스림에 아름다운 행실은 전무한 일이라.　宜家令範更無前
사모관대 관원이 고대광실에 빼곡하게 넘쳐나고　森森簪笏華軒溢
금지옥엽 자손이 비단 장막에 이어져 나란하네.　濟濟芝蘭錦幌連
경사롭게 동궁을 세웠으니 국운이 공고하겠고　慶建少陽鞏國祚
훤하게 부덕이 밝으니 백성을 잘 이끌리라.　光昭壼理迪民賢
통명전 잔치에서 중전이 축수의 잔을 올리니　坤宮奉酌通明殿
성대한 일이라 세상 많은 사람 입으로 전하겠지.　盛事人間萬口傳

이에 정씨가 차운하였다.

죽지 못해 뼈만 남아 요행으로 저희가 단란하니　未死殘骸幸瓦全
바람을 타고 대궐 앞에 다시 이르게 되었습니다.　御風重近紫宸前
주상의 상서로운 기운이 옷자락에 스미는데　日邊佳氣衣邊襲

천상의 성은이 잔치자리 위에까지 이어집니다.	天上恩光席上連
어주를 하사하시니 흔연히 취하여 배가 부른데	霞醞宣來欣醉飽
동궁이 자리에 올라 어진 분께 경하를 드립니다.	少陽昇座賀仁賢
화답하신 보배로운 시와 날아오를 듯 글씨는	賡歌寶什翔鸞字
돌아가서 자손만세 아이들께 전하겠나이다.	歸與兒孫萬世傳

뒤에다 "만력 을묘년 8월 12일에 봉원부부인 신 정씨가 주상 전하께서 하사하신 옥운(玉韻)에 삼가 차운하다."라 적었다.

유씨가 또 시를 지었다.

외람되게 29년 동안 궁중에서 성상을 모시니	叨侍宮闈卄九年
왕비로서의 예법이 옛 현인에게 부끄럽습니다.	翟褕徽典愧前賢
선조 임금의 중흥한 날을 기쁘게 만나게 되었고	欣逢宣廟中興日
우리 주상 큰 덕을 온전히 다시 보게 되었습니다.	更見吾王至德全
어지러운 시절 그 몇 번 용의 거둥 따르셨나이까,	世亂幾參龍御運
태평시대에 길이 봉황의 장막에서 모시겠나이다.	時平長享鳳帷邊
학 같이 흰 머리 자당의 얼굴을 통명전에서 뵈고	慈顔鶴髮通明殿
축수하려다 도리어 베푸신 성은에 놀라게 됩니다.	稱壽還驚寵渥偏

대개 유씨가 광해군의 배필이 된 것이 선조 정해년(1587)에서 을묘년(1615)까지 29년이 된다. 정씨가 차운하였다.

시속의 이런저런 잡다한 일로 노년이 괴롭더니	俗累塵緣惱暮年
한 마음으로 어지신 중전 보고 위로가 됩니다.	一心聊慰壼儀賢
두 번이나 대궐의 선경을 밟는 성은을 입었고	承恩再躡三淸界
두 분 전하 만전함이 거듭 기뻐 찬양을 올립니다.	贊化重歡二聖全
잔치를 황금 대궐에서 성대하게 베풀어 주시니	錫宴渙開金殿裏

궁중의 산해진미가 늙은 이 몸 곁을 에워쌉니다. 需雲繚繞老身邊
관저와 규목의 노래만 아름다운 것은 아닐지니 關雎樛木非專美
천지의 덕이 두루 펼쳐질 것 다시 축원합니다. 更祝乾坤德不偏

뒤에 "만력 을묘년 8월 12일 봉원부부인 신 정씨가 중전이 하사하신 시의 보운(寶韻)에 삼가 차운하다."라 적었다. 동궁이 또 8월 18일 시를 지어 직접 써서 정씨에게 주었는데 그 첫 번째 수는 이렇다.

통명전 안에 구름 병풍이 휜칠한데 通明殿裏敞雲屛
황금 촛대 환한 불빛이 뜰을 비추네. 金燭輝煌暎紫庭
오늘 모임은 천 년에 다시 못 보리니 千載難逢今日會
받들어 축수하고 깊은 정을 바칩니다. 奉歡稱壽拱深情

또 한 수는 이러하다.

아스라이 오색구름이 대궐에 자욱한데 縹緲祥雲迷紫闕
영롱한 고운 기운이 궁궐을 둘러 있네. 蔥籠佳氣繞楓宸
전각에서 즐겁게 모시니 정이 어찌 다하랴 奉歡蘭殿情何盡
잔치자리에서 축수를 올리니 감회가 새롭네. 薦壽華筵感轉新

아울러 광해군과 유씨가 지은 두 편의 시도 모두 써서 주었다. 정씨는 집에 돌아가 바로 병풍으로 만들어 보물로 삼았다. 내가 아이 때 늙은 궁인에게 그 일을 들었다. 지금 주상 무진년(1688) 무렵 병풍 하나가 어떤 사족 집에 있다는 말을 듣고 빌려서 보았는데 필법이 정밀하고 원숙하지만 그다지 골기(骨氣)가 없었다. 정씨는 곧 나의 고조 임당 부군의 둘째 딸이다. 만력 경신년(1620) 11월 7일 돌아가셨는데 향년은 여든이었다.[4]

광해군(1575-1641, 재위 1608-1623)과 왕비 유씨, 세자, 왕비의 친정어머니 정씨가 함께한 시회다. 광해군은 반정으로 권좌에서 물러나 교동도와 강화도, 제주도를 전전하다 세상을 떴다. 세자 이지(李祬)는 폐위된 후 강화도에 위리안치되었는데 1523년 세자빈과 함께 숟가락으로 땅굴을 파서 탈출하려다 실패하였다. 세자는 사형에 처해지고 세자빈은 스스로 목숨을 끊었다.[5] 이러한 비운의 인물들이건만 모두 시에 상당한 자질을 보였음을 이 일화에서 확인할 수 있다.

왕실 여성의 수장 왕비의 작품으로 남은 것은 유씨의 것이 유일하거니와 그 수준도 상당하다. 유씨는 1587년 세자에 책봉되기 전 광해군과 혼인하여 이 시가 제작된 1615년까지 29년 세월 광해군을 모신 일을 먼저 적고, 이어 광해군이 임진왜란 때 세자에 책봉되어 분조(分朝)를 맡아 큰 공을 세운 일과 1608년 선조에 이어 왕위에 올라 백성을 덕으로 다스린 일을 칭송하였다. 그리고 통명전에서 친정어머니의 잔치를 베풀어 준 은덕에 감사하였다. 의경의 전개와 시어의 구사가 노련하다.

봉원부부인 정씨는 유씨뿐만 아니라 광해군과 세자에게도 시를 받았고 그 뜻에 맞추어 노숙하게 답을 하였다. 특히 광해군의 시에 차운한 작품은 장지연의 『대동시선』에 「주상전하께서 하사하신 시에 삼가 차운하다(敬次主上殿下賜詩玉韻)」로 실려 있다. 75세의 고령이 되도록 부부가 함께 해로하여 잔치를 하사받게 된 것에 감격하였다. 궁중의 조회나 연회에서 쓰는 관각시(館閣詩)의 우아함을 구현한 작품이다.

지금 전하는 작품 중에 왕비의 시는 유씨의 것이 유일하다. 보물로 지정된 인목대비(人穆大妃)의 어필 시가 그의 작품으로 오인되고 있기에 언급하고 넘어

---

4 鄭載崙, 『公私聞見錄』(규장각 소장) 권1.

5 필자의 『절해고도에 위리안치하라』(북스코프, 2011)에서 다룬 바 있다.

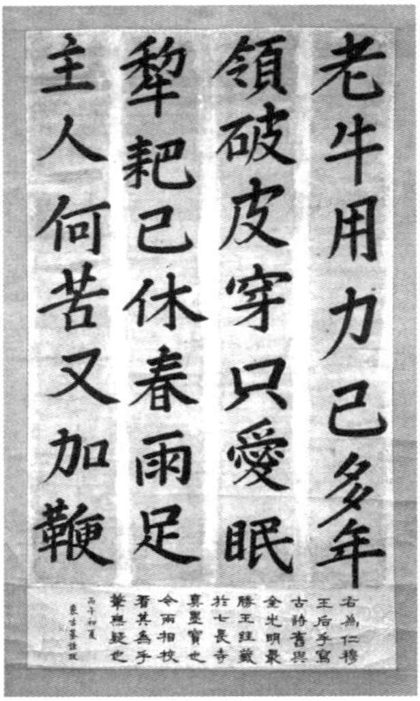

그림 5 「인목왕후 필적」(칠장사 소장): 어필 아래 작은 글씨는 1966년 배길기(裵吉基)가 쓴 발문이다.

간다. 인목대비(1584-1632)는 본관이 연안(延安)으로 김제남(金悌男)의 딸이다. 19세에 선조(宣祖)의 계비(繼妃)가 되었고 적장자 영창대군을 낳았지만, 광해군이 왕위에 오른 후 오히려 그 때문에 1615년 서궁(西宮)에 유폐되고 1618년 폐위되었다. 『계축일기(癸丑日記)』에 그 회한이 기록되어 있다. 광해군이나 그의 장모 유씨와는 원수지간이다.

인목대비의 어필은 "늙은 소 힘을 다한 지 이미 여러 해, 목이 부러지고 살갗도 찢어져 잠만 좋아한다네. 밭 가는 일 끝나고 봄비 촉촉이 내렸는데, 주인은 어찌 괴롭게 채찍질하시는가.(老牛用力已多年 領破皮穿只愛眠 犁耙已休春雨足 主人何苦又加鞭)"로 되어 있다. 그런데 이 시는 중국 명나라 장면(蔣冕, 1462-1532)이 지은 작품이다. 조선시대 널리 읽힌 명 장일규의 『요산당외기』에 실려 있다. 인목대비와 광해군이 각기 늙은 소와 포악한 주인에 비유된 것으로 읽힌다는 점에서 묘미가 있다. 인목대비의 시로 오인한 데가 많아 이렇게 밝힌다.

38.
여종 얼현에서 기녀 설죽으로

앞서 금가가 조선 전기 천민 출신의 대표적인 시인임을 보았거니와, 이를 이어 노비 출신이지만 스스로의 능력을 바탕으로 시를 짓고 또 뛰어난 시인들과 시로 교유하는 인물이 나왔는데 석천(石泉) 권래(權來, 1562-1617)의 여종 취선(翠仙)이 바로 그러한 예다. 어깨너머로 글을 배워 한양에까지 명성을 날렸고 설창(雪窓) 혹은 설죽(雪竹)이라는 호까지 내걸었다. 또 그의 아우 한죽(寒竹), 칠송(七松)과 초선(楚仙)과도 시를 주고받았다니 그저 놀라울 뿐이다.

> 취선은 또 다른 이름이 월련(月蓮)이다. 석천 선조의 시청비로, 재주가 영특하고 탁월하여 매번 마루 아래와 벽 너머에서 책 읽는 소리를 몰래 듣고 글의 뜻을 이해하여 마침내 문장을 하고 시에 뛰어나게 되었다. 당시 사람들이 정강성(鄭康成; 鄭玄)의 여종에 비하였다.
>
> 석전(石田) 성로(成輅)가 청암정(靑巖亭)에 이르렀을 때 한 번 여종을 보고 희롱하였다. 이때 좌객들이 모두 "네가 산 사람의 만사를 지어 그로 하여금 눈물을 흘리게 한다면, 잠자리에서 모실 수 있게 하겠다."라 하였다. 이에 이 여종이 그 자리에서 시를 지어 읊조렸다. 석전 성로는 곧 한양 서호정(西湖亭)의 주인인데 이 때문에 '서호'라는 글자에 온 좌객들이 처연히 눈물을 흘렸던 것이고, 마침내 시명이 세상에 회자된 것이다.
>
> 머리를 올릴 무렵, 몸을 숨기고 도망가서 나라 안의 이름난 산천을 유람하였

다. 관악산(冠岳山)에 올라 윤 상사(尹上舍)의 시에 차운하였는데 이 시가 서울에 크게 전파하였다. 「가을밤의 원망(秋宵怨)」 한 수는 창설재(蒼雪齋, 權斗經) 선생이 『내성지(乃城志)』에 편집하였다. 『지봉유설』에도 취선의 율시 한 편이 있다고 한다.

명사 사이에서 두루 노닐다가 재상가의 애첩이 되었다. 일찍이 "내 상전이 도성에 들어간다면 소첩이 마땅히 어디서 죽어야 할지 모르겠습니다."라 하였다. 석천 공의 벼슬길이 막힌 것이 실로 취선이 한 말 때문이라고 한다. 스스로 설창이라고도 하고 또 설죽이라고도 하였다. 오언시와 칠언시를 합쳐 166수가 위에 적혀 있다.

한죽은 설죽의 둘째 아우의 호인데 또한 글에 능하여 수창하였고 이름은 화선(花仙)이다. 칠송은 이름이 운선(雲仙)으로 설죽의 남동생인데 또한 글에 뛰어나 함께 창화한 것이 많다. 초선은 설죽의 종제 이름이다.[1]

권상원(權尙遠, 1571-?)의 문집 『백운자시고(白雲子詩稿)』의 끝에 『설죽시(雪竹詩)』가 붙어 있는데, 166수의 시와 함께 설죽의 행적을 기술한 「설죽사적(雪竹事跡)」이 실려 있으니 『설죽시』를 그의 문집으로 보면 되겠다. '사적(事跡)'은 후손이나 제자가 선조나 스승의 위업을 기릴 때 편찬하는 글인데, 천민 출신의 여성이 남긴 시집을 두고 이런 표현이 나왔다는 것이 놀랍다.

이 여성의 이름은 취선인데 여종이 아니라 기녀의 이름처럼 고상하다. 월련이라는 이름도 썼는데 달밤의 연꽃이니 이 역시 예쁜 이름이다. 취선은 스스로 설창, 설죽이라는 호를 사용하였다. 설창은 눈이 비치는 창이고 설죽은 눈 속의 대나무니 모두 맑은 절조를 지향한 이름이다. 그가 노비 신분이었다는 점을 고려한다면 형창설안(螢窓雪案)의 마음으로 글공부를 한 뜻도 설창이라는 이름에서 읽을 수 있겠다.

---

1 「雪竹事蹟」, 『白雲子詩稿』. 설죽의 시는 『安東漢文學論輯』 6(1997)에 영인되어 있고 林終姬, 「雪竹詩 解題」가 붙어 있다. 이원걸, 『안동여인, 한시를 짓다』(파미르, 2006)에서 번역하고 원문을 붙였다.

취선은 원래 권상원 집의 여종이었는데 영특하여 그 종숙(從叔) 석천 권래의 시청비로 들어갔다. 그 집에서 잔심부름하면서 책 읽는 소리를 듣고 문자를 알아 시를 짓게 되었다. 『시경』을 줄줄 외울 정도로 문학에 뛰어났다고 하는 한나라 정현(鄭玄)의 여종에 비견할 정도였다.

그의 시가 권상원의 문집에 부록으로 실린 것으로 보아 권상원도 그 시를 알아준 것 같다. 권상원은 서얼인데 시인으로 명망이 높아 백의(白衣)로 중국 사신을 접대하는 일을 맡았다.[2] 뛰어난 시인이고 서얼 신분이었기에 취선의 문학을 이해해 주었고 그 문집에 취선의 시가 실릴 수 있었을 것이다.

취선은 석전 성로(1550-1615)와의 인연으로 세상에 크게 이름을 알리게 되었다. 성로는 한강 양화나루에 삼일당(三一堂)을 짓고 살던 시인으로, 권필 등과 교유가 있었으며 시명이 높았다. 성로가 처음 권래가 살던 봉화의 청암정에 이르렀을 때 취선은 시에 능한 그에게 마음을 품었다. 살아 있는 성로의 만사를 지어 그의 인정을 받아 인연을 맺게 되었으니 기이한 만남이라 하겠다. 위의 글에서 살아 있는 성로의 만사라 하였지만 『설죽시』에는 「진사 성석전을 통곡하며(哭挽成進士石田)」로 실려 있으니, 그 사후에 지은 작품이 생전에 지은 것으로 잘못 전해졌다고 보아야 옳겠다.

적막하다, 서호의 초당은 문이 닫혔으니	寂寞西湖鎖草堂
봄 누대에 주인 없고 벽도화만 향긋하네.	春臺無主碧桃香
푸른 산 그 어디에 호탕한 뼈를 묻었는가?	青山何處埋豪骨
오직 강물만 있어 말없이 길게 흐르네.	唯有江流不語長

서호의 초당 삼일당이 주인 없고 벽도화만 피었다고 한 것은 성로가 죽어

2 權斗寅, 「白雲子傳」, 『荷塘集』 권3에 그의 삶이 정리되어 있다.

신선이 되었다는 뜻이다. 호탕함을 과시하던 성로는 다시 찾을 수 없는데, 인간의 이러한 무상함에 대비되는 한강의 강물은 절로 흐른다고 하여 객관적 상관물로 시상을 종결한 것이 긴 여운을 준다. 이희보(李希輔, 1473-1548)가 연산군 궁녀의 죽음을 애도하여 지었다고 하는 "궁궐 문 깊이 닫히고 달은 황혼인데, 열두 번 종이 쳐 한밤이 되었네. 어느 곳 푸른 산에 백옥 뼈를 묻었는가, 가을바람 누런 낙엽 소리 차마 듣지 못하겠네.(宮門深鎖月黃昏 十二鍾聲到夜分 何處靑山埋玉骨 秋風黃葉不堪聞)"[3]와 닮은 데가 있다.

여종 취선은 시를 통해 시인 설죽이 되었다. 설죽은 성년이 될 무렵 도망가 명산대천을 유람하였는데 『설죽시』에는 한양의 서호와 동호(東湖) 외에 호남의 운봉(雲峯), 전주(全州) 등에서 지은 시가 실려 있다. 한양에서 성로와 자주 만난 것이 『설죽시』에서 확인되는데, 한양에 올라와 첩으로 들어갔다고 하는 재상이 성로는 아닐 것인데 누구인지는 알 수 없다. 관악산에 올라 윤아무개의 시에 차운한 작품으로 인해 설죽의 명성이 도성에까지 퍼지게 되었지만 윤아무개도 누구인지 밝혀져 있지 않다. 한양에 명성을 날리게 한 작품은 『설죽시』에 「비가 그친 후 윤 상사의 시에 차운하다(雨後次尹上舍韻)」라는 제목으로 실려 있다.

풀 푸른 강남땅에 가랑비가 걷혔는데	草綠江南細雨收
흰 갈매기 모래톱에 저물녘 어부의 노랫가락.	漁舟唱晩白鷗洲
봄 물결 일지 않아 봄 하늘이 드넓은데	春波不動春天闊
관악산 산빛은 짙푸르러 흘러내릴 듯하네.	冠岳山光碧欲流

3 李濟臣의 『淸江先生鯸鯖瑣語』, 李睟光의 『芝峯類說』 권13. 이희보의 문집에는 「宮詞」(『安分堂詩集』 권2)로 실려 있는 작품이다.

관악산에 올라서 지은 작품이라 하였지만 오히려 한강에서 관악산을 바라보면서 지은 것이라 해야 맞다. 한강 남쪽에 가랑비 그치고 저물녘 갈매기 나는 모래톱에 어부의 뱃노래가 들려온다. 드넓은 강 하늘 위로 푸른 관악산 산빛이 흐른다고 한 것은 관악산이 강물에 비친 모습을 상상하여 말한 것으로 보면 더욱 운치가 있다.

「설죽사적」에는 『지봉유설』에도 율시 한 수가 실려 있다고 하였는데, 다음 작품이다.

> 천한 창기 취선은 호가 설죽인데 이런 시가 있다.
>
> 봄 단장을 급히 마치고 거문고에 기대니　　春粧催罷倚焦桐
> 흔들흔들 주렴에 햇살이 붉게 올라오네.　　珠箔輕盈日上紅
> 밤새 안개 짙더니 아침에 이슬이 무거워　　香霧夜多朝露重
> 동쪽 담장에 핀 해당화가 눈물을 흘리네.　　海棠花泣小墻東
>
> 또 이런 시가 있다.
>
> 신선 사는 동천은 물과 같아 달빛이 뿌연데　　洞天如水月蒼蒼
> 나뭇잎이 우수수 지고 밤 되자 서리 내렸네.　　樹葉蕭蕭夜有霜
> 치렁치렁 열두 겹 주렴 속에서 혼자 자려니　　十二緗簾人獨宿
> 병풍에 그려진 원앙새가 도리어 부럽구나.　　玉屛還羨畫鴛鴦

취선 혹은 설죽의 존재를 가장 먼저 알린 사람이 이수광인데 그 신분을 '천창(賤娼)'이라 하였다. 『지봉유설』이 탈고된 1614년 이전 취선의 명성이 제법 높았고 또 그 신분은 기녀로 알려져 있었던 모양이다. 첫 번째 작품은 『설죽시』에 「봄날의 화장(春粧)」으로 실려 있고 '절창(絶唱)'이라 표기되어 있으니 대표작이라 할 만하다. 민백순의 『대동시선』에 같은 제목으로 선발되어 있고 『기아』에는 「춘사(春思)」로 실려 있다. 밤새 자욱한 안개와 새벽에 내린 이슬에 해당화가 축 처져 있는 것을 보고 해당화의 눈물이라 한 것이 묘미가 있다. 1-2구에서 붉은 아침 햇살과 여인의 붉은 뺨이 화려하게 대조되면서 더욱 비감을 더한다. 이 작품은 빙허각 이씨의 『청규박물지』에도 인용되어 있으니, 여성들이 읽을 만한 시로 평가되었다고 하겠다.[4]

두 번째 작품은 『설죽시』에 「가을밤의 원망(秋宵怨)」으로 실려 있는데 권두경(1654-1725)이 편찬한 『내성지(乃城志)』에 편집하였다는 주석을 달았다.[5] 가을날의 그리움을 노래한 것이다. 자신이 사는 곳이 개울물이 맑고 달빛이 아스라한, 신선이 사는 동천(洞天)이라 하였다. 늦가을이라 낙엽이 지고 서리가 하얗게 내렸는데, 깊은 밤 잠을 이루지 못하는 외로움을 말하였다. '십이상렴(十二緗簾)'은 여인의 깊은 규방을 이르는 말이다. 병풍에 그려진 암수가 정답게 노니는 원앙새가 부럽다고 하였다.

취선은 자신뿐만 아니라 여동생 한죽, 남동생 칠송, 종제 초선 등도 모두 시에 능하였다. 한죽은 화선, 칠송은 운선이라고도 하였으니, 취선과 초선까지 합하면 이들은 모두 몸은 노비지만 '신선'을 꿈꾸었다 하겠다. 또 칠송에게 준 시가 19수, 한죽에게 준 시가 4수, 초선에게 준 시가 1수이니 그 분량도 상당하다. 다만 칠송과 한죽, 초선의 시는 전하는 것이 없다. 그럼에도 조선 중기 노비의 신세로서 한 가족이 시인이 될 수 있었다는 점이 경이롭다. 거의 유일한 노비 출신 가족 수창의 예로 특기할 만하다.

『백운자시고』에는 몇 편의 작품에 '절창'이라 주석을 달았는데 다음 「달

4 "봄 단장을 ᄌᆡ촉ᄒᆞ여 파ᄒᆞ고 외로은 오동ᄋᆞᆯ 의지ᄒᆞ여시니 진쥬 발이 ᄀᆞ얍고 발근ᄃᆡ 날이 올아 불것도다 향긔로은 안개가 밤의 만코 아ᄎᆞᆷ이슬이 무거오니 ᄒᆡ당화가 져근 담 동녘의셔 우ᄂᆞᆫ도다"로 번역되어 있다.

5 權斗經의 『乃城志』는 전하지 않는다.

빛(月色)」과 「가난한 여자(貧女)」도 그러하다.

달빛은 곱디곱고 이슬은 소복한데	月色娟娟露氣濃
창을 치는 성긴 대 그림자 영롱하네.	拂窓疎竹影玲瓏
시름겨운 사람 그립단 노래 다 부르자	愁人唱盡相思疊
누각 너머 모래톱에 기러기 빨리도 왔네.	樓外沙洲又早鴻

가난한 여자 베틀에 올랐건만	貧女上織機
종일 짠 것 그다지 많지 않네.	終日織不多
굶주려 손에 힘이 없으니	飢徠手無力
어찌 북을 던질 수 있겠는가.	何以能擲梭
시장에 내다 팔아 밤 먹거리 사려 해도	欲將賣市辦夜食
한 필이 되지 않으니 이를 어찌 할거나.	未盈一匹其奈何

첫 번째 작품은 아름다운 달밤이라 더욱 처량한 여인의 고독한 마음을 그렸다. 달빛에 대 그림자가 창에 스치는 것은 혹 찾아온 임인가 착각하는 뜻이 들어 있다. 그리워하다 보니 또다시 가을이 온다고 한 데서 긴 한숨 소리를 들을 수 있다.

두 번째 작품은 민백순의 『대동시선』에 「한녀음(寒女吟)」으로 선발되어 있다.[6] 가난한 여성이 굶주려 베틀에 앉았지만 북을 옮길 힘조차 없으니 어찌 베를 짤 수 있겠는가, 이런 뜻을 말한 작품이다. 『백운자시고』에서 제목을 「가난한 여자」라 한 것이 작품의 뜻에 더욱 가깝다.

그런데 임방은 「가을 생각(秋思)」으로 이 작품과 함께 성로와 관련한 시를

---

6 "寒女上機織 終日織無多 飢來手無力 何以能擲梭"로 되어 있고 『설죽시』와 달리 두 구가 빠져 있다. 『설죽시』에 오언절구로 편집되어 있어 두 구가 잘못 들어갔을 수도 있다.

소개하였는데 조금 다른 내용이 있다.

> 얼현(臬玄)은 곧 안동 권 아무개의 여종이다. 재주와 미모가 있고 시에 능하였는데 자호를 취죽이라 하였다. 그 「가을의 그리움(秋思)」은 이러하다. (…) 「석전의 옛집을 방문하고(訪石田故居)」 시는 이러하다.
>
> | | |
> |---|---|
> | 10년 전 석전과 짝이 되어 노닐 때 | 十年曾伴石田遊 |
> | 양화강 언덕에서 취해 몇 번 머물렀던가? | 楊子江頭醉幾留 |
> | 그 사람 떠난 후 오늘 홀로 찾아오니 | 今日獨尋人去後 |
> | 흰 마름 붉은 여뀌가 물가에 가득하네. | 白蘋紅蓼滿汀秋 |
>
> 이 두 작품은 모두 『기아』에 실려 있는데, 「가을의 그리움」은 기생 취선의 것으로 잘못 넣었고 「석전의 옛집을 방문하고」는 무명씨의 것으로 잘못 넣었다. 세상에 취죽의 이름이 전하지 않는 것이 아쉽다.[7]

앞서 본 대로 인연을 맺은 성로가 죽은 후 양화나루 그의 집을 방문하고 그에 대한 그리움을 토로한 작품이다. 10년 전 짝이 되어 함께 양화나루에서 술을 마시고 시를 짓고 놀던 시절을 추억하였다. 지금은 사랑하던 이가 떠나고 없는데 강물에는 흰 마름꽃과 붉은 여뀌꽃만 가득하다고 탄식하였다. 여기서 양자강은 양화강, 곧 양화나루를 이른다.

이 글에 나오는 얼현은 취선과 동일 인물이다. 얼현은 「설죽사적」에서 이른 월련과 음이 유사하다. 다만 취죽과 취선이 동일한 사람인지 헷갈린다. 「석전의 옛집을 방문하고」는 『기아』에 무명씨의 작품으로 싣고 한양 사는 '시창(詩娼)'의 작품이라고도 한다는 주석을 붙여 놓았다. 장지연의 『대동시선』에는

7 任埅, 『水村漫錄』.

취죽의 작품으로 실었다. 「가을의 그리움」은 『대동시선』에 취죽의 시로 소개하고 취죽은 얼현인데, 『기아』에서 취선으로 잘못 소개한 것이라 하였다. 『지봉유설』 이래 취선이라는 이름으로 소개할 때는 주로 기녀의 신분이다. 임방은 여종 얼현과 기녀 취선이 다른 인물이라 하였다. 얼현과 취선이 다른 사람인가? 편자 미상의 『이조향렴시』를 보면 좀 더 분명해진다.

> 취선의 호는 설죽이다. 「백마강 회고(白馬江懷古)」 시는 이러하다.
>
> 느지막이 고란사에 배를 대고서 晚泊皐蘭寺
> 가을바람에 홀로 누각에 기대었네. 西風獨倚樓
> 용은 죽어도 강은 만고에 흐르고 龍亡江萬古
> 꽃은 져도 달은 천고의 세월 비추네. 花落月千秋
>
> 또 그가 읊은 시는 이러하다.
>
> 푸른 강에 가을바람 일어나니 綠水起西風
> 백사장에 흰 해오라기 날아오르네. 晴沙飛白鷺
> 안개와 파도 속에 삐거덕 소리 煙波欸乃聲
> 십 리 푸른 산이 저물어 가네. 十里靑山暮
>
> 제 외모는 시든 연꽃과 같고 妾貌似殘荷
> 임 마음은 흐르는 강물 같지요. 郞心如逝水
> 강물이 흘러가면 흔적이 없지만 水逝波無痕
> 연꽃은 시들어도 향기는 살지요. 荷殘香不死
>
> (…) 이른바 취선이라는 자는 안동 권일보(權一甫)의 여종인데 초명은 얼현(孼玄)이다. 어릴 때 창틈으로 몰래 책 읽는 소리를 듣고 이에 글자의 뜻을 알아 차츰 시

구를 짓게 되었다. 그 주인이 마침내 노역(奴役)에서 풀어 주어 가고 싶은 대로 가게 하였다. 얼현이 기호 지역을 유람하다가 호서 땅 강 상사(姜上舍)의 첩이 되었다. 오묘한 노래가 제법 많다. 『설죽집』 2권이 있다. 어떤 작품은 호곡 남용익의 『기아』에 실려 있는데 세상에서 모두 취선을 기녀로 칭하고 있으니 또한 유전되는 과정의 폐단이다.[8]

여기서는 취선의 초명이 얼현이고 권일보[9]의 여종이라 하였다. 창틈으로 몰래 글을 배워 시구를 짓게 되자 주인이 노역을 풀어 주어 가고 싶은 대로 가게 하니, 호서 땅 강 아무개의 첩이 되었으며 『설죽집』 2권이 전한다고 하였다. 『설죽집』은 『백운자시고』 부록에 붙은 설죽의 시집을 이른다. 이를 보면 얼현, 취선, 취죽, 설죽이 같은 사람이고, 여종이었다가 첩이 되었다고 보면 될 것이다.[10] 기생으로 볼 수 없다고 하였지만 첩이 되기 전에 해어화로 기녀처럼 행동하였을 가능성도 높다. 이규경(李圭景, 1788-?)의 『오주연문장전산고(五洲衍文長箋散稿)』에 실려 있는 「중국과 동방의 기녀 근원에 대한 변증설(華東妓源辨證說)」에서도 용성의 우돌, 팽원의 동인홍, 송도의 황진, 부안의 매창 계생과 추향(秋香), 복랑(福娘), 진주의 승이교, 성천의 일지홍(一枝紅) 등과 함께 호서의 기녀 '설죽 취선'이 시에 능하기로 유명하다고 하였다.[11]

이규경의 조부 이덕무도 『청비록』에서 시에 뛰어난 기녀를 들면서 취선을

8 편자 미상, 『李朝香奩詩』(규장각 소장).

9 일보는 權萬(1688-1749)의 자인데 다른 기록에 비추어 볼 때 시대가 잘 맞지 않는다. 앞서 본 權來로 보면 가장 자연스럽다.

10 또 『중외일보』 1927년 2월 25일자에 실려 있는 安往居의 「洌上閨藻」에는 취선의 성이 南氏고 崔尙書의 첩이라 하였지만 근거를 알 수 없다.

11 이규경은 松溪 權應仁의 『稗官雜記』를 인용하였는데, 권응인의 『송계만록』과 어숙권의 『패관잡기』를 혼동한 것 같다. 그러나 이 두 책에는 이 기록이 보이지 않는다. 梅窓의 손녀 扶安妓 福娘(福兒), 沈念祖가 아낀 成川妓 一枝紅은 모두 조선 후기 인물인데 뒤에서 다시 다룬다. 이규경의 이 글은 상당한 착오가 있다.

소개하였다.[12] 그리고 취선의 호가 설죽이라 한 다음, 앞서 본 「봄단장」과 함께 「백마강 회고」를 들었다. 「백마강 회고」는 장지연의 『대동시선』에도 동일하게 실려 있는 작품이다. 전형적인 회고시의 틀을 빌려 강과 달과 같은 자연은 영원한데 용이 죽어 백제가 망하고 꽃이 지듯 궁녀가 몸을 던진 인간사는 허망하다고 하였다.[13]

두 번째 작품은 『설죽시』에 「'노' 자를 나누어 받아 짓다(分得鷺字)」로 실려 있고 그 앞 작품이 「성석전의 시를 받들어 화답하다(奉和成石田)」로 되어 있어 성로와 함께 지은 것으로 볼 수 있다. 가을바람에 일어나는 푸른 물결과 흰 백사장의 흰 백로의 대비가 산뜻하다. 여기에 노 젓는 소리와 서쪽 강에 비치는 붉은 노을을 더하여 당풍(唐風)의 정취가 있다.

세 번째 작품은 『설죽시』에 「백설비생에게 답하여 주다(和贈白雪飛生)」로 실려 있는데 '백설비생'은 흰 눈이 날린다는 뜻의 '백설비'라는 구절의 시를 지은 서생을 가리키는 듯하지만 더 이상의 정보가 없다. 백설산인(白雪山人)이라는 사람에게 여러 편의 시를 주었지만 그 역시 알 수 없는 존재다. 자신을 시든 연꽃에, 상대를 흘러가는 강물에 비유한 후 강물은 흔적 없지만 연꽃은 시들어도 향기가 남는다는 표현이 묘하다. 단형 악부의 낭만성이 돋보인다.

그런데 근대 문인 안왕거의 「동시총화」에는 『지봉유설』을 인용하여 「춘조(春朝)」라는 제목으로 앞서 소개한 「봄날의 화장」을 인용하고 또 「백마강 회고」를 소개하였는데 작자가 김철손(金哲孫)의 첩이라 하였다.[14] 그리고 다음의 『어우야담』을 인용하였다.

---

12 李德懋, 「詩妓」, 『青莊館全書』 권33.

13 이능화의 『조선해어화사』에는 「白馬江懷古」가 '湖西妓 秋香'의 작품이라 하였다. 취선과 추향이 같은 사람처럼 된 곳도 있고 다른 사람처럼 된 곳도 있어 헷갈린다. 추향은 이어 다룬다.

14 『매일신보』(1918. 1. 10).

바둑은 작은 기예인데 내기 바둑을 잘 두는 자는 한 번에 천금을 얻는다. 전주에 김철손이라는 자에게 아름다운 첩이 있었는데 절세가인이었다. 왜에서 바둑을 잘 두는 이가 있어 그 첩을 좋아하였다. 철손이 내기 바둑을 좋아한다는 것을 알고 해와 달을 그려 넣고 구슬로 장식한 보물 안장 하나를 철손에게 보여 주었다. 철손이 내기를 하자고 청하여 한 번 겨루어 이겨 안장을 얻었다. 왜놈이 재물을 더 많이 걸고 다시 두자고 하면서 자신이 이기면 미녀 첩을 데려가겠노라 청하였다. 철손이 마음에 쉽게 여겨 마침내 굳게 약조하였는데 세 번 겨루어 세 번 졌다. 마침내 첩이 왜놈의 소유가 되었고 왜놈이 그 첩을 끌고 배에 태워 돌아갔다. 그 첩이 왜에서 원망하고 그 때문에 노래를 지어 철손에게 보내었다. 그 노래는 이러하다.

전주 땅 김철손아	全州地 金哲孫
남과 내기 바둑이 무엇보다 중하더냐,	與人賭奕莫為先
천금의 여인이 왜놈 배에 실려 갔으니	千金姬 載倭船
해와 별을 그리고 구슬 박은 안장 가지고	畫日畫星一鈿鞍
모름지기 내 얼굴 삼아 대신 보거라.	須替妾顔看[15]

『지봉유설』에서 설죽으로 소개한 기녀를 「동시총화」에서는 선조 연간 바둑의 대가 김철손의 첩으로 보았지만 그 근거는 알 수 없다. 『어우야담』에서는 내기 바둑으로 일본으로 잡혀간 김철손의 첩이 지은 시를 소개하였는데, 압운이나 평측에 구애받지 않고 말을 하듯 지은 작품이다. 이 시는 설죽의 것과는 품격에 차이가 있다. 물론 임진왜란에 끌려갔다는 행적도 설죽과 전혀 맞지 않는다. 20세기 초반 대중적인 호기심에 영합하여 역사를 허구화하는 풍조에서 합성된 이야기로 보아야 할 것이다.

앞서 설죽이 백마강에서 백제를 회고한 시를 보았는데 여성이 제작한 한

15 柳夢寅, 『於于野譚』(동경대학교 오구라문고).

시 중에 회고시가 가끔 보인다. 편자 미상의 『청구시화습유고』에는 신라의 수도 경주를 대상으로 한 경주 기녀의 시가 있어 함께 소개한다.

> 경주의 기녀가 지은 동경회고시(東京懷古詩)는 이러하다.
>
> | | |
> |---|---|
> | 신라 고려 옛 자취는 물을 데 없는데 | 羅麗舊迹問無憑 |
> | 눈에 뵈는 것 쓸쓸하여 흥망이 감개롭다. | 極目蕭條感廢興 |
> | 천 년 세월이 옛 나라에 강물처럼 흘렀는데 | 流水一千年故國 |
> | 스물여덟 곳 왕릉에는 찬 안개가 끼어 있네. | 寒烟二十八王陵 |
> | 첨성대 낡아 굶주린 까마귀가 모여 있고 | 瞻星樓古飢鴉集 |
> | 반월성 텅 비어 들판의 사슴이 올라가네. | 半月城空野鹿登 |
> | 거친 들판은 아득하게 가을풀이 덮였는데 | 漠漠荒郊秋草合 |
> | 외로운 나루 끊어진 다리 지나는 석양의 중. | 斷橋孤渡夕陽僧 |
>
> 시가 비록 아름답지만 '일천년'과 '이십팔왕'의 대는 온당하지 못한 것 같다.[16]

경주의 기녀가 지은 시는 역사의 현장 경주에서 제작된 것이다. 경주에 남아 있는 신라와 고려 때의 유적은 찾기가 어려워 그저 흥하고 망한 역사에 감개할 뿐이다. 흘러가는 강물은 세월의 경과를 비유하는 말이고 찬 연기는 쓸쓸한 분위기를 연출하는 시어다. 첨성대(瞻星臺)와 반월성(半月城)의 대는 멋지게 되었지만 '일천년(一千年)'과 '이십팔(二十八)'은 대가 정밀하지 못하다. 그럼에도 신라 1,000년의 역사와 28명의 국왕을 대로 한 것 자체는 묘미가 있다. 마지막 대목에서 석양에 끊어진 다리를 지나가는 중의 모습으로 시상을 종결하여 긴 여운을 남게 한 것도 이 작품의 수준을 높이고 있다.

---

16 편자 미상, 『靑邱詩話拾遺稿』(규장각 소장).

39.
장성기 추향과 추성개, 가련

앞서 본 취선과 이름을 나란히 하는 시기가 장성(長成) 출신의 기녀 추향(秋香)이다. 홍만종은 『소화시평』에서 추향과 취선을 나란히 들고 추향의 작품을 소개하였다.

> 기녀 추향과 취선도 시에 뛰어났다. 추향의 창암정(蒼巖亭) 시는 이러하다.

푸른 강어귀로 노를 저어 가니	移棹淸江口
인기척에 자던 새가 날아오르네.	驚人宿鷺飜
산이 붉어 가을은 자취가 있지만	山紅秋有迹
모래가 희니 달빛은 흔적이 없네.	沙白月無痕[1]

장지연의 『대동시선』에도 이 시가 선발되어 있으니 추향의 대표작이라 하겠다. 창암정은 추암이 살던 장성이나 그 인근에 있었겠지만 확인은 되지 않는다.[2] 추향 자체도 장성 기녀고 자가 계영(桂英)이라는 정도만 알려져 있다.[3] 이

1 洪萬鍾, 『小華詩評』. 여기서 秋香과 翠仙을 동일인으로 보았는지 두 사람으로 보았는지 알 수 없다. 앞서 말한 대로 문헌에 따라 다르다.

2 郭再祐가 살던 宜寧의 忘憂堂 자리에 세워진 정자도 창암정이지만 추향과는 관련이 없다. 앞서 본

름을 추향이라 하였으니 가을의 향기를 뿜는 국화를 좋아하였던 모양이다. 추향은 추랑(秋娘)이라고도 하였는데 당나라 두추랑(杜秋娘)에 연결 지으려는 뜻이 있다. 15세 때 이기(李錡)의 첩이 된 두추랑은 "당신은 금루의를 아끼지 말고, 모름지기 젊은 시절을 아끼소서. 꽃피어 꺾을 만하면 바로 꺾어야지, 꽃 지고 공연히 가지 꺾지 마소서.(勸君莫惜金縷衣 勸君須惜少年時 花開堪折直須折 莫待無花空折枝)"라 한 사(詞)를 지은 것으로 유명하다.

조선의 추향은 당시에 제법 알려진 기녀였다. 조위한(趙緯韓), 이안눌, 권필, 임전(任錪) 등 당대 최고의 문사들과 어울려 이들의 시에 등장한다. 조위한이 추향에게 지어준 시의 제목에 사연이 자세한데 추리면 이러하다. 남도 출신의 추향이 금(琴)과 노래를 잘하였다. 걸어서 피난을 가다 양형우(梁亨遇, 1570-1623)와 하룻밤 기쁨을 누렸는데 용산(龍山)에 와서는 국색으로 명성을 떨치고 왕자의 총애도 받게 되자 그를 만날 수 없었다. 이에 신녀와 양왕의 꿈이라는 구절을 지었다. 그 벗이 장난으로 율시를 지어 추향의 집 벽에 써 놓았는데 조위한과 함께 이안눌, 임전도 화답하였다.[4]

대략 1599년 무렵의 일인 듯하다. 이 무렵 추향은 한양의 용산에 살고 있었다. 조위한, 이안눌, 권필 등이 시회를 가졌는데 이 자리에서 추향은 정철의 「사미인곡(思美人曲)」을 불렀다.[5] 추향의 집에서 함께 술을 마시기도 하였는데[6] 권필도 자리를 함께하였다.[7] 이들의 자리에 추향이 하추(荷秋)라는 기녀도 함께

창암 김씨와도 무관하다.

3 李安訥, 「次許郎中韻, 贈秋香, 請諸公同賦」(『東岳集』「續集」)의 주에 "香字桂英 長城名妹"라 하였다. 車天輅의 「贈琴娘秋香」(『五山集』 續集 권2)도 같은 추랑에게 준 작품인 듯하다.

4 趙緯韓, 「南中名姝秋香, 善琴歌, 逃亂徒步, 梁友子發, 路中相遇, 遂得一日之懽. 及來龍山, 秋娘以國色擅京城, 有王子方寵幸, 子發不敢窺其門, 乃作神女夢中之句, 其友有戲題一律于秋娘壁上者, 余次其韻, 竝命東岳, 鳴皐和焉」, 『玄谷集』 권5.

5 趙緯韓, 「龍湖舟中, 聞秋香唱思美人曲, 有感」, 『玄洲集』 권3.

6 趙緯韓, 「與天翁子敏, 夜醉秋娘家, 因往兩宜堂墟」, 『玄洲集』 권3. 天翁은 宋耈다. 兩宜堂은 용산에 있던 이안눌의 별서다. 이에 대해서는 『조선시대 한강의 별서(남호편)』(경인문화사, 2016)에서 자세히 다루었다.

데려왔다.[8]

이들 그룹과 절친하였던 구용(具容, 1569-1601)이 특히 추향과 정이 깊었던 것 같다. 그가 추향에게 답한 시에 추향이 보낸 작품도 함께 붙어 있다.[9]

강에 초승달 뜨자 계수 그림자가 찬데	江月生明桂影寒
옥승이 서쪽에 지자 물시계 소리 사라지네요.	玉繩西落漏初殘
봉래산은 삼천 리도 떨어져 있지 않은데	蓬山未隔三千里
고운 기약에 열두 난간을 찾고 있다오.	芳約猶尋十二闌
검은 머리 위 비녀에는 봉새가 비스듬한데	釵壓翠鬟斜彈鳳
붉은 화장대 거울에는 난새가 기웃거리는 듯.	鏡安紅匣欲窺鸞
열 장의 긴 봄 편지에 그립다는 말을 담아	春牋十幅相思字
정든 임께 남겨 두어 자세히 보게 합니다.	留與情郎仔細看

원문의 생명(生明)은 재생명(哉生明)으로 음력 초사흘 초승달이 뜨는 것을 이르고 옥승(玉繩)은 새벽녘 동틀 무렵에 사라지는 별 이름이다. 강물 위에 뜬 초승달을 보니 내 외로운 마음을 닮아서인지 왠지 차게 느껴진다. 그래서 새벽별 스러질 때까지 잠을 이루지 못한다. 봉래산도 멀어 봤자 삼천 리가 되지 않는데 그곳의 임은 소식이 없다. 함께 노닐자던 누각에 올라 만날 날을 고대한다. 사랑하는 사람이 없으니 머리에 꽂은 비녀가 비뚤어져도 마음이 쓰이지 않고 그저 무겁기만 하다. 경대의 거울을 보니 난새가 어른거린다. 거울 속을 난새가 엿본다는 것은 사랑하는 사람의 얼굴이 어른거린다는 뜻이다. 그립다는 말

7 權韠, 「醉贈秋娘」, 『石洲集』 권7.

8 趙緯韓, 「鼇山見秋娘詩帖, 感舊以贈」, 『玄谷集』 권7의 주석에서 "기해년(1599) 석주 권필, 명고 임전과 용산에서 추랑을 만났는데 추랑은 당시 벗 하추를 데리고 왔다. 지금은 두 공이 모두 황천으로 갔고, 하랑도 병으로 죽었다."라 하였다.

9 具容, 「次贈秋娘韻」, 『竹窓遺稿』 권하.

을 담아 열 폭이나 되는 긴 편지를 써서 보낸다. 사랑하는 분이 이 편지를 자세히 보고 마음을 알아주었으면 좋겠다. 이런 뜻의 시를 지어 구용에게 보낸 것이다. 구용은 1598년 김화현감으로 있었는데 금강산이 가까운 곳이기에 시에서 봉래산이라 한 것이다. 그러나 구용은 이듬해 갑작스럽게 관아에서 죽고 말았다. 이들의 재회는 이루어지지 못하였다.

추향은 얼마 후 장성에 내려가 살았던 듯하다. 그곳에 있을 때 조문수(曺文秀, 1590-1647)와 교유가 있었다. 젊은 시절 추향을 노래한 시를 지었는데 장쾌하여 볼 만하다.

오산성에 한 사람 있어 이름이 계영이라	鰲山城中有一人名桂英
사랑스러운 계영은 그 이름처럼 아리땁다네.	可愛桂英如其名
취하여 선녀 화장하고 곱게 홀로 서 있으면	醉倚僊粧嬌獨立
아름다운 자태는 남들이 따를 수 없다네.	嬋娟艶色無人及
구슬 치장한 치마에 비단 저고리 입고서	珠爲帬錦爲衿
금비녀 단정히 하고 옥 거문고를 탄다네.	整金釵調玉琴
겹겹의 주렴에 새벽 한기 일기에	重簾曉寒生
화려한 휘장 안에 수놓은 병풍 둘러치고	九華帳裏圍繡屛
줄에 얹은 남도가락은 끝없는 마음이라.	楚弄絃中無限情
한양 나그네 찢어지는 애간장 두 마음 애틋한데	秦客不禁寸腸斷兩脉脉
성 머리에 찬 햇살은 어찌 이리 짧은지.	城頭寒日復何短

조문수, 「장남용의 옥청가 형식을 본떠 계영 낭자에게 주다(效張南容玉淸歌體贈桂英娘)」(『雪汀詩集』 권2)

계영은 곧 추향의 자다. 당 현종 때의 문인 장남용(張南容)은 낙양(洛陽)의 가인 옥청(玉淸)을 위해 「정인옥청가(情人玉淸歌)」를 지었는데 조문수가 이를 본떠 시를 지어 추향에게 주었다. 한양에서 국색으로 왕자의 사랑을 받은 추향이 장성에 내려와서도 그 미모가 시들지 않았고 또 거문고 연주 솜씨도 대단하였던 모양이다. 그에 반한 젊은 조문수가 짧은 만남을 안타까워하였다. 첫 구절의 오산은 장성의 별칭이다.

추향의 명성이 이렇게 대단하였기에 장성을 찾는 사람들은 그를 만나고자 하였다. 이 무렵 장유(張維, 1587-1638)가 추향을 만났는데 아마 마흔을 넘긴 나이인데도 인기가 여전하였던 모양이다.

깊은 가을이라 바람과 이슬에 새벽이 찬데	九秋風露五更寒
붉은 꽃 그윽한 향이 아직도 줄지 않았네.	紅桂幽芳尙未殘
푸른 술 대하자 바로 예쁜 보조개를 짓더니	乍對靑樽開寶靨
구슬 같은 눈물 몇 번 닦고 종이를 펼치네.	幾收珠淚展烏闌
거문고의 봉새에게 늘 깊은 정을 맡기는데	深情每託琴中鳳
안개 속의 난새는 신선 중에 그 누가 탈까?	仙侶誰乘霧裡鸞
영락한 신세 우연히 분포의 모임에 왔으니	流落偶成湓浦會
머리 허연 사마는 취하여 바라만 본다네.	白頭司馬醉相看

장유, 「시첩 첫머리의 운에 차하여 오산 금기 추향에게 주다(次卷首韻贈鰲山琴妓秋香)」(『谿谷集』 권31)

청춘의 시절을 지내고도 추향의 미모가 줄지 않았다고 하였는데 추향이 꽃이름 계화(桂花)의 별칭인 점에 착안한 것이 묘미가 있다. 함께 술을 마신 후 예쁘게 보조개를 짓더니 자신의 시첩을 꺼내어 젊은 시절을 회상하고 눈물을 짓는다. 이런 추향을 보니 절로 정이 간다. '금중봉(琴中鳳)'은 과부가 된 탁문군을 유혹하려고 사마상여가 자신을 봉새에 비하여 짝을 구한 고사에서 나온 말이다. 앞서 본 추향의 시에서 봉새와 난새가 부부를 이른 것처럼 여기서도 '무리난(霧裡鸞)'이 대를 이루어 추향이 거문고 연주로 봉새를 만나고자 하는데 어떤 신선 같은 남자가 나타나 난새와 같은 추향과 인연을 맺을지 부럽다고 하였다. 그리고 백거이가 분포(湓浦)에서 비파를 연주하는 여인을 만나 「비파행(琵琶行)」을 지었는데, 이 고사를 끌어들였다. 장유가 스스로 백발의 사마(司馬)라 하였으니 판서로 있다가 나주목사로 나간 1629년 무렵의 일로 추정된다.

이 무렵 추향은 자신의 시를 묶어 시첩을 만들고 친분이 있던 문사들에게 시를 받아 함께 붙였다. 조위한, 이호민(李好閔), 이명한(李明漢) 등 당대 최고의 문사들이 그의 시첩에 써준 시가 전한다.[10] 오도일(吳道一)도 나중에 그의 시첩을 보고 그 후손에 대한 기록까지 남겼다. 다음은 그가 지은 시의 제목이다.

> 장성의 기녀 추향은 시에 능하고 금과 노래에도 뛰어났는데 이름이 기적(妓籍)에 올라 있었다. 태학사(太學士) 계곡 장유가 시를 지어 주었고 후에 벼슬아치들과 학자 중 문학에 능한 이들이 차례로 화답하여 시축을 이루었다. 이 때문에 이름이 나라에 퍼졌다. 추향이 죽고 그 손녀 추성개(秋聲介)도 이미 늙었는데 금을 한 번 연주하면 아직도 집안의 명성이 이어진다. 또 추성개의 손녀는 이름이 가련(可憐)인데 자태가 아름답고 금에 뛰어났다. 내가 이 고을에 귀양을 와서 기적에서 찾아보았더니 추향의 후손임을 알게 되어 절구 두 수를 읊어서 준다. 그 조모와 손녀까지 천고에 풍류의 이야깃거리가 된다.[11]

이를 보면 추향과 함께 그 손녀 추성개, 다시 그 손녀 가련으로 이어지는 여성 시인 가족의 계보가 확인된다. 추향이 가을의 국화 향기라면 추성은 가을 오동잎 지는 소리일 것이다. 추성개 역시 시와 거문고에 능하였을 것이다. 조종저(趙宗著, 1631-1690)가 1677년에 추성개에게 시를 지어 준 바 있는데 "내 와

---

10 趙緯韓, 「鼇山見秋娘詩帖, 感舊以贈」, 『玄谷集』 권7; 李明漢, 「書長城妓秋香詩帖」, 『白洲集』 권2; 李好閔, 「次李子敏韻, 題秋娘詩帖」, 『五峯集』 권5.

11 吳道一, 「長城妓秋香, 能詩善琴歌, 名冠妓籍, 谿谷張太學士首爲詩以贈, 後來薦紳學士名能文辭者, 以次續和, 遂成卷軸, 香之名播於國中. 香今死矣, 其孫秋聲介已老矣, 而操琴一彈, 尙有嫋嫋家聲, 介之孫名可憐者, 有姿色且善琴, 余纍于是邑, 於妓籍中訊之, 認爲秋香之後孫, 而吟二絶贈, 其祖若孫用爲千古風流話本云爾.」(『西坡集』 권8).

서 추향을 찾았더니, 사람은 죽고 거문고도 사라졌네. 오직 손녀만 남아 있어, 백발로 향기를 전하네.(我來訪香娘 人亡琴亦亡 唯有女孫在 白頭傳芬芳)라 하였다.[12] 이때 추향은 이미 죽었고 추성개 역시 늙었음을 알 수 있다. 추성개의 손녀가 가련인데 그에 대한 기록은 다른 데서 보이지 않는다. 18세기 함흥의 기녀 가련이 명성을 날려 문헌에 그에 대한 기록이 보이지만 같은 인물은 아니다. 추성개와 그 손녀 가련의 시가 전하지 않는 것이 아쉽다.

추향과 그가 살던 집은 후에도 문인들의 기억에서 사라지지 않았다. 심유(沈攸, 1620-1688)가 추향이 살던 집을 지나간 적이 있는 것으로 보아, 추향의 명성이 이때까지도 이어졌던 모양이다. 다음은 심유의 작품이다.[13]

오산은 예로부터 이름난 고을인데	鰲山自古擅名州
여기에다 가인 있어 두추랑이라네.	別有佳人是杜秋
강남땅 과객이 애간장 끊어지는 곳	過客江南腸斷處
밝은 달만 화장하던 방에 떠 있네.	獨留明月舊粧樓。

장성이 이름난 고을인데 절세가인 추향까지 있었기에, 지금 그가 살던 곳을 지나가는 사람들이 만나지 못하여 애간장이 탄다고 하였다. 이어지는 「추랑의 제자에게 주다(贈秋娘弟子)」라는 시를 보면 그 집에 추향의 제자들이 있어 거문고 연주를 이어가고 있었던 모양이다. 또 제자가 그 손녀 추성개일 수도 있겠다.

오두인(吳斗寅, 1624-1689)도 비슷한 시기인 1669년 전라도 광주목사로 있었는데 권필이 추향에게 준 시에 차운하여 지은 시에서, "이제는 빼어난 일 다시

---

12 趙宗著, 「贈長城琴妓秋香女孫」, 『南岳集』 권1. 조종저는 「戲贈長城琴妓秋聲介」 권1을 따로 남겼다.

13 沈攸, 「過秋娘舊居」, 『梧灘集』 권4.

따르기 어려운데, 밝은 달만 남아 마음의 기약을 비추네. 오산은 적막하고 용산은 아득하니, 거문고 한 곡조에 끝없는 슬픔일세.(勝事如今不復追 空留明月照襟期 鰲山寂寞龍湖遠 一曲瑤琴無限悲)"라 하였다.[14] 그 역시 추향이 살던 집을 찾아 이렇게 시를 지은 것이다. 지금 그가 살던 집을 찾을 수 없으니 안타깝다.

---

14 吳斗寅, 「次權石洲贈秋娘韻」, 『陽谷集』 권4.

40.
비구니에서 궁녀가 된 이예순

『삼국유사』에서 관음보살의 화신이 지은 게송을 본 바 있다. 게송은 불가의 깨달음을 시로 적은 것이기에 그 형식이 한시로 된 것이 많다. 또 게송은 한시와 닮은 데가 많아 한시사의 새로움을 추구하는 데 큰 자극이 되기도 하였다. 미국 버클리대학교 동아시아도서관에 소장된 이학(李巢)의 『학림보결(鶴林補缺)』에서는 중국과 조선의 명시를 선발하여 수록하였는데 '선음(禪音)'이라 하여 승려의 시, '속작선음(俗作禪音)'이라 하여 일반 문인이 불가적인 깨달음을 노래한 작품도 뽑았다.[1] 이러한 점에서 불가의 깨달음을 노래한 게송도 우리 한시의 역사에서 반드시 다루어야 한다.

『삼국유사』에 실려 있는 게송은 관음보살의 화신이 지은 것이라 엄밀히 여성의 한시로 보기는 어렵다. 본격적인 여성의 작품으로는 이귀(李貴, 1557-1633)의 딸이 지은 것이 있는데, 그의 기이한 삶의 이력과 함께 주목할 만하다.

> 이귀는 딸이 있는데 이름이 예순(禮順)이다. 그 남편은 김자겸(金自兼)인데 불법을 무척 좋아하여 그 벗인 서얼 오언관(吳彦寬)과 함께 수행하였다. 그 거처와 음식을 내외하지 않았고 잠자리와 식사도 함께 하였다. 김자겸이 병으로 죽으려 할 때

---

1 필자의 「버클리대 소장 『학림보결(鶴林補缺)』에 대하여」, 『문헌과해석』(2020, 여름호)에서 이 책을 다룬 바 있다.

오언관에게 처자식을 부탁하였다. 오언관은 이예순의 집에 친척처럼 출입하고 이예순에게 불서를 가르쳐 다른 사람의 심중을 꿰뚫어 아는 능력도 갖게 되었다. 어느 날 오언관을 좇아 안음(安陰)의 덕유산(德裕山)에서 머리를 깎고 출가하였다. 대나무를 베어 집을 짓고 함께 살았는데 하인이 도적 잡는 군사에게 잡혔다. 이에 오언관과 이예순이 한양으로 압송되어 대궐 마당에서 국문을 받았다. 오언관은 심문을 받다가 죽고 이예순은 감옥에 갇혀 있는데 남동생에게 시를 보내었다.

그저 옷이 누런 먼지로 더럽혀진 것뿐이라	祇令衣上汚黃塵
무슨 일로 청산이 사람을 들이지 않겠는가?	何事青山不許人
세상은 그저 사람의 사지를 가둘 수 있지만	圜宇只能囚四大
금오군도 멀리 노니는 나를 금하기 어렵다네.	金吾難禁遠遊身

그 후에 이예순이 궁녀로 충원되었는데 김 상궁과 깊이 결탁하여 궁중의 일을 그 부친에게 몰래 통지하지 않은 것이 없었다. 계해년의 반정에 힘을 보탰으니 어찌 때에 응하여 살아난 자가 아니겠는가?[2]

이예순(李禮順)은 『광해군일기』(1614년 8월 19일)에 이여순(李女順)으로 등장하는 여성으로, 광해군이 친국(親鞫)을 한 내역이 자세히 기록되어 있다. 『어우야담』에는 이예순으로 되어 있는데 이귀가 유몽인과 젊은 시절의 벗이니 이예순으로 보는 것이 옳을 듯하다. 이예순의 부친 이귀는 훗날 인조반정의 공신이 되어 연평부원군(延平府院君)에 봉해진 인물이다. 본관이 연안(延安)이고 자가 옥여(玉汝), 호는 묵재(默齋)다.

이예순의 삶은 남하정(南夏正, 1678-1751)의 『동소만록(桐巢謾錄)』에 이렇게 기록되어 있다. 유몽인의 『어우야담』과 『광해군일기』에 그 사연이 더욱 자세

2 南夏正, 『桐巢謾錄』(규장각 소장).

한데 부연하여 정리하면 이러하다.[3]

이예순은 이귀와 절친한 벗 김자점(金自點)의 아우 김자겸과 혼인하였는데 김자겸과 이예순은 불교를 좋아하여 서얼 출신의 벗 오언관과 함께 수행하면서 같은 집에 살았다. 김자겸은 죽을 때 오언관에게 처자식을 부탁하면서 게송을 지었다.

올 때도 집착이 없고	來時無所着
갈 때도 맑은 가을 달빛,	去若清秋月
와도 실로 옴이 아니요	來亦非實來
가도 실로 감이 아니라.	去亦非實去
참됨이 큰 즐거운 마음이라	眞常大樂性
오직 이를 이치로 삼을 것.	惟此以為理

김자겸이 죽은 후 오언관은 친척처럼 이예순의 집에 자유롭게 출입하면서 이예순에게 불법을 가르쳐 타인의 마음을 아는 타심통(他心通)의 술법을 터득하였다. 기이한 향이 몸에서 나고 신령한 빛이 방에 가득하여 사람들이 생불(生佛)이라 추앙하였다. 이예순은 어느 날 편지를 써서 상자에 넣어 둔 채 아버지와 작별하고 오언관과 함께 경상도 함양의 덕유산으로 들어가 출가하였다. 오언관은 오황(吳晃)으로, 이예순은 이영일(李迎日)로 개명하였는데 이영일은 오언관의 죽은 처 이름이었다. 이들은 대나무를 베어 집을 만들어 거처하였는데 정이(貞伊)라는 여인도 함께 살았다. 정이는 나정언(羅廷彦)의 첩이었는데 남편이 죽은 후 이들과 함께 내려오게 된 것이었다. 이들의 관계를 수상하게 여겨 안의

---

3 이에 대해서는 신익철, 「광해군 시절 여승 이예순의 일생」, 『문헌과해석』 29(2004, 가을)에서 자세히 다루었기에 이를 참조하였다.

현감이 조사에 나섰고 그 결과를 조정에 보고하게 되었다.

오언관과 이예순은 순수한 마음으로 불법을 수행하고 있었다고 주장하였다. 특히 이예순은 유자(儒者)가 되어 임금을 바르게 하고 백성에게 은택을 베푸는 일은 여인의 몸으로 할 수 없었고, 연단술을 통해 불로장생을 꾀하는 도교도 탐탁찮은 것이라 하지 못하였다고 하면서 그래서 불가에 의탁한 것이라 항변하였다. 『어우야담』에 그의 주장이 보인다.

> "자성(自性)의 청정함을 돈오(頓悟)하니, 밝은 달이 하늘에 있는 것과 같아서, 삿된 습관이 절로 제거되고 번뇌가 절로 사라져 점차 자유자재한 상태에 이르러 신령한 변화가 생김도 없고 윤회의 길이 끊어지며 지옥이 영원히 소멸하고 종전의 악업이 구름이 걷히듯 비가 그치듯 사라졌습니다. 지난날의 원수와 친한 이가 각안(覺岸)을 함께 하게 되니, 몸이 부서져도 마음이 더욱 밝으며 영겁이 지나도 뜻이 굳어집니다. 미세한 먼지 하나라도 이와 같아지니, 그 나머지는 다 말하기 어렵습니다."

이렇게 강변하였지만, 결국 간통의 죄율로 다스려졌다. 이예순은 최후의 진술서처럼 시를 지어 남동생에게 보내었다. 육신은 국문을 받아 더렵혀진 상태지만 청산은 자신의 깨끗함을 알아 받아들일 것이라 하였다. 청산은 무덤을 가리키는 말이기도 하니, 기꺼이 죽음을 받아들이겠다는 각오를 밝힌 것이기도 하다. 그래서 의금부에서 자신의 육신을 감금할 수는 있지만 영혼이 자유롭게 청산으로 가는 것은 막을 수 없을 것이라 하였다. 이 작품은 장지연의 『대동시선』에 「자탄(自歎)」으로 실려 있다.

오언관은 국문 도중에 죽었지만 이예순은 무사히 풀려났다. 남하정은 이예순이 궁녀가 되어 김 상궁과 결탁하여 몰래 인조반정을 도왔다고 하였다. 김상궁은 수라간(水剌間)의 차지(次知) 출신으로 개시(介屎), 개희(介姬), 가시(可屎) 등으로 불렸는데 선조에 이어 광해군의 총애를 받아 권력을 농단하였다. 영일로 개명한 궁녀로서 이예순의 삶은 장지연의 『진휘속고(震彙續攷)』에 자세하다. 영일이 감옥에서 나온 후 비구니가 되어 자수궁(慈壽宮)에 거처하면서 불교를 좋아한 광해군의 비 유씨(柳氏)의 마음을 샀고 이에 김 상궁의 딸이 되었다. 그래서 이귀와 김자점이 조정에서 안정적인 지위를 유지할 수 있었다. 이이첨(李爾瞻)이 이귀와 김자점 등의 반정 모의를 알렸지만 광해군 곁에서 사주하여 흐지부지되게 하였다. 이러한 행적을 들어 장지연은 인조반정이 성공할 수 있었던 것이 영일의 공이라 하였다. 조경남(趙慶男, 1570-1641)의 『속잡록(續雜錄)』에는 이렇게 실려 있다.

> 이귀의 딸이 김자겸에게 출가하였다가 일찍 과부가 되자 절개를 무너뜨리고 불당에 노닐며 부처에 종사하였다. 이 일이 발각되어 옥에 갇혀 문초를 받게 되자 궁녀로 들어가기를 자원하니 광해군이 허락하였다. 궁중에 들어오게 되자 상궁과 결탁하여 모녀가 되기로 약속하였다. 항상 그 아버지와 그 남편의 형 김자점이 지극한 충성심이 있지만 불행히도 대북(大北)에게 미움을 받아 항상 모해당한다는 말을 하고 다녔다. 날마다 하소연함과 동시에 또 다른 궁녀에게 금은(金銀)을 빌려주어 상궁에게 바치게 한 것이 수천 냥에 가까웠다.

궁녀가 되어서는 공초 과정에서 보여 준 불심이 보이지 않는다. 죄수에서 궁인으로 신분이 바뀐 다음 갖은 방법으로 아버지 이귀와 형부 김자점을 위해 로비를 하였다. 왜 이런 변신을 하였는지는 알 수 없다.

41.
궁녀에서 김자점의 첩이 된 이씨

중국에서 궁녀가 지은 시로는 당의 한씨(韓氏)가 붉은 단풍잎에 쓴 "흐르는 물은 어찌 이리 급한가, 구중궁궐은 종일 한가하기만 한데. 은근히 붉은 잎을 부쳐 보내니, 잘 가서 인간 세상에 이르거라.(流水何太急 深宮盡日閒 慇懃付紅葉 好去到人間)"가 널리 알려져 있다. 한씨는 이 시를 써서 대궐의 개울에 흘려보냈는데 우우(于祐)라는 사람이 이를 보고 화답하는 시를 써서 궁궐 위의 개울 상류에 가서 아래로 띄워 보냈다. 후에 궁중에서 나온 한씨가 우우를 만나 혼인을 맺고 "한 구절 아름다운 시구를 개울 따라 흘려보낸 후, 십 년 세월 남모를 시름이 가슴에 가득하였지. 오늘에야 난새와 봉새가 이미 짝을 이루었으니, 붉은 잎이 좋은 중매인 줄 이제 알겠네.(一聯佳句隨流水 十載幽愁滿素懷 今日已成鸞鳳侶 方知紅葉是良媒)"라는 시를 지은 고사가 있다.

중국이나 조선에서 궁녀의 외로운 마음을 대신 노래한 작품을 「궁사」라 하지만 진짜 궁녀가 지은 시는 참으로 희귀하다. 이신(李紳)이라는 잘 알려지지 않은 사람[1]의 누이가 있어 궁녀가 되어 시를 남겼다는 점에서 이채롭다. 이 여인은 광해군의 인정을 받아 상관소용(上官昭容)으로 일컬어졌다. 상관소용은 원래 이름이 완아(婉兒)인데 당 무측천(武則天)의 궁녀가 되어 조서를 관장하였고

1 1666년 取才에서 籌學으로 합격한 이신(1635-?)이 보이지만 연대가 맞지 않다.

중종 때 소용에 올라 권세를 잡았다. 궁중의 연회에서 군신이 지은 시를 평가하는 일을 맡을 정도로 문학에 뛰어났다. 조선의 상관소용 이씨는 그에 버금가는 뛰어난 재주로 광해군의 총애를 받았다. 그러나 인조반정(1623년) 후 세상이 바뀌자 공신 심기원(沈器遠, 1587-1644)의 첩이 되었고 1644년 역모 사건으로 심기원이 주살된 후에는 권신 김자점(金自點, 1588-1651)을 받들어야 하였다.

> 무관 이신의 누이는 광해군 때 궁녀인데 말을 잘하고 글도 잘 지었기에 광해군이 일찍이 상관소용에 비하였다. 광해군이 폐위된 후 심기원이 데리고 갔고 심기원이 사형당한 후 김자점이 또 제집에 들였다. 이씨가 자신을 슬퍼하여 시를 지었다.

노래하고 춤추던 전각 먼지가 쌓이니	歌臺舞殿摠成塵
그 옛날의 번화함이 지난 밤 일인 듯.	舊日繁華似隔晨
슬프다, 궁중의 꽃 한 송이가 남아서	怊悵宮花餘一朶
비바람에 그 몇 번 가는 봄에 울었던가?	幾番風雨泣殘春[2]

이 시는 이러한 자신의 신세를 한탄한 작품이다. 궁중의 연회에서 춤과 노래로 명성을 날리던 일이 까마득한 옛일이 되었다고 한 다음 비바람 속에 꽃 한 송이가 울고 있다고 하여 자신을 비유하였다.

궁녀로 있다가 권신의 첩이 된 예는 『인조실록』(1646년 11월 15일)에도 보인다. 참판 이성길(李成吉)이 천첩(賤妾) 사이에 낳은 딸이 총명하고 재주가 있으며 문자를 알아 후궁(後宮)으로 뽑혀 들어가 인조의 시중을 들었지만 얼마 후 인렬왕후(仁烈王后)의 미움을 받아 쫓겨났다. 그 후 여염집에 거처하면서 10여 년 동안 음행을 자주 저질렀다. 병조판서로 있던 구인후(具仁垕)의 집에 드나들다 그

---

2 洪萬鍾, 『詩評補遺』. 안대회의 『시평보유-못다 한 조선의 시 이야기』(성균관대학교출판부, 2019)를 참조하였다.

아들 광주 부윤(廣州府尹) 구오(具鰲)의 눈에 들어 첩이 되었다. 원래 사족이 궁인을 첩으로 삼는 일이 금지되었지만 권력을 농단한 이들에게는 큰 문제가 되지 않았다.

이런 일이 제법 있었겠지만, 지금껏 궁녀의 시는 이 작품 외에는 발견되지 않는다. 정재륜의 『견한록(遣閑錄)』에 자신이 직접 만난 영락한 궁녀가 늙도록 외웠다고 하는 시, "복사꽃 자두꽃 살구꽃 피니, 남쪽 북쪽 서쪽 마을이 봄이라네. 춥지도 덥지도 않은 호시절에, 반쯤 취하고 반쯤 깨어 있는 일 없는 사람이라.(桃花李花杏花發 南里北里西里春 不寒不熱好時節 半醉半醒無事人)"가 실려 있다. 그러나 이 작품은 광해군이 상원(上元)에 상춘(賞春)하는 날이면 늘 외우던 것이라 하니 오히려 광해군의 작품으로 보아야 할 것이다.[3]

안왕거의 「열상규조」, 이능화의 『조선여속고』 등에는 안평대군(安平大君)의 '궁희(宮姬)' 소옥(小玉), 부용(芙蓉), 비경(飛瓊), 비취(翡翠), 옥녀(玉女), 금련(金蓮), 은섬(銀蟾), 자란(紫鸞), 보련(寶蓮), 운영(雲英) 10인의 시가 실려 있다. 대군의 궁희도 궁녀라 하겠지만, 이들은 모두 소설 「운영전(雲英傳)」에 나오는 인물이고 그들의 시다. 「운영전」이 앞서 본 성로가 지은 작품이라는 설도 있는데[4] 그렇다면 안평대군의 궁희가 지은 시의 작가는 성로가 된다.

3 버클리대학교 소장 『遣閑錄』에 "광ᄒᆡ됴 궁인이 뉴락ᄒᆞ야 늙기의 니ᄅᆞ도록 ᄒᆞᆫ 글을 외와 ᄀᆞᆯ오ᄃᆡ, '도화니화힝화발, 불한불열호시졀. 남니북니셔리츈, 반취반셩무ᄉᆞ인.' 내 닐오ᄃᆡ 엇지 이 글을 외오ᄂᆞᆫ고? 궁인이 ᄀᆞᆯ오ᄃᆡ 광ᄒᆡ 이 글을 됴히 너겨 샹원 샹츈ᄒᆞᄂᆞᆫ 날이면 외오고"로 실려 있다.

4 박희병, 「운영전 작자 고증」, 『국문학연구』 42(2020).

42.
시로 맺은 가연

시를 매개로 한 남녀의 사랑 이야기는 김시습(金時習)의 「이생규장전(李生窺墻傳)」을 필두로 하여 권필의 작품으로 알려진 「주생전(周生傳)」, 권필의 벗 성로가 지었다고 하는 「운영전」 등에 보인다. 17세기 전후한 시기 전기소설에 이러한 사랑 이야기가 제법 보이거니와, 특히 남녀가 한시를 매개로 아름다운 인연을 맺게 되는 이야기도 이 무렵 꽤 성행하였다.

정현동(鄭顯東, 1730-1815)이 1812년 무렵 편찬한 야담집 『만오만필(晩悟謾筆)』에는 광해군 연간의 사랑 이야기가 실려 있는데, 앞서 본 이여순이 의탁한 김 상궁이 등장한다. 제법 긴 소설 같은 이야기라 전편을 소개할 수 없어 축약하여 살펴보기로 한다.[1] 사연의 주인공은 이름이 밝혀져 있지 않지만 배경이 되는 시간과 공간이 꽤 구체적이어서 실재한 사건이었을 가능성도 있다. 이 이야기는 대략 다음과 같다.

한양의 흥덕동(興德洞)에 사는 김생(金生)이라는 사람이 재주가 뛰어나고 용모가 빼어난 무남독녀를 두었다. 딸을 아껴 여성이 알아야 할 공부 외에 시와 글씨, 『소학』을 가르쳤지만 딸의 나이 열다섯이 되었을 때 병으로 세상을 뜨게

1 鄭顯東, 『晩悟謾筆』(연세대학교 소장). 안대회 등이 역주한 『만오만필』(성균관대학교출판부, 2021)에 실린 것을 이용하였다.

되었는데, 그 아내에게 충청도에 사는 자신의 고종사촌인 송(宋) 아무개가 올 것이니 그에게 딸의 혼사를 부탁하라고 하였다. 광해군 12년(1620) 김생이 죽고 두 해 뒤 겨울에 송생이 한양으로 왔는데 주자동(鑄字洞)에 사는 벗 이생(李生)의 집에 들렀다. 이생 또한 열다섯 먹은 아들 하나를 남기고 김생과 같은 해 죽었다. 이생의 아들도 문장과 필법이 뛰어나 세상에 겨룰 자가 없었다. 송생이 흥덕동 죽은 김생의 집으로 가서 김생이 생전에 남긴 부탁을 듣고, 이에 이생의 아들과 잘 어울릴 것이라 여겨 혼인을 맺어 주려 하였다.

이때 김생의 이웃에 박씨 성을 가진 갑부가 있어 뇌물로 권세가와 궁인(宮人)과 결탁하였는데 성질이 음험하고 사나웠다. 김생의 딸이 출중한 것을 알고 협박하여 혼사를 맺고자 하였다. 이생의 딸과 정혼하였다는 말을 듣고서 돈을 뿌려 양쪽에 이간질하였다. 이생의 아들은 의심하였지만 실상을 알고자 하여 유모와 꾀를 내었다. 유모는 방물장사처럼 꾸미고 김생의 집을 왕래하여 친분을 맺은 후 그 딸을 보고 왔다. 그 딸이 천상의 선녀요, 인간 세상의 여자가 아니라는 말을 들은 이생의 아들은 자신이 직접 가서 보겠다고 하면서 다시 유모에게 꾀를 내어 자신이 유모의 딸인 것처럼 꾸몄다. 여자의 옷차림을 한 이생의 아들은 저녁에 유모와 함께 김생의 집으로 갔다. 김생의 아내는 그 딸을 보고 흡족하여 자기 딸을 불러내었다. 유모의 딸로 분장한 이생의 아들은 문지방을 사이에 두고 방안의 김생의 딸과 한참 이야기를 나누다가 그 방에 당나라 율시(律詩)를 뽑아 놓은 책이 있는 것을 보고 시를 낭송해 달라고 하였다. 김생의 딸은 유모의 딸에게 시를 한 수 지으면 답을 하겠노라 하였다. 유모의 딸이 사양하다가 마지못하여 붓과 벼루, 종이를 청하여 시를 한 수 지었다.

산들바람 내게 불어오니	好風吹送我
천상의 경루에 있는 듯.	十二瓊樓中
원컨대 선녀의 뒤를 따라	願從仙娥後

함께 태일궁에 조회하기를. 同朝太一宮

'십이경루(十二瓊樓)'는 신선이 사는 천상의 열두 곳 누각이고, 태일궁(太一宮)은 도가(道家)에서 태일(太一)이라는 신이 사는 궁궐이다. 여장한 이생의 아들은 김생의 딸에게서 풍기는 체취를 맡고 선아(仙娥), 곧 선녀라 여겼다. 그래서 함께 태일궁에 조회를 가자고 한 것인데, 자신 역시 선녀라는 뜻이 들어 있다. 가연을 맺고자 한 마음이 읽히지만 김생의 딸은 그 마음을 알았는지 모르겠지만 아무튼 차운하여 답하는 시를 지었다.

따스한 바람 꽃비 내리는데 惠風紅雨下
붉은 노을에 피어나는 햇살 瑞晷紫霞中
고운 새 울어 답하는 곳에 好鳥和鳴處
봄빛이 삼십육궁에 생기네. 春生六六宮

김생의 딸이 차운한 작품은 솜씨가 더 뛰어나다. 1구와 2구를 대로 맞추어 화려한 봄 풍경을 연출한 다음 고운 새 울음소리에 봄이 생겨난다고 하였다. 3구는 당 이백의 "위에 고운 새 있어 서로 답하여 울음 우니, 울음소리에 봄바람 마음을 일찍 얻은 듯(上有好鳥相和鳴 間關早得春風情)"[2]을 읽은 것 같거니와, '화명(和鳴)'은 『시경』 「권아(卷阿)」의 "봉새와 황새가 날아, 화답하는 울음소리 우렁차네.(鳳皇于飛 和鳴鏘鏘)"에서 출처를 두고 있다. 춘추시대 제(齊)의 의중(懿仲)이 자신의 딸을 진경중(陳敬仲)에게 출가시키려 할 때 이 구절을 점괘로 얻었다고 하는데 부부의 화락함을 비유한다. 또 마지막 구절은 송의 학자 소옹(邵雍)의 「관물음(觀物吟)」 "삼십육궁이 모두 봄이다.(三十六宮都是春)"에서 가져온 것이다.

2 이백의 「侍從宜春苑奉詔, 賦龍池, 柳色初靑, 聽新鶯百囀歌」라는 작품이다.

삼십육(三十六)이라는 숫자는 『주역』에서 이르는 육십사괘(六十四卦)로 곧 온 천지를 뜻한다. 쉽게 말하면 부부가 화락하니 온 세상에 봄이 왔다는 뜻이다. 상대가 남성인지 모르는 상황으로 설정되어 있지만, 이생 아들의 시는 청혼의 뜻이 있고 김생 딸의 시는 부부의 연을 맺어 즐겁게 살자는 뜻으로 답을 한 것이라 하겠다. 이 시를 본 유모의 딸은 김생의 딸이 문장과 『주역』까지 뛰어남을 칭송하고 동심결(同心結)을 맺어 오래 곁에서 모시고 싶다고 하였다.

이어 김생의 아내가 함께 밥을 먹자고 하였지만 유모의 딸은 사양하며 경솔한 태도를 보이지 않았고 김생의 딸도 문지방을 넘어 나오지 않았다. 여자로 꾸며 놓고도 남녀유별을 어기지 않는다는 것을 보이고자 이렇게 설정하였다. 헤어질 때 김생의 딸이 다시 시를 지어 주었다.

신선 사는 곳도 별세계가 아니니	仙居非別界
앞동산 가까운 곳에다 집을 지었소.	卜築近朝陽
어젯밤 오동나무에 비가 뿌리더니	昨夜梧桐雨
하늘이 봉황을 내려앉게 하셨네.	天教下鳳凰

김생의 딸은 자신이 천상의 선녀가 아니요 언제나 쉽게 찾아올 수 있는 곳에 산다고 한 다음, 한바탕 비가 뿌리고 나면 봉새와 황새가 나란히 오동나무에 내려앉을 것이라 하였다. 이 구절은 『시경』 「권아」의 "봉황새 훨훨 날아서, 높은 언덕에 앉아 우네. 오동나무가 자라나서, 산 동쪽에 우뚝 섰네.(鳳凰鳴矣 于彼高岡 梧桐生矣 于彼朝陽)"라는 구절을 끌어들여, 앞서 지은 시에서 밝힌 봉새와 황새의 화락을 다시 강조한 것이다. 김생의 딸은 유모의 딸로 가장한 김생의 아들이 남자라는 것을 알고 있다는 듯이 이렇게 다시 만날 것을 청한 것이다.

아무튼 이생의 아들은 답시를 지어 주지 못하고 돌아왔다. 그리고 유모를 시켜 김생의 아내에게 가서 김생의 딸이 혼처를 정한 것을 축하한다고 하였다.

이에 김생의 아내는 혼처를 정하였지만 비방하는 말이 들려 걱정이라 하였다. 유모는 이생의 아들이 뛰어난 인재라는 점을 강조하고 박씨가 돈을 뿌려 이간질하고 있다고 하였다. 김생의 아내는 그간의 사정을 알았지만 유모의 딸만한 남자라면 더 바랄 것이 없다고 하자, 유모는 그제야 사실을 고하였다. 김씨의 아내는 크게 기뻐하였다. 유모는 이에 이생의 아들이 차운하여 지은 답시를 올렸다.

묵묵히 생생의 이치를 보니	默看生生理
음 한 번에 다시 양 한 번이라.	一陰又一陽
천리마에 붙은 파리 되고 싶으니	願言蠅附驥
봉새가 황새 구함을 뉘 알아주랴.	誰知鳳求凰

『주역』의 핵심은 ‘생생(生生)’의 이치다. 『주역』의 「귀매(歸妹)」 괘에 “하나의 음과 하나의 양을 일러 도(道)라 하니, 음과 양이 교감하고 남자와 여자가 부부가 되는 것이 천지의 상리다.(一陰一陽之謂道 陰陽交感 男女配合 天地之常理也)”라 하였다. 이생의 아들은 『주역』에 능한 김생의 딸이 지은 시에 답하여 함께 부부가 되자고 하였다. 그리고 『사기』에 파리가 천리마의 꼬리에 붙어 천 리 먼 곳까지 갈 수 있다는 구절이 있는데, 안연(顔淵)이 공자로 인해 행실이 세상에 알려진 것을 비유한 말이다. 이생의 아들은 자신을 파리로 낮추고 상대를 천리마로 높인 다음, 다시 봉새가 황새를 만나고 싶다는 뜻을 표하였다. 한 사마상여가 탁문군에게 구애할 때 “봉새여, 봉새여 고향에 돌아왔다네, 사해를 멋대로 다니며 황새를 구하였기에.(鳳兮鳳兮歸故鄕 遨遊四海求其凰)”라 한 구절을 끌어들인 것이다. 자신도 김생의 딸 못지않은 능력을 보이면서 부부로 만날 것을 축원하였다. 이생의 아들이 보낸 편지에는 시가 한 수 더 적혀 있었다.

황금을 밤에 챙겨 달려가더라도	黃金雖夜走
하늘이 만든 백옥구슬과 다르다네.	白璧已天成
어제 문지방 사이에 두고 말할 때도	昨日闌門語
마음이 환하게 서로 통하였지요.	靈犀一點明

고사를 잔뜩 끌어들였다. 빙금(聘金)은 혼인을 청하는 예물인데 송 육유(宋陸遊)의 「장간행(長干行)」에 "황금을 산처럼 주어도, 제후의 집에 시집가지 않을래요.(聘金雖如山, 不願入侯家.)"라는 구절이 있다. 또 한의 양백옹(楊伯雍)이 행인에게 음식을 베풀고 돌 알갱이 한 되를 받았는데 이것을 남전(藍田)에 심었더니 희고 깨끗한 백벽(白璧) 다섯 쌍을 얻었고 이를 예물로 삼아 장가를 가게 되었다는 고사가 있다. 그리고 무소의 두 뿔은 가운데 실처럼 가늘고 흰 문양이 있어 양쪽이 통한다고 하는데 사람의 마음이 잘 통한다는 비유로 쓰인다. 당 이상은의 「무제(無題)」에 "몸은 오색 봉새처럼 쌍쌍이 날 날개 없지만, 마음은 신령한 물소의 뿔처럼 한 점으로 서로 통한다네.(身無彩鳳雙飛翼 心有靈犀一點通)"라는 구절이 있다. 이 시는 김씨의 이웃에 사는 박씨가 돈을 가지고 혼사를 방해하였지만, 이생 아들과의 인연은 하늘이 맺어 준 것이었고, 두 사람이 문지방을 사이에 두고 떨어져서 이야기를 나누었지만 마음이 절로 통하였다는 뜻이다.

이렇게 하여 서로의 마음을 확인하게 되었다. 다만 유모는 김 상궁과 이 판서의 권세를 박씨가 업고 있으니 혼례를 조금 늦추면서 방도를 찾자고 하였다. 김 상궁은 광해군의 총애를 받은 궁녀 김개시(金介屎)를 이르는데 앞서 본 이예순이 의탁한 인물이다. 이 판서는 광해군 때 권력을 농단한 이이첨을 이를 것이다.

얼마 후 인조반정이 일어나 두 사람이 처형되었지만 박씨의 재력은 여전하여 지속해서 계교를 부렸다. 인조 2년(1624) 이괄(李适)의 난이 일어나 도성 안의 사람들이 도망을 갔는데 두 집안의 사람들도 동소문(東小門)으로 빠져나가려고 하였지만 문이 닫혀 있어 성균관 인근의 반촌(泮村)에 머물고 있었다. 이때 김씨의 딸은 남장을 하고 있었다. 마침 소나무 그늘에서 점을 치는 한 도인이 있어 다음과 같은 시를 지어 두 사람의 운명을 풀이하였다.

양가의 아름다운 아들과 딸	兩家佳子女
한 세상 좋은 부부가 될지니,	一世好夫婦
남들의 음모를 한탄하지 말라	莫歎人謀秘
귀신의 명부에 이름이 올랐으니.	已看鬼籍題

박씨는 이괄과 결탁하여 만금을 풀어 군량미 자금을 대었지만, 이괄의 난이 평정되어 참형을 당하였다. 이에 두 사람이 집으로 돌아갔다가 길일을 택해 혼례를 올렸다. 이씨는 과거에 급제하여 판서에 이르렀고 부부가 화락하여 아들과 딸을 많이 두었으며 평생 오복(五福)을 누렸다.

이런 이야기다. 한시가 삽입된 17세기 전후의 애정 소설을 읽는 듯하다. 여기에 동원된 남녀의 한시가 미래를 알고 있는 것처럼 되어 있다는 것도 이 시기 소설에서 보인다. 이러한 점에서 이 이야기가 꾸며낸 것일 수 있다. 그럼에도 인물이 누군지 밝히지 않았지만 공간과 시간이 구체적으로 제시되었다는 점에서 허구로만 보기도 어렵다.

『만오만필』에는 실존 인물인 최언경(崔彦慶, 1531-?)의 사랑 이야기도 소개하였는데 실존 인물에 가탁한 한 편의 소설이라 할 만하다. 최언경은 본관이 삭녕(朔寧)이고 자가 사길(士吉)이며 선조 3년(1570) 문과에 급제하여 좌랑(佐郎)을 지낸 것은 확인되지만 눈에 띌 행적은 확인되지 않는다. 그의 사연은 이러하다.

최언경은 어릴 때 이름이 송수(松壽)다. 또 안씨(安氏)의 딸이 있어 그 이름이 죽경(竹卿)이었다. 이름에서부터 소나무와 대나무의 절조와 함께 천생배필이라는 것이 복선으로 깔려 있다. 두 사람은 모두 재주가 출중하였거니와 집안도 명망이 높았지만 송수는 일찍 부모를 잃었고 죽경은 늘그막에 얻은 외동딸이었다. 죽경의 부친은 딸이 여자로 태어난 것을 안타까워하며 남자 옷을 입혀 공부를 가르쳤다. 죽경은 부친이 돌아가시자 남자라 속이고 시골 선생에게 배우게 되었는데 그때 송수는 이미 다섯 살 때부터 가르침을 받고 있었다. 이들은 3년 동안 함께 공부하여 우정이 깊어졌지만 같은 자리에 앉지 않고 서로 공경으로 대하였다. 두 아이가 아홉 살이 되었을 때 선생이 소나무와 대나무를 주제로 글을 짓게 하였는데 송수와 죽경이 지은 시는 이러하였다.

보라 너 소나무는	視爾松
한 자 남짓 자랐으니	一尺强
곧바로 하늘까지 솟으면	直上雲霄
들보로 삼을 수 있겠구나.	可中棟樑

그 속은 비었고	其中虛
그 덕은 곧으니	其德貞
마디마다 안개 서리고	節節煙景
입새마다 바람 소리 들리네.	葉葉風聲

송수는 자신을 대나무로 설정하고 지금은 겨우 한 자 남짓 자랐지만 장차 하늘을 찌를 듯 높이 자라 국가의 동량이 되겠노라 포부를 말하였다. 당 이백의 「남헌의 소나무(南軒松)」에 "어찌하면 하늘을 뚫고, 곧바로 수천 척 올라갈 수 있으랴.(何當凌雲霄 直上數千尺)"라는 뜻을 이렇게 표현한 것이다. 죽경은 자신을 대나무로 설정하고 대나무가 속이 빈 것처럼 열린 마음을 기르고 대나무가 곧은 것처럼 행실을 바르게 하겠노라 하였다. 당 백거이는 「양죽기(養竹記)」에서 대나무가 현자를 닮았다면서 "대나무는 성질이 곧아서 곧음으로 몸을 세

우고(竹性直 直以立身)", "대나무는 마음이 비어서 빔으로 도를 체득하며(竹心空 空以體道)", "대나무는 마디가 곧아 곧음으로 뜻을 세운다.(竹節貞 貞以立志)"라고 하였다. 죽경은 이 뜻을 취하였다. 아홉 살 나이의 공부를 이렇게 과시한 것이다. 이를 본 선생이 이렇게 시를 지었다.

솔은 솔을 닮아	松也松如
달을 담을 수 있고	可以藏月
대는 대를 닮아	竹也竹如
바람을 맞을 수 있으니	可以迎風
대의 달과 솔의 바람은	竹月松風
좋이 기이한 짝이 되네.	好作奇對

선생은 송수와 죽경의 시를 받아 소나무에 환한 달이 걸리고 바람에 대나무가 맑게 소리를 낸다고 하고 그처럼 이들이 훗날 잘 어울리는 배필이 될 것임을 예언하였다. 송수와 죽경은 삼언과 사언을 섞되 압운을 하였는데 시골 선생의 시는 사언이되 압운을 하지 않았다. 물론 세 사람의 솜씨가 그다지 뛰어난 것은 아니다. 당시 유행한 애정 소설에서 수준 높은 한시를 삽입한 것과는 차이가 난다.

아무튼 그리고 얼마 후 선달그믐에 죽경이 서당을 떠난다고 하고 설날 그 사연을 편지로 적어 올렸다.

새해를 맞아 봄기운이 피어나는 날 엎드려 고합니다. 선생님의 기체후(氣體候) 만강(萬康)하옵기를 축원합니다. 문하의 제자는 본디 음유(陰柔)의 자질로 양강(陽剛)의 덕에 가탁한 지 이제 9년이 되었으니 세상을 속인지 오래되었습니다. 열 살이 되면 바깥출입을 하지 않는다는 「내칙(內則)」의 가르침이 있고, 길쌈이나 일로 삼아야 하니『시경』과『예기』를 감히 입에 담겠습니까? 사람을 대할 면목이 없어 영영 문하를 떠나고자 합니다. 비록 그러하나 스승과 부친은 차이가 없는지라 틈을 타 문후를 여쭙는지라, 글을 대함에 눈물이 쏟아져 어찌할 바를 알지 못하겠습니다.[3]

사언이 주조를 이루는 조선시대 전형적인 간찰 양식이다.『초사』「초혼(招魂)」에 보이는, 새해가 오고 봄기운이 발양한다는 뜻인 '헌세발춘(獻歲發春)'을 줄여 '헌발(獻發)'로 간찰을 시작하는 세련된 양식은 주로 조선 후기에 나타난다는 점에서『만오만필』을 편찬한 정현동이 글솜씨를 발휘한 것일 수도 있다. '도체(道體)'는 학자의 안부를 물을 때 쓰고, '무응만지(茂膺萬祉)'는 복을 많이 받을 것을 축원하는 데 쓰는 간찰의 투식이다. 조선시대 여성은 특별한 사유가 아니라면 수신인이 남성이라도 편지를 한글로 쓰는 것이 일반적이지만, 죽경이 남자의 복장을 하고 공부하였기에 이때까지도 남성의 '문자'를 쓴 것이라 하겠다.

이렇게 간찰의 투식을 따라 인사를 한 다음, 사연을 적어 나갔다. "여자아이는 열 살이 되면 문밖으로 나가지 아니 하고(女子十年不出)", "삼베와 모시를 키워 누에를 치고 실을 뽑는다.(執麻枲 治絲繭)"는『예기』「내칙」의 가르침을 모르는 것이 아니요, 여자가 시(詩)와 예(禮)를 논하는 것이 가당치 않은 일임을 알고 있기에 이제 열 살을 맞아 문하를 떠난다고 하였다.

이렇게 하여 열 살이 된 죽경은 남자의 옷을 벗고 여자로 돌아가「내칙」의 가르침을 따르게 되었다. 편지를 본 송수는 놀라고 안타까워하면서 자신의 거처를 송죽헌(松竹軒)이라 하였고 죽경도 그 소식을 듣고 선생의 시에서 뜻을 가져와 거처의 이름을 풍월루(風月樓)라 하였다. 서로가 배필이 되고 싶다는 뜻을

---

3 편지의 원문은 "獻發伏惟 先生道體 茂膺萬祉 門下本以柔質 假託陽德 九歲于今 斯世久矣 十年不出 內則有訓 麻枲是執 詩禮敢言 無面對人 永謝門下 雖然 師父無間 乘隙進候 臨書涕泣 不知所裁"로 되어 있다.

이렇게 밝힌 것이다. 이에 선생은 별 뜻 없이 지었던 자신의 글이 예언이 되었다고 하면서 두 사람의 혼인을 맺어 주겠노라 하였다. 그리고 두 집안에 사람을 보내어 집안이 대등하고 재주와 용모가 대등하며 나이가 같고 스승이 같아 천정배필이라 하면서 양가가 혼사를 도모하라 하였다. 두 집안에서도 이를 기뻐하며 두 아이가 열다섯 살이 되면 혼례를 치르기로 약조하였다. 그러나 당시 나라에 기근이 심하여 도적 떼가 창궐하였으며 이웃 나라의 큰 도적이 도성을 공격하기까지 하였다. 백성들이 정처 없이 달아나고 숨었으며 바닷가 사람들은 섬으로 들어가고 들판에 살던 사람들은 산으로 들어갔다.

안타깝게도 정현동의 이야기는 여기서 끝이 났다. '미종(未終)'이라 한 것으로 보아 정현동이 참고한 자료에 훼손이 있어 이야기를 마치지 못하고 다른 자료를 찾아 맺음을 하려 한 것 같지만, 지금 전하는 『만오만필』에는 이것이 끝이다. 아마 전쟁으로 송수와 죽경이 헤어졌다가 아홉 살 때 지은 소나무와 대나무의 시가 고리가 되어 다시 만나게 되었을 듯하다.

이어지는 이야기는 조위한의 『최척전』의 줄거리를 떠올리면 될 것 같다. 옥영(玉英)과 최척(崔陟)이 부부가 되어 시를 주고받았는데 후에 임진왜란으로 이산하였다. 옥영은 남장을 한 채 일본의 포로로 잡혀갔고 최척은 옥영이 죽은 줄 알고 실의하여 명나라 원군을 따라 중국으로 가서 살았다. 그 후 최척이 상선을 타고 안남(安南)에 갔는데 달밤에 옥영을 그리워하면서 퉁소를 불었다. 마침 옥영 역시 일본 상인을 따라 같은 곳에 와 있었는데 퉁소 소리를 듣고 남편인가 하여 조선에서 최척과 막 혼인한 후 지은 시를 외웠고, 이에 두 사람이 그리워하던 짝임을 알고 상봉하게 되었다. 처음 이들이 주고받은 시는 이러하다.

왕자께서 퉁소를 부니 달이 나직한데	王子吹簫月欲低
바다 같은 푸른 하늘 이슬이 서늘하네요.	碧天如海露凄凄
모름지기 푸른 난새 타고 함께 가리니	會須共御靑鸞去

봉래섬 노을에도 길 잃지 않겠지요. 蓬島烟霞路不迷

새벽녘 붉은 구름 요대는 아스라한데 瑤臺縹緲曉雲紅
퍼져 가는 퉁소는 곡을 채 마치기 전에 吹澈鸞簫曲未終
그 소리 하늘 가득하고 산에 달이 지는데 餘響滿空山月落
온 마당 꽃 그림자 향긋한 바람에 일렁이네. 一庭花影動香風

첫 번째 작품은 최척이 부는 퉁소 소리를 듣고 지은 것이다. 여기서 최척을 비유한 왕자는 주 영왕(周靈王)의 태자인 왕자교(王子喬)를 가리킨다. 『열선전(列仙傳)』에 의하면, 왕자교는 본래 생소(笙簫)를 불어서 봉황의 울음소리를 잘 냈는데, 도사 부구공(浮丘公)을 따라 숭고산(嵩高山)에 올라가서 신선술을 배워 백학을 타고 승천하였다고 한다. 옥영은 퉁소를 잘 부는 왕자교 같은 최척과 인생을 함께하여 신선처럼 살고 싶다는 뜻을 말하였다. 신선 세상을 꿈꾸는 유선사(遊仙詞)의 틀을 빌려 이렇게 말한 것이다. 이에 대해 최척도 유선사로 답하되 현실 공간으로 바꾸었다. 천상으로 올라간 왕자교가 퉁소를 부니 그 소리에 자신들의 집도 신선 세상이 되었다고 하였다. 달빛 아래 바람에 꽃향기가 마당에 가득한 것은 부부의 화락을 다짐한 것이다. 정현동이 소개한 미완의 이야기도 「최척전」처럼 해피엔딩이었을 것이요, 행복한 결말에 이르게 하는 중요한 모티프가 한시였을 것 같다.

43.
규방의 유현 안동장씨

안동장씨(安東張氏, 1598-1680)는 『규곤시의방(閨壼是義方)』, 곧 『음식디미방』으로 널리 알려진 책의 저자로 알려지면서 크게 주목받고 있는 인물이다. 그의 이름이 계향(桂香)임도 밝혀졌다.[1] 안동의 경광서원(鏡光書院)에 제향된 명유 경당(敬堂) 장흥효(張興孝, 1564-1633)의 딸로 석계(石溪) 이시명(李時明, 1590-1674)과 혼인하였다. 이시명은 본관이 재령(載寧)이고 영해(寧海) 출신인데, 영양의 석보(石保)와 수비(首比) 등에 거처하였다. 첫째 부인 김해(金垓)의 딸 광산김씨(光山金氏) 사이에 이상일(李尙逸)을 낳았는데 그 처가 유성룡(柳成龍)의 아들 유진(柳袗)의 딸이다. 안동장씨는 두 번째 부인이다. 이휘일(李徽逸), 이현일(李玄逸), 이숭일(李嵩逸) 등 아들 일곱을 낳았다. 용주(龍洲) 조경(趙絅)이 뛰어난 그 형제를 칭송하여 후한 순숙(荀淑)의 여덟 아들을 이르는 순씨팔룡(荀氏八龍)에 비한 바 있다.

경북 영양 석보의 두들마을에 석계종택이 있는데 여기에 안동장씨의 소중한 유물 「학발첩(鶴髮帖)」과 「전가보첩(傳家寶帖)」이 전한다. 목만중(睦萬中, 1727-1810)이 이를 두고 발문을 지었다.

> 작고하신 현부인(賢夫人) 장씨는 안동의 명유 경당 장흥효 공의 딸인데 석계 이

1 배영동, 「『음식디미방』 저자 실명 '장계향(張桂香)'의 고증과 의의」, 『실천민속학연구』 19(2012).

시명 공에게 시집갔다. 두 공은 행실이 독실하고 학문을 애호하였다. 부인은 규방의 예의범절이 무척 올발랐으며 부친의 가르침을 욕되게 하지 않았고 석계 공의 아내가 되기에 부끄러움이 없었으니 아들 일곱을 그 재능대로 독실하게 교육하였다. 문간공(文簡公) 용주 조경이 후한 순숙의 여덟 아들 순씨팔룡에 비하였다. 부인이 어릴 때 이웃 사람이 먼 곳에서 수자리를 서는데 그 어머니가 병에 걸린 것을 보고 「학발(鶴髮)」 3장(章)을 지어 종이에 직접 썼는데 그 시는 이러하다.

학발의 노모 병으로 누웠는데	鶴髮臥病
아들이 만 리 길 떠나가 있네.	于役萬里
아들이 만 리 길 떠나 있으니	于役萬里
어느 때 되어야 돌아오려나?	曷月歸矣[2]
학발의 노모 병들어 있는데	鶴髮抱病
서산의 해는 다 기울어 가네.	西山日迫
두 손 모아 하늘에 빌건만	祝手于天
하늘은 어찌 대답이 없는가?	天何漠漠
학발의 노모 병든 몸으로	鶴髮扶病
일어났다가 또 쓰러지시네.	或起或踣
지금도 오히려 이러한데	今尙如斯
옷자락 끊은 마음 어떠하였으랴?	絶裾何若

경당 공이 기특하게 여겨 이를 상자에 넣어 보관하였다가 부인의 여러 아들이 장성하자 꺼내어 주셨다. 부인의 문예가 이른 나이에 숙성한 것이 이와 같았지만

2 李壽炳 編, 『貞夫人安東張氏實紀』에는 '于役萬里'가 '行子萬里'로 되어 있다. 4구도 '曷月還矣'로 글자가 다르다. 목만중이 이렇게 바꿀 때 『詩經』에 좀 더 가깝게 보일 것이라 여긴 듯하다.

깊이 숨겨두어 비록 석계 공이라도 알지 못하였는데, 여기에 이르러 크게 놀랐다. 다른 작품을 물어보고 오언시 세 편을 얻었는데 그 첫째 수는 이러하다.

성인의 시절에 태어나지 않아	不生聖人時
성인의 면모를 보지 못하였으니	不見聖人面
성인의 말씀이야 들었으랴마는	聖人語何聞
성인의 마음은 알 수 있었다네.	聖人心可見

또 한 수는 이러하다.

창밖에 비가 쏴하고 내리는데	窓外雨蕭蕭
쏴하는 빗소리는 절로 그러한 것.	蕭蕭聲自然
내 그러한 소리를 듣고 있노라니	我聞自然聲
내 마음도 또한 그러하다네.	我心亦自然

석계 공이 평소 행초(行草)에 뛰어나 그 시를 가져다 비단에다 쓰고 둘째 며느리 박씨(朴氏)에게 수를 놓게 하였다. 첫 번째 작품은 흰 실로 수를 놓고 두 번째 작품은 붉은 실로 둘러 놓았다. 또 용을 수놓은 것이 여덟 마리였으니, 문간공 조경이 비유한 바에서 도상을 취한 것이다. 5세손 이우표(李宇標)에게 전하였는데 그가 이것을 가지고 도성에 가서 솜씨 좋은 기술자를 구해 장황을 하였다. 시첩(詩帖)은 검은 비단으로 싸고 그 우측을 비워 부인의 다른 시 중에 전하는 것 오언절구 두 편과 칠언절구 한 편을 베껴 그 이름을 『전가보첩(傳家寶帖)』이라 하였다. 「학발시(鶴髮詩)」는 따로 첩을 만들어 푸른 비단으로 쌌는데 이름을 『학발첩』이라 하였다.

이전 시대 규방의 작품이 많지 않은 것은 아니지만 대개 맑은 것은 처절하고 경구로 알려진 것도 섬세하여 여성의 분 냄새를 면한 것이 드물지만, 부인의 시는 거듭해서 읽을수록 심오하여 성현이 마음을 전한 요체와 부합함이 있으니 가을 달빛과 찬 강물의 남은 뜻을 충분히 지니고 있다.[3] 「우소소(雨蕭蕭)」 1장은 그윽하고 정숙한 덕과 자태를 두루 볼 수 있으니, 진실로 규방의 유현(儒賢)이다. 그리고 「학발」 3장은 아들과 어머니가 헤어지는 정을 그린 것으로 측은하고 간절하며, 마지막 장의 두 구는 『시경』 300편에서도 하지 못한 말을 해낸 것이다. 누가 나이 어린 여성이 이렇게 할 수 있다고 생각하겠는가?

또 부인의 글씨는 필획이 살아 움직이고 결구가 곱고 정치하다. 마음으로 터득하여 천성을 온전히 한 것이니, 「순화첩(淳化帖)」에 두더라도 쉽게 분간하지 못할 것이다. 석계 공의 글씨는 단정하고 굳세어 송설체(松雪體)의 삼매경(三昧境)에 들었고 또 박씨 부인의 오묘한 자수 솜씨가 합쳐져 삼절(三絶)이 된다. 하늘이 재주 있는 사람을 내릴 때 제한이 있건만 모두 이씨 집안에 모이게 하였으니 어찌 이리 성대한가? 아, 배움을 기다리지 않고도 문예에 뛰어난 것은 부인의 재질이 아름다운 것인데 그 아름다움을 가지고도 없는 것처럼 거두어들였으니, 부인의 덕이 훌륭한 것이다.

그러나 경당 공이 고령에 이르러 부인과 아들이 장성한 것을 보지 못하였더라면 이 첩이 전해졌을지는 알 수 없다. 이 첩이 나왔지만 석계 공의 뛰어난 서법과 박씨 부인의 오묘한 자수 솜씨가 없었더라면 보배로서 온전하지 못하였을 것이다. 또 부인과 여러 아들이 현명하지 않았더라면 사람들이 보배로 여겨 감탄하여 지금처럼 존경하고 중시하게 되었을 것이라 장담할 수 없다. 우리나라 사람들은 천문과 점술을 알지 못하여 한 사마천(司馬遷)처럼 상서로운 경사의 징조를 점칠 수 있는 자가 없다. 이때를 당하여 자해(紫海, 寧海)의 백 리 사이에 반드시 덕성(德星)이 모여들 것이다.[4]

장씨는 「학발」, 「성인음(聖人吟)」, 「우소소」 등의 작품을 남겼다. 「학발」은 사언의 시경체로 지은 작품인데 3장으로 되어 있다. 『정부인안동장씨실기(貞夫人安東張氏實紀)』에는 "어느 아낙의 지아비가 행역을 떠남에 그의 팔십 된 노

3 이 말은 덕이 있는 사람의 맑고 깨끗한 마음을 비유한 것으로, 宋 朱熹가 「聚星亭畫屛贊」에서 陳寔과 荀淑을 칭찬하여 이른 말이다.

4 睦萬中, 「李氏傳家寶帖叙」, 『餘窩集』 권11.

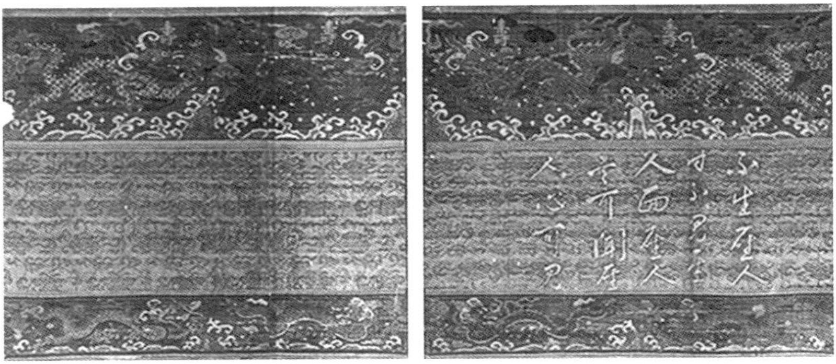

그림 6 『전가보첩』(문중 소장): 「성인음」(우)과 「우소소」(좌) 두 편의 시가 자수로 되어 있다.

모가 기절하였다가 다시 깨어났는데, 거의 실성할 지경에 이르렀다. 내가 이를 듣고 슬퍼하여 이 시를 지었다."라는 서문이 붙어 있다. 장씨가 어린 시절 『시경』을 깊이 있게 읽고 이를 응용할 정도의 능력을 갖추었음을 이 사언시에서 확인할 수 있다. 목만중은 특히 세 번째 작품이 『시경』에서도 보이지 않는 말을 했다고 극찬하였다. 여기서 이른 절거(絶裾)는 동진의 온교(溫嶠)가 국난에 출사하면서 만류하는 어머니의 소매를 끊은 고사에서 나온 말이다. 아들을 기다리며 병든 몸을 부지하여 일어났다 다시 쓰러지니, 당시 아들이 수자리 서러 나갈 때 만류하던 마음이 어떠하였겠는가, 이런 뜻을 말하였다. 질박하면서도 간절한 수작이라 하겠다.[5]

「성인음」은 장지연의 『대동시선』에도 실려 있는데 사실은 송의 학자 소옹이 「사성음(思聖吟)」에서 "성인의 때에 만나지 못하였으니, 성인의 면모를 보지 못하였지. 성인의 말은 들을 수 있으니, 성인의 마음은 볼 수 있다네.(不逢聖人時

5 김진영, 「조선 후기 여성 한시와 시경」(『한국고전여성문학연구』 45, 2002)에서 이 작품을 자세히 분석한 바 있다.

不見聖人面 聖人言可聞 聖人心可見)"라 한 것을 외운 것인데 장씨의 작품으로 오인된 것이라 하겠다.

「우소소」는 「소소음(蕭蕭吟)」으로 역시 장지연의 『대동시선』에 실려 있다. 또 이 시와 함께 "내 몸은 부모의 몸이니, 감히 이 몸 공경하지 않으랴. 이 몸을 욕되게 한다면, 바로 어버이의 몸을 욕되게 함이라.(身是父母身 敢不敬此身 此身如可辱 乃是辱親身)"라는 시를 들고 "구사하는 말이 깨끗하고 단정하며 엄숙하기가 모두 이러하였다. 그러나 이들은 모두 10세 전후 때의 일이고, 조금 자라 비녀를 꽂을 나이가 되어서는 시 짓고 글씨 쓰는 일이 모두 여자가 해야 할 일이 아니라고 하여 마침내 모두 끊고 하지 않았기 때문에 좋은 시와 좋은 글씨가 많이 전하지 않는다."라 하였다.[6]

「소소음」과 「경신음」이 장씨가 열 살 즈음에 지은 작품이라 하니 놀랍다. '소소(蕭蕭)'는 쏴하고 내리는 빗소리를 형용한 말이면서 소쇄(瀟灑)의 뜻이 함께 있으니, 빗소리와 깨끗한 자신의 마음을 병치한 솜씨가 대단하다. 이현일은 어머니를 추억하면서 시와 글씨도 배워 익히지 않았지만 능했다고 하였다. 또 청풍자(淸風子) 정윤목(鄭允穆)이 장씨가 쓴 적벽부체(赤壁賦體)를 보고 놀라 "필체가 호방하고 굳세어 우리나라 사람의 서법과는 같지 않으니, 중국인의 필적이 아닌가."라 한 칭찬을 인용하였다.

장지연의 『대동시선』에는 「소소음」, 「경신음」, 「성인음」과 함께 「희우음(稀又吟)」 한 수를 더 뽑았다. 이현일이 어머니의 생애를 기록한 「행장」에도 실려 있다.

사람이 일흔 살 사는 것은 예부터 드문 법	人生七十古來稀
일흔에 셋 더한 것 드물고도 드문 것이라.	七十加三稀又稀

---

6 李玄逸, 「先妣贈貞夫人張氏行實記」, 『葛庵集』 권27.

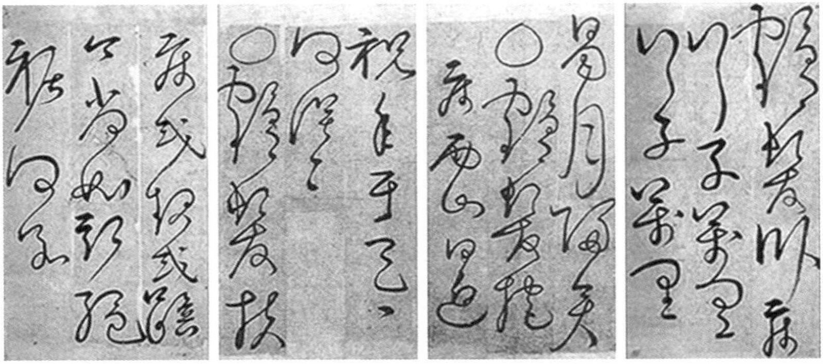

그림 7 『학발첩』(문중 소장): 우로부터 「학발삼장」이 시원한 초서로 적혀 있다. 두 번째와 세 번째 구절이 목만중의 글과 달리 '行子萬里'로 되어 있다.

드물고도 드문 것 중에 아들이 많은 것은	稀又稀中多男子
드물고도 드문 것 중 다시 드문 것이라네.	稀又稀中稀又稀

일흔셋의 고령에 지은 작품이다. 이 나이까지 사는 것도 드문 일인데 전처가 낳은 아들과 함께 자신이 일곱을 낳았기에 드문 일 중에 더욱 드문 일이라 스스로 기뻐하였다. 어머니의 가장 큰 기쁨을 노래한 작품으로 기억할 만하다.

『전가보첩』은 흰 실로 「성인음」을, 붉은 실로 「우소소」를 수놓고 아래위에 구름 속 여덟 마리 용을 다시 수놓은 보물이다. 남편 이시명의 시원한 행초와 함께 둘째 며느리 박씨의 수가 찬탄을 자아낸다.[7] 『학발첩』은 장씨의 뛰어난 글씨 솜씨를 보게 하는데 목만중은 필획이 살아 움직이고 결구가 곱고 정치하다고 하고 최고의 법첩으로 평가되는 「순화첩」과 나란할 만하다고 하였다.

장씨가 지은 시는 위에서 본 몇 수 외에 손자 이재(李栽, 1657-1730)에게 준

7 둘째 며느리는 李徽逸(1619-1672)의 아내 務安朴氏(朴玏의 女)를 이르는 듯하다. 특이하게도 이현일도 朴玏의 딸과 혼인하였다.

것도 전한다.

성급(聖及)은 나 이재의 어릴 때 자다. 기유년(1669) 나이가 겨우 열셋일 때 선비께서 그 뜻이 고상하다고 여겨 직접 20자의 절구를 써서 주었다. 아이가 열 번 봉하여 보물로 간직하다가 올봄에 배접하여 첩으로 새로 만들어 품에 넣고 다니다가, 하루는 꺼내어 나에게 보여 주었다. 이를 살펴보노라니 마음이 뭉클하여 목이 메이고, 이에 나 이재가 바야흐로 고인의 학문에 뜻을 두고서 탐구함에 터득한 것이 있는 것 같았다. 성취한 바가 있어야 선비의 밝은 감식안을 저버리지 않을 수 있지 않겠는가?

정묘년(1687) 4월 초하루 무신일에 아들 현일은 피눈물을 쏟으며 삼가 쓴다.

장부인께서 이때 연세가 72세였는데 20자 절구는 직접 지은 것이다. 그 시는 이러하다.

새해 맞아 경계의 글을 짓노니	新歲作戒文
네 뜻은 요즘 사람과 다르구나.	汝志非今人
어린 나이에 학문을 향했으니	童子已向學
참된 선비가 될 수 있겠구나.	可成儒者眞[8]

72세의 노인이 13살 먹은 손자가 학문에 뜻을 둔 것을 기뻐하여 이렇게 시를 지어 준 것이다. 지금 이 필첩은 전하지 않는 듯하지만, 손자 이재의 학문이 성취를 이룬 데에는 할머니의 칭찬이 힘이 되었을 것이다.

---

8 李玄逸,「書先妣所賜栽兒五言絶句詩後」,『葛庵集』 권21.

44.
아버지와 남편에게 보낸 시

장씨 부인의 예에서 보듯, 지금 전하는 것이 많지 않지만 다른 영남 명문가의 여성들도 한시에 상당한 재질을 보였다. 이시명의 첫 번째 부인 광산김씨는 김해(金垓)의 딸인데 그와 같은 집안인 설월당(雪月堂) 김부륜(金富倫, 1531-1598)의 딸 김씨도 한시를 남겼다. 유성룡의 생질이자 문인인 이찬(李燦, 1575-1654)과 혼인하였는데 이찬의 문집 『국창집(菊窓集)』의 부록 『광산김씨일고(光山金氏逸稿)』에 40여 수의 시가 수록되어 있다.

『광산김씨일고』에는 황난선(黃蘭善, 1825-1908)이 1895년에 지은 발문이 붙어 있다. "음조가 온유(溫柔)하고 격률이 청완(淸婉)하며 천근하면서도 유원(幽遠)한 멋이 있고 평범하면서도 자연의 오묘함이 있다."고 하고 난설헌 허씨의 시가 단사(丹砂)와 공청(空靑), 금고(金膏)와 수벽(水碧)처럼 현실에서 얻을 수 없음에 비해 김씨의 시는 산삼(山蔘)과 복령(茯苓), 지초(芝草)와 창출(蒼朮)처럼 세상에 쓰임이 있다고 평가하였다. 그리고 아우를 그리워한 「이백의 삼오칠언에 차운하여 자준에게 주다(次李白三五七言韻兼寄子峻)」는 친정 형제를 그리워하는 마음을 깊이 드러내었고 남편에게 보낸 「남편께 부쳐 보내다(寄呈案下)」는 어진 부인의 내조의 뜻을 은근하게 담았다고 하였다.

가을밤 맑아라	秋夜淸

달빛도 훤한데 月色明
마당에 나뭇잎이 떨어지니 庭中落葉下
대숲에 자던 새 놀라 깬다. 竹裏棲鳥驚
그리워라 작년 친척과 모여 담소하던 일 忽憶去年親戚話
나도 모르게 거듭 상심하게 만드는구나. 令人不覺重傷情

꿈속에 한곳에 모였더니 夢中會一處
깨고 나니 다른 고을이라 覺後在他州
내 인생 얼마 남았을까요 吾生能有幾
세월은 이렇게 흘러가는데. 徂歲復悠悠

아우 김령에게 준 작품은 이백의 「삼오칠언」에 차운한 것이니 시에 식견이 상당하였음을 알게 한다.[1] 대숲 둥지에 있던 새가 밝은 달빛과 함께 마당에 나뭇잎 떨어지는 소리에 놀라 날아오른다고 한 것은 전문적인 시인의 솜씨로 손색이 없다. 이런 멋진 경물 묘사에 이어 작년 친정에 갔을 때 가족들이 모여 담소를 나누던 일을 추억하고 비감에 젖는다고 시상을 종결한 것도 묘미가 있다.

두 번째 작품은 남편에게 보낸 것이다. 김씨가 남편에게 보내는 시에 흔히 붙이는 「기원(寄遠)」이 여러 편이고 또 남편의 시에 차운한 것이 많다는 점에서 이들 부부가 편지를 대신하여 자주 시를 주고받았음을 짐작할 수 있다. 다만 이찬의 문집에는 부인에게 준 시가 보이지 않아 아쉽다. 이 시는 남편이 충청도 금산현감으로 있던 1639년 무렵 쓴 것이다. 꿈속에서는 함께 있다가 깨고 나면 서로 멀리 떨어져 있음을 슬퍼하고 살날이 많지 않은 늘그막에 이렇게 떨어져 있어 안타깝다고 한탄하였다. 양반가 여성들이 남편에게 보낸 시에서 그

1 이백의 시는 "秋風淸 秋月明 落葉聚還散 寒烏栖復驚 相思相見知何日 此時此夜難爲情"이다.

리움을 직접 말하는 것이 드문데, 광산김씨가 남편에게 보낸 작품은 의고적 색채를 띠지 않고 바로 별리(別離)의 한과 상사(相思)의 정을 노래한다는 점이 오히려 독특하다.

한시의 제작과 관련하여 양반가 여성들은 제약이 많았다. 첩이나 기녀와 달리 양반가 여성들은 가정 안에서 글을 배웠고, 시를 주고받는 대상도 대부분 가족이다. 첩실이 남편에게 보낸 시는 연정을 말하는 데 비해 위에서 본 광산김씨의 작품은 사랑이 아닌 가족애다. 어찌 보면 양반가의 여성이 시를 주고받을 수 있는 가장 편한 상대는 형제가 아니면 아버지일 것이다. 심광세(沈光世, 1577-1624)의 딸도 시에 능하였는데 외조부에게 글을 배운 솜씨로 아버지에게 시를 보내었다.

영인(令人) 심씨(沈氏)는 응교(應敎) 심광세의 딸이요 추포(秋浦) 황신(黃愼) 공의 외손녀다. 성품이 총명하여 추포 공이 여러 아들을 가르칠 때 영인이 곁에서 듣고서도 문득 잊어버리지 않아 추포 공이 기특하게 여기고 예뻐하여 글을 가르쳤다. 열 살에 『사략(史略)』, 『소학』, 『내훈』, 『시집전(詩集傳)』 등의 책을 두루 통달하였으며 시를 구상하는 것도 남들보다 빼어났다. 응교 공이 고성(固城)에 귀양 간 적이 있는데 시를 지었다.

옥섬돌에 서릿바람 일어나고	玉砌霜風起
비단 창가에 달그림자 차갑네요.	紗窓月影寒
홀연 돌아오는 기러기 울음 듣고	忽聞歸鴈響
천 리 먼 남쪽 변방을 그린답니다.	千里憶南關

추포 공이 별세하자 영인은 마음으로 1년 동안 상복을 입고 길러 주신 은혜에 보답하였다. 시부모를 섬기고 형제를 처우하며 하인들을 통솔하는 것이 각기 그 정성을 다하였다. 또 "소를 가지고 먹고살면서 도리어 그 고기를 먹으면 길하지 못

하다."라 하고, 평생 입에 대지 않았다. 이는 정자의 가르침과 암합한다. 만력(萬曆) 경자년(1600)에 태어나 숭정(崇禎) 병신년(1656) 정월 4일 돌아갔다.[2]

청송심씨(1600-1656)는 심광세와 황씨 사이에 4남 2녀 중 막내로 태어났다. 심광세는 이식(李植)의 처남이고 허균(許筠)의 절친한 벗인데, 한국문학사에서 「해동악부(海東樂府)」의 작가로 주목된 사람이다. 심씨가 부친으로부터 문재를 타고났음을 짐작할 수 있다. 게다가 그 스승은 외조부 추포 황신(1560-1617)이었다. 심씨는 어렸을 적에 남자 형제 틈에서 어깨너머로 공부하였는데 기억력이 비상하였기에 외조부가 특별히 아껴 공부시켰다. 10세 때 『사략』, 『소학』과 같은 동몽서(童蒙書)를 다 읽고 여성의 필독서 『내훈』도 외웠으며 주자가 『시경』을 풀이한 『시집전』까지 익힐 수 있었다. 10세 때까지 익힌 공부의 양이 만만치 않다.

이러한 능력을 바탕으로 젊은 시절 귀양 간 아버지께 시를 지어 보낼 수 있었다. 1613년 김제남의 역모를 고변한 사건이 일어났는데 아우 심정세(沈挺世)가 김제남의 사위였기에 심광세도 그 죄를 무겁게 치러야 하였다. 심광세는 경상도 고성으로 유배되었다. 심씨는 고성으로 유배된 부친을 전송하며 이 시를 지었다. 장지연의 『대동시선』에 「고성으로 유배되어 가는 아버님을 전송하며(奉送家大人謫固城)」로 실려 있다. 14세 때 이 시를 지었다 하니 대단한 재주를 지녔음을 확인할 수 있다.

옥으로 만든 섬돌을 이르는 옥체(玉砌)에 서리가 내리고 비단 휘장을 드리운 사창(紗窓)에 달빛이 찬데, 남쪽에서 날아온 기러기 울음소리를 들으니 머나먼 남쪽 땅에 계신 분이 생각난다고 한 것은, 규방에서 사랑하는 사람을 그리워하는 규원시의 틀을 빌린 것이기도 하다. 이 시의 배경을 이해하지 못하면

2 宋時烈, 「平昌郡守李公墓誌」, 『宋子大全』 권186.

허구적인 규원시의 하나로 이해될 듯하다.

심광세가 귀양을 갈 때 황신도 주모자로 몰려 옹진(甕津)에 유배되었고 그곳에서 생을 마쳤다. 심씨는 황신이 글을 가르쳐준 은혜를 생각하여 1년간 심상(心喪)의 예를 다하였다. 심씨가 이집(李稹, 1597-1671)과 혼인한 것은 그 이후의 일일 것이다.

이집은 본관이 덕수로, 율곡 이이의 아우 이우(李瑀)의 손자다. 부친은 이경절(李景節)이며 어머니는 김영남(金穎男)의 딸이다. 자는 자건(子建)인데 마흔에 재행(才行)으로 추천되어 동몽교관(童蒙敎官)을 지냈고 평창군수를 끝으로 벼슬에서 물러났다. 또 심씨가 영인으로 일컬어진 것은 이집이 4품의 군수를 역임하였기 때문이다. 이집은 조부 이우가 황기로(黃耆老)의 사위였기에 물려받은 선산의 매학정(梅鶴亭)에서 살았다. 심씨도 매학정과 인연이 깊었을 것이고 이곳에서 남편과 시를 수창하였을 것이지만, 문필을 숨기는 것이 여성의 미덕이었기에 후세에 전하지 못하게 되었다.

송시열이 이집의 묘지명을 쓰면서 이례적으로 그 아내 심씨의 일화를 자세히 소개하였다. 그러면서 심씨가 소고기를 먹지 않은 일을 특별히 적었다. 송의 정이천이 농민들이 흉년에 소를 잡아먹는 것을 보고 "심하다. 백성들이 무지막지하구나. 소가 젊을 때에는 힘을 빨아먹다가 늙으면 잡아먹는구나."라고 한 고사가 있다. 또 선조 임금도 나인(內人)들이 소고기를 구워 먹는 것을 보고 "소가 아니면 논을 갈 수가 없는데 사람으로서 소를 죽이고 있으니, 너무도 차마 못할 짓이다."라 하고 무겁게 처벌하였다.[3] 농사지을 때 소를 부려 먹고 다시 그 고기를 먹는 것이 옳지 않다고 여겨 심씨는 평생 소고기를 먹지 않았다니 배울 만한 자세다.

그런데 안왕거의 「동시총화」에는 『창계기문(滄溪記聞)』을 인용하여 이집

---

3 『光海君日記』(1608. 2. 21).

부부의 재미난 이야기를 적었다.

> 심씨는 광해군 때 진사 이집의 처다. 이집은 어릴 때 천연두에 걸려 기가 막혀 정신이 혼미하였다. 어느 음양전(陰陽殿)에 이르렀는데, 전각 위에 자금장막(紫金帳幕)이 덮이고, 장막 너머에 12개의 난간이 벌려 있었다. 한 관리가 전각에서부터 명령을 전하여 "네 이승 수명은 68세요, 배필은 바로 두 오동나무 아래의 앵도(櫻桃)일 것이며, 열매 두 개와 꽃 세 송이가 열릴 것이다."라고 하였다. 깨어나도 모두 생생하게 기억할 수 있었다. 몇 년이 지나서 판서 심광세의 집을 지나가는데, 두 그루 오동나무가 뒤뜰에 서 있는 것이 보였다. 그 아래 한 여자가 산보하며 시를 읊고 있었다. 이집이 돌아와 부모님에게 고하고 마침내 혼인하여 부부가 되었다. 부인의 이름이 곧 앵도다. 2남 3녀를 두었다.[4]

『창계기문』은 지금 전하지 않지만, 여기에 이집의 아내 이름이 앵도라 하였다. 점쟁이는 심씨가 2남 3녀를 둘 것이라 하였지만 송시열의 묘지(墓誌)에는 5남 2녀로 되어 있다. 또 68세보다 몇 년 더 살아 75세 때 죽었다. 믿기 어려운 구석이 있다. 그럼에도 심씨의 이름으로 "푸른 나무 첩첩이요 여름날은 긴데, 꾀꼬리 소리 들으며 산보하니 패옥이 울리네.(綠樹重重夏日長 聽鸝閒步珮丁當)"라는 한 구절의 시가 전해진 것은 다행이다.

심광세의 딸보다 50년 남짓 뒤에 태어난 영흥(永興) 사람 김민(金旻)의 딸도 아버지로부터 글을 배워 시를 짓게 된 여성으로, 심광세의 딸처럼 아버지에게 보낸 시가 전한다.

> 영흥 사람 김민이 딸이 있었는데 효종 계사년(1653)쯤에 태어났다. 김민은 그의 총명을 사랑하여 문자를 가르쳐 보았더니 한번 보면 즉시 외었다. 간혹 시를 지었

---

4 『매일신보』(1917. 12. 4).

고 점도 잘 쳤다. 덕원(德源) 사람 박제장(朴悌章)에게 시집갔는데, 시댁에 있을 때 친정아버지께 시를 부쳤다.

"우리 딸은 시집가면 집안이 화목하겠지."	之子于歸室家宜
어버이 그리운 마음에 몸 가누기 어렵네요.	思親一念自難持
쌍성 땅은 쌀 찧어 가야 할 백 리 길이라	雙城此去舂粮地
수레와 말, 종자를 누가 갖추어 주겠나요?	車馬僕從孰備之

또 남편에게 시를 주었다.

섣달하고 초사흘 밤인지라	臘月初三夜
등불이 우리 둘 슬픔을 돋우네요.	殘燈挑兩悲
탁문군처럼 저는 병이 많은데	文君多病日
이백 같은 임은 만 길 가셨구려.	李白遠行時
북쪽 땅 구름 속 천 리 길인데	北路雲千里
남쪽 하늘 바닷가에 계시네요.	南天海一湄
돌아올 기약이 멀지 않으리니	歸期應不遠
굳이 그립다 괴로워할 것 있나요?	何必苦相思[5]

함경도 영흥에 사는 김민이라는 사람의 딸이 친정아버지와 남편 박제장에게 보낸 시가 남학명의 시화에 실려 전한다. 김민이 영흥, 박제장이 덕원 출신이라는 점 외에는 따로 알려진 바 없다. 효종 연간의 인물로 추정된다. 김민이나 박제장 모두 양반 출신이 아닌 것 같다. 그럼에도 김민의 딸이 영특하여 시를 배웠고 그 재주를 이용해 아버지와 남편에게 편지 대신 시를 보낼 수 있었

5 南鶴鳴, 「詞翰」, 『晦隱集』 권5.

다. 영흥 사람이라 하였으니 김민이 양반은 아니었겠지만 그럼에도 그가 시를 함께 공유할 수 있는 친정아버지와 남편이 있었다.

첫 번째 작품이 장지연의 『대동시선』에 「아버님께 올리다(上家大人)」로 선발되어 있는 것을 보면 이 시가 제법 회자된 모양이다. 유광익(柳光翼, 1713-1780)의 『풍암집화(楓巖輯話)』에도 비슷한 기사를 수록하고 있다.[6] 문사의 배출이 드문 함경도 사람의 작품이지만 오래 기억될 만큼 작품의 수준이 빼어나다. 시집갈 때 아버지가 하신 말씀을 첫 구에 배치한 것이 눈에 띈다. 『시경』의 「도요(桃夭)」에 "복숭아 고와라, 환하게 꽃을 피웠네. 이 사람 시집가니, 집안이 화순하리라.(桃之夭夭 灼灼其華 之子于歸 宜其室家)"라 한 것을 변용하였다. 늘 이 말씀을 가슴에 새기고 있기에 더더욱 아버지 생각에 몸을 가누기 어려울 정도다. 쌍성(雙城)은 영흥을 이른다. 그리 멀지는 않지만 시댁 덕원에서 친정 영흥까지가 백 리 길이라 먹을 양식을 찧어서 가져가야 하고 가마는 어렵지만 말이라도 있어야 하겠는데, 가난한 살림이라 준비하기 어려워 갈 수 없다고 하였다. 말을 건네듯 자연스럽게 시상을 전개한 것이 오히려 그리움을 배가하고 있다.

남편에게 보낸 시는 오언율시다. 장지연의 『일사유사』에는 아버지께 보낸 작품과 나란히 소개하였다. 첫 구는 일기처럼 날짜와 시각을 적었다. 등불이 가물거린다 하였으니 밤 깊도록 잠을 이루지 못하였음을 알겠다. 등불 심지를 돋운다는 뜻의 '도(挑)'가 서로 떨어져 있는 두 사람의 슬픔을 돋운다는 것으로 연결한 것이 묘미가 있다. 함련과 경련은 자신과 남편의 일을 나누어 기술하였는데 율시의 작법 중 하나다. 탁문군은 사마상여에게 반해 함께 무릉으로 가서 살았던 사람이다. 두보의 「금대(琴臺)」에 "무릉에서 병이 많아진 후에도, 여전히 탁문군을 사랑하였지.(茂陵多病後 尙愛卓文君)"라 한 것처럼, 원래 병이 많은 사

6 柳光翼, 『楓巖輯話』(버클리대학교 소장본).

람은 사마상여인데 김씨는 이를 거꾸로 이용하여 자신이 병이 많다고 하였다. 그리고 남편을 이백에 비하고 먼 길을 나섰다고 하였다. 이백의 「독불견(獨不見)」에 "천산에 세 길 눈 쌓였으니, 어찌 먼 길 갈 때이겠는가.(天山三丈雪 豈是遠行時)"라 한 구절을 떠올린 듯하다. 이어 자신이 있는 덕원은 구름 덮인 천 리 길 아득한 곳에 있는데 남편은 남쪽 바닷가에 머물고 있다 하여 서로가 멀리 떨어져 있음을 안타까워하였다. 그리고 얼마 지나지 않으면 남편이 돌아올 것이니, 굳이 그리움에 괴로워할 것이 없다고 하여 시상을 종결하였다. 자신이 그립다고 말하는 대신 남편더러 그리움에 괴로워할 것 없다고 거꾸로 말한 것이 멋진 문학적 장치다. 문화적으로 소외된 함경도 지역 여성의 작품이라는 점에서 더욱 소중하다. 함경도 지역 평범한 집안에서도 여성이 시를 배워 짓게 된 점이 무엇보다 주목할 만하다.

45.
17세기 이름 없는 여성의 시

17세기에 이르면 한시가 서서히 여성의 교양으로 확산된다. 여성들이 지은 시가 남성들의 사랑방에서 회자되면서 시화서에 오르고 또 한시 선집에 선발되는 일도 잦아졌다. 알 만한 명문 양반가라면 집안 여성의 이름이 남의 입에 오르내리는 것을 극히 꺼렸을 것이고, 평범한 사람이라면 오히려 그 이름을 기억할 필요가 없었을 것이니, 이러저러한 사연을 가진 여성의 한시가 시화서에 기록되더라도 그 작가에 대한 구체적 정보가 밝혀져 있지 않은 것이 대부분이다.

근세 부동(部洞)에 사는 경씨(慶氏) 성의 부인이 시에 능하였는데 「봄날(春日)」에서 이렇게 말하였다.

밭두둑이 축축해지고 강물이 불었으니　田疇生潤水增波
간밤에 내린 비로 농사일 바빠지겠네.　農務應從夜雨多
마당의 풀이 자라나고 꽃이 다 떨어지니　庭草漸長花落盡
한 해의 봄빛이 꿈속에 지나가 버리네.　一年春色夢中過

이는 곧 참판을 지낸 경최(慶最) 일가의 부인네라 한다.

근세 김씨 성의 아무개 여자가 시에 능하였는데 호서로 가는 길에서 시를 지었다.

먼 나무숲에 서리가 막 내리자　　遠樹霜初落
서쪽 하늘 기러기 절로 날아가네.　　西天雁自飛
맑은 강을 시름겹게 홀로 가노라니　　滄江愁獨去
어느 날 고향에 돌아갈 수 있으랴.　　何日故園歸[1]

이 두 작품은 장지연의 『대동시선』에 참판을 지낸 경최일(慶最一)의 부인 김씨의 시로 실려 있는데 제목이 오언절구 「호서 가는 도중에(湖中路)」와 칠언절구 「봄날(春日)」로 되어 있다. 그러나 이 작품이 가장 먼저 실린 편자 미상의 『좌해시수』에는 첫 번째 작품이 경최 일가의 여성이 쓴 것이라 하고 두 번째 작품은 경최와 무관한 김씨 성의 여성이 지은 것이라 하였다. 이것이 후대 모두 '경최일'이라는 있지도 않은 사람의 부인이 지은 것으로 잘못 전해졌다.

경최(1626-1688)는 부제학과 참판을 지낸 경섬(慶暹, 1562-1620)의 손자며, 경유후(慶有後)의 아들이다. 경유후는 권신 유희분(柳希奮)의 사위인데 광해군 때 파주 적성 임진강의 신진(新津)으로 물러나 은거한 인물이다.[2] 경최는 자가 낙선(樂善) 호는 신강(新江)이며, 문과에 급제한 후 호조참판, 경기관찰사, 충청도 관찰사, 도승지, 판결사 등을 역임하였다. 그 부인 거창신씨는 신현(愼晛)의 딸인데[3] 경명회(慶明會), 경성회(慶聖會), 경정회(慶貞會) 등의 아들을 두었다. 시를 남긴 사람이 경최의 일가 여성이라 하였지만 더 자세한 것은 알 수 없다.

경씨의 칠언절구는 아름다운 봄과 청춘이 함께 가버리는 것을 슬퍼한 것이다. 조선 초기의 문인 정이오(鄭以吾, 1347-1434)의 "2월이 다 가고 3월이 오려 하니, 한 해의 봄빛이 꿈속에 돌아가네. 천금으로도 고운 계절은 살 수가 없으니, 술 익는 뉘 집에서 꽃은 한창 피었는가.(二月將闌三月來 一年春事夢中回 千金尙未

1 편자 미상, 『左海詩藪』(와세다대학교 소장).

2 金平默, 「務五齋記」, 『重菴集』 권43.

3 許穆, 「淸道郡守鄭君墓碣陰記」, 『記言』 「別集」 권24.

買佳節 酒熟誰家花正開)"[4]와 나란히 볼 만한 작품이다. 정이오의 작품이 저무는 봄날의 상심이 주된 정조라면 경씨 부인의 작품은 봄이 온 논밭을 배경으로 하여 농촌에서의 삶이 좀 더 부각되어 있다.

두 번째 김씨의 오언절구는 가을을 배경으로 하고 있다. 먼 숲에 서리가 내려 울긋불긋 단풍이 들었는데 가을바람과 함께 기러기가 서쪽으로 날아간다. 기러기는 고향으로 돌아가는데 홀로 타향의 나그네 신세로 금강을 따라 길을 가고 있으니, 고향으로 갈 날이 아득하다 하였다. 어떠한 사연으로 여인이 홀몸으로 금강을 거니는지 알 수 없지만 시는 절로 처연하다. 당 위응물(韋應物)의 「서루(西樓)」 "높은 누각에서 늘 바라만 볼 뿐, 언제나 고향으로 돌아갈까. 안개 먼지 함곡관에 가득한데, 가을 기러기 날아오지 않는구나.(高閣一長望 故園何日歸 烟塵擁函谷 秋雁過來稀)"에 비견할 만하다.

경씨 집안의 여성은 양반가 출신이지만 김씨는 그렇지 않은 중인이나 평민 계층인 것 같다. 이 무렵이 되면 평범한 여성도 시를 지을 수 있고 그 능력을 가지고 남편을 놀리기까지 하였다. 다음은 1691년 편찬된 홍만종의 『시평보유』에 실려 있으니 17세기에 회자되던 이야기라 하겠다.

> 세상에 한 여자가 있어 시를 잘하였다. 그 남편과 친구가 담장 너머에서 이야기를 나누다가 한 기녀를 만나자는 모의를 하였다. 기녀의 이름을 감추려다 보니 '그 자'라고 하다가 '저 자'라고도 하였다. 그 아내가 바로 시를 지어 그 남편에게 주었다.

그 자는 뉘고 저 자는 그 뉘신고?	其者何人厥者誰
낭군이 말 안 해도 제가 먼저 알지요.	郎雖不語妾先知
광산의 성안에 꽃이 아직 남았으니	光山城裏花猶在

4 鄭以吾, 「次韻寄鄭伯容」, 『東文選』 권22.

조만간 봄바람에 가지 하나 꺾이겠네. 早晩東風折一枝

기녀는 곧 광산(光山) 사람이기 때문에 이른 것이다.[5]

어떤 사내가 광산(광주)의 기녀를 만나보려고 아내 몰래 '그 자', '저 자'라 하면서 모의하는데 아내가 뻔히 이를 알기에 이렇게 시를 지은 것이다. 광산에 남은 꽃송이는 바로 그 기녀를 이르고 봄바람은 남편과 그 친구의 춘심을 비유한 것이다. 이 작품은 20세기 초 편찬된 것으로 추정되는 편자 미상의 『이조향렴시』에 사인(士人) 아내의 「남편에게 부치다(寄夫)」로 다음과 같이 바뀌어 실려 있다.

그 자는 누구고 저 자는 누구신지, 其者何人彼者誰
낭군이 말 안 해도 제가 먼저 알지요. 郎雖不語妾先之
양성관 안에 꽃이 천 그루 있으니 陽城館裏花千樹
저는 낭군이 첫째 가지 꺾게 합니다. 妾許郎君第一枝

이어 "그 남편이 양성관의 기녀를 구하였는데 그 아내가 알까 봐 겁을 내어, 매번 남들에게 '그 자', '저 자'라 하여, 그 아내가 시를 지어 놀린 것이다. 기녀의 이름은 일지화(一枝花)다."라 하였다.[6] 양성(陽城)은 지금의 경기도 안성이다. 안성에 소속되어 있는 기녀 이름이 일지화기에 제일가는 꽃가지를 꺾으라고 한 것도 묘미가 있다. 앞서 본 정철의 첩 유씨는 넌지시 남편의 호색을 경계하는 작품을 지었다. 유씨는 자제들에게 서모의 대접을 받았고 또 그에 맞게 점잖게 시를 통해 권계(勸戒)의 내조를 하였다. 이에 비해 이름을 남기지 못한 평범한 여성은 남편을 비꼬기 위해 시를 활용하였다.

5 洪萬鍾, 『詩評補遺』. 안대회의 『시평보유–못다 한 조선의 시 이야기』(성균관대학교출판부, 2019)를 참조하였다.

6 편자 미상, 『李朝香奩詩』(규장각 소장).

46.
시에 능한 평산 신씨 집안의 여성

조선은 17세기를 지나면서 가문의 위세가 더욱 커졌다. 누대를 걸쳐 고관대작과 대학자를 배출한 집안이 나왔다. 장동(壯洞)에 살아 장동 김씨(壯洞金氏)로 일컬어지는 김상용(金尙容)과 김상헌(金尙憲) 집안, 성균관 남쪽에 살아 관동 이씨(館洞李氏)로 일컬어지는 이정귀(李廷龜) 집안 등이 조선 후기 학문과 문학을 이끌었다. 이 집안과 함께 대단한 위세를 떨친 집안이 평산 신씨(平山申氏)다. 신흠(申欽)과 그 아들 신익성(申翊聖), 신익전(申翊全), 신익성의 아들 신최(申最)와 신익전의 아들 신정(申晸) 등이 이 시기를 대표하는 문인이었다. 여기에 더하여 신정의 며느리와 신최의 부인이 시에 능하였다.

편자 미상의 『청운잡총(靑雲雜叢)』에서 "고금에 여도사나 규수의 시문이 종종 있지만 사람들이 들어본 것은 드물어 심히 안타깝다."라 하면서 신정의 며느리가 지은 「달 아래 배꽃(月下梨花)」을 소개하였다.

백낙천은 노래로 양귀비의 한을 말하였고	樂天歌說楊妃怨
이태백은 시에서 향기로운 백설이라 하였지.	李白詩稱白雪香
가장 그림으로도 그려 내기 어려운 풍광은	最是風光難畵處
한밤중 푸른 하늘 중천에 뜬 밝은 달이라네.	碧空明月夜中央[1]

이 작품은 장지연의 『대동시선』에도 동일하게 실려 있다. 신정의 며느리가 지은 것인데 그 성은 알 수 없다고 하였다. 신정(1628-1687)은 한문사대가(漢文四大家)로 일컬어지는 신흠의 손자며, 분애(汾厓)가 그의 호다. 첫째 부인 청송심씨(青松沈氏)와 둘째 부인 양천허씨(陽川許氏) 사이에 아들을 아홉 낳았다. 이상(李翔)의 딸 우봉이씨, 권회(權誨)의 딸 안동권씨, 김수증(金壽增)의 딸 안동김씨, 권두장(權斗章)의 딸 안동권씨, 이민장(李敏章)의 딸 전주이씨, 민유중(閔維重)의 딸 여흥민씨, 이정(李瀞)의 딸 한산이씨, 유준일(兪準一)의 딸 창원유씨 등 당대 최고 문중 출신의 여성이 신정의 며느리로 들어왔지만, 정작 이 시를 지은 며느리가 누구인지 꼭 집어 말하기는 어렵다.

장지연의 『일사유사』에서는 이 시를 인용하고 '운치표일(韻致飄逸)'로 칭찬한 바 있다. 역대 배꽃을 노래한 명편으로는 백거이가 「장한가」에서 양귀비(楊貴妃)의 비애를 배꽃에 비겨 "백옥 얼굴에 쓸쓸히 눈물이 흐르니, 배꽃 한 가지에 봄비가 뿌리는 듯하네.(玉容寂寞淚闌干 梨花一枝春帶雨)"라 한 것이 유명하다. 또 이백은 「궁중행락사(宮中行樂詞)」에서 "버드나무는 황금빛으로 곱고, 배꽃은 흰 눈처럼 향기롭네.(柳色黄金嫩 梨花白雪香)"라 하여 배꽃을 향기 나는 백설이라 하였다. 이 작품은 이 두 구절을 끌어들여 배꽃을 형상화한 다음, 한밤중 푸른 하늘 한가운데 뜬 달빛을 그림으로도 그릴 수 없다고 하였다. 17세기 조선의 시인 강백년(姜栢年, 1603-1681)의 「진사 이률에게 주다(贈李進士䋥)」에서 "그림으로 못 그릴 어려운 풍광 따로 있으니, 매화가 지는 마을 비 그치고 안개 낀 모습이라.(別有風光難畫處 落梅村畔雨餘煙)"라 하고 유창(兪瑒, 1614-1690)의 「남포의 배에서(南浦舟中)」에서 "풍광을 그림으로도 가장 그리기 어려운 곳은, 석양에 끝없이 펼쳐진 가을날의 갈대밭이라.(最是風光難畫處 夕陽無際荻花秋)"라 하였으니 이 시기 유행하였던 표현을 잘 응용한 것이라 하겠다.

1　편자 미상, 『青雲雜叢』(일본 동양문고 소장).

그런데 이 시는 이식(李湜, 1458-1488)의 「오신손이 그린 영물화(吳愼孫所畫詠物)」 연작시 중 「이화(梨花)」에서 "백낙천은 예전 양귀비의 뺨에 비하였고, 이태백은 시에서 향긋한 백설이라 하였지. 가장 이 꽃을 감상하기 좋은 곳은, 한밤중 묽은 안개에 달빛이 감쌀 때라.(樂天曾比楊妃臉 太白詩稱白雪香 最是此花堪賞處 淡煙籠月夜中央)"라 한 것과 흡사하다. 이식은 세종(世宗)의 손자로 시에 뛰어나 낭만적인 시를 많이 남기고 있는데, 이 시가 후대에 널리 전송되면서 신정의 며느리가 비슷하게 읊조려 그의 작품으로 회자된 것일 가능성이 높다.

같은 집안 신최의 부인 심씨(沈氏)도 문학에 능하였다. 장지연의 『일사유사』에서 "시격(詩格)이 청완(淸婉)하고 문장도 심히 뛰어나다."라고 하고 죽은 딸의 제문을 소개한 다음 "그 말이 처절하여 차마 읽을 수 없다."라 평하였다. 아버지가 지은 딸의 제문은 제법 남아 있지만 어머니가 지은 작품은 희소하다는 점에서 가치가 높다.

참담하다 뜨거운 해야,	慘憺烈日
스산하다 슬픈 바람이여.	蕭瑟悲風
옥 같은 모습 얼음 같은 마음,	玉貌氷心
연기처럼 구름처럼 사라졌네.	煙散雲空
옥비녀와 금노리개가	玉釵金珮
부질없이 빈방에 묻혔네.	空埋空室
나뭇잎 지고 나니	由空木落
강물이 오열하네.	江波嗚咽
처절한 저 백양나무	悽悽白楊
희디흰 찬 달빛이여.	皎皎寒月
한은 그지없어라	有恨悠悠
만고에 사라지지 않으리.	萬古不滅[2]

신최(1619-1658)는 신흠의 손자요 신익성의 아들이다. 앞서 본 신정이 그의 종제(從弟)다. 신최의 아내는 교리를 지낸 심희세(沈熙世, 1601-1654)의 딸이다. 신최와 혼인하여 2남 7녀를 낳았다. 권두추(權斗樞), 한백기(韓伯箕), 김환(金奐), 권적(權頔), 안승(安陞), 나만상(羅晩相), 정중진(鄭重鎭) 등에게 시집간 딸이 확인되지만, 심씨의 가슴을 아프게 한 딸이 누구인지는 알 수 없다. 심씨가 지은 제문은 딸을 먼저 보낸 어머니의 처절한 마음이 드러난다. 제문은 대개 사언의 운문 형식으로 되어 있는데 압운은 하되 유사한 운자를 쓸 때가 많다. 신최가 한백기에게 시집간 딸을 애도한 제문이 전하는데 같이 보기로 한다.

어쩌다가 태어났고 어쩌다가 죽었는가,	胡然而生 胡然而死
산 사람은 슬프지만 죽은 사람 슬픈 줄 모르겠지.	生者悲而死者不知悲耶
내 딸 넷에 아들 둘을 두었는데	吾有四女二男
늙기 전에 시집보낸 딸 셋이라	年未老而婚嫁者三
조물주가 너무 빠르다 시기한 것인가?	造物者或猜其太早時耶
내 하늘과 땅에도 끝이 있는 것 알지만	吾知天地亦有涯
기가 모였다 사라짐이 내 일에 무슨 상관이랴	一氣屈伸 何與於吾事
서럽게 슬퍼하여 정을 끊지 못하는가?	而嗷嗷而悲者 不能去情根耶
네 나이 열일곱 내 나이 서른셋	汝年十七 吾年三十三
어찌하다 부자가 되고 어찌하여 생사가 갈라졌나.	胡然而爲父子 胡然而爲異物耶
네 병 들어도 낫게 할 수 없었기에	病而不能醫
너를 붙잡으려 하여도 되지 않았다네.	引而不能挽
이제 너를 묻고 다시 볼 수 없으니	瘞而不能臨
벼슬이 실로 죄로다, 부녀의 정이 끝이 있으랴.	官實爲祟 父子之情 寧有極耶
아, 산 자는 정말 슬프건만	噫 生者其眞悲

2 장지연, 『일사유사』 권6.

죽은 자는 정말 슬픈 줄 모르는가?	而死者其眞不知悲耶
한 번 통곡하고 멀리 영결하니 애간장이 찢어지네.	一痛遙訣 心肝摧裂[3]

자신의 나이가 서른셋이고 한백기에게 시집간 둘째 딸의 나이는 열일곱이라 하였으니 1651년쯤에 이 딸이 죽었고 그 이후에 딸을 셋 더 낳았다고 보면 되겠다. 그렇다면 심씨가 제문을 지은 딸이 한백기의 아내일 가능성이 있다. 심씨의 작품은 사언의 정제된 형식을 취하였는데 신최는 자유로운 형식으로 탄식하는 마음을 쏟아 내었다.

---

3 申最, 「祭亡女韓氏婦文」, 『春沼子集』 권6.

47.
오도일의 어머니 한양조씨

여성의 문필 활동이 억제되고 그에 따라 여성의 작품도 더욱 깊이 감추어졌다. 앞서 본 대로 이현일의 어머니 안동장씨의 필첩이 가문에 지금까지 전하는 것은 오히려 그만큼 깊이 감추어 두었기 때문이기도 하다. 그럼에도 아들이라면 어머니가 이룩한 성취를 감추고만 싶지는 않았을 것 같다. 이이는 사임당 신씨가 지은 한시를 행장에서 소개하였고 이현일 역시 그러하였다. 소중한 여성의 한시가 행장에서 발견되는 것이 이러한 사정을 반영한 것이다.

오도일(吳道一, 1645-1703)은 더욱 자신의 어머니를 자랑스럽게 여겼다. 그가 지은 어머니 한양조씨(1609-1669)의 행장에는 학문과 문학에 자부한 어머니 조씨(趙氏)의 당찬 모습이 생동감 있게 묘사되어 있다.

> 선비(先妣) 조씨는 계보가 한양(漢陽)에서 나왔으니, 부친은 의빈도사(儀賓都事) 조간(趙幹)이고 어머니는 청송 심씨(青松沈氏) 군수 심간(沈諫)의 딸이다. 선비는 기유년(1609) 8월 29일 태어났다. 나면서 기이한 자질을 가져 행동거지가 평범한 아이들과 달랐다. 6세 때 어머니 심씨가 세상을 떠나자 서모가 양육하였다. 어릴 때 성격이 자못 거세고 급하여 마음에 들지 않는 일이 있으면 소리를 지르며 밥을 먹지 않았다. 하루는 갑자기 스스로 반성하여 "내가 어머니를 잃었는데 화가 난다 하여 밥을 먹지 않으면 누가 나를 걱정해 주겠는가? 그저 나만 손해일 뿐이겠구나."라 하고 이때부터 매우 화가 나는 일이 있어도 참고 넘겼으며 얼굴에 드러내지 않았다.

외숙 교리(校理) 공이 젊은 시절 문학을 힘써 배웠는데 주야로 쉬지 않고 책을 읽었다. 이때 선비는 겨우 7-8세였는데 곁에서 글자를 물어보았다. 외숙이 여자는 문자를 알 필요가 없다고 하자, 선비는 입을 다물고 아무 말을 하지 않은 채 묵묵하게 암송하였다. 이에 온 집안에서 모두 기이하게 여겼다. 처음 『십구사략』을 배우는데, 춘추전국(春秋戰國) 이상의 역사에 대한 지식이 날마다 점차 늘어 영탈(穎脫)의 수준이 되었다. 그 나머지도 가르침을 기다리지 않고서 저절로 깨우쳐 막힌 데가 없었다. 열너덧 살에 외가에 가서 여러 남자와 시를 짓는데 평가를 하면 으뜸을 차지하였다. 이때 지은 글에 다음과 같은 구절이 있다.

집이 푸른 강 언덕에 있어	家住靑河原
문이 아홉 강을 마주한다오.	門臨九江水
낙엽이 푸른 물에 떠오는데	落葉浮綠水
가을바람 배에 들어 서늘하네.	秋風入船涼

22세 때 선친의 계실로 들어왔는데 예절을 잘 지키고 시부모를 지극정성과 공경심으로 모셨으며 하인들을 너그럽고 자애로운 마음으로 거느렸다. 전처의 아들을 차별하지 않아 친자식처럼 하였다. 또 동서나 첩 사이에서도 초연히 처신하였으며 절대 수다를 떠는 일이 없었다. 조부 영의정 부군께서 늘 남들에게 "우리 신부는 사군자(士君子)일세."라 자랑하셨다. 선친께서 고을의 목민관을 여러 차례 맡았는데 떠나고 나면 관속이나 여종들이 반드시 선비를 그리워하여 잊지 못하곤 하였다. 대개 성품이 화평하여 귀천을 가리지 않고 대접하였기에 모두의 환심을 얻을 수 있었던 것이다.

선친은 정해년(1647) 면천(沔川) 임소에서 병을 얻어 충청도 아산(牙山) 신창(新昌)의 우거로 실려 갔는데 병으로 다리를 점차 절더니 마침내 무자년(1608) 정월 초하루에 별세하셨다. 이때 선비는 마흔 살이었는데 결성(結城)의 농막으로 돌아가 삼년상을 마쳤다. 이로부터 집안이 더욱 영락하여 서울로 올라올 생각이 없었다. 그러나 아들 도일이 조금 총명하기에 가르치지 않을 수 없다고 여기고, 신묘년(1651) 봄

서울 옛집으로 가족을 이끌고 돌아왔다. 오직 자식 교육을 일로 여겼고 가난 문제가 마음에 걸린 적이 없었으니 아침저녁 쌀독이 비어도 편안하였다.

일찍이 울면서 도일에게 "내가 남편을 잃었으니 산들 무엇하랴마는 죽지 못하는 것은 네가 있기 때문이다. 네가 자립할 수 없으면 사람이 아니니다."라 하고 또 "남자가 안에서 성취를 이루어 후세에 이름을 드리워야 하니, 안에서의 행실을 잘 닦지 못하면 그 나머지는 볼 것이 없다. 게다가 너는 과부의 아들이니 더욱 이 점을 근실히 하지 않을 수 없다."라 하셨다. 남들이 혹 도일에게 지필묵을 주면, 문득 "남자는 어릴 때부터 문방구라 할지라도 합당한 용도에 맞게 가져야지 갑자기 모아서 사사롭게 쌓아두면 옳지 않다. 재물을 구하려는 마음이 싹틀 수 있으니 다른 아이에게 꼭 나누어 주도록 하라."라 하셨다. 대개 자애롭게만 하지 않되 이처럼 훈계가 지나치게 엄하지 않도록 풀어주곤 하셨다.

갑진년(1664) 겨울 백형이 장수현(長水縣) 임소로 모시고 갈 때 아들 도일이 병들어 따라갈 수 없어 서울에 머물고 있었다. 한 해가 지나도록 병이 차도가 없자 선비께서 차마 멀리 떨어져 있을 수 없다고 하여 몸소 와서 간병하셨다. 여러 누이도 자녀를 이끌고 찾아오자, 오랜 이별 끝에 만난 기쁨에 이런 시를 지었다.

천 리 길 오가느라 몸이 벌써 늙었더니	千里去來身已老
자손들이 맞아 주니 마음에 위안이 되네.	慰懷猶有子孫迎

만년에 더욱 책을 좋아하여 손에서 놓지 않았고 아들이나 조카들과 고금의 득실(得失)과 의리(義理)의 귀추에 대해 담론하였고 집안의 사소한 일이 마음에 짐이 된 적이 없었다. 그럼에도 집안의 기강을 다잡고 쓰임새를 절약하였으므로 매우 가난하였음에도 이리저리 양식을 꾸러 다닐 정도까지 이르지는 않았다. 남들이 혹 양식을 꾸어주는 이가 있으면 문득 두루 함께 사용하였다. 정미년(1667) 봄 오래 가뭄이 들었는데 고체(古體)를 본떠「기민탄(飢民歎)」한 편을 지어 뜻을 부쳤다. 그 시는 이러하다.

곡식 가격 황금처럼 올랐으니 穀價貴如金
창생은 마침내 무엇에 의지하나. 蒼生竟何賴
선비가 조정에 넘쳐난다니 士類盈朝廷
시대를 구제할 재주 어찌 없겠냐마는 豈乏匡時才
어리석은 아녀자라 일을 잘 몰라서 愚婦錯料事
백성 편케 하는 대책 보이지 못하겠네. 不見安民策
한밤에 생각이 여기에 미치자 中夜念及此
탄식하며 부질없이 울음을 삼키노라. 歎息空吞聲

시절을 근심하고 풍속에 분노하는 마음이 또한 하늘에서 타고난 것이라 하겠다. 기유년(1669) 4월 그믐 각기병 증세가 생겨 일곱 달을 끌더니 10월 초나흘 축시에 별세하셨는데 향년이 61세다. 이보다 앞서 병이 조금 차도가 있을 때 자제들이 약을 올리니 손을 흔들어 만류하며 "병이 낫기 어려움은 내가 안다. 구구한 약물로 소생할 것이겠나?"라 하셨다. 숨을 거두실 때도 정신이 편안하여 조금도 슬픈 빛이 없었다.

대개 어릴 때부터 천성이 시원하였기에 세속 아녀자의 자질구레하고 좁아터진 습성이 절로 마음에 싹트지 않았던 것이요, 견문과 식견이 고명하고 뜻과 행실이 탁월하여 예전 여사(女士)로 일컬어진 사람이라 하더라도 이를 넘어설 수 없다. 지은 시문을 보면 그다지 교묘하게 하려 하지 않았기에 평측을 고르고 압운을 할 때도 그에 구애되거나 정치하게 하려고 애쓰지 않았다. 처한 땅과 만나는 사물에 따라 절로 글이 되었으니, 품격이 웅혼청건(雄渾淸健)하여 속세의 먼지에서 초연히 벗어나 있었다고 하겠다. 외숙께서 남들에게 "우리 누이가 남자로 태어나 학업을 닦았다면 국조의 명가 뒤에 서지 않았을 것이다."라고 하였다.[1]

오도일은 17세기 남인 문단의 맹주였다. 그의 부친 오달천(吳達天, 1598-

1 吳道一, 「先妣行狀」, 『西坡集』 권23.

1648)은 큰 성취를 이루지 못하였지만 조부가 영의정을 지낸 오윤겸(吳允謙)이니 정치와 문학으로 한 시대를 호령하기에 부족함이 없었다. 당쟁의 소용돌이 속에 전라도 장성에 유배되어 최후를 맞았지만, 대제학, 한성판윤, 병조판서 등을 지냈으니 관운도 넉넉하였다 하겠다. 이러한 오도일이 문학으로 한 시대를 이끈 데는 그 어머니 한양조씨의 힘이 컸음을 그 「행장」에서 확인할 수 있다.

어머니 한양조씨는 조간과 심간의 딸 사이에 태어났는데 오빠가 홍문관 교리를 지낸 조중려(趙重呂, 1603-1650)다. 오빠는 당시의 습속대로 책을 좋아하던 누이를 무시하였지만 조씨는 어깨너머로 글을 배워 깨우침을 얻을 정도로 영민하였다. 어린 시절부터 갈고닦은 솜씨를 외가의 남정네들과 겨루어 최고라는 평가를 받았으니 당찬 성격이었음도 짐작하겠다. 이때 지은 시는 당의 시인 최호(崔顥)의 「장간행」 "집이 구강 물가에 있어, 구강 곁을 오간답니다. 똑같은 장간 사람이지만, 어려서 서로 몰랐나 봐요.(家臨九江水 去來九江側 同是長干人 生小不相識)"를 연상하게 한다. 구강(九江)은 중국의 장강(長江) 상류의 강 이름이지만 친정이 한양에 세거하였으니, 여기서는 한강을 이른다. 집이 한강 강변에 있어 도도한 한강을 굽어본다고 한 다음 붉은 단풍잎이 푸른 강물에 떠 있는데 가을바람이 배에 시원하게 불어온다고 하여 최호의 시에서 환골탈태(換骨奪胎)를 이루었다.

조씨는 22세 때 오달천과 혼인하였는데 계실이었다. 오달천의 첫 번째 부인은 구곤원(具坤源)의 딸인데 일찍 세상을 떠났다. 당시 22세라는 늦은 나이에 혼인한 것에는 조씨의 당찬 성격이 한몫하였을 것 같다. 자신의 역량에 걸맞지 않으면 혼인하지 않겠노라 버텼을 가능성도 있었을 것 같지만 행장에서 그렇게 쓸 수는 없었을 것이다. 오달천이 능성구씨 사이에 아들을 보지 않은 것은 아니지만 이 집안을 크게 빛낸 사람은 마흔여덟 노령에 조씨 사이에서 낳은 오도일이었다.

오도일은 어머니의 탁월한 행적을 거듭 강조하고 그 문학적 재능을 높게 평가하였는데 특히 「기민탄」이 볼 만하다. 굶주린 백성의 고단한 삶을 노래하는 장편고시로, 중국 송의 황정견이나 조선의 어무적(魚無迹)이 지은 「유민탄(流民歎)」을 잇고 있다고 할 만하다. 흉년으로 곡가는 천정부지로 뛰어 백성들은 유리걸식하는 처지다. 조정에 뛰어난 인재가 넘쳐난다 하지만 백성의 처지에서 볼 때 아무런 도움이 되지 않는다. 현실 정치에 대한 이러한 풍자는 여성 작가의 작품에서 보기 어렵다는 점에서 더욱 의미가 크다. 오도일 등 남인 계열의 문인들이 현실 문제를 고시에 적극적으로 담아냈는데 조씨의 작품 역시 그러하다. 형식과 격률에 매이지 않아 '웅혼청건'의 미학을 과시한 그의 시를 더 볼 수 없음이 안타깝다.

48.
시에 능한 김성달의 두 아내

앞서 평산 신씨 집안에서는 여성과 노비까지 시를 지을 수 있음을 보았는데, 장동 김씨는 이 집안보다 더욱 명망이 높거니와 이 집안의 여성도 문학에 능한 사람이 많았다. 특히 김성달(金盛達, 1642-1696) 집안은 여성 문학사에서 가장 돋보인다. 김성달은 선원(仙源) 김상용(金尙容)의 증손이고 참판을 지낸 김광현(金光炫)의 손자다. 명실공히 당대 최고의 명문가 출신이다. 1694년 강원도 고성군수가 되었는데 그곳에서 죽었다. 그의 정실 연안이씨(延安李氏, 1643-1690)와 부실 울산이씨(蔚山李氏), 그리고 13명의 자녀가 모두 시에 능하였다.

> 고성군수를 지낸 김성달은 자가 백겸(伯兼)이고 본관이 안동으로 재상 선원 김상용의 후손이다. 벼슬은 고성군수를 지냈고 시에 능하였다. 그 부인 연안이씨, 부실 울산이씨, 그리고 자녀 13인이 모두 시를 잘하였는데 『내가수증시(內家酬贈詩)』 1권이 있으며, 그 부인과 부실이 주고받은 것과 그 자녀가 지은 것을 합친 『연주록(聯珠錄)』 2권이 있다. 그저 규방에서 지은 약간 수를 수습한 것이지만 또한 압록강 동쪽에서 고금에 없던 일이다. 연안이씨가 「남편이 등불 아래 서울을 그리워하여 집에 보낸 시에 차운하다(次主翁燈夕憶長安寄家)」는 이러하다.

넓은 바다 배 한 척 먼 하늘에 흐릿한데	海濶孤帆迷遠天
흰 갈매기, 어부와 함께 주무시겠구려.	白鷗漁子共開眠

밤이 되어 썰물이 빠지면 찾을 데 없어　　夜來水落無尋處
구름 사이 밝은 달 걸린 것만 보시겠구려.　　惟見雲間明月懸

「빗소리를 듣고 아내에게 부친 시에 차운하다(次聽雨寄內)」는 이러하다.

비 맞아 수양버들이 실처럼 가는데　　雨餘垂柳細如絲
끝없는 맑은 그늘 꾀꼬리만 안다오.　　無限淸陰鶯獨知
봄 소리로 울면서 늘 가지에 있으니　　啼作春聲長繞枝
오늘은 이별 슬픔일랑 잊을 수 있다오.　　別心今日却忘悲

「강호(江湖)」는 이러하다.

모래톱서 낚시하니 광주리에 고기가 수북한데　　釣罷沙邊魚滿筐
저물녘의 강 하늘이 눈길에 아득히 들어오네.　　江天暮色入遙望
흰 바위 곁 푸른 이끼 낀 길로 돌아오노라니　　歸來白石蒼苔逕
초가삼간이 언덕을 끼고 쓸쓸하게 서 있네.　　草屋蕭蕭依岸傍

「베 짜는 여인(織婦)」은 이러하다.

시름 깊은 강남땅이라 풀과 나무 시들더니　　愁盡江南草木衰
북녘 바람에 불려온 눈이 온 산에 가득하네.　　北風吹雪滿山時
베틀에 앉은 시골 아낙은 옷이 얇구나　　機中村女衣裳薄
해가 짧고 날이 찬데 손은 더디기만 하네.　　日短天寒織作遲

「봄날의 강에 말밤 따는 여인(春江采女)」은 이러하다.

물가의 아가씨가 거닐며 말밤을 따는데　　渚上女娘行采蘋

봄이 온 강에 바람이 자고 물은 잔잔하네. 春江風靜水轔轔
해가 서산에 느지막이 걸릴 때 돌아오니 歸來日晩西山下
한 곡조 채릉가가 사람을 시름하게 하네. 一曲菱歌愁殺人[1]

김성달은 시를 무척 좋아하여 벽이 있다는 말까지 들었을 정도며 산수를 좋아하여 여행에 대한 이야기를 나누느라 침식을 잊었다고도 한다.[2] 그의 아내 연안이씨는 호가 옥재(玉齋)로 이정귀(李廷龜)의 증손녀다. 이소한(李昭漢)이 조부, 이홍상(李弘相, 1619-?)이 부친이다. 이홍상은 강석기(姜碩期)의 사위고 소현세자(昭顯世子)가 그의 동서다. 이 집안도 안동 김씨에 처지지 않는다. 이들 부부가 시로 벗을 맺었다 하니 얼마나 시를 좋아하였는지 짐작할 수 있다. 아들 김시택(金時澤, 1660-1713)이 편찬한 『연주집(聯珠集)』과 함께 이들 부부의 시집 『안동세고(安東世稿)』가 발굴되어 그 부부의 삶이 자세하게 밝혀졌다.[3]

먼저 「남편이 등불 아래 서울을 그리워하여 집에 보낸 시에 차운하다」는 김성달이 보낸 시에 차운한 것으로 2수 연작 중 두 번째 작품이다. 김성달이 먼저 보낸 시에는 "오늘 밤 천둥이 치고 비가 크게 내리는데 갑자기 아이들 생각이 나서 등불을 밝히고 시를 짓는다."라는 주석이 달려 있다.[4] 또 연안이씨의 첫 번째 작품에서는 "당신이 서쪽으로 가고 오래 돌아오지 않으시니, 시름과 병마에 억지로 몸을 부지하여 마당을 건노라.(夫壻西遊久未回 强扶愁病步庭隈)"라

1 李圭景, 「內家酬贈聯珠錄」, 『詩家點燈』.

2 尹拯, 「高城郡守金公墓碣銘」, 『明齋遺稿』 권40.

3 문희순, 「『安東世稿附聯珠錄』의 작품 세계」, 『한국언어문학』 49(2002); 문희순, 「조선 후기 김성달 가문 여성문인들의 시세계」, 『어문연구』 43(2003); 구지현, 「『安東世稿附聯珠錄』 소재 작품의 작가와 시작 시기 및 이를 통해 본 김성달 집안의 詩作活動 양상」, 『한국고전여성문학연구』 9(2004) 등에서 연구된 바 있다. 『宇珍』에도 이들 집안 여성의 한시가 수록되어 있는데 이 논문과 함께 구지현, 「시선집 宇珍과 김성달 집안의 여성문학적 전통」, 『열상고전연구』 15(2002)도 참고가 된다. 문희순, 「17세기 여성 시인 李玉齋의 삶과 문학」, 『어문연구』 72(2012)은 연안이씨에 대한 작가론이다.

4 문희순, 「조선 후기 김성달 가문 여성 문인들의 시세계」에서 재인용하였다.

하였다.

김성달은 1680년 경기도 도원(桃源)에서 찰방 벼슬을 하였는데 이때 한양에 있던 처자식이 그리워 시를 지어 보냈고 이에 연안이씨가 답장으로 이 시를 보낸 듯하다. 임진강이 서해 바다로 들어가는 곳 장단 부근에 도원역이 있었으니, 남편이 그곳에서 어부나 갈매기와 함께 한가하게 지낼 것이라 한 것이다. 이어 한밤이 되어 썰물이 빠져나가면 아무것도 보이지 않고 구름 사이 달만 보일 것이라 하였다. 남편이 달을 보는 것은 자신을 그리워하는 마음일 것이라 여겼다.

두 번째 「빗소리를 듣고 아내에게 부친 시에 차운하다」도 남편이 보낸 시에 차운한 것이다. 봄비가 그치고 수양버들이 축축 늘어지는데 꾀꼬리는 짝을 지어 맑은 소리로 울어대니, 남편이 그리워진다. 그립다는 말 대신 꾀꼬리 울음소리에 이별의 슬픔이 가신다고 한 것이 묘미가 있다.

세 번째 「강호」는 갈산면 오두리에 있던 김성달의 본가에서 지은 듯한데 수묵화에 쓴 제화시처럼 읽힌다. 원경에는 저물녘 펼쳐진 강과 하늘을 배치하고, 근경에 고기를 잡아 대광주리에 담고 오는 어부를 넣었다. 사람이 자주 다니지 않아 파란 이끼가 낀 돌길 저 끝 언덕 아래 조그마한 초가를 그려 넣었다. 맑고 산뜻한 작품이다.

「베 짜는 여인」은 시로 그린 풍속화다. 가을이 되어 낙엽이 지더니 어느새 북풍한설이 몰아친다. 베틀에 앉았지만 정작 여인이 입을 겨울옷은 없다. 낮은 짧은데 손까지 곱아 베 짜는 일이 더디기만 하다. 앞서 본 얼현(櫱玄)의 「한녀음(寒女吟)」 "가난한 여인 베틀에서 앉았건만, 종일 짠 것이 그다지 많지 않네. 굶주려 손에 힘이 없으니, 어찌 북을 던질 수 있겠는가.(寒女上機織 終日織無多 飢來手無力 何以能擲梭)"와 유사한 주제를 담았다.

「봄날의 강에 말밤 따는 여인」은 또 다른 시로 쓴 풍속화이면서 연밥을 따면서 남녀의 사랑을 노래하는 채련곡(采蓮曲) 혹은 채릉가(採菱歌)를 닮았다. 채릉가는 연밥과 비슷한 말밤을 따면서 부르는 노래인데 청춘 남녀의 사랑을 다룬다는 점에서 채련곡과 다르지 않다. 당 노조린(盧照鄰)의 「칠석범주(七夕泛舟)」에 보이는 "저물녘에 채릉가를 부리니, 바람과 안개가 석양에 가득하다.(日晩菱歌唱 風烟滿夕陽)"라는 구절과 흡사한 정조다. 농촌 마을에서 말밤을 따는 여인을 보고 지은 시겠지만 채련곡처럼 사랑을 희구하는 젊은 여인의 마음을 대신 말하였다.

연안이씨의 시는 유만주(兪晩柱, 1755-1788)의 일기 『흠영(欽英)』에도 보인다.[5] 유만주는 이들 부부가 수창한 시집을 직접 보고 7편을 소개하였다. 김성달의 「아내에게 시를 보내 매화 소식을 묻다(寄內問梅)」와 연안이씨의 작품은 이러하다.

묻노니 고향 집에는	借問故山宅
매화가 피지는 않았는지.	梅花開未開
바다 추워 봄 오지 않으니	海寒春不到
꼭 한 가지 꺾어 보내주구려.	須寄一枝來

어젯밤 봄바람이 지나더니	昨夜春風過
뜰의 매화가 가지마다 피었네요.	庭梅樹樹開
꽃 색깔이 정말 볼 만하니	花色正堪賞
당신 꼭 빨리 돌아오시기를.	願君須早來

김성달은 아내에게 시를 보내어 고향의 매화가 피었으면 한 가지 꺾어 보내 달라 하였다. 남북조시대 육기(陸機)가 강남에서 매화 한 가지를 꺾어 장안(長安)에 있던 친한 벗 범엽(范曄)에게 보내면서 "역참의 사신 만나서 꽃가지 꺾

5 유만주, 『欽英』(규장각 소장). 1778년 6월 1일.

어, 농산에 계신 분에게 부쳐 보내니, 강남 땅에 가진 것이 없어, 애오라지 한 가지의 봄을 드린다오(折花逢驛使 寄與隴頭人 江南無所有 聊贈一枝春)"라 한 바 있다. 김성달은 이 고사를 거꾸로 활용하여 이렇게 시를 지어 보냈다. 이에 연안이씨는 매화가 막 곱게 꽃망울을 터뜨렸으니, 빨리 돌아와 직접 보시라고 하였다.

두 번째 소개한 작품은 김성달의 「아내의 시에 차운하다(次內)」와 연안이씨의 원시다. 순서에 따라 연안이씨의 시와 김성달의 시를 나란히 보인다.

맑은 밤 잠 못 이루고 당신 그리워하는데　　淸宵無寐憶君時
휘장 드리운 곳에 촛불 그림자만 흔들흔들.　　燭影幢幢錦帳垂
멀리 하늘 끝 바라보니 애간장이 다 탈 뿐　　遙望天涯腸斷盡
어느 날이 돌아올 기약인지 알 수가 없네요.　　不知何日是歸期

몇 해 전 이별할 때가 홀연 생각나구려,　　忽憶年前離別時
서글퍼 눈물 몰래 흘리는 것 알지 못했소.　　凄然不覺淚潛垂
오늘 장사 땅으로 다시 멀어지게 되는데　　長沙此日重相隔
아스라한 파도에 기약하기가 어렵구려.　　渺渺滄波未易期

연안이씨는 그리움을 잔뜩 담은 시를 지어 보내었다. 아내가 남편에 대한 그리움을 직접 말하는 시는 그리 많지 않은데, 연안이씨는 굳이 허구적인 사랑 노래의 틀을 따르지 않고 잠 못 이루며 그리워하는 마음을 바로 적었다. 김성달의 시에는 "10년 전 한양에 객으로 떠돌 때 당신은 오산(鰲山)의 본가에 있으면서 시를 지어 부쳐 보냈는데 맑고 고우며 그리움이 있었다. 그 시에 차운하고 겸하여 이별의 마음을 적는다."라는 서문이 달려 있었다. 김성달의 이력에서 유배는 확인되지 않지만 한나라 가의(賈誼)가 유배간 장사(長沙)를 언급한 것으로 보아, 남쪽 지방에 김성달이 유배된 적이 있었던 모양이다. 유배를 떠나면서 10년 전 아내가 보낸 시에 이렇게 답을 하였다. 오산은 김성달의 본가가 있는 충청도 갈산의 오두리를 이른다. 고향에서 함께 지내지 못하는 회한을 읽을 수 있다.

남편과 함께 생활하지 못한 연안이씨는 봄밤에 두견새 소리를 듣고 시를 지어 보내었다. 이에 답한 김성달의 「아내가 두견새 소리를 듣고 지은 시에 차운하다(次內聞鵑)」도 나란히 보인다.

밤에 비바람 요란하다가 다시 날이 개자	夜來風雨鬧還晴
배나무에 꽃잎 날리고 살구가 파랗네요.	梨樹花飛杏子靑
저는 오 땅에 당신은 초 땅에 있어	妾在吳州君在楚
그리움에 두견새 소리만 시름겹게 들리네요.	相思愁聽杜鵑聲

어제 비가 오고 오늘 날이 맑아지니	昨日雨露今日晴
강 남쪽과 강 북쪽에는 풀이 파란데	江南江北草靑靑
왕손은 이별 한하여 슬피 앉아 있으니	王孫恨別悄然坐
지겹도록 창가에 새소리를 듣게 되구려.	厭聽窓前啼鳥聲

사나운 봄비가 한바탕 내리고 새벽에 날이 개었다. 흐드러지게 핀 배꽃은 바람에 흩날리고 어느새 살구도 파랗게 알이 맺혔다. 오(吳)는 연안이씨가 있던 충청도고 초(楚)는 유배되어 있던 남쪽 땅인데 정확하게 어딘지는 알 수 없다. 그리움에 두견새 울음소리를 시름겹게 듣고 있다는 아내의 시를 받은 김성달은, 중국 고시(古詩) "봄풀은 해마다 푸른데, 왕손은 한번 가서 돌아오지 않네(春草年年綠 王孫歸不歸)"라고 한 구절을 끌어들여 고향으로 돌아가지 못하는 신세를 한탄하였다.

또 김성달이 「벽도화가 흐드러지게 피었기에 시를 지어 아내에게 보이다(碧桃爛開, 吟示內子)」와 이에 차운한 연안이씨의 작품은 이러하다.

작은 마당에 막 벽도화가 피어났는데 小庭初發碧桃花
수북히 핀 백설처럼 흰 꽃이 뻐기는 듯. 香雪盈盈若自誇
한스러워라 주인이 이별하여 떠난 것이, 堪恨主人離別去
이제 누구 위해 고운 자태 짓고 있는지. 爲誰今復作姸華

당신 서쪽으로 떠난 후 꽃을 보지 못했으니 自伯之西不見花
어찌 거울 앞에서 단장하고 뻐기겠나요? 新粧那復鏡中誇
갑자기 흰 학이 세 번 울음을 울기에 忽聞白鶴三聲唳
놀라 일어나보니 창가가 햇살이 환하네요. 驚起紗窓轉日華

이 작품 역시 이들 부부가 헤어져 있을 때 지은 것이다. 이들 부부가 수창한 작품 중에 가장 묘미가 있다. 벽도화는 흰 겹꽃이 피는 복숭아나무다. 김성달의 거처에 벽도화가 환하게 피었기에 이를 두고 시를 지었다. 오산의 고향에도 벽도화가 있었던 모양이다. 김성달은 벽도화를 보고 아내를 떠올렸다. 자신이 고향을 떠난 후 그곳의 벽도화가 고운 모습을 잃었을 것이라 하였다. 이에 연안이씨는 학 울음소리를 듣고 일어나보니 창에 햇살이 환하다고 하였는데, 창에 비친 환한 햇살은 벽도화를 이른다. 흰 학이 우는 것도 벽도화가 보아달라고 부르는 소리다. 남편이 떠난 후 같이 꽃구경 할 일이 없어 화장도 하지 않고 지냈고 그 때문에 벽도화가 핀 것도 알지 못하다가, 학 울음소리를 듣고 벽도화가 핀 줄 알았다는 뜻이다.

김성달은 장인 이홍상이 세상을 뜬 후 그의 시에 차운한 시를 지어 연안이씨에게 보였다. 「삼가 장인의 시에 차운하여 아내에게 보이다(敬次聘君韻示內)」라는 제목의 작품이다. 이홍상의 원시와 김성달의 시, 그리고 연안이씨의 작품을 나란히 보인다.

바람과 이슬 서늘하고 하늘이 환해지는데 風露凄凄欲曙天

옥피리 젖혀 불고 붉은 거문고에 기대노라. 橫吹玉笛倚朱絃
반쯤 취해 산마루 절간에서 날아 내려오니 半酣飛下峯頭寺
솔숲 위로 달이 떴는데 중은 잠들지 않았네. 松桂月高僧未眠

장인의 뛰어난 문채가 푸른 하늘에 어렸으니 婦翁文彩映靑天
흐르는 물 높은 산을 다섯 줄 금에 부치셨지. 流水高山琴五絃
사위가 문에 들어도 부질없이 한스러울 뿐 小子入門空有恨
천년 세월 옥루에 잠들어 일어나지 않으시겠지. 千年不起玉樓眠

어린 나이에 부친 잃어 영결의 눈물 흘리니 稚年孤露泣終天
예전 연주하던 거문고를 차마 어찌 보리요? 琴上何堪見舊絃
오늘 밤에 옛일 회상하는 당신 시를 들으니 今夜聞君懷古詠
이 마음이 처절하여 잠을 이룰 수 없습니다. 此心凄咽不能眠

이홍상은 문집을 남기지 않아 전하는 시가 거의 없는데 이 시를 보면 그의 맑은 풍모와 높은 시재를 확인할 수 있다. 바람과 이슬, 옥피리, 붉은 거문고 등은 맑은 삶을 표상한다. 또 주희(朱熹)가 형산(衡山)의 축융봉(祝融)을 내려오면서 쓴 시 「상봉사로부터 축융봉 절정에 올라 경부의 시에 차운하다(自上封登祝融峯絶頂次敬夫韻)」에서 "석 잔 탁주에 호기가 발동해서, 낭랑하게 시 읊조리며 축융봉을 날아 내려오노라(濁酒三盃豪興發, 朗吟飛下祝融峯)"라고 한 구절을 끌어들였다. 그리고 달이 중천에 떠오르도록 중이 잠을 이루지 못하는 것은 밝고 맑은 달빛 때문이면서 자신과의 맑은 인연에 대한 미련 때문이기도 하다. 속세를 벗어나 호방함이 돋보이는 명편이다.

김성달의 시는 그러한 장인의 삶을 추억하였다. 유수(流水)와 고산(高山)은 종자기(鍾子期)와 백아(伯牙)의 지음(知音) 고사를 끌어들인 것이다. 백아가 높은 산과 흐르는 물을 연주하면 종자기가 그 뜻을 알았다. 그처럼 장인과 사위가 지음의 관계였는데, 이제 장인이 별세한 후라 안타까울 뿐이라 하였다.

부친의 시에 차운한 연안이씨의 시는 이 두 편의 뜻을 합쳤다. 김성달의 시에는 "말이 선친에 이르자 눈물이 절로 뺨을 적셨다. 서로 마주보니 모두 부친 잃은 외로운 여생인지라 슬프고도 슬프다. 삼가 그 시에 차운한다."라는 주석이 붙어 있었다. 외로운 이슬은 부친을 잃은 것을 비유하는 말이다.

김성달은 무슨 사연으로 어디에 유배되었는지 알 수 없지만, 연안이씨의 작품에는 이를 배경으로 한 시가 있어 두 편 소개되어 있다. 「남편의 배소에 부치는 시(寄主君匪所)」와 「유배에서 풀려난 것이 기뻐서(喜蒙宥)」를 함께 보인다.

오늘 전송하니 이별의 시름 새로운데	送君今日別愁新
행색이 마음에 걸려 눈썹을 찌푸립니다.	行色關心翠黛嚬
아마도 남쪽 나라 더욱 적적할 것이니	想到楚江還寂寂
서찰을 돌아가는 사람 통해 부치겠지요.	應將書札寄歸人

세 해 바닷가 유배 생활을 잘 보내시고서	三年海戍好經過
오늘 집에 돌아오시니 무척이나 기쁘답니다.	今日還家樂事多
마루에 술동이 놓고 마주하여 술을 마시니	置酒高堂相對飮
날 차고 해 저무는 것 빼고 걱정할 것 없네요.	天寒日暮不愁他

이 시를 보면 김성달은 바닷가 지역에 3년 유배생활을 한 것이 분명하다. 가장 먼저 소개한 매화 소식 묻는 시에서 바다가 춥다고 하였으니 같은 곳일 것 같다. 연안이씨는 유배를 떠나는 남편을 전송하면서 적적한 곳에서 자주 편지를 보내달라는 당부의 말을 담았다. 그리고 유배에서 돌아온 남편을 반기면서 술을 대작하는 즐거움을 말하였다. 날이 차고 저무는 것만 빼면 걱정할 것이 없다는 담담한 표현이 오히려 참된 정을 느끼게 한다.

그런데 정작 정실부인 연안이씨보다 부실 울산이씨가 당대 더욱 주목받았다. 이 여성은 김성달의 증손 김이곤(金履坤, 1712-1774)이 그 행적을 자세히 적었다.

> 예전 부녀자 중에 시에 능한 사람이 많았지만 불가의 돈오(頓悟)의 방법으로 시도(詩道)를 깨쳤다는 말은 들어본 적이 없다. 또 그 마음의 영험함으로 성률의 어려움에 달통하였지만 글씨에 어두운 경우도 고금의 사람 중에 찾아보아도 더욱 본 적이 없다. 이씨와 같은 사람의 시는 아마도 하늘이 내린 것일까? 이씨는 본디 무반 집안의 여성으로 시문을 알지 못하였다. 내 증조부께서 의복 시중을 들게 하고 붓과 벼루를 맡겼다. 날마다 모임에서 술과 안주를 주선하다 보니 천성이 영특하여 시를 지을 수 있게 된 사람인 듯하다.
>
> 처음 증조부는 옛 가사를 풀이하여 이씨를 깨우치려 하였지만 끝내 되지 않았다. 증조부가 별세하고 나서 이씨는 그 유고를 안고서 밤낮으로 통곡하고 음식까지 끊었다. 때가 낀 얼굴로 죄수 같은 차림새를 하고 문을 닫고 혼자 지냈다. 하루는 밖에 나와 "내가 이제 시를 지을 수 있습니다."라 하였다. 그 입에서 나오는 것이 모두 청신하고 고고하여 뛰어났으니 마치 정신의 깨달음이 하늘에서 타고난 듯하였다. 듣는 이들이 모두 대경실색하였다.
>
> 그런데 종이를 주어 써 보라고 하였더니 쓰지는 못하고, 다른 사람의 시를 읽게 하였더니 역시 읽지 못하였다. 이에 그가 딴 사람의 손을 빌린 것인가 의심하여 운자를 주어 시험해보니 입에서 줄줄 시가 나와 예전 지은 작품을 외우는 듯하였다. 삼연(三淵) 선생이 예전 그 시를 보고 손바닥을 문지르면서 기이하다고 칭찬하였다. 이 때문에 이씨의 명성이 세상에 크게 퍼졌다. 그러나 사람들 중에 이씨를 칭송하는 자는 그가 돈오의 방법으로 시도를 깨우친 것이 기이함만 알 뿐, 시를 잘해도 글씨를 쓸 줄은 몰랐다는 것이 더욱 기이하다는 사실을 알지 못한다. 이 때문에 내가 그 일을 상세히 기록하여 문단에서 기이함을 좋아하는 이에게 채록하게 한다.[6]

6 金履坤, 「李媼詩稿序」, 『鳳麓集』 권4.

울산이씨는 무반의 딸로 김성달의 부실이 되었는데 남편이 살아 있을 때는 시를 짓지 못하다가 그가 죽은 후 돈오로 불법을 깨치듯이 시도를 깨쳤다고 하였다. 한자를 읽지도 쓰지도 못하였지만 삼연 김창흡의 인정을 받을 정도로 시에 능하였다 하니 기이한 일이다. 이동윤의 『박소촌화』에서 김성달이 연안이씨와 시로 벗이 되었다고 하고 또 소실 울산이씨의 시를 여러 편 들었는데 사연은 비슷하다.

> 고성군수를 지낸 김성달은 선원 상공의 증손인데 시에 명성이 있었다. 그 부인과 문학으로 지기가 되었다. 아내를 잃고 심히 통곡하였는데 소실을 들이고 시를 가르쳤지만 되지 않았다. 김 공이 돌아간 후 소실이 깊이 한으로 여기고 시학에 잠심하여 노력을 경주하여 3년 만에 큰 진전을 보았다. 이때 정실부인의 아들 넷과 함께 수창하였다. 살던 곳인 홍주(洪州) 오두촌(鰲頭村)에 오래된 정자가 있어 시를 지었다.

맑은 밤이라 달빛이 빈 마당에 가득한데	淸宵月色滿空庭
높은 오동에 이슬 맺히는 소리 누워 듣노라.	臥聽高梧滴露聲
정자 짓던 일 가물가물 사람 일은 변하였건만	臺事依依人事變
흰 구름 흐르는 물은 예나 지금 한마음이라.	白雲流水古今情

「해당화를 읊다(詠海棠)」는 이러하다.

수북한 새벽이슬 따스한데	曉露濛濛溫
해당화에 붉은 노을 비치네.	棠花映紫霞
저녁에 풍랑이 치고 나니	晩來風浪動
갈매기 모래밭에 가득한 향기.	香滿白鷗沙

「강마을에서 즉흥적으로 짓다(江村卽事)」는 이러하다.

어부는 뱃노래 부르며 물결 따라 돌아오는데	漁人欸乃帶潮歸
산 그림자 강에 거꾸러지자 사립문을 닫는다.	山影倒江掩夕扉
그대 올 때 바다에서 비를 만난 줄 알겠구나	知爾來時逢海雨
뱃머리에 푸른 도롱이 비스듬히 걸려 있으니.	船頭斜掛綠蓑衣[7]

연안이씨가 죽은 후 김성달은 부실 울산이씨를 들여 새로운 시벗으로 삼고자 하였지만 처음에는 울산이씨가 시를 하지 못하였다. 그러다 김성달이 죽은 후에야 시에 진력하여 3년 만에 시에 눈을 뜨게 되었다고 하였다. 이동윤이 소개한 작품은 모두 세 수다. 첫 번째 작품은 오두촌, 지금의 홍성군 갈산면 오두리에서 지은 것인데 조부 이래로 이 집안의 전장이 있던 곳이다. 남편이 살아 있을 때 오두리 옛집에 정자를 짓던 일을 떠올리고, 산천은 의구한데 사람은 가고 없는 상실감을 노래하였다.

두 번째는 해당화를 읊은 시로, 역시 바닷가 마을 오두촌에서 지은 듯하다. 이슬을 맞은 해당화를 감각적으로 묘사한 솜씨가 예사롭지 않다. 세 번째 작품도 와룡천이 흐르는 강마을 오두촌을 배경으로 하였다. 청각적 이미지인 어부의 노랫가락과 시각적 이미지인 강에 비친 산 그림자를 병치한 것이 묘하거니와 뱃전에 놓인 도롱이를 보고 바다에 나갔다가 비를 만난 것을 추정한 것도 묘미가 있다. 민백순의 『대동시선』과 장지연의 『대동시선』에도 선발되어 있다. 이덕무가 1776년 한강의 광나루를 지날 때 동행하던 원중거(元重擧, 1719-1790)가 이 시와 함께 뒤에서 볼 「강마을(江村)」을 외우고 유명한 여자 이씨의 시라 하였다.[8]

7 李東允, 『樸素村話』 卷下(버클리대학교 소장).

8 李德懋, 「峽舟記」, 『雅亭遺稿』 권3.

울산이씨의 시를 외부인 중에 가장 먼저 소개한 사람은 동시대 인물인 남학명(1654-1722)인 듯하다. 남학명은 김성달의 첩이 시를 이해하지 못하였는데 남편이 죽은 후 당시를 수백 수 외웠다고 하고 「오동을 읊조리다(詠梧桐)」를 대표작으로 들었다.[9]

내 이 오동나무 사랑하노니	愛此梧桐樹
저녁에 마루로 찬 기운 들이지만	當軒納晩淸
한밤의 빗소리 문득 시름겨우니	却愁中夜雨
도리어 애를 끊는 소리가 된다네.	翻作斷腸聲

장지연의 『대동시선』에도 울산이씨의 대표작으로 선발한 작품이다. 마당의 오동나무가 저녁이면 마루로 시원한 바람을 불어 보내지만 비 내리는 한밤이면 도리어 외로움에 애를 끊게 하는 소리가 된다고 하였다.

신방의 시화에도 울산이씨의 시를 칭찬한 기사가 보인다. 김성달의 첩은 무반 집안인데 시에 능하였고 간혹 아름다운 시어가 있다고 하였다.[10] 다만 첫 번째 작품을 「김씨의 별서를 지나며 지은 시(過金別築詩)」라는 어색한 제목으로 인용하였는데, 장지연의 『대동시선』에는 「태고정(太古亭)」으로 실려 있다. 태고정은 김성달의 증조부 김상용이 인왕산 청풍계에 세운 정자로 이 집안의 상징적인 건물이다. 제목의 '별축'은 별장이니 김씨의 별장으로 해석할 수 있고 이때는 태고정을 지나면서 지은 시로 풀이할 수도 있겠다.[11] 그리고 신방은 세 번째 작품을 「석조(夕照)」로 소개하였다.

---

9 南鶴鳴, 「詞翰」, 『晦隱集』 권5.

10 申昉, 「詩話」, 『屯庵集』 권8. 첫 번째 작품의 '臺事'가 '臺榭'로, 세 번째 작품의 '知爾'가 '知是'로 되어 있다. 成海應의 「詩話」(『研經齋全集』 권55)에 이 기사를 그대로 실었다.

11 『海東詩話』(국립중앙도서관 소장)에는 金谷別業을 지나며 지은 시라 하였는데 근거는 알 수 없다.

신방은 이 두 작품 외에 오언절구 「시름을 읊다(咏愁)」와 「강마을」, 「빗속에서(雨中)」 세 편을 더 소개하고 모두 청초(淸楚)하여 전하지 않을 수 없다고 하였다.

시름과 시름이 이어지니	愁與愁相接
괴롭게 속마음 열리지 않네.	襟懷苦未開
끝날 때 없는 어두운 시름은	黯黯無時盡
어디에서 오는지 모르겠네.	不知何處來

초가지붕 아래 자다 일어나니	睡起茅簷下
앞산이 비가 지나가 맑구나.	前山過雨淸
강은 저물녘 밀물 들어 깊어지고	江深晩潮色
마을엔 대낮 닭 울음소리 멀어지네.	村遠午鷄聲

산에서 쏴 하고 비가 내리니	山雨蕭蕭下
마당의 오동나무 맑은 빗방울이	庭梧夜滴淸
아득히 바닷물을 보탤 것이니	遙添滄海水
온통 꿈속에서 소리를 내겠지.	渾作夢中聲

첫 번째 작품은 신세를 한탄하여 내뱉은 말처럼 자연스럽다. 남편과 함께하지 못하는 외로움을 이렇게 말한 것 같다. 두 번째 작품은 오두촌 강마을의 운치를 맑게 노래하였다. 호젓한 초가와 비를 맞아 산뜻한 앞산의 시각적 이미지가 오두촌 앞바다 간월도에서 밀려드는 밀물 소리와 닭 울음소리라는 청각적 이미지와 어우러진 것이 시의 미감을 더한다. 세 번째 작품은 오두촌 앞산을 뿌리고 달려온 빗줄기가 오동잎에 방울 짓고 그 물방울이 흘러 서해로 들어가 파도 소리를 더 세게 하여 꿈속에까지 들리게 한다는 발상이 기발하다. 전

문적인 시인으로서의 면모가 돋보인다. 그래서 비평가들이 다투어 울산이씨의 작품을 소개한 것이다. 이덕무도 『청비록』에서 울산이씨를 소개한 바 있다.

> 고성군수의 부실 이씨는 글자를 대략 400여 자(字)만 알고 시를 지을 줄은 몰랐는데 고성군수가 죽자 그의 시고(詩稿)를 안고 사흘 동안을 통곡하다가 홀연 무엇인가를 깨달은 사람처럼 당시 수백 수를 외더니 비로소 시를 짓게 되었다. 경구(警句)가 많은데 400자 안에서 변통하고 이동하여 넉넉히 여유가 있었다. 고성군수는 이름이 김성달이다. 이씨의 시는 시직(侍直) 남학명의 『회은집』과 성천부사 민백순의 『동시선(東詩選)』에 실려 있다.[12]

남학명의 시화에는 「오동을 읊조리다」가 소개되어 있다. 민백순의 『동시선』은 규장각 등에 소장되어 있는 『대동시선』을 이른다. 여기에 앞서 본 「강마을에서 즉흥적으로 짓다」가 실려 있다. 이덕무의 『청비록』에는 이 두 작품과 앞서 본 「강마을」을 소개하였다.

울산이씨의 시를 가장 많이 소개한 곳은 이규경의 『시가점등(詩家點燈)』이다. 앞서 보이지 않은 「시름을 읊다(咏愁)」, 「강마을에서 즉흥적으로 짓다(江村卽事)」, 「오산을 그리워하여(有懷鰲山)」 세 작품을 나란히 보인다.

꽃 보고 느꺼워 눈물을 훔치다가	感淚看花拭
외로운 마음 달 보니 환해지네.	孤懷得月開
허망한 인생 백발만 남았는데	浮生餘白髮
계절의 경물 누굴 위해 바뀌나.	時物爲誰來
낚시 마치고 느지막이 돌아오니	罷釣歸來晚

12 李德懋, 『淸脾錄』, 『青莊館全書』 권32.

찬 강은 안개와 비로 흐릿하네. 寒江煙雨迷
주렴 너머 저녁 햇살 지고 나니 夕陽簾外盡
이름 모를 새가 사람 보고 우네. 幽鳥向人啼

소쩍새가 원망하듯 또 교태를 부리는 듯 子規如怨又如嬌
청산에서 갖은 소리 울며 밤낮을 보내네. 百囀靑山渡晝霄
우곡의 나그네는 시름에 부쩍 늙겠는데 牛谷旅人愁欲老
바다와 하늘로 돌아보니 달이 아득하네요. 海天回首月遙遙

「시름을 읊다」는 앞서 보인 동일한 제목의 시와 연작으로 소개되어 있다. 두보의 「춘망(春望)」 "시절이 감개로우니 꽃이 눈물을 뿌리게 하고, 이별을 슬퍼하니 새가 마음을 놀라게 하네.(感時花濺淚 恨別鳥驚心)"를 연상하게 한다. 또 「추풍(秋風)」에서 "밝은 달 누굴 위해 좋은지.(不知明月為誰好)"라 한 것도 비슷한 뜻이다. 「강마을에서 즉흥적으로 짓다」는 앞서 본 오언절구 「강마을」, 칠언절구 「강마을에서 즉흥적으로 짓다」와 함께 오두촌에서의 삶을 맑게 그려낸 작품이다. 「오산을 그리워하여」에서 오산은 오두촌을 이른다. 우곡(牛谷)이라는 곳에서 바닷가 마을 오두촌을 그리워하는 것으로 보아 김성달이 죽고 홀몸으로 살던 시절의 작품인 듯하다.

49.
시에 능한 김성달의 딸들

김성달은 두 아내와 함께 그의 아들과 딸도 시에 능하였다. 김성달은 아들 다섯에 딸 넷을 낳았다. 이명세(李命世, 1661-1727?), 밀성군(密城君) 이식(李栻), 이항수(李恒壽, 1675-1736), 송요화(宋堯和, 1682-1764) 등이 그의 사위다. 이명세는 본관이 전주고 자가 천보(天保)며, 밀성군은 선조의 별자(別子) 경창군(慶昌君) 이주(李珘)의 손자다. 또 이항수는 본관이 함평이고 자는 여구(汝久)며, 송요화는 본관이 은진이고 자가 춘유(春囿)다. 이항수는 연기군수를 지냈고 이명세는 지평(持平)을 지냈으며 송요화는 광주목사를 지냈다.

이동윤의 『박촌소화』는 『연주집』의 존재를 가장 먼저 소개한 문헌이다. 여기에 시에 능한 네 딸의 시를 자세히 소개하였다. 가장 시에 뛰어난 셋째 딸인 이항수 아내의 시부터 보기로 한다.

> 관찰사 김시찬(金時粲)은 대책문(對策文)을 지어 과거에서 제일로 뽑혔다. 그때 종매(從妹) 연기현감의 아내 이실(李室)이 그 시권(試券)을 펼쳐 보고 한 번 읽는데 막힘이 없었다. 유근옹(惟勤翁)이 옆에서 이를 보고 그가 글에 능하다고 말해 주었다. 후에 임피군수 김시택이 편찬한 『연주집』을 보았는데 형제 4인과 자매 3인이 수창한 것이었다.
>
> 연기현감 아내 이실의 「화산의 감회(花山感懷)」는 이러하다.

누대는 적막하고 빈 마당은 닫혔는데 樓臺寂寞鎖空庭
앞 개울 옅은 물은 오열하며 울어대네. 嗚咽前溪淺水聲
지난날의 풍류는 물을 데가 없는데 昔日風流無處問
대숲에 우는 새만 홀로 많이 다정하네. 竹林啼鳥獨多情

「백씨가 여섯째 아우의 시에 준 시에 차운하다(次伯氏屬六弟韻)」는 이러하다.

까막까치 막 기쁜 소식 전하더니 烏鵲初傳喜
기약이나 한 듯이 편지가 왔네. 書來似有期
문득 천 줄기 눈물을 거두고 却收千點淚
다시 한 편의 시를 지어 보내노라. 還封一聯詩

나를 잊지 않아 정말 고마워할 때 感極留心際
정 듬뿍 담긴 자네 시가 당도하였네. 情深落子詩
막힌 골목길 봄빛이 저물어 가기에 窮途春色暮
귀밑머리 하얘졌다 시름겹게 말하네. 愁道鬢如絲

「임경당에서 지은 시(臨鏡堂題詩)」는 이러하다.

높은 마당에 새 건물이 가장 기이하니 新築高庭最絶奇
아래로 내려다보이는 못물이 청유리 같네. 下臨池水碧瑠璃
섬돌의 늙은 매화나무에 꽃이 막 돌아오고 階存古物梅初返
벽에 걸린 좋은 글은 먹물 아직 촉촉하네. 壁揭佳篇墨舊滋
끼치신 향 찾으려니 마음이 하마 북받치고 尋得遺芳心已感
선조의 뜻 좇으려니 일이 더욱 슬프다네. 追遵先志事堪悲
그대의 다섯 아들 모두 영재인 것 보니 看君五子皆英俊
대대손손 조상 유업 전하여 이어 나가겠네. 世世相傳繼祖基

「이른 봄(早秋)」은 이러하다.

괴로운 비 이제 막 그치니　　苦雨今初歇
하늘이 높고 이슬이 맑네.　　天高露氣淸
별들은 밤빛을 재촉하는데　　星辰催夜色
귀뚜라미는 가을 소리 내네.　　蟋蟀作秋聲
쓸쓸히 친정집이 생각나니　　悄悄思家念
아득히 아우가 그리워지네.　　悠悠憶弟情
이별하고 늘 여기에 있으니　　別離長在此
마음이 그 언제나 편해질까?　　懷抱幾時平

이러한 시를 보는 이들은 그가 대책문을 읽는 데 어려움이 없을 것임을 알겠다.[1]

이항수의 처는 『연주록』에 이연기댁(李燕岐宅)으로 표기되었다. 유근옹(惟勤翁) 김교행(金敎行)이 그 능력을 알아주었다고 하였는데[2] 곧 김성달의 종제 김성익(金盛益)의 손자다. 이항수의 처는 김시찬(1700-1766)이 지은 대책문을 줄줄 읽었다. 김시찬은 김성달의 아우 김성도(金盛道)의 아들이니, 이항수의 처와는 사촌 간이다. 김시찬이 1735년 문과에 급제하였으므로 이때 지은 대책문을 읽었다는 말일 것이다. 대책문은 과거시험의 한 과목으로 짓기가 어렵거니와 이를 읽고 이해하는 것도 상당한 지식이 필요하다. 대책문까지 이해하였던 이항수의 처이니, 당연히 시에도 능하였을 것이다.

첫 번째 「화산의 감회」는 『연주록』에 임신년(1692) 지은 「화산의 감회,

1 李東允, 『樸素村話』 卷下(버클리대학교 소장).

2 김교행의 행적은 金義淳, 「皇考妣墓誌」, 『山木軒集』 권11에서 확인할 수 있다.

'정' 자를 운자로 읊다(花山感懷賦用情字)」로 되어 있는 것으로 보아, 그때 열렸던 가족의 시회에서 제작된 것이라 하겠다. 화산(花山)은 안동을 지칭하는데 지금도 안동 풍산의 소산리에 삼구정(三龜亭) 등 이들 집안의 유적이 남아 있다. 회고시처럼 영원한 자연에 대비되는 인간사의 허망함을 노래한 작품이다. 그런데 이 시는 장지연의 『대동시선』에 김성달의 딸이 지은 「어머니의 태고정 시에 차운하다(次母氏太古亭韻)」로 실려 있는데[3] 앞서 본 울산이씨의 「태고정」과 같은 운으로 되어 있다. 바로 뒤에서 다시 다룰 이항수의 처가 지은 「감회(感懷)」 역시 같은 운자를 쓰고 있다. 『연주록』의 기록이 가장 믿음직하므로, 이항수의 처와 울산이씨 등 가족들이 안동의 화산에서 시를 짓고 인왕산의 태고정에도 들러 같은 운자로 지은 것이라 보아야 할 것 같다.[4]

두 번째 「백씨가 여섯째 아우의 시에 준 시에 차운하다」는 백씨 김시택이 여섯 째 아우 김시제(金時濟)에게 준 시에 연기댁이 차운한 것이니 역시 시회에서 지은 것이라 하겠다. 오언절구 2수로 된 이 작품은 친정오빠와 아우가 보낸 시를 받고 기쁨에 지은 작품으로 진솔하고 담박한 것이 오히려 작품의 수준을 높이고 있다.

이어 「임경당에서 지은 시」는 『연주록』에서 "다섯째 아우가 스스로 수습하여 기록한 것인데 그 앞뒤에 읊은 시는 인멸되었으니 애석하다. 마침내 그 중 온전한 것을 뽑아 두루 기록할 뿐이다."라 하였다.[5] 이항수의 처가 지은 시를 모은 것이 따로 있었지만 잃어버린 듯하다. 임경당은 김성달의 종제 김성익

---

3 3-4구가 "번화하던 빼어난 일 물어볼 데 없건만, 대숲에 우는 새는 가장 다정하여라.(勝事繁華無處問 竹林啼鳥最多情)"로 약간 다르다.

4 그런데 이 작품은 같은 집안사람인 金謹行(1713-1784)의 「過牛坪」 "누대는 적막하게 빈 마당에 닫혔는데, 오열하는 앞개울은 물소리도 잔잔하다. 태수의 풍류를 물을 데 없건만, 대숲에 우는 새만 유독 다정하구나.(樓臺寂寞鎖空庭 嗚咽前溪淺水聲 太守風流無處問 竹林啼鳥獨多情)"와 거의 같다. 같은 집안 김근행이 연기댁의 작품을 베껴 놓은 것이 문집 편찬 과정에 그의 작품으로 들어간 것으로 볼 수밖에 없다.

5 구지현, 앞의 논문에서 재인용.

(1665-1715)이 오두리에 둔 집인데 그 남쪽에 살던 벗 이이명(1658-1722)이 기문을 남겼다.[6] 이 글에 따르면 조부 김광현(1584-1647)이 터를 잡은 곳으로, 그 아들 김수빈(金壽賓)이 못을 셋 파고 그 위에 서재를 얹어 노년을 보내고자 한 집이라 한다. 김성익은 아들 다섯을 두었는데 첫째 김시발(金時發)이 이이명의 사위고 셋째 김시술(金時述)이 이해조(李海朝, 1660-1711)의 사위다. 이들 다섯 형제는 영조 즉위 전후에 역모에 연좌되어 옥고를 치르고 절도에 유배된 바 있다. 이 집안이 1724년 풍비박산 나기 전에 이항수의 처가 이웃에 있던 임경당에 들러 지은 것으로 보면 되겠다. 임경당에 오래된 매화나무가 있었고 벽에는 김광현, 김수빈 등 집안의 유묵이 걸려 있었던 모양이다.

오언율시 「이른 봄」은 시댁에 있으면서 친정을 그리워한 작품이다. 장맛비가 그치고 선선한 가을이 되었다. 하늘에는 별이 반짝이고 귀뚜라미가 운다. 친정에 살 때 함께 시회를 즐긴 일이 떠오르고 형제들이 그립다. 비교적 노년에 지은 것으로 추정되며 그만큼 노숙함을 보인다.

이규경도 이항수의 처가 지은 시를 높게 평가하여 『시가점등』에서 「이른 가을의 감회(早秋感懷)」와 「감회(感懷)」를 소개하였다.

구름 걷히고 비가 개인 후	雲收雨霽後
경물이 일시에 맑아지누나.	景物一時清
성긴 지붕은 아침 햇살 받는데	疎屋迎朝日
빈창에 떨어지는 물소리 들리네.	虛窓聽水聲
느린 노랫가락에 농부 흥이 실렸고	□歌田父興
긴 휘파람 소리는 고인의 마음이라.	長嘯古人情
나그네 도리어 감개한 정이 많은지라	客子還多感
멀리 나지막한 들판을 바라보노라.	遙望野勢平

6 李頤命, 「臨鏡堂記」, 『疎齋集』 권10.

성긴 솔에 달빛 가득해 마당 가득 그림자 어리고　　月滿疎松影滿庭
바람 소리 물소리는 아직도 풍악을 울려대는 듯.　　風泉猶似管絃聲
지난날 빼어나고 번화한 일은 온통 꿈결 같은데　　繁華勝事渾如夢
태고정 외로운 정자에는 태곳적 마음이라네.　　太古孤亭太古情

첫 번째 작품은 맑고 산뜻한 미감이 발현된 작품이다. 구름 걷히고 비 그치자 온 세상이 산뜻한데, 지붕에는 아침 햇살이 비치고 창가에는 아직 낙숫물이 떨어진다. 들판에서 들려오는 농부의 흥얼거리는 노랫가락, 여기에 맞추어 시인도 절로 흥이 일어 시를 읊조려 본다. 객지에서 계절의 변화를 보게 되니 마음이 뭉클하여 먼 들판을 바라보고 사념에 젖는다고 하였다.

두 번째 시의 태고정은 앞서 본 대로 청풍계에 있던 김상용의 집이다. 소식의 「무창 한계 서산사에서 노닐며(遊武昌寒溪西山寺)」에서 "풍천은 아름다운 양부의 풍악이요, 송죽은 좋은 세 분의 벗일세.(風泉兩部樂 松竹三益友)"를 읽은 흔적이 보인다. 바람 소리와 물소리가 예전 태고정의 잔치에서 연주하던 풍악소리처럼 들리지만 지금은 그러한 번화함이 사라지고 고요할 뿐이다. 태고정은 송의 당경(唐庚)이 「취면(醉眠)」에서 "산은 태고처럼 고요한데, 날이 길어 한 해 같네.(山靜似太古 日長如小年)"에서 이름을 취한 정자다. 이항수의 처는 이 뜻을 끌어와 태고정의 호젓함을 그려 내었다. 앞서 말한 대로 「화산의 감회」와 함께 울산이씨 「태고정」과 운자가 같다.

이동윤은 이어 『연주집』에 큰 딸 이명세의 처가 지은 「삼색도를 읊다(詠三色桃)」가 실려 있다고 하면서 다음과 같이 네 편을 소개하였다.

복사꽃과 오얏꽃 피면 고운 것 똑같으니　　桃開李發艶相同
잎들도 꽃에 맞추어 색깔마다 교묘하건만　　葉葉相當色色工
서쪽 숲 푸른 대나무 맑은 그늘 고요하니　　西林綠竹淸陰靜

봄바람에 붉은 꽃이 경박하다 비웃는다네.	笑殺春風輕薄紅

한 그루 같이 핀 꽃도 똑같지는 않으니	一樹花開還不同
가지마다 어리비친 고운 모습 더욱 묘하네.	枝枝相映艷偏工
정말 선녀가 막 화장을 새로 하고 나서	眞如素女新粧罷
붉은 두 뺨으로 난간에서 웃음 짓는 듯.	笑倚欄干兩臉紅

세 빛깔 꽃 섞여 피어도 서로 다른데	三色相交不自同
무척이나 정밀하여 하늘의 솜씨라네.	細勻深成是天工
어지러이 땅에 떨어져도 여전히 고우니	紛紛落處看猶艷
연꽃만 붉은빛을 지킨다고 할 것 없다네.	未必荷花獨守紅

본성이 원래 늘 같아야 하는 것 아니니	本性由來未必同
제각기 천성을 따를 뿐 인공이 필요하랴!	各因天賦豈容工
곧고 고움 가지고 우열을 따지지 말라	莫將貞艷看優劣
대나무는 절로 푸르고 꽃은 절로 붉으니.	竹自青青花自紅[7]

김성달의 장녀이며 이명세와 혼인한 여성은 『연주록』에 이지평댁(李持平宅)으로 표기되어 있다. 1703년 김시택이 쓴 『연주록』의 서에 따르면 임오년(1702)에 죽었다.[8] 그의 대표작으로 「삼색도를 읊다」를 들었는데 삼색도는 홍색, 담홍색, 백색 세 가지 빛을 띠는 복사꽃이다. 조선 초기 안평대군(安平大君)의 비해당(匪懈堂)에 이 꽃이 있어 이개(李塏) 등 그와 친분이 있던 문인들이 다투어 시를 지은 바 있다.

7 李東允, 앞의 글.

8 문희순, 앞의 논문.

이명세의 처 이지평댁의 시는 모두 1690년 봄 가족들의 시회에서 지은 것이다. 첫 번째 작품에서는 복사꽃과 오얏꽃이 피어나면 푸른 잎과 어우러져 무척 아름답지만 그보다는 푸른 대나무가 더 낫다고 하였다. 두 번째 작품은 흰 옷을 입은 선녀가 붉은 두 뺨으로 미소를 짓고 있는 것에 비유하였다. 세 번째 작품에서는 떨어진 꽃잎까지도 곱다고 하고 연꽃에 비할 바가 아니라 하였다. 그리고 마지막 네 번째 작품에서는 인공으로 세 가지 빛이 나는 삼색도를 비판하면서 사람이나 꽃이나 모두 천성대로 살아야 한다고 하였다.

이규경은 『시가점등』에서 이 작품을 「다섯째 아우 연기 이실이 삼색도를 읊은 시에 화답하다(和五弟李燕岐室詠三色桃)」로 소개하였으니, 이항수의 처가 먼저 삼색도를 읊고 그 시에 이명세의 처가 차운한 것임을 알 수 있다. 『시가점등』에는 이항수의 처가 지은 「삼색도(三色桃)」 4수도 뽑혀 있다.

복사꽃 꽃빛은 미인과 한가지라	桃花色如美人同
봄바람 향해 웃으니 끝없이 공교롭네.	笑向春風無限工
막 한식이 지나 한식 비 맞고 나니	初經寒食寒食雨
오늘 밤 흐린 달빛에 이슬 붉게 엉기겠네.	今霄暗月露凝紅
한 가지 세 빛깔은 정말 같기 어려운데	一枝三色盡難同
희디희고 붉디붉어 볼수록 교묘하다네.	白白紅紅看却工
고운 꽃 계절 따라 변한다 말하지 말라	莫道媚芳隨節變
올해도 작년의 붉은빛 바꾸지 않으리니.	今年不改去年紅
작은 복사꽃 피니 작년과 한가지라	小桃花發去年同
수많은 잎 서로 얽혀 삼색이 공교롭네.	千葉相交三色工
사물의 색은 죽고 사는 한 알지 못하고	物色不知存沒恨
창 앞에 오히려 가지 가득 붉게 피었네.	窓前猶自滿枝紅

그런데 이동윤이 이명세의 처가 썼다고 소개한 첫 번째 작품은 『시가점등』에 이항수의 처가 지은 작품의 두 번째 수로 소개되어 있어 누구의 작품이라 보아야 할지 단정하기 어렵다. 시의 내용으로 볼 때 이명세의 처가 이항수의 처보다 좀 더 교훈성을 중시하였다는 점에서 이명세의 처가 지은 것으로 보는 것이 좋을 듯하다.[9]

이동윤은 이어 송요화의 처가 지은 시를 한 수 소개하였다.

비 그치고 산들바람 부니	雨後微風動
배꽃이 떨어져 마당에 가득하네.	梨花落滿庭
밤 되자 구름이 흩어지고	夜來雲氣散
맑은 달이 누각에 올라 환하네.	晴月上樓明

규방 문학으로 성대함이 세상에 드물다. 임피 김시택 공이 편집한 것이 자못 까닭이 있다.[10]

송요화의 처는 호연재(浩然齋) 김씨(1681-1722)로 문집 『오두추도(鰲頭追到)』, 『호연재유고(浩然齋遺稿)』, 한글본 『증조고시고(曾祖姑詩稿)』, 자신의 삶을 돌아본

9 구지현, 「『安東世稿附聯珠錄』 소재 작품의 작가와 시작시기 및 이를 통해 본 김성달 집안의 詩作活動 양상」, 『한국고전여성문학연구』 9(2004)에 따르면 『聯珠錄』에 「詠三色桃」가 10수 수록되어 있는데 1수, 2수, 4수에 五弟(이항수 처), 仲弟(이명세 처), 伯兄(金時澤)이라 작가가 표기되어 있다. 김시택은 "庚午年(1690) 봄에 지은 것이다. 仲弟의 시를 기록하면서 나중에 적어 넣었지만 오래되어 다른 것은 누구 작품인지 분간할 수 없다."라 하였다. 1수 "桃花色如美人同"은 작가를 五弟라 하였는데 『樸素村話』에는 이항수의 처가 지은 것으로 되어 있다. 2수 "桃開李發艶相同"은 仲弟의 작품이라 하였는데 『樸素村話』에는 이명세의 처로, 『詩家點燈』에는 이항세의 처로 되어 있다. 3수 "一樹花開還不同"인데 『樸素村話』에 작가가 이명세의 처로 되어 있다. 4수 "三色相交不自同"은 伯兄이라 하였는데 『樸素村話』에 작가가 이명세의 처로 되어 있고 5수 "本性由來未必同"도 같다. 10수 "一枝三色盡難同"는 『詩家點燈』이 이항수의 처가 작가로 되어 있다. 『聯珠錄』에 「後年有感復用舊韻」으로 한 수 더 실려 있는데 이항수의 처가 지은 "小桃花發去年同"과 같은 작품이다.

10 李東允, 앞의 글.

『자경편(自警編)』이 따로 전한다.[11] 이동윤은 호연재의 시가 맑고 산뜻한 것을 높게 평가하였다. 산들바람 불어 마당에 배꽃이 떨어지더니, 밤중에 먹구름 걷히고 달이 뜬다고 한 것은, '여중군자'를 지향한 그의 맑은 마음이 투영된 것이라 할 만하다.

『박소촌화』에 소개되지 않았지만 『시가점등』에는 둘째 딸 밀성군의 처가 지은 칠언절구 「꿈을 꾸고 나서 바로 짓다(夢後卽事)」, 오언절구 「달을 보고 집이 그리워(對月思家)」 4수를 수록하였는데 전자는 『연주록』에 김시택이 지은 것이고 후자는 『호연재유고』에 실려 있는 송요화 처 호연재 김씨의 작품이다.[12] 호연재의 작품 「달을 보고 집이 그리워」를 보인다.

초당에 온갖 소리가 사라지자	草堂滿聲殘
주렴 너머에 달이 높게 떴네.	簾外月輪高
시름겨운 사람 잠 못 이루고	愁人自不寐
외로이 맑은 밤에 앉아 있노라.	寥寥坐淸宵
서늘한 나뭇잎은 노을빛인데	凄凄葉霞色
오열하듯 샘물이 울어대누나.	咽咽泉水聲
시원한 바람이 내 옷에 불어오니	凉風逼我衣
은하수가 벌써 서쪽으로 기우네.	河漢已西傾

11 호연재 김씨에 대해서는 박요순, 「호연재와 그의 문학유산」, 『한국고전문학 신자료 연구』(한남대학교출판부, 1992)과 이숙희, 「호연재 김씨의 문학과 사상」, 『한국의 경학과 한문학』(태학사, 1996), 손찬식, 「호연재 김씨의 시문학 연구」 『온지논총』 4(1998) 이래 많은 논문과 학위논문이 제출되었다. 단행본 허경진의 『사대부 소대헌 호연재 부부의 한평생』(푸른역사, 2003), 열상고전연구회의 『호연재 김씨의 생애와 문학』(보고사, 2005), 민찬, 『김호연재의 한시 세계』(다운샘, 2006)도 큰 참고가 된다.

12 구지현, 앞의 논문.

이별의 정은 참을 수 없으니 離情不可禁
이를 마주하면 마음만 상할 뿐 對此空傷神
남북으로 흩어진 형제가 그리운데 南北憶弟兄
하늘가에 외로운 신세가 되었구나. 天涯作孤身

봄 기러기 다 날아가고 없는데 春雁已歸盡
편지 보내려 해도 보내 줄 이 없네. 素書無處托
한 번 읊조리다 다시 한 번 탄식하니 一吟復一嘆
눈물이 줄줄 흘러 절로 떨어지누나. 潸然淚自落

친정의 형제를 그리워하며 지은 작품이다. 호연재 김씨는 남편 송요화와 소대헌(小大軒)에 살았다. 대전의 송촌동 송준길(宋浚吉)이 기거하던 동춘당(同春堂) 바로 곁이다. 굳이 꾸미려 하지 않고 마음에 떠오르는 생각을 오언절구에 담은 것이 오히려 그 정감이 잘 느껴지게 한다.

이렇게 김성달의 딸들은 두루 시에 능하였다.

50.
김창협의 딸과 계향이라는 여인

앞서 본 김성달은 김상용의 증손인데 농암(農巖) 김창협(金昌協, 1651-1708)은 김상용의 아우 김상헌의 증손자다. 김상헌의 후손 중에 더욱 인물이 많이 나왔는데 김창협도 그중 더욱 뛰어난 학자요, 문인이다. 김창협은 당대 최고의 학자이자 문장가로 기림을 받았지만 자식복은 적었다. 천재적인 시인의 자질을 갖춘 김숭겸(金崇謙, 1682-1700)이 요절하고 그 아우 김재겸(金載謙) 역시 수명이 길지 않았다.

김창협은 딸을 다섯 낳았는데 오진주(吳晉周, 1680-1724)에게 시집간 셋째 딸이 재주가 뛰어나 무척 사랑하였지만 그 역시 갓 스물을 넘긴 나이에 세상을 떠났다. 생전에 형제들에게 "내가 남자가 되었더라면 다른 소원은 없고 오직 깊은 산중에 집을 짓고 수백 수천 권의 책을 쌓아 두고는 그 속에서 초연히 늙고 싶다."라고 하고 남편 오진주에게 "만일 산중에 들어가서 산다면 저는 밭갈이하는 곳에 밥을 내가고 누에를 치며 당신의 옷과 먹을 것을 대겠습니다."라 한 바 있다.[1] 이름이 운(雲)으로 알려진 딸 김씨(1679-1700)가 남긴 시는 『증보해동시화』에 「선원의 사당을 지나며(過仙源祠)」로 실려 있다.

1 金昌協, 「亡女吳氏婦墓誌銘」, 『農巖集』 권27.

깊은 충정에 사당 앞의 나무가 다 물들었으니　　精忠染盡祠前樹
가을 지나 서리 맞은 단풍이 잎마다 가을이라　　秋後霜楓葉葉秋

아쉽게 이 한 연만 전한다. 병자호란 때 순절한 같은 집안 김상용을 모시는 강화도의 충렬사(忠烈祠)를 지나면서 지은 작품이다. 그 일편단심(一片丹心) 충절이 단풍을 붉게 물들였다는 상상력이 돋보인다.

이 딸이 일찍 죽어 아버지 김창협이 묘지명을 지었다. 이 글에 따르면 11세 때 아우 김숭겸과 함께 10여 장의 글을 배우자마자 문리(文理)가 나서 혼자 주희의 『통감강목(通鑑綱目)』을 막힘없이 읽었다. 날마다 문을 닫고서 책을 손에 들고 꼿꼿이 앉아 글을 음미하였는데 침식을 잊을 정도였다. 이에 김창협은 『논어(論語)』와 『상서(尙書)』까지 대략 가르쳤다. 백조부 김수증(金壽增)과 숙부 김창흡(金昌翕)이 아껴서 불러다 이야기를 나누고 여사(女士)로 대우하였다. 이런 딸이었다.

김창협 주변 여성 중에도 문학에 능한 사람이 있었다. 여색을 좋아하지 않았지만 주변에 그를 사모하는 여인이 있어 시를 남긴 바 있다.

농암 김창협 공은 평소 여색을 좋아하지 않았다. 평안도 관찰사로 있을 때 미모가 뛰어난 기녀가 제법 많아 모두 그의 사랑을 입고자 하였지만 한 명도 가까이하지 않았다. 그중에 계향(桂香)이라는 자가 있어 또한 시에 뛰어났는데 은근한 뜻으로 유혹해보려고 해도 어떻게 방법이 없었다. 공이 출발하려 할 때 계향이 마음에 품은 바를 말하니, 공이 부득이하여 그가 손을 잡게 해주고 다시 한삼에다 이름을 적어 내어주었다. 계향이 문득 한 구절을 읊었다.

시 못 짓는 관원은 언청이 장님이겠고　　無詩使客圓靑瞽
색을 멀리하는 남아는 부귀한 중이라네.　　遠色男兒富貴僧

한을 품고 송별하였으니 농암의 매몰참이 이와 같았다. 그러니 아마도 이 여인이 온전히 생을 마칠 수 없었을 것이다.[2]

이능화의 『조선해어화사』에서 『양강잡화(陽江雜話)』라는 책을 인용하여 이렇게 소개하였다. 비슷한 시기 안왕거의 「동시총화」에서는 거의 같은 내용을 실었는데 매몰찬 남자가 김창협 대신 숙종 연간 어떤 재상이라 하였으며 그 출처를 지금 전하지 않는 『창계문견록(滄溪聞見錄)』이라 하였다.[3] 『양강잡화』나 『창계문견록』이 모두 전하지 않지만 이렇게 출처를 밝힌 것으로 보아 근대의 지어낸 이야기는 아닌 듯하지만 그럼에도 '사실'로 보기는 어렵다. 후대에 만들어진 이야기일 가능성이 높다.

김창협이 평안도 관찰사로 있을 때 그를 유혹하는 계향을 매정하게 뿌리쳤고, 이에 계향이 이렇게 시를 지었다. 자신에게 시를 써 주지 않으면 눈먼 언청이라 하겠고 여자를 싫어하니 돈 많은 중이라 한 것은 19세기에 나올 법한 희작이다. '원청(圓靑)'은 언청이를 한자로 표기한 것으로 역시 김창협의 시대에 기대하기 어렵다. 게다가 김창협은 평안도 관찰사를 지낸 적도 없다. 1674년 부친 김수항(金壽恒)이 연경(燕京)에서 돌아올 때 평안도 안주(安州)에 간 적이 있지만 계향이라는 기녀를 만났다는 기록은 다른 데서 찾을 수 없다. 김창협은 철석간장으로 소문이 났기에 이런 이야기가 만들어진 듯하다.

이런 이야기의 근원은 그를 사모하여 수절한 경성(鏡城) 기녀 순향(順香)과의 일화에 있는 것 같다.

몽와(夢窩) 상공이 시첩 하나를 보여 주는데 그 안에 농암 선생이 치성(雉城, 鏡城)

---

2 편자 미상, 『陽江雜話』(이능화, 『조선해어화사』에서 재인용).

3 안왕거, 「동시총화」, 『매일신보』(1918. 1. 10). 『삼천리』 제6권 11호 1934년 11월 1일 자에도 비슷한 내용이 보이니, 근대까지 활발하게 전승된 시화라 하겠다.

의 기녀 순향에게 준 시가 들어 있었다. 이때 선생의 벗 중에 치성에 들른 자들이 모두 시를 지었는데 내 백씨의 시도 있었다. 예전 들으니 순향이 선생을 위해 수절하였다고 하기에 "선생이 남을 속이는 사람이 아니니, 자네가 선생을 모시지 않았음은 내 알지만, 이제 수절하는 것은 무엇 때문인가?"라 물으니, 한참 있다가 "실로 그런 일은 없었습니다."라 하였다.

후에 선생이 남긴 문집을 보니 치성에 있을 때 이희조(李喜朝)에게 답한 편지에서 "늘 정자(程子) 선생의 짐승만도 못하다고 질책한 경계를 잊지 않았기에 요행히 타락하지 않을 수 있었소."라 하였다. 또 그때 지은 시에서 "시인도 좋은 꽃은 볼 줄을 알았기에, 그저 무심코 꺾어 본 것뿐이라네.(詩翁也識看花好 只是無心折取來)"라 하였으니, 이 몇 마디에 선생의 뜻을 알 수 있다. 이제 여러 공들이 읊은 것을 보니 모두 선생이 데리고 잔 것으로 지목하고 있다. 얼마나 엉터리인가?

대개 선생의 고상하고 원대한 풍모는 듣는 이들이 사모하고 보는 이들이 좋아하게 되니, 저 영특하고 지혜로운 순향이 정말 선생이야말로 사모할 만한 분이라는 것을 충분히 알았을 것이다. 선생도 또한 순향이 분칠한 평범한 기녀가 아니라는 것을 알고 있어, 이에 곁에서 소제하는 일을 맡긴 것이다. 선생이 군문(軍門)에 있을 때 종일 『주역』을 읽었는데 순향 또한 옷매무새를 바로 하고 옆에 서서 시중을 들었고 조금도 나태한 얼굴빛이 없었으니 마치 스승과 제자 같이 엄하였다. 그렇다면 순향이 선생을 위해 수절한 것은 애정 때문이 아니요, 실로 의리를 돈독히 사모한 데서 나온 것이다. 그 얼마나 기이한가? 예전 함경도 사람의 말에 따르면 이재형(李載亨)이라는 자가 경성 아래 있었는데 한 번 선생을 보고 기뻐하여 많은 선비들을 데리고 선생의 도를 강습하였다고 한다. 순향은 여자라서 선생의 도를 배울 수는 없었겠지만, 존경하는 마음은 한가지였을 것이다. 후인들이 그저 여러 공의 말만 믿고 선생의 실상을 살피지 않을까 겁을 내어 이렇게 쓴다.[4]

김창협과 같은 집안으로 친분이 깊은 김시보(金時保, 1658-1734)의 증언이

4 金時保, 「題贈順香詩帖」, 『茅洲集』 권6.

다. 몽와(夢窩) 김창집(金昌集)은 김창협의 백형이다. 그가 보여 준 순향의 시첩에 김시보의 백형인 김시걸(金時傑) 등 여러 사람의 시가 실려 있었는데, 여러 사람들이 김창협이 순향과 동침한 것처럼 시를 지었길래, 그렇지 않았다는 점을 분명하게 밝히고자 글을 쓴다고 하였다.

김창협은 1685년 함경북도 병마평사(咸鏡北道兵馬評事)로 나가 있을 때 경성에 들렀다. 이때 순향이라는 기녀가 있어 김창협을 사모하여 곁에서 심부름을 하였고 김창협이 죽은 후 수절하였다. 송의 학자 정이(程頤)의 제자 주행기(周行己)가 장님이 된 여인과 혼인하기로 약조하였는데 후에 이를 어기지 않아 칭송을 받았지만 후에 술자리에서 기녀와 잠자리를 가지는 실수를 범한 일이 있었다. 이에 정이는 주행기가 짐승만도 못하다고 꾸짖었다. 김창협은 처남 이희조에게 보낸 편지에서, 이 고사를 들면서 자신이 정이의 가르침을 가슴에 새겼기에 큰 구렁텅이에 빠지는 것을 면하게 되었다고 한 바 있다.[5]

순향의 시첩에는 김창협과 김시걸 등 여러 사람의 시와 함께 순향의 시도 실려 있었을 텐데 지금 전해지지 못한 것이 아쉽다. 김창협의 시는 문집에 실려 있지 않지만 김시보가 인용해 놓았기에 전할 수 있었다.

이십 년 오랜 세월 한 집만을 지키고 있기에	二十年來守一堂
예전 비단 주머니에 고운 옥이 매달려 있다네.	瓊琚繫在舊羅囊
돌아가는 봄 기러기에 소식을 빠뜨린 적 없으니	寄聲非乏春歸鴈
선생의 이 조그만 철석간장을 어찌할 수 있겠소.	獨奈先生寸鐵腸

김창협은 1655년 이단상(李端相)의 딸 연안이씨(延安李氏)와 혼인하였다. 20년 세월 바람을 피운 적이 없고 아내가 준 패옥 주머니를 늘 차고 다닌다고

5 金昌協, 「答李同甫」, 『農巖集』 권13.

하였다. 그러니 김창협이 시침을 들겠다는 순향의 뜻을 거절한 것이 분명하다. 이에 대해 김시걸도 "변방의 시든 꽃 다시 봄을 맞지 못하리니, 신선 어르신 떠나신 후 소식이 끊기겠지. 누가 여협의 천 줄기 눈물을 가지고서, 미음의 강가 대나무에 뿌려줄 수 있을까.(塞外殘花不復春 仙翁去後斷音塵 誰將女俠千行淚 爲灑渼陰江上筠)"라 하였다. 변방 봄날의 꽃이 다시 피지 못한다고 하였고 서러움의 눈물이 한강의 미음(渼陰) 고향 집 대나무에 뿌려질 것이라 한 것에서도 순향이 김창협의 사랑을 받지 못한 것이 분명하다.

이러한 철석간장이 소문이 났기에 순향 대신 계향이 등장하여 해학적인 시를 지은 것이다. 이런 김창협도 첩을 두었다고 하여야 재미가 있을 것이다. 『증보해동시선』에서도 김창협의 첩이 지었다는 「우음(偶吟)」을 소개하였다.

봄이 생기고 가을이 죽는 것은 절로 공평한데	春生秋殺自平分
팔월의 배꽃은 자고로 들어 보지 못한 것이라.	八月梨花古未聞
가을바람에 모든 나무 벌벌 떨기 시작하는데	萬樹西風方慘慄
한 가지만 남아서 봄의 신 동군을 비웃고 있네.	一枝留得笑東君

음력 8월에 배꽃이 피었으니, 이 시절에도 기상 이변이 있었던 모양이다. 이를 두고 다른 나무들은 옷을 벗고 벌벌 떨기 시작하는데 배나무만 한 송이 꽃을 피워 동군(東君), 곧 봄의 신을 비웃고 있다고 하였다. 김창협이 노익장의 정력을 과시한다는 뜻을 이렇게 말한 듯하다. 그러나 김창협이 첩을 두었다는 기록은 조선시대 야사에도 보이지 않으니 어떤 근거에서 그 첩이 이런 시를 지었다는 것인지는 알 수 없다.

김창협의 첩이었다는 계향, 이와 같은 이름의 기녀가 조선시대 무척 많았다. 이성길(李成吉)이 1612년 평안도 용만(龍灣)에서 만나 잊지 못한 기녀도 계향이었고,[6] 박세당(朴世堂)이 1666년 병마평사로 함경도 종성에서 만난 늙은 기녀 역시 계향이었다.[7] 이덕수(李德壽, 1673-1744)가 「관동별곡(關東別曲)」을 잘 부른다고 한 황해도 문화(文化) 기녀도 계향이었다.[8] 그러나 이 모두가 김창협이 만난 평양 기녀 계향은 아니었다.

여러 명의 계향 중에 진주 출신의 계향이 온전한 작품을 남겼다. 천수경(千壽慶, ?-1818)의 『풍요속선』에는 진주의 기녀 계향의 시 「먼 곳에 계신 분께(寄遠)」를 소개하였는데, 『대동시선』, 『증보해동시선』 등에도 거듭 선발된 바 있다.

헤어진 후 구름과 산에 아스라이 막혀 있지만	別後雲山隔渺茫
꿈속에서는 즐겁게 웃으며 당신 곁에 있었죠.	夢中歡笑在君傍
깨고 나니 베개 곁 휑하게 그림자조차 없는데	覺來半枕虛無影
옆에 보니 가물가물 촛불은 찬 불꽃이 지네요.	側向殘燈冷落光
어느 날에나 천 리 밖의 얼굴을 기쁘게 만날지,	何日喜逢千里面
지금에는 부질없이 아홉 번 애간장 끊어지네요.	此時空斷九回腸
창 앞에는 오동잎에 떨어지는 빗소리까지 들리니	窓前更有梧桐雨
그리움까지 더하여 흐르는 눈물이 얼마일까요.	添得相思淚幾行

『조선해어화사』에서 계향의 시로 소개하면서 별호가 난향(蘭香)이라 하였

6 金中清, 「朝天錄」, 『苟全集』「別集」.

7 朴世堂, 「鍾城妓桂香, 北來聞名者, 惜其已老, 贈此」, 『西溪集』 권1.

8 李德壽, 「余之妻祖崔正公, 甲寅歲, 爲文化倅, 而亡妻以是年生於官舍. 後丙子歲, 家親按海西節, 其秋, 余携從弟達卿, 戒裝遊月岳, 路宿文化郡, 郡人或言桂香者, 名妓也. 以善唱鄭相公關東別曲, 爲海西之冠云. 余命招之, 至則年已向衰矣. 余問桂香頗憶甲寅崔正莅郡事否, 具道所以問之由. 香初視余爲例客, 及聞是言, 乃斂袵曰, 娼昔爲崔公所眄, 豈敢忘諸. 仍說亡妻幼稚時事甚悉, 旣又泫然掩涕曰, 屈指二十年間, 人事盡變, 當時目見孩提之兒幾何, 又遽至於凋殞, 令人居然有俯仰之感, 悲咤不已. 少頃, 新月東生, 夜色寂然, 遂引喉, 抗音爲數闋哀怨之曲, 其聲悠揚淸切, 四坐莫不掩抑. 崔公之歿時, 爲七歲, 而余之喪耦, 纔四年耳. 余時愴咽, 不暇有所記述. 翌年秋, 省亡妻墓於楊山, 滯雨留數日, 懷緖甚不佳, 忽念桂香事, 追記如此. 詩曰」, 『西堂私載』 권1.

다. 그렇지만 이 계향 혹은 난향이 어떤 인물인지 알 수 없다. 『풍요속선』이 1797년 천수경이 편찬한 것임을 감안하면 18세기 혹은 그 이전의 인물인 듯하다. 현실 공간에서는 사랑하는 사람과 멀리 떨어져 있지만 꿈속에서는 늘 함께 할 수 있다고 한 표현이 비감을 더한다. 꿈에서 깨고 나면 사람은 사라지고 촛불만 가물거린다. 언제나 다시 그리운 이를 만날 수 있을지, 애간장만 탈 뿐이다. 그리움에 잠을 이루지 못하는데 추적추적 비가 내려 오동잎을 치니 더욱 처량하다. 오동잎에 떨어지는 빗소리로 계향의 울음소리를 묻었고 비에 자신의 눈물을 넣어 시상을 종결한 것이 묘미가 있다.[9]

안왕거의 또 다른 저술 「열상규조」에서는 진주 기녀 계향의 「먼 곳에 계신 분께(寄遠人)」로 이 작품을 소개한 다음 "삼와양사(三瓦兩舍)처럼 이러한 풍운이 있으니 기이하고 기이하다."라 하고 '삼와양사'는 기녀의 집이라 하였다.[10] 기녀의 전형적인 시풍으로 본 것이다. 그리고 「거북처럼 등이 굽은 사람을 희롱하며(嘲龜背人)」라는 작품도 소개하였다.

사람은 다 바르고 곧은데 너만 불룩하여	人皆平直爾穹然
입은 가슴에, 귀는 어깨에 붙어 있구나.	口在胸中耳在肩
누우면 마음 심(心) 자에 세 점이 없고	臥如心字無三點
앉으면 둥근 활인데 줄 하나가 없구나.	坐似彎弓少一弦
머리 돌려도 흰 해를 근근이 보겠고	回首僅能看白日
몸을 젖혀야 푸른 하늘을 볼 수 있겠지.	側身方可見靑天
목공에게 사후의 일을 부탁하노니	付託匠工身後事
오동 관을 세 자 둥글게 만들어 주게.	桐棺三尺製團圓

9 이능화는 『조선해어화사』에서 이 작품과 함께 「수사(愁思)」와 「윤공비(尹公碑)」 두 편을 더 실었는데 모두 부안 기녀 매창의 작품이다.

10 안왕거, 「洌上閨藻」, 『중외일보』(1927. 2. 27).

곱사등이의 외모를 비하하여 이렇게 시를 지은 것이다. 그리고 "여류(女流)는 곤궁함을 비웃는 일을 경계하여야 할 것이다."라 하여 이러한 비하하는 자세를 비판하였다. 곽찬의 『동양역대여사시선』에서도 이 시를 소개하였지만 그 출처를 알 수 없다.

51.
남종만의 아내와 남취명의 딸

앞서 본 대로 신흠과 그 후손, 김상용과 김상헌의 후손 등 명문가에서 여성 작가가 상당수 배출되었다. 여기에 보탤 집안이 의령 남씨(宜寧南氏)다. 이 집안은 남용익(南龍翼), 남정중(南正重), 남한기(南漢紀), 남유상(南有常), 남유용(南有容), 남공철(南公轍) 등 조선 후기 학술사와 문학사를 빛낸 문인들이 나왔다. 남용익과 본관은 같지만 촌수가 먼 약천(藥泉) 남구만(南九萬, 1629-1711) 집안도 그에 비견된다. 남구만은 자형 박세당과 함께 소론(少論)의 영수로 활동하였고 벼슬은 영의정에까지 올랐으며 문학과 글씨에도 뛰어났다. 아들 남학명(南鶴鳴, 1654-1722)과 손자 남극관(南克寬) 등 3대의 문학적 성취도 높게 평가된다. 그리고 이 의령 남씨 집안 여성들도 시를 남겼다.

> 약천 남구만 상공의 서종제(庶從弟) 동지(同知) 남종만(南從萬)의 처는 젊어서 시에 능하여 늙도록 시를 읊조렸는데 남 상공이 매번 후대하였다. 만년에 남 상공의 별실(別室)이 임신을 하였는데 공이 안채로 들어가 약탕(藥湯)을 내는 일을 점검하였다. 마침 서제수(庶弟嫂)가 왔기에 상공이 말하였다.
>
> "제수씨는 아직 시를 짓나요?"
>
> "명하기만 해 보소. 어찌 감히 힘을 쏟지 않겠소?"
>
> 상공이 말하였다.
>
> "제수씨가 운을 부르는 대로 바로 지을 수 있다면 면포(綿布) 몇 필을 상으로 드

리지요."

바로 '진(盡)'과 '산(散)' 두 글자를 운자로 불렀는데 대개 우연히 이 두 글자를 부른 것이요 원래 같은 운자는 아니다. 바로 이렇게 대답하였다.

늙은 약천 상공더러	藥泉老相國
누가 근력 다했다 하나?	誰言筋力盡
연세 일흔하고 셋인데	行年七十三
친히 불수산을 달이니.	親煮佛手散

대개 상공이 늙어서 자식을 낳아 기르려 한 것을 풍자한 것이었다. 상공은 바로 칭찬하고 약속한 대로 후하게 상을 보내었다고 한다.[1]

남구만은 측실에서도 아들 셋을 낳았다. 남구만의 「연보(年譜)」에 1699년 8월 71세 때 막내 남학정(南鶴貞)을 낳은 것으로 되어 있다. 측실의 첫아들 남학성(南鶴聲)이 1689년 태어난 것으로 보아 측실과는 마흔 살 정도 나이 차이가 있었을 듯하다. 남학성은 서자지만 정6품의 인의(引儀)를 지냈다. 남구만이 71세 때 남학정을 낳은 뒤 73세 때 다시 아들을 더 낳았을 가능성이 낮으므로 아마 이 시의 배경이 되는 아들은 남학정일 것이다.

남학명이 어머니 동래정씨가 돌아갔을 때 이들 세 서제와 함께 장사를 치렀다고 하였거니와 서형제를 그다지 차별하지 않고 가까이 지냈다. 남종만은 부친이 남윤성(南閏星)인데 남구만의 부친 남일성(南一星), 숙부 남이성(南二星)의 서제(庶弟)니, 남종만은 남구만의 서종제가 된다. 남종만은 동지중추부사(同知中樞府事)를 지냈다. 인현왕후(仁顯王后) 민비(閔妃)의 복위 운동을 위하여 김춘택(金春澤) 등이 주동이 되어 은자를 모으다가 발각된 사건이 일어났는데, 이때 일정

1 편자 미상, 『左海詩藪』(와세다대학교 소장).

한 역할을 맡았다. 이때 남구만도 혐의를 받았을 만큼 서로 가까이 지낸 것이 분명하다.

남종만이 서자의 신분이니 아내 역시 서녀겠지만 본관이나 이력은 알 수 없다. 시 짓는 일을 즐겼다 하니 남구만과도 시를 두고 이야기를 나누었을 듯하다. 일흔이 넘은 남구만은 첩이 임신하자 불수산(佛手散) 등의 탕제를 직접 살폈다. 이를 보고 그 서제수가 놀리면서 이 시를 지었다. 운자로 둔 '진(盡)'과 '산(散)'은 같은 운목(韻目)에 있지 않으니 압운에 신경을 쓰지 않고 지은 것이라 하겠다.

본관은 같은 의령이지만 남용익, 남구만과 다시 촌수가 아주 멀어진 남취명(南就明)의 딸도 시에 능하였다.

> 동지 이필운(李必運)의 부인 남씨가 손녀를 애도하는 시를 지었다.
>
> | | |
> |---|---|
> | 여덟 살 되도록 일곱 해 앓다가 | 八年七歲病 |
> | 돌아가 누우니 너는 편안하겠지. | 歸臥爾應安 |
> | 가여워라 오늘 밤 눈이 내리는데 | 只憐今夜雪 |
> | 엄마와 떨어져도 추운 줄 모르니. | 離母不知寒 |
>
> 시는 정(情)에서 나오고, 정은 시에서 생겨나 경(境)과 함께 완성된다. 글자마다 눈물을 흘릴 만하니, 참으로 죽음을 애도하는 시의 가작이라 하겠다. 그러나 평일에 비록 친척조차도 그 여인이 시에 능한 줄을 알지 못하였으니, 또한 규방의 모범이 될 만하다.[2]

임상원을 이어 『교거쇄편』을 완성한 임천상(1754-1822)은 시가 감정에서

---

2 任相元·任天常, 『郊居瑣編』(규장각 소장본).

나오지만 거꾸로 감정이 시를 통해 유발되며 처한 환경에 의해 감정이 가장 고조된다고 하였다. 그러면서 남씨가 지은 이 시를 인용하였다. 이 작품에서 임상원의 말을 절로 실감하게 된다. 여덟 살에 죽은 손녀가 일곱 해나 병치레를 하다 죽었으니 이제 병마의 고통에서는 벗어나 다행이지만, 눈 내리는 겨울 엄마와 떨어져 차가운 땅속에 누워 있어도 추운 줄 모르는 것이 더욱 가련하다 하였다.

이 시를 남긴 남씨(?-1759)는 지돈녕부사(知敦寧府事)를 지낸 남취명과 홍기서(洪箕敍)의 딸 사이에 태어났다. 남취명은 아들이 없어 아우 남근명(南近明)의 아들 남태계(南泰堦)를 데려왔는데 남태계는 병조좌랑을 지냈다. 승지를 지낸 김시위(金始煒)도 남취명의 사위인데 『국조휘언(國朝彙言)』의 저자로 알려져 있다. 남씨는 전주 이씨 이필운과 혼인하였다. 이필운은 오위장(五衛將), 동지중추부사 등을 지냈는데 그 아들 이항조(李恒祚), 이혜조(李惠祚), 이사조(李思祚) 등은 문과를 하고 정언, 승지 등을 지냈다. 다만 일찍 죽은 손녀는 누구 소생인지 알 수 없다. 『승정원일기』 1759년 4월 13일 자에 우승지(右承旨) 남태저(南泰著)의 동성사촌(同姓四寸) 통덕랑(通德郎) 이필운의 처 공인(恭人) 남씨가 죽었다는 기사가 실려 있어, 남씨는 몰년이 확인되지만 생년을 알 수 없는데, 큰아들 이항조(1716-?)로 볼 때 1600년대 말에 태어났을 것으로 추정된다.

그런데 이 작품은 정동유(鄭東愈, 1744-1808)의 『주영편(晝永編)』에도 보인다. 다만 장단(長湍)의 허씨(許氏)가 지은 것인데 어느 집 부인인지는 알 수 없지만 사대부가의 여성일 것이라 하여[3] 작가를 다르게 적었다. 장지연의 『대동시선』에는 남씨의 작품으로 되어 있으니 주로 남씨의 작품으로 전승되었다고 보면 될 듯하다.

---

3 鄭東愈, 『晝永編』(규장각 소장). "八歲七年病 歸臥汝應安 可憐今夜雪 離母不知寒"라 하여 글자가 몇 곳 다르지만 뜻은 거의 같다.

52.
중국에 전해진 운혜와 가담운의 시

임진왜란 무렵 중국에서 온 문사들이 조선 여성의 한시를 본격적으로 소개하였는데, 대개 난설헌 허씨와 옥봉 이씨 등 16세기에 그친다. 전겸익의 『열조시집』, 주이준의 『명시종』에 실려 있는 작품이 그러하다. 그 이후 조선 여성의 한시가 중국 문헌에 실린 것은 희소하다. 지금 확인되는 여성으로는 운혜(雲慧)와 가담운(賈曇雲) 정도에 불과하다.

> 강희(康熙) 임술년(1682, 숙종8) 정월 초하루에 시반(侍班)이 먼저 오문(午門) 밖에 와서 기다리고 있었다. 고려의 사신이 내가 손에 쥐고 있는 온기가 펴지는 청동 훈기(薰器)를 보고 기이하다고 하면서 그 무리를 불러왔다. 내가 만나보고 마음으로는 이를 주고 싶었지만 한 조정의 관리가 저지하고 "아니 되오. 조정의 신하가 어찌 외국의 사신에게 사사로이 물건을 줄 수 있단 말이오?"라 하였다.
>
> 이렇게 말하기에 내가 그만두었다. 다음날 길에서 만났는데 기어코 나에게서 이를 가져갔다. 그 사신은 나에게 와서 이때 조정의 신료 중에 이름을 아는 자에 대해 두루 묻고, 겸하여 동료인 서구(徐釚)의 『국장사(菊莊詞)』에 대해서까지 말하였다. 내가 장난삼아 "그 나라의 여사(女士)들은 대부분 글을 안다고 하던데, 과연 그렇소?"라 물었더니 "그러하오. 어찌 여사들만 글을 알겠소. 예전 한 기녀를 보았는데 물에다 화장을 지우고 볼의 연지를 씻어내니, 그 물이 붉은빛을 띠게 되었소. 이에 시를 지어 보라고 하니, 그 자리에서 바로 이렇게 읊었소."라 하였다.

성긴 비는 가을이라 새어 나오는 햇살과 함께 날리고　　疏雨秋兼漏日飛
밀려드는 물결은 저녁이라 석양을 두르고 떨어지네.　　回潮晩帶夕陽色

어찌 아름다운 시가 아니겠는가?[1]

이 기사가 청 모기령(毛奇齡, 1623-1716)의 『서하시화(西河詩話)』에 수록되면서 18세기 조선 문인에게 큰 반향을 일으켰다. 성해응(1760-1839)은 이 기사를 자신의 「시화(詩話)」에 수록하고 임술년(1681년) 연행(燕行)한 사신은 동원군(東原君) 이집(李濮)이고 그 여인은 평양 기녀 운혜인데 조선에서 시로 명성을 날려 이집의 총애를 받았다고 하였다.[2] 1681년 10월 동원군 이집은 부사 남이성과 북경으로 갔다가 이듬해 설날 모기령을 만났다. 모기령이 조선 여성의 문학에 대해 묻자 조선 사신이 운혜의 시를 소개한 것이다.[3]

이 일화는 조선의 문인들이 많이 본 명말청초 우통(尤侗)의 『간재잡설(艮齋雜說)』에 실려 있어 한치윤의 『해동역사』에서도 이를 소개한 바 있다. 또 청 왕초동(王初桐)의 『염사(奩史)』에서도 『계림시화(雞林詩話)』라는 알 수 없는 책을 인용하여 이 일화를 싣고 있으니, 운혜가 조선과 중국에서 상당한 관심을 끈 것

---

1 毛奇齡, 『西河詩話』. 『삼천리』 1934년 11월 1일 자에도 이 시가 소개되었는데 "回潮晩帶夕陽落"으로 되어 있다.

2 成海應, 「詩話」, 『研經齋全集』 「外集」 권55.

3 이때 모기령이 들고 있는 손난로를 본 조선 사신들이 큰 관심을 가졌는데 모기령은 이를 선물로 주었다는 기록도 주목할 만하다. 그리고 모기령에게 물어본 徐釚의 『菊莊樂府』는 조선에서 꽤 알려진 책이다. 韓致奫의 『海東繹史』에서 淸 朱彝尊의 『曝書亭集』을 인용하여 "吳江의 電發 徐釚가 시로써 江外에서 이름을 날린 지 30년이 되었는데, 가서 유람하는 곳마다 명사들이 반드시 그와 더불어 시를 酬唱하였다. 그가 지은 『국장악부』가 조선에까지 전해져서, 조선 사람 가운데 권 뒤에다가 시를 쓰는 자까지 있었다."라고 하였고 또 청 吳長元의 『宸垣識畧』을 인용하여 "電發 徐釚가 어려서 『국장악부』를 판각하였는데, 조선의 貢使 仇元吉이 이를 보고는 金餠을 주고 사 가지고 가면서 시를 지어 주었다."라 하였다. 仇元吉은 그 이력을 전혀 알 수 없다. 『世宗實錄』에 보이지만 동명이인이다.

은 분명하다. 그러나 이 운혜라는 여성은 조선이나 중국의 문헌에서 더 이상의 다른 정보가 확인되지 않는다.

중국 문헌에 보이는 또 다른 여성은 가담운이다. 청 심선보(沈善寶, 1808-1862)의 『명원시화(名媛詩話)』에 다음과 같은 기사가 보인다.

> 또 가담운 경화(瓊花)가 있으니, 자호가 풍서정거사(風絮亭居士)며, 저술로 『풍서정소고(風絮亭小稿)』가 있다. 담운은 자태와 품성이 온유한데다 정결하고 총명하며, 시에 뛰어나고 난초 그림을 잘 그렸다. 「겨울철 우연히 짓다(冬夜偶成)」는 이러하다.
>
> 대숲 너머 '卐' 자 모양 난간이 성근데　　竹外闌干卐字疎
> 달빛 어린 매화 그림자 이 밤에 어떠한가.　　月移梅影夜何如
> 추레한 종이 감실에 갈대발이 내려졌는데　　深深紙閣蘆簾閉
> 붉은 벼루 푸른 등불 아래 꼼꼼히 글을 본다네.　　紅硯青燈細校書
>
> 「추해당(秋海棠)」은 이러하다.
>
> 작은 집 동쪽에 옅은 석양이 비치는데　　淡抹斜陽小院東
> 한 떨기 고운 자태로 추풍을 마주하네.　　一叢嬌豔對西風
> 고개 돌려 남몰래 임 그리던 곳에는　　回頭暗記相思地
> 이별의 눈물처럼 점점이 붉게 떨어졌지.　　別淚曾彈點點紅
>
> 아름다운 구절로 오언시는 "꽃의 운치는 맑게 방 가득, 책 향기는 마침 사람에게 스미네.(花韻晴滿屋 書香時襲人)"와 "돗자리는 붉은 파초 비에 반들거리는데, 적삼은 푸른 연꽃 바람에 차구나(簟膩紅蕉雨 衫涼碧藕風)"가 있고, 칠언시로는 "십 리에 꾀꼬리 울고 꽃 피어 봄은 바다 같은데, 한 척 배에 피리와 북 울리니 밤은 한 해 같구나.(十里鶯花春似海 一船簫鼓夜如年)"와 "죽도록 없애지 못할 것은 서화의 벽이요, 생계를 꾸리려 해도 쌀과 소금 걱정 풀리지 않네.(抵死難銷書畫癖 謀生不解米鹽愁)", "매미

수염 비녀로 꽂으니 봄은 제일이요, 누에 눈썹 혼자 정리하니 달이 막 삼경이라.(蟬鬢倩簪花第一 蛾眉自掃月初三)", "붉은 살구꽃 조그만 어부의 집을 숨기는데, 푸른 주렴이 높다란 주막에서 비스듬히 날리네.(紅杏深藏漁舍小 青簾斜出酒樓高)" 등이 있다. 아름답고 고우며 공교하고 우아하여 짝을 찾기 어렵다.[4]

『명원시화』에 "조선이 옛 기자(箕子)의 나라로 예악(禮樂)과 문장(文章)으로 소문이 나서 중국과 그다지 현격한 차이가 나지 않고 규수 중에 시문에 능한 사람도 또한 많다."라 하면서 난설헌, 옥봉, 성씨, 임벽당, 매창 등의 시를 인용하고,[5] 이를 이어 가담운 경화라는 여성을 소개하였다. 그다음에 「속집(續集)」이 시작되므로 가담운을 조선 여성으로 보아야 할 것 같다.[6]

그런데 '만(卐)' 자 형태의 난간을 언급한 시는 명말에 이르러 등장하고[7] 조선에서는 불교에서 나온 문자라 하여 건물의 난간에서 이러한 문양을 잘 쓰지 않았거니와 시에서도 이것이 잘 보이지 않는다는 점에서 이 작품이 조선을 배경으로 한 것인지는 의심이 간다. 다만 조면호(趙冕鎬, 1803-1887)가 자신이 입수한 홍봉한(洪鳳漢)의 매화 감실[梅龕]을 두고 견고하고 정밀한데 창호가 '만' 자 형태로 되어 있다고 하였으니,[8] 가담운의 시에 등장하는 종이 감실과 비슷한 것이 확인되기는 한다. 매화 화분을 감실에 키우는 것이 조선후기 극성하였다는 점에서는 조선의 풍경으로 볼 수도 있겠다.

이 시는 심선보의 평가처럼 화려하면서도 우아하다. 대숲 속 호젓한 집 마

---

4 清 沈善寶, 『名媛詩話』 권12.

5 "許蘭雪(景樊), 李淑媛(玉峯山人), 成氏, 兪汝舟 室, 李天香(桂生)"으로 표기되었다. 유여주의 처 앞에 '海月者'라 하였는데 무슨 말인지 알 수 없다. 전반부에 婷婷公主의 시를 여러 편 소개하였는데 月山大君 李婷을 잘못 이해한 것이다.

6 장보웨이 교수의 앞의 책에서는 조선 여성으로 보고 있다.

7 袁宏道의 「初夏同江進之坐孫內使池臺感賦」 중 "竹隱千花徑 亭開卐字欄" 등에서부터 이 표현이 보인다.

8 趙冕鎬, 「梅龕」, 『玉垂集』 권31.

당에 매화가 피어 있는데 달빛이 비친다. 창호에 종이를 바르고 문 앞에 갈대를 엮은 발을 드리운 규방에서 등불 아래 붓을 들어 글을 고친다. 맑은 운치가 돋보인다.

두 번째로 인용한 시의 추해당은 조선시대 문헌에서 17세기 말에 등장하므로[9] 이 시기 수입된 것으로 보아야 할 것이고, 그렇다면 가담운은 18세기 이후의 여성이어야 한다. 추해당은 가을에 연분홍빛으로 피는 꽃이다. 어떤 부인이 임을 사모하면서 항상 북쪽 담장 아래에서 눈물을 흘렸다. 후에 눈물을 흘린 곳에서 아름다운 꽃이 자라난 것이 추해당이며 단장화(斷腸花)로도 불렸다.[10] 두 번째 작품은 이러한 전설을 작품화한 것이다.

편구로 소개한 작품 역시 그 수준이 대단하다. '화운(花韻)'에 '서향(書香)'으로 대를 한 것이 정교하며, 시안(詩眼)이라 할 만한 '이(膩)'와 '양(涼)'이 '우(雨)'와 '풍(風)'으로 호응하게 한 것도 시인의 솜씨라 하겠다. 칠언시의 첫 번째 구는 당 왕봉(王逢)의 "하늘의 은하수에 봄은 바다와 같은데, 인간 세상 비바람은 한 밤이 일 년 같구나.(天上星河春似海 人間風雨夜如年)"에서 가져왔지만 꾀꼬리 울음소리와 꽃, 피리와 북소리를 넣어 환골탈태에 이르렀다 할 만하다. 서화의 벽과 생계의 어려움을 병치한 구도 자연스러우면서도 멋이 있다. 꽃술을 매미 수염에 비유하여 가장 아름다운 꽃을 말한 다음, 이를 자신의 미모에 연결하여 아름다운 눈썹 단장을 하고 나니 밤이 깊어간다고 한 것 역시 운치가 있다. 살구꽃 그 너머로 어른거리는 어부의 집과 봄바람에 주렴이 휘날리는 주막을 병치한 것도 절로 봄날의 흥을 느끼게 한다. 가담운의 시가 이처럼 아름답지만, 조선은 물론 중국의 문헌에서 그의 이름이나 작품이 따로 언급된 것이 없으니 안타깝다.

---

9 필자의 「조선 후기 燕行과 花卉의 文化史」, 『한국문화』 62(2013)에서 추해당이 조선에 수입된 시기를 고증한 바 있다.

10 李裕元, 「秋海棠」, 『林下筆記』 권32.

53. 선산의 열녀 애월

경상도 선산은 충절(忠節)의 땅이라 할 만하다. 조선 사림의 계보를 연 길재(吉再), 제자 김숙자(金叔滋)와 그 아들 김종직(金宗直), 조선 개국에 항거하며 중국에 망명한 김주(金澍), 단종의 유신(遺臣)으로 남고자 한 이맹전(李孟專)과 하위지(河緯地) 등이 모두 선산 사람이다. 그뿐 아니다. 세종 때 왜구에게 끌려간 남편을 십 년 기다린 약가(藥哥), 임진왜란 때 정절을 지키려 절부애(節婦崖)에 함께 몸을 던진 곽잠(郭潛)의 처 임씨(林氏)와 김각(金恪)의 처 김씨(金氏), 김희준(金希俊)의 처 최씨(崔氏), 혼인을 약조한 남자를 위해 낙동강에 몸을 던진 애월(愛月), 남편에게 소박맞은 후 개가에 반대하여 역시 낙동강에 투신한 향랑(香娘) 등 수많은 여성들이 열녀로 추앙받았다. 이 중 애월은 죽음에 임하여 시를 남겼다.

> 애월은 선산 출신으로 한양 사람의 여종이다. 나이가 열대여섯 살인데 제법 얼굴이 고와서 이웃집 사내가 보고 좋아하여 꾀었다. 이에 애월이 말하였다.
>
> "제가 원래 천하지만 담장을 뚫고 사사로이 만나는 일은 죽더라도 하지 않겠어요. 양가의 부모가 살아 계시니 당신 부모와 제 부모가 의논하고 의논이 합해져야 부부가 될 수 있겠지요."
>
> 이웃집 사내가 물러나 그 말대로 하여 마침내 혼인하게 되었다. 혼기가 이르기 하루 전에 주인이 와서 애월의 집안사람 남녀 수십 명을 모두 노역에서 면제하는 대신 돈을 거두었다. 그러나 오직 애월만은 미모가 있다 하여 면해 주지 않았다. 그

부모가 밤낮으로 애걸하였지만 들어주지 않고 애월을 매우 다급히 재촉하여 데려가려 하였다. 이에 부모가 벗어날 수 없음을 알고 집안사람을 모아 의논하였다.

"주인의 마음은 끝내 바뀌지 않을 것 같지만 그렇다고 딸년을 버릴 수는 없소. 상하가 다투면 그 형세는 하나가 패하는 법, 내가 남보다 먼저 선수를 치는 것이 낫지, 남이 나에게 선수를 치게 할 수는 없소. 이렇게 저렇게 하면 어떻겠소?"

모두들 좋다고 하였다. 약속을 정하고 나서, 밤에 일을 치르기로 기약하였다. 애월은 부모가 주인을 해할 뜻이 있음을 어렴풋이 알고 아버지 옷을 잡고 울며, "듣자니 아버님께서 주인에게 이롭지 못한 일을 할 뜻이 있다는데 그러한가요?"라 하니 "그렇다."고 대답하였다. 애월이 말하였다.

"저는 노부와 주인은 임금과 신하, 아버지와 자식의 관계에 비유한다고 들었습니다. 신하는 임금을 시해하지 않고 자식은 아버지를 시해할 수 없습니다. 혹 그런 일이 있다면 이는 천지 사이에서 용납되지 못할 것이요, 윤리강상을 무너뜨리는 무도한 사람이 됩니다. 아버지께서 제 말을 듣지 않으신다면 저는 먼저 죽어 아버지를 보지 않겠습니다."

아버지가 묵묵히 한참 있다가 "네 말이 맞구나. 정말 맞구나. 내가 잘못할 뻔하였구나."라 하고는, 마침내 그 무리를 해산하였다. 애월은 이에 주인을 따라 길을 나서면서 속으로 '제 몸을 이미 다른 사람에게 허락해놓고 배신하는 것은 옳지 못하다. 향후 주인의 명에 순종하여 아버님의 이름을 온전히 하리라.'라 하였다. 낙동강 강가에 이르러 시를 지어 스스로 슬퍼하였다. 그 시는 이러하다.

위엄은 눈서리 같고 믿음은 바다와 같은데	威如霜雪信如海
가지 않는 것 어렵고 가는 것도 어렵구나.	不去爲難去亦難
낙동강 푸른 물을 머리 돌려 바라보니	回首洛東江水碧
이 몸이 위험한 곳에 이 마음이 편안하리라.	此身危處此心安

마침내 물에 빠져 죽었다. 남쪽 사람들이 강가에서 큰 바위를 깎아 그 시를 새겼다.[1]

유한준(兪漢雋, 1732-1811)은 선산 출신의 열녀로 향랑과 함께 애월을 소개하였다. 양반 사족들은 유학의 교화로 신분이 낮은 사람들까지 윤리 의식이 높아졌다고 기뻐하며 열녀 이야기를 즐겨 채록하였겠지만, 오히려 이렇게 하여 강요된 윤리 의식이 하층 여성까지 죽음으로 내몬 것으로도 볼 수 있다.

상전과 노비 사이의 '충(忠)'과 혼인하기로 약조한 사람과의 '열(烈)', 이 두 가지를 함께 지키는 방법은 죽음밖에 없다고 애월은 판단한 것이다. 이 여성이 죽음에 임해 지었다고 하는 시에서 삶과 죽음, 충과 열 사이의 갈등을 읽을 수 있다.

이 이야기는 17세기 무렵부터 여러 문헌에 나타난다. 가장 이른 시기의 기록은 이유장(李惟樟, 1625-1701)의 시에 보인다. 시의 제목이 길어 사연이 거의 다 담겨 있다.

> 어떤 사람이 먼 고을에서 여종을 구해 데리고 왔다. 그녀는 이미 시집갔는데 자태가 아름답고 제법 글을 알았다. 도중에 그 주인이 희롱하려고 하였지만 그녀가 따르지 않았다. 강을 건널 때 강 가운데서 물속으로 뛰어들어 죽었다. 물에 뛰어들 때 품에서 종이 한 장이 떨어졌는데 열어 보니 시 한 수가 적혀 있었다.
>
> "위엄은 눈서리 같고 신의는 산 같은데, 가려 해도 곤란하고 멈추려 해도 어렵네. 머리 돌려 낙동강을 보니 강물이 뿌연데, 이 마음이 편한 곳에 이 몸도 편안하겠지.(威如霜雪信如山 欲去爲難欲止難 回首洛東江水白 此心安處此身安)"
>
> 나는 이 이야기를 듣고 슬퍼 그 시에 차운하였다. 어떤 이는 경주 여자라고 한다.

천고의 마개산이 이곳에도 있어서	千古磨笄復有山
난초가 하룻저녁 쉽게도 꺾어졌다네.	蘭摧一夕自無難

---

1 兪漢雋, 「善山二烈女」, 『自著』 권14.

죽는 영예가 사는 욕됨보다 나으니	死之榮勝生之辱
백 척 깊은 못이 편안한 곳이었다네.	百尺深淵是所安[2]

마개산(磨笄山)은 진(晉) 양자(襄子)가 부친의 상복을 벗지 않았을 때 정벌에 나섰는데 그 누이가 이를 듣고 비녀를 만지면서 하늘을 우러러 부르짖고 자살한 곳이다. 애월이 여성으로서 바른 행실을 위해 목숨을 버린 점을 들어 이유장은 애월을 그 여인에 비한 것이다.

이 사연은 다른 문헌에도 거듭 보이지만 사연은 조금 다르다. 홍중인(1677-1752)의 『시화휘성』에는 "한 선비가 있어 영남지방에 있는 하인의 집에 내려갔다. 그 여종을 보니 나이도 젊고 재주와 용모가 다 뛰어났지만 이미 시골 사내에 딸린 몸이었다. 그래도 선비가 강제로 따라오게 명하여 낙동강에 이르렀다. 그녀의 남편도 따라왔는데 그녀가 시를 지어 주고는 바로 몸을 강에 던져 자결하였다. 그 시에 '위엄은 눈서리 같고 믿음은 바다 같은데, 가려 해도 어렵고 안 가려 해도 어렵네. 낙동강 돌아보니 물이 푸른데, 이 마음 편한 곳에 이 마음도 편안하리.(威如霜雪信如海 欲去爲難不去難 回首洛東江水碧 此心安處此心安)'라 하였다. 이 여자는 재주가 있을 뿐만이 아니니 마땅히 『열녀전』에 넣어 전할 만하다."라 되어 있다.

구수훈의 『이순록』, 『동시영언(東詩零言)』(규장각 소장) 등 여러 문헌에도 이 이야기가 소개되어 있다. 구수훈은 주인공이 참판을 지낸 이세진(李世璡, 1669-1749) 집안의 여종이라 하면서 이렇게 적었다.

---

2 李惟樟, 「有人得女婢於遠郡携來, 其女已嫁, 有姿色, 且粗解文字. 中路, 其主欲與之戲, 其女不從, 及渡江, 中流躍入水中而死. 入水時, 自懷中落一小紙, 開視則有詩云: '威如霜雪信如山, 欲去爲難欲止難. 回首洛東江水白, 此心安處此身安.' 余聞而悲之, 爲和其韻, 或云東京女.」, 『孤山集』 권2.

참판 이세진 집안사람이 추노(推奴)로 경상도에 갔는데 여종 집안이 매우 번성하여 속신(贖身)하거나 속공(贖貢)한 이가 있었다. 그중에 여종 한 사람을 사환(使喚)으로 데려왔는데 낙동강에 이르러 막 나루를 건너려 할 때, 그 여종이 무엇인가 올릴 것이 있다 하여 가져다 보니, 치마를 찢고 손가락을 물어뜯어 혈서를 쓴 것이었다.

"부부나 노주는 의리가 차이 없으니, 안 가기도 어렵고 가기도 어렵네. 낙동강을 돌아보니 강물이 푸른데, 이 몸이 위태한 곳에 이 마음이 편하리.(夫妻奴主義無間 不去亦難去亦難 回首洛東江水碧 此身危處此心安)"

채 다 읽기도 전에 놀라서 돌아보니 벌써 물에 몸을 던져 죽어 버렸다. 대개 새로 시집가서 얼마 되지 않았는데, 그 남편이 따라와 함께 살지 못한 것이었다. 미천한 가운데 태어나 여인으로 능히 노비와 주인, 남편과 아내의 의리를 이처럼 알았다. 여종이 집에 있을 때 그 부모 또한 그녀가 글자를 아는 줄 몰랐다고 한다. 이제 낙동강에 이르러 갑자기 이 시를 지었으니 심히 기괴하다.

조금씩 이야기가 다르고 시의 자구도 조금 다르지만 양반 사족에게 핍박을 받아 자신의 사랑을 이루지 못하고 목숨을 끊는 처절한 사연은 다르지 않다. 심노숭(沈魯崇, 1762-1837)의 『남천일록(南遷日錄)』에도 비슷한 이야기가 보이니 널리 거듭 인구에 회자되었음을 알 수 있다.

선산의 사대부가에 여종이 있어 주인에게서 도망을 쳐 다른 사람에게 몰래 시집을 갔다가 후에 주인에게 잡혔다. 여자가 시를 지어 한 번 읊조리고 물에 몸을 던져 죽었다. 시는 "위엄은 눈서리 같고 믿음은 산 같은데, 안 가는 것도 어렵고 가는 것도 어렵구나. 낙동강 돌아보니 강물이 푸른데, 이 몸이 위태한 곳에 이 마음이 편안하리라.(威如霜雪信如山 不去爲難去亦難 回看洛東江水碧 此身危處此心安)"다. 여종 중에 이러한 재주와 열행이 있어 참으로 기이한 소문이 났으니, 풍요를 채집할 때 대비할 만하다."[3]

3 沈魯崇, 『南遷日錄』(국립중앙도서관 소장)(1804. 9. 20).

장지연의 『대동시선』에서는 박생(朴生)의 여종이 지은 「물에 몸을 던질 때 지은 시(投水時作)」로 실었다.[4] 『청구시화습유고』에서는 이세근(李世瑾, 1664-1735) 집안의 여종이라 하였는데, 이세근은 벽진 이씨로 충청도관찰사, 경상도관찰사, 대사간, 대사헌, 동지의금부사, 봉조하 등을 역임한 명환이다. 이렇게 다양한 변종이 나왔으니 이 일화가 얼마나 널리 퍼졌는지 알 수 있다.

『심리록(審理錄)』(권25)에도 이 시가 보인다. 1794년 함양(咸陽) 사람 장수원(張水元)의 옥사에 대한 판결에서, 다른 남자에게 겁탈당할 뻔하고 그 분함에 강물에 몸을 던진 한조롱(韓鳥籠)이라는 여성을 정조(正祖)가 칭송하여 말하였다. "옛날 물에 빠져 죽은 정녀(貞女)가 시를 남겨 이별을 고하여 '이 몸이 위험한 곳에 있지만 이 마음은 편안하네.'라 하였는데, 한조롱도 이러한 면이 있으니 해당 율문을 시행하여 외로운 혼령을 위로하는데 어찌 다른 말이 있겠는가."

이 정도로 애월의 이야기는 조선 후기 널리 알려졌다. 빙허각 이씨의 『청규박물지』에서도 "한 선비가 있어 고을원으로 가서 계집종을 잡아 오니 그 계집종이 능히 시를 하여 그 지아비에게 별시(別詩)를 지어 주고 물에 떨어져 죽으니"라 하고 이 시를 인용하였다.[5]

---

4 "威如霜雪信如山 不去亦難去亦難 回首洛東江水碧 此身危處此心安"이라 하여 몇 글자가 다르다.

5 한시는 "威如霜雪信如山 不去爲難去亦難 回首洛東江水碧 是身危處是心安"으로, 번역문은 "위염은 상셜 갓고 신은 뫼 갓ᄒᆞ니 이대의 머물기도 어렵고 ᄯᅩᄒᆞᆫ 가기도 어렵도다 고개를 두르혀매 낙동강물이 프르니 이 몸이 위틔ᄒᆞᆫ 곳ᄃᆡ 이 ᄆᆞ음이 평안ᄒᆞ도다"로 되어 있다.

54.
영향당 한씨와 영향당 김씨

18세기에 이르면 중인이 시사(詩社)를 결성하는 등 활발한 문학 활동을 전개함으로써 한시사의 중요한 담당층으로 대두한다. 이와 함께 자신과 같은 계층의 시를 모은 선집을 편찬하기에 이른다. 1737년 역관 고시언(高時彦) 등이 편찬한 『소대풍요(昭代風謠)』에는 여성의 시가 보이지 않지만, 1797년 천수경 등이 『풍요속선』을 편찬할 때에는 여성의 시를 적극적으로 채집하여 수록하였고, 이 전통은 다시 60년 후인 1857년 유재건 등이 편찬한 『풍요삼선』에서도 재확인되었다. 중간 계층 여성의 한시가 한시사의 전개에 상당한 비중을 차지하게 된다는 점을 방증한다 하겠다.

임천(林川)의 여자 한씨(韓氏)는 호가 영향당(影響堂)인데, 「강가의 신부를 애도하는 노래(哀江上新婦詞)」는 다음과 같다.

너 강에 흐르는 물, 물 위의 배에게 묻노라,	問爾江上水水上船
예로부터 지금까지	古往今來
혼인한 젊은이와 새댁 그 몇을 실었겠냐만	載得幾個成親少年新嫁娘
붉은 명정 앞세우고 흰 가마 뒤따르는	從未聞丹旌在前素轎隨後
홍안의 신부와 백골의 신랑은 듣지 못했겠지.	紅顔新婦白骨郎
강물의 배야, 늦지 않게 떠나가렴,	江上船 歸莫遲

10년 청상과부 외로운 방에서	聞有十年孀閨
고생스레 아이 기르던 어머니 계신다 들었으니.	辛苦養孤兒之萱堂
강물의 배야, 늦지 않게 떠나가렴,	江上船 歸莫遲
어린 신랑 영령이 동상에 서성이고 있으리니.	小郎兒魂靈猶自倚東床
몸종이 뱃머리에서 통곡하고 말하네,	侍婢船頭哭且語
"저 물가의 원앙새는	彼洲渚有鴛鴦
저 물가의 원앙새는,	彼洲渚有鴛鴦
안개비 내리는데도 쌍쌍이 날아 오가네	烟雨裏兩兩飛去飛來
산 북쪽 강 남쪽 여기저기서."	山之北水之陽

그 밖의 시가 전하지 않아 어떤지 알 수 없으니 아쉽다.[1]

양반이 아닌 중간층이나 평민층 여성이 당호를 가진 예가 18세기 무렵 더러 보인다. 뒤에서 볼 조옥잠(趙玉簪)이나 여기서 볼 임천의 영향당 한씨가 그러하다. 영향당의 작품은 강준흠(姜浚欽, 1768-1833)의 『삼명시화(三溟詩話)』에 실려 있고 1797년 간행된 『풍요속선』에도 실려 있어, 영향당 한씨는 18세기 무렵이나 그 이전에 활동한 중간 계층의 인물로 추정할 수 있겠다. 장지연의 『대동시선』에도 실었는데 일찍 과부가 되었다는 설명을 붙였다.

어떤 청상과부가 10년 동안 자식을 키워 혼인시켰는데, 그 아이가 초례(醮禮)를 치르고 바로 죽어 버린 모양이다. 원문의 고아(孤兒)는 아버지를 잃고 홀어머니를 모시는 아이를 이른다. 훤당(萱堂)은 연로한 여성이 거처하는 북쪽의 집에 원추리를 심어 근심을 잊었던 데서 나오는 말로 주로 어머니를 가리킨다. 이에 남편을 잃은 새댁이 상여와 함께 시댁으로 가려고 배를 타게 되었는데 이

1 姜浚欽, 『三溟詩話』. 민족문학연구소 한문 분과에서 번역한 『三溟詩話』(소명출판, 2006)를 참조하였다.

작품은 이 장면을 중심에 두었다. 졸지에 아들을 잃은 시어머니의 낙담과 함께, 혼이나마 본가로 돌아가고자 하는 신랑의 영령을 병치한 것이 슬픈 감정을 자아낸다. 오언이나 칠언처럼 한 구의 글자 수에 얽매이지 않고 동일한 구절을 반복하기도 하여 가행체(歌行體) 악부(樂府)의 자유로움을 빌려 안타까운 사연을 이렇게 형상화하였다. 조선시대 중국 고대의 악부를 모의하는 작품은 많이 지었지만, 이처럼 조선에 실재한 사건을 악부체로 지은 시는 희귀하다.

그런데 강준흠은 영향당의 성이 한씨라 하였는데 비슷한 시기의 문인인 심노숭(1762-1837)과 성해응(1760-1839)은 부여 임천 출신의 또 다른 여성 영향당 김씨를 소개하였다.

> 근세 여인 중에 시에 능한 이로는 이른바 제천(堤川) 조(趙) 아무개의 첩으로 호가 영향당이라는 자가 있는데 유명하여 도성의 사대부들이 종종 그 시편을 읊조려 전한다. 시편이 자못 공교롭고도 화려하여 사람을 감동시킨다. 다만 언덕의 삼밭에서 사랑을 나누고 담장을 허물어 만난다는 혐의를 면할 수 없다. 한적할 뿐 난잡하지 않아, 곡조가 끝날 무렵 더욱 멋지게 연주된다는 뜻을 담은 고대 시의 뜻과 어찌 같을 수 있겠는가? 비록 그러하지만 황산곡(黃山谷; 黃庭堅)이 「수선화(水仙花)」에서 이른 "인연 따라 백성의 집에 시들어 있구나.(隨緣流落小民家)"라 한 것이리니 천고에 의협심이 있는 사람이라면 한 번 통곡할 것이다.
>
> 덕삼(德三)이 이렇게 말해 주었는데, 이는 수십 년 전 일이라 한다. 이를 기록하여 풍요(風謠)로 채집할 거리에 대비하게 한다."[2]

심노숭은 영향당이 제천 사람 조 아무개의 첩으로 시에 뛰어나 한양의 사족들에게까지 알려졌다고 하였다. 『시경』 「왕풍(王風)」에 「언덕에 삼밭이 있네(丘中有麻)」라는 노래가 있는데 남녀의 음란함을 읊은 것이다. 담장을 허문다

2 沈魯崇, 『南遷日錄』(국립중앙도서관 소장).

는 '훼원(毁垣)'도 남녀의 사사로운 만남을 비유한다. 조 아무개의 첩 영향당이 지은 시가 남녀의 애정을 노래한 것이 많았던 모양이다. 심노숭은 이러한 점이 안타깝기는 하지만 황정견의 시에서 이른 대로 천한 백성의 집에서 피어난 수선화 같은 고고한 존재로 영향당을 높게 평가할 만하다고 하였다. 또 수십 년 전의 일이라 하였으니 이 영향당은 18세기 중후반의 인물이겠다. 성해응도 「시화」에서도 영향당을 소개하였는데 동일한 인물인 듯하다.

> 영향당 김씨는 본대 역관 집안의 딸이다. 재능이 있었는데 이웃에 사는 조씨 집안의 아들이 사모하여 밤에 몰래 들어가 유혹하였다. 영향당은 비록 따르지 않았지만 몸을 더럽혔다고 여기고 마침내 조씨에게 시집가서 첩이 되었다. 조 아무개는 문식이 없고 떠도는 것을 좋아하였는데 관서 땅에서 시에 능한 사람을 구하여 영향당과 함께 과거공부를 하였다. 이때 영향당을 데리고 과거장에 들어가 그 문장을 얻어 시권(試券)을 제출하였다.
>
> 내가 예전 판서 초천(苕泉) 김이영(金履永) 댁에서 그가 제천의 산수를 읊은 시축 전체를 구해 보았는데 자못 풍성하고 웅장하여 분을 바른 여성의 솜씨 같지 않았다. 어찌 과거 공부 때문에 문드러져 재능에 힘쓰지 않았기 때문이 아니겠는가? 이때 조 아무개가 그 첩을 데리고 제천으로 가서 경작하였으므로 시 가운데 산골짜기의 근심을 두루 그려 내게 되었다. 그 남모를 답답함을 상상해 볼 수 있다.[3]

강준흠은 영향당의 성을 한씨라 하였지만 성해응은 김씨라 하여 서로 다르다. 강준흠은 한씨가 부여의 임천 출신이라고만 하였고, 성해응은 김씨가 역관 조씨의 아내로 제천의 산수를 읊었다고 하였으므로 제천 사람일 가능성이 높다. 김이영(1700-1766)의 집에서 시집을 구해 보았다고 하였으니, 성해응의 기록이 사실일 듯하다. 똑같이 영향당이라는 당호를 사용하였지만 다른 사

---

3 成海應, 「詩話」, 『研經齋全集』 권55.

람으로 보아야 할 듯하다. 안타깝게도 영향당 김씨는 소개만 하고 작품은 싣지 않아, 그가 이룩한 시 세계의 편린조차 알 수 없다.

55.
매헌 이씨와 현포 조씨의 우정

18세기 무렵 여성이 시를 지은 이야기는 야담이나 시화의 중요한 소재가 되었다. 사실 여부를 떠나 이러한 이야기가 등장한 것은 여성들이 한시를 짓는 것이 그다지 어색하지 않은 시대가 되었음을 방증하는 것이기도 하다. 이때 매헌(梅軒) 이씨(李氏)와 현포(玄圃) 조씨(趙氏)의 이야기는 무척 흥미롭다. 이들은 함께 학문을 논하고 시를 주고받는 마음을 알아주는 벗이었다.

> 선비 한(韓) 아무개의 처 이씨(李氏)는 과부의 집에서 생장하였는데 여러 형들이 독서하는 소리를 익히 듣고 암송하여 잊지 않았다. 이 때문에 문사(文辭)가 점차 성취를 거두어 남들을 놀라게 하는 말이 없지 않았다. 시집을 간 후 도무지 부귀영화에 대한 마음이 없어, 조용한 한 칸 방에 기거하였다. 길쌈이나 바느질 등의 일은 남의 나라 일처럼 여겼다.
>
> 이때 떠돌던 처녀 조 조이(趙召史)가 있어 이름은 옥잠(玉簪)이고 호는 현포인데 이씨의 이름을 전해 듣고 도보로 찾아갔다. 서로 한 번 보니 예전 알던 사람 같았다. 그 문답한 말이 사물의 이치를 관통하고 경서나 역사서를 논평한 것이니, 분명 말세의 남자들이 감히 규방의 문지방을 엿볼 수 없을 정도였다. 이씨가 옥잠의 시에 답하였다.

쌍쌍의 백로는 무슨 뜻으로 날다가 내려앉나　　　雙鷺何心飛復坐

조각구름은 자취 없이 갔다가 돌아오는데.　　片雲無跡去還來

옥잠이 말하였다. "낭자의 시는 맑고 곱지만 오래 살 기상이 없어 마음에 걱정이라오." 얼마 후에 이씨가 낙태하고 죽었다. 옥잠이 영전에서 통곡하고 글을 지어 제사를 지냈다. 귀로에 시를 읊었다.

새로 먹인 누에는 느지막이 목욕하고 실을 토하는데　　新蠶晩浴生絲日
예전에 왔던 제비는 부질없이 알을 낳고 돌아가네.　　舊燕空回墮卵時

옥잠은 이때부터 세상에 뜻을 두지 않고 꽃피는 아침과 달뜨는 저녁이면 울기도 하고 탄식하기도 하였다. "이매헌의 예쁜 모습 똑똑한 말은 다시 볼 수도 들을 수도 없어 내가 가슴이 아프구나." 이렇게 말하고 곡기를 끊어 병들어 죽었다. 이씨의 호는 매헌이다. 『매헌사고(梅軒私稿)』에 시 수백 편이 실려 있는데 모두 볼 만하지만, 시가에서 심히 꺼려서 친정에 말하지도 않고 깊이 숨겨두었기에 세상에 인멸되고 말았으니 안타깝다. 그런데 이씨의 유고를 보니 옥잠을 애도한 글과 옥잠이 죽은 것을 듣고 지은 시가 있는데 옥잠이 반드시 이매헌보다 먼저 갔음이 분명하다.[1]

18세기 중후반 편찬된 것으로 알려진 편자 미상의 『좌계부담』에 실려 있으니 이씨와 조씨는 최소한 18세기 전후한 시기의 인물이라 하겠지만 자세한 정보는 확인되지 않는다. 위의 글을 보면 이씨는 홀어머니 아래에서 성장하며 남자 형제들 어깨너머로 글을 배워 시에 능하였고 한씨 성의 남성과 혼인하였다. 그러나 이씨는 아예 가사에 관심을 두지 않고 홀로 조용한 방에 거처하면서 책을 읽고 시를 지으며 살았다. 호가 매헌인데 문집 『매헌사고』를 남겼다고

1　편자 미상, 『左溪裒譚』(국립중앙도서관 소장).

하니 자신의 시를 후세에 남기고자 하는 뜻을 가진 여성 작가였음이 분명하다.

이런 삶을 추구하는 여성이 있다는 소문을 들은 조씨가 그를 찾아가 바로 지기가 되었다. 조씨는 이름이 옥잠이고 호가 현포라 하였다. 옥잠은 옥비녀 혹은 옥비녀처럼 피는 옥잠화로, 은은한 향기를 뿜는 미인으로 살라는 뜻이 들어 있다. 이에 비해 호 현포는 곤륜산에 있다고 하는 신선의 땅이기에, 현실을 초탈하고 싶은 자신의 뜻을 투영한 것이라 하겠다. 평민의 아내나 과부를 이르는 조이라 하고 또 처녀라 한 것을 보면 평민 계층의 노처녀로 보아야 할 것 같다. 그래야 마음이 통하는 여성을 만나기 위해 자유롭게 떠돌 수 있었을 것이다. 이씨는 사족 출신이고 조씨는 평민인데 이러한 만남을 이루었다는 점이 더욱 이채롭다. 이씨가 죽자 상심하여 곡기를 끊고 죽었다 하니 벗을 위해 죽은 또 다른 열녀라 하겠다.

이런 사연을 남긴 이 두 여성의 시는 온전하게 전하는 것이 없다. 이씨가 지은 시는 두 구만 전하는데 쌍쌍이 나는 해오라기를 보고 외로움을 느끼고, 하늘에 나타났다 사라지는 구름 같은 허망한 인생사를 슬퍼하였다. 그래서 조씨는 이씨가 오래 살 기상이 없다고 한 것이다. 이런 것을 시참이라 하는데, 시를 보고 운명을 점치는 것이다.

이씨가 낙태하고 그 후유증으로 세상을 뜨자 조씨가 만사를 지었는데 역시 두 구만 전한다. 누에는 네 번 잠을 자고 나면 깨끗이 씻어주는데 그러면 실을 뿜어 제 몸을 감싸 고치를 만든다. 제비는 초여름 남쪽에서 날아와 둥지를 엮고 알을 낳아 길렀다가 가을이면 다시 남쪽으로 날아간다. 누에가 고치를 만들고 생을 마친 것처럼, 제비가 둥지에 알을 낳고 돌아가는 것처럼, 이씨가 시를 남기고 이승을 떠났다는 비유를 이렇게 한 것이다.

『좌계부담』을 편찬한 사람은 이씨의 『매헌사고』를 보았다. 거기에는 조씨를 애도하는 글이 있으니 이씨보다 조씨가 먼저 죽은 것이 분명하다. 그런데 조씨가 낙태해서 죽은 이씨를 위한 만사를 짓고, 곡기를 끊고 죽었다 하니 앞뒤가 맞지 않는다. 전해 들은 이야기와 문집의 내용이 달라 고민한 듯하다. 그럼에도 서로 다른 계층의 두 여성이 시를 매개로 하여 우정을 맺게 된 현상을 기록한 것은 크게 주목할 만한 일이다.

56.
시를 사랑한 백화당 부부

매헌과 옥잠처럼 여성이 문학으로 지기(知己)가 된 사례는 극히 드물다. 이에 비해 부부가 시를 주고받으며 지기로 살아간 예는 그리 드물지 않다. 앞서 본 유희춘과 송씨, 김성달과 연안이씨, 울산이씨 역시 그러하였다. 여기에 또 하나의 사례를 더할 수 있으니 중간 계층으로 추정되는 백화당(百花堂) 부부가 그러하다. 이들 부부는 시를 사랑하여 이로써 혼인하고 이로써 함께 살았다.

> 백화당 주인의 처는 어떤 성씨인지 알지 못한다. 백화당 주인은 성격이 본디 우아하고 고결한데 시를 읊조리는 데 벽이 있었다. 이 때문에 부모에게 이렇게 청하였다.
>
> "이 아들은 혼사에서 문벌이 높은지, 재산이 많은지는 보지 않고 규수 중에 재주가 뛰어난 이를 취할 것입니다."
>
> 이 때문에 나이가 서른이 되도록 장가를 들지 못하였다. 먼 곳에 한 재주 있는 여자가 있는데 빈한한 가정에서 성장하였다는 소문을 듣고, 이에 백방으로 혼사를 맺고자 하여 다행히 부부가 되었다. 처녀의 맑고 고운 시문이 하나같이 듣던 것과 다르지 않았다. 주인은 따로 집 뒤 호젓한 곳에 정사(精舍)를 하나 짓고 백 가지 꽃을 늘어 심은 뒤 백화당이라는 편액을 달았다. 주인은 불행히도 겨우 나이 마흔에 죽었다. 그 처가 통곡하였지만 어찌지 못하고 장차 자결하려 하였지만 되지 않았다. 시는 이러하다.

삼종지도라 그중에 좇을 사람 없는데　　　　三從無一可從人
지지부진 죽지 못한 이 신세 한스럽네.　　　　此死遲遲恨此身
서글프게 백화당에 홀로 남아 있는데　　　　惆悵百花堂獨在
꾀꼬리 울고 누에 자니 또 봄이 저무네.　　　　鶯啼蠶睡又殘春[1]

앞서 본 매헌과 옥잠의 이야기와 함께 18세기 중후반 무렵 편찬된 『좌계부담』에 실려 있다. 천수경의 『풍요속선』과 장지연의 『대동시선』에는 '실명여자(失名女子)'의 「춘원(春怨)」으로 되어 있다.[2] 『풍요속선』에 실려 있는 데다, '부인'이 아닌 '여자'라 한 것을 보면 백화당 주인이나 그의 아내는 모두 양반 집안 출신이 아닌 듯하다. 장지연의 『대동시선』에서, 『동계만록(東溪漫錄)』에 백화당 부인의 일이 보인다고 하였는데[3] 편자 정내주(鄭來周, 1680-1745)의 생몰년을 감안할 때 백화당 부부는 18세기 전후한 시기의 인물로 추정된다.

백화당의 바깥주인은 문학을 좋아하여 자신과 취향을 함께 하는 여성과 혼인하려 하였고 그 때문에 서른까지 기다리다 마침내 그러한 사람을 만나게 되었다. 그리하여 온갖 꽃을 심어둔 백화당에서 시를 수창하면서 사랑을 나누었으니 조선시대 보기 드문 부부다. 백년해로하지는 못한 것이 아쉽지만 두 사람이 제 뜻대로 살았으니 만족하였을 것 같다.

『소학』에 삼종지도(三從之道)가 나오는데 여성이 결혼 전에는 아버지를, 결혼하면 남편을, 남편이 죽으면 자식을 따라야 한다는 말이다. 이 시를 보면 친정아버지, 남편이 이미 세상을 떴고 자식조차 없었던 모양이다. 몸을 의탁할 데가 없는데도 죽지 못하는 자신의 신세를 한탄하였다. 온갖 꽃들이 만발한 백

1 편자 미상, 『左溪裒譚』(국립중앙도서관 소장).

2 "삼종 중에 몸 맡길 데 하나 없는데, 푸른 하늘 원망 않고 죽은 이를 원망하네. 서글피 백화정 위에 서 있으니, 꾀꼬리 울고 버들 푸르러 봄이 저무네.(三從無一可安身 不怨蒼天怨死人 惆悵百花亭上立 鶯啼柳綠欲殘春)"로 시의 내용이 조금 다르다. 장지연의 『대동시선』도 『풍요속선』과 같다.

3 단국대학교 율곡기념도서관에 소장된 『漫錄』이 이 책인데 권1과 권3-6만 전한다.

화당의 추억을 돌이키며 봄이 저물어가는 것을 슬퍼하였다. '우잔춘(又殘春)'이라 하였으니 남편이 죽고 몇 년 동안 고독한 삶을 살았던 것도 짐작할 수 있다.

곽찬의 『동양역대여사시선』에서는 이 시의 작가를 옥랑(玉娘)이라 하고, 시집을 갔지만 청상에 과부가 되었는데 그 부친이 이를 슬퍼하여 정자를 짓고 백화당이라 편액을 붙여 주었다고 하였지만 근거는 알 수 없다. 또 『삼천리(三千里)』에 연재된 모윤숙(毛允淑)의 「고전명작감상(古典名作鑑賞)」에 이 시를 "삼종(三從) 그 어느 것 몸을 편케 하랴, 창천(蒼天)을 한(恨)하나니 죽은 그를 원망(怨望)하지. 슬퍼 마지못해 백화정(百花亭)에 섰노라니, 앵제유록(鶯啼柳綠)인데 봄도 다하려네."로 번역하여 싣고 "남편을 잃고 미망인으로 있으며 평생 시부모를 섬겨야 할 운명에서 읊조린 글이다. 나는 이 시를 읽으며 '노예는 선(善)하다. 노예는 아름답다.'라 한 바 있다."라고 하였으니.[4] 근대까지 회자된 작품이라 하겠다.

---

4 모윤숙, 「여류(女流)의 순정시초(殉情詩抄)-역대(歷代) 조선(朝鮮) 여류시가(女流詩歌)를 보며」, 『삼천리』 12권 9호(1940. 10. 1).

57.
중인 집안의 수향각 원씨

18세기 한시의 담당층은 괄목할 만한 성장을 이루었다. 앞서 본 영향당과 백화당처럼 이름난 양반가의 여성이 아니라도 그럴듯한 당호를 방에 걸고 뛰어난 시를 남기고자 한 시인이 등장하였다. 안왕거가 「동시총화」에 영조 때의 인물이라 하면서 수향각(繡香閣)이라는 당호를 쓰는 여성을 소개한 바 있다.

새벽녘 까막까치가 은하수에 모여 있으니	烏鵲晨頭集絳河
구슬 신발이 맑은 물결 밟지 않게 하소서.	免教珠履涉清波
일 년에 한 번 흘리는 그리움의 눈물이	一年一度相思淚
방울져 인간 세상에 떨어져 빗발이 거세네.	滴下人間雨點多

수향각은 영조 때 사람으로 성은 원씨(元氏)인데 그 내력은 자세하지 않다. 원본에는 제3구 '도(度)'는 '점(點)'으로, 제4구 '점(點)'은 '각(脚)'으로 되어 있는데 지금 고친다. 예전 중국 부인의 시 중에 칠석을 노래한 절구를 보고 그 공교로움에 깊이 탄식하였는데 이제 이 작품은 제목과 사람이 같기에 우연히 기억하고 뒤에 붙여서 조예를 비교하게 한다. 그러나 판이하여 같은 날 말하기는 어렵다. 「칠석(七夕)」 시는 이러하다.

바람이 달을 불어 난간에 들게 하니	天風吹月入欄干

까막까치 소리 없어 한밤이 적막하네.	烏鵲無聲子夜閒
직녀성 밝은 달이 베개 가에 다가오니	織女明星來枕畔
이 몸이 인간 세상에 있는 줄 모르겠네.	定知身不在人間[1]

「동시총화」에서는 영조 때의 인물이라 하였지만 그 근거는 알 수 없다. 또 『풍요속선』에서 뽑았다고 하였는데 『풍요삼선』의 잘못이다. 1797년 편찬된 『풍요속선』에는 보이지 않고 1857년 편찬된 『풍요삼선』에 처음 실렸다. 뒤에 볼 운초(雲楚) 앞에 소개하였으니 그보다 빠른 시기의 인물로 본 듯하다. 또 양반가 여성의 시를 소개하지 않은 『풍요삼선』에 실려 있으므로 원씨는 중인인 듯하다. 장지연의 「송재만필(松齋漫筆)」에서는 "원씨는 원주에 호적을 두고 있는데 호는 수향각이다. 시에 능하여 문집이 남아 있다."[2]라고 하고 위와 동일하게 두 수를 수록하였다. 그 문집은 전하지 않는다.

수향각의 첫 번째 작품은 음력 7월 7일, 칠석(七夕)을 노래한 작품이다. 『풍요삼선』에 '일점(一點)', '우각(雨脚)'으로 되어 있는 것을 「동시총화」에서는 이렇게 바꾸었는데 뜻 자체가 달라지는 것은 아니다. 칠석에 까막까치(烏鵲)가 은하수를 메워 다리를 놓으면 직녀가 이를 건너는데 이를 오작교(烏鵲橋)라 한다. 견우와 직녀가 만났다 헤어질 때 슬피 흘리는 눈물이 인간 세상의 비가 된다는 전설도 있다. 이 작품은 이를 바탕으로 지은 것이다. 주리(珠履)는 옥구슬로 치장한 신발인데 여기서는 직녀의 신발을 이른다. 칠석이 되어 직녀가 은하수를 건너 견우를 만나러 가는데 까막까치가 다리를 잘 놓아 고운 직녀의 신발이 젖지 않게 해달라고 하였다. 또 이날 비가 내리는 것을 보니 견우와 직녀가 만났다 헤어지며 눈물을 흘리는 것이라 상상하였다.

1 『매일신보』(1917. 12. 18).

2 『매일신보』(1916. 8. 20).

또 「동시총화」에서는 같은 당호의 중국 여성이 지은 같은 제목의 「칠석」을 나란히 소개하였다. 수향각이라는 호를 쓴 명의 여성은 심소군(沈少君)이다. 청(淸) 주명(周銘)의 『임하사선(林下詞選)』에 심지요(沈智瑤)가 시사(詩詞)에 뛰어났지만 요절하였고 문집 『수향각집(繡香閣集)』을 남겼지만 불타서 전하지 않는다고 하면서 두 편의 절구와 한 편의 사(詞)를 소개하였다. 전겸익의 『열조시집』에도 그의 시가 한 수 뽑혀 있는데 이름이 심지요로 되어 있다. 소군은 그의 자다. 그러나 심지요의 이름으로 된 「칠석」은 확인되지 않는다.

안왕거가 수향각 심지요의 작품이라 한 것은 착각이다. 안왕거가 소개한 심지요의 시는 송 소식의 「절구(絶句)」인데 진관(秦觀)의 작품이라고도 한다.[3] 또 송 장방기(張邦基)의 『묵장만록(墨莊漫録)』에는 진관의 시녀 변조화(邊朝華)가 19세 때 지은 것으로 되어 있다.[4] 이 작품은 원씨의 작품과 달리 맑은 날 밤에 제작한 것으로, 바람이 달을 불어 난간으로 오게 하였다는 표현이 묘하다. 또 비가 내리지 않아 고요한데 직녀성이 침실을 비추어 마치 선계(仙界)에 든 듯하다고 하여 유선시의 분위기가 강하다는 점에서 그 미감이 다르다.

「동시총화」에서는 수향각 원씨의 「옥산에게 바치다(呈玉山)」를 나란히 소개하였다.

맑은 가을 지당에서 마음이 뒤숭숭한데	秋淸池閣意徘徊
깊은 밤 난간에 기대니 달만 혼자 오네요.	向夜憑欄月獨來
연못 가득 피어난 연꽃 삼백 송이는	滿水芙蓉三百本
그대 간 뒤 누구 위해 꽃을 피우겠나요.	送君從此爲誰開[5]

3 『蘇文忠公全集』에 '子夜闌'이 '夜向闌'으로, '定知'가 '乃知'로 되어 있다. 거의 같은 작품이 秦觀의 『淮海集』에는 「四絶」로 실려 있다. '夜闌', '枕畔', '了知' 등 일부 글자가 다르다.

4 이 시화는 金進洙의 「知應我法已無乖」, 『碧蘆續集』 권3에 자세히 소개되어 있다.

5 안왕거, 「東詩叢話」, 『매일신보』(1917. 12. 18).

첫 번째 작품과 함께 이 작품도 『풍요삼선』과 『대동시선』에 모두 선발되어 있다. 옥산(玉山)이라는 사람에게 준 것인데 옥산이 누구인지는 알 수 없지만[6] 시의 내용으로 볼 때 원씨의 남편인 듯하다. 달은 사랑하는 사람의 얼굴을 매개한다. 달은 오건만 사랑하는 사람은 오지 않는다고 하소연하고, 가을에 핀 아름다운 연꽃에 자신을 비유하고 사랑하는 사람이 없는 연꽃은 꽃을 피우지 않을 것이라 하였다.

6 옥산이라는 호를 쓴 인물로는 李珥의 아우 李瑀(1542-1609)가 있지만 시기가 맞지 않는다.

58.
남편 이희지를 따라 죽은 연일정씨

앞서 본 상주의 여성 애월은 여종이다. 주체적 삶을 추구하기 위한 최후의 수단으로 죽음을 택하여 열녀로 추앙받았다. 이에 비해 사대부가의 열녀는 남편을 따라 죽었을 때 얻을 수 있는 '명예'다. 다만 그 죽음이 반드시 강요된 것이라고만 말하기 어려울 때도 있다.

이광사(李匡師, 1705-1777)는 소론의 명문가 출신이다. 이 집안은 경종(景宗)의 즉위를 도와 권력을 잡았지만 1724년 영조가 즉위한 후 몰락의 길로 들어섰다. 1755년 노론의 전단에 불만을 품고 국정을 비방하는 방을 붙인 을해옥사(乙亥獄事)가 일어났는데 이광사가 이에 연루되어 국문을 받았고 사형에 처해질 위기에 빠졌다. 이에 아내 유씨(柳氏)는 8일을 굶으면 절로 죽음에 이른다 하여 식음을 전폐하였지만 남편이 극형에 이미 처해졌다는 그릇된 소문을 듣고 기둥에 목을 매어 스스로 명을 끊었다. 유씨는 남편을 따라 죽어 열녀가 되었다. 이러한 시대였다.

이희지(李喜之, 1681-1722)는 정치적으로 이광사와 대척점에 있는 집안의 문인이다. 1721년 훗날 영조로 즉위하는 연잉군(延礽君)의 세제(世弟) 책봉을 적극 지지하였다. 이듬해 경종을 시해하려 했다는 목호룡(睦虎龍)의 무고(誣告)에 연루되어 죽임을 당하였다. 훗날 이광사 집안의 몰락과 동시에 이 집안은 화려하게 복귀하였지만, 이광사의 죽음을 앞두고 유씨가 스스로 목숨을 끊은 것처럼,

당파는 달라도 이희지의 아내 정씨(鄭氏) 역시 남편의 죽음 앞에 생을 포기하였다.

정씨는 죽음에 앞서 절명사(絶命詞)를 남겼다. 조선시대 여성이 목숨을 끊으면서 남긴 절명사가 제법 있는데 대부분 한글로 되어 있다. 한문으로 된 장편의 이 절명사는 한글로 된 가사체의 절명사와 나란히 볼 만하다.

> 신축년(1721) 겨울 명릉(明陵) 침랑(寢郞) 서종일(徐宗一)이 재소(齋所)에서 기이한 꿈을 꾸었는데 얼마 후 박상검(朴尙儉) 사건이 발각되어 죽임을 당하였다. 이 이야기가 기이하다고 전해졌다. 정인중(鄭麟重)이 고시 한 편을 지어 이를 기록하였는데 이름을 「속영정행(續永貞行)」이라 하였다. 대개 흉당(凶黨)이 환관과 궁녀를 끼고 왕위를 계승할 때 난리를 일으키려 죄인들을 몰래 도왔는데, 이에 못된 창귀(倀鬼)가 제거되고 흉당의 소굴이 절로 드러나게 될 것이라 말하였다. 시는 이러하다. (…)
>
> 대개 '괴뢰(傀儡)'는 여러 흉악한 무리를 이르고 '삭(索)'은 박상검과 석렬(石烈)을 비유하며, '줄이 끊어져 진면목이 드러났다.(索絶露眞面)'는 구절은 박상검과 석렬이 실패하여 음모가 다 드러난 것을 비유한 것이다. 조태구(趙泰耉)와 유봉휘(柳鳳輝)가 이를 미워하여 서명우(徐命遇)를 사주하여 자신의 뜻을 가지고 시어(詩語)에 주석을 달아 이희지가 지은 것이라 하였다. 이희지는 시어의 뜻이 그러하지 않다고만 변론하고 끝내 그 시가 자신이 지은 것이 아님을 변론하지는 않았다. 이희지의 처 정씨의 절명시는 이러하다.

어진 재상 좋은 선비는 다 원통하게 죽나,	賢相譽士皆寃死
국가의 존망이 아침저녁에 달려 있을 때	國之危亡在朝夕
제 죄가 아닌데도 군자가 화를 만났으니	君子逢禍亦非罪
누가 시 한 수를 보내어 재앙을 꾀하였던가.	誰送一詩更謀孼
자신이 한 짓이라면 정말 벗어나기 어렵지만	若其自作誠難逃
어찌하여 죽음에 이르도록 끝내 말하지 않았소.	如何至死終不言
목숨 하나 끊어지는 것이야 애석할 것 없지만	一命之絶足未惜

당신의 외로운 혼 제사 지낼 사람 없게 되었소.	惟君孤魂爲無主
멀고 가까운 이들 다들 나 보고 죽어야 한다는데	疏親顧我皆可死
이 끝없는 슬픔을 모르는 것 아니지만	此雖無限悲可知
노비로 삼고 재산을 몰수하라 어명이 내렸기에	奴孥籍産幷啓允
이레 동안 물만 먹고 애끊는 슬픔 이어갔지만	七日飮水續斷腸
오래지 않아 다시 살아났으니 헛것이 되었다오.	未久圖生應無功
내 몸에 독약을 지니고 있으니	身邊有毒藥
당신 따라가는 것 내 마음이었지만	歸寄自我心
네 번 독약 먹어도 질긴 목숨 끊어지지 않고	四藥頑命終未絶
하룻밤 세 번 목을 매어도 죽지 않았다오.	一夜三絞亦不死
진실로 남편의 영령이 알아줌이 있을지니	姑夫靈有知
오늘 밤에는 빨리 죽었으면 좋겠구려.	今夜願速死
길고 긴 여름날 또 곡기를 끊고서	長長夏日且不食
굶어 죽으려 하여도 죽지를 못하였지요.	願欲飢死靡得死
부모와 형제가 타향에 떨어져 있는데	父母兄弟隔它鄕
저세상 영영 가면 다시 볼 수 없겠지요.	九原臨訣不復見
유월 초나흘 닭이 우는 새벽녘에	六月四日鷄鳴時
혈서를 쓰고 나서 강물로 향하였지요.	願罷血書向江水
전날 이 몸이 옥처럼 귀했건만	前日此身貴如玉
오늘 죽음 앞둔 나를 누가 조문하겠나요?	今日臨死誰復問
강보에 싸인 아이가 의지할 데 없으니	襁兒從此無依賴
눈을 감아도 황천에서 극히 원통하겠지요.	瞑目重泉抱至痛

마침내 강물에 몸을 던져 죽었다. 후에 정려(旌閭)가 세워졌다.[1]

1 편자 미상, 「府啓續求貞行」, 『大事編年』 「景宗紀」(장서각 소장).

이희지는 본관이 전주로, 자가 사복(士復) 혹은 양백(陽伯)이고 호는 응재(凝齋)다. 이경여(李敬輿), 이민적(李敏迪), 이사명(李師命), 이이명(李頤命)을 배출한 조선 중기 이래 최고의 명문가 중 하나다. 나성두(羅星斗), 조현기(趙顯期)가 그의 외조부고 김보택(金普澤), 김용택(金龍澤)이 그의 처남인 데서도 이 집안의 위세를 짐작할 수 있다.

그러나 당벌(黨伐)의 소용돌이에서 집안은 파탄이 났다. 아홉 살에 아버지가 진도(珍島)로 유배되어 그곳에서 사사되었다. 이희지 자신도 옳게 벼슬살이를 해 보지 못하였다. 숙종 사후 왕위 계승을 두고 영조를 지지한 노론의 핵심이었기에 중년을 유배지에서 보냈고 결국 목호룡의 무고 사건에 연루되어 장살되었다. 그는 부인 복이 없어 윤헌경(尹憲卿)의 딸, 유명택(兪命澤)의 딸과 차례로 사별하고 세 번째로 동지중추부사를 지낸 정만해(鄭萬楷)의 딸과 혼인하였다. 절명시를 지은 사람이 세 번째 부인 정씨다.

조선 초부터 영조 연간까지의 중요 사건을 편년체로 엮은 편자 미상의 『대사편년(大事編年)』, 신임사화(辛壬士禍)의 전모를 기록한 구준원(具駿遠)의 『신임기년제요(辛壬紀年提要)』 등에 이희지가 지은 것으로 모함받아 죽음에 이르게 한 「속영정행」과 정씨가 죽을 때 지은 시가 실려 있다. 이희지가 1722년 4월 17일 물고(物故) 되었는데 이에 앞서 이희지가 국문을 당할 때 밝힌 공초(供招)에 따르면 「속영정행」은 이천기(李天紀)가 지은 것인데 이희지가 지은 것으로 모함을 받아 죽음에 이르게 되었다고 한다.[2] 당 순종(順宗)이 어질고 효성이 깊었지만 풍병(風病)으로 말을 하지 못하게 되어 정무를 볼 수 없었는데 이에 왕숙문(王叔文), 왕비(王伾) 등이 국정을 농단하였다. 이를 두고 한유가 「영정행(永貞行)」을 지어 이들을 풍자하였는데 이천기가 이를 모방하여 「속영정행」을 지은 것

2 『경종실록』 1722년 4월 17일 자에 자세한 내용이 보인다. 「續永貞行」 전체가 실려 있는데 번다하여 여기서는 인용하지 않는다.

이다.

「속영정행」은 영조가 왕세제로 있던 시기 환관 박상검과 문유도(文有道)가 궁인 석렬, 필정(必貞)과 결탁하여 경종과 왕세제를 이간질하고 왕세제를 위해 하려 하였다가 발각된 사건을 배경으로 하고 있다. 「속영정행」에서 "꼭두각시는 줄이 끊어지자 진면목이 드러나고, 도깨비는 햇살 비치자 으슥한 소굴을 찾는다.(傀儡索絶露眞面 魍魎日照求幽藪)"라는 구절이 있는데 경종을 지지하던 조태구와 유봉휘 등 소론의 배후자들이 박상검과 석렬을 조종하여 변고를 일으킨 것이라 풀이하고 노론을 공격하였다. 특히 경종을 벙어리가 된 당 순종에 비유하였다 하여 문제가 더욱 커졌다. 그 중심에 이희지가 있어 당쟁에 희생된 것이다.

이희지가 죽은 후 그 집안사람들은 노비의 신분으로 바뀌었고 재산도 적몰되었다. 정씨는 스스로 죽음을 택하였다. 이광사의 처가 그러하였듯이 7일 동안 음식물을 먹지 않으면 죽는다고 여겨 그렇게 해 보았지만 소용이 없었다. 독약을 네 번이나 먹었고 세 번 목을 맸지만 질긴 목숨이 쉽게 끊어지지 않았다. 6월 4일 마침내 백마강(白馬江)에 몸을 던졌다.

부여 백마강에 가면 진변리에 부산(浮山)이라는 조그만 산이 있는데 이경여가 이곳에 물러나 호를 백강(白江)이라 하였다. 훗날 부산서원이 들어섰지만 대원군 때 훼철되었다. 그래도 이경여가 머물던 서재 청은당(淸隱堂) 곁에 대재각(大哉閣)은 온전히 남아 있다. 이경여가 올린 북벌(北伐)의 상소를 보고 효종이 내린 비답(批答)에 "날은 저물고 길은 먼데 지극한 원통함이 마음에 있다.(日暮道遠 至痛在心)"라는 유명한 구절이 있는데 이 글이 바위에 새겨져 있다. 이를 보호하는 건물이 대재각이다. 대재각 아래의 높은 바위를 운한대(雲漢臺)라 한다. 그 후손 이희지의 어머니와 아내 정씨가 몸을 던진 곳이 여기다.

정씨의 절명시는 근체시의 형식적인 제약에 매이지 않고 넋두리하듯 말을 이어 나갔다. 글자 수를 7언과 5언을 섞어가면서 압운도 제대로 하지 않았다.

앞부분에서는 남편이 「속영정행」을 지었다는 누명을 썼는데 이를 변명하지 않고 스스로 죽음으로 나아간 원통함을 말하였다. 이희지는 어차피 올가미가 자신에게 씌워졌기에 당당하게 대처한 것이겠지만 그 아내의 마음은 억울하기만 하다. 남편이 죽자 주위에서 다들 정씨도 목숨을 끊어야 한다고 하였다. 열녀로 추앙받기 위해서가 아니라 노비와 재산을 몰수당해 생계를 꾸려 갈 자신이 없었기에 목숨을 끊는 쪽을 택하였다. 그래도 친정 부모와 형제와 영영 작별하는 것은 슬프다고 한 것이 더욱 애처롭다. 정씨는 아들을 낳지 못하였기에 이문상(李文祥)을 데려왔는데 그 아이가 아직 어렸다. 벼랑에서 몸을 던지는 정씨 부인의 눈에 마지막으로 어린 것은 바로 이 어린 아들이었을 것 같다.

59.
남편의 묘지명을 지은 청창 곽씨

조선시대 아내가 죽으면 도망(悼亡)이라는 이름으로 남편이 애도하는 시를 지었다. 제문을 지어 그 넋을 위로하기도 하였다. 이에 비해 남편의 죽음을 애도하는 글은 찾기 어렵다. 지금 전하는 것은 몇 편의 제문과 만사(輓詞) 정도다. 이 점에서 김철근(金鐵根, 1678-1728)의 처 청창(晴窓) 곽씨(郭氏)의 묘지명(墓誌銘)은 특기할 만하다.

> 전의(全義)의 작고한 생원 김철근의 처 곽씨는 왕자사부(王子師傅) 곽시징(郭始徵)의 딸로 호는 청창이다. 친정에 있을 때부터 부친의 서간을 읽었고 『소학』도 외웠으며 규방의 범절이 있다는 칭송을 받았다. 시집가는 날 하인들의 행렬에 서책 수십 바리만 있었고 화장 도구는 없었다. 일찍 홀몸이 되어서 따로 한 칸 방에 거처하면서 동기 형제가 오더라도 방 안으로 들어오지 못하게 하고 반드시 문밖의 마루에서 보았다.
>
> 일찍이 남편의 행장(行狀)을 지어 남편의 집안사람 중에 한천(寒泉) 이재(李縡)의 문하에 왕래하는 사람에게 부탁하여 한천에게 묘지명을 청하였다. 그 글에서 "왕자사부 곽시징의 딸에게 장가들었는데 곧 미망인인 나다."라고 한 것을 보고, 한천이 손을 씻고 "행장이 이러하니 충분합니다. 비록 제가 고치더라도 또 무엇을 더하겠습니까?"라고 하였다. 청주(淸州)의 진사 이중섭(李重燮, 자 伯固)이 예전 나에게 이 일을 말해 준 적이 있다. 후에 목천(木川)의 윤생(尹生)을 만났는데 이렇게 말하였다.

"곽씨에게 시집 수 권이 있어 집안에 보관되어 있는데, 그중 절구는 '바다는 천 리 푸른빛을 머금었는데, 꽃은 한 해의 붉은빛을 토하네.(海含千里碧 花吐一年紅)'라 되어 있었소. 하더이다."[1]

아들 둘이 있다.

1770년 6월 19일 황윤석의 일기에 보이는 기사다. 곽씨는 본관이 청주로 곽시징(1644-1713)의 딸이다. 곽시징은 송시열의 고제자로, 원래 이름이 두징(斗徵)이고 자가 경숙(敬叔)이었는데 송시열이 이 이름으로 바꾸고 자를 지숙(智叔)으로 고쳐 지어 주었다. 또 주희의 「무이정사잡영(武夷精舍雜詠)」에서 "푸른 바위 모퉁이를 깎아 만들었기에, 차고 푸른 못에 그림자 거꾸로 비치네.(削成蒼石棱 倒影寒潭碧)"라 한 구절을 들어 그 뜻을 존경하라는 의미로 호를 경한재(景寒齋)라 지어 주었다. 후에 왕자사부가 되어 영조가 연잉군으로 있을 때 그 교육을 맡았다.

곽시징은 연안이씨(延安李氏)와 혼인하여 곽재적(郭載積), 곽성적(郭成績), 곽하적(郭夏績) 세 아들과 신협(申悏)에게 출가한 딸 하나를 두었다. 그리고 청송심씨(青松沈氏) 심익형(沈益亨)의 딸을 재취로 들였는데 딸만 셋 두었다. 첫째는 김철근에게, 둘째는 박필언(朴弼彦)에게, 셋째는 이현유(李顯裕)에게 각기 출가하였다.

곽씨의 남편 김철근은 본관이 광산(光山)이고 자가 석심(石心), 호는 절우당(節友堂)이다. 성균관에 있을 때 소론의 핵심 유봉휘를 탄핵하는 상소를 올리고 전의로 내려갔다. 이황의 「도산십이곡(陶山十二曲)」과 이이의 「고산구곡가(高山九曲歌)」를 하나로 편집하여 아이들로 하여금 외게 하고 스스로 「경한감흥시가(景寒感興詩歌)」라는 한글 노래를 지은 바도 있다. 곽씨 사이에 김득려(金得麗)와

---

1 黃胤錫, 『頤齋亂藁』 권15. 한국학중앙연구원의 정서본을 이용하였다.

김득추(金得秋)를 낳았다.

황윤석은 곽씨의 호가 청창(淸窓)이라 하였지만 다른 문헌에는 청창(晴窓)으로 되어 있다. 황윤석은 곽씨가 남편 김철근의 행장을 지은 것을 보고 이재(1680-1746)가 고칠 것이 없다면서 칭찬한 일화를 소개하였는데 행장이 아니라 묘지명이다. 김철근의 외조부가 이상(李翔)인데 이재는 그 아우 이숙(李翻)의 손자다. 집안으로 연결되어 있거니와 김철근과도 친분이 깊었다. 또 김철근의 묘지명을 짓지 않은 것처럼 말하였지만 이재의 문집에 그가 지은 글이 실려 있는데,[2] 곽씨가 지은 것보다 나아 보이지는 않는다.

곽씨가 지은 남편의 묘지명은 정동유의 『주영편』에 실려 전한다.[3] 정동유는 "아마 이는 규방의 필체로 정말 쉽게 얻을 수 있는 것이 아니요, 또 그러한 일 자체도 드물게 있는 것인지라 이 때문에 기록한다."라고 하였다. 과연 아내가 지은 남편의 묘지명은 이것이 유일하게 전하는 듯하다.

> 아, 가지고 있어 그 가진 것을 잘 누리는 이가 있고, 가지고 있지만 그 가진 것을 잘 누리지 못하는 이가 있다. 가진 것을 잘 누리는 것은 '상(常)'이며, 가진 것을 잘 누리지 못하는 것은 '변(變)'이다. 말세에 어찌 '상'은 항상 적고 '변'은 항상 많은가? 공이 나라에서 강상의 절조 충(忠)을 세우고 집안에서 백행의 근원 효(孝)를 바로잡은 것은 천성에 근거한 것이니, 공은 걸맞은 자질을 지녔다. 화목한 마음으로 집안사람들을 대하고, 옳은 규범으로 자제를 가르쳐서 친한 사람에게나 소원한 사람에게나 모두 환심을 얻었으며 향당에서는 흠잡아 비방하는 말이 없었으니, 공은 걸맞은 덕을 지녔다. 걸맞은 자질과 덕이 있으면 장수(長壽)와 벼슬과 복록을 누려야 할 것이거늘, 수명이 겨우 쉰을 넘겼고, 낮은 벼슬조차 얻지 못하였으며, 자손복도 많지 않았으니, 이것이 참으로 가지고 있으면서도 그 가진 것을 잘 누리지 못

2 李縡, 「生員金公墓表」, 『陶菴集』 권39.

3 이에 대해서는 필자의 「아내가 쓴 남편의 묘지명」, 『문헌과 해석』 44(2008)에서 자세히 소개한 바 있다.

한 것 아니겠는가? 이치로 보자면 어찌 이같이 어긋나며, 천명으로 보자면 어찌 이같이 기필하기 어려운가? 이것은 진실로 헤아릴 수 없는 것이라 거듭 공을 위해 애통해하는 것이다. 이로 인해 명을 짓는다.

나아가 공명을 세울 만하고	出可以樹功名
물러나 명성을 세울 수 있었건만	處可以樹風聲
끝내 드러나지 못하였으니	而卒不彰
저 하늘의 뜻을 어이하리오.[4]	奈何彼蒼

가진 것을 누리는 것을 '상(常)', 그렇지 못한 것을 '변(變)'이라 정의한 다음, 김철근이 자질과 덕을 가졌지만 그에 걸맞은 장수와 벼슬과 복록을 누리지 못한 것을 애도하였다. 여인의 눈물을 감추고 논지를 엄정하게 전개한 명문이라 할 만하다. 끝에 붙인 명(銘)은 매구 압운을 하되 환운한 운문이다.

황윤석은 곽씨의 시를 한 구절만 인용하였는데 『일사유사(逸士遺事)』에서 그가 지은 시를 조금 자세하게 소개하였다.

절우당 김철근의 부인 곽씨는 사부 곽시징의 딸이니 호는 청창이라. 7세 때 책을 읽고 글을 지을 수 있어 마치 신령이 도운 듯하였다. 어떤 관원이 보고 운자를 불러 시를 짓게 하니 바로 응대하여 말하였다.

바다는 해를 적셔 저무는데	海涵天日晩
꽃은 일 년을 이어 붉구나.	花續一年紅
강 가득한 고기 잡는 사람들	滿江漁舟子
저녁 바람에 돛을 내리네.	停帆向晩風

4 鄭東愈, 『晝永編』(규장각 소장). 광산김씨 김철근의 후손가에 소장된 「成均進士節友堂金公墓誌銘」에는 "出可以樹功名 處可以垂風聲 而卒未彰 奈何乎彼蒼"으로 되어 있다.

또 어부의 배를 두고 시를 지은 "아마도 올 때 바다에서 비를 만났나 보다, 뱃머리에 푸른 도롱이가 걸려 있으니(知是來時逢海雨 船頭斜掛綠蓑衣)" 등은 구절마다 빼어난 음조다. 우암 송시열이 '청창' 두 글자를 호로 써서 주었다. 시집가서 문장이 더욱 진전을 보여 문학에 뛰어났고 더욱 경술(經術)과 성리(性理)의 학문에 힘을 쏟아 조예가 정심하였다. 남편이 돌아가자 유하혜(柳下惠)의 아내가 은혜를 읊조린 전례를 따라 행장 한 통을 지었다. 그 글이 무척 전아하여 규방의 기미가 있지 않았다. 도암 이재를 찾아갔는데 이재는 절우당과 인척으로 동생뻘 된다. 수숙(嫂叔) 사이라 직접 만날 수는 없기에 일체 옳다 그르다는 말이 없었지만, 그럼에도 그 글을 무척 찬미하였다. 부인이 지은 시문이 또한 빼어나고 사율(詞律)이 일시에 많이 회자되었다. "술은 정인과 같아 떠나면 그리운데, 시름은 백발처럼 뽑아도 돋아나네.(酒似情人離則戀 愁如白髮落還生)" 등의 구절이 세상에 전한다. 문집 6권이 있었다.[5]

여기서 인용한 작품은 장지연의 『대동시선』에 「입에서 나오는 대로 지은 시(應口詩)」로 실려 있다. 황윤석이 인용한 것과는 글자가 조금 다르다. 1구와 4구에서 '만(晩)'이 거듭 쓰인 것이 걸린다. 1구를 '벽(碧)'으로 고쳐 "바다가 하늘의 해를 적셔 푸른데"가 더 나을 듯하다. 아무튼 감정을 드러내지 않고 차분하게 시상을 펼쳤다는 점에서 단아한 맛을 느낄 수 있다.

성해응은 「시화」에서 이재가 남편의 제문을 보고 수숙 사이라 가타부타하지 못하고 그 글을 심히 공경하고 문장이 전아하여 규곤체(閨壼體)와 달랐다고 하였다. 또 그 시가 돈후(敦厚)하여 법으로 삼을 만하며 『시경』의 「관저(關雎)」와 「권이(卷耳)」의 풍미가 있다고 칭송하였다.[6] 그 시가 정숙한 여성의 단아한 풍모를 지적한 것이거니와, 옛사람이 이른 대로 이 작품 역시 향렴(香奩)의 분기가

5 張志淵, 『逸士遺事』 권6. 첫 번째 시는 오류가 많아 『대동시선』의 것을 따랐다.

6 成海應, 「草榭談獻」, 『研經齋全集』 권56.

없다고 할 만하다. 어부의 배를 두고 쓴 작품은 앞서 본 대로 김성달의 첩 울산 이씨의 것인데 장지연이 착각한 듯하다. 마지막에 인용한 구절도 과연 곽씨가 쓴 것인지 의심스럽지만 맛이 있다.

성해응이나 장지연은 곽씨가 문집 6권을 남겼다고 하였지만 지금 전하지 않는 듯하다. 그의 시는 『동시영언』에 "배와 밤은 가을이라 차마 어이 따랴? 도서들이 벽에 가득한들 누가 알아주겠나.(梨栗當秋那忍摘 圖書滿壁竟誰知)"라 한 구절이 더 전한다. 이렇게 따로 전하는 시구가 제법 있는 것을 보면 그 문집이 꽤 유통되었을 것이니 어딘가에 전할 가능성도 있다.

곽씨는 남편 김철근의 묘지명으로 명성을 날렸다. 유하혜는 『맹자(孟子)』에도 나오는 인물이다. 유하혜가 노(魯)나라에서 세 번 쫓겨났지만 떠나지 않고 백성들을 구휼하자 그의 처가, 나라에 도(道)가 없는데 고귀해지는 것과 나라에 도가 있는데 천해지는 것이 군자의 부끄러움이라 하고 난세에 떠나지 않는 것 역시 부끄러움이라 한 바 있다. 또 유하혜가 죽자 문인들이 제문을 지으려 하였는데 그 처는 자신이 가장 잘 안다면서 직접 제문을 지어 남편의 덕이 드러나게 하여 유향(劉向)의 『열녀전』에 수록된 바 있다. 여성이 남편을 애도하는 글의 전범이 여기에 있다.

60.
최성대의 누이가 부친께 올린 시

18세기에 이르면 사대부가의 여성 중에 문필이 있는 사람이 많아진다. 두기(杜機) 최성대(崔成大, 1691-1762)는 삼연 김창흡 이래 제일의 대가로 평가된다. 본관이 전주(全州)로 봉암(鳳巖) 최수경(崔守慶, 1668-?)과 한산 이씨 이동근(李東根)의 딸 사이에 장남으로 태어났다. 그리고 여자 형제가 둘 있었는데 그중 막내가 시로 명성을 얻었다. 장지연의 「송재만필(松齋漫筆)」에 그의 시가 두 편 소개되어 있다.

> 최부인(崔夫人)은 본관이 전주니 정랑(正郞) 최수경의 딸이요, 두기 최성대의 누이인데, 문헌에 능통하고 시문도 뛰어났다. 정지손(丁志遜)에게 출가하였는데 정지손 또한 문장이 일찍 이루어졌지만 겨우 열여덟 살에 요절하였다. 부인이 시집이 1권 있는데 그의 「우연히 읊조리다(偶吟)」는 이러하다.

밝은 해가 하늘에 걸려 있는데	白日懸天上
하늘이 높아 밝은 해가 길겠지만	天高白日長
다만 두려운 것은 뜬구름 다가와	只恐浮雲近
이러한 밝은 빛을 가리는 것이라.	蔽此明明光

> 또 「영아에서 소식을 받고서(得寧衙消息)」라는 시는 이러하다.

적막한 봄 창에 빗속의 등불이 가물가물	春窓寂歷雨燈虛
이 새벽에 그 누가 오두막집을 두드리는가.	五夜云誰叩獘廬
사람은 오백 리 긴 고개 너머에서 왔는데	人自半千脩嶺外
편지는 한 달이나 갈망하던 소식 전한 것.	書傳一朔渴望餘
아버님 공무 중에도 계속 평안하시고	高堂政體連平吉
중형도 글방에서 잘 지내신다고 하네.	仲氏文帷善起居
쓸쓸히 겨울 석 달 혼정신성을 못하였기에	怊悵三冬違定省
먼 하늘로 고개 돌린 이 마음 어떠하겠나.	遠天回首意何如

규방의 풍모를 상상할 수 있다.[1]

최성대의 부친 최수경은 이원정(李元禎)의 외손자며, 이담명(李聃命)의 생질이다. 이세원(李世瑗)이 지은 조부 이원정의 「가장(家狀)」에서 최성대가 진사고 큰딸은 권세강(權世綱)에게 시집갔으며 나머지는 어리다고 하였다.[2] 문명이 있다고 한 최성대의 누이는 막내딸인 것 같다. 최성대는 1721년 진사시에 합격하였고 1729년 공릉참봉(恭陵參奉)이 되었는데 이 무렵 정시한(丁時翰)의 증손 정지손과 혼인한 것 같다. 최성대가 정지손의 부친 정사신(丁思愼)에게 준 시가 전하므로[3] 집안의 세교가 있었다고 하겠다. 정지손이 열여덟 살에 죽었다면 이들 부부는 대략 1710년 전후에 태어났을 것 같다.

최씨의 두 작품은 장지연의 『대동시선』에도 같은 제목으로 나란히 선발되어 있다. 앞서 말한 것처럼 반가 여성의 시는 집안사람들, 특히 부친과 주고받은 것이 가장 많다. 최씨가 남긴 작품 모두 부친 최수경과 관련이 있다. 최수경은 1697년 문과에 합격하였지만 인장을 찍고 제출해야 하는 규정을 어겼다 하

1 『매일신보』(1916. 8. 20). 본관을 경주라 한 것은 전주의 잘못이다.

2 李世瑗, 「家狀」, 『龜巖集』 권12.

3 崔成大, 「奉送集賢丁學士思愼陞赴愁州」, 『杜機詩集』 권3.

여 합격이 취소되었다가 1708년 복과(復科)된 사연이 있어 『숙종실록』에 그의 이름이 여러 차례 등장한다. 1708년 이후 가주서(假注書)로 오래 한양에 있다가 1719년 충청도사(忠淸都事)로 갔으며 1721년 병조좌랑으로 돌아왔다가 1722년 태인현감으로 다시 나갔고 얼마 지나지 않아 세상을 떴다. 그리고 이 시에서 중씨(仲氏)라 하였는데 최성대일 것이다. 1719년 충청도사로 보령(保寧)에 잠시 머물고 있었고 최성대가 아버지를 모시고 임지에서 글을 배우고 있던 시기로 보면 될 듯하다. 열 살 내외의 어린 나이에 이 시를 지은 것 같다.

첫 번째 작품은 구름이 하늘의 해를 가리는 것을 보고 단순하게 지은 시로 볼 수 있지만, 다른 뜻이 있는 것 같기도 하다. 최수경은 1714년 함경도사(咸鏡都事)로 나갔다가 얼마 후 무슨 죄목인지 알 수 없지만 수원(水原)의 장족역(長足驛)에 유배되었고, 또 태인현감으로 있던 1722년 공무에 소홀했다 하여 도성에 압송된 바 있다. 최씨의 나이를 고려하면 첫 번째 작품은 1722년 이 일을 배경으로 하여 제작한 듯하다. 아버지의 억울함이 밝혀지겠지만 임금 근처에 이간질하는 세력이 있어 걱정이라 하였다. 두 작품 모두 열 살 남짓한 나이에 제작된 듯한데, 어린아이의 작품답지 않게 노숙하다.

61. 소응천과 백마강 대숲의 여인

18세기 무렵에는 아래로 천민에 이르기까지 한시를 짓는 여성 작가층이 두터워졌다. 특히 중인이나 평민 중에는 경제력을 바탕으로 양반의 교양을 익히는 이들도 있었다. 그 교양의 중심에는 한시를 지을 수 있는 능력이 자리하고 있었다. 이에 따라 자신의 문학을 자부한 여성이 등장하고 이들 중에는 자신의 문학적 취향에 맞는 남편을 구하고자 하는 일이 생겨났다. 앞서 본 대로 야담이나 시화에서 여성이 시를 매개로 하여 주체적으로 배필을 구하는 사례가 등장하였다.[1] 이경유(李景儒, 1750-1821)의 『창해시안(滄海詩眼)』에 전하는, 소응천(蘇凝天, 1704-1760)과 짧은 인연을 맺었던 백마강의 여인 역시 그러하였다.

> 소응천이 부여의 백마강을 유람하였는데, 옆에 큰 대숲이 있었다. 소응천이 즉시 "강물이 흘러도 답답한 마음 씻어 주지 못하는데(江流不得滌煩寃)"라 읊었다. 미처 이어서 읊조리기 전에 대숲에서 시를 읊는 소리가 들렸는데 "부소산에 달이 뜨자 밤 원숭이 울음소리 들리네.(月上扶蘇聽夜猿)"라 하였다. 소응천이 깜짝 놀라 또 읊조려 "들꽃이 다 지고 나니 봄은 자취조차 없는데(山花落盡春無迹)"라 하자, 다시 대숲에서 "물귀신이 울며 돌아가니 눈물 자국만 남았네.(水鬼啼歸淚有痕)"라 읊었다. 소응천이 또 읊어 "화려한 석양에 중은 혼자 길을 나서는데(繁華返照孤僧去)"라 하자, 다

1 졸고, 「여성이 한시로 배필을 구하는 일」, 『한국한시연구』 28(2020).

시 대숲에서 이어서 "세상 너머 나무다리에 새 한 마리 우짖네.(世事橫橋一鳥喧)"[2]라 하였다. 소응천이 또 읊어 "죽지사 몇 곡조가 찢어질 듯 들리기에(數曲竹枝聲欲裂)"라 하니 대숲에서 "낡은 성 기슭에 일엽편주 옮겨 대노라.(扁舟移纜古城根)"라 읊어 시를 맺었다.

소응천이 처음에는 귀신이라고 의심하였다가 다시 고상한 도인(道人)이라고 의심하여 마침내 대숲으로 들어가 오르내리며 찾아보았으나 찾지 못하였다. 가장 으슥한 곳에 이르자 초가삼간이 있는데 지극히 정갈하였다. 방안에 다른 물건은 없고 당시(唐詩) 몇 질뿐이었으며 고요하여 사람의 발자취가 없었다. 소응천이 다시 숲속을 샅샅이 찾았으나 끝내 만나지 못해 결국 실망하고 돌아왔다.

3년 뒤 서울에 갔다가 소나기를 만나 마침내 어떤 여염집으로 피하였는데, 건물이 지극히 크고 화려하였다. 마루에 올라 잠시 쉬는데 벽에 이 시가 쓰여 있었다. 소응천이 괴이하게 여겨 묻고 싶었으나 사람이 없었다. 잠시 후 말총 모자를 쓴 사람이 안에서 나오기에 이야기를 나누었다. 소응천이 이어서 물었다.

"이 시는 어디에서 얻은 것입니까? 무엇 때문에 벽에 썼습니까?"

그 사람이 듣더니 갑자기 눈물을 비처럼 쏟고 오열하며 물었다.

"손님이 이 시를 물어보았는데, 이 시를 지은 사람을 아십니까?"

소응천이 또 물었다.

"주인께서는 어찌하여 이렇게 슬퍼하십니까?"

그 사람이 말하였다.

"이 늙은이가 운명이 박해서 평생 아들을 두지 못하고 딸 하나만 있었습니다. 용모와 재주가 제법 세상에 드물었지요. 또 시 짓는 것을 좋아하였습니다. 장성해서 혼사를 의논하려 하자 딸이 하지 않으려고 하면서 '네 마리 말이 끄는 수레를 타는 귀한 신분도, 큰 종과 솥을 소유한 부유한 집안도, 반악(潘岳)처럼 잘생긴 용모도 저는 모두 뜬구름처럼 여깁니다. 문장에 뛰어난 사람을 만나 섬기고자 합니다'라 하였습니다. 부모도 감히 그 뜻을 어기지 못하여 혼사 의논을 그만두었습니다. 몇

2 '世事'는 시상에 잘 맞지 않는다. 世外 정도의 뜻일 것 같다.

년 지나 추석에 부여현으로 성묘하러 가는데 딸이 따라가겠다고 해서 함께 갔습니다. 백마강 가의 큰 대숲을 보더니 즐거워하면서 초가를 지어 몇 년 동안 독서하겠다고 하였습니다. 또 그 뜻을 감히 어기지 못해 마침내 몇 칸 초가를 짓고 여종 몇 사람을 두어 아침저녁을 챙겨주게 하였습니다. 얼마 후 편지를 보내 돌아오겠다고 하기에 마침내 데리고 왔습니다. 그러자 이 시를 꺼내 보이면서 '제 배필을 만났습니다. 아버님은 이 시를 지은 사람을 찾아 저를 시집 보내주십시오.'라고 하고는 그 일을 자세히 말하였습니다. 마침내 이 시를 벽에 쓰고서 사대부 집안에도 묻고 지나가는 나그네에게도 물었지만 끝내 그 사람을 찾지 못하였습니다. 딸은 마침내 병에 걸려 일 년 동안 앓다가 지금은 죽었습니다. 손님께서 만약 그 사람을 아신다면 제게 말해 주십시오."

그러자 소응천은 몹시 놀라고 탄식하며 마침내 시구를 주고받기만 하고 만나지는 못한 일을 이야기하였다. 그 사람이 다시 끌어안고 통곡하였다. 소응천은 영전에 들어가도록 부탁하여 술을 따르고 떠났다.[3]

소응천은 호가 춘암(春庵)이고 호방하여 평생 산천을 유람한 인물이다. 문집 『춘암유고(春庵遺稿)』(계명대학교 소장)가 전하지만, 백마강에서 만난 이 여인에 대해서는 일언반구도 찾을 수 없다. 자신의 문집에 담기에는 무리가 있는 이야기였기 때문인 듯하다. 그럼에도 입에서 입으로 이 사연이 전해진 것이라 하겠다.

소응천이 백마강을 유람하다가 대숲에 있는 사람과 시구로 수작(酬酌)을 하였다. 소응천이 출구(出句)를 읊으면 대숲에서 어떤 사람이 그에 부합하는 대구(對句)로 답하였다. 이렇게 하여 2인의 연구(聯句)처럼 율시 한 편이 완성되었다. 『창해시안』을 편찬한 이경유는 "시어가 지극히 아름다울 뿐만 아니라 여인이 정숙하게 지조를 지켰다. 구멍을 뚫고 담장을 뛰어넘는 사람이 이 이야기

3 李景儒, 장유승 역, 『滄海詩眼』(성균관대학교출판부, 2020). 이 번역을 윤문하여 인용한다.

를 들으면 필시 얼굴에 땀이 날 것이다."라 칭송하였다.

얼굴도 보지 못한 남성이지만 한시 제작 능력을 보고 자신의 배필이 되기에 충분하다고 판단하였지만 직접 만나지도 않고 또 구애하지도 않았다. '자매(自媒)'의 혐의를 피하기 위한 어쩔 수 없는 선택이었지만, 이들의 재회를 운명이 허락하지 않았다. 고대광실에 사는 이 여인은 사대부가 아니라 이른바 요호(饒戶)로, 평민 출신으로 큰 부를 축적한 사람인 듯하다. 그러기에 한시의 작법을 익히 알아 소응천의 시구에 적절히 답을 할 수 있었을 것이다.[4] 이제 한시로 배필을 구하는 시대가 되었다고 하겠다.

---

4 『絳霞聽都錄』(버클리대학교 소장)에도 비슷한 이야기가 전한다. 소응천이 낙화암에서 시를 읊조리는데 대숲의 여자 귀신이 화답했다고 하였다. "江流不得濯深宪", "月上扶蘇聽暮猿", "巖花落盡春無跡", "水鬼啼歸淚有痕", "繁華落日孤僧去", "往事斜橋一鳥喧", "怊悵竹枝終夜咽"로 글자가 조금 다르고, 마지막에 귀신이 응대를 못 하자 소응천이 "行人繫纜古城根"으로 종결한 것으로 되어 있다.

62.
시로 구애한 아전의 딸 임씨

소응천이 만난 여인처럼 여성이 시로 배필을 구하는 일이 18세기 상당히 유행한 듯하다. 구수훈의 『이순록』에는 중간 계층 여성의 딸이 첩실이지만 제 뜻에 맞는 남성과 만나고자 한 이야기가 실려 있다. 『동시영언』에도 거의 같은 내용이 실려 전한다.

> 우리나라 풍습에서 부녀자 중에 문자를 아는 이가 매우 적다. 글을 안다면 민간에서 팔자가 사납다고 한다. 대개 재주가 많은 다음에 글에 능하므로 재주가 많으면 복을 누릴 수 없으니 이치가 혹 그러한 것인가?
>
> 10여 년 전에 사도시(司導寺) 서원(書員) 임씨 성의 사람이 딸이 있었는데 재능과 길쌈이 모두 절묘하고 기보(棋譜)나 격률(格律)을 함께 이해했다. 부모가 시집보내려 하였지만 딸은 바둑에 능하고 시에 뛰어난 호탕한 남자를 자신이 선택하여 몸을 허락하겠다고 하였다. 이 때문에 문인과 재사들이 매일 그 문에 몰려들었지만 끝내 마음에 드는 이가 없었고 나이가 스물이 되도록 몸을 허락하지 못하였다.
>
> 종실(宗室)인 남원군(南原君) 이설(李橋)이 바둑과 거문고에 뛰어나고 호협의 풍기가 있다는 말을 듣고 시를 지어 매파를 통해 보내었다. 그런데 남원군은 그녀의 미모가 그다지 뛰어나지는 않다고 여겨 허락하지 않았다. 그녀는 끝내 그에게 시집을 가지 못하고 얼마 있지 않아 요절하니, 사람들이 모두 불쌍히 여겼다. 그의 「만음(漫吟)」은 이러하다.

무성한 나무 짙푸르게 지붕을 덮고 있는데　深樹濃靑覆簷屋
숲 너머에서 우는 새는 울음소리가 여리네.　隔林啼鳥語聲纖
시 읊조리고 나면 악보와 기보로 벗을 삼고　吟餘樂譜棋經伴
술 취한 뒤 한가한 정 잠자는 일을 겸한다네.　醉後閑情睡事兼
꽃 그림자 어지럽게 처지니 이슬이 무거운가,　花影亂垂知露重
대 그늘 맑고 시원하니 바람이 고요한가 보다.　竹陰淸淨見風恬
평생토록 세상길에서 마음에 다툴 일 없으니　平生世路心無競
처한 대로 몸 편히 함에 낫 하나면 족하다네.　隨處安身足一鎌

또 절구를 지었는데 이러하다.

들판의 창포가 고운 향기를 흘리는 날　蘭蓀野外流芳日
성 동쪽의 복사꽃이 마음껏 핀 봄이라네.　桃李城東得意春
초가라도 누워 있으니 이곳이 내 집이라　偃臥荊扉爰得所
옥당에서 높게 시 읊는 이는 누구이신지?　高吟玉署是何人

그 밖의 율시와 절구 중에 인구에 회자되는 것이 매우 많다. 필법도 뛰어나 종요(鍾繇)와 왕희지(王羲之)의 의취가 있었다.[1]

시와 바둑에 뛰어난 호걸을 만나려는 주체적인 의식을 지닌 여성이었지만 여성의 미모에만 관심을 둔 남원군은 그녀를 맞아들이지 않았고, 그 여인은 불행히 요절하고 말았다. 남원군은 영조 연간 활동한 종실의 인물인데 바둑의 고수로 조선 후기 야담에 제법 보이는 인물이다. 그에게 마음을 둔 여성은 사도시 서원의 딸이라 하였으니 중인이다. 제법 재력을 갖춘 중인의 딸이기에 시를

1　편자 미상, 『東詩零言』(버클리대학교 소장).

배울 수 있었고 또 시재를 자부하였다. 구수훈은 그녀가 남긴 작품 중에 인구에 회자되는 것이 많다고 하였지만 지금 전하는 것은 이 두 편뿐인 듯하다.

첫 번째 작품에서는 바둑과 악보를 벗 삼아 술과 낮잠으로 소일하는 한가한 사람이라 자처한다고 자신을 소개하였다. 이슬이 담뿍 내려 꽃이 기울어졌는데 산들바람에 대나무 그늘이 시원하다고 한 함련의 표현은 전문적인 시인의 솜씨라 할 만하다. 그리고 세상사 부귀영화에 뜻을 두지 않고 기꺼이 농사를 지으면서 안빈(安貧)의 삶을 살겠노라 앞으로의 계획을 밝혔다. 미래의 남편에게 자신이 꿈꾸는 삶을 이렇게 말한 것이다.

두 번째 작품에서는 봄날의 아름다운 풍경을 유창한 율조로 묘사한 다음, 초가삼간에 살아가는 자신의 배필은 옥당(玉堂)에서 낭랑한 목소리로 시를 외는 분이라 하여 구애의 뜻을 드러내었다.

명필로 널리 알려진 종요와 왕희지가 남긴 필법의 멋이 있다고 구수훈이 칭송한 이 여인은 한시를 제작한 솜씨가 예사롭지 않다. 구수훈은 이 여성의 불행이 문학적 재능에서 비롯한 것이라 하였다. 능력을 갖추었기에 그 능력에 상응하는 배필을 구하고자 한 것이고 그 때문에 지탄을 받는 '자매(自媒)'를 하였지만 뜻을 이루지 못해 불행해진 것이다.

63.
규방의 절창과 여인의 요망한 시

시를 매개로 한 남녀 사이 사랑의 이야기는 18세기 무렵 상당한 인기를 끌었다. 이익(李瀷, 1681-1763)의 『성호사설(星湖僿說)』에는 '요매구기(妖魅口氣)', 곧 요망한 여인의 입버릇이라는 제목으로 자신이 알고 지내던 사람에게서 들은 이야기를 적었다.

> 내가 아는 선비 정(丁) 아무개가 예전 한 여자와 기이한 만남을 가졌는데 이 여자는 자태가 곱고 시에 능하였다. 그 맹서하는 글을 지었는데 다음과 같다.
>
> | | |
> |---|---|
> | 소나무는 독야청청하고 | 松獨也青 |
> | 백옥은 굳고도 정갈하네. | 玉栗然潔 |
> | 일개 아낙네의 뜻일지언정 | 匹婦有志 |
> | 그 늠름함은 한결같다네. | 懍與之一 |
>
> 또 어떤 사람에게 준 시는 이러하다.
>
> | | |
> |---|---|
> | 지는 달빛이 서쪽 처마에 어리는데 | 落月西簷影 |
> | 처량한 바람에 북쪽 창이 울리네. | 凄風北牖聲 |
> | 첩첩 휘장을 문 앞에 쳐 놓고서 | 數重門幌裏 |

천 리 먼 임을 그리는 마음이여. 千里戀人情

또 이런 시도 있다.

호랑나비 바람 앞에 멀어지고 彩蝶風前遠
지는 꽃잎 비를 맞아 눈물짓네. 殘花雨後啼
밤새 꿈길 속에 그리운 임은 相思一夜夢
외로이 낙동강 서쪽을 지나시네. 孤度洛水西

또 이러한 한 구절이 있다.

구슬섬돌에 이슬 맺혀 꽃 그림자가 무겁고 珠砌露滋花影重
하얀 담장에 바람 일자 댓잎 소리가 차갑네. 粉墻風動竹聲寒

이와 같은 시들이 무척 많았다. 내 생각에는 이 시가 규방의 절창이기는 하지만, 요망한 도깨비의 구기(口氣)를 벗어나지 못한 듯하다. 후에 그 여자가 어떻게 되었는지 알 수 없다.[1]

이익이 소개한 '요망한' 여인의 시는 정현동(鄭顯東)이 1812년 무렵 편찬한 야담집 『만오만필』에 사연이 자세하게 붙어 있다. 제법 긴 사연이므로 줄여서 소개하면 이러하다.[2]

경기도 금천(衿川)에 사는 젊은 선비가 공부하러 한양의 집에 머물고 있었다. 달빛이 대낮처럼 밝은데 담장이 무너진 집이 있어 들어갔다. 한 여인이 촛불을 밝히고 앉아 있다가 선비를 보고 반겼다. 꿈이었다. 그러나 꿈에서 본 것

1 李瀷, 「妖魅口氣」, 『星湖僿說』 권30.
2 鄭顯東, 『晚悟謾筆』(연세대 소장). 안대회 등이 역주한 『만오만필』(성균관대출판부, 2021)에 실린 것을 이용하였다.

과 같은, 환한 달빛 아래 무너진 담장 안에 촛불이 밝혀져 있는 방이 있었다. 선비가 들어가니 여인은 놀라는 기색도 없이 반기며 오실 줄 알았다고 하였다. 선비가 꿈속의 일을 말하니 여인은 자신도 기이한 꿈을 꾸었다고 하였다. 자신은 무남독녀로 부모의 각별한 사랑을 받으며 한적한 집에서 자수와 시문으로 소일하고 있는데 선비를 만난 꿈을 꾸었으니 천생연분이라 하였다. 다만 선비와는 집안의 체모가 맞지 않고 선비에게 아내가 있으니 소실이 되겠노라 하였다. 그렇지만 부모의 허락을 받지 않고 몸을 허락할 수 없으니 이틀 뒤 다시 와서 부모께 혼인을 청하라 하였다. 그리고는 거듭 당부를 하고 자신과의 약조를 지키지 않는다면 죽을 것이라 하였다.

이틀 뒤에 집안사람이 와서 부모가 편찮다는 소식을 전하여 선비는 황망하게 금천으로 돌아갔다가 약방문을 주고 한양으로 다시 왔다. 마침 남대문이 닫혀 있어 그 곁에서 파루(罷漏)가 울릴 때를 기다리느라 약조한 이틀이 지나 버렸다. 바로 그 여인의 집으로 갔는데 희미한 등불 아래 여인이 이부자리에 누워 있었다. 이불을 젖히자 여인은 이미 목을 맨 뒤였다. 급히 주인을 불러 구완하여 다행히 얼마 지나지 않아 여인이 소생하였다. 그 곁에 화전지(花箋紙)가 있는데 시가 한 수 적혀 있었다. 그 시는 이익이 소개한 두 번째 작품인데 글자가 몇 다르다.

지는 달빛이 서쪽 처마에 어리는데	落月西簷影
북쪽 거리에는 가물거리는 종소리.	殘鍾北陌聲
비단 방 오색실 수놓은 휘장 안에서	錦房繡帳裏
천 리 먼 곳 임을 기다리는 마음이여.	千里待人情

달이 서쪽 처마를 비춘다고 한 데서 여인이 밤새 잠을 이루지 못하고 선비를 기다린 절절한 마음을 읽을 수 있다. 달이 지고 새벽을 알리는 파루소리가

가물거리니 이제 약속한 이틀이 지나가고 있다. 방이 화려할수록 여인의 눈물짓는 모습이 더욱 슬프게 한다. 이익이 소개한 작품에서 2구에서 처량한 바람이 북쪽 창을 울린다고 한 것도 여인의 울음소리를 투영한 것이니 이 역시 멋이 있다.

이 시와 함께 여인이 지은 또 한 편의 글이 놓여 있었는데 이익의 글에서 맹서의 글이 그것이다. 이익의 글에서 "필부유지(匹婦有志)"라 한 것이 "필부병심(匹婦秉心)", 곧 "평범한 아낙네의 마음가짐"으로 되어 있지만 뜻은 다르지 않다. 여성의 작품으로 흔치 않은 사언시라는 점이 주목되거니와 그 뜻과 표현이 굳세다. 아무튼 이 두 편의 글을 보고 선비는 여인의 부모에게 사연을 말하여 혼인을 허락받았다.

『만오만필』에는 이어 앞에서 본 황진이가 쓴 「송도회고(松都懷古)」 "지는 달빛은 전조의 모습이요, 가물거리는 종소리는 망국의 소리인 듯. 남루에 시름겹게 홀로 서 있으니, 무너진 성곽에 저녁 안개가 피어오르네.(落月前朝色 殘鐘故國聲 南樓愁獨立 殘郭暮烟生)"를 소개하고[3] "황진이는 옛 사적을 회고하고 이 여인은 임을 기다리는 시를 지어, 제각기 오묘한 경지를 다하였으니 우열을 다툴 만하다. 다만 저 여인은 국량이 너무 좁으니 어찌 그리 성급한가."라 하였다.

이익이 가장 마지막에 소개한 두 구는 『만오만필』에 보이지 않지만 이 여인의 탁월한 시재를 보게 한다. 섬돌 곁의 꽃은 이슬을 맞아 고개를 숙이고, 하얀 담장 곁의 푸른 대나무는 바람에 쏴하는 소리를 낸다. 시각과 청각의 병치가 예사롭지 않다. 다만 이익은 앞서 든 이 여인의 시 네 편을 두고 절창이라 하면서도 귀기(鬼氣)가 있다고 비판하였다. 『만오만필』에 실린 것과 비슷한 사연을 이익이 정 아무개에게서 들어 알고 있었고 그 때문에 이 여인의 시에 죽

---

3 이 시는 앞에서 황진이를 다룰 때 보았다. 대부분의 문헌에는 "雪月前朝色 寒鐘故國聲 南樓愁獨立 城郭暮烟生"으로 되어 있다.

음이 드리워져 있음을 읽은 것이라 하겠다. '규방의 절창'과 '여인의 요망한 시' 사이의 거리가 어떠한지 모르겠다.

그런데 이익이 소개한 작품 중에 세 번째 시를 두고 이덕무는 동양위(東陽尉) 신익성(申翊聖)의 궁비(宮婢)가 지은 것이라 하였다.

> 동양위의 궁비도 시를 잘하였는데, 그의 시는 이러하다.
>
> 낙엽은 바람 앞에 속삭이고 落葉風前語
> 국화는 비를 맞아 눈물짓네. 寒花雨後啼
> 그리운 임 오늘 밤 꿈에 오시려나, 相思今夜夢
> 작은 누각 서편에 달빛이 뿌옇네. 月白小樓西
>
> 최기남(崔奇男)의 호는 귀곡(龜谷)인데 동양위의 궁노(宮奴)다. 그 역시 시집이 있는데, 그의 「한식도중(寒食途中)」 시는 이러하다.
>
> 봄바람에 보슬비가 긴 둑 지나가니 東風小雨過長堤
> 풀빛에 안개 서려 눈길이 흐릿하네. 草色和烟望欲迷
> 한식이라 북망산 산기슭 길에는 寒食北邙山下路
> 까마귀 백양나무에 날아올라 우네. 野烏飛上白楊啼
>
> 동양위의 부자와 형제, 조손(祖孫)이 모두 문학과 풍채가 나란히 빼어나 부끄러울 것이 없었다. 하인들도 화조(花鳥)를 능란하게 읊조렸다.[4]

신익성은 선조의 셋째 딸인 정숙옹주(貞淑翁主)와 혼인하여 동양위에 봉해

4 李德懋, 『淸脾錄』, 『청장관전서』 권33.

졌다. 신익성의 아우 신익전, 아들 신최, 조카 신정 등 많은 인물이 이 집안에서 배출되었거니와 홍명하(洪命夏)와 김좌명(金佐明) 등도 신익성의 사위다. 이 집안은 부귀권력뿐만 아니라 문학도 그 위명에 힘입어 하인들조차 시에 능하였다. 17세기 위항문학의 선구로 평가받는 최기남(1589-1671)은 이 집안의 궁노인데 시인으로 명성이 높아 통신사의 막하로 일본에까지 다녀온 바 있다. 한식(寒食)을 맞아 주인집 성묘를 위해 보슬비와 안개가 끼어 뿌연 들판을 가노라니, 묘지가 늘어선 야산 기슭 백양나무에 산갈가마귀가 내려앉아 울고 있다. 노비의 천한 신분인지라 화사한 봄날조차 비감에 잠겨 있다.

그런데 이 작품은 작가를 두고 논란이 있다. 이덕무의 『청비록』과 함께 홍만종의 『소화시평』, 장지연의 『진휘속고』 등에 신익성의 궁비가 지은 것으로 소개되어 있지만, 홍중인(1677-1752)의 『시화휘성』에는 정순신(丁舜愼)의 첩이 지은 작품으로 되어 있고 "호랑나비 바람 앞에 멀어지고, 지는 꽃잎 비를 맞아 눈물 짓네. 그리운 임 꿈속에 오시려나, 작은 누각 서쪽에 달이 뿌옇네(彩蝶風前遠 殘紅雨後啼 相思今夜夢 月白小樓西)"라 하여 조금 다르다. 정순신은 어떤 인물인지 알 수 없다.

또 장지연의 『대동시선』에는 이러한 이설을 소개하면서 감사(監司)를 지낸 정도성(鄭道成)의 딸이요 황쇠(黃釗, 1647-?)의 소실 정씨(鄭氏)의 작품이라 하고 제목을 「유배지의 남편에게 보낸다(寄良人在謫)」라 하였다. 작품도 "시든 잎 바람에 울고, 지는 꽃잎 비 맞아 눈물짓네. 천 리 꿈속에서 그리는데, 달은 작은 누각 서쪽에 있네.(病葉風中語 殘花雨後啼 相思千里夢 月在小樓西)"라 하여 다소 차이가 난다. 정도성은 1670년 문과 별시에 합격하여 사간원정언을 지낸 인물이다. 황쇠 역시 비슷한 시기 활동한 인물로 1669년 식년시에 급제한 후 금부도사, 형조정랑, 호조좌랑, 안성군수 등을 지냈다. 광나루 동쪽에 이 집안의 별서가 있었다.

과연 이 작품의 작자가 누구인지는 확정하기 쉽지 않지만 이익이 알고 지내던 정(丁) 아무개가 만난 여인이라는 증언이 가장 신빙성이 있어 보인다. 그렇다면 여기에 더하여『시화휘성』에서 밝힌 대로 정순신의 첩으로 보는 것이 무난할 것이다.

64.
평민 여성의 시

조선 후기 양반가의 여성뿐만 아니라 중인층이나 평민 계층의 여성 중에 비교적 자유롭게 시를 지을 수 있는 능력을 갖춘 사람이 제법 있었음을 여러 기록에서 확인할 수 있다. 한시의 대중화가 제법 빠르게 확산되고 있었다. 백하(白下) 윤순(尹淳, 1680-1741)이 만난 여인도 평범한 시골 아낙이지만 시에 능하다고 인근에 소문이 났다.

> 백하 윤순이 서교(西郊)에 물러나 살 때 어떤 시골 아낙이 시에 뛰어나다는 말을 듣고 말을 보내 데려오게 하였다. 그녀가 지은 오언절구는 이러하다.
>
> 버들가지 잘라 백마를 채찍질하니　　折楊鞭白馬
> 꾀꼬리는 한 가지의 봄을 잃었네.　　鶯失一枝春
>
> 그가 헤어져 갈 때 다시 절구 한 수를 지었다.
>
> 개울 길에 저녁 안개가 피어오르고　　溪路暮烟起
> 저물녘에 흰 해오라기가 서 있는데　　斜陽白鷺前
> 당신 계신 집이 차츰 멀어져 가니　　君家去漸遠
> 가는 말에 차마 채찍질을 못 하겠네.　　歸馬不忍鞭

이 또한 여자 중에 뛰어난 사람이다.[1]

윤순은 본관이 해평(海平)이고 윤두수(尹斗壽)의 증손자다. 자가 중화(仲和)이며 호는 백하 외에 학음(鶴陰), 나계(蘿溪), 만옹(漫翁) 등을 사용하였다. 공조와 형조, 예조 등의 판서를 지내고 대제학까지 지냈으며, 그의 글씨가 백하체(白下體)로 높은 평가를 받았다. 윤순은 한때 마포의 풍월정(風月亭)에 우거한 적이 있었다. 풍월정은 월산대군의 집인데 18세기 홍만종이 주인으로 있었다. 특히 1723년 여름에 윤순은 이하곤(李夏坤), 정수기(鄭壽期), 이덕수(李德壽), 윤유(尹游), 김동필(金東弼) 등과 이곳에서 모임을 하였다.[2] 홍문관 교리로 있다가 노론의 견제를 받아 파직되어 있던 시절이다. 위의 일화는 이 무렵의 일로 추정된다.

윤순은 이웃에 시를 제법 짓는다는 여성이 있다는 소문을 듣고 말을 보내 초청하자 그 여인은 거리낌 없이 찾아와 시를 지어 보였다. 시에 대한 상당한 자부가 없으면 이런 무리를 하였을 리 없다. 그리고 윤순과 헤어지면서 아쉬운 마음을 시에 담은 것을 보면 윤순에게 상당한 호감을 느꼈던 것이 분명하다. 아마 홀몸이었고 양반가의 여인 같지도 않다.

이름도 알 수 없는 시골 아낙이지만 시를 짓는 솜씨가 예사롭지 않다. 2구만 전하는 시는 당(唐) 최국보(崔國輔)의 「장안소년행(長安少年行)」 "산호로 만든 채찍 잃어버리니, 백마가 사나워 가지 않네. 장대에서 버들가지 꺾어서 주니, 봄날에 길가의 정 애틋하여라.(遺却珊瑚鞭 白馬驕不行 章臺折楊柳 春日路傍情)"가 연상된다. 홍문관 교리로 있던 윤순이 백마를 탄 '장안의 소년'인 셈이다. 그리고 자신을 꾀꼬리에 비하여 백마 탄 장안 소년의 부름에 놀라 달려왔노라 하였다.

---

1 편자 미상, 『海東詩話』(규장각 소장).

2 李夏坤, 「六月十七日, 與鄭舜年壽期, 李仁老德壽, 尹伯修游, 金子直東弼, 尹仲和淳, 會于風月亭. 仲和方僑居亭中, 時積雨新霽, 江山尤覺淸勝, 風帆縱橫江中, 水村烟樹微茫, 眞如畫中, 凭欄縱目, 不知三伏炎蒸之爲苦, 可謂天下之絶景, 世外之勝事也. 余詩先成, 諸君以次和之, 是日微雨晩晴」, 『頭陀草』 10책.

그리고 돌아가면서 지은 시에서 푸른 개울가의 흰 연기, 붉은 석양과 흰 물새를 배경으로 놓고 아쉬움에 뒤를 돌아보면서 말을 타고 가는 자신의 모습을 넣었다. 시에 대해 두 사람이 이야기를 나누고 마음이 통하였지만 그럼에도 음란함에 이르지 않았음은 이 시의 맑은 풍격에서 확인할 수 있다. 장지연의 『대동시선』에는 촌녀(村女)의 「윤백하와 헤어지며(辭尹白下)」로 실려 있다.

윤순의 일화처럼 18세기 무렵이 되면 평민층의 여성 중에도 한시에 소양을 가진 사람이 문헌에 나타난다. 황윤석은 『이재난고』(1756. 2)에서 평민 여성 중 한시 제작의 능력이 있던 여성에 대해서 다음과 같이 소개하였다.

> 지금 주상 병자년 가을 낭주(浪州)의 김생이 나에게 해 준 말이다. 이 고을의 읍성 안에 김상규(金相奎)라는 자가 있는데 양민으로 제법 시에 능하다. 두 딸이 더욱 아름다운 시구가 많다. "서리 지자 광야에 기러기 울음 들려오는데, 달 밝을 때 사람은 찬 창가에서 꿈을 꾼다.(霜落雁聲來曠野 月明人夢在寒窗)"라 하였고 또 "봄 향기 아득하게 찬 베틀 위에 올라오네.(春香漠漠上寒機)"라 하였으며, 또 이런 시도 남겼다.
>
> 홀로 서서 난초 주머니 차고 있는데　獨立佩蘭芬
> 큰 언니는 작년에 시집을 가시고　伯以去年嫁
> 둘째 언니는 올봄에 시집을 가셔서　仲以今春嫁
> 영주 수령의 아내가 되었지요.　作瀛洲知印婦
>
> 가히 "평범한 백성의 집에 날아들었다"고 할 만하다.

양민 김상규가 지은 시를 이렇게 옮겨 놓았다. 첫 번째와 두 번째 구절은 온전하지 않지만 염정시의 틀을 빌려 그리움을 노래하였는데 정교한 대(對)가 볼 만하며 봄날의 꽃향기와 찬 베틀의 대조도 정취가 있다. 세 번째 시는 자유로운 형식으로 홀로 시집가지 못한 서러움을 노래하였다. 황윤석은 당의 시인 유우석이 「오의항(烏衣巷)」에서 "주작교 곁에 야생화가 피어 있고, 오의항 어귀에는 저녁 햇살 비스듬한데, 그 옛날 왕씨와 사씨 살던 집 제비들은, 평범한 민가로 날아들어 가는구나.(朱雀橋邊野草花 烏衣巷口夕陽斜 舊時王謝堂前燕 飛入尋常百姓家)"라고 한 것에서 마지막 구절을 가져와 평범한 여성들도 시를 잘 짓게 된 세태를 말하였다.

임렴(任廉)의 『섬천만필(蟾泉漫筆)』에서도 "근세 한강에서 일하는 상민의 딸이 시를 지었다."라고 하면서 다음 작품을 소개하였다.

어젯밤 보슬비 따라 봄이 왔나 보다	昨夜春隨小雨過
먼 들판에 고운 풀 가까운 산에 피어난 꽃.	遠郊芳草近山花
천지간에 홀로 선 한가로운 사람 있어	乾坤獨立閒人在
몇 굽이 개울 앞 '일' 자 집에 산다네.	數曲溪南一字家[3]

이 작품은 장지연의 『대동시선』에 선발되어 있는데 경강(京江) 마을 여인의 작품이라 하고 『섬천만필』에서 가져왔다고 하였다. 근세라 하였으니 18세기 말이나 19세기 초의 것으로 보면 되겠다. 보슬비가 내리더니 봄이 와 산과 들에 꽃과 풀이 곱다. 개울 곁 초가삼간에서 한가하게 살아가는 자신의 삶을 맑게 그려낸 수작이다. 평민 여성의 솜씨지만 그 수준이 높다.

그리고 편자 미상의 『청구시화습유고』에는 강마을에 사는 주모(酒母)의 시를 소개하였다. 주막에서 술 파는 여인까지 시를 짓게 된 시대가 도래했다고 할 만하다.

지붕도 버드나무도 누런 세 번째 주막	茅黃柳黃第三廬

3 任廉, 『蟾泉漫筆』, 『暘葩談苑』(국립중앙도서관 소장).

비파 타는 이 신세는 여자만 알아준다네. 身世琵琶女子如
고운 잔의 맛난 술도 남이 좋아하지 않으니 玉椀鵝兒人不愛
문 닫고 들은 풍월로 양잠서를 풀어 본다네. 閉門聞註養蠶書[4]

주막에서 술을 파는 여인이라 하였지만 학식이 그리 녹록한 것은 아니었던 모양이다. 지붕을 인 지 오래된 낡은 주막에 버드나무조차 누렇게 생기를 잃었다. 백거이의 「비파행(琵琶行)」에 비파 타는 늙은 여인이 등장한다. 「비파행」에서는 백거이가 늙은 여인을 알아주었지만 이 늙은 주모는 그러하지 못하여 여인만이 자신의 처지를 알아준다고 하였다. 옥으로 만든 술잔에 노란 거위의 부리 색깔 같은 맛난 아아주(鵝兒酒)를 권해도 늙은 주모를 돌아보는 이가 없다. 그런 신세이기에 농사짓고 누에 쳐서 먹고살아야 할 것이라 양잠서(養蠶書)를 들은 풍월로 깨친다고 한 것이다.

편자 미상의 『수미청사(脩眉淸史)』에도 평범한 여성의 아름다운 시가 소개되어 있다.

고양(高陽) 시골 여자가 시집가는 여자 동무를 보내는 시를 지었는데 이러하다.

가랑비에 등불 아래 마음으로 다짐하고 論心細雨香燈下
호젓한 꽃 고운 풀 앞에 나란히 거닐었지. 聯袂閒花芳草前
시집가도 상심의 눈물일랑 흘리지 말자꾸나 于歸莫墮傷心淚
여필종부 이 말이 천명임을 알아야 하리니. 女必從夫認是天

감정과 이치가 곡진하다. 근세의 부인이 직녀도(織女圖)를 두고 지은 시는 이러하다.

4 편자 미상, 『靑邱詩話拾遺稿』(규장각 소장).

오색구름 깊은 곳 백 척 화려한 누대 瑤臺百尺綵雲深
천만 포기 풀과 꽃이 제각기 다른 마음. 萬草千花各自心
온종일 베를 짜도 끝없이 그리워할 뿐 終日七襄無限意
뉘 알아주어 당신과 나 한 이불 덮을까! 誰知君我一般衿

자질이 아름답다. 많이 구해볼 수 없어 한스럽다.[5]

장지연의 『대동시선』에 「시집가는 여동무를 전송하며(送女伴于歸)」와 「직녀도를 읊다(詠織女圖)」로 실려 있다. 첫 번째 작품을 두고 감정과 이치가 곡진하다고 하였는데, 두 처녀가 호롱불 아래 손가락 걸며 시집가지 말고 평생 함께 지내자는 다짐한 일과 봄날 손을 잡고 꽃놀이를 나간 일을 먼저 말한 다음, 그러한 맹약은 더 이상 마음에 두지 말고 시집가서 잘 살라는 당부의 말로 시를 맺었다. '우귀(于歸)'는 『시경』의 「도요(桃夭)」에서 "그대 시집가니 그 집 사람에게 잘하리라.(之子于歸 宜其家人)"에서 나온 말로 시집간다는 뜻이다. 여필종부(女必從夫)라는 말은 어원이 분명하지 않지만 조선 초기 문헌에서부터 보이므로 유래는 오래된 것이라 하겠다.

나란히 소개한 두 번째 작품은 직녀를 그린 그림에 붙인 제화시다. '부인'이 지은 것이라 하니 사족 여성일 가능성이 있지만, 그 마음은 남편의 사랑을 바라는 평범한 아낙네와 다를 것이 없다. 그림 속에 고대광실 화려한 집이 오색구름에 덮여 있는데 정원에는 수많은 꽃이 피어나 있다. 집안에 직녀가 베를 짜다 말고 멍하니 수심에 잠겨 있다. 아마 「직녀도」는 이런 그림이었을 것이다. 제화시는 그림을 재현하면서 못다 그린 그림의 뜻을 보탠다. 여기서는 직녀가 베를 짜다 수심에 잠긴 것은 그 베로 만든 이불을 견우가 함께 덮지 못하

5 편자 미상, 『脩眉淸史』(『靑雲雜叢』, 규장각 소장).

는 슬픔 때문이라 풀이하였다. 칠양(七襄)은 『시경』 「대동(大東)」의 "세 가닥으로 있는 직녀성은, 종일 일곱 번을 자리를 옮기네. 일곱 번 옮겨 가도, 내게 바칠 문양을 만들지 못하네.(跂彼織女 終日七襄 雖則七襄 不成報章)"에 나오는 말이다. 2구는 두보의 「백사행(白絲行)」에 보이는 "상아 침상의 섬섬옥수에 검붉은 빛 어지러운데, 천만 포기 꽃과 풀에 푸른빛이 일렁이네.(象牀玉手亂殷紅 萬草千花動凝碧)"라는 구절을 응용한 것이다. 여기서는 여성의 처지와 마음이 제각기 다르다는 뜻을 비유하였다. 임금의 은총을 받지 못하는 궁중 여인의 한을 그린 궁사(宮詞)의 분위기를 내었다. 『수미청사』의 편자가 더 많은 작품을 보지 못하여 아쉬워할 만큼 시가 노련하다.

시를 남긴 평범한 여성 중에 이름이 밝혀진 예는 거의 없는데 요행히 소옥화(小玉花)는 이름까지 남겼다.

> 「헤어지면서(贈別)」를 지은 소옥화는 영조 때 거제군(巨濟郡) 남촌(南村) 양민의 딸인데 그 성씨는 알 수 없다.

해 저무는 때 바람 차고 날까지 저무는데	歲暮風寒又夕暉
천 리 먼 곳 임 보내니 눈물이 옷을 적시네.	送君千里淚沾衣
봄이 온 둑방에 고운 풀이 해마다 푸르리니	春堤芳草年年綠
떠나고 돌아오지 않는 왕손일랑 배우지 마오.	莫學王孫去不歸[6]

안왕거의 「동시총화」에서는 소옥화가 영조 연간 평민의 딸이라 하였다. 『풍요속선』에는 「정든 임과 헤어지며(別人)」로 실려 있는데, 작가는 거제 구천장(舊川場) 남촌의 여자로 그 성씨는 알 수 없다고 하였다. 영향당 한씨와 함

6 『매일신보』(1917. 12. 11).

께 매창의 작품보다 먼저 실은 것을 보면 『풍요속선』을 편찬한 사람들에게는 18세기 전후의 인물로 인식되었던 듯하다. 장지연의 『대동시선』에도 같은 제목으로 실려 있다.

김억이 이 작품을 번역한 바 있는데[7] 지금 표기로 바꾸면 "섣달그믐 찬바람 날도 저물 제, 천 리 먼 길 그대를 울어 보내네. 새봄이라 언덕에 움 돋는 것을 보니, 그대는 잊지 마라 내가 기다리니" 정도가 된다. 이어 "세말에 천 리 먼 길 눈물로 보내는 정, 아무리 무심타 한들 그대야 잊으리. 봄마다 돋는 속잎을 못내 부러 하노라."라고 시조로도 번역하였다.

「동시총화」에는 소옥화의 작품으로 「외종숙의 제일(從舅祥日)」도 소개하였다.[8] 여성 작가가 지은 한문 제문으로 소중하거니와 평민 출신 여성의 솜씨임을 감안하면 더욱 이채롭다.

내 외종숙을 생각하니, 물을 건너가셨겠구나.	念我從舅 有超濱兮
만 년 사실 새집은 소나무 오동나무 언덕이라.	萬年新宅 松楸舊麓
생각하니 영령이 가셔서 부모님 만나 함께하겠지.	想英靈之 歸與父母
형제와 자식 조카들도 황천에서 노닐겠지.	兄弟子姪 遊兮泉臺
오늘 인간 세상에서 예전처럼 곡을 하네,	今日人間平昔哭
장안을 바라보며 아이들을 보내고 나면	望長安送兒子兮
구름은 참담하고 강물은 오열하리라.	雲慘慘兮水咽咽
신령들께서도 알아줌이 있을 듯하니	如神理之有知兮
작은 정성일망정 살피시어 흠향하소서.	察微誠而歆洞酌

운자를 쓰지 않고 사언(四言)과 칠언(七言)을 섞었는데 어찌 보면 우리말 제

7 『매일신보』(1941. 7. 23).

8 『매일신보』(1917. 12. 13).

문을 한문으로 옮긴 듯한 맛도 있지만 소옥화의 시를 보면 이 정도의 제문은 충분히 지을 수 있을 것 같기도 하다.

18-19세기가 되면 나이 어린 평민 여자아이도 시를 지을 줄 알았다. 근대 자료이기는 하지만 곽찬의 『동양역대여사시선』에는 금천(金川) 민가의 여자 은하(銀河)가 7세 때 지었다는 시를 소개하였는데 발상이 참신하다.

밤에 켠 촛불은 방 안에 뜬 달이요	夜燭房中月
아침 안개는 지붕 위의 구름 같네.	朝煙屋上雲
산은 천 년의 형색으로 서 있는데	山立千年色
강은 만 리의 마음으로 흘러가네.	江流萬里心

촛불을 방 안의 달로, 안개를 지붕 위의 구름으로 비유한 것이 참신하다. 당의 시인 장호(張祜)가 「밤에 분포에서 묵으며 최승을 만나(夜宿湓浦逢崔昇)」에서 "강물은 흐르지 않고 달은 서쪽으로 지는데, 남북으로 오가는 사람은 만 리의 마음이라.(江流不動月西沈 南北行人萬里心)"라 하고 「이독산의 옥담 집에 쓰다(題李瀆山居玉潭)」에서 "늙은 나무는 천 년의 빛이요, 푸른 벼랑은 백 척의 벼랑이라.(古樹千年色 蒼崖百尺陰)"라 하였으니, 이러한 구절을 적절히 연결한 것이라 하겠지만 나름으로 멋이 있다.

65.
버림받아 이름을 남긴 취련

어숙권은 『패관잡기』(권4)에서 "옛날에 천한 여자가 시인을 만나서 불후의 이름을 남긴 자가 참으로 많이 있다. 황사랑(黃四娘)은 두보에게, 유기(柳妓)는 이상은에게, 상부(商婦)는 백거이에게, 국향(國香)은 황정견에게 그러하다. 어찌 풍류의 한 기이한 일이 아니며, 이들 네 여자에게 큰 다행이 아니겠는가."라고 하였다. 조선의 기녀도 그 이름을 후세에 전하게 된 데에는 그들과 인연을 맺었던 이름난 사내들의 역할이 지대하였다. 서명빈(徐命彬, 1692-1763)에게 버림받았지만 오히려 그 무정함 때문에 더 이름난 문인의 글에 실려 이름이 전하게 된 여인이 있으니 정평(定平) 기녀 취련(翠蓮)이 그러하다.

> 정평 기녀 취련은 자가 일타홍(一朶紅)인데 시를 잘 짓고 가무에도 능하였다. 판서 서명빈이 북평사로 있을 때 총애하여 날마다 함께 수창하였지만 체직되어 돌아가면서 즉시 절연하였다. 취련이 몇 차례 시를 보냈지만 하나도 답장하지 않았다. 후에 취련이 도성에 들어와 한 번 뵙기를 청하였지만 끝내 받아들이지 않았다. 물러나 이렇게 시를 지었다.

아름다운 계절 봄날이 되니	令節當三春
고향 생각 나날이 새롭건만	鄕愁日日新
학사님 풍류가 다 사라져버려	學士風流盡

하릴없이 천 리 길 돌아갑니다. 空歸千里人

동계 조귀명이 이를 듣고 그가 떠날 때 서(序)를 지어 주었다.

"천하에 문장가가 많은데 진짜 장부라면 군이 이를 고집하다 정인(情人)을 저버리겠는가? '저 양학사(楊學士)를 따르다가, 갑자기 포참군(鮑參軍)을 죽였네.'라고 하였으니 또한 그 본색을 찾을 뿐이다."[동계의 서는 그의 문집에 실려 있지 않다.]

일타홍의 「달을 감상하며(賞月)」는 이러하다.

아름다운 초승달이 가장 환하니 亭亭新月最分明
한 조각 금빛이 만고의 정수라. 一片金光萬古精
오늘 밤 세상에서 보는 이가 끝없지만 無限世間今夜望
백년인생 비환은 몇 사람이 알아줄까? 百年憂樂幾人情

또 「사내는 새것을 좋아하네(丈夫好新)」는 이러하다.

정숙한 여인은 옛것을 찾지만 幽貞女求舊
경박한 사내는 새것을 좋아하네. 輕薄子好新
바라건대 주남의 교화를 미루어 願推周南化
관북 사람들에게 고루 적셔 주소서. 均霑關北人

그리워하면서도 음란하지 않고 원망하면서도 상심하지 않았으니, 온유돈후(溫柔敦厚)라는 『시경』 시대 사람의 뜻을 깊이 터득하였다.[1]

함경도 정평의 기녀 취련은 자가 일타홍이다. 일타홍은 곧 한 송이 붉은 꽃으로 주로 붉은 연꽃을 이르는 말이다. 남조(南朝) 제(齊)의 왕검(王儉)이 위장

1 任相元·任天常, 『郊居瑣編』(규장각 소장).

군(衛將軍)에 임명되었을 때 그 막부에 인재들이 많았으므로 사람들이 그 막부를 연화지(蓮花池)라고 일컬었는데, 당시 문명(文名)을 떨치던 유고지(庾杲之)가 그 막부로 들어오자 소면(蕭緬)이 "푸른 물에 떠서 연꽃에 의지하네.(泛綠水依芙蓉)"라고 찬미했던 고사가 있다. 여기에서 연막(蓮幕)은 후대에 막부를 일컫는 말로 쓰이는데 서명빈이 1727년 함경도 북평사가 막부의 관직이니 관직과 묘하게 호응을 이룬다. 또 취련은 푸른 연잎을 이른다. 붉은 연꽃 일타홍과 푸른 연잎 취련으로 짝을 맞춘 것이다. 우연이겠지만 이들이 이름에서부터 인연이 있었다고 보면 더 재미가 있을 것 같다.

아무튼 서명빈은 북평사로 있을 때 취련을 아꼈지만 한양으로 돌아갈 때 인연을 끊어 버렸다. 취련이 한양까지 찾아왔지만 매정하게 만나주지 않아 그 아쉬운 마음을 시에 담았다. 춘삼월 아름다운 계절에 고향 생각이 간절하다. 아껴 주던 학사님은 사랑이 식었기에 천 리 먼 길을 돌아간다고 하였다. 장지연의 『대동시선』에서는 「서공에게 바치는 시(奉呈徐公)」로 실었다.

이 시로 인하여 서명빈은 벗들로부터 비난받았다. 그러나 이 때문에 조귀명(趙龜命, 1694-1737), 조문명(趙文命, 1680-1732) 등 당대 이름난 문사들이 취련을 가련히 여겨 많은 글을 써 줌으로써 취련의 명성이 더욱 높아졌다. 조귀명은 소식과 그의 애첩 금조(琴操)의 고사를 끌어들여 "저 양학사를 따르다가, 갑자기 포참군을 죽였네."라고 한 말에 비유하였다. 양학사는 송(宋) 양일엄(楊日嚴)이고 포참군은 남조 송의 포조(鮑照)다. 양일엄의 문학도 뛰어나지만 포조에 미치지는 못한다. 조귀명은 서명빈이 새로 얻은 여인을 좋아하여 취련을 내쳤지만 오히려 더 나은 사람을 놓치게 되었다고 놀렸다.

『교거쇄편』에는 서명빈과의 사연에 이어 취련의 시 두 편을 소개하였는데, 「달을 감상하며」는 사랑하는 사람을 그리워하고 자신의 처지를 슬퍼하는 마음이 읽힌다. 장지연의 『대동시선』에서는 취련과 별도의 인물인 북도기(北道妓) 곧 관북의 기녀 '일타홍'을 소개하고 이 작품을 선발하였다. 장지연은 취련과 일타홍을 다른 인물로 알았던 모양이다. 이 작품에서 달은 천고의 세월 사랑하는 사람의 얼굴을 떠올리게 하는 매개물이다. '무한세간(無限世間)'은 당 고섬(高蟾)의 "세상의 끝없는 화가의 솜씨(世間無限丹青手)"에 보이는 '세간무한(世間無限)'과 같은 뜻이다.

그런데 「달을 감상하며」는 조선 후기의 문인 이진백(李震白, 1622-1707)의 문집 『서암유고(西巖遺稿)』에 실려 있는 「초승달(新月)」 "아름다운 초승달이 동산에 돋으니, 천고의 정신은 반 조각 황금이라. 무한한 세상 사람들 오늘 밤 보겠지만, 한때의 근심과 기쁨은 몇 사람이 함께할까.(亭亭新月出東林 千古精神半片金 無限世間今夜望 一時憂樂幾人心)"와 거의 같다. 아마 이진백의 시가 일타홍의 마음을 대변한다 하여 이를 읊조린 것이 그의 시로 기억된 듯하다.

또 장지연의 『대동시선』에서는 「서공에게 바치는 시」와 「사내는 새것을 좋아하네」를 취련의 이름으로 수록하였다. 사내들이 새 여자만 좋아하는 세태를 풍자하고 함경도 시골 사람인 자신에게도 사랑을 베풀어 줄 것을 청한 데서 애처로운 마음을 읽을 수 있다. 남자는 늘 새 여인을 좋아한다는 제목의 뜻은 위진(魏晉) 부현(傅玄)의 「고상편(苦相篇)」 "장부는 대개 새것을 좋아하네.(丈夫多好新)" 혹은 당 이백의 「백두음(白頭吟)」 "장부는 새것을 좋아해 딴 마음 많이 품지.(丈夫好新多異心)" 이래 여인의 마음을 울린 명언이다. 취련은 자신을 유정(幽貞)의 절조를 지키는 여인으로 비유하고, 『시경』의 「주남(周南)」에서 노래한 주 문왕(周文王)처럼 목민관으로서 백성에게 고루 사랑을 나누어달라고 하였다.

가련한 취련을 위해 글을 지어준 조귀명과 같은 집안사람인 조문명도 이 여인을 잘 알고 있었고 취련이 한양까지 온 것을 안타까워하면서 그 시를 소개한 바 있다.

> 북관의 기녀 취련은 곧 평사 성질(聖質, 서명빈)의 사랑을 받았는데, 그를 보려고 눈과 얼음을 무릅쓰고 불원천리 왔다. 그러나 성질이 속으로는 기뻐하면서도 감히

집에 들이자고 요청하지 못하였다. 취련이 지은 시는 이러하다.

온 밤 그리움에 머리가 온통 세었는데	一夜相思頭盡雪
창 가득한 밝은 달이 애간장을 끊네요.	滿窓明月斷腸秋

아, 이 시를 보면 누군들 애간장이 끊어지지 않겠는가? 그러나 이제 취련으로 하여금 애간장 끊어지는 시를 짓게 하였으니, 성질은 참 졸렬한 사람이다. 마침내 시를 지어 기녀 취련에게 절구 한 수를 지어 주고 이에 그 자리에서 그 시에 차운한다.

옥정의 연꽃 자태 곳곳하게 빼어난데	秀出亭亭玉井姿
봄바람에 푸른 버들가지 부끄러워라.	東風羞殺綠楊枝
가련하구나, 졸렬한 저 서 평사는	可憐拙澁徐評事
연꽃 꺾던 옛사랑 모두 잊어버렸으니.	舊愛渾忘折藕時[2]

조문명은 취련의 이름이 '푸른 연꽃'이라는 데 착안하여 중국 태화산(太華山) 정상에 있는 옥정(玉井)에서 자라는 연꽃에 비유하였다. 그리고 옛사랑을 저버린 서명빈의 졸렬함을 놀렸다. 이종성(李宗城)도 이 이야기를 듣고 「정평 기녀 취련은 성질(서명빈)의 정인인데 여러 번 편지를 보냈지만 답장이 없자 성질의 박정함을 한하였다. 나는 성질이 그녀에게 정이 있었음을 알기에 장난삼아 성질을 위해 조롱을 풀어준다」라는 제목으로[3] "아스라한 변방이라 옛 벗과 멀어

2 趙文命, 「北關詩妓翠蓮, 卽徐聖質命彬評事時所眄也. 爲見聖質, 衝冒雪氷, 不遠千里而來, 聖質心雖喜, 而不敢要於家, 蓮有詩曰, "一夜相思頭盡雪, 滿窓明月斷腸秋." 噫, 見此詩, 人孰不斷腸乎, 而今使蓮也有斷腸之詩, 拙哉聖質也. 遂吟贈蓮妓一絶, 仍於席上次其韻焉」, 『鶴巖集』 2책. 시는 "秀出亭亭玉井姿, 東風羞殺綠楊枝, 可憐拙澁徐評事, 舊愛渾忘折藕時."로 되어 있다.

3 李宗城, 「定平妓翠蓮, 是徐質甫情人, 以數寄書無答, 恨質甫薄情, 我知質甫是有情儂, 戲爲質甫解嘲」, 『梧川集』 권1.

졌으니, 원빈이 그리운 곳에 고운 여인 얻은 게지. 멀리서도 아노니 가을밤 이부자리 얇으리니, 가인의 이별시를 세 번이나 읽겠지.(關塞迢迢隔舊知 元賓思處得娥眉 遙知秋夜淸衾薄 三復佳人別後詩)"라 하였다. 서명빈을 당의 한유에, 그와 절친하였던 이관(李觀, 자 元賓)을 자신에 비유한 다음, 자신과 헤어진 후 취련이 서명빈을 만나 사랑하였는데 서명빈이 만나 주지는 못하지만 정을 잊은 것은 아니요, 취련이 보낸 시를 거듭하여 읽을 것이라 위로하였다. 이종성은 「취련의 시에 차운하다(次翠蓮韻)」에서 "예전 꽃받침처럼 붙어 살자 한 언약, 이제는 끊어진 실타래 신세가 되었구려. 남은 정절 지키는 붉은 눈물이, 점점이 비단 수건을 적시네.(昔爲連蔕約 今作斷絲人 殘節守紅泣 點點濕羅巾)"라 하였거니와 여러 차례 취련의 시에 차운한 것을 보면, 처지가 곤란한 벗 서명빈을 대신하여 취련을 만나 달래준 모양이다.

한편 편찬자를 알 수 없는 『해동시화』(규장각본)에는 "회곡(晦谷) 윤양래(尹陽來)가 평안도 관찰사로 있을 때 취련을 감영에 불렀는데 장마 때문에 돌아가지 못하게 되자 얼굴에 근심하는 빛이 가득하였다. 윤공이 시부(詩賦)를 지어 보라고 하자 취련이 절구 한 수를 지었다."라 하고 시를 한 수 소개하였다.

열흘 동안 괴로이 장마가 개이지 않아	十日長霖苦未晴
고향 생각이 깊어 꿈속에서도 놀라네.	鄕愁暗暗夢中驚
중산은 눈앞에 있지만 천 리 길 같아	中山在眼如千里
근심스레 난간에 기대어 앞길 헤아리네.	悄倚危欄默數程

윤양래(1673-1751)는 1733년과 1736년 평안도 관찰사로 나간 기록이 『영조실록』에 보인다. 그런데 장지연의 『대동시선』에는 정평의 기녀 취련의 「비 때문에 북영에 머물러 있으면서(滯雨北營)」로 이 시가 뽑혀 있어[4] 제목과 맞지 않는다. 중산(中山)은 북청(北靑)의 동쪽 바닷가에 있던 고을이고 정평은 그 아래

함흥 남쪽에 있다. 중산 출신으로 정평의 기녀가 된 취련이 평안도로 갔다는 것이 어색하다. 윤양래는 이보다 앞선 1729년 함경도 관찰사가 되었으니 이때 함흥 감영에서 취련을 만났다고 보는 것이 자연스럽다. 취련은 긴 장마에 시름겹게 방 안에 앉아 있노라니 고향 중산이 그립다고 하여, 자신을 돌려보내 줄 수 있는지 물었다고 보면 되겠다.

그런데 서유영(徐有英, 1801-1874)의 『금계필담(錦溪筆談)』에는 취련이 장성(長城) 기녀라 하면서 사통하던 사람에게 보낸 시로 다음 작품을 인용하고 당시 사람들이 전송하고 있다고 하였다.[5]

황금 버들 검은 대 백옥 매화를	金絲烏竹玉英梅
창 앞에 곳곳마다 옮겨 심었으니	移向窓前處處栽
임이 석 되 외상술에 취하여	郎應賒醉三升酒
말 타고 밤 되면 찾아오겠지요.	騎馬來時近夜來

푸른 연꽃 취련이라는 이름의 기녀는 함경도뿐만 아니라 전라도에도 있었던 모양이다. 근대의 여성 작가 모윤숙은 "이 시인은 시뿐 아니라 노래와 춤에도 대단히 능하여 서명빈이 북평사를 하여 가지고 장성에 부임하였을 때 처음으로 그의 시재가 출중함을 알고 사랑하여 마지않았다. 서명빈과 이별한 후에 경정시(敬呈詩)와 같은 절구(絶句)만을 가지고도 그가 시에 얼마나 능한지를 알 수 있다."라 하고 "금사오죽(金絲烏竹) 옥영매(玉英梅)를 창 앞에 군데군데 심어 놓았나니, 그대 반드시 술을 취했을질댄, 말 타고 오실 때 밤 들어오시기를."이라 번역하였다.[6] 모윤숙은 장성을 함경도의 지명으로 알았던 것이다. 금빛 버

4 2구가 "鄕愁黯黯夢魂驚"으로 되어 있는데 뜻은 거의 같다.

5 徐有英, 『錦溪筆談』(국립중앙도서관 소장).

6 모윤숙, 「고전명작감상(古典名作鑑賞): 여류(女流)의 순정시초(殉情詩抄)-역대(歷代) 조선(朝鮮)

들가지와 검은 대나무, 백매를 심은 자신의 처소에 오라는 뜻을 말한 것으로, 진흙탕에서도 고운 꽃을 피우는 연꽃은 사라지고 노류장화(路柳墻花)가 대신하였으니 서영빈에게 보낸 취련의 시와는 뜻이 다르다. 서명빈이 만난 취련과 윤양래가 만난 취련은 같은 인물인 듯하지만 『금계필담』에 소개된 취련이 같은 인물인지는 확인하기 어렵다.

그런데 취련의 자 일타홍을 이름으로 사용한 기녀도 여럿 있었다. 심희수(沈喜壽, 1548-1622)가 문희연(聞喜宴)에서 일타홍을 만나 사랑을 나누었는데 금산사또가 되어 갈 때 함께 데리고 갔다. 후에 일타홍이 죽자 금강 나루에서 "한 송이 이름난 꽃 버들 수레에 실렸으니, 향긋한 혼 그 어디서 주저하고 있는가? 금강의 봄비에 붉은 명정이 젖었는데, 아마도 가인의 이별 눈물 남은 것이겠지.(一朶名花載柳車 香魂何處去躊躇 錦江春雨丹旌濕 應是佳人別淚餘)"라는 시를 지은 고사가 유몽인의 『어우야담』 등 여러 문헌에 실려 전하고 이 시가 절창으로 평가되어 남용익의 『기아』에도 실려 있다. 취련보다 100년 이상 앞선 시기의 일타홍이다. 또 『지봉유설』에는 중국에서 온 사신 공용경(龔用卿)이 일타홍을 좋아하여 술에 취해 그 얼굴에 먹칠하였다는 이야기가 보인다. 공용경이 1537년 조선에 왔으니, 이 일타홍도 취련보다 먼저 세상에 나온 기녀라 하겠다.

여류시가(女流詩歌)를 보며」, 『삼천리(三千里)』 12권 9호(1940. 10. 1).

66.
안변의 동기가 부채에 남긴 시

취련은 자신의 시와 함께 조귀명 등 이름난 문인이 있어 그 이름이 후세에 전해졌다. 그런데 운곡(雲谷) 이광좌(李光佐)가 아낀 안변(安邊)의 동기(童妓)는 그 사연이 사랑방에 회자되었겠지만 이름은 남기지 못하였다. 그럼에도 그 사연은 어떤 기녀보다 절절하다.

운곡 이광좌가 함경도 관찰사가 되어 안변에 이르렀을 때 한 동기를 보았다. 예뻐서 마음에 들었지만 나이가 아직 어려 잠자리를 할 수가 없었다. 기둥에다 금을 긋고 "네가 장성하여 여기 이르면 될 것 같다."라 썼다. 한양으로 돌아갈 때 다시 안변에 이르니, 그 기녀가 나이가 들고 키가 자라 금 그은 데를 지나서 마침내 시침을 하게 하였다. 작별할 때 가지고 있던 부채와 향주머니를 함께 주고 훗날을 약조하였다. 그 기녀가 그날부터 사람을 물리치고 수절하였지만 공은 불러올릴 겨를이 없었고 또 몇 년이 그냥 흘렀다. 하루는 문지기가 안변 관기 아무개가 알현을 청한다고 고했다. 공이 평소 아는 안변 사람이 없다고 생각하였지만 들어오라고 하여 만나 보니 그 사람이 말하였다.

"소인은 바로 아무개의 오빠입니다. 누이가 대감을 모신 이래 이 부채를 보물로 가지고서 고심고심 수절하면서 자신을 데려오라는 명만 기다렸습니다. 지금까지 여러 해가 되었지만 좋은 소식을 듣지 못하여 근심과 그리움에 병이 들어 얼마 전에 죽었습니다. 죽을 때 제게 부채를 맡기면서 대감께 바로 들이라 하였기에 감히 이렇게 바칩니다."

공이 가져다 보니 비단 띠로 열 겹을 쌌는데 부채에 절구 한 수가 적혀 있었다.

그해 기둥에 금 그은 은혜 새기고 있는데	銘佩當年畵柱恩
안릉에서 송별하고 몰래 애간장을 졸였지요.	安陵送別黯消魂
상자 속에 남기신 둥글부채 꺼내 보세요,	試看篋裡留團扇
반은 맑은 향이요 반은 눈물 자국이랍니다.	半是淸香半淚痕

공이 크게 놀라고 또 후회하여 넉넉하게 장사 비용을 주고 후하게 장례를 치르게 하였다. 공은 신의가 없는 사람이 아닌데도 이 기녀에게만은 정을 저버렸다는 이름을 면치 못하게 되었으니 사람들이 모두 안타깝게 생각한다. 기녀의 이름이 전하지 않으니 안타깝다.[1]

정동유(1744-1808)의 『주영편』에 실려 전하는 이야기다. 이광좌(1674-1740)는 자가 상보(尙輔)고 호가 운곡(雲谷)이며, 소론의 영수로 영의정을 지낸 인물이다. 그가 1713년 함경도 관찰사로 임명되어 부임하는 길에 안변에서 만난 동기에게 마음이 끌렸지만 나이가 어려 기둥에다 금을 긋고 그만큼 자라면 만나자고 하였다. 시에서 이른 안릉(安陵)은 함흥 인근에 있던 효공왕후(孝恭王后)로 추존된 태조 이성계의 고조모의 능이다. 안변 기녀가 이곳까지 가서 전송하였다는 데서 이광좌를 좋아하는 마음을 짐작할 수 있다.

이광좌는 이태 후인 1715년 평안도 관찰사로 자리를 옮기면서 안변에 들렀을 때 그 동기가 제법 성장하여 동침하고 훗날 데려가겠노라 약조하였다. 그러나 이광좌는 이 약속을 지키지 못하였다. 그 기녀는 기다리다 지쳐 결국 숨을 거두게 되었다. 이에 자신의 수절을 알리려 이별할 때 받은 부채에다 시를

1 鄭東愈, 『晝永編』(규장각 소장).

적어 이광좌에게 전하게 하였다. 당나라 때 태원(太原)의 기녀가 구양첨(歐陽詹)에게 보낸 시에서 "헤어진 후 얼굴빛이 절로 시들어 가리니, 반은 그리움 반은 원망하기 때문이겠지요.(自從別後減容光 半是思郎半恨郎)"라 하였는데, 안변 기녀가 이를 응용하여 부채에 반은 자신의 체향이 남았을 것이요 반은 그리움에 흘린 눈물 자국이라 한 것이 더욱 묘미가 있다.

안변의 동기는 정표로 시를 써준 부채를 소중하게 간직하였는데 화산(花山), 곧 안동의 기녀 매학(梅鶴)은 정인이 준 시를 허리띠에 써서 그리움을 달랬다. 『풍요속선』에 매학이 지은 「비단 띠에 쓴 시(錦帶詩)」가 실려 있다.

찬 창가에 누워도 잠들 마음 없는데	欹枕寒窓睡思遲
깜빡이는 등불이 두 눈썹을 비추네요.	一燈明滅照雙眉
참인연이면 양대의 꿈이 불필요하리니	眞緣不必陽臺夢
비단 띠에 쓴 학사의 시만 보면 되리니.	錦帶留看學士詩

매학은 매처학자(梅妻鶴子)의 고사를 남긴 송 임포(林逋)의 취향을 따른 것이다. 매화와 국화, 난초, 대나무 등 선비의 절조를 상징하는 식물의 이름은 기녀들 역시 좋아하였다. 매학이 어떤 여성인지 알 수 없지만 작별할 때 비단 띠에 시를 한 수 받았던 모양이다. 그리움에 잠을 이루지 못하고 그 비단 띠에 적힌 시만 읽고 있다. 초 양왕(楚襄王)이 무산(巫山)의 양대(陽臺)에서 신녀(神女)를 만나 운우지정을 나누는 꿈을 꾸었지만 매학은 참 인연을 맺었기에 굳이 꿈속에서 만날 필요가 없다고 하였다.

그런데 이광좌와 친분이 있던 조태억(趙泰億)이 1723년 지은 시의 주석에 따르면[2] 이광좌가 아끼던 기녀가 작은 원한 때문에 못에 몸을 던진 일이 있었

2 趙泰億, 「戱呈李延慰」, 『謙齋集』 권17. 또 이 시의 주석에 따르면 蓬萊라는 기녀가 義州府尹의 裨

다고 한다. 같은 사람인지는 알 수 없지만, 이광좌가 매정하여 여인에게 원한을 산 일은 있었던 모양이다. 또 같은 시기 지은 조태억의 「운곡 판서 이광좌가 장난으로 봉성 동기에게 준 시에 차운하다(次雲谷李尙書尙輔戲贈鳳城少妓韻)」를 보면 안변 기녀가 죽은 후에도 나이 어린 기녀를 좋아하였던 사실도 알 수 있다.

將과 살고 있었는데 延慰使 李弘模가 여러 번 부르는데도 응하지 않다가 감옥에 갇힌 일이 있어, 조태억이 평양감사와 의논하여 풀어 주었다고 한다.

67.
평양의 명기 계월과 국색

조선시대 이름난 명기들이 가장 많이 나온 곳이 평양이다. 19세기 초반 한재락(韓在洛)이 『녹파잡기(綠波雜記)』를 편찬하여 67인의 재주 있는 기녀를 소개하였을 정도다.[1] 이에 앞서 17세기 말 운혜의 시명이 중국에까지 알려진 것을 본 바 있다. 18세기 무렵에는 계월(桂月)과 국색(國色)의 명성이 특히 높았다.

평양 기녀 계월은 순찰사 이광덕(李匡德)의 사랑을 받았다. 헤어지려 할 때 기생이 이런 시를 지어 주었다.

눈물 흐르는 눈으로 눈물 흐르는 눈을 보고 　流涕眼看流涕眼
애끊어진 사람이 애끊어진 사람을 만났지요. 　斷腸人遇斷腸人
예전 책 속에서는 심상하게 보던 이 말이 　曾從卷裏尋常見
오늘 어찌 저의 신세에 이르게 되었는가요? 　今日那知到妾身

이 시는 일시에 전송되었다.[2]

---

1 한재락 저, 안대회 역, 『녹파잡기: 조선 문화예술계 최고의 스타, 평양 기생 66명을 인터뷰하다』(휴머니스트, 2017).

2 편자 미상, 『東詩零言』(버클리대학교 소장).

편자 미상의 『기문록(記聞錄)』에 실려 있던 내용을 『동시영언』에서 옮긴 이야기다. 계월을 아낀 이광덕(1690-1748)은 본관이 전주로 이경석(李景奭)의 현손이다. 자가 성뢰(聖賴), 호는 관양(冠陽) 혹은 존재(尊齋)라 하였다. 홍문관 교리와 수찬을 거쳐 대제학에까지 오른 인물이다. 1727년 호남어사(湖南御史)로, 이듬해 전라도 관찰사로 나갔으며 1734년 함경도 갑산부사를 지냈지만 위의 글에서처럼 평안도 순찰사나 관찰사에 임명되었다는 기록은 확인되지 않는다. 다만 1739년 동지사(冬至使)의 부사(副使)로 연경(燕京)에 다녀왔는데 이때 평양을 들렀을 가능성이 있다. 순안(順安)에서 기녀를 만나 귀로에 다시 만나자고 시를 지어 주었고 또 귀로에 평양에서 기녀 말애(末愛)와 향대(香臺)를 끼고 놀다가 시를 지어 준 적이 있지만[3] 계월과의 사연은 따로 확인하기 어렵다.

이 작품은 천수경의 『풍요속선』에 계월의 「순찰사 상서 이광덕에게 헤어질 때 주다(贈別巡相李尙書匡德)」로, 장지연의 『대동시선』에 「순상 이공에게 헤어질 때 주다(奉別巡相李公)」로 실려 있는데 『대동시선』에서는 계월이 평양 기녀로 감사 이광덕의 애희(愛姬)라 하였다.[4] 동일한 구절을 반복한 이 작품의 1-2구는 이미 이전에 유행하던 말이었기에 이를 인용하여, 책에서 보던 이 글귀가 자신의 일이 될 줄 몰랐다는 탄식으로 시를 열었다. 이 표현은 원(元) 고측성(高則誠)의 『채백개비파기(蔡伯喈琵琶記)』에 나오는 "흐르는 눈물로 흐르는 눈물을 보고, 애끊어진 사람이 애끊어진 사람을 보내네.(流淚眼觀流淚眼 斷腸人送斷腸人)"에서 처음 보이고 『서유기(西遊記)』, 『금병매(金瓶梅)』 등 중국 통속문학에서 거듭 차용되었다. 조선에서는 임청각(臨淸閣)에 소장된 고문서 「우향계축(友鄕契軸)」에 실려 있는 이굉(李浤, 1440-1516)의 「벗을 보내며(送友人)」에서 처음 보인다. "천 리 먼 곳 사람이 천 리 먼 곳 사람을 보내니, 호남의 사람이 영남의 사람에게 주노

3 李匡德, 「贈順安妓」, 『冠陽詩集』 권1; 「歸到箕城, 兩兒妓以衙中命來, 戱吟贈之」 권1.

4 두 곳 모두 "流淚眼看流淚眼 斷腸人對斷腸人"으로 조금 다르지만 뜻은 같다.

라. 눈물 머금은 눈으로 눈물 머금은 사람을 보고, 애끊어진 사람이 애끊어진 사람을 보낸다네.(千里人逢千里人 湖南人與嶺南人 含淚眼看含淚眼 斷腸人送斷腸人)"라 하였다. 두 구절이 계월의 시와 거의 같다.

그런데 이능화의 『조선해어화사』에는 평양 기녀 국색(國色)의 다음 작품이 소개되어 있다. 여기서도 이와 유사한 표현이 보인다.

대동강가에서 사랑하는 사람을 떠나보내니	大同江上送情人
버드나무 천 가지로도 그대를 묶지 못하네요.	楊柳千絲不繫人
눈물 맺힌 눈으로 눈물 맺힌 눈을 바라보고	含淚眼看含淚眼
애끊어진 이가 애끊어진 이를 마주합니다.	斷腸人對斷腸人

고려의 시인 정지상(鄭知常)의 「임을 보내며(送人)」에서 "대동강 강물은 언제나 마를까, 해마다 이별의 눈물이 물결에 더하는 것을(大同江水何時盡 別淚年年添綠波)"이라 한 이래 대동강에서의 이별 장면은 익숙하다. 한나라 사람들이 이별할 때 동쪽 교외의 파교(灞橋)에서 버들가지를 꺾어주던 풍속이 있었다. 국색은 버들가지를 꺾어 주는 대신 그것으로 떠나는 임을 묶겠다고 하여 새로운 뜻을 만들어 내었다. 그리고 익히 알려진 표현을 조금 바꾸어 3-4구에 넣었다.

그런데 이 작품을 두고 모윤숙은 「고전명작감상」에서 "영종(英宗, 나중에 英祖로 시호가 바뀌었다.) 일대를 풍미한 계월의 시"로 소개하고 "대동강상(大同江上) 배를 띄워 정든 임 보내는데, 천 갈래 능수버들 가시는 임 매지 않네. 눈물지며 바라보니 그 눈 역시 눈물이오, 애태우며 대해보니 그 역시 애태우는 듯"이라 번역하였다. 그리고 "풍부하고 여유 있는 감정의 묘사로 그 비애를 상징한 아름다움은 오히려 현대시를 누르는 데가 있다."라고 하였다.[5] 이 정도로 이 시가

5 모윤숙, 「여류(女流)의 순정시초(殉情詩抄)-역대(歷代) 조선(朝鮮) 여류시가(女流詩歌)를 보며」,

널리 애송되었다.

이 작품이 계월의 것인지 국색의 것인지 알 수 없거니와 국색이 어디 사람인지도 헷갈린다. 국색은 윤광심(尹光心, 1751-1817)의 『병세집(幷世集)』에 증산기(甑山妓)로 되어 있기 때문이다. 여기에서는 「평양의 객에게 주다(贈平壤客)」가 선발되었다. 장지연의 『대동시선』에도 동일하게 되어 있다.

객이 어디서 오셨나 물으니	有客來何自
대동강 물가라고 답하시네.	答云浿水前
그곳 봄소식 묻고 싶으니	欲問春消息
벌써 열여덟 해가 지나갔기에.	已過十八年

대동강이 흐르는 평양에서 증산에 온 나그네에게 대동강을 가본 지 18년이 되었다고 한 것으로 보아 제법 나이가 들어서 이 시를 지었다고 하겠다. 그런데 비슷한 시기 이광덕과 같은 집안 이광려(李匡呂, 1720-1783)가 증산현감으로 있던 서명민(徐命敏, 1733-1781)으로부터 국색에 대한 이야기를 들었다.[6] 국색이 시를 잘 알아 시집이 있었고 '경란집(景蘭集)'이라 하였다는 기록을 남겼다.[7]

『삼천리(三千里)』 12권 9호(1940. 10. 1). 현대 표기로 바꾸어 인용한다.

6 李匡呂, 「朝奉德仲」, 『李參奉集』 권2.

7 '경란'이라는 이름은 蘭雪軒을 사모한다는 뜻인 듯한데, 『난설헌집』에 함께 붙어 있는 『景蘭集』을 남긴 小雪軒 許景蘭과는 다른 인물이다. 참고로 허경란이라는 존재는 安往居가 1913년 辛亥唫社에서 『許夫人蘭雪軒集』을 간행할 때 『경란집』을 붙이면서 나타난다. 여기에 붙인 「小雪軒傳略」에서 그 생애를 소개하였는데 간략히 요약하면 이러하다. 역관 許蒓이 宣祖 연간 중국 金陵에서 明의 여성을 맞아 낳은 딸인데 부모가 죽은 후 외가 史氏에게 양육되었다. 명 朱之蕃이 조선에서 난설헌의 『난설헌집』을 구해 오자 이를 보고 사모하여 화답한 시를 지었는데 錢塘 출신의 梁伯雅가 『海東蘭』이라는 이름으로 편찬하였다. 경란은 난설헌을 사모한다는 뜻이고 호 小雪 역시 같은 뜻이다. 자신을 난설헌의 후신이라 여기고 난설헌처럼 27세 때 죽을 것이라 하였지만 죽지 않자 匡廬山으로 들어가 여도사가 되었다. 생애가 그럴듯하지만 이 글에서 언급한 허순이나 양백아 등은 다른 문헌에서 확인되지 않아 믿기 어렵다. 안왕거가 편찬하여 간행한 『姑婦奇談』 역시 허구일 가능성이 높다. 이 점에 대해서는 장유승, 「洌上閨藻 연구-가상의 고대사와 허구의 여성들」, 『한국

국색은 천향국색(天香國色)의 준말인데 곧 화왕(花王)으로 높임을 받는 모란을 이른다. 경란은 난초를 경모한다는 뜻이니 모란과 난초를 함께 사랑한 기녀다. 명의 이름난 여성시인 상경란(商景蘭)의 존재를 떠올릴 수도 있겠다. 아무튼 윤광심이 소개한 증산 기녀 국색이 바로 이 여성일 듯하다. 서명민은 1765년 증산현감으로 나갔으니 이때 국색이 이 시를 지은 것이라 보면 되겠다.

국색의 이 오언절구와 함께 앞서 이능화가 소개한 칠언절구 모두 '대동강'이 등장하여 국색을 평양 출신으로 오인하였을 가능성이 높다. 증산은 평안도 바닷가에 있는 고을인데 평양과 별로 멀지 않다. 조그마한 고을 증산 출신이라 인근의 대도회 평양에 오갔다고 보아도 무방할 것이다. 모윤숙이 계월의 작품이라 한 것은 별 근거가 없다. 아무튼 이능화는 국색의 시를 좋아하여 다음 작품도 소개하였다. 역시 평양의 아름다움을 담은 작품이다.

층층 절벽을 걸어서 꼭대기까지 올라가	步上層厓欲盡頭
천 길 난간에 서서 긴 강물 굽어보리라.	危欄千尺俯長流
여기가 절로부터 신선이 사는 소굴일진대	此間自有神仙窟
하필 봉래와 영주를 바다 너머서 찾겠는가?	何必蓬瀛海外求

평양에는 부벽루(浮碧樓), 연광정(練光亭) 등 이름난 누정이 대동강 강가에 있었으니, 그러한 곳에 올라 지은 작품이라 보면 되겠다. 평양을 신선굴(神仙窟)이라 하였는데 당의 배항(裵航)이 선녀 운교부인(雲翹夫人)을 만났을 때, 운교부인이 배항에게 "경장을 한번 마시면 온갖 감정이 생기고, 현상을 다 찧고 나면 운영을 만나리라. 남교가 바로 신선이 사는 곳인데, 어찌 꼭 기구하게 옥경

한문학연구』 79(2020)에서 자세히 밝혔다. 『매일신보』에 연재한 「東詩叢話」, 『중외일보』에 연재한 「評定洌上閨藻」 등도 허구가 많아 신중히 다루어야 한다.

을 오르려 하나.(一飮瓊漿百感生 玄霜搗盡見雲英 藍橋便是神仙窟 何必崎嶇上玉京)"라 한 고사가 있다. 국색은 이 시를 빌려 평양이 신선굴이라 굳이 봉래(蓬萊)와 영주(瀛洲) 같은 신선이 사는 곳을 찾을 필요가 없다고 하였다. 좀 더 높은 곳에 올라 먼 곳까지 바라보고자 한 것에서는 호방함도 느껴진다. 당 왕지환(王之渙)의 「관작루에 올라(登鸛雀樓)」에서 "천 리 끝까지 보고자 하여, 누각 한 층 더 높이 올라가노라.(欲窮千里目 更上一層樓)"라고 한 뜻을 이렇게 표현한 것이라 보아도 좋을 것이다.

비슷한 시기 평양에는 이름이 알려져 있지 않지만 뛰어난 시를 남긴 기녀가 있어 이덕무의 『청비록』에 소개되어 있다. 섣달그믐에 지은 「제석(除夕)」이라는 작품이다.

세밑의 차가운 창 앞에 잠 못 드는 나그네	歲暮寒窓客不眠
형님 생각 아우 생각에 심사가 처연하다네.	思兄憶弟意凄然
가물대는 외로운 등불에 시름 접기 어려워	孤燈欲滅愁難歇
눈물로 거문고 껴안고 가는 해를 보낸다오.	泣抱朱絃餞舊年[8]

장지연의 『대동시선』에 같은 제목으로 실려 있지만 이 시를 지은 여성이 누구인지 이름조차 알려지지 않았다. 이덕무가 소개하였으니 대략 18세기 인물이라는 것 외는 달리 정보가 없다. 덤덤한 듯하면서도 섣달그믐을 맞은 심회가 간절한 작품이다. 기녀지만 이른바 분 냄새 풍기지 않아 남성의 작품에 넣어두어도 분간이 어려울 것이다. 몸은 기녀지만 시는 여느 남성과 다르지 않다. 이덕무는 "필법 또한 오묘하였는데 다음 해 죽었다."고 하였으니 이름조차 남기지 못한 것이 더욱 안타깝다.

---

8 李德懋, 「耳目口心書」, 『청장관전서』 권51.

68.
조선의 학자 윤지당 임씨

조선에서도 시대를 뛰어넘은 여성이 배출되어 시와 글씨, 그림으로 일시를 울린 사람이 없지 않지만, 학자로서 명성을 떨친 사람은 더욱 적다. 윤지당(允摯堂) 임씨(任氏, 1721-1793)는 조선을 대표하는 여성 학자라 할 만하다. 『대학(大學)』과 『중용(中庸)』을 풀이한 글을 남겼거니와 이기(理氣)와 심성(心性), 예악(禮樂)의 문제를 두고 자신의 학문적 견해를 밝힌 논문도 썼다. 중국 역사 인물을 논평하는 글까지 남겼다. 성해응은 윤지당이 사학(史學)에 뛰어난데 문장도 단아하고 근실하여 사법(師法)으로 삼을 만하다고 칭찬한 바 있다.[1] 그래서 윤지당은 '여성'을 떼고 그냥 조선의 학자라 일컫는 것이 옳겠다.[2]

윤지당은 웬만큼 문자를 알면 누구나 짓는 한시를 한 수도 남기지 않았다. 아예 짓지 않은 듯한데, 시를 짓는 일 역시 완물상지(玩物喪志)로 치부하는 교조적인 성리학자로서의 자세를 지닌 것이라 하겠다. 시를 못 쓴 것이 아니라 안 쓴 것이라 하겠다. 이 점은 오빠 임성주(任聖周)가 시를 여기(餘技)로 여겨 힘을 쏟지 않아 문집 『녹문집(鹿門集)』에 시가 보이지 않는 것과 같은 태도다. 그럼에도 윤지당이 운문에도 결코 어둡지 않았던 면모는 몇 편의 잠(箴)과 명(銘), 찬

1 成海應, 「李夫人郭夫人任夫人」, 『연경재전집』 권56.

2 이영춘, 『임윤지당의 생애와 학문』(원주시, 2014)과 김경미, 『임윤지당 평전』(한겨레, 2019) 등에서 윤지당의 생애와 학문을 자세히 알 수 있다.

(贊)에서 확인할 수 있다. 「비검명(匕劍銘)」을 보기로 한다.

대개 사람의 품성은 모두 선한데 요(堯)와 순(舜), 주공(周公), 공자(孔子)가 될 수 없는 것은 무엇 때문인가? 사람의 욕망이 이를 해치기 때문이다. 사람의 욕망을 통제할 수 있으면 하늘의 이치가 절로 보존되니, 내가 또한 요와 순, 주공과 공자가 될 수 있다. 이 때문에 안자(顔子)가 "순은 어떤 사람이고 나는 어떤 사람인가? 하려고 하는 사람은 또한 이와 같이 될 수 있다."라 한 것이다.

하려고 한다는 것은 하늘의 이치와 사람의 욕망이 어떻게 구분되는지 명백하게 분별하고 독실하게 실행하는 것을 이른다. 정말 그것이 사람의 욕망인 줄 안다면 결연히 제거하기를 우레가 매섭게 치듯 하여야 한다. 정말 그것이 하늘의 이치인 줄 안다면 결단코 실행하기를 강물이 터져 나가듯이 하여야 한다. 비유하자면 잘 드는 칼을 가지고 양날에 손을 대면서도 조금이라도 머뭇거리는 마음이 있어서는 아니 되는 것과 같다. 이른바 잘 드는 칼은 비수를 이른다. 안자가 멀리 가지 않아 바른길로 되돌아왔고 잘못을 두 번 반복하지 않은 것은 이 비수가 있었기 때문이요, 곽공(郭公)이 선을 좋아하면서도 나아가지 못하고 악을 미워하면서도 물러나지 못한 것은 이 비수가 없었기 때문이다.

대개 비수가 있고 없고는 단지 용기가 있는가, 없는가에 달려 있을 뿐이다. 용기라고 하는 것은 또한 두 가지가 있으니 혈기의 용기는 가져서는 아니 되고 의리의 용기는 없어서는 아니 된다. 혈기의 용기를 물리면 의리의 용기가 나아온다. 의리의 용기를 기르면 비수가 절로 생겨나 사람의 욕망이 그사이에 감히 접근하지 못한다. 마음의 운용과 육신의 동정에 절로 하늘의 이치가 두루 흘러나오지 않음이 없게 되리니, 요와 순, 주공과 공자가 됨은 나에게 달려 있다. 아름답고 신령하구나, 이 비수라는 물건은! 인하여 명으로 새겨 스스로 경계한다. 사(詞)는 이러하다.

찬 서리가 그 광채요	寒霜其光
강렬한 햇살이 그 칼날이라.	烈日其鍔

형체 없는 칼이라도	無體之釖
그 날카로움은 쇠를 자르고	其利截鉄
칼끝이 가리키는 곳에	鋒穎所指
온갖 사악함이 사라진다네.	百邪屛息
너의 위엄이 장대하고	爾威之壯
너의 공효가 신령하니	爾功之神
힘쓸지어다, 비수여	勖哉匕劒
내 몸이 부인이든 아니든	無我婦人
더욱 너를 날카롭게 하라,	愈勵爾銳
숫돌로 새로 벼린 듯이.	若硎新發
내 마음의 벌떼를 소탕하고	蕩我蜂起
내 마음의 잡초를 베어 다오.	殳我榛塞
네 명의 흉악한 자 사라지니	四凶旣除
순임금의 해가 중천에 오르네.	舜日中天
태평성세 천년만년 이어져	太平萬世
마음의 천군이여 태연할지니.	天君泰然[3]

윤지당은 본관이 풍천(豐川)으로 송시열의 수제자 권상하의 문인인 임적(任適, 1685-1728)의 딸이다. 조선 후기 학술사에 이름이 높은 임성주(1711-1788), 임정주(任靖周, 1727-1796)가 그의 오빠다. 신광유(申光裕, 1722-1747)와 혼인하였지만 27세 때 사별하였다. 남편이 쓰다 만 『시경』과 『초사』를 필사한 것을 보면[4] 남편에 대한 애정이 깊었겠지만 사별한 후 오히려 학문에 전념할 수 있었던 것이 아이러니다. 어린 시절 임성주에게 경전 공부를 하였고 평생 학문을 좋아하

3 允摯堂, 「匕劒銘」, 『允摯堂遺稿』 하.

4 允摯堂, 「續書先夫子所寫詩經後」, 『允摯堂遺稿』 권상; 「續書先夫子所寫楚辭後」.

여 지은 학문적인 글을 오빠에게 보여 질정을 받았다.

위에 보인 글은 마음을 다스리는 비수에 새긴 것이다. 삶에서 지키거나 경계할 바를 기물에 새겨두는 잠명(箴銘)은 사언(四言)이므로 운문이라 하겠다. 윤지당의 명도 사언이며 네 번 운자를 바꾸어 썼다. 서(序)의 명쾌한 논지도 함께 볼 만하다. 『맹자』에는, 노력하면 자신도 순임금과 같은 성인이 될 수 있다고 한 안연의 말이 나온다. 윤지당은 이 말에 공감하고 사람의 인욕(人欲)을 제거하고 천리(天理)를 보존하고자 노력하며 이를 위해 날카로운 비수의 결단성을 배워야 한다고 다짐하였다. 순임금은 이 비수를 지녔기에 성인이 되었지만 춘추시대 곽공은 선악을 구별하면서도 실행에 옮기지 못하여 나라를 망친 것이 이 비수가 없었기 때문이라 하였다. 단순한 혈기에서 나오는 용기가 아닌 의리를 지키기 위한 진정한 용기를 가지고 비수로 결단하여야 한다고 생각하였다.

윤지당이 정말 비수를 차고 다녔는지는 알 수 없다. 남명(南冥) 조식(曺植, 1501-1572)도 큰 칼을 차고 다녔는데 그 칼에 "마음을 밝히는 것은 경이요, 외물을 끊는 것은 의다.(內明者敬 外斷者義)"라 새긴 일화가 잘 알려져 있다. "온몸에 찌든 사십 년의 찌꺼기를, 천 말의 맑은 물로 다 씻어 없애리라. 그래도 흙먼지가 오장에 남았거든, 곧바로 배를 갈라 흐르는 물에 보내리라.(全身四十年前累 千斛淸淵洗盡休 塵土倘能生五內 直令刳腹付歸流)"라 한 바 있다.[5] 윤지당의 비수가 이런 뜻이니, '여자 남명'이라 할 만하다.

이런 서문과 함께 지은 명은 더욱 강렬하다. 서리처럼 차가우면서도 햇살처럼 강렬한 비수는, 마음의 칼이라 비록 형체가 없지만 사악함을 단번에 제거하는 날카로움을 지녔다. 여성 역시 학자가 될 수 있기에 이런 비수를 갈고 닦는다 하였다. 봉기(蜂起)를 소탕한다고 한 것은 "세상이 쇠미하고 도가 쇠미하여 이단이 벌떼처럼 일어난다.(世衰道微 異端蜂起)"라고 한 주희의 말에서 가져

5 曺植, 「浴川」, 『南冥集』 권1.

온 것이고 진색(榛塞)을 베어 낸다는 것 역시 주희가 "대도(大道)가 덤불에 막혔다.(大道榛塞)"라고 한 데서 가져온 것이니, 윤지당이 주희의 글을 열심히 읽고 실천에 옮기려 하였음을 알 수 있다. 순임금이 네 명의 흉악한 자들을 제거하자 천하가 태평해지듯, 마음의 사악한 부분을 제거하여야 천군(天君)이 평화를 얻는다고 한 마지막 대목은 송의 범준(范浚)이 지은 「심잠(心箴)」 "군자가 마음 속에 참된 뜻을 보존하고서 제대로 생각하고 제대로 공경하면, 천군이 태연해져서 백체가 그 명령을 따를 것이다.(君子存誠 克念克敬 天君泰然 百體從令)"에서 온 것이다. 윤지당의 학문적 깊이를 여기서 확인할 수 있다.

윤지당은 살아가면서 느끼는 기쁨과 슬픔을 시로 적는 일은 하지 않았다. 여기서 보듯이 수양 공부에 대한 각오를 잠과 명에 담았을 뿐이다. 「경명(鏡銘)」은 얼굴이 아닌 마음을 비추는 수양의 도구로서 거울에 새긴 글이고 「척형명(尺衡銘)」은 옷감과 재물을 재기 위한 것이 아니라 마음의 균형을 이루게 하기 위한 자와 저울에 새긴 글이다. 윤지당은 이러한 사람이었다.

윤지당의 문집 『윤지당유고(允摯堂遺稿)』는 1796년 목활자본으로 간행되었다. 사대부가의 여성 문집은 남편의 것에 붙인 것이 일반적인 시절, 당당하게 여성의 학문을 세상에 보이기 위해 문집을 간행하였다는 점이 무엇보다 이채롭다. 박윤원(朴胤源)은 임정주에게 보낸 편지에서 "우뚝 유자의 사업을 하였으니 기이하고 위대하오."라 윤지당을 칭송하고 그 학문이 이렇게 고명한데 10년 동안 사귀면서 한 번도 언급하지 않은 일을 책망하였다. 그리고 도학(道學)에서 수천 년 사이에 유일하다고까지 칭송하고 그 저술이 찬란하니 백세에 전하여 불후하게 하는 것이 마땅하다고 한 바 있다.[6] 홍직필(洪直弼)도 윤지당의 남동생 임정주에게 보낸 편지에서 "『윤지당집』 역시 귀한 문장이니 규방에서 나왔다 하여 숨기지 마소서."라 하였다. 임헌회(任憲晦) 역시 한운성(韓運聖)에

6 朴胤源, 「與任穉共」, 『近齋集』 권8.

게 보낸 편지에서 홍직필이 칭찬한 윤지당의 글이 인멸되지 않도록 하는 것이 좋겠다고 하였다.[7] 여성의 문집이 이렇게 거듭 칭송받으며 간행된 사례는 찾기 어렵다. 유한준(俞漢雋)도 그 문집에 서문을 쓰면서 "학문을 돈독히 하여 세교에 보탬이 되었다.(敦學問以補世教)"라고 한 데서[8] 윤지당은 이미 당당한 학자의 대열에 들어섰음을 인정한 것이라 하겠다.

---

7 任憲晦, 「與韓文五運聖」, 『鼓山集』 권3.

8 兪漢雋, 「允摯堂遺稿序」, 『自著著草』 雜錄.

69.
의유당 남씨와 기각의 한글로 적힌 한시

조선 후기에는 한글이 여성의 공식적인 문자로 굳어졌다. 한시조차 여성이 향유하는 조건이 붙을 때에는 한글로 유통되었다.[1] 앞서 본 호연재 김씨의 문집 『호연재유고』를 한글로 번역한 『증조고시고』가 그러하거니와,[2] 최근 소개된 기각(綺閣)이라는 여성의 『기각한필(綺閣閒筆)』도 한시와 번역문이 한글로만 표기되어 있다.[3] 지금 전하지 않지만 빙허각(憑虛閣) 이씨(李氏)의 『빙허각약고(憑虛閣略稿)』에도 한글로 번역된 한시가 100수 이상 있었다고 한다.[4] 또 효명세자(孝明世子)의 문집 『학석집(鶴石集)』도 한글로 번역된 책이 장서각에 소장되어 있는데, 누이에게 보이고자 이러한 전통을 따른 것이다.

여성 작가의 한글 시집으로는 호연재 김씨의 것과 함께 의유당(意幽堂) 남씨(南氏, 1727-1823)의 『의유당유고(意幽堂遺稿)』가 주목된다. 의유당은 「동명일기(東溟日記)」의 작가로 일찍부터 알려졌다. 「동명일기」는 『의유당관북유람일기(意幽堂關北遊覽日記)』 혹은 『의유당일기(意幽堂日記)』로 불리는 책에 실려 있는 글로, 46세 되던 1772년 함흥판관(咸興判官)으로 부임한 남편을 따라가서 쓴 명문

1 이에 대해서는 이 책의 마지막에 붙인 「조선시대 여성의 문자 생활과 한시」에서 자세히 다룬다.

2 민찬, 『호연재 김씨의 시와 삶』(대덕문화원, 2001)에 부록으로 영인되어 있다.

3 임치균 외 역주, 『綺閣閒筆-조선 사대부 여성 기각의 한시집』(한국학중앙연구원출판부, 2015)에 부유섭과 강문종의 연구논문과 함께 원문이 실려 있다.

4 『동아일보』 1939년 1월 31일.

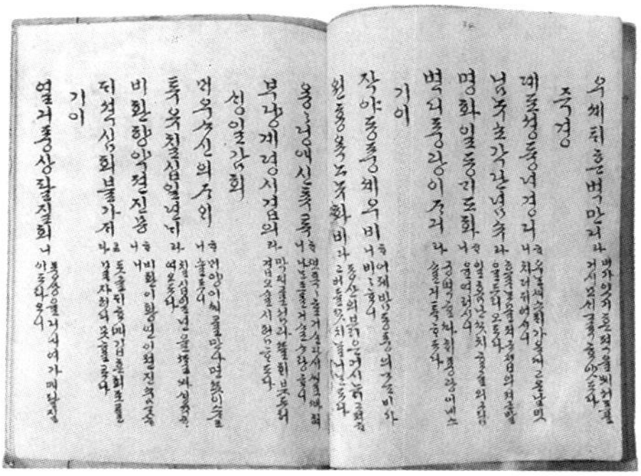

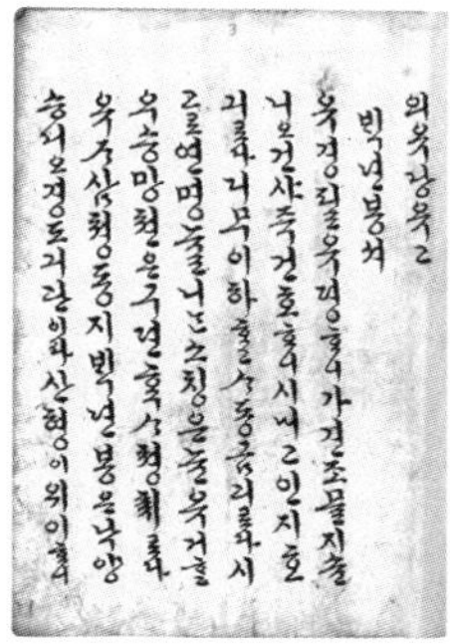

⇦ **그림 8** 『의유당유고』(개인 소장): 「즉경」과 「생일감회」 두 편이 있는 부분이다.
⇨ **그림 9** 『의유당유고』(개인 소장): 긴 산문인데 토만 달아 원문을 한글로 적었다.

이다. 동해 일출과 월출을 묘사한 것이 우리 문학사의 압권으로 평가된다.

의유당은 본관이 의령이다. 부친은 감역(監役)을 지낸 남직관(南直寬)인데 여필용(呂必用)의 딸과 혼인하여 2남 3녀를 두었다. 아들은 남기명(南紀溟, 1716-1778)과 남기운(南紀雲, 1723-1786)이고, 딸은 이명즙(李命楫), 김시묵(金時默), 신대손(申大孫, 1728-1788)에게 각기 출가하였는데 의유당은 막내딸이다. 의유당의 남편 신대손은 문학으로 이름이 높은 신방(申昉)의 아들이고 홍인한(洪麟漢)이 자형이다. 신대손의 조부 신성하(申聖夏), 종조부 신정하(申靖夏)의 명성도 녹록지 않다. 시조모는 박세채(朴世采)의 딸이다. 여성의 몸으로 태어났기에 자신의 학문을 이을 수 없음을 박세채가 안타깝게 여겼을 정도로 자질이 뛰어났다. 시모 완산이씨는 이세석(李世奭)의 딸인데 남편 신방의 글을 고치는 일을 즐거움으로 삼았다고 한다.[5] 이러한 사정을 볼 때 의유당이 친정에서 얻은 자질을 바탕으로 시댁에서도 비교적 자유롭게 문필 활동을 하였을 것으로 짐작된다.

5 류준경, 「여성 문집의 텍스트 문제와 해석: 『의유당유고』의 형성배경과 문학사적 가치」, 『한국한문학연구』 61집(2016).

『의유당유고』에는 6제(題) 17수의 한시가 수록되어 있는데 다음 「풍경을 마주하고(卽景)」가 대표작이라 할 만하다. 먼저 번역문과 한시 원문을 보이고 그 아래 한글로 적힌 것을 보인다.

우는 새 소리 가운데 고운 햇살이 더딘데	啼鳥聲中麗景遲
흐르는 물가 작은 집에 짧은 발을 드리웠네.	臨流小閣短簾垂
이름난 꽃이 온 동네에 그림을 펼친 듯하니	名花一洞開圖畵
궁벽한 땅의 풍광이 너 스스로 기특하구나.	僻地風光爾自奇
어젯밤 봄바람에 가랑비가 날리더니	昨夜東風細雨飛
동산의 붉은빛 흐드러지고 버들솜 날리네.	園紅欲老柳花飛
뾰족하게 새로 돋은 푸른 풀을 사랑하여	茸茸仍愛新抽綠
섬돌에서 막대 짚고 겨울옷 갈아입어 보네.	扶杖階庭試裌衣

톄됴셩듕녀경디ᄒᆞ니	우ᄂᆞᆫ 새 소ᄅᆡ 가온ᄃᆡ 고온 날빗치 더ᄃᆡ여시니
님뉴쇼각단념슈라	흐ᄅᆞᄂᆞᆫ 물 져근 집의 져근 발을 드리오도다
명화일동ᄀᆡ도화ᄒᆞ니	일홈난 ᄭᅩᆺ치 ᄒᆞᆫ 골의 그림을 여러시니
벽디풍광이ᄌᆞ긔라	궁벽ᄒᆞᆫ 싸ᄒᆡ 풍광이 네 스ᄉᆞ로 긔특ᄒᆞ도다
작야동풍세우비ᄒᆞ니	어제밤 동풍의 ᄀᆞᄂᆞᆫ 비가 비〃ᄒᆞ니
원홍욕노뉴화비라	동산의 븕은 거시 늙그려 ᄒᆞ고 버들ᄭᅩᆺ치 ᄂᆞᆯ니ᄂᆞᆫ도다
용〃딩애신추록ᄒᆞ니	뱌죡〃ᄒᆞᆫ 거ᄉᆞᆫ 다시 ᄉᆡ로 ᄲᅡ혀나ᄂᆞᆫ 푸ᄅᆞᆫ 거ᄉᆞᆯ ᄉᆞ랑ᄒᆞ니
부댱계령시겹의라	막ᄃᆡᄅᆞᆯ 섬과 ᄯᅳᆯ히 붓드러 겹오ᄉᆞᆯ 시험ᄒᆞ도다[6]

6 意幽堂 南氏, 『意幽堂遺稿』(개인 소장).

위에 든 작품은 1797년 백악 기슭의 삼청동에 살 때 지은 것이다. 삼청동의 풍광은 『의유당유고』의 첫머리에 실려 있는 「백련봉 삼청동의 서(白蓮峰三淸洞序)」에 자세하다. '기(記)'라 하지 않고 '서(序)'라 한 것에서 짐작할 수 있듯, 왕희지의 「난정서(蘭亭序)」처럼 화려한 변려문으로 되어 있다. 이 글은 원문과 번역이 한글로만 표기되어 있는데 운문처럼 아름다운 변려문의 특성을 보이기 위해 재구하여 나란히 보인다.[7]

삼청동의 백련봉은
낙양의 빼어난 땅, 경도의 기이한 볼거리라
산의 모습 구불구불 땅의 결은 백악에서 오고
강의 형세 비동하여 물의 근원은 한강으로 통한다.
이에 몇 칸 화려한 집을 지어
한 구역의 아름다운 풍광을 자랑하네.
규모는 족히 가지런한데 창건이 언젠지는 모르지만
제도는 극히 정밀하여 실로 다행히 오늘을 맞았네.
게다가 2-3월 아름다운 계절을 만나
인하여 90일 고운 봄빛을 보게 되리니,
푸른빛 머금은 봉우리들 쪽 찐 머리처럼 빼곡히 서고
무성한 온갖 꽃들 수놓은 돗자리처럼 벌려 있네.
나비 춤과 꾀꼬리 노래가 봄바람에 서로 답하는데
버들 허리 복사꽃 뺨이 아침이슬에 젖어 고움을 다투네.
칠성대의 제단은 엄숙하게 민속에서 숭상하는데
삼청전의 유지는 엄연하게 유적이 남아 있다네.
게다가 기이한 월암은 곧 하늘이 만든 빼어남이라.

7 한문 재구는 류준경의 앞의 논문을 따른다.

졸졸 흐르는 개울물은 세 줄기를 합쳐 섬돌을 돌고
축축 늘어진 소나무는 만년 푸르게 지붕을 덮고 있네.
환한 모래와 흰 돌엔 무리 지어 빨래하는 아낙네들
고운 숲 푸른 잔디엔 수백 개 펼쳐진 군사들의 병영.
늘 앞 골짜기의 두 폭포를 마주하고 있는데
다시 뒤에는 세 봉우리가 면하고 있다네.
필운대는 서산의 명구라 하니 정자가 있지 않겠나,
낙산은 동촌의 고운 풍경 자랑하니 어찌 물이 없겠나?
개울이 굽이 돌아 성시의 화려함과 떨어져 있고
좌청룡 우백호 감싸 속세의 번다함을 끊고 있다네.
실로 속된 무리들 살 곳이 아니요
감히 은자들의 집이 될 만하다네.
주인은 즐거워라
마당의 오동이 달 맞아 대기둥에 기이한 그림자 누이고
바위틈의 꽃이 담장을 엿보아 갈대발에 노을이 어리네.
산중의 재미는 저무는 늘그막에 절로 즐거움 부치는 것
세상 밖 영리는 일장춘몽 헛된 꿈 깨어났다 할 만하네.
몇 구절 글을 읊조려 남은 정을 이어 보노라.

惟玆三淸洞之白蓮峯 洛陽勝地 京都奇觀
山形逶迤 地理來自白岳 水勢飛動 泉脈通于漢江
於是 建數楹之華構 擅一區之美景
規模足於齊整 未知創者何時 制度極其精奇 實幸得之今日
況當二三月佳節 因看九十春韶光
含翠群巒 若螺鬟而簇立 向榮百卉 況繡茵之布排
蝶舞鸝歌 依春風而互和 柳腰桃臉 浥朝露而爭英
七星台之醮壇 肅哉民俗之崇奉

三淸殿之遺趾 儼然古蹟之餘存
矧又月岩之奇 乃是天設之勝
潺潺流水 合三派而繞階 落落長松 靑萬年而翳屋
明沙白石 幾群洴澼之女娘 芳林碧莎 百隊韎韋之武士
長對前谷之雙瀑 更有後面之三峯
弼雲稱西山之名區 亦有亭否
駱峯擅東村之佳景 奈無水乎
川溪瀠洄 隔城市之浮麗 龍虎懷抱 絶塵寰之紛囂
實非俗類之居 堪爲隱者之室
主人之樂 庭梧迎月 偃奇影於竹檻 岩花窺墻 映霞光於蘆箔
山中滋味 自樂寄桑楡之晩年 世外營爲 敢曰覺黃粱之幻夢
遂吟數句 以續餘情

대우(對偶)의 정밀함과 함께 삼청동 일대의 아름다운 풍광을 호쾌하면서도 섬세하게 묘사한 명문이다. 의유당의 문학적 재능을 이 한 편에서 확인할 수 있다. 의유당의 이 글을 칠언절구로 압축하면 앞서 본 두 편의 절구가 된다. 개울가에 있는 조그마한 집에 발이 드리워져 있는데 그곳에서 의유당이 백련봉 일대의 아름다운 풍광을 즐기고 있다. 경쾌한 새소리를 배경음악으로 깐 한 폭의 수묵화다. 두 번째 작품도 그러하다. 가랑비 내려 어느새 봄이 가고 있다. 붉은 꽃은 흐드러지고 버들솜이 날린다. 나무와 풀은 새파랗게 싹이 돋아나기에 두툼한 봄옷을 갈아입고 봄놀이를 나서려 한다.

이 작품을 포함한 의유당의 시문은 모두 한글로만 되어 있다. 시는 상단에 한글로 원문을 적고 하단에 한글로 번역문을 실었다. 산문도 마찬가지다. 이러한 여성 문집의 사례는 매우 주목되는 현상이다. 기각의 문집도 마찬가지다. '증금원딜녀'로 표기되어 있는 「금원 질녀에게 주다(贈錦園姪女)」를 아래에 보인다.

한 번 이별하여 10년이 가까운데	一別遽然近十霜
그대와 나 그리움에 마음만 달려가네.	君我相思空馳神
모두 깊은 규방 여자의 신세인지라	俱是深閨女子身
수레 타고 나서려 해도 방법이 없네.	巾車命駕無由得
아득히 먼 역원 길 삼백 리에	迢迢驛路三百里
그저 시구로만 긴 회포를 부치노라.	但以詩句寄永懷
구슬같이 고운 글은 맑은 소리 울리는데	瓊什鏗鏘有金聲
촌스러운 내 시로 답하는 것이 부끄럽소.	自愧俚音似投瓜

일별거연근십상	ᄒᆞᆫ 번 니별ᄒᆞᄆᆡ 거연이 열 ᄒᆡ가 갓가와시니
군아샹ᄉᆞ공치신	그ᄃᆡ와 ᄂᆡ가 서로 ᄉᆡᆼ각ᄒᆞᄆᆡ 부질업시 졍신을 달녀더라
구시심규녀ᄌᆞ신	다 이 깁흔 도장의 녀ᄌᆞ의 몸으로
건거명가무유득	술위ᄅᆞᆯ 수건ᄒᆞ여 멍에ᄅᆞᆯ 명ᄒᆞ기ᄅᆞᆯ 말믜암아 어들 길이 업더라
초초역노삼ᄇᆡᆨ니	멀고 먼 역길 삼ᄇᆡᆨ니의
단이시구긔영회	다만 글귀로뻐 긴 회포ᄅᆞᆯ 부쳐더라
경즙깅쟝유금셩	구ᄉᆞᆯ 편이 깅장ᄒᆞ여 쇠소ᄅᆡ가 이시니
ᄌᆞ괴니음ᄉᆞ투과	스ᄉᆞ로 나즌 소ᄅᆡ가 모과 던지ᄂᆞᆫ 것 갓흐믈 붓그려ᄒᆞ노라

이 시집을 남긴 기각이라는 인물은 여성임이 분명하지만 언제 살았고, 어떤 사람인지는 전혀 알 수 없다. 위의 시는 질녀(姪女) '금원'에게 준 작품인데 이 시기 여성 작가로는 김이양(金履陽)과 김덕희(金德喜)와 인연을 맺었던 금원교서(錦園校書) 금앵(錦鶯)이 있다. 금앵이 질녀라 하였으니 『기각한필』을 남긴 기각이 경주 김씨일 수도 있겠지만 더 이상의 정보가 없어 확정하기 어렵다. 기각에 대한 정보는 이산(尼山, 논산)과 청양(靑陽)에서 거주하였다는 정도에 불과하다. 이 작품을 보면 기각이 한양에서 금원과 함께 시를 주고받았는데 헤어진지 10년 가까이 되었음을 알 수 있다. 금원이 질녀라면, 금원이 1830년 김덕희

의 후실로 들어갔으니 그 무렵부터 기각이 금원과 만나 시를 주고받았고 다시 10년 지난 후에 이 시를 지었다고 볼 수도 있겠다.

수레를 타고 만나러 가고 싶지만 여성의 몸이라 그렇게 하지 못하고 마음만 달려갈 뿐이요, 그래서 시를 보내지만 금원의 뛰어난 작품에 답하기에 자신의 능력이 부족하다는 말로 시상을 종결하였다. 『시경』「목과(木瓜)」에 "나에게 목과를 주는데 경거로 갚는다.(投我以木瓜 報之以瓊琚)"라는 구절을 이용한 것으로 보아 기각의 공부가 제법 깊었다고 하겠다.

70.
부용당 신씨가 오빠에게 보낸 시

한 가문에 남녀 형제가 두루 시에 능한 집안이 있다. 두기 최성대와 그의 누이가 그러하였거니와 석북(石北) 신광수(申光洙, 1712-1775), 기록(騎鹿) 신광연(申光淵, 1715-1778), 진택(震澤) 신광하(申光河, 1729-1796) 등 쟁쟁한 시인의 막내누이 부용당(芙蓉堂) 신씨(申氏, 1732-1791)도 시집을 남길 정도로 시에 뛰어났다. 그리고 나이가 비슷한 조카 신석상(申奭相, 1738-?) 형제들과 나란히 글을 배우고 시를 지어 벗이 되었으니 그 또한 기이하다. 신석상은 막내고모의 시집 『산효각부용시선(山曉閣芙蓉詩選)』에 이렇게 서문을 썼다.

> 아, 숙질(叔姪)로 나이가 같고 도(道)가 비슷하였으니 숙질이지만 벗이었다. 이 때문에 어찌 남자와 여자라고 차이를 두겠는가? 예전 우리 조부모께서 덕의(德義)로 집안에서 교육하였기에 우리 아버님 형제 세 분이 문사(文詞)로 한 세대를 떨쳤다. 부인은 우리 조부모의 막내딸로 세 분의 풍모에 흥기되어 책은 『내칙(內則)』과 『곡례(曲禮)』, 『열녀전』을 읽었고, 문장에서는 한위(漢魏)의 고시(古詩)를 배웠으니, 오언과 칠언에서 「안세방중가(安世房中歌)」의 남은 음조가 있다. 스스로 『부용당집(芙蓉堂集)』을 만들었는데 또한 몇 권 된다. 소자는 형제가 다섯인데 나이가 엇비슷하여 아래위로 함께 글씨를 배우고 글을 지었으며 음식을 먹고 놀면서 함께 즐겼다. 그 후 부인이 연세가 많아지자 배움을 버려 거의 글자를 잊을 정도였다.[1]

부용당 신씨는 본관이 고령(高靈)이고 산효각(山曉閣)이라는 호도 사용하였다. 부친은 신호(申澔)인데 성산 이씨(星山李氏) 이휘(李徽)의 딸과 혼인하여 신광수와 신광연을 낳았고, 전주 이씨(全州李氏) 이천령(李千齡)을 맞아 신광하와 부용당을 낳았다. 신광수, 신광연, 신광하는 모두 조선 후기 문학사에 모두 이름이 높다.

부용당은 나이가 많은 오빠 신광수에게서 학문과 문학을 배웠다. 한산(韓山)에서 어린 시절을 보낸 부용당은, 다소 늦은 19세 때인 1750년 윤운(尹惲)과 혼인하였다. 윤운은 본관이 파평으로 윤두서(尹斗緖)의 손자다. 윤두서의 막내딸이 신광수와 혼인하였으니, 혼연이 겹으로 깊었다. 부용당은 혼인한 후 남편과 해남에서 살다가 얼마 지나지 않아 보령으로 옮겼다. 남편의 벼슬 이력이 확인되지 않는 것으로 보아 보령에서 가난하게 산 듯하다. 1773년 윤운이 해남에 갔다가 그곳에서 죽었다. 부용당은 그때 어린 아들 윤규영(尹圭永)과 윤규응(尹圭應)을 데리고 있었고 뱃속에는 여자아이가 자라고 있었으니 그 비참한 상황을 짐작할 수 있다. 둘째 아들 윤규응(1762-1800, 초명 持訥)은 훗날 사헌부 지평을 지냈고 인척 사이였던 정약용(丁若鏞) 형제와 자주 어울려 후세에 이름을 전하게 되었다. 윤규응이 1790년 과거에 급제하고 진천군수에 임명되자 부용당은 그곳으로 따라갔다가 이듬해 세상을 떠났다. 그리고 남편의 묘소가 있는 해남이 아닌 화성(華城)에 묻혔다.

정약용은 그의 묘지명에서 부용당을 소식(蘇軾)과 소철(蘇轍)의 누이 소소매(蘇小妹)에 비하고, 또 아들 윤규응도 그의 훈도를 직접 받았다고 하였다.[2] 부용당은 그 정도로 학문과 문학에 탁월하였다. 부용당이 노년에 글자를 잊을 정도로 학문을 버렸다고 한 것은, 당시 여성의 미덕을 칭송하는 관례를 따른 것이

1 申奭相, 「祭姑母尹夫人文」, 『山曉閣芙蓉詩選』[한국한문학회 편, 『崇文聯芳集』(탐구당, 1975)].

2 丁若鏞, 「司憲府持平尹无咎墓誌銘」, 『茶山詩文集』 권16.

리라. 신석상이 자신의 다섯 형제가 부용당과 함께 공부하고 함께 놀았다고 한 것으로 보아, 신광수가 부용당 및 신석상 형제의 스승이었다고 하겠다. 부용당이 한위의 고시를 배웠다고 한 언급도 주목되는데 신광수를 비롯한 이들 집안 형제의 공통적인 특성이기도 하다. 다만 오언과 칠언에서 「안세방중가」의 음조가 있다고 한 것은 다소 비약이다. 「안세방중가」는 주(周)의 후비(后妃)들이 부른 노래로 선조의 공덕을 칭송하는 내용이므로, 부용당이 덕을 갖춘 여성 작가로서의 면모를 부각하고자 한 말로 풀이된다.[3] 신석상은 『부용당집』이 몇 권이라 하였지만 지금 전하는 『산효각부용시선』에는 작품이 30여 수에 불과하다. 그 가운데 고풍(古風)이 있는 작품으로는 다음 「남쪽 고을로 가는 셋째 오빠와 헤어질 때 주다(贈別舍三兄南州)」를 들 수 있다.

때는 한가을 팔월 중추라	仲秋八月時
북풍이 높은 오동나무에 부는데	北風吹高梧
기러기 떼 남쪽으로 날아가면	鷹群南飛去
창망히 편지를 보내고 싶겠지.	蒼茫欲寄書
남과 북이 백 리도 못 되는데	南北未百里
아득한 두 강물이 막고 있지만	悠悠二江長
남쪽 고을에는 가을 달 밝아도	南州秋月明
산과 강은 나뭇잎이 푸르겠지.	山河樹葉蒼
푸른 하늘에 구름이 일어나고	碧落雲初起
은하수 동쪽으로 기우는 새벽	銀河暫東傾
창 아래 홀로 앉아 있노라니	窓下猶自坐
한밤중 닭 울음소리 들려 오네.	夜半鷄鳴聲

3 김수경, 「『山曉閣芙蓉詩選』에 나타난 申芙蓉堂의 詩文風格과 自意識」, 『漢文古典研究』 32집(2016)에서 이 문제를 다룬 바 있다.

신광하는 사마시에 급제한 1756년 영암, 해남 등 전라도 지역을 유람하였는데 부용당이 이때 이 작품을 지은 듯하다. 보령에서 전라도까지 그리 멀지 않지만, 유유히 흐르는 금강과 영산강이 길을 막고 있다. 가을이라 날아가는 기러기를 보면 기러기가 형제의 상징이기에 내가 보고 싶어 편지를 보낼 것이라 자위해 본다. 오빠가 계신 남쪽 땅은 가을이 깊어가도 단풍이 들지 않을 것인데 그곳에 환하게 뜬 달을 보고 나를 그리워할 것이다. 그리고 금방 은하수가 기울어지고 닭이 우는 새벽이 올 때까지 오빠가 그리워 밤을 지새운다. 이런 뜻을 담았다.

이 작품은 운자를 하나로 고집하지 않고 바꾸어 쓰면서 오누이의 우애를 담박하면서도 절절하게 그려 내었다. 또 다른 오언고시 「꿈에 금강산을 유람하다(夢游金剛山)」도 압운의 방식에서 이 작품과 유사하다. 부용당 고시의 특징이라 하겠다. 또 부용당이 오빠에게 준 4수의 연작시도 율시처럼 보이지만 압운과 평측이 근체시에 맞지 않는다. 「춘사(春詞)」 "푸른 봄이 깊어가니, 초목들도 기뻐하네. 축원하노니 만세토록, 부모님 평안하시길.(靑春冥冥 草木訢訢 祝曰萬世 父母安安)"에서 보듯 사언(四言)으로도 시를 지었다. 이러한 점을 볼 때 부용당 역시 오빠들과 함께 고풍을 지향하였다고 할 만하다. 다음도 6구로 된 고시다. 제목은 「이이형을 전송하며(送李二兄)」로 되어 있다.

술을 두고 오빠와 작별하는데	置酒與君別
꽃이 피고 제비가 날아가네요.	花發燕子飛
멀리 한양 가는 길을 바라보니	遙望漢陽路
봄바람이 오빠 옷에 불어오네요.	春風吹君衣
산과 물 오백 리 떨어져 있는데	山河五百里
오빠 탄 말은 가물가물 멀어지네요.	君馬去依依

꽃피는 봄날 술을 마주하고 외가 쪽 오빠와 작별하면서 지은 작품인 듯하다. 한양까지 오백 리라 하였으니 보령에서 지은 듯하지만 분명한 사정은 알 수 없다. 앞서 신석상 등의 조카들과 어울려 함께 글을 지었다고 하였거니와, 여기서도 친척 오빠와 거리낌 없이 시와 술을 즐기는 모습을 확인할 수 있다. 이 작품도 근체시의 격식에 매이지 않고 자연스럽게 하고 싶은 말을 다 하였다.

부용당은 서간과 제문 등 산문도 몇 편 남기고 있는데 읽을 만하다. 그 중 「이이형에게 보낸 답서(答李二兄書)」는 위의 시와 제법 맞아떨어진다.

> 이 누이동생은 근래 뜻을 시서(詩書)에 두지 않은 까닭에 갖추어 쓸 수가 없으니, 어찌 한탄하지 않겠나이까? 그래도 몇 줄의 편지와 세 개의 큰 감이 재물보다 귀중하거니와 아름다운 말씀까지 삼가 받들게 되니 감격을 이기지 못하나이다. 누이동생에게는 다른 물건이 없고 단지 한 잔 술이 있어 우러러 바치니, 오라버니가 술을 즐기지 않지만 한 번 웃고 마시는 것이 어떻겠나이까?

부용당의 어머니가 이씨니 시나 편지를 주고받은 사람은 외사촌 오빠일 가능성이 높다. 술을 잘하지 못하지만 이별의 선물로 바친다고 하였는데 시와 함께 이 편지를 주었을 것 같다. 양반가의 여성들은 문학을 하더라도 이처럼 가까운 친인척의 범위를 넘어서지 못하는 것이 현실이었다.

71.
가정실학의 웅편거장을 남긴 빙허각 이씨

『동아일보』 1939년 1월 31일 자 신문에 "가정실학(家庭實學)의 웅편거장(雄篇巨章) 백팔십년(百八十年) 영조(英祖) 때 이씨(李氏) 저작(著作) 조선어연구(朝鮮語硏究)에도 공헌(功獻)이 막대(莫大)", "찬연(燦然)한 규수문학(閨秀文學)의 최고봉(最高峯)! 빙허각전서(憑虛閣全書), 산락(散落)에서 구출(救出) 간행(刊行)"이라는 제목의 기사가 실렸다.

31권으로 된 『빙허각전서』의 간행을 소개하는 기사인데 1부는 『규합총서(閨閤叢書)』 5책, 2부는 『청규박물지(淸閨博物志)』 4책이고, 3부는 『빙허각고략(憑虛閣稿略)』으로 100수의 자작시와 10수의 발(跋)과 묘문(墓文)으로 되어 있다고 하였다. 또 황해도 장연(長淵)의 진서(津西)에 있는 후손 집에서 발견된 문헌인데, 정약용의 『여유당전서(與猶堂全書)』를 간행한 신조선(新朝鮮)에서 신경준(申景濬)의 문집 간행이 끝나는 대로 출판하기로 되어 있다고 하고 원고를 분류하고 정리하느라 바쁘다고 하였다. 이 신문에는 위당(爲堂) 정인보(鄭寅普)의 인터뷰 기사도 함께 실렸는데 빙허각(憑虛閣) 이씨(李氏)의 방손 서정만(徐廷萬) 군과 민영규(閔泳奎) 군과 같은 부지런한 공부꾼들이 있어서 들추어낸 것이라 하고 하루바삐 세상에 나오기를 심축한다고 하였다.[1]

1 박영민, 「빙허각 이씨의 『청규박물지』 저술과 새로운 여성지식인의 탄생」, 『민족문화연구』 72호.

그러나 『빙허각전서』는 간행되지 못하였다. 이 기사대로 정약용의 『여유당전서』가 1938년 완간되었고 신경준의 『여암전서(旅庵全書)』도 1939년 간행되었으며 홍대용(洪大容)의 『담헌서(湛軒書)』도 같은 해 간행되었지만, 예고한 『빙허각전서』는 빛을 보지 못하였다. 19세기 후반에 간행되어 널리 읽힌 『규합총서』를 제외하고 나머지 저술은 행방이 묘연해졌다. 다행히 근년에 『청규박물지』가 일본 동경대에 소장되어 있음이 알려지면서 연구가 이루어지기 시작하였다. 그럼에도 『빙허각고략』은 아직 확인되지 않고 있다. 『동아일보』에 빙허각의 다른 두 종의 저술과 함께 한 면이 사진으로 실려 있는데 오언율시 앞쪽 7구지만 사진이 흐려 판독하기 어렵다. 100여 수의 작품을 남겼지만 빙허각의 시는 시숙(媤叔) 서유구(徐有榘, 1764-1845)의 묘지명에 실려 있는 「절명사(絶命詞)」 한 편만 온전하다.

단인(端人)의 계보는 전주다. 능주목사(綾州牧使)로 의정부(議政府) 좌찬성(左贊成)에 추증된 이민제(李敏躋)의 손녀요, 판돈녕부사(判敦寧府事) 문헌공(文獻公) 이창수(李昌壽)의 따님이다. 문헌공이 서씨 집안에 장가들었는데 서씨가 아이 없이 일찍 죽었다. 유씨(柳氏)를 계실로 들여 아들과 딸 하나를 낳았는데 단인이 늦둥이다.

어려서 무척이나 총명하여 부모가 기특하게 여기고 애지중지하여 딸로 여기지 않았다. 무릎에 앉히고 『모시(毛詩)』와 『소학』을 구술하여 가르치니, 그 대의를 문득 달통하였다. 성격이 드세고 호승심이 강하였다. 아직 이를 갈지 않았을 때 동년배가 모두 젖니가 빠진 것을 보고 자신이 그렇지 못한 것을 창피하게 여겨, 어느 날 저녁 작은 몽둥이로 때려서 윗니와 아랫니가 거의 다 뽑히고 피가 입과 입술에 흥건하였다. 문헌공이 보고 좋아하여 "이가 질기고 건장하지 않아 그 수명을 앞당겼구나."라 하였지만, 조금 후 기뻐하지 않고 "여자는 남에게 순종해야 하는 법, 훗날

고려대학교 민족문화연구원(2016)에 『청규박물지』의 발굴 과정과 빙허각의 학문에 대해 자세하다.

사사건건 뻗대지 않아야 되지, 그렇지 못하여 하나라도 차질이 있으면 제 손으로 몸을 해치게 되지 않겠는가?"라 하였다.

장성하여 박람강기(博覽强記)하고 시에 뛰어나며 저술을 잘하였으니, 머리를 올리기 전에 여사(女士)의 일컬음이 있었다. 우리 서씨는 삼대에 걸쳐 이씨 집안과 화목하였기에, 그 집 자녀 중에 재주가 있고 정숙한 사람은 중매쟁이가 없더라도 알고 있었다. 이 때문에 단인이 마침내 우리 집안에 시집오게 되었다. 음식을 올릴 때 할아버지 문정공(文靖公; 서명응)이 "네가 『소학』을 즐겨 읽는다는데 그 책에 실린 아름다운 언행 중 어떤 것이 본받을 만하던가?"라 묻자, 단인이 "말이 행동보다 앞서는 일은 감히 하지 않습니다."라고 대답하였다. 문정공이 탄식하고 "겸손하고도 학식을 갖추었으니 누가 너를 여자라 부르겠는가?"라 하였다. 이때 친가와 외가가 모두 부귀하고 현달하여 가문의 위세가 높았는데 단인은 더욱 법도를 익히고 언사를 잘하였기에 옥같이 아름다워 성대한 기림을 받았기에 동서들이 감히 범접하지 못하였다.

나의 백씨는 아버님의 자상한 가르침을 받아 힘써 책을 읽었고, 평소 문을 나가 바깥으로 교제하는 일이 없었다. 책을 읽는 사이에 단인과 경전에 대해 토론하고 고시와 근체시로 수창하였다. 이 때문에 관주비점(貫珠批點)을 찍는 붓이 옷 만들 때 쓰는 자나 가위와 섞여 있었다. 가히 은자의 아내요 또한 좋은 벗이었다 하겠다. 만년에 집안이 영락하여 선친의 전답을 거의 다 잃었을 때 갖은 고생을 겪으며 이자놀이를 해서 하루에 두 말의 양식을 장만해 보내어 남편이 마음 놓고 기예를 익히며 세월을 보낼 수 있게 하였다. 그러니 또한 재간이 있는 여성이요, 고생을 많이 한 사람이라 하겠다. 나는 백씨보다 두 살이 어려, 단인에 대해 처음부터 끝까지 익히 알고 있다. 매번 가끔 찾아가 뵐 때 단인이 꿰맨 치마를 입고 저당 잡은 문서를 잡고 돈을 벌려 하는 모습을 본 적이 있다. 예전과 지금의 형편이 얼마나 달라졌는지 헤아려 보고 강개한 생각이 많이 들곤 하였다.

단인은 아들을 여럿 낳았지만 다 요절하였고 오직 두 딸이 있어 시집을 갔다. 장남 민보(民輔)는 장가갔지만 요절하였고 어린 아들은 조열(祖悅)인데 나면서부터 총명하여 가장 사랑받았지만 아홉 살에 일찍 죽었다. 단인이 두 아들을 잃고 울면서 곡기를 끊은 것이 수십 일이었다. 백씨가 억지로 밥을 먹게 하면서 “내가 늙어 고단하게 만드시려나? 잠시 있다가 내 죽으면 장사를 치러 주고 나를 따라오면 되지 않겠소?”라 하였다. 이에 단인이 벌떡 일어나 억지로 밥을 먹으라 권하는 백씨의 말을 따랐다.

임오년 7월 백씨가 병이 위독해지자 단인은 물을 입에 넣지 않고 목욕재계한 후 사당에 기도를 올려 대신 죽기를 청하였다. 손가락을 베어 피를 내어 올렸지만 효험이 없었다. 백씨가 작고하던 날 무릎을 꿇고 그 앞에서 고하여 “한날한시에 죽을 수 없다면 한날한시에 묻히고 싶구나.”라 하면서 곡기를 끊고 따라 죽으려 맹서하였다. 집안사람들이 다투어 권하여 “남편이 자신의 장사를 치르고 자신을 따라오라고 한 말을 유독 생각지 않으시는가?”라 하자, 그제야 단인이 맹물만 내어오게 하였다. 눈물을 훔치고 일어나 일을 처리하는데, 관에 넣을 것들은 반드시 성심을 다하여 챙겼다. 어쩌다 죽을 올리면 정색하고 오열하면서, “남편이 편찮은지 나흘 동안 내가 그릇을 들고 울면서 드시라 권하였지만 한 숟가락도 드시지 못하였는데 내가 무슨 마음으로 밥알을 마주할 수 있단 말인가?”라 하였다. 장례를 치를 날이 정해지자 단인이 여종들에게 “내일 발인을 할 것이니 너희들은 일찍들 자고 일찍들 일어나거라.”라고 하였다. 며느리 유씨(兪氏)가 한밤에 깨 보니 캑캑하는 소리가 들렸다. 이상한 생각이 들어 촛불을 밝히고 보니, 단인이 천으로 목을 매달아 숨이 끊어지려고 하기에 급히 구하여 단인이 소생하게 되었다.

백씨의 장사를 치르고 내가 기천(沂川)에 가서 집안사람 중 아들이 많은 자를 구해 민보의 후사로 삼으려고 그 뜻을 단인에게 고하여 “형수님은 조금 기다려주시면 내가 저승에 계신 우리 백씨께 가서 아뢸 수 있게 하겠습니다.”라 하였다. 이에 단인이 울면서 응낙하였다. 또 며느리 유씨에게 행장을 꾸려 보내면서 “내가 죽음을 참고 후사를 구할 때까지 기다릴 테니 자네는 시숙을 따라가거라.”라 하였다. 내가 양자를 얻을 집에 가서 문과 마당에서 통곡한 것이 사흘 밤낮이라 그 집에서 가련히 여겨 허락하였다. 명년 여름 내가 다시 기천에 가서 아이를 안고 돌아와 단인을 뵈었다. 단인은 희색을 띠고 “내가 이제 다른 사람 손을 빌려 지하에서 남편을 볼 수 있겠구나.”라 하였다.

소상(小祥)을 행하는 날 저녁 단인이 몰래 비상(砒礵)과 망초(芒硝) 같은 독약을 구해 작은 병에 담아두거나 옷자락 사이에 품고 있었는데 집안사람이 알고 품고 있던 것을 빼앗으니 단인이 화를 내며 "내가 하루 죽지 못하게 하면 이는 나에게 하루 독약을 먹이는 꼴이다."라 하였다. 마침내 절명사를 지었는데 다음과 같다.

삶과 죽음이 취생몽사라 하였으니	生醉死亦夢
삶과 죽음이 원래 진짜는 아니라네.	生死元非眞
신체발부는 부모님께 받은 것인데	髮膚受父母
무슨 일로 먼지처럼 하찮게 여기나.	何事視若塵
높다란 태산이나 가벼운 새털이나	泰山與鴻毛
의에 따라 도리어 굴신이 있는 법	隨義互詘伸
내 부부 되어 살던 정을 생각하니	念我結髮情
시속의 무리들과 절로 같지 않았지.	自非時俗倫
배필이면서 금난지교 벗을 겸하여	伉儷兼金蘭
훌쩍 오십 년 세월을 함께 보냈지.	倏已五十春
잘해주는 이에게 잘 보인단 말 몰라도	未解悅己容
나를 알아준 은혜에 보답할 수 있기를.	庶報知己恩
이제서야 죽을 곳을 찾게 되었으니	今也得死地
내 일편단심 천지신명께 묻게 되었네.	片心可質神
삶을 버려 알아줌에 사례하리니	捐生謝知遇
어찌 내 몸을 온전히 하려 들겠나.	安得全吾身

직접 이렇게 써서 벽에 붙였다. 이로부터 병은 나날이 깊어가고 기운은 나날이 줄어들었다. 때때로 진짜처럼 헛소리를 하는 것은 모두 남편과 만나고 헤어지면서 나누던 말이었다. 정말 단인이 빈소에서 죽고자 하였지만 죽지 못하였고, 가묘(家廟)에서 다시 죽고자 하였으나 죽지 못하였으며, 소상 때 세 번째로 죽고자 하였지만 죽지 못하였다. 사람들은 단인이 죽음을 찾는 일이 잠시 멈추게 되었다고 여겼

지만 단인은 결코 하루라도 죽음을 잊은 적이 없었다. 밥알을 삼키지 않고 머리를 빗지 않았으며 옷을 갈아입지 않았다. 추울 때나 더울 때나 낡은 이불 한 채로 누울 곳을 바꾸지 않았다. 처음부터 끝까지 19개월을 보내다가 비로소 그 뜻을 이루게 되었다. 아, 이렇게 하기가 참 어려운 일이겠다.

갑신년 세초에 단인이 갑자기 남들에게 "남편이 나와 기약하였소."라 하고 2월 3일 돌아가셨다. 기약한 날 돌아갔으니 태어난 기묘년 정월 27일까지의 향년이 66년이다. 숨을 거둘 무렵 여러 시숙에게 부탁하여 "죽고 사흘 지나 염을 하고 염한 지 사흘 지나면 발인을 할 것이며, 발인하고 사흘 뒤에 합장해주소. 내가 남편을 따라갈 날을 지체하게 하지 마시고."라 하였다. 해가 바뀌기 전에 백씨의 묘 우측 몇 보 되는 땅에 임시로 장사를 지냈다가 다음 해 2월 갑신일에 백씨의 광(壙)을 파서 합장하였다.

저술로 『빙허각시집(憑虛閣詩集)』 1권, 『규합총서』 8권, 『청규박물지』 5권이 있다. 『규합총서』는 살아계실 때 이미 세상에 소문이 나서 인척들이 왕왕 필사하여 전하였다.[2]

빙허각 이씨(1759-1824)는 본관이 전주로, 소론 집안이다. '빙허'라는 말은 소식의 「적벽부(赤壁賦)」에 나오는 말로 "광대하기는 허공을 타고 바람을 몰아가 그칠 줄 모르는 것 같고, 경쾌하기는 속세를 버리고 우뚝 서서 깃을 달고 신선이 되어 승천하는 것과 같다."라 한 데서 딴 것이리니, 신선처럼 맑고도 자유롭게 살고자 한 듯하다.

그 부친 이창수(李昌壽)는 영조 연간 호조와 형조, 예조, 이조의 판서를 두루 맡은 명환이지만, 남해(南海)에 유배되어 있던 노론의 영수 이이명을 한양으로 압송할 때 곤욕을 가하였고 또 그가 처형된 후 시신을 방치하였다 하여 노론에게는 공적이 되었던 인물이다. 이창수의 첫 번째 부인은 서명빈의 딸인데

2 徐有榘, 「嫂氏端人李氏墓誌銘」, 『풍석전집』 권7.

자식을 두지 못하였다. 둘째 부인이 유담(柳紞)의 딸인데 병조와 공조의 판서를 지낸 이병정(李秉鼎, 1742-1804)과 빙허각을 낳았다. 빙허각은 좌소산인(左蘇山人) 서유본(徐有本, 1762-1822)과 혼인하였다. 서유본은 대학자 서명응(徐命膺)의 손자로 서유구가 그의 아우다. 또 외조부 유담의 며느리가 『태교신기(胎教新記)』를 남긴 사주당(師朱堂) 이씨(李氏, 1739-1821)인데, 빙허각에게 외숙모가 된다. 조선을 대표하는 두 명의 여성 학자가 이러한 관계다.

빙허각은 남편 서유본이 동몽교관(童蒙教官)이라는 미관말직에 머물렀기에 여성의 품계로서는 가장 낮은 단인으로 칭해졌지만, 그럼에도 조선시대 가장 뛰어난 실학자라 부르기에 조금도 부족함이 없다. 『동아일보』의 기사대로 100수의 한시를 지었고 '찬연한 규수 문학'의 최고봉에 올랐다. 『청규박물지』에서 '규수시(閨秀詩)'라는 항목을 두어 19명의 중국 여성 시인과 12명의 조선 여성 시인의 작품을 소개할 정도의 안목을 갖추고 있었다.

서유구의 묘지명에는 빙허각의 성격이 잘 부각되어 있다. 어릴 때 억지로 젖니를 망치로 부순 일화에서 빙허각의 당차고 호승심이 강한 성격을 확인할 수 있다. 부친으로부터 공부를 배워 젊은 시절 이미 시에 뛰어나고 저술을 잘하여 여성으로서 최고의 찬사인 '여사'로 일컬어졌다. 이와 함께 집안이 어려워졌을 때 빙허각이 과감하게 돈벌이에 나섰다고 한 점도 주목된다. 아마 고리채를 놓아 돈을 벌었던 것 같다. 이렇게 적극적인 돈벌이에 나선 조선 양반가의 여성은 찾기 어렵다.

물론 서유구는 '열녀'로서 빙허각을 부각하고자 하였지만 사실 그보다는 좌소산인과 빙허각이 학문과 문학의 동지로 살았다는 점이 더욱 돋보인다. 빙허각이 열녀가 되려 한 것은 남편과의 이러한 사랑과 우정에 바탕을 둔 것이기 때문이다. 그래서 빙허각이 죽음에 임해 쓴 절명사를 묘지명에 인용한 것이기도 하다.

이 시에서 삶과 죽음은 다른 것이 아니라 전제한 후, 신체발부는 수지부모라 하였으니 자신이 목숨을 끊는 것이 바람직하지 않지만 남편에 대한 의리가 더욱 중요하다 하였다. 사마천의 「보임소경서(報任少卿書)」에 "사람은 언젠가 한 번 죽는데, 죽어서 태산보다 중한 이름을 남기는 사람도 있고, 기러기 털보다 가볍게 취급을 당하는 사람도 있다.(人固有一死 死有重于泰山 或輕于鴻毛)"라고 한 구절을 끌어들였으니, 그 깊은 학식을 확인할 수 있다. 그리고 50년 가까이 부부로 살면서 배필이라는 뜻의 '항려(伉儷)'에다 우정을 뜻하는 '금란(金蘭)'을 겸하였다고 한 것이다. 사마천의 같은 글에 "장부는 자기를 알아주는 사람을 위해 쓰임이 되려 하고, 여인은 자기를 좋아하는 사람을 위하여 예쁘게 단장하려 한다.(士爲知己者用 女爲說己者容)"라는 말이 나온다. 남편이 자신을 아껴준 부부의 사랑도 중하지만, 자신을 알아준 지기에 대한 보답으로 죽음을 택한다고 한 것이 강한 인상을 준다.

서유구의 묘지명에 이들 부부가 경전을 두고 토론하고 시를 지어 수창하는 것을 즐거움으로 삼았다고 하였는데 빙허각의 문집에 이런 작품이 실려 있었을 것 같지만 안타깝게 확인할 수 없다. 서유본의 문집에 아내의 시에 차운한 「장맛비, 아내의 시에 차운하다(霖雨次室人韻)」(『左蘇山人集』 권2)가 한 수 실려 있어 그나마 다행이다.

장맛비 스무 날에 개울이 파랗게 불어나	積雨兼旬碧漲川
낮은 밭두둑이 큰 강에 붙어 물이 출렁이네.	平疇淼淼大江連
조각달이 구름 사이 비치기에 깜짝 놀라서	翻驚片月雲間照
구지산 구멍에서 흘러나온 소유천인가 하였네.	疑是仇池小有天

구지산에는 작은 구멍이 동쪽과 서쪽에 뚫려 있어 물이 흐른다고 한다. 또 소유천은 도교(道敎)에서 말하는 삼십육동천(三十六洞天)의 하나로 선경을 비유한다. 두보의 「진주잡시(秦州雜詩)」에 "만고의 세월 구지의 구멍이, 소유천과 몰

래 통해 있다지.(萬古仇池穴 潛通小有天)"라는 구절이 유명하다. 장맛비로 강물이 논밭으로 흘러드는데 마침 하늘에 뜬 달이 질펀한 물에 비쳤다. 두보의 시에서 이른 별천지의 풍광이 연출되었다는 뜻이다. 빙허각이 앞선 시인의 표현을 빌려 장맛비가 내린 뒤의 풍경을 시로 지어 보였고 이에 남편이 두보의 시를 끌어들여 답을 한 것이리라. 이들 부부의 사랑은 이렇게 시를 주고받는 데서 더욱 깊어졌을 것이다.

72. 요절한 행당동자와 그의 누이

오세동자(五歲童子)로 알려진 김시습 이래 천재적인 재능을 가진 어린아이의 한시가 화젯거리가 되었다. 9세 때 요절한 조갑동(趙甲童, 1743-1751)이 문집을 남겼거니와 이규식(李奎軾, 1739-1752)과 유구환(兪九煥) 등도 성년이 되기 전인 14세 때와 15세 때에 각기 세상을 떴는데 각기 문집을 남겼다고 한다.[1] 여성 중에는 국창(菊窓) 김필형(金弼衡, 1725-1800)의 요절한 딸이 소략하지만 문집의 이름을 내건 『행당상자원고(杏堂殤姊寃稿)』가 전한다.

> 황정견은 7세에 이미 시로 세상을 울렸고, 양웅(揚雄)의 아들 양오(揚烏)는 9세에 죽었는데도 『태현경(太玄經)』 저술에 참여하였지만, 이들 집안에 누이가 있어 아름다움을 가지런히 한 일이 있다는 말은 들어본 적이 없다. 누이가 있었는지 없었는지 자세히 알 수 없지만 대개 명성이 없었음은 알 수 있다. 아, 인재가 나오기 어려움이 정말 그러하구나. 대개 옛날에도 어려웠지만 이제 행당(杏堂)의 집안에서 인재가 나왔으니, 그 누이가 또한 천상 선녀의 재주로다.
>
> 행당동자(杏堂童子)는 경진년(1760)에 태어났는데 누이는 2년 연상이므로 동자가 세상을 떠난 정해년(1767)에는 겨우 열 살이었다. 이제 동자가 운을 부른 것에 응대

1 안대회, 「조선조 아동 한시의 텍스트와 아동 한시를 보는 시각」, 『진단학보』 122호(2014). 진재교의 「無名子 尹愭의 童蒙詩와 그 世界」, 『대동문화연구』 89(2015)에서도 아동의 한시를 다루었다.

한 것이 대개 4편인데 율격이 자연스럽고 한결같이 온유돈후의 성정에서 우러나온 것이라 "진짜 공부를 나날이 새롭게 하라.(眞工願日新)"나 "반포조 까마귀 보라.(請看反哺烏)" 등의 시어에서 아우에 대한 우애와 부모에 대한 효심이 지극하였음을 더욱 볼 수 있다. 구법이 청신하고 원숙할 뿐만이 아니다.

이렇게 타고난 자질이 순수하고도 아름답지만 불행히 여자의 몸이 되었으니, 이것이 동자가 한숨을 쉬고 하늘의 이치를 알 수 없다고 한 것이다. 게다가 가묘 앞의 마당을 손보던 날 익모초(益母草)를 베어 버리지 않은 한 가지 일도 정말 사람의 의표에서 벗어나 있다. 동자가 "그 이름을 기억할 만하네."라고 하자, 누이가 "우리는 이 풀이 어머님을 이롭게 하는 것만 같지 못하구나."라 하고 또 "비록 어머님을 이롭게 한다지만 아버님께 노고를 끼칠까 겁난다."라 하였다. 또 "아버님께서도 어머님이 살아계셨더라면 베어 버리지 않았겠지."라 하였고 동자는 "누이의 말은 어머님도 이롭게 하고 아버님도 이롭게 하겠네."라 하였다. 이렇게 한바탕 말을 주고받은 일이 훈(壎)과 지(篪)를 한 번씩 불어 화음을 이루는 것과 다름이 없었다. 사소한 풀을 가지고 서로 화답한 마음이 심히 정성스럽다. 아, 얼마나 아름다운가!

그 밖에 밤이 깊어도 잠들지 않고 어머니가 잠들기를 기다렸다가 동자에게 고름을 빨게 한 일이나, 앵두가 생기자 양보하면서 먹지 않고 아우의 마른 속을 적셔 병든 입에 도움을 주고자 한 일도 문집에 보인다. 동자가 죽은 후 그 관에서 떨어지지 않고 통곡하고 펄쩍펄쩍 뛰면서 "내가 내 아우의 죄인이구나."라 하였으며, 또 남자가 아낙네의 손에서 명이 끊어지면 안 된다는 말을 바로 깨닫고 억지로 어머니를 안고 안으로 들어간 일도 있었다.

이는 사나운 사내로 하여금 효심을 일으키게 하고 귀신으로 하여금 눈물을 흘리게 한다. 산하의 맑고 빼어난 기운이 한 집안의 천륜에만 몰려들었으니, 대개 이러한 맑은 덕과 지극한 행실은 『예기』「내칙」의 입교(立敎)에 도움이 될 것이다. 그러나 계례(笄禮)를 할 나이에 변고를 당하였기에 시집갈 날을 기다리지 못하고서 갑자기 불행히도 요절하고 말았으니, 음양의 이치가 공정하지 못하구나. 인재가 나오기 어렵다는 말이 정말 그러하다. 싹을 틔었지만 열매를 맺지 못한 일은 예로부터 그러하였지만, 하늘은 무엇을 가지고 사람을 권려할 수 있겠는가![2]

여덟 살에 요절한 천재 시인 행당동자에 대한 이야기는 18세기 후반 조선 문단을 뜨겁게 하였다. 그 이름은 김경림(金景霖, 1760-1768)이고 본관은 순천(順天)인데 부친은 김필형이고 모친은 광산 김씨(光山金氏)다. 예천(醴泉)의 금곡리(金谷里)에서 태어나 선영이 있던 풍산(豐山)의 연동(蓮洞)에 묻혔다.

행당동자는 여덟 살에 죽었지만 시집을 남겼다. 그가 죽은 후 바로 편집되어 18세기 후반 목활자로 간행되었고 20세기 들어와 석인본으로도 거듭 간행되었다. 목활자본에는 이상정(李象靖)의 서문을 위시하여 박손경(朴孫慶), 김양근(金養根), 김도행(金道行), 유와(柳洼), 조술도(趙述道), 유장원(柳長源) 등 많은 문인의 발문이 실려 있다. 또 여기에는 실리지 않았지만 유도원(柳道源), 신체인(申體仁), 이광정(李光庭) 등 인근의 이름난 문사들이 지은 서발문이 그들의 문집에 보인다. 『행당원고』에는 행당동자의 누이 문집 『행당상자원고』가 실려 있고, 그 끝에 이 여성의 행적을 기록한 「효랑행기(孝娘行記)」에 이어 김양근이 1785년 지은 발문이 붙어 있는데 위에서 보인 글이다. 행당동자의 누이는 이름이 자념(子念, 1758-1775)이다.

김약련(金若鍊, 1730-1802)은 행당동자의 전(傳)을 쓰면서 그의 누이에 대해서도 함께 다루었다.[3] 이 글에 따르면 행당동자는 자신의 자 택세(澤世), 호 행당이 모두 7세에 스스로 붙인 것이라 한다. 『서경』에 은 고종(殷高宗)이 재상 부열(傅說)에게 "내가 만일 큰 냇물을 건너려거든 그대를 사용하여 배와 노로 삼을 것이며, 만일 해가 큰 가뭄이 들거든 그대를 사용하여 장맛비로 삼을 것이다.(若濟巨川用汝作舟楫 若歲大旱用汝作霖雨)"라 하였다. 행당동자가 재상 부열을 경모하는 뜻을 담고 재상이 되어 세상을 윤택하게 하겠다는 마음에서 자를 택세라 한 것이다. 행당동자는 가히 기이한 천재라 하겠다. 그 어머니가 어떤 노인

---

2 金養根, 「杏殤子賢姊行略序序」, 『東埜集』 권7. 이 글은 『杏堂寃稿』에는 「書杏堂殤姊寃稿後」로 실려 있다.

3 金若鍊, 「杏堂童子傳, 娘子附」, 『斗庵集』 권5.

으로부터 구절창포(九節菖蒲)를 받는 태몽을 꾸었기에 이름을 모든 것이 길하다는 뜻으로 도길(都吉)이라 하였는데, 주 문왕(周文王)이 창포김치를 좋아하였고 공자도 이를 사모하여 창포김치를 즐겨 먹은 일이 있어, 할머니[4]는 이 뜻을 취하여 성창(聖菖)이라 하였다. 그런데 어머니는 행당동자가 너무 재주가 뛰어나고 공부를 좋아하여 혹 단명할까 우려하여 팔백(八百)이라 불렀다. 그렇지만 행당동자는 어머니가 '팔백'이라 부르면 대꾸하지 않다가 그냥 '백'이라고만 부르자 그제야 답을 하였다. 팔백 세를 살 수 없는 것을 알지만 어머니의 부름에 불응하기 어려워 이렇게 하였다고 하니 이 역시 놀랍다.

김약련의 글에는 여덟 살 행당동자와 열 살 누이의 일화를 매우 자세히 소개하였는데 이런 대목이 나온다.

> 어느 날 밤 갑자기 한숨을 쉬면서 "하늘은 정말 알 수가 없습니다."라고 하였다. 아버지가 "무슨 말이냐?"라고 묻자 "우연입니다."라 답하였다. 아버지가 "반드시 생각하고 있는 것이 있을 것이니 내가 들어보고 싶구나."라 하자, 동자는 이에 이렇게 말하였다.
>
> "전에 누나가 종이를 찾더니 글을 써서 보여 주었는데 '백이는 시가 무적이라, 입만 열면 문득 사람을 놀라게 하네. 남아의 사업이 커야 하는 법, 진짜 공부 나날이 새로워지기를.(百也詩無敵 開口便驚人 男兒事業大 眞工願日新)'이라 하였습니다. 제가 크게 놀라 다시 운자를 불렀더니 바로 절구 세 편을 지었는데 시의 격이 무척 높았습니다. 자질이 아름다운데도 불행히 여자가 되었으므로, 저도 모르게 탄식하고 애석해한 것입니다."

『행당상자원고』에는 시 네 편만 실려 있다. 행당동자의 누이가 아우가 부른 운자에 따라 지은 시가 네 편이라 하였는데 이것이 전부다. 김양근이 인용

---

4 행당동자의 부친 김필형은 金輝遠과 仁川蔡氏 사이에 태어났는데, 金聲遠과 潘南朴氏의 후사로 들어갔다. 할머니가 인천채씨인지 반남박씨인지는 분명하지 않다.

한 시는「정해 삼월 팔백에게 써서 보인다(丁亥三月書示八百)」라는 제목으로 되어 있다. 1767년 누이의 나이 10살 때의 작품이다. 아우 팔백이 시를 잘 짓지만 이보다는 자신을 수양하고 세상을 경륜하고 참된 공부를 하라고 권하였다. 행당동자가 이를 보고 누이가 탁월한 능력을 갖추고 있지만 여자의 몸으로 태어난 것을 안타까워하였다. 여덟 살 행당동자가 칭찬한 나머지 세 편은 이러하다. 앞의 두 편은「백이가 운자를 부르기에(百也呼韻)」이고 세 번째 작품은「시골 아낙 모자가 서로 반목하였는데 백이가 운자를 부르기에 짓다(有村媼母子不相得者, 百也呼韻)」라는 제목으로 실려 있다.

사람이 천지 사이에	人於天地內
만물의 영장이니	最爲萬物靈
내 몸이 여자라도	我身雖女子
목불식정은 면하여야지.	有目不識丁
깊고 깊은 골짜기에	深深山磵谷
난초와 지초가 향긋하네.	藹藹蘭與芝
절로 고운 덕을 가질 뿐	祗可自馨德
세상 사람 모르게 하여야지.	莫敎世人知
아버지 낳고 어머니 기르시니	父生而母育
은덕은 하늘과 땅처럼 긴 것.	恩德天地久
세상의 불효한 자들아,	世間不孝子
반포조 까마귀를 보라.	請看反哺烏

여자의 몸이기는 하지만 만물의 영장인 사람으로 태어났으니 부지런히 학업을 익히겠다는 각오와 함께, 그렇다 하여 나대지 않고 덕을 잘 갈무리하겠다

는 다짐을 보인 작품이다. 그리고 이어지는 작품은 반포조(反哺鳥) 까마귀만도 못한 불효자를 준엄하게 꾸짖었다. '시언지(詩言志)'의 가르침을 따라 그 천성에서 자연스럽게 나온 시라고도 하겠다.

행당동자와 그 누이는 효자이기에 더욱 세상에 알려졌다. 마당에 돋아난 익모초는 아버지의 말씀대로 뽑아야 하지만 어머니를 이롭게 한다는 뜻을 가진 풀이기에 고민에 빠졌다. 김약련의 전에 이 일화가 자세하다.

> 일찍이 동자와 사당의 마당을 손질하는데 동자가 풀 하나를 가리키며 "이것은 이름이 뭐지?"라 묻자, 낭자가 "익모초란다."라 하였다. 동자가 "그 이름을 기억해야겠네."라 하고 바로 북돋워 주었다. 낭자가 "풀이 어머님을 이롭게 하지만 우리들은 어머님께 무익하구나. 또 이 풀이 마당에 많이 돋아났는데 우리가 없애지 않으면 아버님께서 반드시 손수 없애겠지. 어머님을 이롭게 한다고 하지만 도리어 아버님께 수고를 끼치겠구나."라 하였다. 동자가 "우리들이 그 이름 때문에 없애지 않으면 아버님께서 사당의 마당을 어지럽게 한다고 없앨 것이라 또한 가슴이 아프겠지."라 하였다. 낭자는 "아버님도 그 어머님이 있으니, 절대 없앨 수 없지."라 하였다. 동자가 웃으며 "누이의 말이 어머님도 이롭게 하고 아버님도 이롭게 하겠다는 말이네."라 하였다.

누이의 이름이 '자념'인 것은 익모초의 이름을 기억한다는 뜻에서 붙인 것 같다. 김약련의 전에는 동자와 누이의 이러한 효성스러운 일화를 거듭 소개하였다. 그리고 두 사람은 우애가 깊었다. 누이가 앵두를 얻자 혼자 먹지 않고 동생에게 주면서 "나는 너보다 먼저 태어나 이것을 많이 먹어보았으니, 네가 꼭 다 먹어야지."라고 한 바 있다. 어머니 손가락에 종기가 났을 때 종기를 입으로 빨면 낫는다는 것을 누이가 알았지만 자신은 비위가 약해 고름을 빨 수 없어 고민할 때 다섯 살 난 동생이 나섰다. 누이는 어머니가 말릴 것이니 곤히 잠들 때를 기다려 동생을 보내 몰래 고름을 빨게 하였다. 또 1768년 행당동자가 임

종할 때 남자는 여인의 손길 아래 죽지 않고 여자는 남자의 손길 아래 죽지 않는다는 『의례(儀禮)』의 구절을 말하자, 누이는 그 뜻을 알아듣고 어머니를 모시고 나간 일도 소개하였다.

『행당상자원고』에는 네 편의 시와 함께 몇 편의 산문이 실려 있다. 1774년 「부친께 올리는 글(上家君書)」에서는 내당(內堂)의 책시렁에 있는 『전국책(戰國策)』과 조선 중기의 문인 이정귀의 『유초(類抄)』를 빌려달라는 내용 등 세 통의 편지가 실려 있다. 특히 이듬해 죽음을 앞두고 부친께 영결을 고하는 글 「영결의 편지(告訣書)」는 읽는 이의 마음을 처연하게 한다. 김약련의 전에 누이 김자념의 마지막 장면을 이렇게 기록하였다.

을미년(1775) 10월 보름, 할머니와 어머니의 빈소에 곡을 하였는데 다른 날에 비해 갑절로 애통해하였다. 그리고 할머니와 어머니의 묘소에 가서 곡을 하고 또 아우의 무덤에 가서 곡을 하였다. 며칠 지나지 않아 홍진이 온 집안을 덮었다. 28일 세 통의 편지를 봉한 채 아버지께 올렸다.

"제가 아파 누우면 일을 자세히 말하기 어려울 것입니다. 이 한 통은 고름을 빤 일을 어머님께서 직접 기록한 것인데 제가 끝에 보태 적은 것입니다. 다른 한 통은 어머님의 행실을 기록한 것이고, 또 한 통은 집안의 잡다한 물건에 대해 적은 것입니다."

아버지가 놀라 가져오게 하자 낭자가 문을 나가 말하였다.

"아버님께서 반드시 후회하실 일이 있을 것입니다."

이날 저녁 통증이 오기 시작하였는데 윤시월 3일 새벽이었다. 좌우의 사람을 물리치고 아버지께 울며 영결하였다.

"죽을 것이 이미 판가름 났지만, 아버님을 버리고 죽는 것은 극심한 불효입니다. 어찌 저승에서 할머님과 어머님, 아우의 얼굴을 볼 수 있겠습니까? 어머님 산소 곁에 묻어 주세요. 지난달 꿈에서 오늘 일이 있을 줄 알았습니다. 전날 쓴 글은 봉하여 무슨 장롱 속에 숨겨 두었으니, 무자년(1768) 아우의 일처럼 하시지 마세요."

밤이 되자 일어나 이부자리를 정돈하고 가슴에 품은 영결의 글을 꺼내어 아버지 소매에 넣고 "불효녀의 슬픈 마음이라 여기지 마세요."라 하고 말을 마친 후 갑자기 가 버렸으니, 나이가 열여덟이다. 그 영결의 글은 간절하고도 처참하여 사람으로 하여금 눈물을 짓게 하고 차마 보지 못하게 한다.

열여덟 청춘에 세상을 등지는 슬픈 대목이다. 여기서 언급한 영결의 글은 이러하다.

아버님께 끼친 참혹한 사정이 천고의 세월 여자의 원한이 된다는 것은 하늘이 알고 귀신이 알고 아버님이 알고 제가 알 것입니다. 어찌 굳이 긴 말을 하여 아버님의 슬픔을 더하여 저의 불효한 죄를 무겁게 할 필요가 있겠습니까? 다만 여막(廬幕)과 내실이 떨어져 있고 중문(中門)은 밤에 잠겨 있기에 아버님의 한숨 소리도 들리지 않았습니다. 그렇지만 매번 비바람 불거나 그믐날 밤, 등불 심지 다하고 시각이 깊어질 때면, 아버님 혼자 앉아 잠을 이루지 못하고 함께 이야기를 나눌 사람도 없을 것이라는 생각이 더욱 간절히 들었기에, 저도 모르게 하룻밤에 서너 번 깨어나곤 하였습니다. 우두커니 중문에 서서 아버님이 주무시는지 살펴보지만 중문 바깥으로는 머리를 내밀 수가 없었습니다. 이는 범을 만날까 무서워 그런 것이 아니라 여자는 밤에 감히 밖에 나가지 않아야 한다는 것 때문이었습니다. 하늘이 어찌 아버님으로 하여금 아들이 없게 하고 저를 여자로 태어나게 하였을까요? 어떤 객이 저녁에 오면 아버님께서 잠동무가 생겼다 문득 기뻐하였고, 아침저녁 식사를 따로 성대히 차렸습니다. 이제 제가 죽게 되었으니, 누가 다시 이렇게 할 수 있겠습니까? 아버님께서는 아홉 번 끊어진 애간장으로 제가 관에 들어가는 것을 보신다면 반드시 큰 병환이 날 것이라, 초상을 치르지 못할까 우려됩니다. 자칫 후세 군자들의 입방아에 오르게 되지 않겠습니까? 제가 죽은 이튿날 아침 꼭 미동(美洞) 고모집이 바라다보이는 곳을 제 몸을 둘 땅으로 잡아 주시기를 거듭거듭 피를 토하며 축원합니다. 만약 정신 나간 말이라 여겨 그렇게 하시지 않는다면 저는 반드시 눈을 감지 못할 것입니다. 나머지는 모두 어제 올린 글에 써 두었습니다.

을미년(1775) 시월 그믐 아침 불효녀가 영결의 글을 올립니다.

이 글을 보면 아버지 김필형이 친상(親喪)을 당한 상태였던 것 같다. 여막에 머물고 있는 아버지가 친상을 당한 데다 몇 해 전 아들을 잃은 슬픔까지 겹쳤는데 긴긴밤 함께 이야기를 나눌 형제나 자식이 없어 밤잠을 주무시지 못하리라는 것을 생각하면 자신도 서너 번 깨어나게 된다고 하였다. 마음 같아서는 달려가 아버님께 위로의 말을 건네고 싶지만 여자의 몸이라 밤에 바깥출입을 할 수 없기에 그렇게도 할 수 없어 더욱 안타깝다고 하였다. 아들을 잃고 상심하고 있을 때 벗이 오면 아버님께 큰 위안이 되기에 정성껏 식사 대접을 하곤 하였는데, 이제 자신이 곧 죽을 것 같으니 앞으로 어떻게 해야 하겠는지 탄식하였다. 그리고 자신이 죽으면 다음 날 아침 바로 자신을 아껴주던 고모 집이 보이는 곳에 묻어 달라 하였다. 하찮은 딸의 상례를 치르려다 삼년상을 온전히 하지 못하여 사람들의 입방아에 오를까 겁이 난다 하였다. 이런 뜻을 간곡히 적었다. 조선시대 여성이 스스로 목숨을 끊으면서 쓴 글이나 시가 여러 편 있지만, 병으로 죽으면서 아버지께 자신의 마음을 이렇게 간절하게 말한 것은 거의 유일하다.

행당동자와 그 누이의 이야기는 널리 퍼져 강준흠의 『삼명시화』에도 수록되었다. "(행당동자가) 말을 배우기도 전에 글을 지었으며, 도학군자(道學君子)를 닮아 어린아이의 말과 전혀 같지 않았다."라고 하고 그의 누이 또한 재주가 특별하였는데, 열두 살에 죽었다고 하였다. 그리고 동자가 죽기 전 은행나무 아래서 놀다가 돌을 쌓아 공간을 만든 다음, 그 속에다가 자신이 지은 시문을 감추어 두고 "저를 후세에 전할 것이 여기 있어요."라고 한 말을 부친에게 전하였다. 이에 그 부친이 『행당집(杏堂集)』 1권을 찾아 순장하였는데 고을 사람들이 책이 없어지게 되는 것을 안타깝게 여겨 관을 열고 책을 꺼내서 간행하게 된 것이라 하였다. 이 덕에 그 누이의 문집도 여기에 함께 실리게 된 것이다.

73.
시경을 외는 농부의 아내

앞서 18세기 평민 여성이 한시를 제작한 사례를 보았거니와, 이러한 사례는 이후에도 지속된다. 정현동이 1812년 무렵 편찬한 야담집 『만오만필』에 여인이 농사를 지으면서 『시경』을 줄줄 외고 자유자재로 시를 짓는 이야기가 보인다.

> 한 선비가 밭두둑을 지나는데 아리따운 젊은 여인이 있었다. 「산유화(山有花)」를 부르고 있는데 농부들의 권농(勸農) 노래로 영남의 풍속이 모두 이와 같다. 「칠월(七月)」, 「상체(常棣)」, 「북정(北征)」 등의 시를 외는데 장구(章句)가 분명하고 음운(音韻)이 맑았으니 글을 잘 아는 여인임을 확실히 알 수 있었다. 이 때문에 머뭇거리다가 그 여인의 집에 묵고 갈 것을 청하였다. 그리고 틈을 타서 시 한 수를 던졌다.
>
> 한 편의 시경을 또렷하게 외우시기에 葩經一秩誦分明
> 정을 어쩌지 못해 객이 말을 멈추었다오. 行子停驂不勝情
> 적막한 빈방에 찾아오는 이가 없는데 寂寞虛堂人不到
> 가물가물 등불 아래 새벽까지 앉아 있다오. 香燈欲滅坐三更
>
> 그 여인이 차운하여 시를 던졌다.
>
> 밭두둑에서 만난 것 열 사람이 보기에 陌上相逢十目視

정이 있어도 말 못해 무정한 듯이 하였지요. 有情無語似無情
담을 넘어 몰래 만남이 어렵지 않지만 踰墻鑽穴非難事
농부에게 준 마음 바꾸지 않을 겁니다. 已與農夫許不更

다시 글을 써서 말하였다.

"적막한 촌구석에 제 마음을 위로해 주는 이 아무도 없더니, 홀연 편지를 받게 되자 목마른 사람이 물 만난 것 같았습니다. 그렇지만 군자께서는 아내가 있고 저에게 남편이 있습니다. 아내가 있는 군자가 남편 있는 여인을 구한다면 될 일이겠습니까? 제 남편은 글을 읽을 눈은 없지만 말을 들을 귀는 있답니다. 계속 이리하시면 반드시 남편이 성을 낼 것입니다. 삼가시는 것이 좋겠습니다."

아, 말이 완곡하면서도 올발라 범접할 수 없을 만큼 늠름하다. 누가 시골에 이러한 여인이 있는 줄 알았겠는가? 글도 또한 고상하니 기이하다.[1]

「산유화」는 '메나리'라고도 하는 농요(農謠)다. 백제의 수도 부여에서부터 전하는 노래라고도 하는데 선산의 향랑(香娘)이라는 젊은 여자가 목숨을 끊으면서 이 노래의 곡조에다 자신의 뜻을 담아 곁에 있는 계집아이에게 주었다는 고사가 전한다.[2] 농부의 아내는 이 메나리 곡에다 「칠월」, 「상체」, 「북산(北山)」 등 『시경』의 몇 편을 얹어 노래를 불렀다.[3] 조선시대 반가의 여성에게 『시경』은 외워야 할 교양이었다. 그래서 한글로만 표기된 『시경』이 장서각 등에 소장되어 있다. 다만 여성의 바른 행실과 관련한 몇 작품만 뽑아 외는 것이 보통이었지만, 이 농부의 아내는 농사의 어려움을 노래한 「칠월」, 형제간의 우애를 노래한 「상체」, 노역이 불공정하여 부모 공양을 하지 못하는 신세를 한탄한

1 鄭顯東, 『晩悟謾筆』(연세대학교 소장). 안대회 등이 역주한 『만오만필』(성균관대학교출판부, 2021)에 실린 것을 이용하였다.

2 李光庭, 「林烈婦薌娘傳」, 『訥隱集』 권20에 자세한 사연이 보인다.

3 「北征」은 杜甫의 古詩인데 여기서는 『시경』의 「北山」을 착각한 것이다.

「북산」 등 다양한 작품을 분명하고도 맑게 욀 수 있었다. 양반가의 여성들이 외던 『시경』의 범위를 넘어설 정도로 이 농부의 아내는 탁월하였다.

이 여인을 본 선비가 시를 지어 여인을 유혹하였다. 『시경』을 낭랑하게 외는 소리를 듣고 반하였다고 한 다음, 자신이 오늘 밤 홀로 지낼 것이니 아름다운 인연을 맺어 보는 것이 어떤가, 이런 뜻으로 시를 지어 던졌다. 이에 농부의 아내는 그 시의 운자를 받아 정확하게 차운하여 자신의 뜻을 표하였다. 차운은 먼저 지은 시의 운자를 그대로 따르면서 새로운 뜻을 형상화하여야 하니 결코 쉬운 일이 아니다.

일단 여인의 뜻은 솔직하면서도 단호하다. 시골구석에 사는 데다 남편이 글을 몰라 마음을 터놓을 상대가 없었기에 선비를 보고 마음이 동하지 않은 것은 아니요, 남몰래 슬쩍 만나 정을 통하는 것이 어려운 일은 아니다. 그렇지만 함께 밭일하던 사람들이 자신을 물끄러미 바라보는 선비의 눈빛을 알고 있었거니와, 남편이 비록 글을 읽을 수 있는 눈은 없어 당신이 지은 시의 뜻은 알지 못하지만 우리들의 수작을 보고 사람들이 무어라 하는 말은 들을 것이니, 그렇게 되면 두 사람이 낭패를 볼 것이라 하였다.

이 여인이 지은 시에서도 그의 박식함을 알 수 있다. '십목(十目)'은 『대학』에서 "열 눈이 보는 바이며, 열 손가락이 가리키는 바이니, 엄중하구나.(十目所視 十手所指 其嚴乎)"라 한 증자의 말을 끌어들인 것이다. '유장찬혈(踰墻鑽穴)'은 『맹자』에서 "부모의 명령과 중매쟁이의 말을 기다리지 않고, 구멍을 뚫고 서로 엿보며 담을 넘어 서로 따라다니면 부모와 국인들이 모두 천하게 여기는 것이다.(不待父母之命 媒妁之言 鑽穴隙相窺 踰牆相從 則父母國人 皆賤之)"라고 한 고사를 활용한 것이다. 시와 함께 보낸 쪽지도 한문으로 되었을 것이니 한문으로 시와 편지로 자유자재로 쓸 수 있는 능력자였다. "아내가 있는 군자"와 "남편 있는 여인"으로 짝을 맞추고 "글을 읽을 눈"과 "말을 들을 귀"로 대를 한 것도 예사롭지 않다.

정현동이 기록한 이 농부의 아내 이야기는 당시 상당히 널리 퍼져 있었다. 심노숭의 『남천일록』에도 비슷한 이야기가 보인다.

> 이곳 한 마을의 유생이 책 상자를 지고 서당으로 가다 골짜기 입구를 지나는데 길가에서 김을 매던 남녀가 무리 지어 노래부르는 것을 들었다. 그 소리가 이상하여 자세히 들어보니 『시경』의 「국풍」을 외는 것이었다. 선창하는 자는 한 명의 여인인데 용모가 무척 아름답고 목소리는 옥이 구르는 듯하였다. 유생이 저도 모르게 가야 한다는 것을 잊고 밭두둑에 앉았다. 날이 막 저물려 할 때 여인이 돌아가는 것을 보고 뒤쫓아 한 시골집에 이르렀다. 하룻밤 묵어가게 해 달라고 청하니, 여인이 사랑채를 소제하고 정성껏 접대하였다. 유생이 속으로 기뻐하고, 그 여인이 문자를 아는 것을 알았기에 마음을 전하려고 편지를 써서 물 길으러 가는 길에 던졌다. 여인이 주워서 보고 시를 지어 답하였다.

종일 서로 보았으니 이미 된 것을	盡日相看已自成
정 있어도 무정한 듯 말이 없었지요.	有情無語若無情
담을 넘어 몰래 만남 어렵지 않지만	踰墻鑽穴非難事
농부에게 준 마음 바꾸지 않을 겁니다.	曾與農夫許不更

> 유생은 마침내 마음을 더 먹지 않았다. 그 시는 정말 볼 만한 공교로운 솜씨를 부리지 않았고, 또한 화장한 여인의 정감이 담긴 노래도 아니어서, 풍아(風雅)의 바름을 얻음이 있는 듯하다. 야만의 바닷가 고을에 비천한 필부(匹婦)조차 오히려 선생과 어르신의 바른 가르침을 들어 교화된 것이라 하겠다.[4]

심노숭이 1803년 유배 살던 기장(機張)에서 그곳 아이 김덕삼(金德三)에게 들은 이야기라며 소개하였다. 아이가 수십 년 전 일이라 하면서 심노숭에게 해

4 沈魯崇, 『南遷日錄』(1803. 11. 13)(국립중앙도서관 소장).

준 것이므로, 18세기 중후반 무렵의 이야기로 보면 될 듯하다. 이 시를 두고 심노숭은 '풍아의 바름'을 얻은 것으로 바닷가 시골의 아낙까지도 기장에 유배 온 송시열의 교화가 바르게 전파된 결과라 하였다. 유혹의 눈길을 보낸 남자가 싫다고는 하지 않았으니 과연 '풍아의 바름'을 지닌 여성이라 할 수 있을지는 알 수 없지만, 농민의 아내가 『시경』을 줄줄 외고 시를 지어 자신의 뜻을 자유롭게 표현할 수 있는 시대가 된 것은 분명하다.

심노숭이 들은 이야기는 정현동의 기록과 비교할 때 시가 조금 다르기는 해도 뜻은 크게 다르지 않다. 기장의 시골 아이가 들었으니 농부의 아내는 영남 사람일 것인데, 비슷한 시기 경기도 광주에 살던 정현동의 귀에까지 전해졌으니, 당시 무척 인기 있는 이야기였다고 하겠다. 『이조향염시』에도 이 이야기가 보인다.

> 예전 어떤 선비가 영남의 논밭을 지나다가 한 여자가 「빈풍칠월편(豳風七月篇)」을 부르면서 밭을 가는 것을 보았다. 선비는 편지를 보내 유혹하였는데 여자가 시를 지어 사양하면서 "어제 서로 만난 것 열 눈이 보았으니, 유정해도 말없이 무정한 척하였지요. 담을 넘어 몰래 만남 어렵지 않지만, 남편에게 불경이부 다짐하였지요.(昨日相逢十目視 有情無語若無情 踰墻鑽穴非難事 曾在儂夫誓不更)"라 하였다.

더욱이 여성을 위한 백과사전인 빙허각 이씨의 『청규박물지』에도 이 사연이 실려 있다. "아조(我朝) 소년 재상이 시골길에서 김매는 촌 여자를 만나 그 표치(標致) 있으므로 언문으로써 뜻을 시험하니 그 여자가 「칠월」로 즉답"하였다고 하면서 이 시의 배경을 또 다르게 소개하였다. "한낮에 만난 것 열 눈으로 보았으니, 마음 가도 말 못해 무정한 척하였지요. 담장 넘어 몰래 만나는 것 어렵지 않지만, 농부에게 준 마음 바꾸지 않을 겁니다.(日午相逢十目視 有情無語似無情 踰墻鑽穴非難事 曾與農夫許不更)"라 하여 또 몇 글자가 다르다.[5] 여기에 실린 것이

『만오만필』의 것과 가장 비슷하다. 다만 선비가 아닌 재상이 등장하여 한시가 아닌 언문으로 뜻을 물었다는 설정은 조금 달라졌다.

5 "날이 낫즘ᄒᆞ야 열 눈이 셔로 보ᄂᆞᆫᄃᆡ 만니시니 쓰지 이셔도 말이 업셔시니 쓰지 업ᄂᆞ니와 갓도다 담을 너무면 굼글 ᄯᅮᆲᄂᆞᆫ 것이 어려온 일이 안니로ᄃᆡ 일즉이 농부로 더부러 고치지 아니믈 허ᄒᆞ얏노라"라 풀이하였다.

74.
부안기 복아와 남원기 계화

매창은 부안에 묘소가 있다. 그곳에 그의 이름을 딴 기념관과 공원이 세워졌다. 가히 부안의 상징이라 할 만한 시인이다. 그로부터 한참 시간이 지나 18세기 중엽 부안을 대표할 만한 여성 시인이 나타났으니 바로 복아(福娥)다. 복아는 매창의 후손이라는 기록도 있는데, 설사 그렇지 않다 하더라도 최소한 부안 시인의 계보에서는 후손임이 분명하다. 황윤석의 일기 『이재난고』(1774년 7월 17일)에 오준근(吳濬根, 1730-1796)이라는 사람으로부터 복아에 대한 이야기를 듣고 기록으로 남겼다. 오준근은 자가 백심(伯深)인데 사간원 정언(正言), 동래부사를 지낸 인물로, 후에 오정근(吳正根)으로 이름을 바꾸었다.

> 어제 정언 오백심이 부안 복아의 짧은 시를 외워 주었다.
>
> 봄바람은 부질없이 요란한데　　春風空蕩漾
> 밝은 달은 벌써 황혼이네요.　　明月已黃昏
> 당신 아니 올 줄 또한 알지만　　亦知君不來
> 그래도 문을 걸기는 아쉽네요.　　猶自惜掩門
>
> 또 고을 사또 남미로(南眉老)와 작별하면서 지은 시는 이러하다.

푸른 못에서 노니는 쌍쌍의 원앙새는 鴛鴦兩兩綠池游
인간 세상 이별의 시름을 알지 못하네. 不識人間離別愁
□□□□□□□
한은 동강에 들어 강물과 흘러가네. 恨入東江江水流

복아는 본디 서울 사람 김우태(金宇泰)의 손녀다. 장령(掌令) 이운해(李運海)가 그 고을에 사또로 있을 때 글자를 읽고 글을 짓는 것을 가르쳤는데 그가 아끼는 여인이 되었다. 중간에 남미로와 이득일(李得一)에게 시집갔지만, 근래 듣자니 고향에서 떠돈다고 한다. 어떤 이는 그 어미가 예전 이름난 기녀 계랑의 방손이라 한다. 계랑은 시에 능하여 이름이 높고 『매창집』이 있다. 복아도 또한 그러하니 자못 하나의 기이한 일이다.[1]

부안 기녀 복아가 계랑의 방손이라고도 하였는데 계랑은 앞서 본 매창 이계생이다. 김우태의 손녀라 하였으니 그 성이 김씨라는 것을 알 수 있다. 김우태(1647-1708)는 본관이 청도(淸道)인데 자는 정수(定叟), 호는 도촌(道村)이다. 홍여하(洪汝河)와 이현일(李玄逸)의 문하에 출입한 문인인데 벼슬에 나아가지는 않았다. 복아는 장령을 지낸 이운해(1710-?)에게 교육받아 시를 짓게 되었고 또 그의 사랑을 입었다. 이운해는 1754년 부안현감을 지냈으니 이때의 일로 보면 되겠다. 이운해가 떠난 후 복아는 남미로와 이득일에게 차례로 의탁하였다. 남미로는 본관이 의령으로, 도승지를 지낸 남태온(南泰溫)의 아들이며 임희성(任希聖)이 매부다. 음관(蔭官)으로 양성현감을 지냈다. 이득일(1726-1774)은 본관이 전주고 자가 희천(希天)으로 승지와 참판을 지냈으며 이상황(李相璜)이 그 아들이다. 1763년 증광문과에 급제한 이래 교리, 헌납, 수찬 등을 역임하고 1767년 부안현감이 되었는데 이듬해 표류인에 대한 보고를 늦게 하였다는 이유로 관

1 黃胤錫, 『頤齋亂藁』 권20.

직을 박탈당하였다. 이듬해 다시 등용되어 『증보문헌비고』 편찬에 참여하였고 1772년 승지가 되었다. 남미로는 확인되지 않지만 그 전임 현감일 것 같다. 이운해, 남미로, 이득일에 이어지는 부안현감의 사랑을 입었으니 꽤 미모와 재주가 있었던 모양이다.

위에 소개된 외로움을 노래한 두 편의 시가 모두 규방의 한을 잘 드러내었다. 아름다운 봄밤의 밝은 달빛 아래, 정을 준 사람이 오지 않을 줄 뻔히 알면서도 기다리느라 밤을 지새우는 여인의 서러움이 잘 드러난다. 남미로와 작별하면서 쓴 작품은 한 구가 지워져 있지만 동쪽으로 멀어져가는 정든 사람에 대한 애틋한 마음이 노랫가락에 얽혀 있다.

황윤석의 일기 『이재난고』에는 1756년 10월 8일 복아를 직접 만난 일이 기록되어 있다. 「장난삼아 복아에게 주다(戲贈福娥)」에서 "계랑의 무덤 위 풀이 어지럽더니, 이제 보니 우담발라 한 송이 기이하게 피어났네. 적막한 서쪽 정자 강 위의 달 구절 보니, 예전에 우연히 요지에 뿌려져 있었나 보다.(桂娘墳上草迷離 今見曇花一朶奇 寂寞西亭江月句 向來徒爾播瑤池)"라 하였다. 계생의 무덤이 쓸쓸하더니 삼천 년에 한 번 꽃을 피우는 우담발라가 피어났다고 하였는데 계생 이후 뛰어난 시인 복아가 등장하였음을 말한 것이다. 이어 복아의 아름다운 시를 보니, 씨앗이 요지(瑤池)에 뿌려져 있었기에 우담발라가 싹을 틔울 수 있었다고 하였다. 복아가 계생의 후손이기에 뛰어난 시인이 될 수 있었다는 말이다. 복아가 적막한 서쪽 정자에 올라 강물에 달이 뜬 것을 두고 시를 지었는데, 황윤석이 이를 보고 이렇게 말한 것이지만 이 시는 지금 전하지 않는다. 요지는 서왕모가 살던 곤륜산의 못인데 여기서는 당나라 때 여성의 시를 모은 『요지신영(瑤池新詠)』을 이른다. 여기에 실려도 좋을 만큼 계랑과 복아의 시가 뛰어나다고 칭찬한 것이다.

황윤석은 이 작품의 서문에서 복아가 낭주(浪州, 부안)의 여동(女童)으로 기적에 올랐는데 열세 살에 글씨와 역사에 달통하고 시를 지을 수 있으며 글씨를 필사할 줄도 안다고 하기에 시험해 보니 과연 그러했다고 하였다. 이에 세 편의 시를 지어 주었는데 위에 보인 황윤석의 시는 그 두 번째 작품이다. 황윤석은 복아가 1754년 이운해의 사랑을 받고 있다고 하였는데, 그때 나이가 열셋에서 크게 많지는 않을 것이니, 복아는 1740년 무렵 태어난 것으로 추정된다.

복아의 시는 이덕무의 『청비록』에 한 수가 더 실려 있는데 이름이 복랑(福娘)으로 되어 있다.

> 부안현의 기녀 복랑이 승지 이 아무개에게 준 시는 이러하다.
>
> 양류지의 노랫가락 나지막이 울려 퍼지는데 楊柳枝詞唱得低
> 이별의 정자에 비가 내려 꾀꼬리 일찍 우네요. 離亭新雨早鶯啼
> 모래톱 갈대는 짧고 향긋한 풀은 푸르니 洲蘆短短江蘺綠
> 당신 돌아오실 때 말발굽이 묻히겠지요. 之子歸時沒馬蹄
>
> 곱고 아름다워 선발할 만하다.[2]

윤광심의 『병세집』에는 복랑의 「서울로 가는 사또 학사 이득일을 보내며(送州守李學士得一之京)」로 실려 있다. 복개(福介)는 그의 이름이며 부안의 기녀라 하였다. 이득일은 앞서 본 바가 있다. 1767년이나 그 이듬해 부안현감으로 있을 때 복랑을 만난 것으로 보면 되겠다.

양류지(楊柳枝)는 중국 한나라 때 이별가로 불린 악부의 하나다. 백거이가 데리고 있던 기녀 번소(樊素)가 이 노래를 잘 불러 기녀를 이르는 말로도 쓰인다. 버들가지 축축 늘어진 봄날 복아가 이득일을 위해 부르는 이별가가 헤어져

2 李德懋, 『淸脾錄』, 『청장관전서』 권32.

야 하는 정자에서 우는 꾀꼬리 울음과 겹쳐진다. 3-4구는 그 자체로 복아의 노래처럼 들린다. 다음에 당신이 오실 때 이곳의 풀들이 자라나 말발굽을 덮을 것이라 한 것이 묘미가 있다. 강리(江離)는 향초의 일종으로 『초사』에 보인다. 강리(江蘺)로도 적는다.

이 작품은 장지연의 『대동시선』에는 「이승지에게 주다(贈李承旨)」로 되어 있다. 「동시총화」에는 영조 때의 인물 복개의 작품으로 소개하고 "이 시는 분지(脂粉)의 강조(腔調)를 충분히 보겠다."라 하여 여성적인 정조가 강하다고 평하였다.[3] 「동시총화」에는 『병세집』을 인용하여 「기쁜 비(喜雨)」도 함께 소개하였다.

몇 점 먹구름이 먼 봉우리서 일어나	數點玄雲起遠峰
하늘 가득 온종일 시커멓더니	漫天終日十分濃
잠깐 만에 인간 세상 비가 되어서	須臾化作人間雨
삼추에 들판 가득 농부를 적셔 주네.	霑得三秋滿野農

기녀의 신분이지만 농민을 사랑하는 마음이 돋보인다. 먼 봉우리에서 비구름이 일어나 하늘을 가득 채우더니 잠시 후 비가 퍼붓는다. 가을 가뭄으로 시름하던 백성들의 얼굴이 확 펴진다.[4]

기녀들은 '계(桂)' 자가 들어가는 이름을 좋아하였다. 부안의 계생(桂生), 진주의 계향(桂香), 평양의 계월(桂月)의 명성이 높았거니와, 복아와 비슷한 시기

---

3 『매일신보』(1918. 1. 11).

4 위항의 시인 車佐一(1753-1809)의 「복랑(福娘)」에서 "연지 곤지 찍지 않더라도, 꽃 모양이 절로 자연스러워, 인간 세상에는 이런 사람 없으리니, 아마 그림 속에서 나왔겠지.(不待施朱鉛 花貌自天然 不是人間有 應從畫裏傳)"라 한 바 있다. 황윤석이 복아를 만나 시를 지어준 것은 1754년이고 1774년의 일기에서는 이미 늙어 고향에서 떠돈다고 하였으니, 차좌일의 생년을 고려할 때 그가 만난 미모의 복랑은 같은 기녀이기는 어려울 듯하다.

남원(南原)에는 계화(桂花)가 이름을 날렸다. 그가 지은 「광한루(廣寒樓)」가 『풍요속선』과 『대동시선』에 실려 있는데 영조나 정조 연간의 인물로 보면 되겠다.

흰 비단 짜다 말고 홀로 누에 올랐더니	織罷冰綃獨上樓
수정 주렴 저 너머 계화가 피어 있네.	水晶簾外桂花秋
견우 낭군은 떠나신 뒤 소식이 없으니	牛郎一去無消息
오작교 다리에는 밤마다 시름만 쌓이네.	烏鵲橋邊夜夜愁

당 현종(唐玄宗)이 팔월 보름에 도사 신천사(申天師), 홍도객(洪都客) 등과 함께 도술을 부려 광한청허부(廣寒淸虛府)라고 적힌 월궁(月宮)에서 노닐었는데, 흰 옷을 입은 미녀 10여 사람이 흰 난새를 타고 마당의 큰 계수나무 아래에서 춤을 추었다는 고사가 있다. 남원의 광한루도 이 고사에서 이름을 빈 것이다. 남원을 상징하는 광한루에서 가무를 제공하는 기녀의 이름으로 계화가 딱 맞다.

첫 구의 빙초(冰綃)는 얇고 흰 비단이다. 당의 시인 왕발의 「칠석부(七夕賦)」에 "베틀을 당겨 빙초를 자른다.(引鴛杼兮割冰綃)"라고 하였는데 직녀가 짜는 흰 비단이라 보면 되겠다. 그리고 광한루에서 빙초를 짜던 여인이 외로움에 밖을 내다보니 계화가 피어 있다. 계화는 목서(木犀)의 꽃을 이르지만 대개 달빛을 비유하니, 달빛이 마당을 비추는 것으로 보아도 좋겠다. 계화라는 기녀가 계화라는 달빛 아래 홀로 서성이는데 베를 짜다 나왔으니 직녀이기도 하다. 마침 광한루에 오작교 다리가 있으니, 견우를 기다리는 곳이 된다. 자신의 이름과 광한루, 오작교를 연결하여 정든 임을 그리는 마음을 묘하게 그려내었다.

이 작품은 광한루 처마 아래 걸려 있었던 모양이다. 조면호(趙冕鎬, 1803-1887)가 남원으로 유람을 떠나는 벗을 보내면서 지은 시의 주석에서 이 시를 보았다고 하였고[5] 직접 남원으로 가면서 지은 시에서 계화의 시를 들어 "묻노니 영주에서 신선이 되고자 하는 이들이, 누에 기대 몇 번 계화의 구름을 읊었던가.(爲問瀛洲學仙侶 倚樓幾唱桂花雲)"라 한 바 있다.[6] 영주(瀛洲)와 같은 삼신산에서 신선이 되고자 하는 사람은 계화를 만나 운우지정을 맺고자 하는 풍류객을 이른다. 계화가 풍류객들의 사랑을 많이 받았기에 이런 말을 한 것이다. 규장각에 소장된 『남원읍지(南原邑誌)』는 1787년 무렵 작성된 것을 후대 다시 필사한 것인데 여기에 '고기(古妓)'의 시로 소개한 것을 보면 이 시를 지은 계화는 상당히 이른 시기 여성일 가능성이 높다.

안민영(安玟英)이 1885년 편찬한 『금옥총부(金玉叢部)』에도 이 시가 광한루 제일 높은 들보의 이름이 알려지지 않은 예전 기녀[無名古妓]의 시라면서 소개하고 사람들이 춘향(春香)의 시라고도 한다고 하였다. 안민영은 이를 두고 "직파빙초독상루(織罷冰綃獨上樓)하니 수정염외계화추(水晶簾外桂花秋)라. 우랑(牛郞)이 한 번 가고 돌아오지 아니하니 밤마다 오작교변(烏鵲橋邊)에 근심 겨워하노라." 라는 시조를 만들었다.

---

5 趙冕鎬, 「廣寒梅詩意, 奉賸迂山帶方之遊」, 『옥수집』 권2.

6 趙冕鎬, 「將向帶方, 路次飛鴻峙, 先訊廣寒樓主人」, 『옥수집』 권3.

75. 조선의 문희 소염

기녀의 이름을 보면 계수나무나 매화, 연꽃, 국화 등 아름다운 꽃 이름에서 딴 것이 많지만 그러한 꽃 자체도 군자의 절조를 상징한다. 옥개(玉介), 설죽(雪竹) 등도 굳은 절조를 지향한 것이다. 비록 신분은 비천하지만 그 뜻은 고상함을 잃지 않겠다는 의지를 은근히 담은 것이라 할 수 있다. 양덕(陽德)의 기녀 소염(小琰)은 이보다 당찬 뜻을 담은 이름을 사용하였다. 『조선해어화사』에 따르면 소염은 본명이 채소염(蔡素簾)인데, 후한 채옹(蔡邕)의 딸로 글과 음악에 능한 문희(文姬) 채염(蔡琰)을 사모하여 채소염이라 이름을 고쳤다고 한다.

곽찬의 『동양역대여사시선』에서는 유록(柳綠)이라는 평양 기녀의 시 「정 추랑과 헤어지며(別鄭秋郎)」를 소개하였다. "풍진 세상 남북으로 떨어져 있어, 평양에서 외로운 밤 눈물 적시네. 천고에 아만이 가버린 후에, 다시 채문희를 속신해줄 사람이 없겠지.(風塵南北各分離 獨夜箕城掩淚時 千古阿瞞一去後 更無人贖蔡文姬)"라 하였다. 추랑(秋郎)은 추조(秋曹), 곧 형조의 전랑을 이르지만, 정 추랑이 누구인지는 알 수 없다. 여기서 이른 아만(阿瞞)은 삼국시대의 간웅 조조(曹操)를 가리킨다. 채문희는 흉노에 잡혀가 노예가 되었는데, 조조가 이를 가련하게 여겨 금과 구슬을 주고 속신(贖身)하여 데려온 고사가 있다. 유록은 정 추랑이 떠나고 나면 자신을 기적에서 빼내줄 사람이 없을 것이라 슬퍼하였다. 유록이 자신을 채문희에 비의한 것은 기녀의 신분이지만 채문희와 같은 재주가 있음을 자부한 것이라 하겠다. 여기서 더 나아가 기녀지만 채문희가 되고자 한 사람이 조선의 채소염이다.

> 채소염은 양덕의 군에 딸린 기녀다. 또한 시에 능하니 그 「여행(旅行)」 시는 이러하다.
>
> 말 타고 강동에 가노라니　　　馬首江東縣
> 봄이 깊어 꽃향기 퍼지네.　　　春深花氣浮
> 나루는 기자국과 통하는데　　　津通箕子國
> 땅은 강선루와 닿아 있네.　　　地接降仙樓
>
> 또 이런 시를 지었다.
>
> 나그네라 늘 일찍 일어나니　　　客行常早起
> 어렴풋한 새벽빛이 밝아 오네.　　　依微曉色晴
> 저 닭들은 내 마음을 아는지　　　村鷄知我意
> 꼬끼오 날 밝았다 울어대네.　　　喔喔喚天明
>
> 그가 지은 「어떤 사람을 애도하다(挽人)」 시는 이러하다.
>
> 가장 마음 아픈 것은 북망산이라　　　傷心最是北邙山
> 한번 가면 다시 못 오는 인생이니.　　　一去人生不再還
> 생사를 정하는 데 부귀를 따진다면　　　若爲死生論富貴
> 왕후장상이 어찌 무덤에 들어가랴?　　　王侯何在夜臺間[1]

1 장지연, 「松齋漫筆(逸士遺事)」, 『매일신보』(1916. 8. 20).

장지연은 「송재만필」에서 소염의 시를 세 수 소개하였다. 소염이 지은 첫 번째와 두 번째 작품은 윤광심의 『병세집』에서 「말 위에서 운을 부르기에(馬上呼韻)」로 나란히 실었고, 천수경의 『풍요속선』에서는 「말을 타고 즉흥적으로 짓다(馬上口呼)」로 첫 번째 수만 실었다.[2] 안왕거의 「동시총화」에서 『병세집』을 인용하면서도 「성천을 향하여(向成川)」로 소개하고 "이 사람은 문희의 후손이 되기에 부족함이 없다."라 하였다. 안왕거는 「열상규조」에서 성천(成川) 기녀라 하고 제목을 「마상음(馬上吟)」이라 하였으며, 1구와 2구를 "성천 가는 길에 말을 세우니, 꽃이 져 두견이 시름겹다.(駐馬成川路 花殘杜宇愁)"로 조금 고쳐 인용하였다.[3]

평양에서 동쪽으로 강동과 성천, 양덕이 있다. 강동을 향해 가면서 성천에서 잠시 멈추어 이 시를 지은 것으로 보면 될 듯하지만, 양덕은 성천에서 멀리 떨어진 조그만 고을이니 혹 소염이 양덕에서 성천으로 가서 기녀가 된 것인지는 알 수 없다. 강선루(降仙樓)는 성천 객관 서쪽에 있는 누각으로 비류강(沸流江)을 굽어보며, 서쪽 언덕에 기이한 봉우리가 병풍처럼 깎아 세워져 있었다고 한다. 나루가 기자국(箕子國)으로 통한다고 한 것은 배를 타고 평양으로 갈 수 있다는 뜻이다.

두 번째 작품은 첫 번째 작품과 연작으로 보아도 좋고 그렇게 보지 않아도 무방하다. 아직 새벽어둠이 걷히기도 전에 길을 나서야 하는데 여로의 아침잠이 쉽게 깨지 않는다. 그래서 새벽닭이 금방 날이 샌다고 울면서 출발을 재촉한다고 한 것이다. 묘미가 있다.

이어 인용한 작품은 만사다. 북망산은 중국 낙양의 교외에 있는데 고대로부터 귀족의 무덤이 많았다. 야대(夜臺)는 어둠의 공간으로 곧 무덤을 이른다.

---

2 『매일신보』(1918. 1. 11).

3 『중외일보』(1927. 2. 27). 다른 판본에 "馬首江東縣 春深花氣浮"로 된 것은 오류라 하였지만 별 근거가 있는 것은 아니다.

사람을 가장 슬프게 하는 풍경은 무덤이니, 한 번 가면 다시 돌아오지 못하기 때문이다. 생전의 부귀영화도 무덤 앞에는 다 부질없다.

장지연은 「송재만필」에서 소개하지 않은 소염의 시를 『대동시선』에 선발해 놓았다. 『풍요속선』에도 실려 있는데 제목이 「재령 가는 길에(載寧途中)」다.

재령 땅 바라봐도 끝이 없어라	載寧望不極
산은 높다랗게 허공에 있는 듯.	高在半空中
봉우리 위엔 구름에 해가 잠기고	峯上雲藏日
개울 곁엔 비가 바람에 실려 오네.	溪邊雨帶風

재령(載寧)은 황해도 해주 북쪽에 있는데 북으로 봉양산(鳳陽山)과 남으로 수양산(首陽山)이 감싸고 있으며 멸악산맥이 동서로 뻗어 있다. 재령을 바라보니 온통 산인지라 봉우리 위에 해조차 구름 속에 잠겨 있고 계곡으로 불어오는 바람에 비가 날려 온다. 묘사가 담박하면서도 여기에서 말한 것을 그림으로 쉽게 그려 낼 수 있을 것 같다.

윤광심도 소염의 시를 높게 평가하여 많은 작품을 선발하였는데 『병세집』에는 「남쪽 교외의 봄날(南郊春日)」을 더 뽑았다.

아지랑이 푸른 개울에 이어지는데	烟光連碧澗
봄빛이 높다란 대에까지 올랐네.	春色上高臺
꽃은 새벽이슬을 머금어 묵직한데	花含曉露重
사람은 흰 햇살 받으며 오는구나.	人衝白日來
짚방석 깔고 들판에 앉아 있노라니	班荊坐平野
웃음소리와 말소리가 왁자지껄하네.	喧騰談笑開

오언율시인데 한 연이 빠져 있다. 시상의 전개를 보면 사라진 것이 수련인 듯하다. 여인의 봄나들이 풍경이 잘 묘사되어 있다. 봄을 맞아 얼음이 풀린 개울은 푸른데 아지랑이가 피어오르고 높은 절벽 위에까지 봄빛이 미쳐 꽃이 피었다. 새벽이슬을 맞았는지 꽃은 처져 있는데 사람들은 꽃구경하느라 봄볕을 받으며 몰려든다. 풍광을 즐길 수 있는 곳에 자리를 깔고 담소를 나눈다. 시가 곱고도 맑다.

76. 영수합 서씨와 풍산 홍씨 집안의 시회

조선 후기 학술사와 문학사에서 가장 이름이 높은 집안이 풍산 홍씨와 대구 서씨라 할 만하다. 그리고 이들 집안에서는 뛰어난 여성 문인도 배출하였으니, 영수합(令壽閤) 서씨(徐氏, 1753-1823)와 그의 딸 유한당(幽閒堂) 홍씨(洪氏, 1791-1852), 며느리 숙선옹주(淑善翁主, 1793-1836) 등이 있다.[1]

영수합은 관찰사를 지낸 서형수(徐逈修, 1725-1779)의 딸이다. 영수합이라는 이름의 유래는 『시경』「비궁(閟宮)」에서 이른 "착한 부인과 장수하는 어머니(令妻壽母)"에서 온 듯하다. 착한 아내로 남편을 잘 보좌하고 며느리로서 시부모를 잘 봉양하여 장수를 누리게 하겠다는 뜻을 담은 것이다. 서형수는 18세기 사상사에서 이름이 높은 김원행(金元行, 1702-1772)의 딸과 혼인하였다. 이른바 장동 김씨(壯洞金氏) 최고 명문의 후손으로 영의정을 지낸 김창집(金昌集)이 김원행의 조부다. 서유병(徐有秉), 서유수(徐有守), 서유망(徐有望)이 영수합의 형제다. 서유병의 사위 조종영(趙鍾永), 서유수의 사위 김종수(金鍾秀) 등도 문명이 높다.

영수합은 열네 살에 풍산 홍씨 명가의 족수당(足睡堂) 홍인모(洪仁謨, 1755-1812)와 혼인하였다. 홍인모의 조부 홍상한(洪象漢), 생부 홍낙성(洪樂性), 양부 홍

---

1 영수합의 시에 대해서는 김여주, 「영수합(令壽閤) 시(詩)의 미적(美的) 특질(特質)」, 『한문고전연구』 30집(2015)에서 자세히 다룬 바 있다.

낙최(洪樂寂) 등도 이름난 문인이다. 홍낙최는 해평 윤씨(海平尹氏) 윤사동(尹師東)의 딸과 혼인하였으나 아들을 두지 못하여 아우 홍낙명(洪樂命)의 아들 홍인모를 후사로 삼았다.

영수합은 홍인모와의 사이에 연천(淵泉) 홍석주(洪奭周, 1774-1842), 항해(沆瀣) 홍길주(洪吉周, 1786-1841), 해거재(海居齋) 홍현주(洪顯周, 1793-1865) 등 잘난 세 아들을 낳았다. 홍석주는 대제학에 좌의정에까지 올랐거니와 당대 최고의 문장가로 꼽혔다. 홍길주는 형과 달리 백운(白雲)의 삶을 추구하였다. 저술에 전념하여 『현수갑고(峴首甲藁)』, 『표롱을참(縹礱乙懺)』, 『항해병함(沆瀣丙函)』, 『숙수념(孰遂念)』 등 방대한 저술을 남겼다. 홍현주는 1804년 정조의 둘째 딸 숙선옹주와 혼인하여 영명위(永明尉)에 봉해졌는데 『해거시집(海居詩集)』이 전한다. 그리고 이들의 여동생이 유한당 홍씨다. 영수합 서씨, 숙선옹주, 유한당 홍씨 세 사람이 모두 문집을 남겼으니, 가히 이 시기 최고의 여성 작가를 배출한 집안이라 하겠다.

큰아들 홍석주가 쓴 행장에 의하면, 영수합은 여자가 문사에 능하면 박명해지므로 친정어머니 남양홍씨(南陽洪氏)가 글을 배우지 못하게 하여, 때때로 형제들 틈에 그들의 책 읽는 소리를 들었을 뿐이지만 그럼에도 시집가기 전에 이미 경서와 역사에 달통하였다고 한다. 또 다음과 같이 술회하였다.

> 선친이 시 짓는 것을 좋아하였는데 만년에 군수로 있을 때 함께 창화할 사람이 없어 이에 선비(先妣)에게 억지로 시를 지어라 부탁하였지만 선비는 수긍하지 않고 "평측(平仄)을 알지 못하니 어쩌지요."라 하였다. 선친이 당나라의 율시 한 권을 주니 열흘이 되지 않아 율시를 바로 지을 수 있었고 장편고시와 험운도 곧장 성취를 보이지 않음이 없었다. 그러나 끝내 직접 글자를 쓰려 하지 않았기에 선친이 불초들에게 명하여 옆에서 적게 하였다. 전후 수백여 편을 얻게 되었는데 이때 선비의 연세가 예순이 가까웠다. 그러나 선친이 상을 당한 후에는 마침내 끊고 다시 시를

짓지 않았다.[2]

또 홍석주에 따르면 부친이 관직에 뜻을 두지 않고 매번 어머니와 강호에서 함께 늙어 가기로 하였으니,[3] 문학으로 부부의 정을 돈독히 하였다 하겠다. 또 영수합은 송 주희가 편찬한 『송명신언행록(宋名臣言行錄)』을 좋아하여 20권의 방대한 책에 나오는 인명과 차례를 다 외워 평생 잊지 않았다. 그 명석함을 짐작할 수 있다. 그런데 영수합이 시를 처음 짓게 된 것은 51세로 늦은 때였다.

석주가 서장관(書狀官)으로 연경으로 갈 때 선친께서 오언절구를 지어 전송하시니, 선비께서 또한 그 운자를 사용하여 이렇게 시를 지었다.

국사에는 모두 일정이 있는 법	王事皆有程
집 그리는 마음일랑 먹지 말게.	勿爲戀家鄕
이제 나날이 명성이 빛나리니	令聞日以彰
내 곁에 있는 것보다 훨씬 낫겠지.	勝似在我傍

또 이렇게 말하였다.

공자님께서 남기신 가르침이 있으니	先聖有遺訓
몸을 공경히 하는 것이 가장 중하다지.	莫若敬其身
얼음판 걷듯 늘 경계하는 마음 지니면	常存履氷戒
몸이 편안하고 덕이 날로 새로워지리라.	身安德日新

선비께서 평소 시를 짓지 않았는데 시를 지은 것이 대개 여기서 시작하였다.

---

2 洪奭周, 「先妣貞敬夫人大邱徐氏家狀」, 『淵泉集』 권35.

3 洪奭周, 「家言」, 『淵泉集』 권43.

이때 선비의 연세가 쉰 하나였다. 노년이 되어 늘 잠이 적고 눈이 뻑뻑해지자 책도 볼 수가 없어, 잠자리에서 늘 고인의 시를 외우면서 고민을 풀었다. 그러나 즐겨 외는 것은 오직 도잠과 두보였으니, 늘 "다른 사람의 시는 고와서 부인이 마땅히 볼 것이 아니다."라 하였다.[4]

아들 홍석주는 어머니를 시인이 아닌 군자로 기억하고자 하였다. 그래서 1803년 자신이 연경에 서장관으로 갈 때 처음으로 시를 지었다고 하면서 그 작품을 인용하였다. 두 편 모두 감정을 절제하고 자상하게 타이르며 말하듯 시를 지었다. 홍인모의 문집 『족수당집(足睡堂集)』에 부록으로 수록된 『영수합고(令壽閤稿)』에[5] 191수의 시가 실려 있다. 일상의 정감을 담박하게 표현한 시가 많은데 아들은 어머니를 '여중군자'로 기억하고 싶었던 것이다. 또 홍석주는 영수합이 도잠과 두보의 시를 특히 좋아하였다고 하였는데, 영수합의 문집에 「차귀거래사(次歸去來辭)」가 실려 있고 두보의 시에 차운한 것도 상당수에 달하니, 도잠과 두보를 좋아한 말이 사실에 부합한다 하겠다.

영수합은 조선을 대표하는 작가라 할 만하다. 이규경의 『시가점등』에 "부인이 문장에 능하고 수학에 정밀하였으며 시 수십 편이 있어 『홍씨세고(洪氏世稿)』 가운데 넣어 함께 판각하였다. 도연명의 「귀거래사」에 차운하였는데, 부인으로 이러한 작품을 남긴 것은 곧 처음 듣는 일이다. 중국의 여자라 하더라도 이러한 작품이 없다."라 칭송하였다.[6] 홍길주의 『숙수념』에 수학과 관련한 내용이 비중 있게 실려 있거니와, 당시 지식인 사회에서 수학 문제 풀이가 유행하였는데, 여성인 영수합도 여기에 관심이 높았다는 점이 흥미롭다. 영수합

---

4 洪奭周, 「家言」, 『淵泉集』 권43.

5 申緯의 「題海道人小照行看子」, 『경수당전고』 11책에서 홍현주가 『豐山世稿』를 간행할 때 『令壽閤草』를 부록에 붙였다고 한 것으로 보아 이 이름으로도 유통된 듯하다. '令壽閣'으로 표기한 데도 있지만 令壽閤이 옳다.

6 李圭景, 『詩家點燈』 제2권(아세아문화사 영인본).

의 문학적 성향과 그 대표작은 장지연이 『일사유사』에서 자세히 소개하였다.

승지 홍인모의 부인 서씨는 관찰사 서형수의 딸이다. 젊어서 경학과 역사에 달통하고 시와 문장에 뛰어나 『영수합고』를 남겼는데 시가 36편이요, 「화귀거래사(和歸去來辭)」 한 편이 있다. 「이백의 '가을에 사립문을 내려서며'에 차운하다(次李白秋下荊門)」 시는 이러하다.

서리 내린 하늘 텅 비고 옅은 구름 사라졌는데	霜天廖落淡雲空
외로운 배에 혼자 올라 만 리의 바람을 맞노라.	獨上孤舟萬里風
어부의 피리 소리 몇 곡에 가을 포구 저무는데	漁笛數聲秋浦晩
석양 비치는 곳이 오나라 산이요 초나라 강이라.	吳山楚水夕陽中

또 「당나라 사람의 '은자를 찾아갔으나 만나지 못하다'에 차운하다(次唐人訪隱者不遇)」 시는 이러하다.

대숲 솔숲 사이로 난 길에 손님 오지 않으니	竹巷松蹊客到稀
원숭이 우는 저물녘에 사립문을 닫아두었네.	猿啼日暮掩荊扉
뜬구름같이 허망한 자취는 찾을 데 없으리니	浮雲蹤跡無尋處
홀로 청산을 지나면 바람이 옷에 가득하겠지.	獨過青山風滿衣

또 「연경으로 가는 아들을 전송하며(送子赴燕)」 시는 이러하다.

파란 새벽빛 먼지 길을 어둠 속에 가겠지	蒼蒼曉色暗行塵
누각에서 슬피 바라보니 이별의 한이 새롭다.	悵望樓頭別恨新
가장 다정한 것은 저 농산의 달일지니	多情最是隴山月
오늘 밤 환하게 가는 사람을 멀리 따르겠지.	今夜分明遠趂人

또 「막내아들의 '동가십영'에 차운하다(次季兒東嘉十詠)」 시는 이러하다.

구름 흩어지니 하늘은 씻은 듯한데　　雲散天如拭
한밤중에 달빛이 마당에 가득하네.　　中宵月滿庭
우두커니 저무는 소나무 숲을 아끼니　　坐愛松林晩
맑은 그림자가 작은 정자를 덮고 있기에.　　淸陰翳小亭

환한 창이 저녁 햇살을 머금으니　　晴窓含暮景
그윽한 흥취를 글 몇 편에 붙이네.　　幽興付殘篇
늙은 매미가 차가운 잎에서 우니　　老蟬吟冷葉
아마 가을이 가까워졌나 보구나.　　知是近秋天

부인은 아들이 셋인데 장자 석주는 재상으로 호가 연천이요, 둘째 길주는 호가 항해요, 셋째 현주는 영명위니 모두 시문으로 세상에 이름을 날렸다. 부인이 매번 직접 읽어야 할 책을 부과하고 또 예전에 배운 것을 외우게 하여 책을 다 끝날 때야 그만두었다. 침상에서도 입으로 경전과 시문, 고인의 격언과 선행을 일러주었다. 작은 잘못이라도 있으면 반드시 정색하고 꾸짖어 자식들이 크게 울며 벌벌 기어야 그만두었다.

젊어서부터 늘 『시경』 「겸가(蒹葭)」와 「형문(衡門)」 등의 시와 도잠의 전원으로 귀거래하는 작품을 좋아하였다. 매번 그 남편이 결심하고 과거를 보지 않은 것을 칭찬하여 이 때문에 부군 홍공이 과거에 나아가지 않았다. 장자 석주가 급제하여 이름을 날렸고, 막내아들 현주가 옹주에게 장가들어 부마가 되었는데, 부인은 남모를 근심이 있는 것처럼 늘 얼굴을 찌푸렸다. 둘째 길주가 문학을 공부하여 매우 뛰어났는데 아침저녁 과거 시험에 필요한 글을 엮고 있었다. 이를 본 부인이 "우리 문중이 이미 번성한데 네가 또 영화를 구하려 드는가?"라 하였다. 길주가 이때부터 과거에 나아가지 않고 음사(蔭仕)로 마쳤다. 부인은 71세의 수를 누리고 죽었다.[7]

먼저 세 번째로 소개한 「연경으로 가는 아들을 전송하며」를 보기로 한다. 이 시는 연경으로 가는 아들을 전송하면서 지은 작품처럼 되어 있지만 잘못이다. 이 작품은 『영수합고』에 「양관의 운자를 써서 큰아들을 보내며(送長兒用陽關韻)」로 실려 있다. 1809년의 작품으로 되어 있지만 이때 큰아들 홍석주가 승정원에서 승지로 근무하고 있었으니, 편년에 오류가 있는 듯하다. 시의 내용으로 보아 1803년 홍석주가 함흥에 위유어사(慰諭御史)로 나갈 때 지어 준 작품일 가능성이 높다. 이 시에서 농산(隴山)은 중국 섬서성(陝西省)에 있는 산인데 여기서는 함경도 변방을 이른다. 아들을 그리워하는 마음을 달에 실은 것이 묘미가 있다. 홍석주가 변방을 지날 때 보게 될 달이 자신이라 한 것이다.

연경으로 가는 아들을 전송한 시는 다른 작품이다. 홍석주는 1803년 사은사(謝恩使) 정사(正使) 이만수(李晩秀), 부사(副使) 홍의호(洪義浩)와 함께 서장관(書狀官)으로 연경을 다녀온 바 있다. 이때 영수합이 지은 시는 오언절구 「연경에 가는 큰아들에게 부치다(寄長兒赴燕行中)」로, 『영수합고』의 첫머리에 실려 있다.

『일사유사』에서 선발한 시는 대부분 영수합이 당시에 차운한 작품이다. 이백의 「가을에 사립문을 내려서며(秋下荊門)」는 가을날 유람을 나서 지은 것으로[8] 호방(豪放)의 미를 잘 구현한 작품이다. 여기에 차운한 영수합의 작품도 여성의 시에서 흔치 않은 호방함을 과시하고 있다. 하늘이 쾌청한 늦가을 홀로 배에 올라 바람을 쐬는 시인의 모습을 근경에 배치하고 원경에 석양이 비치는 강 하류의 포구를 넣었다. 어부의 피리 소리를 배경 음악처럼 넣은 것도 묘미가 있다. 당의 시인 가지(賈至)의 「상주로 부임하는 이시랑을 보내며(送李侍郎赴常州)」에서 "눈 개고 구름 흩어지고 북풍이 차가우니, 초나라 물 오나라 산은 갈길이 험하겠지.(雪晴雲散北風寒 楚水吳山道路難)"라 한 구절을 활용하여 당시의 멋

---

7 장지연, 『일사유사』 권6.

8 원문은 "霜落荊門江樹空 布帆無恙挂秋風 此行不爲鱸魚鱠 自愛名山入剡中"이다.

이 느껴지게 하였다. 앞서 본 작품과 함께 1809년에 지은 것이라 51세 때 시를 배워 10년 지나지 않아 이 정도로 노숙한 시를 지었다고 하니 경이롭다. 이능화의 『조선여속고』에서도 이 시를 대표작으로 뽑은 바 있다.

또 「당나라 사람의 '은자를 찾아갔으나 만나지 못하다'에 차운하다」는 이상은의 「은자를 방문하였지만 만나지 못하고(訪隱者不遇)」 "성곽에 가지 말게 아는 이 없으리니, 슬픈 원숭이 우는 곳에 사립문 있네. 맑은 강 흰 바위 나무꾼 어부의 길로, 저물녘 돌아올 때 비가 옷에 가득하리.(城郭休過識者稀 哀猿啼處有柴扉 滄江白石樵漁路 日暮歸來雨滿衣)"에 차운한 작품인데 역시 1809년 제작한 것이다. 이상은의 시가 맑거니와 영수합의 시는 더욱 맑다. 은자의 집으로 가는 대숲의 길은 인적이 끊어졌기에 일찌감치 사립문을 닫아걸었다. 아마 은자는 행운유수(行雲流水) 같이 떠돌기를 좋아하기에 또 다른 푸른 산을 찾아 나선 것이라 하였다.

영수합의 시는 『가정창수록(家庭唱酬錄)』(가장본)에도 실려 있는데 남편을 비롯하여 자식들과 주고받은 시가 여러 편 실려 있다. 홍현주가 쓴 『족수당집』의 발문에서는 영수합이라는 이름은 남편 홍인모가 붙인 것이라 하고 또 "예전 매일 집안에서 모실 때 한 편이 나올 때마다 여러 형제가 서로 이어 화답하는 것을 즐거움으로 삼았다."라고 하였다.

『일사유사』에서 마지막에 소개한 「막내아들의 '동가십영'에 차운하다(次季兒東嘉十詠)」도 가족과의 시회에서 나온 것이다. 1832년 서문이 붙은 『해거재시초(海居齋詩鈔)』(규장각 소장)에는 홍현주가 17세 때인 1809년 제작한 「동가십경(東嘉十景)」 10수가 실려 있는데 홍인모, 영수합, 홍석주, 홍길주의 차운시도 함께 실려 있다. 여기에 다음과 같은 발문이 붙어 있다.

> 기사년 7월, 막내가 서울에서 원운(原韻)을 부쳐 보내면서 큰아이가 그 시에 차운한 것을 같이 보내왔다. 이때 백성들은 논밭에 있고 문서 처리도 대부분 한가하

여, 이에 아내, 둘째와 함께 그 시에 차운하였다. 시축이 하나 되기에 막내에게 보내 보이면서 말하였다.

"시원찮은 작품은 감추고 나머지를 자손에게 전하되, 한편으로 선조들이 문필로 노닌 일을 보이고 한편으로 자손들이 학업에 근실하여 가업을 실추하지 말라는 뜻을 권면한다. 한때의 잡다한 흥취를 무익하게 읊은 것으로 귀착하지 않도록 한다면, 이 모두가 전할 만한 것이 되니, 어떠한가? 이는 오직 네가 얼마나 근면한지에 달려 있다."

늙은 아비가 농서(隴西)의 관아에서 쓴다. 때는 9월 하순이다.

홍인모는 1809년 황해도 서흥도호부사(瑞興都護府使)로 있었는데 위의 글에서 이른 농서가 서흥의 별칭이다. 서울에 있던 막내아들 홍현주가 먼저 자신의 집을 소재로 한 시를 짓고 여기에 큰아들 홍석주가 차운한 시를 붙여 부모님께 보냈다. 이를 보고 홍인모, 영수합, 둘째 아들 홍길주가 차운하는 시를 지어 시축을 만들었다. 「동가십영」도 함께 지은 시 가운데 하나다. 동가(東嘉)는 재동(齋洞)에 있던 집 이름으로[9] 홍현주가 집 이름을 붙였다. 「동가십영」은 이곳의 아름다운 열 가지 풍경을 읊은 연작시다. 앞서 『일사유사』에서 뽑아놓은 것은 첫 번째인 「솔숲의 밝은 달(松間明月)」과 「먼 나무의 저녁 매미(遠樹晩蟬)」다. 두 편 모두 『대동시선』에서도 선발하였다.

홍현주가 처음 지어 보낸 「솔숲의 밝은 달」 "천 가지 다시 만 가지, 파랗게 온 마당을 덮고 있네. 밝은 달 어찌 이리 밝은가, 땅 가득 그림자 정정하네.(千枝復萬枝 蒼蒼翳一庭 明月何皎潔 滿地影亭亭)"를 본 영수합이 여기에 답을 하였다. 씻어낸 듯 맑은 하늘에 뜬 달이 마당 가득 비추는데, 소나무 곁에 조그마한 정자 하나가 있어 아들이 맑게 산다는 뜻을 담았다. 당의 시인 두목이 「산행(山行)」에서 "수레 멎고 멍하니 석양의 단풍 사랑하노니, 단풍 물든 잎이 2월의 꽃보다

9 洪仁謨, 「季兒寄示東嘉十詠次韻以贈」, 『足睡堂集』 권3에서 "卽齋洞別稱 季兒所名也"라 하였다.

더 붉네.(停車坐愛楓林晩 霜葉紅於二月花)"라 한 구절을 가져오되 소나무의 맑은 정신을 부각하였다.

또 홍현주의 「먼 나무의 저녁 매미」는 "가을 햇살 깊은 마당에 고요한데, 한가한 창가에서 책을 마주하노라. 다시 먼 숲에서 들려오네, 매미가 해 질 무렵 우는 소리가(秋日深院靜 閒窓對芸篇 更聽遠樹裏 蟬鳴夕陽天)"로 되어 있다. 여기에 영수합은 아들이 저녁 햇살 비치는 창가에서 고요히 시를 읊조리는 모습을 담고 배경 음악으로 초가을의 상징 늙은 매미의 울음소리를 넣었다. 남편과 세 아들의 시를 나란히 두고 보더라도 영수합의 시재가 결코 부족하지 않음을 확인할 수 있다. 『해거재시초』에는 3구가 "찬 매미가 이슬 맞은 잎에서 울고 있으니(寒蟬吟露葉)"로 되어 있는데 이것이 조금 더 낫다.

영수합은 이백, 이상은 외에 두보, 왕유(王維) 등의 시도 읽고 차운하였는데 그중 여러 편이 명작으로 평가되었다. 장지연의 『대동시선』에서는 두보의 「추흥팔수(秋興八首)」 중 첫 번째 수를 뽑았다.

달빛은 누각에 가득하고 서리는 숲에 가득한데	月滿高樓霜滿林
맑은 가을이라 상쾌한 기운이 새벽녘에 스미네.	淸秋爽氣曉來森
차가운 별은 또렷하게 막 그림자를 드리우고	寒星歷歷初垂影
늙은 나무는 저물녘에 파랗게 그늘을 만드네.	老木蒼蒼晩作陰
천 리 밖 남성(南城)으로 허연 머리 돌리는데	千里南城回白首
3년 내내 북궐(北闕) 향한 일편단심 변함없네.	三年北闕繫丹心
빈 벽에 걸린 희미한 등불이 내 모습 비추는데	疏燈自照懸虛壁
어디선가 바람에 먼 곳 다듬이질 소리 보내오네.	何處風聲送遠砧[10]

10 『영수합고』에는 제목이 「次杜秋興」으로 되어 있다. 『대동시선』에는 2구의 '曉來森'이 '晩來森'으로 되어 있지만 4구의 '晩作陰'과 중복되지 않아야 하니 '曉來森'이 옳다. 두보의 원시는 "玉露凋傷楓樹林 巫山巫峽氣蕭森 江間波浪兼天湧 塞上風雲接地陰 叢菊兩開他日淚 孤舟一繫故園心 寒衣處處催刀尺 白帝城高急暮砧"이다.

『영수합고』에는 8수에 각기 부제가 붙었는데 이 작품에는 「농서즉사(隴西卽事)」라고 하였다. 앞서 본 대로 농서는 홍인모가 벼슬하던 서흥의 별칭이다. 두보의 시는 기주(夔州)에서 지은 것인데 이를 서흥으로 바꾸었다고 보면 된다. 1809년 남편을 따라 서흥에 있으면서 한양을 그리워한 작품이다. 서흥의 관아 누각에 달빛이 가득하고 숲에는 하얗게 서리가 내려 새벽 기운이 더욱 상쾌하다. 하늘의 별빛이 땅에 비치고 낙락장송이 마당에 그늘을 드리운다. 천 리 먼 한양의 집이 그리워 자꾸 머리가 돌려지지만 3년째 접어든 목민관의 아내로서 임금에 대한 충심이 간절하다. 등불 아래 거울에 비친 늙은 자신의 모습을 보고 있노라니 어디선가 겨울옷을 준비하는 여인의 다듬이 소리가 들려온다. 등불 아래 거울을 보는 늙은 여인의 시각적 심상과 한밤에 들려오는 다듬이 소리라는 청각적 심상이 긴 여운을 준다.

『대동시선』에는 「왕유의 '위천전가'에 차운하다(次王維渭川田家)」도 선발하였다.

언덕에서 밥 짓는 연기 보고	壟頭村烟起
소를 몰고 집으로 돌아오네.	將牛下山歸
돌아오니 날이 이미 저물어	歸來日已夕
달빛이 사립문에 가득하네.	蘿月滿荊扉
무성한 숲에 새소리 요란하고	林茂鳥聲亂
넓은 들판에 인적이 드무네.	野闊人影稀
어부와 나무꾼이 동무가 되고	漁樵共爲伴
암수 사슴과 의지하고 산다네.	麋鹿來相依
옮겨가는 솔 그늘 멍하게 보노라니	坐看松陰移
어둠에 나무가 점차 흐릿해지네.	暝樹轉霏微

왕유의 오언고시 「위천전가(渭川田家)」에 차운한 작품이다.[11] 왕유의 작품

은 초여름 저물녘 농촌의 풍경을 담박하게 묘사하였는데 영수합의 작품도 그에 못지않게 맑다. 밥 짓는 연기가 피어오르는 것을 보고 산속에서 나무를 하던 농부가 서둘러 집으로 돌아온다. 집에 오니 벌써 날이 저물어 달빛이 사립문에 비친다. 무성한 숲에 새소리 요란하고 넓은 들판에는 인적이 끊어졌다. 한가한 산중의 마을이라 어부와 나무꾼만 벗이 되고 사슴들은 사람을 꺼리지 않고 다가와 놀자 한다. 달빛에 솔 그늘이 짧아지더니 숲은 차츰 어둠 속에 잠긴다. 영수합이 근체시뿐만 아니라 고풍에도 능하였음을 이 작품이 보여 주고 있다.

근대의 문인 모윤숙의 「고전명작감상」에서 "영수각은 감사 서형수의 딸이요, 승지 홍인모의 부인으로 문장으로 한때 독무대를 차지하다시피 한 분이다. 이분은 모두 36편의 거작을 내놓았는데 현대 시인으로서는 이분의 시를 톡톡히 연구해 봄도 무의미한 일은 아닐듯하다."라 하면서 세 편의 시를 번역해 실었다.[12] 원문은 싣지 않았는데 참고로 함께 붙이고 표기법은 현대어로 바꾸어 소개한다. 「두보의 초승달에 화답하다(和杜初月)」, 「왕유의 시에 차운하여 회포를 풀다(遣懷次右丞韻)」, 「이백의 시에 차운하다(次李白)」를 차례로 보인다.

기조(羈鳥)는 보금자릴 정하지 못해	羈鳥棲未定
나뭇가지 한 가지 쉬지를 못하네.	難爲一枝安
숲 사이 초승달 처음으로 비치었네,	林月初生影
가느다랗게 구름 끝에 비껴 걸리었네.	纖纖掛雲端
흐르는 달빛이 소매 속에 끼어들 제	流光入懷袖
때는 밤중이라 쌀쌀하기 짝이 없네.	中宵覺微寒

11 왕유 시의 원문은 "斜光照墟落 窮巷牛羊歸 野老念牧童 倚杖候荊扉 雉雊麥苗秀 蠶眠桑葉稀 田夫荷鋤立 相見語依依 卽此羨閒逸 悵然歌式微"다.

12 「여류(女流)의 순정시초(殉情詩抄)-역대(歷代) 조선(朝鮮) 여류시가(女流詩歌)를 보며」, 『삼천리(三千里)』 12권 9호(1940. 10. 1).

원객(遠客)의 시름은 밤으로 더 짙어서	遠客愁夕永
앉아서 눈길 주니 솔 그림자 둥글고나.	坐看松陰團

추천을 바라보니 한없이 넓디넓고	秋天望不極
달뜨길 기다려 밤들도록 앉았노라.	待月坐夜深
맥맥히 아이를 보내는 심정이여	脈脈送兒情
유유히 우러러 그리는 마음이여	悠悠思鄕心
찬 서리는 넝쿨에 빼빼 시들고	嚴霜委蔓草
양표는 소림을 속속들이 나부낀다.	凉飇動疎林
바라보니 기러기 한방(寒方)에 비끼고	倚杖雁橫塞
발을 걷어 치우고 운상잠(雲上岑)을 바라본다.	捲簾雲出岑
노학(老鶴)은 잠들어서 처음으로 조용하고	老鶴睡初靜
혼아(昏鴉)는 그 옛집을 찾아 돌아간다.	昏鴉舊巢尋
일만 가지 시름 끝에 새로운 시 많았고	永懷多新詩
맑은 노래는 거문고와 화답하네.	淸韻和鳴琴

산란한 찬 소리는 수간(樹間)에서 나는데	散亂寒聲在樹間
풍림(風林)에서 우던 새들 석양에 돌아오네.	風林啼鳥夕陽還
청소(淸霄)에 홀로 서서 우러러보는 곳	淸宵獨立望鄕處
빈 뜰에 서리 차고 달빛은 산에 가득.	霜滿空庭月滿山

두보의 「초승달」,[13] 왕유의 「권이를 보내며(送權二)」,[14] 이백의 「아침에 백제성을 떠나며(早發白帝城)」[15]에 차운한 작품이다. 떠도는 새라는 뜻의 '기조',

13 "光細弦豈上 影斜輪未安 微昇古塞外 已隱暮雲端 河漢不改色 關山空自寒 庭前有白露 暗滿菊花團"

14 "高人不可有 淸論復何深 一見如舊識 一言知道心 明時當薄宦 解薜去中林 芳草空隱處 白雲餘故岑 韓侯久攜手 河岳共幽尋 悵別千餘裏 臨堂鳴素琴"

15 "朝辭白帝彩雲間 千里江陵一日還 兩岸猿聲啼不盡 輕舟已過萬重山"

가을 하늘이라는 뜻의 '추천', 추운 지방이라는 뜻의 '한방', 구름이 피어오른다는 뜻의 '운상잠', 어둠 속의 까마귀라는 뜻의 '혼아', 맑은 하늘이라는 뜻의 '청소' 등 덜 풀이한 시어도 있지만 웬만큼 뜻이 통한다. 시선집 등에서 뽑지도 않은 이런 작품을 모윤숙이 직접 보고 뽑았다는 점이 주목된다.

77. 영수합의 딸 유한당 홍씨와 며느리 숙선옹주

영수합과 함께 그 딸 유한당 홍씨(1791-1842)도 뛰어난 시인이었다. 홍인모의 장녀로 이름이 원주(原周)다. 홍석주와 홍길주가 오빠고 홍현주가 아우이며, 이현우(李顯愚)와 혼인한 여동생이 있었다.[1] 유한당은 이런 집안에서 어린 시절 아버지 홍인모를 따라 수원, 연안, 평양 등지에서 생활하였고, 가족과의 모임에서 같이 시를 짓기도 하였다. 유한당의 '유한'은 주 문왕(周文王)의 아내 태사(太姒)의 덕을 칭송한 '유한정정(幽閒貞靜)'의 뜻을 취한 것이다. 사임당 신씨가 주 문왕의 어머니 태임(太妊)을 삶의 모범으로 삼은 것과 다르지 않다.

유한당은 심의석(沈宜奭, 1793-1827)과 혼인하였다. 문집 『유한집(幽閒集)』에는 1842년에 제작하여 아우 홍현주의 시에 차운한 「영명위가 부쳐 보여 준 시에 화답한 4수(和永明寄示韻四首)」를 제외하면 모두 1807년부터 1810년 사이에 제작한 작품이니, 1810년 이후에 혼인한 것으로 보면 되겠다. 심의석은 자가 경소(景召)고 본관은 청송으로, 부사를 지낸 심능식(沈能植)과 연안이씨(延安李氏) 사이에 태어났다. 심의석은 유한당 사이에 아들을 두지 못하고 서른다섯 이른 나이에 세상을 떠났기에 승지를 지낸 심의복(沈宜復)의 아들 심성택(沈誠澤, 1819-

---

1 유한당 홍씨의 생애와 문학은 김미란, 「홍유한당의 한시 연구」, 『온지논총』 10(2004)과 하지영, 「시인의 꿈과 단념, 유한당 홍원주」, 『이화어문논집』 37(2015)에서 다룬 바 있어 이를 주로 참조하였다.

?)을 양자로 들였다. 문집 『유한집』에 서문을 쓴 이대우(李大愚, 1815-?)가 사위다.

『유한집』은 규장각 등에 전하는데 내제(內題)는 『공인홍씨시집(恭人洪氏詩集)』으로 되어 있다.[2] 아들 심성택이 편집하고 1854년 사위 이대우의 서문을 받았다. 홍길주의 『수여연필(睡餘演筆)』에는 유한당이 홍석주와 홍길주, 홍현주 등과 함께 영수합을 모시고 경전과 역사서에 대해 토론하고 여가에 시를 수창하면서 즐겼다고 하였다. 홍길주의 아들 홍우건(洪祐健)이 지은 묘지명에서도 홍씨의 작품이 대부분 어릴 때 부모 곁에서 형제들과 수창한 것이라 하였다.[3] 앞서 본 영수합의 「동가십경」, 「당나라 사람의 '은자를 찾아갔으나 만나지 못하다'에 차운하다」, 「두보의 추흥에 차운하다」, 그리고 그 밖의 많은 작품이 유한당의 문집에 동일한 제목으로 보이므로, 유한당은 가족과의 시회에서 시를 자주 제작하였음을 확인할 수 있다. 『유한집』에는 1807년부터 1842년 무렵까지 지은 시 175제가 수록되어 있는데 가족과의 시회에서 지은 것 외에는 도잠, 두보, 이백, 소식 등의 시에 차운한 작품도 많다. 이는 영수합의 문집에서도 보이는 특징이니, 이들 작품 역시 대부분 영수합이나 형제들과 함께 지은 것이라 하겠다.

다음 「강원 감사로 가시는 백부를 그리워하며(憶伯父東藩之行)」는 1809년 강원도 관찰사로 나가는 백부 홍의모(洪義謨, 1743-1811)를 떠올리고 지은 작품이다.

강원 감사로 관동 가는 삼백 리 길	關東三百里
부절 들고 멀리 조정을 떠나셨네.	玉節遠辭朝

2 남편이 벼슬하지 못하였는데 '공인'이라는 5품 관리의 아내가 받는 품계로 보아 심의석이 후에 추증이 된 듯하다.

3 洪祐健, 「伯姑沈恭人墓誌銘」, 『原泉集』 권7. 하지영의 앞의 논문에서 재인용하였다.

눈 위에 수레 두 바퀴 굴러가는데	雪上雙輪轉
바람 앞에 여섯 마리 말이 사납네.	風前六駟驕
백성 근심에 구리 부신이 무거운데	民憂重銅虎
임금 은혜에 황금 관이 빛나는구나.	聖渥耀金貂
서쪽 누각에서 우두커니 서 있어도	佇立西樓上
마음은 떠나가는 수레 따라 멀어지네.	心隨皁蓋遙

홍의모는 초명이 의영(義榮)인데 나중에 이 이름으로 개명하였다. 자가 이중(而中), 호가 하우당(何愚堂)이며 홍인모의 친형이다. 성균관 대사성을 지내고 1809년 강원 감사로 나갔다가 1811년 임지에서 세상을 떠났다. 『풍산세고』에 시문 일부가 수록되어 있다. 유한당의 이 시는 눈 위를 달리는 백부의 수레와 말을 엄중하게 묘사한 다음 감사의 부신(符信) 동호(銅虎)가 무겁다고 하여 관찰사로서의 막중한 임무를 말하고, 초미(貂尾)로 장식한 관 금초(金貂)가 빛난다 하여 임금의 은총이 깊음을 말하여 여성 작가의 작품으로 드물게 웅장한 미감을 발하고 있다. 이 작품이 제작된 1809년, 유한당은 아버지를 따라 황해도 서흥에 있었기에 서쪽 다락에 서서 관동으로 가는 백부를 그리워한다고 한 것이다.

『유한집』에는 이 시에 이어 아래 두 작품을 실은 다음 "아깝다, 금마(金馬)와 옥당(玉堂) 사이에 두지 못하는구나. 어려서 경구(警句)를 많이 지어 귀신을 놀라게 하였는데."라는 1809년 단오에 쓴 백부 홍의모의 비평이 달려 있다. 금마와 옥당, 곧 중국의 한림원(翰林院)과 조선의 홍문관(弘文館)에서 근무할 능력을 갖추고 있는데 여성이라 그러하지 못하였음을 애석해하였다. 그리고 어려서 지은 작품 중에 귀신을 놀라게 할 경구가 많다고 하였으니, 유한당이 자신이 지은 시를 백부에게 자주 보였던 모양이다. 겨울에 보낸 이 시를 단오에 백부가 보고 이렇게 평한 것인데, 이 세 편을 유한당의 대표작으로 보면 되겠다. 이 세 작품 모두 1809년 혹은 그 이전 제작된 것이니 열아홉 어린 나이에 이 정도 수준을 보였다는 것이 놀랍다. 먼저 「혜음의 주막에서 해당화를 읊조리다(惠陰店舍詠海棠)」를 보인다.

머리 들어 농서 땅을 바라보고	擧頭望隴西
머리 돌려 낙동을 그리워하네.	回頭思洛東
개울은 파란 산 너머로 흐르는데	溪流靑山外
꾀꼬리는 푸른 숲에서 울음 우네.	鶯啼綠林中
풀은 아침 이슬에 젖어 푸른데	草濕朝露碧
꽃은 저녁 햇살을 머금어 붉네.	花含夕陽紅
해당화 너는 봄 간 후에 피었구나,	憐爾春後開
물가에 두세 송이 짝을 지어서.	水邊兩三叢

고양과 파주 사이의 혜음령(惠陰嶺)에 있는 주막에서 농서를 바라본다고 한 것으로 보아 부친의 임지인 서흥으로 가는 도중 혜음에서 하루를 유숙하면서 지은 작품인 듯하다. 2구의 낙동(洛東)은 낙동강이 아니라 동쪽의 낙양, 곧 서울을 가리킨다. 푸른 산을 끼고 흐르는 개울과 녹음 짙은 숲에서 우는 꾀꼬리 울음으로 시각과 청각의 산뜻한 대비가 돋보이며, 이슬에 젖어 더욱 새파란 풀과 저녁 햇살에 더욱 붉어진 꽃을 묘사한 대목도 예사롭지 않다.

듬성한 푸른빛이 붉은 난간에 서리니	疎翠倚朱檻
여윈 가지가 흰 담장 너머 나와 있네.	瘦枝出粉墻
푸른 그늘은 창에 드리워 가까운데	綠陰玉窓近
시원한 바람은 주렴에 불어 시원하네.	爽籟珠簾凉
달빛을 띠고서 막 그림자 생겨나고	帶月初生影
바람을 맞아 은근히 향기를 뿜누나.	迎風細噴香
사시사철 늘 한 가지 빛깔이라	四時同一色
눈서리 이기고 천 길 길게 자랐네.	凌雪千尋長

「두보가 대나무를 읊은 시에 차운하다(次杜工部詠竹)」는 두보의 「엄정공의 집에서 함께 대나무를 읊다(嚴鄭公宅同詠竹)」를 차운한 것인데[4] 홍인모와 영수합이 이 시에 차운한 작품이 있으니 역시 가족과의 시회에서 지은 것이라 보면 될 것이다. 두보의 시에 차운한 것이지만 서천(舒川) 관아의 대나무를 보고 쓴 듯하다. 붉게 단청한 난간과 흰 흙을 바른 담장에 대나무의 푸른빛을 대조하여 시상을 열었다. 시원한 대나무 그늘이 창가에 드리워지고 대숲을 지난 바람이 주렴 안으로 들어온다고 하여 청신한 미감을 과시한 것이 묘미가 있다. 달빛에 비친 대 그림자와 바람에 설핏 풍기는 대나무 향기라는 시각과 후각의 대비도 이 작품의 미감을 더한다. 이어 눈서리에도 푸른빛을 잃지 않는 대나무의 절조를 칭송하는 것으로 시상을 맺었다.

이 집안에서 빼놓을 수 없는 또 다른 여성 시인은 숙선옹주(淑善翁主, 1793-1836)다. 숙선옹주는 홍현주(1793-1865)의 부인이요 홍인모와 영수합의 며느리다. 정조와 수빈(綏嬪) 박씨(朴氏) 사이에 태어났는데 순조와는 동기다. 이 때문에 순조는 숙선옹주와 우애가 독실하였으며 그가 혼인할 때 직접 「여훈(女訓)」 7편과 「여계(女戒)」 6장을 지어 하사하였다.[5]

숙선옹주의 문집 『의언실권(宜言室卷)』은 규장각에 소장되어 있다. 서명이 『홍현주시문고(洪顯周詩文稿)』로 되어 있지만 홍현주의 문집 외에 숙선공주의 『의언실권』, 아들 홍우철(洪祐喆)의 『초당시초(蕉堂詩抄)』 등이 함께 실려 있다. 이로 보아 1824년 전사자(全史字)로 간행한 『풍산세고(豐山世稿)』와 또 다른 필사본 『풍산세고』의 일부라 하겠다. 이 시집에는 「잡영(雜詠)」 등 몇 작품에 비점을 찍고 상단에 '친필(親筆)'이라는 주기가 달렸는데 일부는 숙선옹주가 직접 필사하였다는 뜻이다. 「춘저에서 부쳐 보낸 시에 삼가 차운하다(敬次春邸寄詩

---

4 "綠竹半含籜 新梢才出墻 色侵書帙晩 陰過酒樽凉 雨洗娟娟淨 風吹細細香 但令無翦伐 會見拂雲長"

5 『國朝寶鑑』 권76.

韻)」 등 조카 효명세자(孝明世子, 1809-1830)가 보내준 시에 화답한 작품이 있으므로 효명세자가 죽기 전에 편집된 듯한데 권두에 '무오맹추(戊午孟秋)'라는 주기가 보이므로 1828년 편집된 것으로 보면 되겠다. 「달밤에 명온이 그리워(月夜懷明溫)」 외에 제목에 명시하지 않았지만 난상에 '명온(明溫)'이라 주기된 작품이 여럿 있어 조카 명온공주(明溫公主, 1810-1832)와도 자주 시를 주고받았던 것이 분명하다.

숙선옹주는 250수에 가까운 많은 작품을 남겼는데 당시에 차운한 것이 많다. 동기인 순조의 시가 그러한 것이 많으므로 어린 시절 순조와 함께 시를 배웠다고 추정할 수도 있다. 옛 시에 차운한 것이 아닌 작품은 대부분 오언절구로 맑은 운치를 보여 준다. 다음 「우연히 읊조리다(偶吟)」가 그러하다.

개울가 푸른 이끼 위에 앉아	澗邊坐靑苔
솔잎을 태워 차를 달이노라.	烹茶燒松葉
잔 들다 다시 시를 읊조리니	傾杯復吟詩
꽃 사이 흰 나비가 장난치네.	花間戲白蝶

『의언실권』은 의언실(宜言室)의 시집이라는 뜻인데, 『시경』의 「여왈계명(女曰雞鳴)」 "당신이 주살로 새 잡으면 안주 장만하지요. 안주 놓고 술 마시며 당신과 해로하리다. 옆에 놓여 있는 금과 슬처럼 모두가 즐겁고 행복하리다.(弋言加之 與子宜之 宜言飮酒 與子偕老 琴瑟在御 莫不靜好)"라 한 데서 가져온 것이니, 부부해로(夫婦偕老)의 뜻을 담은 것이라 하겠다. 이 점에서 남편 홍현주와 함께 지은 「춘우연구(春雨聯句)」가 볼 만하다.

단비가 때맞추어 내리니	甘雨及時節(海)
오늘 풍년 들 것 점치겠네.	今日占豊年(鳳)

석당에 연꽃이 촉촉하니　石塘蓮花濕(海)
다리에 버들가지 잠자겠네.　野橋柳枝眠(鳳)
푸른 산은 짙은 안개에 덮였는데　靑山鎖濃霧(海)
먼 마을은 저녁연기가 묵직하네.　遠村重暮煙(鳳)
등불 아래 담소하며 즐기노라니　燈下談笑樂(海)
사람 마음 훈훈함이 기쁘다오.　人情喜團圓(鳳)

남편 홍현주가 먼저 한 구를 지으면 그에 맞추어 숙선옹주가 응대하였다. '봉(鳳)'은 숙선옹주를 가리키는데 의언실 외에 '봉' 자가 들어가는 자나 호를 쓴 듯하지만 확인되지 않는다. 부부가 나란히 연구를 지은 예가 많지 않으니, 우리 한시사에서 기억할 만하다 하겠다.

78.
대구의 여성 군자 정정당 황씨

조선의 여성 중에 스스로 학자로 자부한 여성이 본격적으로 등장하는 시기가 18세기 후반이다. 윤지당 임씨, 사주당 이씨, 빙허각 이씨 등이 그러한 예다. 이들이 학문과 저술을 통해 그 이름을 후세에 남길 수 있었던 것은 모두 쟁쟁한 학자집안이기 때문이다. 윤지당 임씨는 18세기 학술사에 이름이 높은 임성주, 임정주와 형제다. 사주당 이씨는 『태교신기』를 편찬한 학자인데 『문통(文通)』을 지은 유희(柳僖)가 그의 아들이다. 또 조카가 『규합총서』와 『청규박물지』를 편찬한 빙허각 이씨다.

이런 쟁쟁한 집안뿐만 아니라 비슷한 시기 지방의 한미한 출신 여성 가운데도 학문과 수양에 힘을 쏟고 문필에 능한 '여사(女史)'들이 등장한 것은 학문과 문학이 여성에게도 상당 정도 대중화의 길로 들어섰다고 할 만하다. 대구의 정정당(情靜堂) 황씨(黃氏, 1754-1793?)라는 널리 알려지지 않은 여성도 그러하였다. 스스로 학문과 수양에 힘을 쏟고 또 자신의 아들에게도 간곡한 가르침을 베풀었다.

> 우리나라 부인 가운데 문학에 능한 이는 끊어지고 없으며 있다 한들 글을 꾸미는 데 그치고 성현의 일에 대해서는 더욱 능하기 어렵다. 채응길(蔡應吉) 군이 작은 책자를 내게 보여 주었는데 부인이 지은 것이었다. 부인은 황씨로 채응길 집안

에 시집왔는데 아들을 가르치는 편지에서 선조의 충렬을 실추하지 않도록 경계하고 반드시 아홉 가지 덕행으로 본성을 회복하여 의리의 학문에 힘쓰게 하였다. 글을 외우기만 하거나 남의 것을 도적질하여 이익과 녹봉에 마음이 시달리면 성명(性命)의 바름을 무너뜨리게 되므로 이를 배척하여 자식들이 혹 성명의 바름에서 벗어날까 우려한 것이었다.[1]

정정당 황씨는 문집 『정정당일고(情精堂逸稿)』를 남겼지만[2] 그 생애가 자세하지 않다. 이 문집은 정정당의 손자로, 대구 일원에 제법 알려진 유학자인 석문(石門) 채준도(蔡準道, 1834-1904)가 1858년 간행한 것이다. 간행에 앞서 1849년 퇴계 이황의 후손인 이휘녕(李徽寧)이 서문을 지었는데, 이에 따르면 정정당은 본관이 평해(平海)고 금계(錦溪) 황준량(黃俊良, 1517-1563)의 후손이며 경주의 옥산(玉山)에 살았다. 송의 문인 범조우(范祖禹)의 딸이 "마음은 출입의 뜻이 없으니, 단지 자신의 감정에 따라 늘 절로 편안하고 고요하면 문득 감정을 아는 데 방해가 되지 않을 것이다."라 한 말에서 당호를 정정당이라 하였다.[3] 『정정당일고』에 실려 있는 「징분재명(懲忿齋銘)」이 이러한 수양하는 자세를 다잡기 위해 지은 글인데, 분노를 징계하는 서재 징분재(懲忿齋)에 붙여 두었다. 「사형을 대신하여 조성부의 산수서에 답하는 글(代舍兄答趙聖孚山水序)」에 따르면 조성부(趙聖孚, 이름은 미상, 호는 覺齋)[4]라는 사람이 「황자운이 영남으로 돌아가는 산수의

1 李象秀, 「情靜堂遺藁跋」, 『峿堂集』 권15.

2 계명대학교, 안동대학교 등에 이 책이 소장되어 있는데 목활자본이다. 일부 목록에 1918년 간행한 것으로 되어 있지만 잘못이다.

3 이 글은 『맹자』에 나오는 "붙잡으면 존재하고 놓치면 없어지니 출입하는 것이 때가 없어 그 향하는 바를 알 수 없다.(操則存, 舍則亡, 出入無時, 莫知其鄕.)"를 두고 程頤가 "마음이 어찌 출입할 수 있겠는가. 또한 붙잡고 놓아 버린 것으로 말한 것이다."라 한 것과 小註에서 "범순부의 딸이 '맹자의 말은 잘못된 것이다. 마음이 어찌 출입할 수 있겠는가.'라 하니, 이에 程頤가 그 말을 듣고 '이 딸이 맹자의 말뜻은 알지 못하였지만 마음의 속성은 알고 있구나.'라 하였다.(范淳夫女曰: 孟子誤矣. 心豈有出入? 伊川聞之曰: 此女雖不識孟子, 卻識心.)"라 한 것을 대충 합쳐놓은 것이다.

4 趙文命의 손자 趙應鎭(1751-?)의 자가 聖孚지만 연대가 맞지 않는다.

서문(黃子雲歸嶺南山水序)」을 지어 주었다고 하였으므로, 황자운(黃子雲, 이름은 미상)이라는 오빠가 있었음을 짐작할 수 있다.

정정당은 「아들 정렬, 정렴, 정호를 가르치는 글(訓子廷烈廷濂廷鎬書)」에서 보듯 채정렬(蔡廷烈), 채정렴(蔡廷濂), 채정호(蔡廷鎬) 등 세 아들을 두었다. 『정정당일고』를 간행한 채준도가 채정호의 아들인데 문집 『석문집(石門集)』이 영남대와 용인대 등에 전한다.[5] 여기에 실려 있는 「선공부군행략(先公府君行略)」에 인천 채씨 집안의 역사가 비교적 소상하다. 이에 따르면 채정호의 아버지는 채명휴(蔡明休, 1755-1827)로 호가 고산(孤山)이며 어머니는 정정당 황씨라 하였다.

남편 채명휴의 선대에 그다지 알려진 인물은 없다. 『정정당일고』에 「송담선생 소유정 시에 차운하다(謹次松潭先生小有亭韻)」가 보이는데, 송담(松潭) 채응린(蔡應麟, 1529-1584)이 그의 직계 채응룡(蔡應龍)의 형이다. 채응린은 금호강 서쪽 대구 검단동에 압로정(狎鷺亭)을 짓고 산 학자인데 박인로(朴仁老, 1561-1642)의 「소유정가(小有亭歌)」로 알려진 소유정이 그가 경영한 집이다. 채명휴의 증조부 서곽(西郭) 채원령(蔡元齡), 조부 무민당(無悶堂) 채주하(蔡冑夏), 부친 소옹(疎翁) 채시창(蔡時昌) 등은 모두 벼슬길에 나아가지 않았고 별다른 저술을 남기지 못하였다.

채명휴의 호 고산은 대구시 성동의 고산서원(孤山書院)과 관련이 있는 듯하다. 아들 채정호(1779-1847)와 손자 채준도가 태어난 성동리(城洞里)가 이곳이니, 채명휴와 정정당 부부가 이곳에서 살았다고 보면 될 것이다. 아들 채정호가 1793년 정정당이 위독하였을 때 손가락에 피를 내어 먹임으로써 몇 달 수명을 연장하였다고 한 것으로 보아, 이 무렵 세상을 떠났다고 보면 될 것이다. 그리고 채명휴는 1827년 작고한 것으로 되어 있다.

이상수(李象秀, 1820-1882)는 1857년 지은 발문에서 정정당이 아들 교육을

---

5 채준도가 편찬한 『邵城世稿』가 계명대학교에 소장되어 있는데 이 집안의 문적을 정리한 것이다.

위해 쓴 글을 칭송하였는데 「아들 정렬, 정렴, 정호를 가르치는 글」을 이른다. 그리고 『정정당일고』에는 시 10수가 실려 있지만 온전한 것은 몇 수 되지 않는다. 그중 다음 「'항' 자의 뜻을 배우는 이에게 보이다(恒字義示學者)」가 아들 교육과 관련하여 읽을 만한 시로 뽑을 수 있다.

왼쪽에는 '심' 자를 세우고	左旁從立心
오른쪽엔 '일'과 '일' 자를 따랐으니	右旁從一日
여러 아들에게 간절히 바라노니	惓惓望諸子
마음 세우기를 하루같이 하게나.	立心如一日

'항(恒)' 자를 파자하여 마음을 한결같이 세우라는 뜻으로 풀이한 작품이다. 단순하지만 뜻이 깊다. 「아들 정렬, 정렴, 정호를 가르치는 글」에서 "한마디 말로 하자면 학문 하나뿐이다. 학문의 방도는 뜻을 세우는 데 지나지 않는다. 힘써 행하여 우리가 하늘로부터 부여받은 본성을 회복하여야 할 것이다. 너희들은 재주가 노둔하다 하여 자포자기하지 말고, 두문불출하여 힘써 공부하면 성취를 기대할 수 있을 것이요, 선조의 덕업을 실추하지 않을 것이다. 이것이 나의 지극한 소원이다."[6]라 한 것을 이렇게 시로 지은 것이다. 이런 간절한 어머니의 마음을 담은 작품이다.

6 情靜堂, 「訓子廷烈廷濂廷鎬書」, 『情靜堂逸稿』. 경인문화사의 『韓國歷代文集叢書』에 실린 판본을 인용하였다.

79.
시참이 된 섬옥의 시

시가 운명을 예언하는 것을 시참(詩讖)이라 한다. 우연히 읊은 시가 현실이 되어 버리는 것을 두고 이르는 말이다. 앞서 난설헌이 27세 때 죽게 된 것이 그의 시참 때문이었음을 본 바 있다. 이런 시참은 시를 지은 대로 나중에 벼슬에 오르거나 쫓겨나는 것, 혹은 죽음에 이르게 된다는 것이 대부분이다.[1]

그런데 섬옥(蟾玉)이라는 나주(羅州)의 기녀는 함께 정을 나눈 금오랑(金吾郎)으로 있던 이면항(李勉恒, 1745-1789)의 미래를 시로 예언하였다. 시가 이리 영험한 것이다. 섬옥의 사연은 임천상의 글에 보인다.

> 금오랑 이면항이 탐라(耽羅)로 가려는데(왕명으로 죄인을 압송하였다) 나주를 지나게 되었다. 기녀 섬옥이 시를 지어 주었다.

맑은 의표 한 번 보니 가슴속 먼지를 씻겠는데	清儀一見滌襟塵
사귐의 도리에 어찌 얼굴 새로 본 것 따지나요?	交契何論面目新
만리창파 깊은 바닷물을 빨리 건너갔다 오소서	萬里滄波須早渡
나주에는 절로 돌아오길 기다리는 여인 있으니.	錦城自有待歸人

1 시참은 김성룡, 「詩讖의 시학적 의의」, 『시화학』 2(1999)에 잘 정리되어 있다.

이면항은 역병에 걸려 죽어 돌아오지 못하였다. 섬옥의 시를 들은 사람들이 모두 슬퍼하였다. 어떤 이는 시참이라고도 한다. 을묘년(1795) 내가 나주를 지나다가 섬옥을 만났는데 섬옥의 나이가 스물셋이었다. 그가 이면항을 보낼 때를 계산해 보니 나이가 겨우 열여섯이었다.[2]

윤기의 「정상한화(井上閒話)」에도 이면항의 운명에 대한 이야기가 보인다.

중국인은 매사가 우리나라처럼 어수룩하지 않다. 잡술(雜術)에 있어서도 교묘하고 기발하게 적중하므로 우리나라 사람들이 운수를 점쳐 보고 오는 일이 많았다. 근세에 들은 바로 말하자면, 윤지완(尹趾完)은 "무족가관(無足可觀)"이라고 하였고, 이재간(李在簡)은 "관지과천(官止果川)"이라고 하였으며, 이면항은 "관지금오 기제미제(官至金吾 旣濟未濟)"라고 하였다.

윤지완은 내각에 들어간 후에 다리에 병이 나서 물러났지만 정직함이 볼 만한 것이 있었고, 이재간은 관직이 판서에 이르러 죄에 연루되어 유배되어 가다가 과천에 이르러서 죽었으며, 이면항은 금오랑이 되어 조시위(趙時偉)를 압송하여 제주에 위리안치하다가 전염병에 걸려 죽었다.

처음에 한 말로 보자면 윤지완이 "볼 만한 것이 없다.(無足可觀)"라고 어찌 말할 수 있겠으며, 이재간이 "관직이 과천에 이른다.(官止果川)"라는 말도 어찌 어긋난 것이 아니겠으며, "이미 건너가면 건너오지 못한다.(旣濟未濟)"라는 말은 더욱이 어떻게 풀이해야 하는가? 나중이 되어서야 모두 들어맞았고, 그런 뒤에야 사람들이 모두 기묘하다고 말하게 되었다. 이는 요언(謠言, 유언비어)이나 참언(讖言, 예언)처럼 처음엔 애매하다가 끝에 부합하는 것이다. 자신의 운수를 유추하는데 자기는 무슨 말인지 모르다가 자신이 죽은 뒤에 남들이 기묘하다고 말하게 하는 것은 아무런 의의가 없다고 하겠다.[3]

---

2 任相元·任天常, 『郊居瑣編』(규장각 소장본).

3 尹愭, 「雜術之惑」, 『無名子集』 12책.

어떤 중국의 점술가가 이면항을 두고 이른 말은 “관지금오 기제미제”에서 기제(旣濟)와 미제(未濟)는 『주역』의 괘 이름으로 각기 일을 이루는 것과 이루지 못하는 것을 이른다. 무슨 말인지 알 수 없었지만 나중의 행적을 연결해보면 이면항이 금오랑에 이르면 물을 건너간 뒤에 건너오지 못할 것이라는 뜻으로 해석된다. 실재 이면항은 1789년 조시위를 제주목(濟州牧)에 이배(移配)하여 위리안치하는 일을 맡았다가, 역병에 걸려 죽어 돌아오지 못하였다.

이런 예언을 섬옥이 시로 대신한 것이다. 위의 『교거쇄편』에서 섬옥이 이면항을 보낼 때의 나이를 열여섯으로 추정하였으니 섬옥은 대략 1777년 무렵 태어난 여성이라 하겠다. 섬옥은 이면항의 맑은 자태가 먼지 낀 옷깃을 씻을 만하다고 칭송하고 비록 이번 행차에서 처음 만나 정을 나누게 되었지만 빨리 제주도에 죄인을 압송한 후 무사히 금성, 곧 나주로 돌아오라고 하였다. 그런데 왜 이 시가 시참이 되었는지 이해하기 쉽지 않다. 다만 1구에서 옷깃을 씻는다는 말에서 물에 빠질 것이라는 시참으로 삼은 것 같다. 이면항은 감염병으로 죽었으니 사실과 다르지만 사인을 모른 사람들이 잘못 해석한 것이라 볼 수밖에 없다.

임천상의 문집에도 섬옥의 이 시참이 실려 있다. 임천상은 1795년 4월 18일 고모부 조시순이 목사로 재직하고 있을 때 나주 금성관(錦城館)의 유색루(柳色樓)에 올라 대풍류(大風流)를 구경하고 12수의 「금성악(錦城樂)」에 담고[4] 이어 직접 만난 섬옥의 사연을 덧붙였다.

금성(錦城, 나주)의 기생 섬옥은 노래와 춤에 뛰어나고 글을 지을 줄 아니, 여령

4 任天常, 「錦城樂」, 『窮悟遺稿』 권10(규장각 소장). 12수의 「금성악」은 대풍류를 시작할 때 자리를 잡는 排場에 이어 僧舞, 抛毬樂, 撾鼓舞, 離船曲, 處容舞, 劍舞 등을 다룬 다음 마지막에 자리를 정리하는 收場을 두었다. 이 작품에 대해서는 필자의 「임천상이 大風流를 보고 쓴 錦城樂에 대하여」, 『문헌과해석』 79(2017)에서 자세히 다룬 바 있다.

(女伶, 기녀) 중 우물(尤物)이다. 일찍이 탐라(제주)로 부임하는 금오(金吾) 이랑(李郞)을 전송하는 시를 지었다(시는 생략). 내가 금성에 도착하였을 때 섬옥의 나이가 스물셋이었으니 그가 이씨를 보낼 때를 계산해 보면 나이가 겨우 열여섯이었다. 내가 어떤 기생에게 준 「잊는 게 낫겠지(不如忘)」라는 시가 있다고 섬옥을 위해 말하였더니, 섬옥이 크게 탄식하고 잊는 것이 낫다는 것이 그리워한다고 한 것보다 심하다고 하였다. 그 식견과 정취가 이와 같다. 이제 섬옥이 기적에서 벗어난 후 실 장사하는 사람을 따라가 늙을 것이라 한다. 그가 재주가 있으면서도 대우받지 못하고 이름이 인멸되어 전해지지 못할까 내가 안타깝게 여겨, 그가 지은 시를 「금성악」 뒤에 기록한다. 유종원(柳宗元)이 아쟁 타던 여인으로 하여금 오래 기억될 수 있도록 한 것처럼 될 수 있을지![5]

임천상은 대풍류를 공연하던 기생 중에 섬옥이 있었는데 노래와 춤뿐만 아니라 시에도 능한 재주가 있어 인멸될까 기록을 남긴다고 하였다.[6] 그녀가 사랑한 이씨 성의 도사(都事)와의 인연은 이어지지 못하고 실을 판매하는 장사꾼에게 시집간 것을 안타까워하였다. 여기서는 이씨 성의 도사가 이면항임을 밝히지는 않았다.

이 글에서 임천상이 지었다는 「잊는 게 낫겠지」는 나주로 오기 전 정읍(井邑)에서 베풀어진 문희연(聞喜宴)에서 칼춤을 추고 천침(薦枕)을 하던 기녀에게 준 작품이다. 먼저 「기억하네(記得)」라는 향렴체(香奩體)의 절구 12수를 지었는데 매편의 수구에 '기득'이라는 글자를 넣었기 이를 제목으로 삼은 것이다. "붉은 입술 조잘조잘 무슨 말인지, 추파를 그 몇 번이나 내게 던졌나. 헤어질 때 그 눈길을 차마 어쩌랴, 목석이라도 남몰래 애간장을 녹이겠네.(朱脣啖喋不成言 記得秋波注幾番 最是臨分那一眄 石人猶且闇銷魂)" 이런 노래다.

---

5 任天常, 「錦城樂」, 『窮悟遺稿』 권10(규장각 소장).

6 柳宗元이 「箏郭師墓誌」를 지어 아쟁에 능한 곽씨 성의 악공을 위해 묘지를 남겼지만 아쟁을 다루는 여자 악공에 대한 기록은 확인되지 않는다.

임천상은 이렇게 열두 수를 다 짓고도 그리움이 가시지 않아 도리어 여인이 눈에 밟혔다. 이에 「잊는 게 낫겠지」라는 노래를 다섯 곡 더 지었다. “어슴푸레 고운 모습 침상 앞에 있는 듯, 꾀꼬리 울음소리인양 귓전에 가물가물. 정이 많아서 이러한 병 생긴 것이리니, 다 잊고서 술에 취해 자는 것이 낫겠지.(依俙螺髻立牀前 彷佛鸚聲在耳邊 爲是情多成是病 不如忘却且酣眠)”라, 이렇게 풍정을 노래하였다.

80.
성천의 금수간장 일지홍과 무산신녀 연단

조선시대 이름난 기녀를 가장 많이 배출한 곳이 평양과 함께 성천(成川)이다. 『숙종실록』(1681년 3월 3일)에는 병자호란 때 성천 기녀 금옥(今玉)이 벼랑에 몸을 던져 죽은 일을 정려한 기록이 보인다. 성해응(1760-1839)이 절행(節行)을 한 기녀의 전기를 쓰면서 임진왜란 때 목숨을 버린 송상현(宋象賢)의 첩 금섬(金蟾), 정발(鄭撥)의 첩 애향(愛香), 그리고 적장을 안고 절벽에서 뛰어내린 논개(論介)와 함께 금옥을 소개한 바 있다.[1] 또 금옥과 비슷한 시기 옥부용(玉芙蓉)이 성천의 기녀로 거문고에 능하였다.[2] 그리고 특히 시에 뛰어난 기녀로는 일지홍(一枝紅)과 연단(姸丹)이 있었다.

조선 초기 일지홍이라는 기녀가 있어 최숙정(崔淑精, 1432-1480)이 젊은 시절 성균관에 있을 때 만난 적이 있었는데 50년 후에 한 벗의 집에서 우연히 다시 만났다는 사연의 시를 지은 바 있다.[3] 같은 이름의 일지홍이 18세기 후반 더욱 유명하였으니, 이 시기 이름난 여러 문인의 문집에 거듭 보인다.

---

1 成海應, 「草榭談獻」, 『研經齋全集』 권55.

2 李安訥, 「成川館戲贈老妓玉芙蓉」, 『東岳集』 권13.

3 崔淑精, 「余遊芹宮時, 與妓一枝紅有故, 其後釋褐登第, 不相見聞已十五年. 一夕會友人家, 飮酒半, 有呼一枝紅者, 問之則乃故妓也. 彼此俱相識, 感念之餘, 因成一絶, 以記當時之事」, 『逍遙齋集』 권1.

성천부의 관기 일지홍은 시에 능하여 붓대를 잡고 턱을 괴고 있노라면 금방 시가 이루어졌다. 『당시품휘』에 실린 시는 솜씨가 없어서 볼 만한 것이 없다고 하였다. 어사(御史) 심염조(沈念祖)가 순시하다가 성천에 이르러, 일지홍의 시를 보고 나서 종성(鍾惺)과 담원춘(譚元春)의 시를 읽도록 권하고 돌아갈 때 이런 시를 지어 주었다.

고당의 선경에 사는 성당의 시인이여	高唐神境盛唐詩
선관의 이름난 꽃떨기처럼 농염하구려.	仙館名花艶一枝
아침 구름 되어 한림학사 만나자 마소,	莫道朝雲逢內翰
노부는 재주 없어 기약할 수 없으니.	老夫才薄不堪期

성천에 십이무봉(十二巫峯)과 강선루가 있었으므로 고당(高唐)과 선관(仙館)과 아침 구름 등의 일을 인용하였다. 일지홍이 이별할 때 준 시는 이러하다.

서울 소식은 누구에게 물어야 하나요,	洛陽消息憑誰問
밝은 달이 주렴에 비칠 때면 그립겠지요.	明月當簾兩地思

영월부사 신광수가 일찍이 평양을 유람하고 다음과 같은 시를 지었다.

성천의 젊은 기생 일지홍은	成都少妓一枝紅
금수간장에 뛰어난 해어화라	錦繡心肝解語工
나는 말에 삼백 리 실려 오니	飛馬馱來三百里
비단 치마폭에 교서랑이 있네.	校書郎在綺羅中[4]

당대 문단에 명망이 높았던 심염조(1734-1783)가 1777년 관서어사(關西御史)

4 李德懋, 『清脾錄』, 『青莊館全書』 권32.

로 나갔는데 이때 성천에 들러 일지홍을 만났다. 이 무렵 일지홍이 전성기였을 터, 1760년 무렵 태어난 것으로 보면 될 듯하다. 일지홍은 시에 뛰어나다 자부하여 당시 문인들이 널리 보던 『당시품휘』를 우습게 보았다. 이에 심염조는 명의 경릉파(竟陵派)로 명성이 높은 종성과 담원춘의 시를 추천해 주었다. 이들의 시는 뜻이 깊고 거친 맛을 내는 것이 특징이니, 여성이 배우기에는 어려웠겠지만 평이함을 싫어하는 일지홍의 취향을 고려한 것이겠다. 버클리대학교에 소장된 『동시영언』에도 『기문록(記聞綠)』을 인용하여 거의 같은 내용을 소개한 다음, "재주라면 재주다.(才則才也)"라 평한 바 있다.

일지홍은 여러 남성의 사랑을 받았다. 신광수(1712-1775)가 평양에 들러 일지홍에게 지어 준 시는 1774년 제작한 108수 연작 「관서악부(關西樂府)」 중 하나다. 성천에서 평양으로 불려와 교서랑(校書郎)을 치마폭에 안고 있다고 하였는데 교서랑은 전적을 담당하는 관리를 이르므로 여기서는 문학에 뛰어난 문인으로 보면 되겠다. 일지홍은 오장육부가 다 오색비단으로 되어 있기에 그 입에서 나오는 말이 절로 아름다운 시가 된다. 그래서 금수간장(錦繡肝腸) 해어화(解語花)라 한 것이다. 금수간장은 시선으로 칭송받는 이태백을 두고 있는 말이니, 일지홍에게는 최고의 찬사였다 하겠다. 그의 아름다운 시에 문학을 자부하던 사람들도 치마 아래 엎드린다고 한 것이 이 때문일 것이다.

신광수는 이 작품 외에도 「성도 기녀 일지홍에게 부치다(寄成都妓一枝紅)」를 지어 준 바 있거니와, 이충익(李忠翊, 1744-1816), 김재찬(金載瓚, 1746-1827), 서형수(徐瀅修, 1749-1824) 등 당대 최고의 문사들이 다투어 일지홍에게 시를 지어 주었다. 이들의 문집에 이러한 시가 실려 있으니 일지홍의 명성을 짐작할 수 있다. 특히 김재찬은 「삼홍사(三紅詞)」를 지었는데 운자를 '홍(紅)' 자 하나로만 사용하였다. "봉선화 환하고 여뀌꽃 붉은데, 온통 푸른 떨기 속에 둘이 붉구나. 초협은 이제 한이 무한하리니, 붉은 여뀌 뵈지 않고 일지홍만 뵈리니.(仙花的的葵花紅 萬綠叢中有二紅 楚峽今來無限恨 葵紅不見見枝紅)"라 하였다. 초협(楚峽)은 성천의

별칭이다. 봉선화와 여뀌꽃, 일지홍 셋이 붉다가 성천에 이제 일지홍만 피어 있다고 한 것이다.[5]

이처럼 일지홍은 당대 크게 알려진 여성 시인이었다. 윤광심의 『병세집』에 "일찍이 그 이름을 가지고 절구를 지었는데 그 아래 구절에서 '남들이 쉬 꺾을까 겁이 나서, 향을 숨기고 일부러 피지 않았네.(或恐人易折 藏香故不發)'라 하였다."는 구절을 적고 「감사 윤상에게 올리다(上方伯尹尙書)」와 「김진사의 시에 차운하다(次金進士韻)」, 「태천 사또 홍명한에게 올리다(上泰川洪使君鳴漢)」 세 수를 선발하였다. 장지연의 「송재만필」에서는 이를 엮어 시화처럼 만들었다.

일지홍은 성천 기녀다. 「윤 감사에게 올리다」 시는 이러하다.

작년 국화 필 때 부절 들고 오셔서	前年絳節菊花時
일지홍 이름 빛내 주어 얼마나 좋았던지.	何幸榮名耀一枝
봄 행차 막 북쪽을 지나간다 하시더니	聞道春巡纔北過
어찌 약조 어기고 수레를 돌리시나요?	胡然仙駕此愆期

또 일찍이 그 이름을 가지고 절구를 지었다.

남들이 쉬 꺾을까 겁이 나서	或恐人易折
일부러 향기를 숨겨 두고 있다지.	藏香故不發

「김진사의 시에 차운하다」 시는 이러하다.

5 李有駿의 『夢遊燕行錄』에는 1848년 선천에서 일지홍을 만나 정을 주면서 시를 지어 주었는데 "의검정 앞의 매화 한 가지, 이른 봄 붉은 꽃술이 무척 곱고 촉촉하였건만, 그사이 19년 지나고 다시 보니, 내 늙은 것 뵈지 않고 자네 늙은 것만 뵈는구나.(倚劒亭前梅一枝 早春紅蘂極華滋 中經十九年相見 不見吾衰見爾衰)"라 하였다. 이유준이 1829년 일지홍을 만났고 또 1848년에 다시 만났는데, 심염조와 신광수가 만난 일지홍이 1758년 무렵에 태어났으니, 동일인이라 보기 어렵다.

신선의 배 물 거슬러 원앙새 놀라게 마소　　仙舟莫溯驚鴛鴦
긴 비류강에 마음대로 왔다가 다시 가게.　　任去任來淝水長
멋대로 이름난 꽃이라 알려져 도로 부끄럽소　　浪得名花還自愧
강마을에 봄 다하도록 향기 없어 한스러운데.　　江城春盡恨無香

「태천 사또 홍명한에게 주다」 시는 이러하다.

강선루에 말을 멈추셨을 때　　馬駐仙樓下
은근히 훗날 기약 물어보셨죠.　　慇懃問後期
이별 술자리 술동이 다 비우자　　離筵樽酒盡
꽃잎이 떨어지고 새가 우네요.　　花落鳥啼時[6]

첫 번째 작품은 『병세집』에서 윤광심의 당숙이 평안도 관찰사로 있을 때 지은 것으로 일지홍은 당시 14세라 하였다. 윤광심의 당숙 윤동섬(尹東暹, 1710-1795)은 1772년 3월 평안도 관찰사로 나갔다 이듬해 물러났으니 1773년 봄 일지홍이 그에게 올린 작품이라 하겠다. 이때의 나이를 고려할 때 일지홍은 1758년 태어난 것으로 보면 되겠다. 1772년 가을 국화 필 때 성천에 들러 인연을 맺었는데 이듬해 다시 순시를 나서면서 성천에 들르지 않은 것을 원망하면서 들러줄 것을 청한 것이다. 자신의 이름 일지홍을 시어로 활용한 것이 묘하다. 이어지는 시에서 이른 것처럼 남들이 쉬 꺾을까 두려워하여 행실을 조신하게 한다는 뜻에서 꽃가지 하나에만 꽃을 피우는 일지홍이라 한 것이다.

「김 진사의 시에 차운하다」도 비슷한 발상이다. 성천으로 흐르는 비류강

6　「송재만필」, 『매일신보』(1916. 8. 20). 제목의 '上尹監司尙'은 오류다. 후에 판서가 되었기에 '尙書'라 한 것이다. '絳節'은 『병세집』에 '降節'로 되어 있지만 잘못이다.

에 자유롭게 노니는 원앙새처럼 살고 싶다고 한 것을 보면 김 진사라는 사람이 꽤 치근댄 모양이다. 그래서 시에서 자신이 세상에 명기(名妓)로 알려졌지만 사실은 보잘것없는 존재라 한 것이다. 일지홍은 향이 없는 것이 아니라 향기를 함부로 알리지 않았다고 하겠다.

마지막 작품은 평안도 태천의 현감 홍명한에게 보낸 것이다. 홍명한(洪鳴漢, 1736-1819)은 나중에 홍명호(洪明浩)로 이름을 바꾸었는데 본관이 풍산이고 홍양호(洪良浩)의 아우며, 자는 공선(公善) 혹은 공서(公舒)고 호는 손암(巽菴)이다. 1775년 태천현감으로 나갔으니, 이때 일지홍과 만났을 것이다. 일지홍과 강선루에서 만나 후일을 기약하면서 이 작품을 지었다. 이별의 자리에서 술을 다 마시자 꽃이 지고 새가 운다고 하여 자신의 눈물을 꽃과 새에 감춘 것이 묘미가 있다. 『풍요속선』에는 「태천 사또의 관아에 올리다(上泰川洪衙內)」로 실려 있다.

성해응(1760-1839)도 강산(薑山) 이서구(李書九, 1754-1825)와의 인연을 소개하면서 일지홍의 시를 여러 수 소개하였다.

> 일지홍은 재주가 자못 뛰어나 강산 이서구 공이 약산(藥山) 사또로 있을 때 비강(沸江, 沸流江)의 배 안에서 만난 적이 있었다. 그가 초췌한 것을 안타까워하자 일지홍이 감사를 표하였는데 강산 공이 바로 글을 지어 주었다.

곱구나, 마당 곁의 수수꽃다리야	可憐庭際丁香樹
꽃 피자 그 예전과 달라지지 않았네.	花發猶能似舊時

성해응은 이어 "내가 그 시 한 권을 보았는데 아름다운 구절이 많아 여기에다 기록한다."라 하고 여러 구절을 소개하고 "모두가 청초하여 외울 만하다."고 하였는데 성해응이 직접 본 것이 아니라 이서구가 외워준 시로 추정된다.[7]

다리 아래 강물이 굽이 흐르는 소리 들리고　　脚下江聲轉
옷 곁에 나무 그림자가 깊이 드리워져 있네.　　衣邊樹影深
「돌길에서 나귀를 타고(石逕騎驢)」

담담한 안개가 온통 뭉쳐지더니　　澹烟渾欲合
푸른 버들가지 힘겨워 늘어지누나.　　綠柳不勝垂
「비 개고 나서(雨晴)」

꾀꼬리 한 번 울자 강가의 숲이 푸른데　　黃鳥一聲江樹綠
사또의 풍악 소리가 뱃전에서 들려오네.　　使君絃管下舷時
「비류강의 배 안에서(沸江舟中)」

누각에는 어느 때 누런 학이 날아갈까　　樓上何時黃鶴去
강가에는 천년 세월 흰 구름이 떠 있네.　　江頭千載白雲浮
「앵무주(鸚鵡洲)」

정기가 북두성을 빼곡하게 쏘는데　　森森精射斗
기운이 늠름하게 마당에 가득하네.　　凜凜氣盈場
「검무(劒舞)」

술잔을 엿보아 붉은 머리가 비치는 듯　　窺杯丹頂映
알을 쪼아 흰 애벌레를 나오게 하려는 듯.　　啄卵素蛾生
「학춤(鶴舞)」

나비 좇아 파랑새 곁으로 뒤집어 날다가　　逐蝶翻飛靑鳥際

7　成海應, 「詩話」, 『硏經齋全集』 권55.

사람 피해 푸른 가지 위에 돌아와 앉네. 避人還坐碧枝頭

「버드나무 위의 꾀꼬리(柳上黃鸝)」

환이(桓伊)의 피리 소리 여울에서 일어나는데 桓伊篴似灘頭起
왕자진(王子晉)의 생황은 물 위에 나부끼네. 子晉笙疑水面飄

「승선교(昇仙橋)」

옥동에는 천년 세월 기이한 풀이 많은데 玉洞千年多異草
청계는 십 리까지 환한 꽃이 보인다네. 淸溪十里見明花

「도안동(道安洞)」

용을 탄 왕자의 자취는 물을 것 없소 莫問騎龍王子跡
석양에 성가퀴 위에서 양들이 내려오니 城頭羊下夕陽前

「흘골성(屹骨城)」

강가 누각은 푸른 산빛에 아스라한데 江樓縹渺靑山色
흰 달은 옥피리 소리에 머뭇거리네. 白月徘徊玉篴聲

제목 미상

골짜기 끼고 긴 강은 십 리에 돌아드는데 繞峽長江十里迴[8]
흰 갈매기 날아가자 옅은 안개가 걷히네. 白鷗飛去細烟開

「비류강(沸江)」

숲은 안개를 머금은 모습이요 樹色含烟後
산은 빗줄기를 띤 풍광이라네. 山光帶雨辰

「다리를 밟으면서(踏橋)」

8 원문이 "拈繞峽長江十里迴"로 되어 있으나 '拈'은 앞 작품 제목의 일부가 잘못 끼어든 듯하다.

이서구가 1790년 평안도 영변부사로 있을 때 일지홍을 만났으니 일지홍은 전성기를 지난 30대였을 것이다. 그 때문에 나이가 들긴 하였지만 일지홍을 여전히 아리따운 수수꽃다리에 비유하였다. 안타깝게 일지홍의 시집이 전하지 않지만 성해응은 여러 편의 시를 인용하여 일부나마 그 솜씨를 볼 수 있게 하였다. 그가 소개한 대부분의 시구는 성천 일대의 명소를 배경으로 하고 있다.

비류강은 대동강의 지류인데 성천을 지나는 곳에 무산십이봉으로 알려진 흘골산(屹骨山) 기암절벽이 이름이 높다. 신선이 하강한 강선루와 그 곁의 승선교도 명소로 널리 알려진 곳이다. 앵무주, 도안동 등도 그러하다. 또 성천의 기녀들이 추는 검무와 학무가 이름났기에 일지홍이 이를 시에 담았다.

유득공(柳得恭, 1748-1807)도 이서구와 일지홍의 사연을 소개한 바 있다.

> 성천부의 기생 일지홍은 시를 잘 짓는 것으로 관서 지방에 이름이 났다. 승지 강산 이서구가 영변부사로 있다가 해임되어 돌아왔는데, 일지홍의 시를 초록하여 소장하고 있다는 말을 들었다. 내가 무관(懋官, 李德懋), 차수(次修, 朴齊家)와 규장각에 같이 있으면서 하인을 보내 보여 달라고 요구하니, 강산이 답장을 보내 왔다.
>
> "일지홍은 『시경』 「국풍」을 잘 암송합니다. 그가 지은 「평양부의 연정(平壤府蓮亭)」이라는 시에서 '수면으로 나온 붉은 연꽃 아직 피지 않았는데, 미인들이 다투어 꺾느라 배 더디다 탓하네.(出水紅英猶未綻 群娥爭折罵船遲)'라 하였습니다. 제게 준 시에는 '곱구나, 마당 곁의 수수꽃다리야, 꽃피자 그 예전과 달라지지 않았네.(可憐庭除丁香樹 花發猶能似昔時)'라고 하였는데, 모두 아름다운 시구입니다. 이 여인이 종이를 펴고 붓을 잡고 있던 모습이 아련히 생각납니다. 일지홍의 시집 한 권이 행장 속에 있었는데 홀연 사라져 버렸으니 몹시 애석합니다."
>
> 승지 강산 이서구의 풍류가 또한 이와 같다.[9]

9 柳得恭, 『古芸堂筆記』 권2. 한국고전번역원의 번역을 참조하였다.

이를 보면 일지홍의 시를 널리 전한 사람은 이서구였음을 알 수 있다. 이서구가 유득공에게 보낸 편지에는 일지홍이 이서구에게 준 시와 함께 일지홍의 「평양부의 연정」도 함께 소개되어 있다. 평양 관아의 연못에 연꽃이 채 피기도 전에 미인들이 다투어 연꽃을 꺾으러 배를 탄다 하였다. 푸른 치마에 붉은 저고리를 입은 기녀나 푸른 연잎에 꽃봉오리가 맺힌 연꽃이 묘하게 병치되어 있다. 이서구는 일지홍의 시를 편집하여 시집을 만들었지만 돌아오는 길에 이 시집이 사라져버렸다 하였으니, 성대중이 이 시집을 직접 보지는 못하였을 것 같다.

일지홍은 사면이 1치쯤 되는 방옥(方玉)을 두고 사연을 남겼다. 유득공이 성천부사가 가지고 있던 이 방옥을 보고 자신의 저술인 『냉재서종(冷齋書種)』에서 이를 자세히 소개하였다. 양지(羊脂)처럼 노란 빛깔로 비석 머리를 꾸미는 이수(螭首)가 둘 달려 있으며 한쪽에는 산수가 새겨져 있는데 근경에 낮은 다리와 고기잡이배가, 원경에 탑이 배치되어 있었다. 다른 한 면에는 "푸른 풀 흰 바위 강가에 가득한데, 아득한 모래펄은 얕은 물결 두르고 있네. 붉은 나무 푸른 산 들어갈 길 없으니, 행춘교 곁에서 고기 잡는 배를 찾노라.(綠莎白石滿河洲 渺渺平沙帶淺流 紅樹靑山無路入 行春橋畔覓漁舟)"라 새겨져 있었다. 방옥의 주인으로 추정되는 중국인 '자강(子剛)'의 인장도 새겨져 있었다. 성천의 백성이 밭을 갈다가 이것을 주워 부사에게 바쳤는데, 그 아들이 일지홍을 사모하여 선물로 주어 차게 하였다. 그러나 일지홍은 이를 다시 사랑하던 사람에게 주었고 나중에 다시 성천부사로 온 사람에게 넘어갔다고 한다. 비슷한 내용이 『고운당필기』에 보이는데 성천부사는 서형수(徐瀅修)라 하였다. 서형수는 1791년 성천부사로 나간 적이 있다.

신위(申緯)는 이 기사를 인용한 후 「옥패(玉佩)」라는 글을 지어 다시 이 일을 고증하였다. 일지홍이 이 방옥을 정분을 맺은 성천의 부자에게 주었는데 정 아무개 부사가 이를 사서 애첩에게 선물로 주었다. 이 여인은 연자루(燕子樓, 첩실이 머무는 집)에 거주하면서 10여 년 이 옥을 팔아 의식을 해결하였다고 했다. 그리고 '자강'을 성이 육씨(陸氏)로 명말의 이름난 문인 서위(徐渭, 1521-1593)의 벗으로 추정하였다. 육자강은 소주(蘇州) 사람으로 옥을 잘 가공하는 명장으로 조선에서도 알려진 인물이다.

성천의 기녀 일지홍이 명성을 날리던 시절, 같은 고을 출신의 연단이라는 기녀도 시에 능하였다.

> 연단은 성천의 창기인데 낭군과 헤어지면서 이렇게 시를 지었다.
>
> 저를 보내느라 눈물짓는 당신이기에 君垂送妾淚
> 저도 또한 눈물을 머금고 돌아갑니다. 妾亦淚含歸
> 제 바라는 것은 양대의 비가 되어 願作陽臺雨
> 다시 낭군의 옷을 적셨으면 하는 거랍니다. 更灑郎君衣[10]

장지연은 「송재만필」에서 연단을 이렇게 소개하였다. 사랑하는 사람과 작별하면서 초나라 송옥(宋玉)의 「고당부(高唐賦)」에 초 양왕과 무산신녀가 꿈속에서 사랑을 나눈 이야기를 담았다. 무산신녀는 헤어지면서 "아침에는 구름이 되고 저녁에는 비가 되어 언제나 양대(陽臺) 아래 있겠습니다."라 한 바 있다. 여기서 운우지정이라는 말이 나왔다. 조선의 성천이 그러한 곳이기에 연단은 스스로 무산신녀를 자처하였다. 성천에는 무산십이봉(巫山十二峰)이 있는데 몽선봉(夢仙峰), 고당봉(高唐峰), 양대봉(陽臺峰), 신녀봉(神女峰), 조운봉(朝雲峰), 모우봉(暮雨峰) 등 이 고사와 연결된 이름으로 되어 있다. 성천 관아의 이름난 누각 강선루의 이름 역시 그러하다. 성천의 기녀라면 무산신녀의 화신이 되어야 하

10 장지연, 「松齋漫筆(逸士遺事)」, 『매일신보』(1916. 8. 20).

는 것이다. 양대의 비가 되어 임의 옷을 적시겠다는 것은 곧 다시 만나 운우지정의 즐거움을 나누고 싶다는 뜻을 말한 것이다.

윤광심은 『병세집』에서 소염(小琰)과 일지홍 등에 앞서 연단의 시를 뽑았으니 연단은 18세기 중후반 시로 상당한 명성을 날린 기녀라고 하겠다. 「낭군과 헤어지며(別郞)」와 함께 뽑은 작품은 「차운하여 지관을 두고 읊다(次韻詠地師)」이다.

생애를 윤도 하나에만 부치고	生涯寄一鐵
음양가에 들고나고 한다네.	出入陰陽家
지세를 올려보고 내려 보아	仰觀俯察地
강과 산을 허투루 넘기지 않네.	江山不虛過

조선시대 지관은 풍수를 보고 양택(陽宅)과 음택(陰宅)의 길흉을 점치는데, 이들이 들고 다니는 것은 쇠로 만든 나침반인 바퀴 모양의 윤도(輪圖) 하나다. 음양가(陰陽家)는 음양오행설(陰陽五行說)을 숭상하던 집단을 이르는 말인데 여기서는 집터나 묫자리의 길흉을 따지는 일을 지관을 가리킨다. 온 산천을 직접 다니면서 풍수를 보는 지관의 삶을 압축하여 묘사한 작품이다.

81.
제천의 여성 은자 차산은군

앞서 한양이 아닌 지방에도 군자를 자처하는 여성들이 등장함을 보았다. 18~19세기에 이르면 군자뿐만 아니라 산림에 안분자고하면서 시를 쓰는 은자도 나타났다. 차산은군(釵山隱君)이는 호를 가진 여성의 존재가 이채롭다. 차산은군은 차산의 은자라는 뜻이다. 유득공이 이 여성을 다음과 같이 소개하였다.

> 차산은군은 한림(翰林) 김이영(金履永)의 친척 동생인 조(趙) 아무개의 첩 김씨(金氏)다. 은군이 김 한림에게 준 시 한 수가 있는데 이러하다.

차산은 어찌 이리 아름다운가,	釵山何瑰瑋
제천 서쪽 땅에 끼어 있다오.	介在堤西垠
어지러운 골짜기 첩첩으로 둘렀는데	亂硤帀重疊
빼어난 분 범인 속에 섞여 있다오.	軒鶴混鷄群
이곳은 호서에서도 아름다운 곳	湖中佳麗地
묻혀 있어 세상에 알려지지 않았다오.	湮沒世無聞
안개와 구름이 늘 자욱하게 끼어	煙雲久鬱結
새와 짐승만 어지럽게 돌아다니고	鳥獸徒紛紜
해와 달은 한가하게 오갈 뿐이요	日月閒來往
사계절을 하늘이 고루 나누고 있다오.	四序天平分

타고난 기질 따라 모두 자득하니　隨氣皆自得
세상 만물이 제각기 번성한다오.　夫物各云云

언덕의 버들은 세밑까지 푸르고　岸柳經殘臘
들판의 풀은 불탄 자리에 숨어 있는데　原草入舊焚
바람에 새 울음은 생황보다 예쁘고　風鳥碎笙簧
물에 피어난 꽃은 비단처럼 고와라.　水花纈錦紋
푸른 옥은 사방 산의 얼굴이요　碧玉四山顏
파란 비단은 두 개울에서 뿜어낸 것.　靑羅二溪濆
계곡의 물소리 수만 수레 지나는 듯　磵壑轟萬車
골짝의 숲은 수천 군사가 주둔한 듯.　峽藪屯千軍
가랑비 날려 붉은 해가 더디 뜨고　霏微遲紅暾
넝쿨 우거져 검은 어둠살이 쉬 끼네.　藤蘿易蒼曛
텅 빈 숲에는 범들이 울부짖고　空林虎豹嘷
산은 적막한데 물만 콸콸 흐른다오.　山寂水沄沄

작은 집에 사는 작은 주인은　菴居小主人
붉은 저고리에 풀빛 치마 입었는데　紫糯芳草裙
외로이 시 읊으니 벌레가 우는 듯　孤吟作蟲語
필력은 모기보다 힘이 없다네.　筆力薄於蚊
작은 막대로 큰 종을 치는 격이라　寸筳撞洪鍾
종일토록 헛되이 힘만 쏟는다네.　終日徒勞筋

일 좋아하는 당신 어떤 군자기에　好事何君子
편지 보내 은근한 뜻을 전하시나요.　有紙作慇懃
힘은 여룡의 구슬을 뽑은 듯　力枚驪龍珠
찬란하여 오색구름이 어리는 듯.　粲粲映五雲

들으니 장안의 선비요　　聞是西京士
문장의 대가라 하더이다.　　文章鉅公云
갈산의 산중에서 독서를 하여　　讀書葛山中
십년 동안 옛 책을 연구하셨다지요.　　十載考典墳
왕명으로 글을 지어 용문에 올라　　應制登龍門
금포를 뺏은 우뚝한 공을 이루셨지요.　　奪袍樹嵬勳
어필로 친 권점이 휘황찬란하고　　御筆輝圈點
좋은 글이라 별과 달이 일렁였다지요.　　星月動高文

내가 글을 좀 안다고 여기어　　謂我解癡言
이 고운 설화지를 내려 주셨네.　　饋此雪花雰
산수의 자질은 당신에게 있으니　　林礀質在彼
부끄러워 술 취한 듯 화끈거리네.　　慙愧面如醺
내 원컨대 고명하신 마음으로　　我願高明心
아름다운 덕을 더욱 도야하시길　　令德益辛勤
부디 밤낮으로 노력을 더하여　　庶幾肯夙夜
우리 임금 요순처럼 만드소서.　　堯舜致吾君
국속은 단군과 기자 시절로 돌리고　　國俗回檀箕
왕도는 주와 은과 나란하게 하소서.　　王道躋周殷
관복을 벗어 동문에 걸어 놓으면　　挂冠上東門
황금을 삼만 근이나 하사하리니　　賜金三萬斤
각건으로 산림으로 내려가는 길에　　角巾林下路
삼태기 매고 김매는 저를 찾아주소서.　　能訪荷篠耘

병진년(1796, 정조20) 봄 교서관(校書館) 동쪽에 있는 내각(內閣)에서 김 한림을 통해 이 시를 보았는데, 연지집(臙肢集) 가운데는 이 시가 없었다. 노련한 필법이 역시 정묘하였다. 내가 김 한림에게 물어보니 은군은 서울 양갓집 여식으로 조 아무

개가 제천의 어느 산골짜기로 데리고 가서 살았는데 울울하게 지내면서 뜻을 펴지 못하였다고 한다.[1]

김이영(1755-1845)은 본관이 안동으로 김상용의 후손이다. 후에 김이양(金履陽)으로 개명하였다. 1795년에 문과에 급제하고 그 이듬해 한림소시(翰林召試)를 거쳐 예문관 검열(檢閱)에 임명되었다. 한림이라 한 벼슬이 곧 예문관 겸열을 이른다. 유득공이 교서관의 내각, 곧 규장각에서 근무할 때 김이영으로부터 친척 아우인 조 아무개의 첩 김씨의 시를 보게 된 것이다. 유득공은 시가 빼어날 뿐만 아니라 글씨도 정묘하다고 칭찬하였다. 연지집에 이 시가 보이지 않는다고 하였는데 연지집은 여성의 시집을 이른다. 연지집(然脂集)이라고도 적는데 청의 문인 왕사정(王士禎)의 형 왕사록(王士祿)이 이 이름의 여성시집을 편찬한 바 있다. 이 시기 조선에서 여성시선집이 나온 것은 확인되지 않으니, 유득공이 보지 못한 여성의 시라는 말로 쓴 것이다.

김씨가 김이영에게 준 시는 28운(韻)의 56구의 장편고시다. 평성 문운(文韻)으로 압운하고 운자를 바꾸지 않았는데 이 운자에 속한 글자가 많지 않아 대가가 아니면 장편를 뽑아내기 어렵다. 여기서 김씨의 시재를 확인할 수 있다. 김이영에게 준 이 시는 먼저 자신이 사는 곳을 자랑하는 것으로 시상을 열었다. 제천 서쪽에 있는 차산은 첩첩산골이지만 자신의 시문을 알아주는 뛰어난 남편을 만나 한가롭게 살아가고 있다고 말하였다.

이어 13구부터 24구까지 차산의 풍광을 묘사하였는데, 특히 이 대목에 시를 꾸미는 솜씨를 한껏 발휘하였다. 차산이 따스하여 겨울까지 버드나무가 시들지 않고 이른 봄 검게 탄 들판에 파란 싹이 숨어 있다고 한 다음, 생황보다 고운 새들이 울고 비단처럼 화려한 꽃이 개울에 피어나는데, 사방의 산은 푸른

1 柳得恭, 『古芸堂筆記』 권5. 한국고전번역원의 번역을 참조하였다.

옥을 앞에 붙인 듯 사방을 두르고 파란 비단을 깔아놓은 듯 개울이 흐른다 하였다. 요란한 개울물 소리를 수만 대의 수레에 비유하고 빼곡한 숲의 나무를 주둔한 수천의 군사에 비유한 것도 참신하다. 워낙 산골이라 해가 늦게 떠서 일찍 지는데 범들이 포효하고 인적 없이 물소리만 들린다고 하였다.

25구부터는 30구까지는 자신을 소개하였다. 첩실인지라 소주인이라 자신을 일컫고, 시를 짓되 벌레 우는 듯 징징대는 소리만 하고 글씨는 제법 쓰지만 필력이 모기보다 약하다고 겸손을 떨었다. 물론 자신의 시와 글씨에 대한 자부를 거꾸로 말한 것이기도 하다.

31구부터 42구까지는 호사가라 자신에게 시를 청한 김이영에게 사례하면서 김이영의 탁월함을 칭송하였다. 글을 청하는 편지를 보니 용사비등(龍蛇飛騰)하듯 글씨가 힘차고 문장이 화려하다고 하였다. 검은 용의 구슬이나 오색구름은 모두 뛰어난 시문을 비유하는 전고가 있는 말이다.[2] 한양 명문가의 후손으로 문장의 대가로 명성이 높은데, 이들 집안이 전장이 있던 홍성의 갈산(葛山)에서 10년 세월 학문을 익혔고, 이를 바탕으로 예문관 검열을 뽑는 한림소시에서 뛰어난 시문을 제출하여 용문(龍門)에 올랐다고 칭송하였다. 당나라 무후(武后)가 용문에서 노닐 때 신하들에게 그들 중 시를 맨 먼저 지은 사람에게 금포(錦袍)를 하사하겠다고 하였는데 동방규(東方虯)가 제일 먼저 지어 무후가 그에게 금포를 주었지만 조금 뒤에 송지문(宋之問)이 시를 지어 올리자 이를 보고는 무후가 동방규에게 주었던 금포를 도로 빼앗아 송지문에게 주었다는 고사가 있다. 김이영이 송지문 같은 빼어난 글을 보고 임금이 찬탄하여 권점(圈點)을 찍었다고 하였다.

43구부터 마지막 56구까지는 김이영이 큰 공을 세울 것을 축원하였다. 시를 지어달라고 상품의 설화지(雪花紙)를 보내준 것과 자신을 은자로 높여준 데

2 원문의 '枚'는 문맥이 통하지 않아 '拔'의 뜻으로 풀이하였다.

대해서 감사의 뜻을 표한 다음, 함양된 온전한 덕성을 바탕으로 임금을 잘 보필한 다음, 명예롭게 물러나 산림에서 자신처럼 은자로 사시라고 축원하였다.

이 작품은 현전하는 여성의 한시 중 최장편이라 할 만하거니와 시상의 조직과 시어의 조탁이 예사롭지 않다. 김씨는 원래 서울에 살다가 남편 조 아무개를 따라 제천으로 들어가 살았다고 할 뿐 다른 삶의 이력을 알 수 없다. 김이양은 많은 여성 시인을 배출한 김성달과 같은 집안으로 촌수가 그리 멀지 않다. 김성달의 집도 갈산에 있었다. 이를 보면 이 김씨가 김성달 집안의 서녀였을 가능성이 높다.

이 여성은 유득공뿐만 아니라 성해응 등 여러 사람들에게 제법 널리 알려진 인물이었다. 다음은 성해응의 기록이다. 여기에도 장편의 고시가 소개되어 있다.

> 근래 차산 조가(趙家)의 여인이 문학으로 명성을 날렸는데 귀한 집안의 부인들이 만나보고 그 집에 거두었다. 시가 무척 엄정하여 규방의 가벼운 시체와는 같지 않으니 정말 귀한 집안의 가법이 될 만하다. 아래에 갖추어 적는다.

차산(釵山)은 정기가 빼어나니	釵山秀精氣
진정한 인재를 태어나게 하였다네.	生爾眞個才
백성 가운데 준수한 인물이라	凡民之俊秀
시 짓는 곳에서 홀로 머뭇거린다네.	詩場自徘徊
백운의 시를 열 수나 지어	百韻能成什
멀리 우레처럼 퍼져나가니	一體遙播雷
읽은 사람이나 쓴 사람이나	讀者又作者
강건한 솜씨에 기운이 트인다네.	健筆氣恢恢
보는 이들 누가 아끼지 않으랴,	見者誰不愛
제산(隄山)은 파랗게 높다랗네.	隄山碧崔嵬

재주 있는 어떤 부인이 있어	才乎有婦人
시로 더러운 속세를 비웃는다네.	詩能笑塵埃
글 꾸밈이 화려함을 좋아하지만	雖然辭尙夸
뜻이 있어 고운 여인을 울린다네.	有意鳴紅腮
그 호탕함은 반드시 아낄 만한데	汪洋須可惜
보옥을 품었다 뻐긴다고도 하네.	或者誇懷瓌
산과 물은 절로 사랑스럽지만	山水雖自愛
걸음걸이는 과연 어떠해야 하나?	步法果何哉
편안하고 조용함이 좋은 것이라	安靜是好調
날랜 준마를 재촉할 것 없다네.	快馬不可催

시는 기절을 숭상하기는 하지만	詩雖尙氣節
절로 안배가 이루어져 한다네.	自有安排夫[3]
천기는 빙글 돌아 운행하는 곳에	天機旋斡地
정묘한 시의 틀이 절로 열린다네.	精妙體自開
어찌 가까운 곳으로 데려와서	何能挽地近
너를 북돋워 키울 수 있을까?	使爾得培栽
신세가 못났다 탄식 말게나,	莫歎身世拙
고취하여 그 슬픔 없애 주리라.	鼓吹無其哀
내 너의 재주 사랑하노니	我且愛爾才
남긴 시에 원대한 뜻이 담겼기에.	留詩遠意裁[4]

성해응이 소개한 조가의 여인은 유득공이 이른 김씨다. 여기에 소개된 시는 모두 세 편의 고시로 문선(文選)의 시풍이 감지된다. 모두 남편 조 아무개에

3 원문에 '自有安排夫'로 되어 있지만 문맥과 운자로 보아 '自有安排來'의 잘못인 듯하다.

4 成海應, 「詩話」(『硏經齋全集』 권55).

게 준 작품으로 추정된다. 첫 번째 작품에서는 남편이 백운(百韻)의 장편을 10수나 지을 정도로 뛰어나다고 하였다.

두 번째 작품에서는 자신을 타자화하여 시재가 녹록하지 않다는 자부를 말하였다. 자신의 시가 속세의 비리한 시풍을 벗어나 있고 여타 여성의 시와 달리 호탕하여 보배가 될 만하다고 자부하였다. 그럼에도 조신한 행실을 잃지 않겠노라 다짐하였다.

세 번째 작품은 시론(詩論)을 개진하였다는 점에서 더욱 주목된다. 시가 높은 기상을 바탕으로 하여야 하지만 시상의 안배와 조직도 자연스러워야 한다는 점을 강조하였다. 그런데 이 시에서 '너'라고 한 존재는 자식일 것 같다. 그의 시를 보고 칭찬하면서 가까이 두고 시를 가르치고 싶다고 하였다. 그의 아들 역시 서자의 신분일 것이니 그 비애를 달래주고 싶다고 한 말도 눈길을 끈다.

82.
삼의당 김씨와 내조의 글쓰기

조선 말기 조잡하기는 하지만 민간에서 목활자를 만들어 족보나 문집을 간행하는 일이 빈번해졌다. 조선시대 여성의 문집 중 상당수가 19세기 목활자로 간행된 것도 출판의 비용이 경감되었다는 현실이 한몫하였을 것이다. 여기에 더하여 1883년 일본에서 연활자(鉛活字)가 수입되고 1899년 석판 인쇄기술도 도입되면서 20세기 출판은 대부분 이 두 가지 방식으로 이루어졌다. 20세기 이후에 간행된 여성의 문집은 대부분 연활자본이나 석판본이다. 기존에 간행되었던 문집이 대중적인 수요가 있음에 따라 20세기 이후 시기 다시 간행되기도 하는데 연활자본 『허부인난설헌집(許夫人蘭雪軒集)』, 석인본 김경림의 『행당원고』도 그러한 예다.

조선시대 여성 작가 문집 중 가장 늦게 간행된 것은 1932년 석인본으로 간행된 『삼의당고(三宜堂稿)』다. 『삼의당고』의 저자는 삼의당(三宜堂) 김씨(金氏, 1769-1823)다. 본관이 김해(金海)로, 김일손(金馹孫)의 후손인 김인혁(金仁赫)의 딸이며 남원 서봉방(棲鳳坊)에서 출생하였다. 태어난 해와 달이 동일하고 같은 마을에 살던 담락재(湛樂齋) 하욱(河湿)과 혼인하였다. 남편 하욱은 본관이 진양으로 하경천(河經天)의 아들이지만 구체적인 이력은 확인되지 않는다. 삼의당은 남편이 과거에 급제하도록 내조에 상당한 정성과 노력을 기울였지만 실패로 돌아갔다. 이후 이들 부부는 1801년 진안(鎭安)의 내동산(萊東山) 아래 방화(訪花)

마을로 이주하여 산 것으로 알려져 있다. 이런 삼의당이 혼인한 첫날밤에 다음과 같은 글을 지었다.

같은 마을에 하씨(河氏) 성을 가진 집이 있는데 비록 가난하지만 대대로 문학으로 명성을 날리고 있다. 아들이 여섯인데 셋째가 욱(湿)이다. 풍채가 아름답고 재주가 뛰어나 부모님께서 매번 보고 기특하게 여겼다. 매파를 보내어 혼인을 약조하고 마침내 혼례를 치렀다. 혼례를 이룬 첫날밤에 남편이 연이어 절구 두 수를 읊고 내가 이에 화답하였다.

서로 만난 두 사람 광한전의 신선이라	相逢俱是廣寒仙
분명 오늘 밤은 전생의 인연을 이은 것.	今夜分明續舊緣
원래 배필은 하늘이 정하는 법이라	配合元來天所定
세간의 중매는 그저 쓸데없는 짓이라.	世間媒妁摠紛然

부부의 도리는 인륜의 시작이기에	夫婦之道人倫始
만복의 근원이 여기에 근원을 둔다네.	所以萬福原於此
시경 도요의 시 한 편을 보시게,	試看桃夭詩一篇
화목한 집안은 자네 손에 달려 있으니.	宜室宜家在之子

열여덟 살 선남 열여덟 선녀	十八仙郎十八仙
동방화촉 좋은 인연이어라.	洞房華燭好因緣
같은 해 같은 달 태어나 한마을에 사니	生同年月居同閈
이날 밤 만남이 우연이겠나요?	此夜相逢豈偶然

배필을 맺는 것이 백성 삶의 시작이라	配匹之際生民始
군자는 이로써 실마리를 삼는다네.	君子所以造端此
공경하고 순종함은 부인의 도리라	必敬必順惟婦道

종신토록 남편을 어겨서는 아니 되지요. 終身不可違夫子[1]

삼의당의 부모가 매파를 넣어 혼인을 이루었다고 하지만, 같은 해 같은 달 같은 마을에서 태어난 남녀가 서로를 몰랐을 리 없다. 부끄러워 고개를 들기 어려운 첫날밤에 남편과 시를 주고받았다면 서로의 문학적 재능까지 미리 훤히 알고 있었다고 보아야 할 것이다. 아내가 시를 모르는데 시를 지어 보였을 리 없기 때문이다. 이들은 혼인하기 전 청춘남녀로 서로 만나 사랑을 나누고 또 시를 주고받았을 것이다. 중매도 필요 없는 천정배필임을 강조하고 혼인을 통하여 서로 상봉한 것이 우연이 아니라 한 것은 상당한 기간의 연애를 거쳐 결혼에 이른 기쁨을 이렇게 노래한 것이라 하겠다. 조선시대 과연 또 이러한 사례가 있었을까 의심이 들 정도다.

앞의 두 작품은 남편이 쓴 것이다. 광한궁(廣寒宮)의 선남선녀가 지상으로 내려와 다시 부부가 되었으니 천정배필이라 한 것이다. 조선시대 널리 읽힌 유향(劉向)의 『열녀전』에 "부부의 도리는 진실로 인륜의 시작이다.(夫婦之道 固人倫之始)"라고 하였고 광형(匡衡)의 「계비필권경학소(戒妃匹勸經學疏)」에서 "부부는 두 성이 합친 것이니, 백성이 태어나는 시초요, 만복의 근원이다.(夫婦二姓之合 生民之始 萬福之原)"라 하였는데 율곡 이이의 『동몽선습(童蒙先習)』에도 보인다. 또 『시경』 「도요」에서 "복사꽃 흐드러지게 피어, 그 꽃이 곱고도 곱구나. 이 아가씨 시집가니, 그 집을 화락하게 하겠네.(桃之夭夭 灼灼其華 之子于歸 宜其室家)"라고 하였다. 이런 고사를 넣어 남편이 시를 지었다.

삼의당은 여기에 답하여 이팔청춘 선남선녀가 동방화촉을 밝혔는데 같은 해 같은 달 태어나 같은 마을에서 자랐으니 만남이 우연이 아니라 하였다. 또

---

1 金三宜堂, 「同里有河氏家, 雖貧而世以文學鳴, 有子六人, 其第三曰湿, 風采俊偉, 才藝通敏, 父母每往見奇之, 遣媒妁結婚姻, 遂行醮禮, 禮成之夜, 夫子連吟二絶, 妾連和之」, 『三宜堂遺稿』(국립중앙도서관 소장).

두 번째 작품에서 남편이 말하지 않은, 부부는 생민(生民)의 시작이라는 말과 함께 『중용』에 보이는 "군자의 도리는 부부에서 단서가 시작된다.(君子之道 造端乎夫婦)"라는 말을 인용한 다음, 공경하고 순종하는 부인의 도리를 지켜 남편의 뜻을 어기지 않겠노라 하였다. 이날 밤 부부가 나눈 대화는 「혼례가 이루어진 날 밤의 이야기를 기록하다(禮成夜記話)」에 실려 있다.

> 남편이 말하였다.
>
> "종신토록 남편을 어기지 않겠다고 하였으니, 남편에게 비록 허물이 있다 하더라도 또한 그것을 따라야 하는가요?"
>
> 내가 대답하였다.
>
> "명(明)의 사정옥(謝貞玉) 씨가 말하였지요. 부부의 도리는 오륜에 함께 해당하는 것이라고요. 아버지에게는 간쟁하는 아들이 있고, 임금에게는 간쟁하는 신하가 있지요. 형제는 서로 바른 도리를 권하고, 벗들은 선행으로 서로 책망하지요. 그러니 부부 사이에만 어찌 그런 것이 없겠나요? 그렇다면 제가 남편을 어기지 않겠다고 한 것이 어찌 남편의 허물을 따른다는 말이겠소?"[2]

삼의당은 남편과 혼례를 올린 날 밤, 서로의 도리에 대해 논의를 하였다. 남편은 삼종지도를 들어 남편의 허물조차 아내가 순종해야 하는가를 물었고, 이에 대해 삼의당은 남편의 허물을 고쳐 주는 것이 아내의 도리라 하였다. 삼종지도는 『의례』에서 "부인에게는 세 가지 따라야 할 의리가 있다. (…) 시집가기 전에는 아버지를 따르고 시집가서는 남편을 따르며 남편이 죽으면 아들을 따라야 한다.[婦人有三從之義 (…) 未嫁從父 旣嫁從夫 夫死從子]"라고 한 데서 유래한 말이다. 세 가지 마땅한 집 삼의당이라는 당호도 이와 관련이 있어 보인다. 삼의당은 삼종지도를 부정하지 않으면서도 사정옥의 말을 인용하여 부부도 서로

---

2 金三宜堂, 「禮成夜記話」, 『삼의당유고』.

의 잘못을 고쳐주어야 한다고 주장하였다. 사정옥은 김만중의 『사씨남정기(謝氏南征記)』에 등장하는 여주인공이다. 소설을 인용한 것이 정말 삼의당의 글인지 의심스럽게 한다.

남존여비라는 말에 이끌려 조선시대 아내의 중요한 내조 중 하나가 책선(責善)이었다는 사실이 그리 익숙하게 다가오지 않지만, 조선시대 남편의 잘못을 바로잡은 뛰어난 여성에 대한 기록이 자주 보인다. 삼의당은 젊은 시절 서울로 공부하러 간 남편이 아내에 대한 그리움을 편지나 시로 적어 보내면 오히려 이를 꾸짖었다.

> 무릇 사람이 서울에서 나그네 생활을 하여 어버이와 헤어진 사람이 얼마나 되겠으며, 아내와 헤어진 사람이 얼마나 되겠습니까마는, 어버이가 기다리고 아내가 그리워함이 우리 부군의 부모와 아내만한 사람이 없을 것입니다. 부군께서도 문득 이러하겠지요? 예전에 『시경』「높은 언덕에 올라(陟岵)」의 노래에서 자식이 어버이를 그리워하는 마음을 볼 수 있었고, 「북을 치며(擊鼓)」라는 노래에서 남편이 아내를 생각하는 마음을 볼 수 있었지요. 그러나 부군께서는 그저 그리워하는 마음만 가지고 있어 큰 뜻을 해치고 있어요. 입신양명에 마음을 두는 것이 급선무인데도 그렇게 하지 않으니, 장차 어버이가 기다리고 아내가 바라는 바를 무엇으로 보답하려 하시나요? 오직 부군께서는 이러한 점을 생각하시고 노력을 하세요. 빨리 돌아오도록 해보세요.
>
> 예전에 악양자(樂羊子)가 짜던 베를 끊어버리겠다는 어머니의 말을 듣고 곧바로 공부를 이루었고, 두목(杜牧)은 밤에 아내를 가까이한다는 놀림을 받고 마침내 과거에 급제를 하였지요. 이것이 제가 밤낮으로 부군께 크게 사모하고 깊이 바라는 것이랍니다. 그저 오늘 경계하여 마음을 움직이도록 한 것이 옛날의 어진 부인들에게 미치지 못할까 부끄러울 따름입니다. 부군께서는 두 사람의 일에 대해 감격하시지 않나요? 이제부터는 결단코 맹서하여 태평한 세상에 위로 우리 어버이를 영화롭게 하지 못하고 아래로 그 아내를 즐겁게 하지 못한다면, 저는 짜던 베를 끊고

밤에 가까이한다고 놀리는 데 그치지 않을 것입니다. 오직 부군께서는 이를 헤아려 주세요.[3]

삼의당은 부모와 아내가 그립다고 보낸 남편의 편지에 입신양명을 위하여 그리움을 뒤로 미루라 하였다. 이에 대해 남편은 “편지를 읽어 보니 나무라고 힘쓰게 하는 것이 참으로 깊고 말씀이 간절하오. 부끄럽고도 감격적이오. 한편으로 기쁘면서도 한편으로 슬프다오. 입신양명 네 글자는 정말로 집안에서 듣던 경계의 말이지만, 천 리 먼 곳에 나그네로 와 있다 보니 태평성세에 뒤떨어진 것을 면하지 못하였소. 훗날 상봉하게 되면 반드시 악양자의 처가 놀리던 일을 당하게 될 것이요, 근일 밤에 돌아가게 되면 두목의 처가 꾸짖던 일을 면하기 어려울 성싶소. 오직 어진 부인께서 부모와 형제를 잘 섬기고 자중하소서.”라 답하였다.[4] 상황이 설정된 듯한 느낌이 있을 정도로, 장부 같은 아내는 여자 같은 남편을 위하여 이렇게 엄정한 책선의 내조를 하였다.

삼의당의 문학은 그 문집이 1932년 광주(光州)에서 간행된 이후 세인의 관심을 끌었다. 특히 김억의 『꽃다발: 조선여류한시선집(朝鮮女流漢詩選集)』(1944, 박문서관)을 편찬할 때 삼의당의 시를 30수 선발하여 가장 앞에 실었다. 매창, 난설헌, 운초(雲楚), 죽서(竹西) 등과 함께 가장 비중 높은 작가로 올려놓았다. 이 때부터 삼의당의 시가 본격적으로 알려졌다. 『부인신보』(1948. 9. 22)에 취미실(趣味室)이라는 코너가 있는데 여기에 「추야월(秋夜月)」 2수를 소개하였다. 김억의 책에서 인용한 것이므로 김억의 번역을 지금 표기법으로 바꾸어 아래에 보인다.

3 金三宜堂, 「寄書與夫子」, 『三宜堂遺稿』.

4 金三宜堂, 「夫子回書」, 『三宜堂遺稿』.

담 머리에 뚜렷한 밝은 달	明月出墻頭
둥근 소반인 듯 거울인 것을.	如盤又如鏡
영창 위에 발을 내리지 마소	且莫下重簾[5]
행여나 달그림자 가려지리니.	恐遮窓間影

혼자서 두 곳을 비추는 저 달	一月兩地照
천 리 먼 길 아득타 떠난 임	二人千里隔
우리들 저 달이라 밝은 빛 따라를 갈까	願隨此月影
밤마다 임의 곳을 밝혀나지고.	夜夜照君側

예전 악부처럼 제목을 「추야월」이라 하였으니, 고악부의 정신을 빌려 달 밝은 가을밤의 서정을 그려 내었다. 담장 위에 뜬 달이 둥근 소반 같기도 하고 둥그스름한 거울 같기도 하다는 표현은 참신한 듯하지만, 당 이백의 「고낭월행(古朗月行)」에 나오는 "젊을 때 달을 알지 못하여, 백옥 소반이라 불렀지.(小時不識月 呼作白玉盤)"나, 남북조의 시인 왕승유(王僧孺)의 「월야(月夜)」에서 "16일이라 사람은 꽃과 같고, 15일이라 달은 거울과 같네.(二八人如花 三五月如鏡)"라 한 것을 변형한 것이다.

두 번째 작품은 하늘에 떠 있는 달을 임과 함께 보고 있으리니 나도 달그림자 따라 임 계신 데로 가서 임 가시는 길을 환하게 밝히고 싶다고 하였다. 하나의 달이 자신과 사랑하는 사람을 모두 비춘다고 한 표현은 유신(庾信)의 「거울(鏡)」 "빛은 한 가닥 물과 같아서, 그림자 두 곳의 사람을 비추어 주네.(光如一片水 影照兩邊人)"를 응용한 듯하다.

그런데 1932년 간행된 『삼의당고』는 실려 있는 시문이 모두 삼의당의 작품이라 믿기 어려운 구석이 많다.[6] 권두에 삼의당의 자서(自序)로 붙어 있는 글

5 '邊莫'으로 되어 있으나 '且莫'의 잘못이다.

도 그 시대의 글과는 어울리지 않는다. 삼의당이 죽고 100여 년의 시간이 지난 뒤, 작품이 대중의 흥미를 끌 만하고 출판이 쉬워졌기에 이때 비로소 간행이 이루어진 것 같다. 현재 국내 여러 도서관에 이 책이 많이 남아 있거니와, 권두에 국한문 혼용으로 서언(緖言)을 쓴 발행자 정일섭(丁日燮), 서문과 발문을 지은 오상철(吳相喆)과 정회택(鄭廻澤) 등이 삼의당의 시댁이나 친정 집안과 아무런 관련이 없다는 점에서도 이 책이 가문의식보다 상업적 이윤을 얻기 위한 출판물일 가능성이 있다.

물론 삼의당 부부는 실존 인물이고 필사본 원고 또한 전한다.[7] 다만 필사본 원고에 실린 시는 1932년 간행된 석인본에 실린 것과는 제법 차이가 있다.[8] 앞에서 본 부부가 주고받은 시나 편지는 여기에 실려 있지 않다. 이 점에서 삼의당의 작품이라 믿을 수 있는 것은 필사본에 한정될 수도 있다.

이 필사본은 일상의 삶을 적은 작품과 여성 정감을 형상화한 '염사(艶詞)', 시골살이의 흥감을 노래한 '촌거잡영(村居雜詠)'으로 대별된다. 먼저 첫 번째 부류에 실린 「군자에게 답하다(答君子)」를 보인다.

대장부가 어찌 아녀자를 배우겠소,	大丈夫何學女兒
우리 임금님 요순으로 만들 때라오.	致君堯舜此其時
정다운 편지 한 통의 그립단 말은	情書一面相思字
규방의 아녀자에게도 맞지 않다오.	非在閨門婦子宜[9]

6 박무영은 「19세기 향촌사족의 여성 형상: 金三宜堂(1)-향촌사족 연구와 『三宜堂稿』 살리기를 겸하여」, 『한국고전문학연구』 25, 한국고전문학회(2004)에서 위작의 가능성까지 검토하여 그 결론을 유보한 바 있다.

7 박요순, 「三宜堂과 그의 詩 硏究」, 『한남어문학』 11집(1985)에 필사본 문집이 영인되어 실려 있다.

8 박영민, 「여성 문집의 텍스트 문제와 해석: 金三宜堂 한시의 텍스트비평」, 『韓國漢文學硏究』 61집(2016)에서 석인본 문집을 필사본과 비교하여 검토한 바 있다.

9 "非或在閨門婦子宜"로 되어 있는데 시의 뜻으로 볼 때 '或'은 없애는 것이 옳다.

남편에게 아내의 정에 얽매이지 말고 임금을 보필하여 태평성대를 만들라고 권려한 작품인데 앞서 본 편지와 닮아 있다. 이런 작품의 연장선상에서 삼의당이 남편을 권려하는 시문이 석인본에서 상당히 확장된 모습으로 나타난 것이라 하겠다.

다음 「당신 기다리기 어려워라(待君難)」는 '염사'에 실려 있다. 이 작품에서도 필사본과 석인본의 차이를 짐작할 수 있다.

당신 기다리기 어려워라,	待君難
기다리는 당신 언제 돌아오시나요?	待君幾時還
아스라이 큰길을 바라보니	迢迢看大道
오 리 단정 십 리 장정의 사람 그림자	十里人影長亭短亭間
석양이 다하는데도 당신 오지 않으니	夕陽盡 君不來
당신 기다리기 어려워라.	待君難

이 시와 동일한 악부제는 없지만 삼언(三言)과 오언(五言), 구언(九言) 등 자유로운 형식에 사랑하는 사람을 기다리는 마음을 담은 전형적인 악부시다. 단정(短亭)은 5리마다, 장정(長亭)은 10리마다 설치한 중국 고대의 역원(驛院)이고 악부풍의 한시에 자주 등장할 뿐 조선의 현실 공간과는 별 관계가 없다. 이 작품도 악부의 분위기를 내기 위해 구사한 시어다. 허구적인 사랑의 노래로 제작된 삼의당의 시가 석인본에서는 한양으로 간 남편을 기다리는 삼의당의 마음으로 읽히도록 변형된 것이라 하겠다.

이 작품은 석인본에서 「부군께서 한양에서 한 해가 되도록 돌아오지 않아 내가 시를 지어 사사로운 정을 편다(夫子自京 經年未歸 余題詩以伸情私)」라는 제목을 표방하고 있다. 그리고 이 구절에 이어 남편을 기다리는 마음을 길게 이어 나갔다. 석인본을 편집할 때 이 작품을 부연하여 사연을 더 장황하게 말한 것이라 하겠다. 필사본에 '염사'가 많은 분량을 차지하고 또 대부분이 악부제를 취하고 있다. 물론 석인본에도 악부풍의 염정한 사랑 노래가 많다. 삼의당이 고악부에 상당한 식견이 있었음을 알 수 있다. 이 때문에 삼의당의 허구적 사랑 노래가 이들 부부의 현실과 겹칠 수 있었다.

필사본에 실린 작품을 볼 때, 삼의당은 다양한 형식으로 다채로운 주제를 수준 높은 솜씨로 형상화하였다고 평가할 수 있다. '촌거잡영'에는 농촌의 풍경을 감각적으로 노래한 작품이 다수 수록되어 있는데 그 수준이 범상치 않다. 오언절구 「외로운 마을(孤村)」 "고목에 누런 잎 지는 저녁, 외로운 마을 초가가 듬성듬성. 산닭이 두세 번 울음 우는데, 쓸쓸한 곳 누가 살고 있는지.(古木黃葉晩 孤村白屋疎 山鷄兩三唱 寥落是誰居)"도 대표작으로 꼽을 만하다. 가을을 맞은 시골 풍경을 백묘(白描)의 수법으로 그리면서, 가을바람에 낙엽 지는 소리와 함께 대낮의 정막을 깨뜨리는 닭 울음소리를 배경음악처럼 넣었다. 특히 다음 잡언(雜言)으로 제작된 「농구(農謳)」는 삼의당의 한시에 대한 이해와 창작의 수준이 상당하였음을 알게 한다.

해가 막 돋자	日初上
들판에 푸른 싹이 한 가지 빛이라	平郊綠秧色一樣
도롱이 걸치고 가서 김을 매었더니	荷簑歸來理穢荒
좋은 곡식이 점점 자라남을 보겠네.	嘉穀漸看長
자네 싹은 한 자도 안 되고	君苗不盈尺
내 싹은 손바닥처럼 평평한데	我苗平如掌
싹이 다른 것 아니라 힘이 다른 것이라	非苗不齊力不齊
마구 놀지 마시게.	莫流蕩

해가 중천에 있으니	日已午
해가 내 등을 때려 땀이 흙에 떨어지네.	日煮我背汗適土

긴긴 밭 보드라운 흙을 갈아 김매고 나서	細土莨莠竟長畝
큰 시누이 작은 시누이와 들밥을 먹는다네.	小姑大姑饗麥黍
맛난 국에 숟가락이 바삐 오가고	甘羹滑流匕
시커먼 밥으로도 배 두드리게 되네.	矮粒任撑肚
배를 두드리고 노래를 부르니	鼓腹行且歌
배불리 먹는 것 내 고생에 달렸다네.	飽食在勤苦

해가 지려 하니	日欲斜
농부는 집으로 돌아간다네.	農夫可還家
집에 가서 잠시 발을 뻗고 있으니	還家暫伸脚
사방에서 꼬끼오 닭 울음소리 요란하네.	四隣喔喔鷄聲多
닭 울음소리 듣고	聽鷄聲
다시 도롱이 걸치네.	又荷簑
도롱이 일 년 삼백육십 일 걸쳐야 하니	荷簑一年三百六十日
쉴 수 있을 때 그 언제이려나.	休息能幾何[10]

농부의 노래를 한시로 형상화한 「농구」는 조선 초기 강희맹(姜希孟)이 지은 데서 비롯하고 이하곤(李夏坤) 등 다른 문사들도 이를 따라 시를 지은 바 있다. 농사에 알맞은 날씨를 축원하고, 새벽에 일어나 열심히 김을 매고 간간히 들밥을 먹으며 해가 저물면 호미 씻고 돌아오는 농부의 삶을 14편의 연작으로 노래하였는데 그 형식은 잡언이다. 삼의당은 조선시대 제법 유행한 「농구」의 전통을 잘 알고 이를 바탕으로 하되, 아침, 점심, 저녁 세 편으로 압축하였다.

삼의당이 중국은 물론 조선 한시의 전통을 두루 알고 자신만의 개성을 발휘하는 방법을 알고 있었다고 하겠다. 첫 번째 유형에서 '여성 군자'를 지향하

10 "日出作, 日入息, 足生涯."가 다음 면에 더 있는데 운자가 다르므로, 이 작품에 대한 평인 듯하다.

고, 두 번째 유형에서 '염정'을 노래하였다는 점에서 삼의당의 한시는 사대부가 여성 한시의 일반적 특성을 공유하였다고 할 수 있다. 이와 함께 세 번째 유형에서 볼 수 있는 것처럼 여성 작가에서 자주 보이지 않는 가행(歌行)이나 악부, 잡체(雜體)까지 능하였다. 그 문집이 불완전하기는 하지만 이 시기 최고의 시인으로 평가하기에 부족함이 없다.

83.
학문과 문학을 겸한 정일당 강씨

조선시대 양반가의 여성 중에는 난설헌 허씨처럼 시에 전념하여 최고 시인의 반열에 오른 사람이 있는가 하면, 윤지당 임씨처럼 시를 거의 남기지 않고 오로지 학자로 일컬어지는 사람도 있었다. 대부분 여성은 마음을 닦고 행실을 바르게 하여 '여중군자(女中君子)'로 일컬어지고 싶어 하면서 간간히 시를 지어 자신의 뜻과 정을 드러내었다.

이런 상황에서 학자와 시인을 겸한 것으로 평가되는 인물이 바로 정일당(靜一堂) 강씨(姜氏, 1772-1832)다. 여성의 시문은 대개 그 가족이나 일가가 편집하여 간행하는 것이 대부분이지만 정일당의 경우 아내의 글을 후세에 전하고 싶어 한 남편의 지극정성으로 그 문집이 간행될 수 있었다. 다음은 이 문집에 쓴 권우인(權愚仁)의 발문이다.

> 아래 두 수는 탄재(坦齋) 윤명직(尹明直)의 아내 유인(孺人) 정일당 강씨가 지은 것이다. 명직이 소매에서 나에게 보여 주며 말하였다.
>
> "제 아내와 같이 산 지 30여 년인데 아내가 문자를 제법 이해한다는 것은 알고 있지만 지은 시를 본 적은 없습니다. 이제 이 시 가운데 한 편은 망육(望六)의 나이에 그믐을 만나 감회와 면려의 뜻을 말한 것이고 한 편은 올가을 큰 병이 들어 위태롭다가 소생하여 『중용』을 읽고 공을 들여 쓴 글이기에, 당신에게 보여 줍니다. 어

떠한가요?"

내가 공경한 마음으로 읽어 보았다. 비록 부인이 지은 것이지만 여성의 분기가 없고 산림에 은거하는 뜻이 있으니 똑똑하고 재주 있는 여성이 감회를 말하고 사물을 읊조린 것에 비할 바가 아니다. 비록 스스로 책을 읽고 고고한 뜻을 지킨다고 하는 선비라 하더라도 자신을 성찰하고 마음을 성실하게 하는 공부가 이처럼 간절할 수는 없을 것 같다. 나도 모르는 사이에 무릎을 세우고 다시 바로 앉았다.

아, 고래로 이름난 여성이 매우 많았으니 조대가(曹大家)가 글에 능하고도 현명하여 여사(女師)로 이름을 날렸거니와 그 나머지도 손가락으로 꼽으려 해도 다 꼽을 수 없을 정도다. 그렇지만 우리나라에서는 사임당과 윤지당 두 부인이 있어 모두 덕행이 있는데, 사임당은 음영한 작품이 전하고 윤지당은 저술이 펴져 가장 칭송되고 있다. 이제 유인은 이러한 시뿐만 아니라 사서(四書) 읽는 것을 좋아하여 차기(箚記)를 많이 남기고 있으니, 두 부인의 능함을 겸한 것이라 하겠다. 또한 남편에게도 드러내고 보이지 않았으니 현숙하고 유덕함을 알 수 있다.[1]

정일당 강씨는 본관이 진주로, 조선 초의 명신 강희맹(姜希孟)의 후손이다. 명가의 후손이지만 조부 강심환(姜心煥)과 부친 강재수(姜在洙) 대에 이르러 벼슬길이 끊겼다. 어머니는 안동권씨(安東權氏)로 청강처사(淸江處士) 권서응(權瑞應)의 딸이며 권섭(權燮)의 증손녀다. 제천의 근우면(近右面) 신촌(新村)에서 태어났는데 권씨의 태몽에 두 성인이 그 집에 내려와 모시던 사람 하나를 가리키며 지덕(至德)이 있는 곳에 맡긴다고 하여 이름을 '지덕'이라 하였다. 어릴 때 외조부 권서응이 권섭이 아닌 정일당을 두고 권씨 집안의 제일이라 하였으니 그 재능을 짐작할 수 있다.[2] 당호 정일당은 조선시대 학자들이 외웠던 남당(南唐) 진백(陳柏)의 「숙흥야매잠(夙興夜寐箴)」에서 "이 마음을 다잡아 마치 떠오르는 해와 같이

---

1 權愚仁, 「靜一堂詩跋」, 『靜一堂遺稿』.

2 이하는 졸고, 「강정일당의 삶과 내조의 글쓰기」, 『도서관』 통권 제387호, 국립중앙도서관(2013. 12)에서 다룬 것을 적절히 이용하였다.

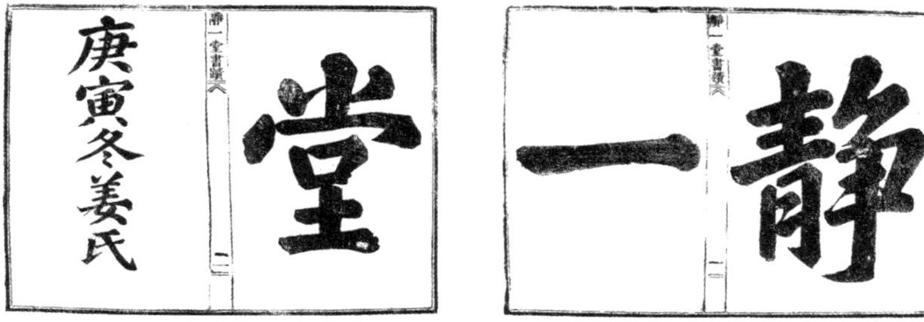

그림 10 『정일당유고』(규장각 소장): 1830년 겨울에 쓴 글씨를 판각한 것이다.

밝게 하고, 엄숙하고 가지런하며 허명(虛明)하고 정일(靜一)하게 하라.(提掇此心 皦如出日 嚴肅整齊 虛明靜一)"는 데서 가져온 것이리니, 학자로서의 삶을 천명하였음을 알 수 있다.

정일당은 20세 되던 1793년 윤광연(尹光演, 1778-1838)과 혼인하였다. 윤광연은 본관이 파평이고 자가 명직(明直)인데 송치규(宋穉圭)의 가르침을 받고 홍직필과도 교분이 있었다. 학자로서의 명성이 없었던 것은 아니겠지만 벼슬길에 오르지 못하고 또 저술을 남기지도 못하였다. 그럼에도 그 아내 정일당의 문집을 간행함으로써 후세에 자신의 이름도 전하게 되었다.

1822년 윤광연은 정일당이 지은 두 편의 시를 권우인에게 보여 주었는데 권우인의 발문에 언급한 시가 다음 작품이다.

아무 일 하지 않고 허송세월하였으니	無爲虛送好光陰
쉰하나의 이 나이가 내일 아침 일이라.	五十一年明日是
한밤에 비탄한들 무슨 소용 있으랴?	中宵悲歎將何益
남은 생애 내 한 몸 수양이나 해야지.	且向餘生修厥己

한 편 자사(子思)가 전한 글은	一編思聖傳

천 년 동안 계승한 바가 많다네.	千載繼開多
본체가 바로 서면 치우침이 없고	體立無偏倚
쓰이면 나아가 어긋나지 않는 법.	用行不謬差
처음 신중함을 보존할 수 있으면	始能存戒愼
마침내 중화(中和)에 이를 수 있네.	終可致中和
달통함은 삼덕(三德)에 상관한 것	達道關三德
진실로 이치에 무엇을 더하랴?	誠哉理孰加

『정일당유고』에는 「그믐날 감회를 읊다(除夕感吟)」와 「중용을 읽고(讀中庸)」로 실려 있다. 첫 번째 작품은 1821년 그믐에 쓴 것이다. 오십 년을 살면서도 공부에 절실하지 못한 지난 세월을 돌아보고 남은 생애 수신에 전념하겠다는 뜻을 피력하였다.

두 번째 작품은 이듬해 7월 중병으로 사흘 혼수상태에 빠졌다가 겨우 소생하였는데 그럼에도 『중용』 공부를 놓지 않으면서 강학의 의지를 표명한 것이다. 홍직필은 「임녹문의 인물성도 뒤에 쓰다(書任鹿門人物性圖後)」에서 "고요하면 체(體)가 서고 움직이면 용(用)이 행해진다."라고 하였는데, 비슷한 뜻을 말하였다. 또 『중용』의 첫 번째 대목에서 "군자는 보이지 않는 바에도 조심한다.(君子戒愼乎其所不睹)"라 하고, "희로애락이 아직 발하지 않은 때를 '중'이라 이르고, 발하여 모두 절도에 맞음을 '화'라고 이르니, 중은 천하의 대본이고 화는 천하의 달도다. 중과 화를 이루면 천지가 자리 잡히고 만물이 길러진다.(喜怒哀樂之未發 謂之中 發而皆中節 謂之和 中也者 天下之大本也 和也者 天下之達道也 致中和 天地位焉 萬物育焉)"라 하였는데 여기서 '계신(戒愼)'과 '중화(中和)'를 가져왔다. 그리고 『중용』에서 이른 천하의 세 가지 달덕(達德)인 지(智), 인(仁), 용(勇)을 이르는 '삼덕(三德)'을 끌어들였다. 『중용』의 핵심적인 내용을 오언율시에 담은 것이라 하겠다. 강원회(姜元會)는 정일당의 「행장(行狀)」에서 정일당이 어릴 때 『중용』의 '계신장

(戒愼章)'을 정밀하게 분석하였는데 송 주희의 풀이와 암합하였다고 하니, 『중용』 공부에 들인 공을 짐작할 수 있다.

윤광연은 아내가 지은 시를 남들에게 자주 자랑하였다. 다음 작품이 자랑거리로 내보인 것이다.

서른에 비로소 학문에 입문하여	三十始課讀
배움에 동서를 알지 못하였다가	於學未東西
이제 반드시 노력을 더하리니	及今須努力
고인처럼 될 수 있기를 바라노라.	庶幾古人同

정일당이 1798년 28세에 지은 「과업을 시작하며(始課)」라는 작품이다. 「행장」에 따르면 윤광연은 1799년 대사헌으로 있던 이직보(李直輔)를 만났을 때 이 작품을 보여 주었고 이에 이직보는 "어진 부부 사이에 서로 경계하는 말이다."라고 크게 칭찬하였다고 한다. 정일당은 이 말을 듣고 크게 부끄러워하여 그 뒤로는 작은 시문이라도 숨기고 남에게 보이지 않았다고 한다. 그럼에도 정일당이 젊은 시절부터 강학의 여가에 남편과 자주 시를 주고받았다.

> 보여 주신 당신의 절구 한 편 "공자와 안자는 내가 배우고자 함이요, 태임과 태사는 당신이 기약하는 것. 학문의 뜻은 함께 권면하는 법, 이렇게 늙어가는 노년도 그러해야지요.(孔顔吾願學 妊姒子攸期 志業且相勉 況玆衰暮時)"를 크게 읊조려 그치지 않습니다. 본성이 원래 선하다는 것과 성인은 본성에 충실한 분이라는 것을 사람들은 누구나 알고 있지만 어떻게 본성이 선한지, 어떻게 충실한지를 알지 못합니다. 그러니 안다고 한 것이 정말 아는 것이 아닐 것입니다. 또 혹 알아서 실천하는 이도 있지만 뜻을 세운 것이 굳지 않아 했다 말았다 하는 것이 일정하지 않습니다. 하루 이틀 세월이 급하게 흘러가서 마침내 어리석음에서 벗어나지 못합니다. 이는 예전 슬프게 여긴 바입니다. 이제 권면하는 글을 받아 보니 감히 가슴에 새기지 않을 수

있겠습니까?[3]

이처럼 윤광연과 정일당은 서로 시를 주고받으면서 학문의 자세를 가다듬었다. 윤광연의 시는 여기에 인용된 한 편만 전하니, 함께 강학한 아내를 사랑하여 그 문집을 간행하고 그 덕에 자신의 시도 후세에 전해지게 된 것이다.

장지연의 『대동시선』에서는 정일당의 시를 6수 선발하였다. 그 시가 높게 평가된 것이라 하겠다. 그 중 「밤에 앉아서(夜坐)」, 「마당의 풀을 베면서(除庭草)」, 「매미 울음을 듣고(聽秋蟬)」 세 편을 보인다.

밤 깊어 세상 만물이 쉬는데	夜久群動息
빈 마당에 휘영청 달이 밝네.	庭空皓月明
마음이 씻은 듯 맑으니	方寸淸如洗
텅 비어 성정을 보겠네.	豁然見性情

작은 호미로 거친 밭을 매는데	小鋤理荒穢
시원한 비가 먼지를 씻어 주네.	快雨灑塵埃
주렴계의 마음에는 부끄럽지만	縱愧濂翁意
산속의 집에 옛길을 열려 함이라.	山茅舊逕開

모든 나무가 가을 기운 맞으니	萬木迎秋氣
매미가 석양에 요란하게 우네.	蟬聲亂夕陽
시 읊자 물성에 감회가 일어나	沈吟感物性
숲 아래서 홀로 서성이노라.	林下獨彷徨

3 姜靜一堂, 「尺牘」(『靜一堂遺稿』 拾遺).

나란히 보인 세 편의 절구는 모두 1823년 제작된 것인데 학자의 맑은 마음이 돋보인다. 첫 번째 작품은 만물이 잠든 시기 조용히 수양에 힘쓰는 자세를 보게 한다. 주돈이(周敦頤)는 마당의 잡초조차 살고자 하는 뜻 생의(生意)가 있다 하여 이를 존중하여 베지 않는 '정초부제(庭草不除)'의 고사를 남겼다.

두 번째 작품에서는 마당의 잡초를 벤다는 점에서 주돈이에게 미안하지만 마당의 잡풀을 깨끗하게 정리하고 한바탕 비가 뿌리니 더욱 마음이 맑아진다고 하였다. '구경(舊逕)'은 도잠의 「귀거래사」에서 "세 오솔길이 묵어 가네.(三徑就荒)"라 한 구절을 거꾸로 쓴 것이다. 귀거래하여 시골에 사니 길이 묵지 않았다는 뜻이다.

세 번째 작품은 가을 매미 울음소리를 듣고 쓴 것인데 사물을 심성을 수양하는 자료로 삼는 학자의 모습을 잘 보여 준다. 당의 시인 우세남(虞世南)이 「매미(蟬)」에서 "주둥이 늘이고 맑은 이슬 마시니, 울음소리 성긴 오동 숲에서 퍼지네. 높은 곳에 있으면 절로 소리 먼 법, 그저 가을바람 때문만은 아니라네.(垂緌飲淸露 流響出疎桐 居高聲自遠 非是藉秋風)"라 한 바 있는데 조선에서도 널리 애송된 바 있다. 높은 곳에서 울어야 그 소리가 멀리까지 미칠 수 있다는 인생의 깨달음을 말한 작품인데, 정일당이 물성에 감회가 있다고 한 것은 이 시에서 말한 뜻을 생각하게 된다는 뜻이다.

윤광연의 부친 윤동엽(尹東燁)의 집이 한양의 반석방(盤石坊) 도저동(桃楮洞), 지금의 후암동에 있었으므로 정일당의 집 역시 이곳에 있었을 것으로 추정되는데, 1798년 무렵 과천으로 이주하였다. 이 시기 시어머니와 함께 산 것으로 보아 온 식구가 함께 옮긴 듯하다. 정일당은 이곳에서 남의 빈집에 세 들어 살았는데 낮에는 범이 울고 밤에는 허깨비가 휘파람을 불었다. 일곱 끼니를 굶은 적도 있었다고 하니 초라한 집에서 궁핍하게 살았음을 알 수 있다. 정일당은 5남 4녀를 두었는데 어린 나이에 모두 잃은 것도 이러한 가난 때문이었던 듯하다. 윤광연 역시 상민의 복장을 하고 충청도와 경상도 지방을 떠돌면서 돈벌이에 나서야 했다. 정일당의 작품 중 쉰 살 무렵 지은 「길을 나서는 부군에게 삼가 바치다(敬呈夫子行駕)」가 이러한 배경에서 나온 듯하다.

이른 새벽 울면서 당신을 보냅니다 清晨灑泣送君子
멀어지는 강산을 잊지 않으시겠지요. 去去湖山應不忘
떠나실 제 한 마디만 고할 것 있으니 臨行唯有一言告
세상사 돌고 도는 것 저 창천과 같다고. 世事循環如彼蒼

강원회는 「행장」에서 이 작품을 소개하고 "물리(物理)의 순환을 가지고 기쁨과 슬픔의 마음을 가질 필요는 없다는 뜻으로 권려한 것이다."라고 하였다. 이 풀이대로 읽자면 우는 아내와 멀어지는 강산에 대해 슬퍼하지 말라는 권려의 말로 본 것이다. 먼 길 나서는 남편을 눈물로 전송하면서도, 저 푸른 하늘에 해와 달이 떴다 지는 순환의 이치처럼 사랑하는 남편의 무사귀환을 축원하였다. 이러한 권려의 글이 바로 내조의 글쓰기라 하겠다. 멀어지는 강산을 잊지 않을 것이라 한 것은, 두고 간 고향 집의 가족을 말한 것이기도 하다.

정일당은 시어머니를 모시고 바느질과 길쌈을 하며 집안 살림을 도맡아 하였다. 하루 한 끼도 제대로 먹지 못하면서 여러 해 동안 길쌈을 하여 동전 수십 꿰미를 모았다. 부부가 함께 돈벌이에 나선 탓인지 정일당 부부는 얼마 있지 않아 광주 둔퇴리(遁退里) 금곡(金谷), 지금의 성남 청계산 자락 금토동에 약간의 선영을 마련하였고,[4] 도성 안 약현리(藥峴里), 오늘날 약현성당이 자리한 중림동에 집을 구할 수 있었다.[5] 여기에는 윤광연의 호가 된 탄원(坦園)이라는 정

4 1809년 어머니의 산소를 이곳에 썼으므로 그 이전 선영을 구한 것으로 보인다. 1811년 안양의 비산동에 모셨던 윤동엽의 산소도 이곳으로 이장하였다. 또 3세 7位의 묘소를 천 리 먼 곳에서 파다가 청계산 아래에 이장하였다.

5 윤광연의 어머니 전씨가 약현의 집에서 돌아갔으므로 1809년 이전에는 약현으로 이주한 것이 분명하다.

원이 있었다. 정일당이 여기에 기문을 지었다. 그리 많지 않은 여성의 기문이기에 자체로 소중하거니와 글 자체도 그 엮은 솜씨가 예사롭지 않다.

탄원이라는 것은 무엇인가? 탄재의 동산이다. 동산은 예전 서원(徐園)이라 불렸는데 동산의 주인 성이 서씨(徐氏)였기 때문이다. 또 서원(西園)이라고도 하는데 한양의 서쪽이기 때문이다. 그런데 지금은 탄재 부자께서 거처하니 어찌 탄원이라 하지 않겠는가? 정현(鄭玄)의 정공향(鄭公鄕)이나 순숙(荀淑)의 고양리(高陽里), 소식(蘇軾)의 소제(蘇堤), 구양수(歐陽脩)의 구정(歐亭) 등은 그 사람을 따라 이름을 붙인 것이니, 동산을 탄원이라 한 것이 마땅하지 않겠는가? 탄재라는 호는 누가 준 것인가? 강재(剛齋) 선생이 준 것이다. 탄재의 뜻은 무엇인가? 『논어』에서 이른 대로 군자는 마음이 평탄하여 여유롭다는 뜻이다.

탄원을 한번 보자면, 그 땅은 척박하고 그 나무는 구불구불하며 그 집은 좁다. 그 가운데 우뚝하니 높다란 것은 부앙대(俯仰臺)와 중화단(中和壇)이고, 가파르게 치솟은 것은 기돈(起墩)과 문부(文阜)다. 훈패경(薰珮徑)이 으슥하게 굽어 있고 소곤계(小崑溪)는 비딱하게 꺾여 있다. 그러니 동산을 평탄하다고 할 수는 없다. 그러나 주인이 탄탄(坦坦)의 마음으로 탄탄의 도를 행하니, 황량하고 궁벽한 골짜기도 험악하지 않고 나지막한 사립문도 좁아지지 않게 될 것이다. 이제 진중한 마음을 가지고 곧은 채찍으로 말을 몰아 인의(仁義)의 경지로 평안하게 나아가면, 척박한 땅과 구불구불한 나무, 좁은 집, 그리고 우뚝하고 가파른 곳, 으슥하거나 비딱한 땅도 어느 하나 평탄한 길이 되지 않음이 없을 것이다. 바위를 쌓아 산을 만들고 개울물을 끌어들여 못을 만들며, 꽃을 가꾸고 과일을 접붙이며, 채소를 심고 약초밭을 김매면 한가함 속의 경제(經濟)가 될 것이다. 거문고와 술과 책 사이에서 날마다 시골 벗과 어울려 소요하면서 안분자족(安分自足)하리니, 이 모든 것으로 공경대부(公卿大夫)를 거만하게 내려다보고 그들의 작록(爵祿)도 경시하게 될 것이다. 이는 탄원의 주인이 누리는 진정한 즐거움이다. 살찐 말을 타고 가벼운 것을 입고서 넓은 길을 걸어 다니면서 멋대로 노는 저들이야말로 한 번 풍파를 만나면 거꾸러져 다시는 일어날 수 없을 것이니, 어찌 동산 가운데서 한가하게 살아가면서 탄탄의 즐거움을 누리는 것만 같겠는가? 『주역』에서 "탄탄대로를 걷는다."라 하였고 또 "은자의 동산을 꾸민다."라고 하였다. 탄원 주인은 이 길을 걸어가시기를.[6]

이 글을 보면 탄원은 약봉 기슭 척박하고 가파른 땅에 지은 조그만 집이었음을 알 수 있다. 정일당은 이러한 황량하고 궁벽한 땅을 탄탄(坦坦)의 공간으로 바꾸었다. 한가하게 세월을 보내는 부앙대, 중용의 도리를 생각하는 중화단, 흥기의 돈대 기돈, 문장의 언덕 문부, 아름다운 꽃향기가 풍기고 고운 바람 소리가 울리는 훈패경, 곤륜산 옥소리가 나는 개울 소곤계 등 명명을 통하여 운치 있는 공간으로 바꾸었다. 『주역』에서 이른 "은자의 동산을 꾸민다."라는 뜻을 취한 것이다. 또 윤광연이 『논어』에서 이른 "군자탄탕탕(君子坦蕩蕩)"의 마음으로 탄탄의 도를 행할 것을 당부하여 마지막 "탄탄대로를 걷는다."라는 말과 호응을 이루게 하였다. 정일당은 문장에서도 탁월한 재능이 있었음을 확인할 수 있다.

시서화로 이름이 높은 신위(申緯)는 이 글의 전문을 문집에 직접 인용하고 이어 칭송의 시를 붙인 바 있다. "난초 핀 물에는 여린 패옥 소리 들릴 듯한데, 옥 같은 개울은 작은 곤륜산 개울 옮겨놓은 듯(蘭澤微聞薰佩徑, 玉流方折小崑溪)"이라 하여 훈패경과 소곤계의 운치를 높게 평가하였고 이어 "문장을 펼친 솜씨 반소(班昭)에 짝하는데, 잠언은 각결(郤缺)의 처보다 나았네.(文章展也班昭匹 箴警賢於郤缺妻)"라 하여 뛰어난 문장력과 내조의 공을 칭송하였다.[7] 반소는 『한서(漢書)』를 편찬한 반고(班固)의 누이동생으로 반고가 미처 완성하지 못한 『한서』의 일부를 보완한 뛰어난 여성 문인이다. 여성의 필독서인 『여계(女誡)』 역시 그의 저술이니, 정일당의 학문과 문학을 이렇게 고평한 것이다. 각결은 춘추시대 사

6 姜靜一堂, 「坦園記」(『靜一堂遺稿』 拾遺).

7 申緯, 「題尹坦齋光演哲配姜氏坦園記後」, 『警修堂全藁』 23책.

람으로 밭에 김을 매고 있을 때 그 아내가 들밥을 들고 와서 먹는데 손님을 대하는 것처럼 서로 공경하였다는 고사를 남겼다. 정일당 부부가 서로를 공경하였음을 함께 말한 것이다.

정일당은 이처럼 뛰어난 글쓰기 능력을 발휘하여 남편의 뜻을 세상에 널리 알렸다. 정일당이 남편을 대신하여 「탄원의 노래 세 편(坦園三章)」을 지은 것 역시 그 의도는 다르지 않다. 그 중 한 수를 보인다.

탄원은 그윽하고 고요하여	坦園幽且靜
고상한 이 살기에 딱 맞네.	端合至人居
홀로 천고의 전적을 살펴보면서	獨探千古籍
두어 칸 초가에 고고히 누웠네.	高卧數椽廬

장지연의 『대동시선』에도 선발되어 있다. 세사의 영리에 관심을 끊고 학문에 전념하는 남편을 그린 것이지만 여성 군자 정일당의 풍모도 함께 볼 수 있다.

정일당의 공부에는 남편과 함께 시어머니가 함께하였다는 점도 주목할 만하다. 정일당의 삶에 있어서 가장 중요한 인물은 남편과 시어머니 지일당(只一堂) 전씨(全氏)였다. 지일당은 본관이 천안(天安)으로 전여충(全汝忠)의 딸이다. 『대동시선』에는 정일당이 시어머니 지일당 전씨의 「절구(絶句)」와 여기에 차운한 「삼가 시모 지일당의 시에 차운하다(敬次尊姑只一堂韻)」 두 편이 나란히 실려 있다.

봄이 오니 꽃이 흐드러지게 피었는데	春來花正盛
흐르는 세월에 사람도 차츰 늙어 가네.	歲去人漸老
탄식해 보았자 무엇하겠는가,	歎息將何爲

그저 한 가지 선한 길만 필요한 것을. 只要一善道

하학의 공부는 인륜을 돈독히 하는 것 下學須敦倫
어린애 아끼고 노인을 편하게 해야지요. 慈幼且安老
이로부터 올곧은 길을 좇아나가면 直轡從此行
절로 탄탄대로가 열리지 않겠나요. 自是坦坦道

1797년 제작한 작품이다. '선도(善道)'는 정도(正道)를 이른다. 꽃이 피고 지는 사이에 인생은 늙어가지만 이를 탄식만 할 것이 아니라 선한 길을 갈 수 있도록 노력해야 한다는 뜻을 지일당이 먼저 말하였다. 정일당은 여기에 답을 하여 일상의 기본적인 윤리 공부가 공부의 시작이라 하면서 『논어』에서 이른 "늙은이를 편안히 하고 벗과 신의를 닦으며 어린이를 품어 준다.(老者安之 朋友信之 少者懷之)"를 끌어들인 다음, 평탄한 집 탄원에서 바른길을 걷겠노라 다짐하였다. 지일당이라는 당호는 송 진덕수(眞德秀)가 『심경(心經)』에서 거듭 강조한 전일한 마음인 일심(一心)을 오로지 가슴에 담겠다는 뜻인 듯하다. 지일당과 정일당은 시어머니와 며느리의 마음공부가 담긴 당호라 하겠다.

84.
역사 인물을 논평한 송씨

영수합 서씨, 정정당 황씨, 삼의당 김씨, 정일당 강씨 등과 같이 자신의 당호를 가지고 문집까지 남긴 여성들을 앞서 보았는데, 이 시기에 이르면 비록 문집을 남기지는 못하였지만 학자적인 모습을 보여 주는 여성 문인이 여럿 등장한다. 특히 역사의 잘잘못을 품평하는 영사시가 없었던 것은 아니지만 이 시기 자신의 시각을 가지고 역사 인물을 논평한 여성의 작품이 주목된다.

근세에 송씨(宋氏) 집안의 부인이 지은 시가 있다.

출세하여 처음 계씨의 관리가 되었더니　出世初爲季氏史
세 집안이 함께 소공을 내쫓아 죽였다네.　三家共逐昭公死
하늘과 성인 마음 끝내 헤아릴 수 없으니　惟天與聖終難測
공산씨를 보려 하고 남자(南子)도 만났기에.　欲見公山又南子

또 이렇게 지었다.

상나라가 망할 때는 하나라 때와 달랐으니　商國亡時異於夏
왕손은 악기 안고 선비는 말 잡고 간하였지.　王孫抱器士叩馬
주나라 무왕이 요순과 마음이 같았더라면　周武若同堯舜心

기자를 세워 주어 천하를 양보하였으련만.	定立箕子讓天下

또 이렇게 지었다.

상서의 과두문자는 잘못되기가 쉬웠으니	商書科斗易僞差
방(放)이 교(敎)의 와전임을 누가 알았으랴.	放字誰知敎字訛
천고에 잘못 전해진 것 바루기 어려우니	千古謬傳難改正
난신적자가 후대에 많아진 것 이 때문이라.	亂臣賊子後來多

이를 읽노라면 꼿꼿하여 사람에게 공경하는 마음을 일으킨다. 첫 번째 시는 자로(子路)가 공자를 달갑게 여기지 않는 뜻을 담았고, 두 번째 시는 의로운 선비가 무왕(武王)을 비난하는 심정을 담았으며, 세 번째 시에 이르면 다시 새로운 뜻을 만들어 내어 만세(萬世)의 강상(綱常)을 붙들게 하였으니, 그 인품이 무척 고고하고 의리가 지극히 엄정함을 상상할 수 있다. 비록 성인이 행한 일인데도 또한 만족하지 않는 뜻이 있는 듯하다. 출처의 큰 절조를 밝히고 군신의 대의를 추켜세워 후세의 구실(口實)을 막았으니, 그 수식의 아름다움은 한가한 나머지 일일 뿐이다. 규방에 이와 같은 식견과 학문이 있으니, 참으로 기이하지 않은가.

그러나 「상서(商書)」에는 단지 "동 땅의 궁실을 지었다(營于桐宮)."라 하고 "왕이 동 땅의 궁실로 갔다.(王徂桐宮)"라는 말만 있을 뿐 애초에 '방(放)' 자가 없었는데, 『맹자』에 이르러 비로소 "동 땅으로 내쳤다(放桐)."라는 글이 생겼으니, 이 시가 무엇에 근거하여 상서에서 과두(科斗)의 오류로 생각하였는지 모르겠다. 이는 동 땅에 궁실을 지었다거나 동 땅의 궁실에 갔다는 것이 내쳤다고 한 말과 비슷한 것 같아 어떤 이가 내쳤다고 하였고, 맹자가 이를 따르면서 또 "이윤(伊尹)과 같은 마음이 없었다면 찬탈이다."라고 말한 것이리라. 이 말은 천하 후세를 생각하여 난신적자(亂臣賊子)의 마음을 두렵게 한 것이 지극하다 하겠다. 그러나 이 시에서는 또 '방' 자와 함께 그 마음을 발본색원하고자 하여 「상서」가 『맹자』와 같은지 다른지에 대해서는 정말 마음을 쓰지 않았다.[1]

윤기의 「정상한화」는 1813년 무렵 제작된 글이니, 송씨 집안 부인은 19세기를 전후한 시기의 인물로 보면 되겠지만 다른 정보가 전혀 없어 어떤 사람인지 알 수 없다.

첫 번째 작품은 공자의 행동을 문제 삼았다. 공자가 계손씨(季孫氏)의 위리(委吏)가 되어 곡식의 계량을 공평하게 하고 사직리(司職吏)가 되어서는 가축이 번식하였다는 칭송을 받았다. 그러나 결국 노나라의 대부 맹손씨(孟孫氏), 숙손씨(叔孫氏), 계손씨가 국정을 농단하였고 이에 노 소공(魯昭公)이 계손씨를 토벌하려다 도리어 쫓겨나 제나라로 달아나게 되었다. 송씨는 공자가 어찌하여 이렇게 불충한 계손씨를 섬겼는지 따졌다. 더욱이 계손씨 아래에서 비(費) 지역을 다스리던 공산불뉴(公山不狃)가 반란을 일으켰는데 공자가 이러한 불충한 신하 공산불뉴로부터 초청받아 그곳으로 가려 하였다. 이에 제자 자로가 불만을 제기하자 공자는 "나를 등용하는 이가 있기만 하다면 나는 그곳을 동주(東周)로 만들겠다."라 하였다. 또 위령공(衛靈公)의 부인 남자(南子)가 행실이 음란하였는데도 공자가 그녀를 만나고자 하자 자로가 투덜거렸다. 이에 공자는 "내가 잘못된 일을 한다면 하늘이 나를 버릴 것이다."라 하였다. 『논어』에 보이는 이러한 구절을 들어 송씨 부인이 자로를 대신하여 공자의 마음이 무엇인지 따져 물었다.

하(夏)의 마지막 임금 걸(桀)의 폭정을 견디다 못한 탕(湯)이 군사를 일으켜 걸을 내쫓고 상(商)을 개창하였다. 또 상나라의 마지막 임금 주(紂)가 포악하여 왕자(王子) 비간(比干)을 죽이고 기자(箕子)를 가두자, 태사(太師) 자(疵)와 소사(少師) 강(彊)이 악기를 안고 주(周) 땅으로 달아났고 문왕(文王)이 죽은 후 무왕이 폭군 주를 정벌하려 하자, 백이(伯夷)와 숙제(叔齊)가 말고삐를 붙들고 만류한 바 있다. 걸주(桀紂)라 하여 폭군의 대명사처럼 쓰이는 두 임금인데 온 천하 사람

1 尹愭, 「井上閒話」, 『無名子集』 11책.

이 모두 걸을 축출하고 새 왕조를 개창하는 데 찬성하였지만 주를 토벌하려고 무왕이 군사를 일으킬 때는 만백성의 동의를 받지 못하였다. 제위를 양보한 요(堯)와 순(舜)이었다면 주를 내쫓고 기자(箕子)를 세워 상나라를 지속시켰을 것이라 하였다. 누구도 그 행실을 의심하지 않던 공자에 이어 무왕의 사욕을 이렇게 비판한 것이다.

「상서(商書)」는 『서경』의 한 편명으로 상나라 역사를 기술하였다. 창힐(蒼頡)이 새 발자국을 보고 조적서(鳥跡書)를 만들고 전욱(顓頊)이 올챙이 모양의 과두문자(科斗文字)를 만들었는데 이러한 글자가 변하여 대전(大篆)과 소전(小篆)을 거쳐 예서(隸書)가 나왔으며 이후 팔분(八分), 해서(楷書) 등이 출현하였다는 것이 한자의 역사다. 상나라 때 쓰인 과두는 해독이 어려워 착오가 많았다. 공자의 집 벽에서 나왔다고 하는 『고문상서(古文尙書)』가 바로 이러한 고대문자였기에 후대 해독의 오류가 빈번하였다. 『서경』에 "태갑(太甲)이 왕위에 올랐지만 정사에 밝지 못하여 이윤(伊尹)이 그를 동(桐) 땅에 3년 내쳤다.(太甲旣立不明 伊尹放諸桐三年)"라는 구절이 나온다. 송씨는 태갑이 비록 정사에 어두웠지만 신하가 임금을 내쫓은 것은 옳지 않다고 하여 이윤을 비판하였다. '방(放)'이 '교(敎)'의 잘못이므로 이윤이 태갑을 내쫓은 것이 아니라 교육하였다는 뜻인데, 후대 이를 잘못 이해하였기 때문에 이윤처럼 난신적자가 나타나 임금을 내쫓는 일이 발생하였다고 본 것이다.

이러한 해석은 송(宋) 황륜(黃倫)의 『상서정의(尙書精義)』에 보이기는 하지만 조선에서는 이러한 학설이 들어온 흔적이 잘 보이지 않는다. 윤기도 이러한 학설이 있는 줄 알지 못하였기에 「상서」와 『맹자』가 다르다는 점을 고려하지 않고 난신적자를 막고자 하는 마음이 앞서 작위적인 해석을 한 것으로 보았다. 윤기는 『고문상서』도 보지 못하여 이런 말을 한 것인데 송씨 집안의 여성은 이를 알고 있었으니 놀라운 일이다.

장성(長城)의 또 다른 송씨(宋氏) 성의 여성이 콩을 소재로 지은 시에서도 중국 역사에 대한 박학다식이 확인된다.

장성 여자 송씨가 시에 능하였는데 그가 열여섯 살 때 「콩을 읊조리다(詠太)」 시를 지었다.

글자가 천황씨의 제일 앞에 있는데 字在天皇最上章
곡식 중에서도 이것은 왕만큼 크다네. 穀中此物大如王
섣달 시루에 싹 돋아 소반에 더할 나물 없고 笋生臘甑無添菜
새벽 바가지에 적셔 넣자 솥에 쌀 적게 넣네. 潤入晨匏鼎減糧
하나하나 누런 벌들이 꿀을 굴려 만든 듯하고 箇箇其黃蜂轉蜜
동글동글 검은 쥐들이 눈동자 부릅뜬 것인듯. 團團或黑鼠瞋眶
당시에 만약 주나라 곡식에서 빠져 있었더라면 當年若漏周家粟
백이와 숙제가 수양산에서 굶어 죽지 않았을 텐데. 不使夷齊餓首陽

또 「비단을 짜다(織錦)」 시는 이러하다.

안개 속 베틀의 북이 오리처럼 가벼우니 烟梭出沒似輕鳧
한밤 진천의 까마귀 그림자가 들어온 듯. 影入秦川半夜烏
곧바로 고운 문양 비단을 짜낼 것이라 直欲裁成文錦繡
흰 여우 갖옷을 사들인 일 논하겠는가? 何論購得白裘狐
소리는 달빛 비치는 침상 귀뚜리와 울음 다투는데 聲爭月戶鳴床蟋
솜씨는 바람 부는 처마에 거미줄을 치는 것 배웠네. 巧學風檐結網蛛
아침 햇살에 말리면 흰빛이 더욱 고우리니 暴曬朝陽生皎皎
도성 문에 걸린 것이 백마 아닌 비단인 줄 뉘 알랴. 吳門誰識練非駒

그가 능히 어려운 운자를 가지고 압운한 것이 이와 같으니 다른 작품은 알 만하다.[2]

콩은 조선에서 태(太)라 불렀는데 이를 두고 열여섯 살 먹은 여성이 이런 시를 지었다는 것이 놀랍다. 조선시대 널리 읽힌 『십팔사략(十八史略)』은 「태고편(太古篇)」으로 시작되니 조선에서 콩을 이르는 '태(太)' 자가 이 책의 첫 글자가 된다. 뜻이 다르지만 콩의 유래가 오래된 것이라 견강부회한 것이다. 그러니 콩의 크기가 곡물 중 왕이 되는 것도 당연하다. 콩나물시루에서 키워 나물반찬으로 하고 바가지로 씻어 솥에 넣으면 쌀을 조금만 넣어도 한 끼 밥이 된다고 범박하게 말한 것이 오히려 기이한 표현이다. 누렁콩을 두고 벌통의 벌이 만든 노란 꿀에 비유하고, 검정콩을 이르는 쥐눈이콩은 반짝거리는 쥐의 눈알에 비유한 것도 공교롭다. 『사기』에 백이와 숙제의 절개를 칭송하면서 "의로움에 주나라 곡식을 먹지 않았다.(義不食周粟)"라는 말이 나온다. 이를 이용하여 주나라에서 콩이 곡식에 포함되지 않았더라면 콩을 먹을 수 있어 고사리만 먹다가 굶어 죽는 일이 없었을 것이라 하였다. 발상의 참신함을 보게 하는 작품이다.

비단을 짜는 것을 두고 쓴 작품도 역시 그러하다. 물 위의 날랜 오리처럼 베틀의 북을 재빠르게 옮기면서 베를 짜는 모습이 한밤의 까마귀 그림자처럼 어른거린다. 이백의 「밤에 까마귀 우네(烏夜啼)」에서 "누런 구름 낀 성에서 까마귀 깃들려고, 날아와 까악까악 나뭇가지 위에서 우네. 베틀 위에 앉아 베를 짜던 진천 땅 여인은, 연기처럼 푸른 비단 창 너머로 말을 건네네.(黃雲城邊烏欲棲 歸飛啞啞枝上啼 機中織錦秦川女 碧紗如煙隔窓語)"라 한 구절을 끌어들인 것이다.[3] 금방 화려한 비단을 짜낼 것이니 진귀한 흰여우 털로 만든 가죽옷에 비할 바가 아니라 한 2연은 정치한 대구가 예사롭지 않다. 또 3연에서 2-5의 낯선 구법으로 베 짜는 소리를 달빛 비치는 침상 아래서 우는 귀뚜리 울음소리와 병치한 다음, 바람이 부는데도 처마에 거미줄을 치는 재주처럼 뛰어난 솜씨로 베를 짜는 모

2 편자 미상, 『青邱詩話拾遺稿』(규장각 소장).

3 이백의 이 작품은 다소 난해한데 李瀷의 『星湖僿說』 권29에서 「烏夜啼」로 풀이한 바 있어 참고가 된다.

습으로 대구를 삼은 것도 탁월한 시재를 보게 한다. 마지막 연에서 짠 비단을 햇살에 말리면 더욱 색깔이 고와질 것이라 하였다. 공자가 안연(顔淵)과 함께 태산(泰山)에 올라갔는데, 오나라 성문 밖에 백마가 매여 있는 것을 보고 안연에게 저것이 보이느냐고 묻자 안연이 한 필의 흰 비단이라고 대답하니, 공자가 비단이 아니라 말이라고 바로잡은 고사를 끌어들였다. 전고의 구사 역시 이 여성의 학문적 깊이를 짐작하게 한다. 첫 번째 작품은 평성 양운(陽韻)으로 압운하였는데 이 운자를 가지고 시를 짓는 것이 쉽지만, 두 번째 작품처럼 평성 우운(虞韻)으로 압운하기는 어려워 조선시대 남성 시인들의 작품에서도 이 운자로 된 시가 그리 많지 않다. 그래서 이 송씨 여인의 솜씨가 더욱 뛰어나다고 칭송한 것이다.

이 일화는 찬자 미상의 『청구시화습유고』에 이렇게 실어 놓았지만, 송씨가 장성 출신이라는 것 외에 어떤 인물인지는 밝히지 않았다. 또 조언림(趙彦林, 1784-1856)의 『이사재기문록(二四齋記聞錄)』에서도 콩을 읊은 이 시를 소개하였는데 여기서는 무장(茂長)의 부인이 지은 시라 하였다.[4] 무장은 고창군 무장면인데 예전에는 무장현이었다. 부인이라 한 것을 보면 양반가 여성으로 본 것 같다. 장지연의 『일사유사』에도 이 시가 실려 있는데 여기서는 배경이 다르게 되어 있다.

> 해서(海西) 사인(士人)의 아내 아무개 씨는 문자를 조금 알았다. 해주감사(海州監司)가 백일장(白日場)을 열고 시권(試券) 하나를 뽑아 장원으로 하였다. 그 이름을 부르고 면전에서 율시 한 수를 지어보라 하였더니, 그는 망연자실하고 한 구도 짓지 못하였다. 누구에게 글을 빌렸는지 캐묻자, 그 사내는 "아내가 조금 문자를 알기에

4 趙彦林, 『二四齋記聞錄』. '鼠呈眶'이 '鼠瞋眶'으로 다르게 되어 있지만 뜻은 비슷하다. '蜂轉密'은 '蜂轉蜜'의 잘못이다. 이 시화는 안대회 교수가 『문헌과해석』 1호(1999)에서 역주한 것을 참조할 수 있다.

그 솜씨를 빌렸습니다."라 대답하였다. 해주 감사가 매우 기특하게 여기고 운자를 내어 그 처로 하여금 시를 지어 바치게 하되 콩[太]을 제목으로 삼았다. 그 시는 이러하다. (…) 해주 감사가 크게 칭찬하고 후하게 상을 내렸다.[5]

무식한 남편을 대신하여 아내가 백일장에 시권을 바쳤다고 하였으니, 이 시기 여성의 문학적 능력이 남성보다 낫다는 인식이 배경에 깔려 있다. 대리시험의 부정행위가 엄벌에 처해질 것이지만 사랑방 이야기의 문맥에서 여인이 상까지 받은 것이라 보아야 할 것이다. 배경은 다르지만 평안도관찰사가 기특하게 여길 정도로 이 여성의 '문자속'이 깊다.

그런데 장지연의 『일사유사』에 콩을 노래한 여성이 남편을 대신하여 시를 지었다고 하였는데, 이러한 사례는 드물지 않았다. 앞서 본 정일당 강씨의 문집 『정일당유고』에는 남편을 대신하여 지었다는 주석을 분명하게 달아 놓은 작품이 상당수에 달한다. 남편을 위한 대작(代作)이 내조(內助)의 하나로 꼽히기도 한다. 이병혁(李秉爀)이 1928년 간행한 『청구풍아계속(靑丘風雅繼續)』에는 숙종 연간 성시열(成時悅)이라는 사람의 아내 이씨(李氏)가 남편을 대신하여 지은 시 「남편을 대신하여 벗에게 주다(代夫贈友)」를 실었다.

소싯적 봄이 온 낙포에서 함께 놀았으니	妙年同遊洛浦春
오직 자네만이 나와 가장 친하였다네.	惟君於我最相親
풍진 세상에서 흩어진 것은 정축년이요	風塵分散年丁丑
부평초로 떠돌다 만난 것은 미신일이라.	萍水相逢日未申
술 마시자 말소리는 예전과 한가지구나	酒後語音猶古昔
지금 세태에 우정도 가난하면 달라지는데.	世間交態異寒貧
같이 나란히 놀던 벗들 장수한 이 없으니	同時魚隊無遐算

5 張志淵, 『逸士遺事』 권6. '春飄'는 '春瓢'의 잘못이다.

말 세우고 지금의 벗과 속마음 털어놓네. 駐馬論懷時故人

낙포(洛浦)는 임진강의 낙하(洛河)를 이르기도 하고 낙동강의 강마을을 가리키기도 하지만, 성시열 자체가 다른 문헌에서 확인되지 않는 인물이라 자세한 것을 말할 수 없다. 이 작품에서 성시열이 젊은 시절 가장 절친하였던 벗과 '정축(丁丑)'에 헤어졌다고 하였는데, 1697년 정축년 흉년이 극심하여 유민이 많다는 기록이 『숙종실록』에 보인다. 1757년 정축년에도 대기근으로 한양에서 밥을 빌어먹는 굶주린 사람의 수가 8,700이라는 기록이 있다. 어느 정축년인지 모르지만 대기근으로 성시열과 그의 벗이 이때 헤어진 것으로 보면 되겠다. 그리고 '미신(未申)'에 다시 만났다고 하였는데 일간지(日干支)를 말한 것이다. 정확한 날짜는 알기 어렵지만 떠돌이 생활을 하던 중에 우연히 만난 것 같다. 오랜만에 만나 술을 한 잔 나누노라니 얼굴은 변하였지만 말소리는 그대로다. 두보의 「빈교행(貧交行)」에서 "손을 뒤집으면 구름 일고 엎으면 비가 내리는 듯. 경박한 세상인심 굳이 따질 것이 있으랴.(翻手作雲覆手雨 紛紛輕薄何須數)"라 한 대로, 가난한 사람에게 따뜻한 손길을 내밀지 않는 세상이지만 벗은 그러하지 않아 다행이다. 게다가 어려운 세상살이에 마음 맞는 벗들이 대부분 저승으로 갔기에, 잠시 말을 멈추고 남은 이 벗과 속마음을 털어놓는다.

이러한 작품은 남편을 대신해서 지었다는 전제가 없으면 남성의 작품이라 해도 문제 될 것이 없다. 몰락한 사족의 여성도 문자를 알고 시를 지을 수 있는 시대가 되었기에 이러한 일이 가능한 것이라 하겠다. '여성 군자'를 지향하는 명가의 여성뿐만 아니라 몰락하여 이름을 남기지 못한 집안의 여성들도 이른바 '분기'가 없는 작품을 지었는데 이렇게 해야 높은 평가를 받았다.

이처럼 조선 후기에는 이름은 알 수 없지만 뛰어난 시를 남긴 여성들이 제법 등장한다. 『해동시화(海東詩話)』에도 가난한 부인의 시를 소개하고 있는데 시의 뜻이 아름답지만 이 여성에 대한 더 이상의 정보는 확인할 수 없다. 부인이라 하였으니 몰락한 양반가의 여성일 가능성이 높다.

종일 산에 올라 고사리 캐서 돌아오니	盡日登山採薇還
달빛 걸린 절구에 새벽 노래 차네요.	月懸春杵曉歌寒
당신네 굽은 뿔 암소가 무척 부럽네요,	多羨儂家曲角牸
밤이 되면 그래도 조금 한가할 수 있으니.	夜來猶得一閑閑

밀양 손씨(密陽孫氏) 부인이 이씨 집안으로 시집갔는데 시가가 무척 빈한하여 이에 이 시를 지었다.[6]

가난한 여인이 종일 산에 올라가 고사리를 캐어 보리쌀이라도 조금 섞어 나물밥을 짓기 위해 새벽까지 절구질을 한다. 차라리 밤이 되면 쉬는 옆집 암소가 부럽다. 가난의 문제를 시에 담은 작품으로 여느 사대부 작가의 것보다 뛰어나다.

6 편자 미상, 『海東詩話』(국립중앙도서관 소장).

85.
박태수와 조운창, 서세보의 첩

앞서 본 조언림의 『이사재기문록』에는 이름을 남기지 못한 양반가 여성과 함께 첩실과 기녀 등 다양한 계층의 한시를 소개하였다. 19세기에는 고관대작들이 시에 능한 첩을 많이 두었고 그 중 시에 능한 여성도 제법 있었다. 박태수(朴台壽, 1773-1824)와 조운창(趙雲昌)의 첩도 그러하였다. 박태수는 본관이 반남(潘南)으로, 대사간, 판서를 지낸 박윤수(朴崙壽)의 아우다. 1820년 서장관으로 중국에 다녀왔고 1822년 우승지, 1824년 영변부사를 지냈다. 조운창은 장서각에 소장된 『풍양조씨세보판각도(豊壤趙氏世譜板閣圖)』를 편찬한 인물로, 이동면(李東冕, 1749-1773)의 사위라는 점 외에는 이력을 알 수 없다.

박태수의 첩 진섬(眞蟾)의 절구는 이러하다.

살아 이별하면 산들 무슨 보탬 될 것이고 生當有別生何益
죽더라도 따르리니 죽은들 무엇이 문제랴? 死亦相從死不妨
누가 만나는 곳 긴 밤은 짧게 만들었다가 誰使逢場長夜短
이별 후에 짧아진 밤 다시 길게 만들었는가? 還能別後短宵長

또 조운창의 첩이 지은 한 연은 이러하다.

꽃이 가지 끝에 오르니 지력보다 앞서는데　　花上枝頭先地力
봄 돌아온다고 꾀꼬리가 천기를 누설하네.　　春回鶯舌漏天機

또 한 연은 이러하다.

화로 속의 늙은 불은 연기에 서려 자는데　　爐中老火盤烟宿
창밖의 찬바람은 눈 덮인 다리를 지나 오네.　　窓外寒風挾雪橋[1]

박태수의 첩 진섬은 이름으로 보아 기생첩인 듯하다. '섬'이 두꺼비 또는 달을 이르니 진섬은 진짜 달이라는 뜻이겠다. 그가 지은 작품은 짧지만 강렬하다. 첫 구는 송 황정견의 「염구인에게 답하다(答閻求仁)」에서 "살아서 이별하여 각기 다른 곳에 있으니, 고인이 탄식하여 즐기기 어렵다 하였지.(生當有別各異方 古人嗟此樂難當)"를 응용한 것이지만 더욱 처절하다. 여기에 생과 사를 대로 맞춘 솜씨도 예사롭지 않다. 원의 여성 시인 유취취(劉翠翠)의 「옷깃을 기우며(縫衣領)」에서 "창자가 끊어져도 정은 끊어지기 어려우니, 살아서 좇지 못한다면 죽어서도 좇겠소.(腸雖已斷情難斷 生不相從死亦從)"라 한 구절과 뜻이 비슷하다. 유취취의 시를 보았을 가능성이 많지 않지만 우연히 비슷한 말이 되어 나왔을 수도 있겠다. 또 3-4구는 황진이의 시조 "동짓달 기나긴 밤을 한 허리 베어내어, 춘풍 이불 아래 서리서리 넣었다가, 얼운 님 오신 날 밤이어든 굽이굽이 펴리라"라 한 것의 또 다른 버전이라 할 만하다.

그런데 이 작품은 편자 미상의 『청구시화습유고』에는 판서 정기선(鄭基善)의 첩이 지은 만사로, "첩은 무슨 죄라 살아서 죽기 어려운지, 낭군이 홀연 무정하게 가버려 돌아오지 않는데(妾何有罪生難死 郎忽無情去不還)"와 함께 "살아서

1　趙彦林, 『二四齋記聞錄』.

도 먼 이별 산들 무슨 보탬 되리오, 죽어서 만날 수 있다면 죽은들 어떠랴.(生當遠別生何益 死若相逢死不妨)"라는 두 구절을 소개한 바 있다.[2] 이 두 구절을 합치면 진섬의 작품이 되겠다. 정기선(1784-1839)은 본관은 동래고 자가 원백(元伯), 호는 수석(脩石)이다. 경상도관찰사와 예조판서, 대사헌 등을 지낸 명환이다. 생몰년만 따진다면 정기선의 첩이 진섬의 시를 가져다 쓴 것인 듯하다.

두 번째 작품은 조운창의 첩이 지은 것인데 이 여성이 어떤 인물인지 알 수 없다. 그럼에도 그가 지은 시는 공교롭다고 평할 만하다. 땅은 꽁꽁 얼었지만 꽃을 피우고자 하는 의지를 꺾지 못하고 꾀꼬리가 천기를 누설이나 하려는 듯 요란하게 울어 댄다고 한 표현은 정교한 대우가 돋보이거니와 사물에 침잠하는 성리학자의 마음도 닮았다. 맹자가 "지세의 이로움이 사람의 화합만 못하다.(地利不如人和)"라 한 구절을 교묘하게 응용한 상구의 표현이 대단하다. 이어 소개한 구절에서 화로에 불씨가 재에 묻혀 불기운이 보이지 않는데 창밖에 북풍한설이 매섭게 불어온다고 한 것 역시 지금은 춥고 고단하지만 머지않아 따뜻한 봄이 올 것이라는 계절의 변화를 미리 말하였다는 점에서 노숙함이 느껴진다.

이 시기 서세보(徐世輔, 1790-?)의 첩도 시문에 능하였다. 역시 조언림의 『이사재기문록』에 그 시가 실려 있다.

> 서세보의 첩이 글에 능하였는데 달아난 후에도 서세보가 잊지 못하여 율시 한 수를 던져 보내니, 절구 한 수로 답을 하면서 "첩의 죄는 산과 같고 당신 은혜는 하늘과 같지만 진실로 형벌을 받을 수 없고, 일언이폐지하면 '절(絶)' 한 글자입니다."라 하였다. 시는 이러하다.

2 편자 미상, 『靑邱詩話拾遺稿』.

제 신세 영락하여 기방에 매인 몸이라	妾身流落屬娼家
오랑을 얻어 세월을 보내고 싶었는데	願得吳郎送歲華
낭군 마음 돌처럼 굳은 줄 알지 못하여	不識郎心如石固
잠시 별원에 핀 꽃으로 옮겨 갔지요.	暫時移向別園花[3]

서세보는 본관이 대구로 서형수(徐逈修)의 손자요 서유병(徐有秉)의 아들이다. 앞서 본 영수합 서씨는 서세보의 고모다. 서세보는 자가 계현(季顯)이며 호는 포원(匏園)이다. 헌종 때 사헌부감찰, 공조정랑, 순흥부사 등을 지냈다. 홍길주와 홍한주 형제, 서유구, 이만용(李晩用) 등과 친분이 있던 문인이다. 장서각에 문집 『유자아언(孺子雅言)』이 전한다. 여기에 여성을 소재로 지은 작품이 여럿 있어 여성 편력이 제법 있었음을 짐작하게 한다.

서세보의 첩은 기생이었는데 첩실로 들어갔지만 무슨 이유인지 도망을 갔다. 그래도 서세보가 그를 잊지 못하여 시를 지어 보내 돌아오라고 한 모양이다. 이에 이 기녀는 그 은혜에 감사한다면서도 절연의 뜻을 표하면서 이 시를 지어 보내었다. 오랑(吳郎)은 오나라의 사내인데 서세보가 대구 서씨라 이른 말인 듯하다. 진(晉)의 하통(夏統)이 가충(賈充)의 심지가 굳은 것을 보고 목인석심(木人石心)이라 한 고사가 있다. 서세보가 그처럼 심지가 굳은 남자인 줄 미처 알지 못하여 헤어지게 된 것이라 하였다. 여성 화자의 입을 빌려 남자의 변심을 말하는 것이 일반적이므로 마지막 구절은 서세보가 자신을 버리고 다른 여인에게 간 것으로 잘못 알았고 그 때문에 다른 남자에게 의탁하고 있으니 그런 상황을 받아들이라는 뜻으로 풀이하면 될 듯하다.

그런데 이능화의 『조선해어화사』에는 평양 기녀 온정(溫亭)의 연작시 「실제(失題)」로 이 작품을 들고 나머지 4수를 더 실었다.[4] 서세보의 첩 이름이 온정

---

3 趙彦林, 『二四齋記聞錄』.

이었을 수도 있겠다. 나머지 4수는 이러하다.

뿔피리 소리 동쪽에 활 같은 달이 뜰 때　畫角東頭月似彎
밤새 고운 약조 천만 겹 산보다 무거웠건만　一宵芳約萬重山
복사꽃 뜬 봄 물결 따라 무정하게 가 버렸으니　桃花流水無情去
웃음 지으며 딴 사람을 보는 것 창피하네요.　羞向他人帶笑看

강남 제비 둥지 떠나 서쪽으로 날아가는데　紫燕辭巢西向飛
바람에 가벼운 버들솜 더러운 못에 떨어지네.　風飄輕絮落汚池
그 뉘와 삼생의 약조를 다시 맺을 수 있으랴　阿誰更結三生約
제 아름다운 일편단심을 지켜갈 수 없네요.　一寸芳心不自持

골짜기의 풀과 담장의 꽃이 다 애를 끊는데　谷草墻花摠斷腸
옥피리 한 가닥에 눈물은 천 줄기 흐른다오.　一聲玉笛淚千行
금병풍도 외로운 난새의 꿈을 막지 못하리니　金屛不障孤鸞夢
당신에게 고운 여인, 제게는 낭군이 있었기에.　君有賢姝妾有郞

낭군 편지 갑자기 받고 취한 듯 꿈인 듯　忽得郞函醉夢輕
고운 종이에 글자마다 눈물이 마구 흘렀네.　錦牋字字淚交橫
미루어 알지니 밝은 달 아무도 없는 밤이면　料知明月無人夜
아직도 은근히 나를 그리는 정은 있겠지요.　猶有殷勤戀我情

정든 임을 보내고 다시 다른 남자의 품에 안겨야 하는 슬픔, 떠나간 사랑하는 이에 대한 그리운 마음, 그로부터 편지를 받고 가끔은 자신을 떠올릴 것

4 "妾身倫落屬娼家 願得賢郞送歲華"로 조금 다르다.

이라는 위안 등 이별을 겪은 여인의 정서가 곱게 그려져 있다. 그런데 온정이라는 평양의 기녀는 다른 문헌에서 확인되지 않는다. 혹 20세기 초반 '만들어진' 여성의 한시가 아닌지 모르겠다.

86.
시로 배필을 구하고자 한 여인

18세기 이래 평범한 시골 아낙네도 시를 지었다는 기사를 시화서나 야담에서 자주 볼 수 있다. 한시 창작이 평민 여성에까지 확산되면서 그 이전 시기와 달리 여성의 문학을 적극적으로 옹호한 발언도 등장한다. 윤기도 이 점에서 진보적이라 할 수 있다. 윤기는 하늘이 재주를 내려줄 때 남녀를 가리지 않는다는 주목되는 발언을 하였다.

> 근세에 어떤 시골 여자가 있어 재주와 학문이 범상하지 않았는데, 남의 첩이 되어 양주(楊州) 송산(松山)에 살았다. 폭포를 보고 쓴 시에서 "차고 둥근 눈 방석이 빙글 돌아 절벽을 흔드는데, 맑게 부서지는 밝은 구슬이 굴러 개울로 들어가네.(寒團雪席回掀壁 朗碎明珠轉入溪)"라고 하였다. 그 밖의 시도 대개 이와 같아서 시에 능하다고 하는 자들이라도 이에 미치기 어렵다. 하늘이 재주를 내려줄 때 남녀를 가리지 않는 것이 이와 같다.
>
> 또 어떤 처녀와 과부가 각자 시 한 구절로 짝을 구하는데, 대구를 잘하는 자가 있으면 즉시 몸을 허락하겠다고 하였다. 처녀의 시는 "메꽃이 물에 거꾸러지니 물고기가 나비가 되었네.(山花倒水魚爲蝶)"라고 하였는데 '향(香)' 자를 '접(蝶)' 자의 대로 맞추라 하였다. 또 과부의 시는 "버들 푸르고 복사꽃 붉으니 봄은 두 색이라네.(柳綠桃紅春二色)"라고 하였는데, '형(馨)' 자를 '색(色)' 자의 대로 맞추라 하였다. 그러나 끝내 대구를 능히 하는 자가 없었다고 한다. 두 시는 모두 자신에 대한 것이어서

재주라면 재주라고 하겠지만, 그 뜻이 음란하니 말하기에는 부족하다.[1]

양주 송산은 지금 의정부시 송산동으로 신숙주(申叔舟)의 묘소가 있는 곳이기도 하다. 이곳에 살던 시골 아낙네가 폭포를 두고 시를 지었는데, 방석만 한 크기의 눈이 떨어져 절벽을 뒤흔들고 투명한 옥구슬이 부서져 개울로 떨어진다고 비유한 솜씨가 예사롭지 않다. 그래서 윤기가 시에 능한 자도 미치기 어렵다 하고 하늘이 부여한 문학적 재질은 남녀를 따지지 않는다는 진보적인 발언을 한 것이다. 윤기가 1813년 무렵 지은 글에서 이렇게 말한 것으로 보아 송산의 여자는 19세기 전후한 인물인 듯하다.

윤기는 이어 처녀와 과부가 시구로 배필을 구하는 이야기를 담았다. 꽃이 물에 비치니 물고기가 나비가 된다는 처녀의 시가 묘하다. 이 구절의 공교함에 대를 맞추기가 쉽지 않거니와 여기에 더하여 대구의 마지막 글자를 '향(香)'으로 두어 '접(蝶)'에 대가 되게 하라고 하였으니 답을 찾은 이가 없는 것이 당연하다. 과부의 시험 문제도 쉽지 않다. 푸른 버들 붉은 복사꽃으로 봄이 두 가지 빛깔이라 하였는데 '형(馨)'에 '색(色)'으로 대를 맞추라 하였다.

이처럼 여성이 자신이 지은 시를 자부하고 여기에 적절한 답을 하는 남성에게 몸을 허락하겠다는 시화는 그리 드물지 않다.[2] 『학림보결』에는 『수미청사』를 인용하여 '대구를 구하여 남편으로 삼다(求對爲夫)'라는 시화를 소개하였다. 한 기녀가 똑똑하고 예뻤는데 한 문사가 마음에 풍정(風情)이 일어 합환(合歡)을 하자고 하였다. 기생이 '솜을 타는 활 소리[彈綿弓響]'를 형용한 "흰 구름 골짜기에 마른벼락이 치는 듯(白雲洞裏晴雷動)"에 대를 잘 맞추면 응하겠노라 하였다. 선비가 바로 '뽕잎 갉아 먹는 누에 소리[食葉蠶聲]'라면서 "푸른 나무 그

1 尹愭, 「井上閒話」, 『無名子集』 12책.

2 이종묵, 「여성이 한시로 배필을 구하는 일」, 『한국한시연구』 28호(2020).

늘에 가랑비 내리는 듯(綠樹陰中細雨來)"으로 응대하였고, 이에 기생이 몸을 허락하였다고 한다. 시로 남편을 구하는 일이 여성의 꿈이었는지, 거꾸로 시에 능한 남성의 꿈이었는지 이런 이야기가 제법 있었고 이런 데 쓰인 시의 기교가 녹록지 않으니 양반이 아닌 평민의 한시 교양이 상당한 수준에 올랐음을 알게 한다.

그런데 처녀와 과부가 던진 질문은 그 이전의 기록에서부터 보인다. 이기(李墍, 1522-1600)의 『송와잡설(松窩雜說)』에는, 어무적(魚無迹)이 '뽕잎 갉아 먹는 누에 소리'에 대해 "푸른 나무 그늘 속에 가을비 뿌린다.(綠樹陰中洒秋雨)"로, '솜 타는 활 소리'에 대해 "흰 구름 무더기 속에 봄 우레가 동한다.(白雲堆裏動春雷)"로 표현한 바 있다고 하고, "전해 오는 말이 옳은지는 자세히 알 수는 없지만 참으로 소리 있는 생생한 그림이라 할 수 있다."라 하였다.

'뽕잎 갉아 먹는 누에소리'는 어무적보다 이른 시기, 기묘명현(己卯名賢)의 한 사람인 남주(南趎, 1499-1526)의 누이가 지은 구절에 연원이 있는 듯하다. 남주가 눈[雪]을 두고 시를 짓게 하되 '홍(紅)'과 '녹(綠)' 자로 운자를 부르니, 누이가 즉석에서 "땅에 떨어지니 소리는 누에가 푸른 잎 먹는 것 같고, 공중에 흩날리니 모습이 나비가 붉은 꽃 엿보는 듯하네.(落地聲如蠶食綠 飄空狀似蝶窺紅)"라고 답한 구절이 변형된 것이라 하겠다. 이정형(李廷馨, 1549-1607)의 『황토기사(黃兎記事)』에 보인다. 홍만종의 『시평보유』에서도 이 시를 인용하고 놀라운 재주라 칭송한 바 있다.

와세다대학교에 소장된 『좌해시수』에도 정교한 대구로 배필을 구하고자 한 여인의 일화가 보인다.

> 어떤 여인이 시에 능하였는데 "흰 머리 검어짐은 양털 붓이요.(白頭還黑羔毛筆)"라는 구절을 지었지만 세상에 여기에 대를 할 수 있는 사람이 없었다. 정말 "안개가 못의 버들을 가두고 있네.(烟鎖池塘柳)"의 대와 같다. 또 여항의 한 여자가 "꿈속

에 천 산을 밟아도 다리가 힘들지 않네.(夢踏千山脚不勞)"라는 시구를 얻었는데 치밀하고 정확하게 대를 맞추어 말을 만들 수 있는 자에게 몸을 허락하고 그 사람을 따를 것이며, 이로써 남편을 구하겠다고 하였지만, 끝내 아무도 대를 하지 못하였다고 한다. 가소롭다.[3]

수수께끼처럼 시를 짓고 또 이를 이용하여 남편감을 구하는 사례가 18세기 이래 시화에서 거듭 보인다. 백발이 다시 흑발이 되는 것은 붓이라는 수수께끼를 시로 만든 것인데 여기에 걸맞은 대를 한다는 것은 쉽지 않다. 또 꿈속에서 그리운 사람 찾아 밤새 돌아다녔지만 다리 아픈 줄 몰랐다는 구절에 대를 맞추는 사람에게 몸을 허락하겠다는 여성이 있었지만 흡족한 답을 얻지 못하였다.

"안개가 못의 버들을 가두고 있네.(烟鎖池塘柳)"는 대를 맞추기 어려운, 당시 아무도 풀지 못한 문제로 알려져 있었다. 연(烟), 쇄(鎖), 지(地), 당(塘), 류(柳) 다섯 글자에는 부수에 화(火), 금(金), 수(水), 토(土), 목(木)의 오행(五行)이 들어가 있는데 여기에 대를 맞출 때도 오행이 각기 들어가는 글자를 넣어야 하는 전제가 깔려 있다. 조선 후기 문인이 자주 참고한 청 우통의 『간재잡설』에 이 구절에 대한 대를 맞춘 사람이 없다는 기록을 본 것 같다. 이서우(李瑞雨, 1584-1637)도 이 문제를 보고 고민하다가 나름의 답을 제시한 바 있다. 이서우는 "개울의 절벽에 단풍이 횃불을 물었고(澗壁楓銜炤)"를 출구(出句)로 삼으면 적절한 연이 된다고 답을 내었다.[4] 이서우는 답으로 제시한 구절은 다섯 글자에 각기 수, 토, 목, 금, 화의 오행이 들어가는 글자를 넣는 데 성공하였다. 다만 이 두 구가 통사구조에서 정확한 대가 되지 않으니 반만 맞았다고 하겠다.[5]

---

3 『左海詩藪』(와세다대학교 소장).

4 李瑞雨, 「夜中無睡 作對句一兩聯 或出語 令兒子覓對不得 仍自成之 頗有天然者 不忍棄錄此」, 『松坡集』 권10.

사물이나 정감을 정교하게 표현하는 것을 두고 시합하고 또 남녀의 풍정에 연결한 이런 이야기가 당시 사람들의 흥밋거리였을 것이다. 그래서 이와 비슷한 이야기가 빈번하게 보인다. 황윤석의 일기 『이재난고』에는 그 시대 여성의 한시가 제법 수록되어 있다. 다음은 나주 유생이 만난 여인에 대한 이야기다. 1787년 10월 19일에 들은 이야기다. 여기서는 여성이 수수께끼 같은 시를 지어 남성을 유혹하였다.

> 올봄 한양의 정시(庭試)에서 나주의 유생이 동작나루에 이르렀을 때 우연히 한 부인을 만났는데 자태가 뛰어났다. 한 번 두 사람이 마주 보자 제법 눈이 맞았다. 북쪽의 백사장에 이르러 몇 리를 아득하게 좇아갔다. 부인도 일부러 남들이 다니지 않는 곳을 택하여 갔다. 와야현(瓦冶峴) 주막에 이를 무렵 말을 타고 가 버렸다. 천천히 그 뒤를 보았더니, 부인이 채찍으로 절구 한 수를 모래 위에 초서로 적었는데 이러하였다.
>
> | | |
> |---|---|
> | 흥인문 너머 첫 번째 골목이라 | 興仁門外第初街 |
> | 한 가닥 모래내 다섯 그루 버드나무. | 一帶沙川五柳斜 |
> | 담장 북쪽 담장 남쪽 바위 아래 길 | 墻北墻南岩下路 |
> | 앞 셋째 뒤 일곱째가 제집이라오. | 前三後七是吾家 |
>
> 유생이 도성에 들어가 장성 사또 유증양(柳曾養)의 집에서 이를 자세히 전하였더니, 좌중의 사람들이 모두 "이는 부인이 자네를 맞으려는 것인데 자네는 가지 않았으니 무슨 이유인가?"라 하였다. 유생이 이에 동대문 바깥 시에서 말한 대로 갔

5 중국에서도 이 문제에 대한 답을 제안한 사람이 여럿 있었다. 명말청초의 문인 陳子昇은 "등불이 비단 난간 물결에 드리워지네.(燈垂錦檻波)"(「客有以烟鎖池塘柳五字具五行屬予為對句 因成柳波曲二首 與好事者正之」, 『中洲草堂遺集』)라 하여 오행이 차례를 화, 토, 금, 목, 수로 바꾸어 답하였고 나중에 "봉홧불은 먼 변방의 기러기 울음에 다하네.(烽銷極塞鴻)"(「續作鎖柳銷鴻之曲」), "종소리는 누정의 등불에 가물거리네.(鍾沈臺榭燈)"(「續鎖柳沈燈引」) 등도 제시한 바 있다.

지만 때가 이미 대엿새가 지났기에 부인이 이미 다른 동네로 이사 가서 만나지 못했다고 하였다.[6]

나주의 유생이 동작나루에서 어떤 여성을 만나 좇아갔는데, 그녀는 백사장에 자기 집 주소를 남겼지만 눈치 없는 유생이 이를 알지 못하였다는 내용이다. 아름다운 여인과의 하룻밤을 기대하는 남성들의 소망이 이러한 이야기를 만들어낸 듯하다. 『병세집』과 『풍요속선』에는 「정인과 헤어지며(別情人)」로 실려 있으니[7] 18세기 구전되던 작품이라 하겠다. 그런데 『풍요속선』에는 이 작품과 함께 「정든 임을 기다리며(待情郎)」를 나란히 소개하였다.

봄바람 갑자기 훈훈해지고	春風忽駘蕩
황혼에 밝은 달까지 떴는데	明月又黃昏
끝내 아니 오실 줄 알건만	亦知終不至
문 잠그려니 절로 섭섭하네요.	猶自惜關門

어느새 봄바람이 불어와 춘심(春心)을 불러일으킨다. 게다가 저녁이 되자 밝은 달까지 떠오른다. 달은 사랑하는 사람의 얼굴이다. 임 생각이 간절하다. 오지 않을 줄 번히 알지만 차마 대문을 걸지 못한다. 기녀의 짧은 사랑 노래가 그러하듯 말을 건네듯 뜻을 말하는 전통을 이었다. 장지연의 『대동시선』에도 『풍요속선』과 함께 이 두 작품이 동일한 작가의 작품인 것처럼 나란히 실었다. 과연 그런지는 의심스럽다.

---

6 黃胤錫, 『頤齋亂藁』(1787. 10. 19).

7 『幷世集』 1구의 "흥인문 바깥 첫 번째 골목(興仁門外第初巷)"이 『風謠續選』에는 "흥인문 밖은 이름난 골목이 없는데(興仁門外無名巷)"로 3구의 '岩下路'가, '花下路'로 되어 있지만 뜻 차이는 별로 없다.

앞서 소개한 『학림보결』에도 시로 배필을 구하는 이야기가 몇 편 실려 있는데 대개 비극적이다. '금성 사인 딸의 시(金城士人女詩)'로 되어 있는 이야기부터 보기로 한다.

> 서생 성(成) 아무개가 벗을 찾아가는 길에 폭우를 만나 한 인가의 문 앞으로 피하였다. 주인집에서 환대하여 맞기에 깔끔한 방으로 들어갔다. 잠시 쉬었는데 비가 그치지 않았다. 조금 있으니 방안에서 술을 보내왔기에 성 아무개는 매우 의아해하였다. 다 마시고 나니 소반 위에 절구 한 수가 적혀 있는데 필법도 묘하였다. 시는 이러하다.
>
> | | |
> |---|---|
> | 어느 곳 노새 타신 손님께서 | 何處騎驢客 |
> | 쏟아지는 비를 무릅쓰고 오셨나. | 蕭蕭冒雨來 |
> | 창을 사이에 두고 끝없는 마음에 | 隔窓無限意 |
> | 섬섬옥수로 금 술잔을 보냅니다. | 纖手送金杯 |
>
> 늙은이가 말하였다.
>
> "딸년이 있어 시문과 서화에 능합니다. 시집을 보내려 하였더니, 풍채가 아름답고 문장이 뛰어난 사람을 따르겠다고 하면서 제 손으로 고르겠답니다. 정말 고집을 부려 꺾을 수가 없었지요. 오늘 아침에 갑자기 집안사람에게 '오늘 늦게 어떤 이가 비를 피해 꼭 올 것입니다. 이분이 곧 나의 남편이니, 잘 대접해 주세요.'라 하였습니다. 이 때문에 아까 과연 맞아들였고 이제 시를 지어 스스로 중매를 한 것입니다."
>
> 성 아무개는 마음으로 그녀의 행동이 사사롭고 옳지 못하다 하여 예를 들어 거절하고는 소매를 떨치고 가버렸다. 그 여자는 부끄러워 목을 맸다.[8]

8 편자 미상, 『脩眉淸史』(『鶴林補缺』 소재). 『東詩零言』에도 『修眉淸史』를 인용하여 이 이야기를 수록하였다.

『학림보결』에서 편찬자를 알 수 없는 『수미청사』라는 책을 인용하여 성 아무개가 만난 여인의 사연을 이렇게 소개하였다. 시문과 서화에 뛰어난 여성이 스스로 남편감을 고르려 하였다. 시문과 서화뿐만 아니라 점술에도 뛰어났는지 성 아무개가 비를 피해 올 것을 예상하였지만, 무정한 사내는 예법을 들어 거절하였고 이에 여인은 부끄러움에 스스로 목숨을 끊었다는 것이다. 짧은 절구에 자기 뜻을 담아낸 데서 여인의 재능을 볼 수 있지만, 그 뜻을 이루지 못한 것이 안타깝다.

시로 마음에 맞는 사람을 구하고자 하였지만 뜻을 이루지 못하였을 때, 목숨을 끊지는 않았지만 세상과 절연하고 비구니가 된 사람도 있었다. 같은 『학림보결』에 실려 있는 이야기다.

> 내가 경자년(1840) 가을 원주 감영에서 금강산을 유람하였다. 내금강을 두루 보고 안문령(雁門嶺)을 넘어 외금강으로 향하여 유점사(楡岾寺), 신계사(新溪寺), 낙산사(洛山寺), 경포대(鏡浦臺) 등의 명승을 두루 탐방하고 돌아왔다. 다만 한스러운 것은 구석구석 찾아보느라 힘이 들어 유람의 견문을 기록하겠다는 뜻을 이루지 못한 점이었다. 신축년(1841) 서대문 안 윤 상사(尹上舍)가 금강산을 유람하고 돌아왔는데 기문이 있다는 말을 듣고 내가 빌려 보았다. 기문 끝에 이렇게 되어 있었다.
>
> "금강산에서 돌아오는 길에 한 주막에 묵었는데 한 선비를 만나 밤에 함께 이야기를 나누었다. 관동에 김씨 성의 선비에게 딸이 있는데 일찍 부모를 잃고 그 외가에 몸을 의탁하였다. 외가는 무식한데 누에를 쳐서 부자로 이름이 났고 집은 금성(金城)의 관아 아래 있었다. 김씨 여자는 절세의 자태를 지녔고 총명하여 시에 능하였지만 나이가 열여섯이 되도록 혼례를 올리지 못하였다. 마침 한 과객이 있어 비 때문에 그 집에 머물게 되었다. 밤이 깊어 시를 읊조리자, 김씨 여자가 그 사람이 유생으로 시인임을 알고서 여종을 시켜 시를 부쳐 보냈다. 시는 이러하다.
>
> 절로 신선의 복숭아 좋아하였는데　　　自愛仙桃種

올봄에 한 가지 꽃이 피었건만	今春綻一枝
고운 담장이 몇 길이나 높아서	粉牆高數仞
노니는 나비가 알아주지 않네요.	遊蝶未能知

이른바 시인이라는 자가 그 뜻을 이해하지 못하고 등한히 지나쳐 버렸다. 그 후에 김씨 여자의 외숙이 시골 무지렁이에게 시집을 보내고자 하였는데 김씨 여자는 죽겠다면서 따르지 않았고 마침내 머리를 깎고 비구니가 되어 금강산 산속으로 들어갔다. 비구니의 이름은 의몽(擬夢)이고 그 나이는 지금 쉰 남짓이라고 한다. 한스럽게도 내가 내금강을 유람할 때 들어보지 못하였다. 산을 나서기 전에 들었더라면 중들에게 물어서라도 반드시 찾아가 한 번 보았을 텐데. 윤 상사도 그 마음이 같았다. 내가 심히 한탄하고 마침내 그 시에 차운하였다.

현포에 복숭아를 옮겨 심으니	玄圃移桃樹
고운 가지 하나 담장에 기대 있네.	依墻艶一枝
담장 곁에 따로 길이 나 있어	墻邊別有徑
지나던 나비가 좇아갈 수 있겠네.	過蝶可追知[9]

의몽은 속성이 김씨로 젊은 시절 스스로 남편을 구하겠노라 다짐하였다. 드디어 한 시인을 만나 시를 지어 은근히 인연을 맺자고 하였다. 여인은 신선 세상에 나는 선도(仙桃)를 심어 이제 꽃이 하나 피어났는데 담장이 높아 나비가 찾아오지 않는다 하였다. 자신을 복숭아꽃에 비하고 찾아온 선비더러 자신에게 오라고 한 것이었다. 그러나 선비는 시의 뜻을 알지 못하였고 그 때문에 아름다운 인연을 맺지 못하였다. 집안에서 억지로 시골 무지렁이에게 시집보내려 하자, 이 여인은 스스로 머리를 깎고 승려가 되어 버렸다. 1840년 나이가 마

9 李㷇, 『鶴林補缺』(버클리대학교 소장).

흔이라 하였으니 의몽은 1790년쯤에 태어난 듯하다. 이학은 이 여인의 시를 보고 신선이 사는 현포(玄圃)에 복숭아가 꽃을 피웠는데 그 가지가 담장 너머로 뻗어 있어 나비가 찾아올 수 있다는 뜻으로 답시를 지었다. 자신이 이 여인을 만나 이런 시로 답하였더라면 아름다운 인연을 맺었을 것이라 생각한 것이다.

이와 거꾸로 시를 이용하여 수절(守節)하고자 한 여성도 있었으니, 이 시기에 이르면 시는 자신의 마음을 은근히 말하는 중요한 수단이 되었다고 할 만하다.

서강(西江)의 한 중인이 집이 가난해서 해선(海船)의 사공으로 일하였다. 바다로 한 번 나간 뒤로 감감무소식이라 집안사람들은 죽었다고 여겼다. 그 아내가 젊어 부모가 울면서 "집이 가난하고 나이가 젊으니 수절할 수는 없겠구나."라 하였다. 이에 답하였다.

"제 마음은 맹세코 다른 사람에게 시집을 가지 않는 것이지만 부모님 말씀이 이러하시다면 감히 명을 따르지 않을 수 있겠나요? 다만 따지지 않으신다면 저 스스로 어떠어떠한 사람을 택하겠습니다."

그리고 마침내 절구 한 수를 지었다.

상인의 행장은 그저 배 한 척뿐인지라	商賈行裝只一船
바람 타고 만 리를 연처럼 날아다니겠지.	駕風萬里飛如鳶
낭군께선 정히 농암 아래 주무시는데,	郎君正宿農巖下
밝은 달 빈 산에는 □ 두견새.	明月空山□杜鵑

'빈 산' 아래 한 글자를 비우고 쓰지 않았다. 그리고 말하였다. "여기에 들어갈 한 글자가 내 마음속에 있는 것과 합치하면 신분을 따지지 않고 몸을 바치겠습니다."

경향 각지 원근의 사람 중에 제법 시를 읊조릴 줄 아는 자들은 모두 와서 보았지만 마음에 둔 글자를 맞추지 못하였다. 단지 그 여자를 얻고자 한 때문만은 아니라도 문인재사들이 날마다 찾아와 그 문이 미어졌지만 매한가지였다. 몇 년 뒤 과거를 치를 때 열다섯 살 가까운 영남의 선비가 왔다. 그녀는 힐끗 보고 "문장은 어느 정도인지 알 수가 없지만, 나이나 문장이나 당신보다 갑절이 되는 사람도 모두 허탕을 치고 돌아갔어요."라 하였다.

젊은이가 대꾸하였다. "맞추는 글자가 맞는지 아닌지 기다려 보소." 마침내 '양(兩)' 자를 썼더니 그 여자는 경탄하여 말하였다. "아깝소, 조금 틀렸소." 선비가 손으로 종이를 가리고 바로 '이(二)'로 고쳤다. 그 여인은 탄식하고 애석해 마지않으면서 이렇게 말하였다. "천하의 기재군요. 처음 잘못 짚었지만 바로 고칠 수 있었네요."

몸을 허락하고 이에 통곡하면서 말하였다. "이 사람 외에는 반드시 수절하겠다고 한 마음을 바꾸게 할 자가 없겠구나. 내가 어디로 가야 하겠는가?" 그리고 강에 몸을 던져 죽었다. 대개 마지막 구절은 심히 애매하다. 애초에 다른 곳에 시집갈 마음이 없다는 말인 듯하지만, 그럼에도 또한 시원스럽게 알 수는 없다.[10]

위험한 큰 바다를 오가던 남편이 돌아오지 않자 죽은 것으로 알고 아내는 수절하고자 하였다. 그러나 그 부모는 아직 나이가 젊고 생계가 막연하다 하여 개가를 권하였다. 수절도 돈이 있어야 가능한 일이었다. 이에 이 여인은 시를 한 수 짓되 글자 한 자를 일부러 비우고 자신이 생각하는 그 글자를 맞추는 사람에게 시집가겠노라 하였다. 아무도 그 글자를 맞추지 못하였는데 영남의 한 어린 선비가 찾아와 답을 하였다. 여인이 처음 생각한 글자는 '이(二)'였는데 어린 선비는 같은 뜻의 '양(兩)'으로 답을 하였다가 다시 '이' 자로 고쳤다. 답을 맞혔기에 여인은 어린 선비와 동침하였다.

그런데 이 수수께끼가 어렵다. 남편이 배를 타고 나가 죽지 않고 어딘가에

---

10 편자 미상, 『李朝香奩詩』(규장각 소장).

살아 있으리라는 것이 처음 세 구의 뜻인 듯하다. 3구에서 남편이 잠을 자고 있을 것이라는 농암(農巖)은 어디에 있는 지명인지 알 수가 없고 그 함축한 의미가 있는지도 알 수 없다. 마지막 구는 더욱 무슨 뜻인지 짐작하기 쉽지 않다. '양(兩)'이나 '이(二)'를 넣으면 "밝은 달 빈 산에 두 번 두견새 우네."로 풀이되지만 여전히 의미 파악은 어렵다. 두견새의 별칭이 불여귀(不如歸)이므로 밝은 달 빈 산에서 두견새가 "돌아오는 것만 못하다, 돌아오는 것만 못하다."라고 울고 있다고 풀이하면 어떨까 싶다. 기다리고 있는 아내에게 빨리 돌아오기를 기다린다는 뜻이 된다. '양'과 '이'가 같은 말이지만 '이'라고 하였을 때 두 번 거듭 운다는 뜻에 더 가깝게 된다. 이렇게 풀이하면, 소년이 마음을 알아주었기에 여인은 어쩔 수 없이 몸을 허락하기는 하였지만 그렇다고 다시 혼인을 맺을 처지는 아닌지라 갈 데가 없다고 통곡한 것으로 보면 될 것 같기는 하다.

87.
해주 출신의 동기 금선

우리 한시사에서 여성 작가 중 기녀가 가장 높은 비중을 차지한다. 그럼에도 시인으로서 자부하고 또 자신의 시집을 남긴 예는 조선 중기까지 매창과 취선 정도였다. 이를 이어 18세기에는 평양 기녀 국색(國色)이 『경란집(景蘭集)』까지 남겼지만 불행히 전하지 않는다. 이러한 사정을 고려할 때 해주기(海州妓) 금선(琴仙)의 문집 『금선시(琴仙詩)』는 소중한 자료다.

이 시집은 표제가 '청음(淸吟)'으로 되어 있고 80여 수의 시가 실려 있다.[1] '금선시'라는 제목 아래 "황해도 해주기로 성이 김이고 자는 영령(泠泠)이다."라 되어 있다. '금선'과 '영령', '청음'이라는 것 자체가 「평구 김 상사의 운에 차운

---

1 이 문집은 연민 이가원 선생 소장본으로 허미자 편, 『韓國女性詩文全集』(국학자료원, 2003)에 영인되어 있다. 장보웨이의 앞의 책에는 「西警勝捷後宴芙蓉堂」이 임진왜란을 배경으로 한다고 보고 금선의 생년을 1581년으로 추정하였지만 잘못이다. 담배를 노래한 금선의 「詠煙竹」은 임진왜란 이전에 나올 수 없는 작품이다. 박영민은 「琴仙, 사회적 관계망과 정체성 찾기」, 『동양한문학연구』 30(2010)에서 이 작품이 홍경래의 난이 진압된 1812년 부용당에서 지은 작품이라 고증하고, 금선이 나이 13세라고 한 기록을 근거로 금선의 생년을 1800년으로 보았다. 다만 이 시집에 실린 51제 81수가 모두 13세에 제작된 것이라 보기는 어렵다. 13세에 妓籍에 올랐다고 보아야 할 것 같다. 이 점에서 금선은 1800년보다는 조금 일찍 태어났을 가능성이 크다. 박영민은 금선의 시가 끝난 다음 실은 「癸未八月初九日送沈永之作」에 나오는 沈永之가 榜目에 생년이 1773년으로 되어 있다는 점도 근거로 들었다. 이 계미년은 1823년이 분명하다. 또 이 시집 표지에는 '淸吟'과 함께 '壬辰十月之作'이라 되어 있는데 필사연대로 추정된다. 임진년은 1832년 혹은 1892년으로 보아야 할 것 같다.

하다(次平邱金上舍韻)」에서 "요행으로 풍류객을 만나니, 꽃 붉고 버들 푸른 시절이라오. '금(琴)'으로 '시원한(冷冷)' 곡을 연주한들, '맑은 소리(淸音)' 누가 알아주나요.(幸遇風流士 花紅柳綠時 琴奏冷冷曲 淸音誰所知)"에서 뽑아낸 것으로 짐작된다. 원래의 문집 제목이 청음이었는지, 금선의 자가 영령이었는지 의심스럽다.

해주의 이름난 누정 부용당(芙蓉堂), 탁열정(濯熱亭) 등을 배경으로 한 작품이 많은 것으로 보아 금선의 활동 무대가 해주인 것은 분명하다. 해주에 있으면서 북으로는 벽성(碧城), 남으로 한남(漢南)과 평구(平邱) 등에서 온 객과 수창한 작품도 상당수에 달한다. 그럼에도 금선에 대한 기록은 다른 문헌에서 전혀 보이지 않거니와 이 시집에 등장하는 인물이 철저히 가려져 있다. '아아자(峨峨子)' 등 몇몇 사람의 호가 보이지만 역시 어떤 인물인지는 알 수 없다.

금선이 과연 존재하였는지 의심스러울 정도지만, 이 시집에 실린 작품은 동기로서 성장하는 과정을 시에 담아낸 것이 묘미가 있다.[2] 다음 「새벽 화장(曉粧)」이 그러하다.

봄날 비바람에 지워진 연지	胭脂東風雨
누각에 올라 엄마 화장 배워	登樓學母粧
두 눈썹 곱게 그리고 나서	畵出雙蛾眉
거울 보니 봄볕이 따사롭네.	鏡裏春載陽

엄마 화장을 따라 하는 동심을 잘 그려낸 작품이다. 송의 시인 매요신(梅堯臣)이 해당화를 두고 "취하여 봄비가 연지 씻는 것 보겠네(醉看春雨洗燕脂)"라 한 것이나 『시경』「칠월」에서 "봄볕이 따뜻해지자, 꾀꼬리가 우네.(春日載陽 有鳴倉庚)"를 읽은 흔적이 있다. 그럼에도 봄비에 입술의 연지가 지워졌다는 표현과

2　박영민의 앞 논문이 童妓가 壯妓로 성장하는 과정과 관련하여 금선의 한시를 연구한 성과다.

함께 거울 속에 봄볕이 따사롭다고 한 표현이 참신하다. 『조선해어화사』에는 열한 살 먹은 평양의 동기(童伎)가 지은 시 "아름다운 여인이 마루에 내려가, 웃음 머금고 고운 복사꽃 꺾으려니, 섬섬옥수 짧은 것 모르고, 복사꽃 가지 높다고 도로 욕하네.(美人下堂去 含笑折夭桃 不知纖手短 還罵桃枝高)"라는 작품이 실려 있는데 이와 나란히 읽을 만하다. 어린 기생이 복사꽃을 꺾으려 하는데 아직 덜 자라 팔이 닿지 않는다. 제 팔 짧은 것 생각지 않고 복사꽃이 왜 저리 높은 곳에 피었는가 투덜거린다. 동심이 읽힌다.

금선의 시는 자신과 사랑을 나누고자 하는 객들과의 수창이 많다. 하나의 시집에 이러한 주제의 작품이 시기에 따라 편차되어 있다는 점이 오히려 자연스럽지 못하다. 다음 「벽성의 객이 장난으로 지어 준 시에 차운하다(敬次碧城客戲贈韻九首)」도 「이생규장전」이나 「주생전」, 「운영전」과 같은 애정전기소설에서 설정된 상황에 맞는 시를 삽입한 창작 방식을 연상하게 한다. 먼저 벽성의 객이 지은 작품부터 보인다.

평소 여색을 좋아하지 않았으니	平生不喜色
졸렬한 풍류가 절로 부끄럽다네.	自愧風流拙
젊어서 비단옷 여인 틈에 놀았지만	少遊綺羅叢
살 부비고 희롱한 적은 아직 없었소.	未曾事狎昵
지금껏 집에 여인이 없었으니	至今家無姬
아침저녁 수발은 누가 들어 주겠소.	朝夕佐巾櫛
사랑 나눌 마음 왜 없었겠냐마는	亦豈無情思
이름난 여인을 한 번도 보지 못하였소.	未見名姝一
이제 벽성에서 금선을 만나니	碧城逢琴仙
아리땁기가 초승달과 같구려.	娟娟若初月
열세 살 나이에 고운 시를 토해내니	十三吐綺語
재주가 소소와 설도와 나란하구려.	才比蘇與薛

기녀의 행태를 하지 아니하고　　不作煙花態
송죽의 절개를 지키려 하는구려.　　自擬松竹節
나를 돌아보니 백발이 된지라　　願我已華鬢[3]
자네 청춘 그르칠까 겁이 나기에　　恐誤靑春質
그냥 놓아주는 것만 같지 못하리니　　不如且棄置
자네 좋은 배필 구하게 맡겨 두겠소.　　任他求良匹

오언고시니 압운을 정밀하게 지키지는 않았지만 크게 흠이 될 것은 아니다. 벽성으로 온 금선을 만난 사내가 자신이 홀아비로 살아가고 있지만 이미 백발의 노인이라 금선의 청춘을 망칠까 겁이 나기에, 차마 구애하지 못한다는 뜻을 말하였다. 금선이 백거이의 애첩 소소소(蘇小小)나 당 최고의 여성 시인 설도(薛濤)에 비길 만큼 뛰어나기에 그의 청춘을 지켜주고 싶다고 한 것이다. 이에 대한 금선의 답은 다음과 같다.

어려서 기적에 이름을 못 올려　　早未登樂府
졸렬한 가무가 스스로 창피하지만　　自愧歌舞拙
하해와 같은 은택을 입었기에　　幸蒙河海澤
여린 손으로 수발을 들어야지요.　　纖手執巾櫛
여러 기생 거느리면 시인이 아닐지니　　儲妓非騷人
고운 여인을 어찌 가까이하셨겠나요.　　紅粧豈狎昵
분단장한 수십 명 여인 중에서　　粉黛數十人
첩이 비록 제일은 아니지만　　妾非居第一
기루에서 한 장의 거문고 드니　　朱樓一張琴
벽성에 반달이 떠오르네요.　　碧城半輪月

3 '願'은 '顧'의 잘못인 듯하다.

제 나이는 아직 열세 살이라,	年當十三歲
어리석고 못나 참 부족하지만	迷劣薄文質
노류장화라고는 하지 마세요,	莫言路傍柳
원하는 바 송죽의 절개랍니다.	所願松竹節
이름이 비록 금선이라 하지만	名雖爲琴仙
재주를 소소와 설도에 비하겠나요.	才敢比蘇薛
늙었다 굳이 꺼릴 것 없으니	何嫌蒼顏老
군자의 배필이 되고 싶은 걸요.	願爲君子匹

정식으로 기적에 이름을 올리지 않았기에 춤과 노래가 부족하기는 하지만 다른 여인이 아닌 자신을 사랑해 준 데 대해 감사하는 뜻으로 수발을 들겠다. 미모가 최고는 아니지만 자신의 이름이 '금선'인 만큼 거문고를 들고 벽성의 객을 사랑하는 마음을 연주한다. 자신이 이렇게 구애를 하는 것은 노류장화(路柳墻花) 같은 기녀의 일이지만 마음만은 송죽(松竹)의 절개를 지키겠다. 소소소와 설도의 재주에 미치지는 못하지만 그럼에도 당신의 배필이 되고 싶으니 늙었다고 꺼리지 말라. 이런 뜻을 말하였다. 금선의 운자와 위치가 같지 않지만 시상의 전개를 위해 굳이 이를 따르지 않았다.

『금선시』에 수록된 작품이 대개 짧은 오언절구가 많고 남녀의 풍정을 노래한 것이 대다수다. 이 점에서 여인의 사랑을 원하는 풍류객이 동기의 마음으로 시를 지은 것처럼 보인다. 그럼에도 금선의 이름으로 51제 81수라는 많은 시를 담은 시집이 전하니, 금선이라는 여인의 존재와 그 작품을 좀 더 면밀하게 조사할 필요가 있다.

88.
효명세자와 명온공주의 우애

조선은 위로 임금부터 아래로 천민에 이르기까지 한시를 지었다. 금지옥엽(金枝玉葉) 공주나 옹주의 신분으로 시에 능하였던 여성도 있었다. 앞서 본 숙선옹주가 그러하다. 그리고 그 조카가 효명세자(孝明世子, 1809-1830)인데 그 누이가 시를 알았다. 효명세자는 이름이 영(旲)이고 자가 덕인(德寅)이며 호는 경헌(敬軒), 학석(鶴石), 담여헌(淡如軒) 등을 사용하였다. 순조의 적장자로 4세 때 세자에 책봉되고 1827년 19세의 나이로 대리청정을 하였지만 22세의 젊은 나이에 세상을 떠났기에 왕위에 오르지 못하였다. 그럼에도 훗날 익종(翼宗)으로 추존되어 임금의 시문만 모은 『열성어제(列聖御製)』에 실리는 영예를 입었다. 또 헌종(憲宗)이 그의 아들이고 고종(高宗)이 그의 후사로 연결되었다.

효명세자는 순조와 순원왕후(純元王后) 김씨(金氏) 사이에 태어났는데 그 아래로 김현근(金賢根)과 혼인한 명온공주(明溫公主, 1810-1832), 김병주(金炳疇)와 혼인한 복온공주(福溫公主), 윤의선(尹宜善)과 혼인한 덕온공주(德溫公主) 등의 누이동생이 있었다. 명온공주는 성품이 명민하고 기골이 청수하며 시사(詩詞)도 섭렵하여 효명세자는 그를 송 소식의 누이 소매(小妹)에 비하였고 매란여사(梅蘭女史)라는 호를 붙여 주었다. 복온공주는 품성이 번화하고 기골이 풍영(豊盈)하여 수중의 연꽃과 같았으며, 덕온공주는 성격이 총민하고 기골이 청명(淸明)하였는데 종일 말 한마디 없이 조용히 앉아 있었다고 한다.[1]

효명세자는 특히 나이 차가 별로 없는 명온공주와 우애가 깊어 문집 『학석집(鶴石集)』에 그를 그리워하여 지은 시가 상당수에 이른다. 또 누이를 위해 『학석집』을 한글로 바꾸어 적었다. 『익종간첩(翼宗簡帖)』에도 한글로 음을 표기하고 번역까지 한, 누이에게 보내는 한시가 여러 편 실려 있다. 또 「귀문도(龜文圖)」 등 여성이 놀이처럼 즐길 수 있는 시그림도 만들어 보내었다.[2]

명온공주는 1817년 공주에 봉해지고 1823년 안동 김씨 김한순(金漢淳)의 아들 김현근과 혼인하고 아들 김덕균(金德鈞)을 두었지만 오래 살지 못하였다. 1832년 6월 13일 오랜 병 끝에 세상을 떠났는데 앞서 오빠 효명세자와 동생 복온공주가 세상을 떴으니 이들 형제의 수명이 참으로 짧았다 하겠다. 그 남편 김현근은 인사동의 죽동궁(竹洞宮)에서 호사를 누렸다고 하지만[3] 그 자손들이 재산을 두고 다투다가 감옥에 들어간 기사가 보이니[4] 그 후손들도 행복하지 못하였다. 그럼에도 명은공주가 오빠와 시를 수창하여 시인으로 기억될 수 있었던 것은 다행한 일이다.

> 낮곁 잡수오시고 안녕히 지내오시옵나이까? 이 글은 소인이 지었사오니 감(鑑)하시고 어떠하온고 보아 주심 바라옵나이다.

깊은 가을 서리 내려 밤이 긴데	九秋霜夜長
홀로 밝은 촛불을 마주하였네.	獨對玉燭明
머리를 숙여 멀리 형을 생각하고	低頭遙想兄
창 너머 기러기 울음소리 들었네.	隔牖聞鴻鳴

1 『翼宗簡帖』에 실린 「三妹連林」에 세 누이동생에 대하여 자세히 적고 있다.

2 필자의 「孝明世子의 저술과 문학」, 『한국한시연구』 10(2002)에서 다룬 바 있다.

3 『중앙일보』(1932. 12. 25).

4 『매일신보』(1921. 7. 4).

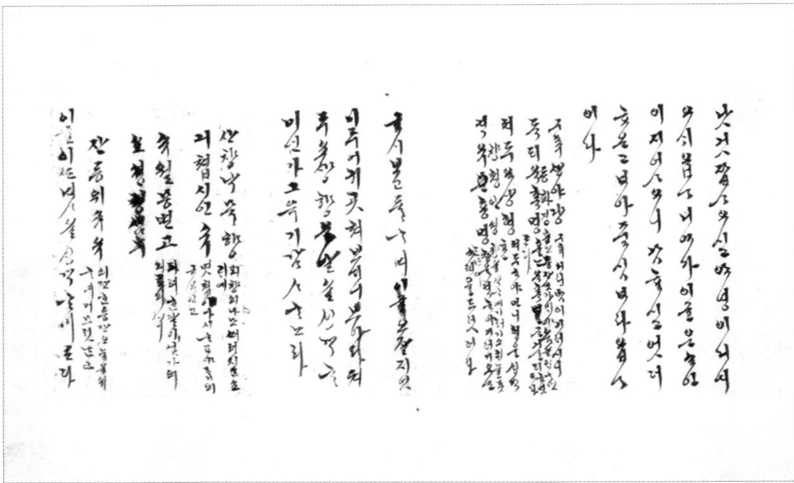

그림 11 『익종간첩』(규장각 소장): 효명세자와 명온공주 간찰

글씨 보고 든든하며, 이 글도 잘 지었기에 두어 귀 고쳐 보내니 보아라. '저두요상향'은 나를 생각함인가? 그윽이 감사하노라.

산속의 집 나뭇잎 지는 소리에	山窓落木響
몇 번이나 시하는 사람 근심인가?	幾疊詩人愁
파리한 달이 꿈 가에 외로우니	瘦月夢邊孤
가물거리는 등잔이 뉘 위해 남았나.	殘燈爲誰留

이 글이 또 여사를 생각함이로다.[5]

효명세자가 누이에게 지어 보낸 대부분의 시는 수신인이 명온공주다. 『순

5　孝明世子, 『翼宗簡帖』(규장각 소장).

조실록』 '1830년 7월 15일'에 실려 있는 「지문(誌文)」에도 효명세자가 명온공주와 나이가 비슷하여 정의가 더욱 돈독하였다고 적고 있다. 명온공주가 지은 시가 제법 있었을 것으로 추정되지만 『익종간첩』에 한 수만 전한다. 여기에는 명온공주가 보낸 시와 효명세자가 답한 시가 편지와 함께 실려 있다.

효명세자는 명온공주의 시를 보고 칭찬한 다음 자신을 그리워하는 시라 하였다.[6] 그리고 2구 "독대옥쵹명(獨對玉燭明)"을 "독ᄃᆡ등화경(獨對燈火輕)"으로, 4구 "격유문홍명(隔牖聞鴻鳴)"을 "격챵쳥안셩(隔窓聽雁聲)"으로 고치고 다시 "홀로 등잔꽃 가벼움을 대하였도다[홀노 등잔ᄭᅩᆺ 가ᄇᆡ야음을 ᄃᆡᄒᆞ엿도다]"와 "창을 격하여 기러기 소리를 듣는도다[챵을 격ᄒᆞ여 기러기 소ᄅᆡ를 듯ᄂᆞᆫ도다]"로 풀이하여 보냈다. 명온공주가 지은 시는 평측(平仄)이 맞지 않는다. 또 이 시는 평성 경운(庚韻)에 속하는 '명(明)', '명(鳴)'으로 압운하였는데 같은 평성 경운에 속한 '형(兄)'을 3구의 끝에 운자처럼 사용하였다. 반드시 측성 글자가 놓여야 하므로 근체시의 중대한 결격 사유다. 근체시의 형식에 신경 쓰지 않고 글자 수만 맞추어 자신의 뜻을 표하였다. 명온공주가 아직 본격적인 한시를 제작할 능력은 갖추지 못하였다고 하겠다. 이에 대해 효명세자는 자구를 다듬어 주면서도 평측은 고려하지 않고, 좀 더 유창하게 읽히도록 고쳐주었다.

그리고 자신의 시를 지어 답하였는데 이 작품은 평측을 정확히 지켰다. 다만 누이의 시에서 2구, 3구, 4구에 나란히 운자를 단 것을 존중하여 자신도 3구에서 평성 우운(尤韻)과 유사한 평성 우운(虞韻)에 속한 '고(孤)'를 넣어 압운하는 배려를 하였다. 아직 서툰 누이의 시를 존중한 마음을 읽을 수 있다. 홀로 가물거리는 등잔불 앞에 자신을 생각하며 형제를 상징하는 기러기 울음소리를 듣는다는 누이의 시에 뜻을 맞추어, 낙엽 지는 소리에 누이를 그리워하여 그믐달 뜨는 새벽녘까지 잠을 이루지 못하고 등잔을 바라본다고 하였다.

---

6 '저두요상향'은 '저두요상형'의 오기다.

『익종간첩』은 효명세자가 누이에게 보낸 시를 모은 시집인데, 수신인이 모두 명온공주다. 여기 실은 한시는 원문으로 적고 다시 한글 음을 병기하였으며 다시 번역을 붙였다. 그중 「寄긔妹ᄆᆡ氏시」를 아래에 보인다.

수레를 보낸 지 이미 사흘이 되니
내 마음이 그리움에 어둑하다네.
서글피 저녁 산을 대하고 있으니
나무에 가득한 매미가 울고 있다네.
送송車거已이三삼日일 暗암暗암我아心심思ᄉᆞ
惆쵸悵챵對ᄃᆡ山산夕셕 滿만樹슈蟬션鳴명時시

시댁으로 돌아가는 누이를 보낸 지 사흘이 지나자 그리운 마음에 먼 산만 바라보는 효명세자의 모습이 눈에 선하게 처리되어 있다. 구중궁궐에서 마음을 터놓고 대화를 나눌 존재가 누이밖에 없었기에 더욱 남매의 정분이 도타웠을 것이다. 효명세자는 명온공주와 절친하여 사흘만 보지 않으면 그리워 시를 보내곤 하였다. 운자 자체를 '사(思)'로 하여 그리움의 뜻을 담뿍 담아 낸 「매씨를 그리며(思妹氏)」(『담여헌시집』 권1)도 그러한 예다. 이 작품은 무려 200구의 대장편으로 누이의 생장과 출가, 교육, 자신과의 친분, 그리워하는 마음 등 구구절절이 남매의 도타운 정분을 읽게 하고 있다.

효명세자는 소약란(蘇若蘭)이 처음 지은 것으로 알려진 「직금도(織錦圖)」도 지었는데, 『익종간첩』에 화려한 문양과 채색으로 실려 있다. 또 거북무늬를 이루는 「귀문도(龜文圖)」도 지었다. 문양이 거북등무늬와 비슷하기에 귀문도라 한 것이다. 비교적 큰 글자가 들어 있는 육각형을 중심으로 상단의 좌우에 있는 방장형 속의 글자를 각기 읽고 다음 육각형 안의 글을 읽어 7자로 맞춘다. 이를 왼쪽부터 오른쪽으로 읽어 내고 다시 아래 4단까지 내려오면서 읽으면 다음과

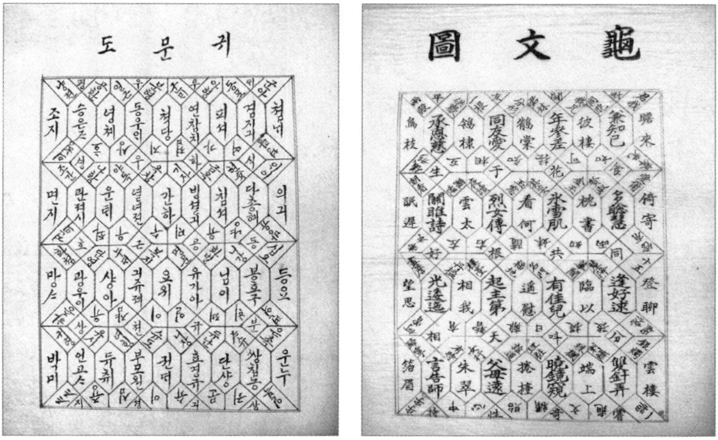

그림 12 『익종간첩』(규장각 소장): 거북등의 문양을 넣은 「귀문도」.

같은 네 편의 시가 된다.

제1단

君我同胞兼知己	자네와 나 동기에다 지기까지 겸하였으니
我兄君妹年參差	나는 형 자네는 아우 나이도 비슷하다네.
分形一根同友愛	한 뿌리에서 몸을 나눠 우애를 함께하니
共歡兩殿承恩慈	부모님 은혜를 받았기에 함께 기뻐한다네.

제2단

愛爾賢淑多聰慧	자네 현숙하고 무척 총명하여 아끼나니
金玉其姿氷雪肌	금옥 같은 자태에 빙설 같은 피부까지.
玉窓夜讀列女傳	고운 창 곁에서 밤에는 열녀전을 읽고
羅幌朝看關雎詩	휘장 아래서 아침에 관저 시를 읽겠네.

제3단

十五釐降逢好逑　　열다섯에 시집가 좋은 짝을 만났으니
華閥名門有佳兒　　명문가 벌열에 아름다운 아이 있구나.
福地樓臺起主第　　복스러운 땅 공주 집에 누각이 섰으니
丹檻畵簷光透迤　　화려한 기둥과 처마에 빛이 어리비치네.

제4단

銀燭刺繡雙針弄　　촛불 아래 자수하느라 두 개 바늘 놀리고
珠欄理粧曉鏡窺　　난간에서 단장하느라 새벽 거울을 보겠지.
誰道女行父母遠　　여자가 부모 떠나 멀리 간다 누가 말하였나
有時歸寧言告師　　이따금 친정 간다고 보모에게 고할 것이니.

다시 육각형 좌우 사다리꼴 안에 있는 글자를 위에 있는 것까지 먼저 읽고 다시 아래에 있는 것까지 읽으면 8구의 시 한 편이 된다.

제1단

瞻彼鶺鴒鳥　　저 우애 깊은 할미새 보거라,
來棲棠棣枝　　팥배나무에 둥지 트는 것을.

제2단

倚枕看雲眠　　베개 기대 구름 보며 조느라
寄書何太遲　　어찌하여 편지를 늦게 보내나.

제3단

登臨遙相望　　높은 곳 올라 멀리 바라보아
聊以慰我思　　그저 내 그리움을 위안하네.

제4단

雲端捲珠箔	구름 끝 걸린 구슬발을 걷으니
樓上擡翠眉	누각 위에 푸른 눈썹이 다가오네.

다시 육각형 하단 좌우의 글자를 왼쪽부터 오른쪽으로 중간까지 읽고 다시 왼쪽 끝에서 중간까지 같은 방식으로 읽어 4단까지 내려가면 다음과 같은 시가 된다.

聲光如可接	그 풍모를 늘 접하였으니
儀形互相知	그 자태 서로 알 수 있었지.
傍有兩幼妹	그 곁에 두 어린 누이 있어
牽衣左右隨	옷자락 잡고 곁에서 따르네.
緬憶孩提日	걸음마 하던 때가 그리워라,
何曾有暫離	잠시라도 떠난 적이 있었던가.
一幅龜文繡	한 폭 귀문도 수를 놓아
字字中心貽	글자마다 마음 담아 주노라.

또 육각형 상단의 마름모형(제일 상단과 하단은 삼각형) 안에 있는 글자를 아래로 읽어 내리면 다시 한 편의 절구가 된다.[7]

對食同分嘗	음식 보면 같이 나눠서 먹고
鬪花共叫奇	꽃 꺾어 함께 기이하다 하였지.
友于根天性	우애는 천성에서 나온 것
平生好相持	평생 그 마음 잘 지켜가세.

7 『翼宗簡帖』에 풀이가 실려 있지 않은데 필자가 이렇게 풀이하였다.

한 편 한 편 누이를 향한 우애가 서려 있다. 구중궁궐 세자와 공주가 아니라 민간의 단란한 오누이의 모습을 보는 듯하다. 아마 명온공주가 열셋에 시집갈 때 만들어 준 작품인 듯하다.

89.
권상신이 아낀 명애와 경혜

19세기에 접어들면 이른바 경화세족(京華世族)들은 권력과 부를 바탕으로 예술과 풍류를 즐기면서 여러 시에 능한 기녀들을 가까이하였다. 김이양(金履陽), 권상신(權常愼), 신위(申緯) 등이 그러한 대표적인 인물이다. 먼저 권상신이 아낀 여인들을 만나 본다.

> 이 고을의 기녀 선란(仙蘭)은 나이가 27세인데 시명(詩名)이 있다. 일찍이 정사로 연경에 가는 판서 권상신을 전송하여 시를 읊었다.
>
> 가세요 가세요 편히 가세요　　去去平安去
> 긴 여정 만 리가 넘는다지요.　　長程萬里多
> 변방의 구름 달 밝은 밤이면　　塞雲明月夜
> 외기러기 소리를 어찌하나요.　　孤叫鴈聲何
>
> 권 대감이 고교보(高橋堡)에 도착하였을 때 병으로 죽었기에, 사람들이 시참이라 하였다. 대개 '고교(高橋)'와 '고규(孤叫)'가 발음이 서로 같기 때문이다. 이단고(李丹皐)가 연경에 갈 때 또한 사랑하였다고 하기에 다담(茶啖)을 조금 싸서 보냈다.[1]

---

1 金景善, 『燕轅直指』 권1.

북경으로 가던 김경선(金景善)이 1832년 11월 3일 평안도 숙천(肅川)에 이르러 하루를 유숙할 때의 기록이다.[2] 이때 숙천의 기녀 선란의 나이가 27세라 하였으니 선관은 1806년 무렵 태어난 것으로 보면 되겠다. 그런데 권상신은 1803년 동지사의 부사로, 그리고 1825년 동지사의 정사로 연경에 다녀왔다. 선란의 나이를 생각하면 1825년 연경으로 가던 도중에 권상신이 선란을 만난 것이라 하겠다.

권상신은 본관이 안동이고 초명이 권선(權襈)인데 나중에 이 이름으로 바꾸었다. 자가 경호(絅好) 혹은 경호(景好)고, 호는 서어(西漁)가 널리 알려져 있는데 마포 현석동(玄石洞)에 취미루(翠微樓)를 경영하면서 이 호를 사용하였다. 바로 곁에 죽리관(竹籬館)의 김이교(金履喬)와 오강루(五江樓)의 김이양 등과 절친하게 지냈다. 그의 시는 위항의 시인 이단전(李亶佃)이 늘 깨끗이 베껴 보관하였다고 하지만 일실되었다. 경기 감영에 있을 때의 시를 『일홍당만고(日紅堂漫稿)』로 엮었다고 하는데 이 역시 전하지 않는다. 다만 규장각에 소장된 문집 『서어유고(西漁遺稿)』에 일부가 수습되어 있다. 일홍당(日紅堂)은 남산 아래 있던 경저(京邸) 이름인데 이를 젊은 시절의 호로 쓴 바 있다. 권상신은 1825년 동지사의 정사로 북경에 가던 도중 봉천(奉天)의 고교보에서 갑자기 죽었다. 이듬해 조선으로 운구하여 정산현(定山縣)에 장사지냈다.

김경선은 선란이 권상신과 작별하면서 쓴 시가 시참이 되었다고 하였는데 권상신이 죽은 곳 '고교'와 시에서 이른 외로운 절규라는 뜻의 '고규'가 음이 비슷하기 때문이라 하였다. 김경선은 숙천 기녀 선란을 직접 만났고 또 그의 외종인 단고 이학수(李鶴秀)가 1819년에 동지부사로 연행을 갈 때 정을 나눈 사이였기에 다담을 보낸 것을 보면 이 기사가 그럴 듯하다.

그러나 선란이 권상신을 전송하면서 시를 지었다고 한 말은 사실이 아니

---

2 金景善, 『燕轅直指』(1832. 11. 3).

다. 벗 김이양은 권상신이 세상을 뜨고 10년 정도 지난 후 평양 기녀 명애(明愛)와의 추억을 다음과 같이 적었다. 김이양은 앞서 본 차산은군에게 시를 받은 그 사람이다. 평생 풍류를 즐긴 인물이다.

> 내 벗 서어 권 상서는 풍류를 좋아하고 더욱 여성 중에 문학에 특출한 이를 오매불망 그리워하였지만 늘 비슷한 사람도 만나지 못한 것을 한으로 여겼다. 계해년(1803) 봄 부사로 연경에서 돌아와 평양 기녀 명애, 호는 백설루(白雪樓)라 하는 사람의 「증별시(贈別詩)」를 외웠는데 "변새의 구름 달 밝은 밤, 외로운 기러기 소리 어이하랴.(塞雲明月夜 孤叫鴈聲何)"라는 구절이 매우 정감과 운치가 뛰어나다고 극구 칭송하였다. 그 후 20여 년이 지난 후 상서가 다시 연경에 사신으로 갔는데 요동에서 죽어 널에 실려 돌아왔다. 관서의 기녀 중에 공의 사랑을 입은 이가 많았는데 길에서 통곡하며 전송하는 자는 오직 명애 한 사람뿐이었다.
>
> 내가 평양에 들렀는데 이를 듣고 의롭게 여겼으며 또한 서로 마음이 통한 것이 다른 기녀들과 크게 다르다는 점에 탄복하였다. 뜻밖에 그가 사는 곳이 바로 이 고을에 있어서 나로 하여금 늘그막에 홀연 만나보게 만들었다. 비록 치아와 모발, 옷차림이 이미 시골 노파가 되었지만 또한 한가롭게 앉아 평생의 일을 이야기하는데 목소리가 낭랑하여 기분이 좋았다. 또 상자 속에 넣어둔 서어가 글을 지어 준 부채를 보여 주었다. 대개 갑신년(1824) 연경에 갈 때 여관에서 쓴 것이었다. 서(序)에서 전후의 사실을 상세하게 적었고 다시 절구 한 수를 붙였다. 수백여 자가 구슬을 꿰어 놓은 듯 가지런한데, 그가 평소 붓 가는 대로 마음대로 쓴 것과는 같지 않았다. 이것은 마지막 작품인지라 나도 모르게 눈물을 솟구쳤으니, 상수(向秀)가 죽은 벗 혜강(嵇康)의 고향 산양(山陽)을 지나다가 이웃집에서 들려오는 피리 소리를 듣고는 「사구부(思舊賦)」를 지은 듯하여 옷깃을 적셨다. 마침내 그 시에 차운한다.

나의 벗 천금 나가는 글자여	吾友千金字
여인을 위해 많이도 썼구나.	爲娘亦已多
갈림길에서 끝없이 흐르는 눈물	臨岐無限淚

어찌하여 구천으로 가 버렸는가!　　　　　其奈九京何[3]

권상신이 1803년 처음 연경에 가는 길에 평양에 들러 명애를 만났는데 이때 명애에게 받았다고 하는 시는 김경선의 기록에 보이는 바로 그 작품이다. 권상신과 절친한 김이양의 말이 더욱 신빙성이 있을 것이니, 이 시는 1803년 명애가 지은 것이 분명하다. 명애가 호로 삼은 백설루는 흰 눈처럼 깨끗한 삶을 지향한 것이면서, '영중백설(郢中白雪)'이라 하여 화답하기 어려운 뛰어난 작품을 백설이라 하므로 문학에 대한 강한 자부심을 표방한 것이라고도 하겠다. 명나라 후칠자(後七子)의 맹주였던 이반룡(李攀龍)의 서재가 백설루였음도 모르지 않았을 것이다. 김이양이 이 글에 이어 「다시 설파에게 주다(復贈雪婆)」 등 두 편의 시를 지어준 것으로 보아 명애는 노년에 백설루의 노파라는 뜻의 설파(雪婆)로도 불렸던 모양이다.

권상신은 1803년 연경으로 가는 도중 평양에서 지은 시 「연행기사(燕行記事)」 권1에서 명애와의 만남을 기록한 바 있다. 평양 연광정에서 공무를 마치고 기녀들과 큰 연회를 가졌는데 정사 민태혁(閔台爀)이 평양감사 김문순(金文淳)과 가까운 인척이었고 권상신도 그와 친하였기 때문이었다. 이때 권상신은 60여 인의 기녀 중에 마음에 차는 사람이 없었지만 명애 한 사람만은 용모가 곱지 못해도 시재가 있어 아꼈다고 한 바 있다.

그 후 권상신은 1825년 두 번째 연경으로 가게 되었는데 이때 다시 명애를 만나 부채에다 글을 써주었다. 권상신은 그로부터 얼마 지나지 않아 요동에서 죽고 말았으니, 명애에게 준 시가 마지막 작품이 된 것이다. 권상신이 자신의 죽음을 알지 못하였겠지만 유독 자세하게 명애와의 사연을 적어 두었다. 김이양이 서와 절구라 한 것이 다음 글이다.

3　金履陽, 「風流集」, 『金履陽文集』 권1(국립중앙도서관 소장).

지난 계해년(1803) 겨울 내가 부사로 연경에 갔다. 이때 금수자(錦繡子) 명애가 젊은 나이에 시기로 있어 평양 감영의 징청각(澄淸閣)에서 나를 만나 시를 지어 송별하였다. 내가 보고 기특하게 여겨 세 밤을 함께 보내는 인연을 맺었다. 몇 년 후 금수자가 화려한 삶에 싫증을 내어 기적에서 이름을 지우고 자취를 숨겨 소식이 끊어져 어디 숨었는지, 살았는지 죽었는지 어떤지를 알 수 없었다. 종제 심응규(沈應奎, 叔道)가 재령(載寧) 사또로 나갔을 때 금수자가 그 고을의 감천리(甘泉里) 청수촌(淸水村)이라는 곳에 숨어 있은 지 몇 년 되었는데 고을 사또가 나의 종제라는 것을 듣고 인편에 서신을 보내왔다.

이제 내가 정사로 다시 연경으로 가는데 금수자가 종제 심응규를 따라 나중에 봉산(鳳山)의 동선관(洞仙館)에 왔다. 등불 아래 마주하고 지난 이야기를 오래 나누노라니 마치 어제 일처럼 또렷하였다. 그러나 벌써 20년이 지난지라 나나 그나 얼굴은 쭈글쭈글 늙고 머리가 하얗게 세어 예전 모습이 전혀 아니었으니 나도 모르게 쓸쓸히 마음이 상하였다. 수레 뒤에 싣고 황강(黃岡)까지 함께 가서, 계해년 송별한 시에 차운하여 부채에 시를 써 주었다.

예전 홍안의 젊은이더니	爾昔紅顔少
우리 이제 백발이 성성하오.	吾今白髮多
서로 보아도 지겹지 않으니	相看猶不厭
옛정을 어쩌면 좋겠소,	其奈舊情何[4]

권상신은 평양에서 명애를 만났는데 호를 금수자라 하였다. '금수'는 비단인데 아름다운 시문을 이른다. 또 금수장(錦繡腸)이라 하면 아름다운 시문이 뱃속에 수북한 것을 이르니, 명애가 그러한 여성이었던 모양이다. 권상신은 평양 감영의 징청각에서 가졌던 연회에서 명애를 보고 세 밤을 함께 보낼 정도로 마음에 두었다. 그러고 나서 헤어졌고 20여 년 소식이 끊겼다. 집안의 아우 심응

4 權常愼,「鷗亭草」,『西漁遺稿』권3.

규가 1822년 재령군수로 나가면서 다시 연락이 되었지만 권상신이 만나보지는 못하다가 1825년 사신으로 가는 길에 드디어 그를 만나게 되었다. 비록 명애가 늙었지만 그를 향한 권상신의 마음이 바뀌지 않은 것을 보면 명애의 문학적 능력을 사랑한 것이라 하겠다.

1832년 김경선이 만난 선란은 명애가 아니었다. 명애는 1825년 이미 백발의 노파가 되어 있었기 때문이다. 선란은 1806년 무렵 태어났지만 명애는 이보다 훨씬 빠른 1790년 이전에 태어났다고 보아야 할 것이다. 권상신과 명애의 사연이 당시 인구에 회자되었기에, 선란이 이 사연을 말하면서 명애의 시를 읊었는데 이를 김경선이 착각한 것이라 하겠다.

김이양은 권상신이 문학에 능한 여성을 오매불망 그리워하였다고 하였거니와, 권상신은 명애 외에 경혜 여사(景蕙女史)라는 여성도 사랑하였다.[5]

> 경혜 여사는 거문고와 바둑에 능하고 시와 그림에도 뛰어났는데 곧 작고한 서어 상서 권상신이 총애하던 여인이다. 서어가 작고하고 나서 세상에 떠돌다가 다시 한 무반에게 거두어졌지만 그 자신의 뜻은 아니었다. 근래 어떤 이가 그의 시 수 편을 외워 전하는데 모두 자신을 애도한 작품이다. "술병에 달을 담으니 마음이 함께 맑은데, 자리 위에 구름이 머무니 눈이 번쩍 뜨일 듯(壺間貯月心俱白 席上停雲眼欲靑)"이라 한 구절이 가장 아름답다. 내가 젊을 때 청류당(聽流堂)에서 놀면서 보니 권서어의 집 벽에 경혜 여사가 제비를 읊은 시가 붙어 있었다.

추우면 사람을 떠나고 따스하면 돌아오니	寒便辭人暖便歸
제비 생각이 전연 잘못된 것이라 비웃었지.	笑他燕子計全非
푸른 그늘이 이 같은데 머물러 자지 않고	綠陰如此不留宿

5 김하라, 「서어유고와 그 주변」, 『규장각』 46(2015)에서 권상신이 만난 명애, 운초 등에 대해 자세히 다루었다. 안대회가 역주하여 소개한 『綠波雜記』에도 명애와의 사연을 자세히 다루었다.

남의 집 문 곁에서 이리저리 날아다니나.　　　　　却傍人家門戶飛

이 뒤로 그녀는 자주 그 사는 집을 바꾸었으니, 과연 시는 성정(性情)에서 나오는 것이라 하겠다. 경혜는 본디 양가의 딸이었는데 그 아버지가 기예를 가르쳤다. 내가 그 그림 두 장을 구하였는데 붓을 놀려 채색하는 것이 우리나라 사람의 수법이 아니었다.[6]

경혜의 온전한 작품은 청류당에 쓴 것 한 편만 전한다. 청류당은 평안도 용천군(龍川郡)의 별관 양책관(良策館) 남쪽에 있던 건물이 알려졌지만 여기서는 한양이나 근교에 있던 권상신의 집으로 보아야 할 것 같다. 그곳에 경혜의 시가 붙어 있었다. 제비가 남의 집 처마 아래 둥지를 짓고 사는데 사람이 친근하면 머물다가 쌀쌀맞게 굴면 떠나는 것을 비웃었다. 그러다 자신을 아껴 주던 사람이 세상을 떠나자 동가숙서가식 신세가 된 것을 한탄하였다. 경혜가 쓴 시 때문에 이렇게 된 것이니 이 작품 역시 '시참'이 된 것이라 하겠다. 경혜는 시뿐만 아니라 그림에도 능하다 하였지만 지금 그 이름으로 전하는 것은 확인되지 않는다.

6　李裕元,「玉磬觚賸記」,『嘉梧藁略』14책. 李裕元의 글은 申緯,「次韻景蕙女史詩」,『警修堂全藁』27책의 幷序를 옮긴 것이지만 신위의 글에는 경혜의 시가 실려 있지 않다.

90. 성천의 운초여사 부용

앞서 권상신이 아낀 경혜를 두고 신위(申緯)는 '여사(女史)'라 칭하였다. 원래 왕후를 보필하면서 궁중의 역사를 적는 관리인 '여사'가 이 시기에 이르면 시문에 능한 여성을 높여 이르는 말로 쓰이기 시작한다. 그 처음은 신위에서 비롯하는 듯하다. 그가 여사라는 호칭을 준 사람으로는 앞서 본 경혜 외에 금홍(錦紅), 운향(芸香), 변승애(卞僧愛) 등이 있다. 금홍은 뒤에서 보기로 한다. 운향은 나주 출신의 기녀로 난초 그림에 능하였다.[1] 앞서 본 경혜 등 이 시기 '여사'로 칭해지던 기녀들은 시뿐만 아니라 그림에도 능한 이가 많았다. 변승애는 경기도 남쪽 사람으로 체구가 작으면서 곱고 영특하였는데 문학으로 신위와 교유하고자 하였지만 신위는 자신이 늙었다 하여 사양하면서 "살짝 그린 고운 눈썹에 흰 모시적삼 입고, 꾀꼬리 울 듯 정다운 말 하소연하지만, 가인이여 내 나이 몇인지 묻지 말게나, 나도 50년 전에는 스물셋 청년이었지.(澹掃蛾眉白苧衫 訴衷情語鶯呢喃 佳人莫問郎年幾 五十年前二十三)"라는 풍정어린 시를 지어준 바 있다.[2]

신위는 부용(芙蓉)과 함께 뒤에서 다룰 낙선(洛仙), 금앵(錦鶯) 등도 여사로 꼽았다.[3] 이 시기 최고의 여성 시인은 운초여사(雲楚女史) 부용이다. 부용은 성천

1 申緯, 「題錦城女史芸香畵蘭」, 『警修堂全藁』 29책.

2 申緯, 「畿南卞僧愛女史 纖小娟慧 情願以筆墨待我 旣謝以老 且爲詩贈之 實自嘲也」, 『警修堂全藁』 28책.

(成川) 출신의 기녀로 호는 운초다. 운초는 무운초우(巫雲楚雨)를 줄인 말일 것이니 곧 초 양왕과 사랑을 나눈 무산의 신녀로 자처한 것이라 하겠다. 더러운 진흙 속에서도 깨끗한 꽃을 피우는 연꽃 부용을 꿈꾸었기에 부용을 호로 삼았을 것이다. 또 성은 김씨인데 본향은 알려지지 않았다. 중부 일화당(一和堂)을 애도한 시에서 "우리 집은 본디 유학을 하여, 대대로 향리에 세거하였는데, 선친이 만년에 가난하여, 열심히 아전 일을 하였지.(我家本治儒 綿世宅鄕里 先君晩爲貧 黽勉從府史)"라 하였다. 그의 부친은 추당(秋堂)이라는 호를 썼는데 만년에 아전이 되었고, 기녀와 정을 통해 부용을 낳게 되었음을 짐작할 수 있다. 기존 연구에 따르면 1805년 무렵 태어나 1854년 무렵 죽은 것으로 추정된다.[4] 부용의 문집은 『운초당시고(雲楚堂詩稿)』 혹은 『운초기완(雲楚奇玩)』 등 몇 종이 전한다. 그의 대표작은 장지연이 「송재만필」에서 다음과 같이 뽑았다.

> 부용은 성천의 기녀인데 스스로 호를 운초라 하였다. 글을 잘 짓고 시로 세상에 이름을 날렸다. 그가 지은 「외롭고 분해서(孤憤)」는 다음과 같다.

난초꽃이 향기로운 길가에 피어나	蘭苕花發在芳蹊
봄날 물총새가 깃들기를 기다렸다네.	留待三春翡翠棲
적막한 수풀에 버려지면 좋았으련만	無寧寂寞捐林莽
창피하게 광풍 따라 진흙탕에 떨어졌네.	羞逐狂風落溷泥

> 그 뜻을 볼 수 있다. 또 「감시어사에게 주다(贈監市御史)」는 이러하다.

---

3 申緯의 「金淵泉八十七叟, 以席上三女史詩屬和」, 『警修堂全藁』 27책에서 이 세 여성을 여사라 하였다.

4 운초에 대해서는 김여주, 「김운초의 한시 연구」, 성균관대학교 박사학위논문(1991) 이래 상당한 연구가 축적되어 있다. 운초의 생애는 李麗秋, 「한·중 기녀시인 金雲楚와 柳如是 비교연구」, 서울대학교 박사학위논문(2009)을 참조하였다. 이여추의 논문에 따르면 운초가 1814년 지은 시가 있고 늦어도 1822년 이전에 명기로 소문이 났으므로 생년이 1805년보다 빠를 가능성도 있다.

난새와 봉새의 풍모가 큰길을 비추기에 鸞鳳風姿映周道
집집마다 길을 끼고 주렴을 걷어 올리네. 家家夾路捲簾鉤
북방에 비록 양주 땅의 귤이 있다 한들 北方縱有揚州橘
쓸쓸히 수레 먼지 바라볼 뿐 던지지 못하겠네. 悵望車塵未敢投

또 「경산에게 주다(呈瓊山)」는 이러하다.

별 지고 은하수 기울자 성긴 주렴 내리고 殘星斜漢捲簾疎
숲 너머 계시는 그 사람을 쓸쓸히 바라본다. 悵望伊人隔樹居
물가의 꽃을 따려 하니 정이 끝이 없는데 欲採汀花情未了
바람에 들려오는 젓대소리 마음이 어떠한가! 忽聞風笛意何如
맑은 가을 지나면 외로운 밤을 어찌 견디랴 那堪獨夜秋淸後
이슬 막 내린 마당에 내려 천천히 거닌다네. 微步中庭露下初
마음대로 높이 날고 마음대로 뛰어노니 隨意高飛隨意躍
강호의 참 즐거움은 새와 물고기에 있구나. 江湖眞樂在禽魚

또 소약란(蘇若蘭)이 비단을 짜서 회문체(回文體)로 지은 시를 모방하여 「회문상사시(回文相思詩)」 36구를 지었는데, 그 시는 1자와 2자에서 18자로 구절을 이루어 천고의 절창이 되었다.

이별하니 그리워라.
길이 멀어 소식이 더딘데
생각이 저기 있고 몸은 여기 머무니
수건에 눈물이 있고 부채에 기약이 없네.
향각에 종소리 울리는 밤 연광정에 달뜨는 때면
외로운 베개 기대니 가물거리는 꿈이 놀라 깨고
돌아가는 구름 보니 멀리 떠나는 것 슬퍼한다네.

날마다 좋은 기약 기다리며 근심에 손가락 꼽는데
새벽에 정다운 편지 열어보고 눈물에 턱을 괸다네.
안색이 초췌하여 거울을 잡고 눈물을 줄줄 흘리는데
노랫가락 오열하여 듣는 이 슬픔을 머금게 한다네.
은장도 뽑아 여린 창자 자르는 것 어려운 일이 아니요
비단 신발 끌며 멀리 보내자니 다시 의심이 많아진다네.
봄에도 가을에도 오지 않으니, 그대 어찌 소식이 없으신가요
아침에도 저녁에도 멀리 바라볼 뿐이라, 저 혼자 속았나 봐요.
저 대동강이 육지가 되고 나면 그때는 말을 타고 꼭 오시려는가요
긴 숲이 큰 바다가 변하고 나면 배를 타고 그제야 건너오려는지요.
전날 헤어진 후 나날이 격조하니 세상 사람 마음은 헤아릴 수 없네요
어찌하여 딱 끊어 버려 그리울 뿐이라 하늘의 뜻을 누가 알 수 있을까요.
한 조각 향기로운 구름 뜬 초나라 누대의 밤에 신녀의 꿈이 어디에 있을까요,
몇 가락 맑은 피리 소리 진나라 누각의 달빛에 농옥의 마음을 그 누가 가질까요.
생각지 말자 해도 절로 생각이 나서 자주 모란봉에 기대니 고운 얼굴빛이 애석한데
잊자 해도 잊기 어려워 다시 부벽루에 오르니 검은 머리 자태가 오히려 가련하네요.
깊숙한 방에 외로이 거처하니 머리가 눈처럼 희어진다 한들 삼생의 가약이 어찌 변하겠나요,
홀로 빈방에서 자노라니 눈물이 비 오는 듯하지만 백년해로 정한 마음 절로 바뀌겠어요.
낮잠에서 깨어나 죽창을 열어 화류를 즐기는 젊은이를 맞아 보지만 모두 무정한 객들뿐이요,
향긋한 옷을 붙들고 옥침을 밀치며 노래하고 춤추는 청춘들을 보내니 다들 가증스러운 아이네요.
천 리 먼 곳에서 사람 기다리니 사람 기다리기 어려워라, 어렵네요, 군자의 박

정함이 이 같은 것인가요.

삼시 세 때 문 나서 문을 나서 문을 나서 바라보네요. 슬프다, 제 외로운 마음은 어떠할 것 같나요.

너그러운 대장부께서 결단코 강을 건너 정을 품고, 촛불 아래 기쁘게 서로 마주하기를 오직 바라노니

유약한 아녀자로 하여금 눈물을 머금고 외로운 혼이 구천에 돌아가, 외로운 달빛에 울게 하지 마소서.

別 思

路遠 信遲

念在彼 身留玆[5]

巾櫛有淚 扇紈無期[6]

香閣鍾鳴夜 練亭月上時[7]

倚孤枕 驚殘夢 望歸雲 悵遠離

日待佳期愁屈指 晨開情札泣支頤

顔色憔悴 開鏡下淚 歌聲嗚咽 對人含悲

提銀刀 斷弱腸 非難事 躡珠履 送遠眸 更多疑[8]

春不來 秋不來 君何無信[9] 朝遠望 暮遠望 妾獨見欺[10]

浿江成陸地後 鞭馬其來否 長林變大河初 乘船欲渡之[11]

---

5 『二四齋記聞錄』에는 “몸은 여기 있는데, 마음은 저기 있네.(身有玆 念在彼)”로 되어 있다.

6 ‘巾櫛’이 『二四齋記聞錄』에는 ‘비단 수건(紗巾)’으로 되어 있다. 『閨房美談』의 ‘巾紗’는 잘 쓰이지 않는 표현이다.

7 『閨房美談』에는 “練亭月上夜 香閣鍾鳴時”로 순서가 바뀌어 있다.

8 “提銀刀”가 『閨房美談』에는 “은장도를 뽑아(拔銀刀)”로 되어 있다.

9 “春不來秋不來”가 『이사재기문록』에는 “어제도 오지 않고 오늘도 않으니(昨不來今不來)”로 되어 있다.

10 “朝遠望 暮遠望”가 『閨房美談』에는 “朝遠望 夕遠望”으로 되어 있는데 뜻은 같다.

11 『二四齋記聞錄』에는 ‘긴 숲(長林)’이 ‘뽕나무밭(桑林)’으로 되어 있다.

前日別 後日阻 世情無人其測[12] 胡然斷 愕然懷 天意有誰能知[13]

一片香雲楚臺夜 神女之夢在某[14] 數聲淸簫秦樓月 弄玉之情屬誰

不思自思 頻倚牡丹峰 可惜紅顏色[15] 欲忘難忘 更上碧雲樓 猶憐綠鬢儀

孤處深閨 頭雖欲雪 三生佳約焉有變[16] 獨宿空房 淚下如雨 百年定心自不移

罷晝眠 開竹窓 迎花柳少年 總是無情客 攬香衣 推玉枕 送歌舞同春 莫非可憎兒[17]

千里待人難待人 難甚矣 君子薄情如是耶 三時出門望出門 望悲夫 賤妾孤懷果何其[18]

惟願寬仁大丈夫 決意渡江含情 燭下欣相對 勿使軟弱兒女子 含淚歸泉哀魂 月中泣相隨[19]

---

12 "前日別 後日阻 世情無人其測"가『二四齋記聞錄』에는 "헤어질 때 많고 만나볼 때 적으니 세상 인정 남들이 헤아릴 수 없네(別時多 見時少 世情人不可測)"로 되어 있다.

13 "胡然斷 愕然懷 天意有誰能知"가 "좋은 인연 끊어지고 나쁜 인연 돌아오니 하늘의 뜻을 누가 능히 알아줌이 있으랴(好緣斷 惡緣回 天意孰能有知)"로 되어 있다. 또『閨房美談』에는 "好緣斷 惡緣回 世情無人可測 別時多 見時小 天意有誰能知"로 출구와 대구가 바뀌어 있다.

14 '香雲'이『二四齋記聞錄』에는 '가는 구름(行雲)'으로, '淸簫'가 '찬 퉁소(寒簫)'로 되어 있다. "弄玉之情屬誰"가 "弄金情之屬誰"로 되어 있는데 대구가 되지 않으므로 잘못 필사된 듯하다.

15 두 구 "不思自思 頻倚牡丹峰 可惜紅顏色 欲忘難忘 更上碧雲樓 猶憐綠鬢儀"가『이사재기문록』에는 "잊으려도 잊지 못해 시름겹게 모란봉에 기대니 고운 얼굴빛 늙어감이 애석하고, 생각 말자 해도 절로 생각나 억지로 부벽루에 오르니 검은 머리 희끗해져 매번 상심하네(欲忘難忘 愁倚牧丹峯 可惜紅顏老 不思自思强登浮碧樓每傷綠髮衰)"로,『閨房美談』에는 "不思自思 更上浮碧樓 可惜紅顏老 欲望難望 愁倚牧丹峰 猶憐錄鬢衰"로 되어 있는데 뜻은 유사하다.

16 두 구 "孤處深閨 頭雖欲雪 三生佳約焉有變 獨宿空房 淚下如雨 百年定心自不移"가『二四齋記聞錄』에는 "홀로 빈방에서 자니 눈물이 비처럼 마구 흐르는데 삼생의 아름다운 약조는 어찌 변함이 있겠나요, 외로이 청상과부의 방에 거처하니 창자가 눈 같아도 백년의 정신은 절로 바뀌지 않으리라(獨宿空房 淚縱如雨 三生佳約寧有變 孤處霜閨 腸雖欲雪 百年精神自不移)"로, "『閨房美談』에는 "외로이 청상과부의 방에 거처하니 창자가 눈 같아도 삼생의 아름다운 약조는 어찌 변함이 있겠나요. 홀로 빈방을 지키고 있노라니 눈물이 비처럼 흐르지만 백 년의 곧은 마음 끝내 바뀌지 않는다오(孤處孀閨 腸雖如雲 三生佳約寧有變 獨守空房 淚縱如雨 百年貞心終不移)"로 되어 있다.

17 『二四齋記聞錄』에는 '晝眠'이 '봄잠(春眠)'으로, '總是'가 '다(盡是)'로, "送歌舞同春"이 "가무하는 무리를 보내니(送歌舞者流)"로 되어 있다.『閨房美談』에는 "봄 꿈을 깨고 나서 대나무 창을 열어 풍류 즐기는 젊은이를 맞아도 모두 무정한 객이요, 향긋한 옷을 잡고 백옥 베개를 밀치며 가무하는 아이를 보내니 미운 아이 아님이 없네(罷春夢 開竹窓 迎花柳少年 摠是無情客 攬香衣 堆玉枕 送歌舞童類 莫非可憎兒)"로 되어 있다.

18 『二四齋記聞錄』에는 "君子薄情如是耶"가 "君子之薄情若是"로, "賤妾孤懷果何其"가 "賤妾之孤懷何其"로 되어 있지만 뜻이 같다.『閨房美談』에 "君子薄情誠如是"로 된 것도 뜻이 같다.

19 『二四齋記聞錄』에는 '惟願'이 '伏願'으로 되어 있는데 같은 뜻이다. "決意渡江含情"가 "마음을 유

어떤 사람은 이 작품이 평양의 기녀 죽향(竹香)이 지은 것이라고도 한다.[20]

위에서 보인 세 작품은 『풍요삼선』에도 운초의 대표작으로 모두 선발되어 있다. 첫 번째 작품은 『풍요삼선』, 『운초기완』(국립중앙도서관 소장), 『운초당시집』(장서각 소장)에는 제목이 「외롭고 분해서(孤憤)」로 되어 있다. 곽박(郭璞)의 「유선시(遊仙詩)」에 "비취새가 난초와 희롱하니, 그 모습 더욱 산뜻하구나.(翡翠戱蘭苕 容色更相鮮)"라 한 대로 난초와 비취새는 서로 조화를 이루어 아름다운 존재를 비유한다. 난초꽃이 되어 어울리는 물총새를 기다렸건만 더러운 흙더미에 묻히고 말았다. 차라리 사랑받지 못하여 깊은 산중에 묻히는 것이 나을 것이라 하여 추잡한 기녀의 삶을 슬퍼한 것이다. 자신의 가련한 처지를 투영한 마음이 간절하다. 규장각 소장 『운초당시고』에는 「외로운 무덤(孤墳)」으로 되어 있는데 평양 선연동(嬋娟洞)과 같은 기녀의 공동묘지에서 그 처지를 슬퍼한 것으로 이해한 것 같다.

두 번째 작품은 『풍요삼선』에 「관북 행대로 가는 감시어사에게 받들어 전송하며(奉贐監市御使北關行臺)」로 실려 있다. 회령(會寧), 경원(慶源) 등에 중국과 교역을 하던 시장이 있어 이를 감독하던 북평사(北評事)를 파견하였는데 이를 감시어사라 하였고, 이들이 근무하는 곳을 행대(行臺) 혹은 북대(北臺)라 하였다. 부용이 만난 감시어사가 누구인지는 확인되지 않는다. 봉새와 난새는 뛰어난 인물을 비유하는 말이고 주도(周道)는 대로(大路)를 이른다. 감시의 임무를 띤 북평사가 위풍당당하게 거리를 지나가니 사람들이 모두 이를 구경 나선다. 당의 풍류남아 두목(杜牧)이 얼굴이 잘생겨 그가 지나가면 여인들이 수레에 귤을 던졌다는 고사가 있다. 남방의 귤이 북방에 있을 리 없거니와, 여인들이 감시어

쾌히 하여 강을 건너 마음을 돌리고(快意渡江回情)"로, 『閨房美談』에 "含淚歸泉哀魂"이 "含怨歸泉孤魂"으로 되어 있다.

20 장지연, 「松齋漫筆」, 『매일신보』(1916. 8. 20).

사의 외모에 반하지 않은 것은 아니겠지만 엄정한 군자의 풍모에 감히 근접하지 못할 것이라 하였다. 상대를 칭송하는 솜씨가 예사롭지 않다.

세 번째 작품은 『풍요삼선』에 「삼가 일벽정의 시에 차운하여 경산에게 바치다(敬次一碧亭韻呈瓊山)」로, 『운초기완』에는 「삼가 일벽정의 나중 모임에서 지은 시에 차운하여 따로 경산께 바치다(敬次一碧亭後會韻, 別呈瓊山匳右)」로 되어 있다. 김이양, 이정신(李鼎臣, 1792-1858) 외에 여러 문인이 운초, 경산 등과 시회를 가졌음은 익히 알려져 있다. 그 공간이 바로 오강루(五江樓)와 일벽정(一碧亭)이었다.

오강루의 주인은 김이양이다. 김이양은 본관이 안동이고 자가 명여(命汝)이며 호는 연천(淵泉)이다. 예조와 이조, 호조의 판서를 두루 지내고 봉조하(奉朝賀)에까지 오른 명환이다. 손자 김현근(金賢根)이 순조의 부마가 되었으니 자손까지 부귀영화를 두루 누린 인물이다.

운초는 1830년 평양에서 김이양을 만나 자신을 거두어 달라고 부탁하였고, 1832년 드디어 김이양의 소실이 되어 한양으로 올라왔다. 운초는 삼청동 김조순(金祖淳)의 옥호산방(玉壺山房), 우이동의 청수루(淸水樓) 등 도성 근교의 명소를 두루 노닐고 시를 지었거니와 특히 그가 주로 머물렀던 곳은 오강루다. 오강루는 마포와 용산 사이 한강의 언덕 위에 있던 누각이다. 노년 김이양이 이곳에서 풍류를 누렸는데 이때 운초가 늘 곁에 있었다. 특히 1841년 87세의 고령에 운초, 경산, 금원 세 여인과 밤새 술을 마시고 놀았다고 하니 정력도 대단한 사람이다. 심상규(沈象奎)의 첩 정실(貞室)과 망년지교를 맺었고, 평양 기녀 낭간(琅玕)과도 친분이 깊었다.

오강루 바로 곁에 있는 일벽정의 주인은 이정신이었다. 운초는 일벽정에 의탁하고 있는 경산을 그리워하는 마음에 별이 지고 은하수가 기우는 새벽까지 지새었다고 하고, 그리운 마음에 물가의 꽃을 꺾어 보내려 해도 마음을 다 전할 수 없는데 일벽정에서 들려오는 피리 소리를 들어보니 경산도 운초를 그리워할 것이라 하였다. 가을이 깊어 가고 돌봐 주는 이들이 돌아가면 더욱 외로워질 것이라 잠들지 못하고 마당에서 서성이노라니, 자유롭게 노니는 새와 물고기가 부럽다고 하였다. 김이양과 이정신에게 의탁하여 오강루와 일벽정에서 사는 삶이 행복하였던 것만은 아니었던 모양이다.

운초의 작품 중에 가장 독특한 것이 「상사시(相思詩)」다. 조언림의 『이사재기문록』에도 이 시를 '평양창기사십팔운(平壤娼妓詞十八韻)'으로 수록하였거니와 특히 『규방미담』에는 "평양 기생 부용의 상사시 십팔귀 쓴 그림과 글 쓴 것"이라는 제목으로 실었다.[21]

그림처럼 글자를 배치해 놓은 것을 선기도(璇璣圖)라 하는데, 진(晉)의 장군 두도(竇滔)가 사막으로 떠나자 아내 소약란(蘇若蘭)이 전후좌우로 읽어도 말이 되는 시를 비단에 넣어 짠 직금도(織錦圖)에서 유래한다. 이규경의 『오주연문장전산고』에서 "규방의 부녀자들이 많이들 언문으로 번역하여 가지고 논다. 우리 집에도 「선기도」를 소장하고 있는데 29행이고, 매행이 29자다. 자와 행 중간에 16단으로 만들어 매 6행을 1단으로 하였다."라 한 바 있다.[22]

이 작품은 1자에서 18자까지 이르는 층시(層詩)이기도 하다. 선기도에 넣은 층시는 우리 한시사 전체에서 유례가 없는 독특한 것이기도 하니 세인의 관심을 끌었을 것이다. 선기도에서 크게 쓴 '물(勿)' 위쪽 우측에서 시작하여 두루 한 바퀴 돈 다음 좌측으로 돌아와, 큰 글자를 따라 다시 한 바퀴를 돌아 한 가운데 '수(隨)'에서 종결된다. 『규방미담』에는 이 작품이 한글로도 번역되어 있다. 다만 운초의 문집에는 이 작품이 실려 있지 않고, 작가에 대해서도 이설이 존재한다.

장지연의 『대동시선』에는 운초의 시를 9수나 선발하고 있는데 성천이나

---

21 이 책은 버클리대학교에 소장되어 있다. 1867년 필사된 이 책에 대해서는 이종묵, 「놀이로서의 한시-버클리대학 소장 『규방미담』」, 『문헌과해석』 37(2006)에서 자세히 다루었다.

22 「朱淑貞璿璣圖記辨證說」과 「朱淑貞璿璣圖詩源流辨證說」 두 편에 선기도에 대한 변증이 실려 있다.

그림 13 『규방미담』(미국 캘리포니아대학교 버클리 동아시아도서관 소장): 평양 기생 부용의 상사시 십팔 귀 쓴 그림과 글 쓴 것.

평양에 있을 때 지은 것이 많다. 「부용당에서 빗소리를 듣고(芙蓉堂聽雨)」를 보인다.

일천 말이나 되는 밝은 구슬을	明珠一千斛
유리 쟁반에서 헤아려 보노라니	遞量琉璃盤
하나하나 동글동글한 모양이	箇箇團圓樣
수선이 아홉 번 달인 단약 같네.	水仙九轉丹

부용당은 해주 관아에 있던 건물이 유명하지만 『운초당시고』에 부용당에서 지은 시가 몇 수 더 있으므로 그가 이른 부용당은 성천에 있는 자신의 집으로 보아야 할 것이다. 부용당의 널따란 연잎에 동글동글 맺힌 빗방울을 보고 이를 물속에 산다는 수선(水仙)을 정련한 단약에 비유한 것이 묘미가 있다. 그러면서 운초의 집이 부용당이니 연꽃잎에 구르는 명주가 자신을 비유한 것일 수도 있다. 당 교지지(喬知之)가 총애하던 첩 벽옥(碧玉)을 측천무후(則天武后)의 조카 무연사(武延嗣)에게 뺏기자 「녹주원(綠珠怨)」을 지어 보냈는데 이 시를 본 벽옥이 사흘 음식을 전폐하였다가 우물에 몸을 던져 죽은 고사가 있다. 교지지의 시 첫 구절이 "금곡 석숭의 집에서 새로운 음악을 좋아하여, 명주 열 말에 미인을 사 갔지.(石家金谷重新聲 明珠十斛買娉婷)"다. 운초가 자신을 열 말이 아닌 천 말의 명주에 비유한 것인지도 모르겠다. 아무튼 성천과 평양에서 운초는 기녀로서 부름을 자주 받았던 것 같다.

「행화촌(杏花村)」도 대표작으로 꼽힌다.

가벼운 배 한 척 평평한 모래밭에 대니	輕舟一葉泊平沙
흐르는 물 푸른 산 두른 진사님 댁이라네.	流水青山進士家
마을에 가기도 전에 그 이름 벌써 좋으니	未到村中名已好
봄바람에 붉은 꽃잎 떨어져 뜰에 가득하네.	東風紅落滿庭花

행화촌은 살구꽃이 핀 마을인데 당 두목의 「청명(淸明)」에 "묻노니 술집이 어디에 있는가. 목동이 멀리 행화촌을 가리키네.(借問酒家何處有 牧童遙指杏花村)"에서 유래하여 술집을 이른다. 여기서는 운초가 「행화촌 주인에게 주다(贈杏花村主人)」라는 시를 따로 지은 바 있으니 성천이나 평양의 마을 이름일 가능성이 높다. 진사의 부름을 받고 그 집 잔치에 운초가 가면서 지은 작품이겠다. 조그만 배를 타고 가다 백사장에 내려 흐르는 개울 따라 푸른 산속 진사의 집에 가

노라니 행화촌에 이르기 전에 붉은 복사꽃 떨어진 것을 보이고 그래서 그곳이 행화촌인 줄 먼저 알겠다고 하였다.

끊어진 절벽 음산한데 바위 벼랑 무너질 듯	絶壑陰森石岸崩
푸른빛 허공을 지탱하며 백옥이 층층이 솟았네.	撑空浮碧玉層層
숲 사이 길이 바위 위에서 세 갈래로 나뉘는데	林間有路三分石
골짜기 안에 만나는 사람은 대부분 중이라네.	洞裡逢人一半僧

「향풍산 골짜기 입구에서(香楓洞口)」로 실려 있는 작품이다. 향풍산은 평안도 성천에 있는 산으로 그 풍광이 아름다워 이름이 났다. 성천의 명기 운초는 성천의 명산을 시로 빛냈다. 이 산의 아름다움을 두고 선조 때의 문인 조호익(曺好益)이 기문을 남겼지만 그에 걸맞은 시가 별로 없으니 이 시의 가치가 높다 하겠다. 협곡 위로 치솟은 바위 봉우리를 바라보며 향풍산으로 들어가노라면 숲속 반석 위로 길이 세 갈래인데 속인은 없고 중들만 오간다고 하였다. 은자의 집으로 가는 길이 세 갈래로 나 있다는 삼경(三逕)의 뜻도 들어 있으니, 운초의 마음에는 향풍산에서 멋진 은자를 만나고자 하였으나 중들밖에 만나지 못하여 아쉽다는 뜻으로 읽어도 재미가 있을 것 같다.

운초의 문집에는 평양, 성천, 영변 등 평안도의 명소를 두루 찾아다니며 지은 시가 실려 있으며 그 가운데 대표작으로 선발된 것이 여럿이다. 먼저 「사절정(四絶亭)」을 보인다.

네 가지 빼어나단 정자 이름이 의아하니	亭名四絶却然疑[23]
넷이 아니라 다섯이 빼어나다 해야 맞겠지.	四絶非宜五絶宜

23 편자 미상, 『靑邱詩話拾遺稿』(규장각 소장)에는 1구가 "我登四絶却生疑"로 되어 있다.

산과 바람과 물과 달을 따르는 곳에　　山風水月相隨處
여기에다 다시 기이한 절세가인이 있으니.　　更有佳人絶世奇

사절정은 영변의 개평(開平)에 있던 정자인데 김창흡(金昌翕, 1653-1722)이 지은 시에서는 강과 산과 바람과 달이 아름다운 곳이라 하였다.[24] 운초는 이 넷에다 자신과 같은 절세미녀가 있으니 '오절정(五絶亭)'이라 하는 것이 옳다고 하였다. 그 자부를 읽을 수 있다.

권상신이 1822년 영변에 유배되어 있을 때 사절정에 올라 시를 지었는데 "이 정자에 올라 이 경치를 평하여 기이하다 소리치고 돌아갈 것을 잊은 사람은 우리 연천 옹만이 그러하였을 것이다."라 하고[25] 또 '수일방인(水一方人)'이라는 사람이 지은 이 작품을 어떤 사람이 외는 것을 들었다고 하였다.[26] 수일방인이 바로 운초고, 연천 옹은 김이양이다.[27] 『시경』의 「겸가」 "갈대가 새파랗고, 흰 이슬이 서리가 되었네. 그리운 내 님은, 강물 저편에 계시네.(蒹葭蒼蒼 白露爲霜 所謂伊人 在水一方)"에서 유래한 '수일방인'은 그리운 사람이라는 뜻이다. 이재의(李載毅, 1772-1839)의 「글을 써 수일방인에게 주다(書贈水一方人)」에서 "도성의 향기로운 이름 설도의 시인데, 나그네 서쪽으로 간 것 작년이라네. 묻노니 부용은 가을이라 늙지 않았는지. 초 땅의 구름과 비는 쓸쓸히 인연이 없네.(香名洛下薛濤箋 客馬西遊已昔年 借問芙蓉秋老未 楚天雲雨悵無緣)"라 하였는데[28] 당의 기녀 시인 설도에 비유한 부용, 그리고 서쪽으로 떠났다고 한 것에서 운초에게 준 시

---

24 金昌翕, 「四絶亭」, 『三淵集』 습유 권7.

25 權常愼, 「登開平四絶亭, 憑欄四顧, 山低水長, 遼廓明媚, 如開圓鏡, 我東溪亭, 惟金水可與伯仲. 亭在遐陬, 名沒不顯, 其可惜也. 登此亭, 評此景, 而叫奇忘返者, 惟我淵泉翁, 其庶幾乎, 而未由招邀同席, 獨坐溯悵, 作詩以寓懷云耳.」, 『西漁遺稿』 권3.

26 『西漁遺稿』 권3. '却然疑'가 '却生疑'로 되어 있다.

27 이여추의 앞의 논문에서도 水一方人이 운초의 또 다른 호라 하였다.

28 李載毅, 「書贈水一方人」(『文山集』 권2).

임이 분명하다. 권상신이 운초의 이 시를 김이양에게 전하였고 그래서 김이양이 운초를 만나게 되었을 가능성도 있다.

운초는 19세기를 대표하는 여성 시인이었다. 그래서 장지연이 『대동시선』에서 운초의 시를 무척 많이 선발하였다. 그 중에는 봄을 소재로 한 시가 몇 수 있는데 모두 운치가 있다. 「봄을 보내며(餞春)」, 「봄을 아쉬워하며(惜春)」, 「평양 기생 백년춘에게 주다(贈浿妓百年春)」를 차례로 보인다.

어젯밤 교외에서 가는 봄을 전별하고서	芳郊前夜餞春回
깊은 슬픔 어쩌지 못해 애써 술잔을 잡았네.	不耐深悲强把盃
아직 춘백의 꽃이 남아 나무에 온통 붉으니	猶有柏花紅一樹
때때로 나비가 담장을 넘어오는 것 보겠네.	時看蛺蝶度墻來[29]

외로운 꾀꼬리 울음 그치고 보슬비 뿌리는데	孤鶯啼歇雨絲斜
저물녘 창을 닫자 푸른 비단휘장이 흐릿하네.	窓掩黃昏曖碧紗
봄 붙들어 둘 방법 없어 봄이 이미 늙어 가니	無計留春春已老
하릴없이 옥 화병에 가짜 매화를 꽂아 보네.	玉甁聊揷假梅花

봄날의 살구나무 그늘에서 꾀꼬리 우는데	遲日鶯啼小杏陰
주렴 깊숙한 곳에 가인이 슬피 앉아 있네.	佳人悄坐繡簾深
봄바람에 휘날리는 끝없는 버드나무 가져다	願取春風無限柳
줄기마다 백 년의 마음을 붙들어 매고 싶네.	絲絲綰結百年心

앞 두 작품은 봄을 아쉬워하면서 지은 것이다. 가는 봄은 운초의 청춘이

29 『雲楚堂詩稿』에 같은 제목으로 실려 있는데, 제2구의 '悲'가 '愁'로 되어 있고, 제3구의 '柏'이 '榴'로 되어 있다. 여기서 柏花는 봄에 피는 春栢을 이른다. 석류는 주로 여름에 핀다.

가는 것이기도 하다. 봄에 피는 동백을 이르는 춘백(春栢)이 아직 지지 않아 나비가 찾아온다고 한 데서 아직 자신의 마음은 청춘이 가지 않았다고 자위하는 마음을 읽을 수 있다.

두 번째 작품 역시 비슷하다. 봄이 지나 꾀꼬리는 목이 쉬었는데 봄을 전송하는 비가 추적추적 내린다. 창을 닫은 방이 어둑한 것은 마음이 그러하다는 뜻이다. 이미 진짜 매화는 저버린 후라 깁과 밀랍으로 만든 가짜 매화를 화병에 꽂는 심정은 가는 봄을 붙들기 위한 간절한 마음이기도 하다.

백년춘(百年春)이라는 평양 기생에게 준 시도 비슷한 뜻을 담았다. 백 년 늘 봄을 누린다는 백년춘이라는 이름을 빌려 버드나무 가지를 가지고 평생 변치 않도록 사랑을 붙들어 맬 것이라 한 것이 기발하다.

앞서 본 대로 운초는 한양에 와서 오강루에서 김이양을 모셨다. 그래서 운초의 대표작 중에도 김이양과 관련한 것이 제법 된다. 장지연의 『대동시선』에 뽑혀 있는 다음 작품은 소장한 병풍에 김이양이 쓴 시에 운초가 차운한 것이다.

관복을 벗어젖히고 처사의 집을 찾아가니	投紱相從處士家
문 앞의 개울 길 하나가 멀리 뻗어 있네.	門前溪路一條賒
언덕 너머 주막 깃발 산들바람에 따스한데	酒旗隔岸微風暖
여울에 무너진 돌에는 밤안개가 비껴있네.	崩石衝湍宿霧斜
푸른 나무 그늘 곁에 한식의 비가 뿌리는데	綠樹陰邊寒食雨
푸른 산 그림자 안에 해당화가 피어 있네.	青山影裏海棠花
깔끔한 창 너머 수레와 말이 메여 있는데	竹窓蕭爽留車馬
달 지는 성곽 숲에 저녁 까마귀가 숨어 있네.	月落城林隱暮鴉

『운초당시고』에 같은 제목 「연천 상공의 그림 병풍에 쓴 시에 차운하다(奉

次淵泉相公畵屛韻)」로 실려 있는 3수 중 제2수다. '끊어진 다리의 행인(斷橋行人)'이라는 부제가 붙어 있다.[30] 운초가 제화시에도 능하였음을 보여 주는 작품이다. 그림에는 개울 곁에 처사가 사는 조촐한 초가 하나 있는데 그 너머 주막임을 알리는 깃발이 바람에 펄럭이고 개울가 무너진 돌에 안개가 서려 있다. 마당에는 비를 맞아 산뜻한 해당화가 피어 있는데 대나무를 엮어 만든 문에 벼슬하는 이가 타고 온 수레와 말이 서 있다. 두 사람은 출처(出處)에 대한 생각이 다르지만 정담을 나누느라 밤이 깊어간다. 김이양이 처사의 집을 찾아가는 것으로 설정하여 몸은 조정에 있지만 마음은 산림에 있음을 은근히 칭송한 것이라 하겠다.

운초는 김이양이 죽은 후 그를 애도한 작품을 지었는데 역시 장지연의 『대동시선』에 「연천 어르신을 애도하여(挽淵泉老爺)」로 선발되어 있다. 정인의 죽음을 애도한 작품으로 단연 최고라 할 만하지만 무슨 이유에서인지 운초의 문집에서는 이 시가 보이지 않는다.

인연이 아니라 숙연이라 이렇게 말씀하시더니	道是非緣是夙緣
그런 인연이라면 왜 늙기 전에 못 만났던가요?	旣緣何不趂衰前
꿈속에서 꿈 이야기하니 진짜는 어디 있으며	夢猶說夢眞安在
살아도 산 게 아니니 죽어도 정말 그렇겠지요.	生亦無生死固然
달 밝은 밤 물가의 정자에 배가 둥실 떠 있는데	水榭月明舟泛泛
술 익어 가는 산속 집에는 새가 끊이지 않았지요.	山房酒熟鳥綿綿
뉘 알리오, 연자루에서 흘리는 눈물이	誰知燕子樓中淚
마당의 꽃에 두루 뿌려져서 진달래로 피어난 것을.	灑遍庭花作杜鵑

평소 전생의 인연이라 하더니 어찌 일흔이 넘은 연세에 만나게 되었는지

30 제7구의 '留'가 '無'로 되어 있는데 오류로 보인다.

묻는 것으로 시상을 열었다. 꿈속에서 꿈을 이야기한다는 것은 『대반야바라밀다경(大般若波羅蜜多經)』에 나오는 말로 실재하지 않은 허무함을 이른다. 당 백거이의 「선경을 읽다(讀禪經)」 "꿈속에서 꿈을 말하니 둘 모두 헛것이라(夢中說夢兩重虛)"에서 가져온 것이기도 하다. 여기서는 김이양과의 만남이 일장춘몽처럼 여겨진다는 뜻이다. 백거이의 또 다른 시 「왕산인에게 주다(贈王山人)」에서 "무생을 배우는 것만 못하리니, 무생이 바로 무멸인 것을.(不如學無生 無生卽無滅)"이라 한 구절도 읽은 것 같다. '무생'은 무생무멸(無生無滅), 생겨나는 것도 없고 소멸하는 것도 없다는 말이다. 김이양이 죽었으니 이제 산들 산 것이 아니라는 탄식에서 슬픔이 최고조에 이른다. 그런 후 오강루 앞에 배를 띄워 노닐고 방안에서 술을 마시며 속삭이던 옛날을 떠올렸다. 연자루(燕子樓)는 당나라 때 재상 장건봉(張建封)의 애첩 관반반(關盼盼)이 살던 누각으로 장건봉이 죽자 개가하지 않고 10여 년 이곳에서 지냈다는 고사가 있다. 여기서는 오강루에 혼자 남은 운초가 수절할 것임을 말하였다. 촉(蜀)의 망제(望帝)인 두우(杜宇)가 죽어 그 넋이 두견새가 되고 두견새가 토한 피에 물들어 두견화가 되었다는 고사를 함께 사용하였다. 오강루 마당에 핀 진달래꽃이 자신의 피눈물이라 한 것이다.

『청구시화습유고(靑邱詩話拾遺稿)』에는 김이양의 죽음을 애도한 또 다른 작품을 소개하였다.

풍류와 기개는 강산의 주인인데	風流氣槪湖山主
경술과 문장은 재상의 재목이라.	經術文章宰相材
15년의 정으로 오늘 눈물 흘리니	十五年來今日淚
한 번 끊어진 아양곡 뉘 불러 주랴.	峨洋一斷復誰裁

먼저 김이양이 풍류와 기개로 풍월주인으로 행세하였고 경학과 문학을 겸한 재상의 재목이라 칭송하였다. 오강루에서 87세 때 여성 시인들과 시회를 가

졌고, 예조와 이조, 호조의 판서를 지내고 좌참찬에 이어 봉조하에까지 올랐으니 이런 칭송이 아깝지는 않다. 그리고 운초는 1830년 김이양에게 몸을 의탁한 이래 15년 동안 그와 시로 망년의 사귐을 맺었음을 부각하였다. 백아의 금(琴) 연주를 알아준 벗 종자기의 고사를 끌어들여, 김이양이 죽은 후 자신의 시를 알아줄 사람이 없어 눈물을 흘린다고 하였다. 『부용시(芙蓉詩)』(개인 소장)에 이 시와 함께 을사년(1845) 5월 23일 지은 제문이 실려 있는데 자신을 '측실(側室)'이라 하였다.

『청구시화습유고』에는 「연광정의 잔치(練光亭遊宴)」[31]도 함께 소개하였다.

구성진 풍악이 높은 누각을 들썩이고	灦灦仙樂動高樓
봄바람 푸른 강가에 흩어져 흘러드네.	散入春風碧水頭
어부도 또한 맑은 흥을 아나 보다	漁子亦知淸興否
백운탄 위에다 잠시 배를 멈추었으니.	白雲灘上暫停舟

구성진 풍악 소리가 누각을 흔든 다음 봄바람에 실려 푸른 강가에 흩어진다고 한 표현이 멋이 있거니와, 그 아름다운 음악을 듣고자 어부가 연광정 아래 백운탄(白雲灘)에서 잠시 배를 멈춘다고 한 것이 묘미가 있다.

운초는 뒤에서 다룰 금앵, 죽서 등과 더불어 이 시기를 대표하는 여성 작가다. 홍한주의 『지수염필(智水拈筆)』(권4)에서는 운초의 또 다른 호가 추수(秋水)라고 하고 근체에 일가를 이루었는데 원숙함에 있어서는 금원이 따르지 못한다고 평가한 바 있다. 이처럼 운초의 시명이 높았기에 그의 이름을 가탁한 작품도 더러 있다. 문집에 실려 있지 않지만 소개해 본다.

---

31 『芙蓉堂詩稿』에는 제목이 「浮碧樓宴遊應諸使君口號韻」으로, '灦灦'이 '渢渢'으로 되어 있다. '渢渢'은 구성진 가락을 형용하는 말이므로 이것이 더 합당하다.

성천 기녀 부용은 시를 잘하였다. 한 구가 있어 "진달래꽃 웃자 두견이 우네.(杜鵑花笑杜鵑啼)"라 하였는데 아무도 대구를 짓지 못하였다. 「석화를 읊다(詠石花)」 한 편의 절구는 세상에서 승이 지은 시라고도 하는데, 말을 엮은 것이 범상하지 않다.

전생은 모두 초나라 대부 굴평이기에	前年渾是大夫平
물고기 뱃속의 충혼이 변한 것이라지.	魚腹忠魂變化成
후세 사람도 존경하는 의리를 알아서	後世猶知尊敬義
성만 부르고 이름은 부르지 않는다네.	只稱其姓不稱名

석화라는 것은 굴의 별칭이니, 민간에서 '굴'이라 한다. 「명부지삼오시(名不知三吾詩)」는 이러하다.

몸이 나의 몸이요 입도 나의 몸이라	身是吾身口是吾
몸과 입 놀리는 것 모두 내가 하는 것.	行身開口摠由吾
어찌하여 믿지 않는가, 나의 몸과 입이	如何不信吾身口
경거망동하여 도로 나를 해친다는 것을.	輕動妄發反害吾

소강절(邵康節)의 시 때문에 '명부지'라 이름을 붙였다.[32]

조언림은 『이사재기문록』에서 그의 대표작으로 두 수를 들었다. 먼저 석화(石花)는 굴이다. 굴평(屈平)은 곧 전국시대 초나라의 대부 굴원(屈原)으로, 경양왕(頃襄王)에게 의심을 받아 강남으로 추방되었고 9년 동안 상강(湘江) 일대를 떠돌아다니다가 멱라수(汨羅水)에 투신한 인물이다. 그래서 시국을 걱정하며 죽은

32 趙彦林, 『二四齋記聞錄』.

굴원을 두고 어복충혼(魚腹忠魂)이라는 말이 생겼다. 「어부사(漁父詞)」가 그의 작품이라고도 하는데 “차라리 상강으로 가서 물고기 뱃속에 장사지내리라.(寧赴湘流 葬於魚之腹中)”라 한 바 있다. 물속에 잠긴 굴원의 충혼이 변하여 굴이 되었고, 굴원을 존경하는 마음에서 성씨 굴만 부르게 되었다는 문학적 상상력을 발휘한 것이다.

그런데 이 작품은 『이사재기문록』에서 중이 지은 것이라고도 하였는데 장지연의 『대동시선』에는 석(釋) 처묵(處默)의 시로 실려 있다.[33] 처묵은 속성이 최(崔)고 소싯적에 시문에 능하였는데 16세에 진사가 되었지만 자형과 불화하여 출가하였고 미친 척하고 겨울에도 버선을 신지 않고 다녔다고 한다. 『대동시선』에 이 작품 외에 두 수가 더 선발되어 있으니 제법 문학으로 행세하였음을 알 수 있다. 임진왜란 때 승병(僧兵)으로 출전하여 선무원종공신(宣武原從功臣)이 된 인물 중에 처묵이 있는데 같은 인물인 듯하다. 조언림은 중이 지은 작품이라는 설을 밝히면서도 운초의 작품으로 소개하였으니 이렇게도 전승된 모양이다.

그다음에 소개한 「명부지삼오시」는 소옹(邵雍)의 「부지음(不知吟)」 “음양을 알지 못하고, 천지를 알지 못하며, 인정을 알지 못하고, 물리를 알지 못하는데, 억지로 남의 스승이 되었으니, 어찌 절로 부끄럽지 않은가.(不知陰陽 不知天地 不知人情 不知物理 強爲人師 寧不自愧)”라는 시와 관련이 있다. 나, 나의 몸, 나의 입을 ‘삼오(三吾)’라 하고 말과 행동의 책임이 나에게 있으니 늘 조심해야 한다는 뜻을 말하였다. 운초는 1830년 한양으로 오기 전 평양과 성천에 있을 무렵 무슨 말실수를 하여 구성(龜城)에 유배된 적이 있었다. 아마 이러한 사연이 이 작품을 만들어 낸 것으로 볼 수 있겠다.

그럼에도 이 작품 역시 운초의 것인지 의심스럽다. 윤기가 1812년 혹은 그

33 제1구의 ‘前年渾是’가 ‘前身曾是’로, 제3구의 ‘後世猶知尊敬義’가 ‘衰俗亦知尊敬意’로 되어 있다.

이듬해 손자 윤선응(尹善膺, 1784-1868)에게 답한 편지에 따르면 전사청(典祀廳)의 벽 위에 붙은 이 시를 소개하고 "누구 작품인지는 모르겠으나, 나도 전에 들었던 시다. 내가 이 시를 보고 경계하는 의미를 깊이 깨달았다. 이제 써서 너에게 주니, 너도 가슴에 새겨 잊지 말라."라 한 바 있다.[34] 1805년 무렵 태어난 운초가 일곱 살 때 지은 작품이 전사청에 걸렸다고 보기는 어려울 듯하다.

『동양역대여사시선』에는 출신지를 밝히지 않고 교방의 명기 운초를 소개하였는데 서화(書畫)로 일세에 이름을 떨쳤다고 하였다. 그의 「봄날 회포를 부치다(春日寄懷)」는 이러하다. 『운초당시집』에 실려 있지 않으니, 운초라는 이름을 쓰는 또 다른 기녀의 작품일 수도 있겠다.

수양버들 무성한 곳 고운 창이 보이는데	垂楊深處綺窓開
작은 집엔 사람 없고 이끼가 늘 푸르네.	小院無人長綠苔
주렴 너머 가끔 바람 이는 소리 듣고서	簾外時聞風自起
그 몇 번 벗님 오시나 착각을 하였던가?	幾回錯認故人來

수양버들 짙게 드리운 방에 수심에 젖은 여인이 있다. 찾아오는 사람이 없어 마당은 풀로 덮여 있다. 바람 소리만 나도 혹 사랑하는 사람이 오는가 하여 버선발로 나가 본다. 그리고 한숨을 쉰다. 기다리는 여인의 마음을 잘 표현한 듯도 하지만 서경덕(徐敬德)의 시조로 알려진 "마음이 어린 후이니 하는 일이 다 어리다, 만중운산(萬重雲山)에 어느 님 오리마는, 지는 잎 부는 바람에 행여 긘가 하노라."에서 말한 것을 이렇게 한시로 옮긴 것이라 하겠다. 후대인이 운초의 작품으로 적당히 얽은 것일 수도 있겠다.

34 尹愭, 「答膺孫書」, 『無名子集』 11책. 원문이 "身是吾身口是吾 行身開口捴由吾 如何將此吾身口輕動妄言反害吾"로 조금 다르다.

운초의 명성이 높아지면서 그의 이름으로 부회된 작품이 더러 보인다. 또 거꾸로 운초의 작품인데 다른 사람의 이름에 얹힌 것도 발견된다. 『증보대동시선』에서는 평양 기녀 난향(蘭香)의 「정든 임과 헤어지며(別人)」를 소개하였는데 그러한 예다.

당신의 적삼 짓노라니 눈물이 흐르는데	持子征衫下淚裁
가위가 손길 따라 이리저리 돌아가네요.	金刀隨手短長回
이 몸이 저 등잔불과 함께 꺼질지언정	此身寧與殘燈滅
내일 아침 말에 오르는 것 보지 않을래요.	不見明朝上馬催

변방으로 떠나는 사람을 위해 눈물 속에 옷을 짓는다. 체형을 잘 알기에 절로 가위질이 된다. 사랑하는 이가 내일 아침 이 옷을 입고 떠나가는 모습을 차마 보지 않겠노라 하였다. 하고 싶은 말을 내뱉은 것이 절로 시가 되었는데, 기녀 한시의 한 특징이기도 하다. 난향은 어떤 인물인지 알려진 바가 없다. 그런데 이 작품은 앞서 『청구시화습유고』에서 운초가 연광정에서 지은 시를 소개한 후 또 다른 작품 「송별(送別)」을 소개하였는데 바로 이 시의 3구와 4구다. 이 작품도 운초의 대표작으로 회자되었음을 알 수 있다. 다만 운초의 문집에는 이 시가 보이지 않으니, 운초가 지은 것이라 쉽게 결론내릴 수 없다.

91.
시와 그림에 능한 죽향

앞서 본 대로 장지연은 부용의 「상사시」를 소개한 후 죽향(竹香)의 작품일 가능성도 있다고 하였다. 죽향은 성이 무엇인지 알려지지 않았고 생몰년도 알 수 없다. 19세기 초반에 태어난 여성으로 추정될 뿐이다. 다만 『대동시선』에 따르면 죽향이 평양의 기녀로 시와 그림에 능하였고, 낭간(琅玕)이라는 호 외에 용호어부(蓉湖漁夫), 세우향(細雨香)이라는 호도 사용하였다고 한다. 낭간은 대나무의 별칭이니 죽향과 그 뜻이 연결되어 있다. 당 장적(張籍)의 「늦은 봄 최부마의 동원을 지나며(晩春過崔駙馬東園)」에서 "대나무 새로 비 온 후 향을 뿜고, 꾀꼬리 지는 꽃잎에서 말하네.(竹香新雨後 鶯語落花中)"라는 구절을 좋아한 것 같기도 하다. 또 용호(蓉湖)는 용산 앞의 한강을 이르는 말이므로, 부용의 오강루와 경산의 일벽정 곁에 살았다고 보면 되겠다. 당 이상은의 「세우(細雨)」에 "기운이 서늘하여 먼저 대나무를 흔든다.(氣凉先動竹)"라는 구절이 있으니 가랑비에 풍기는 은은한 대나무 향기가 또 다른 호 세우향이 되었다. 이런 호를 지녔으니 죽향이 시와 그림에 모두 능한 것이 당연하다. 가히 '여사'라 할 만하다.

죽향의 호는 낭간이니 평양의 기녀다. 또한 시사(詩詞)로 유명한데, 「난초 그림에 쓰다(題畵蘭)」 시는 이러하다.

미인과 향초의 옛 맹약이 시든 것은 美人香草舊盟寒
도리어 굴원의 이소 책 속에서 보던 것. 還向離騷卷裏看
먹물 뿌려 그린 곳 강남땅 어디인가, 灑墨江南何處是
가을바람에 마상란은 애가 끊어지는데. 西風腸斷馬湘蘭

또 「강마을의 봄 풍경(江村春景)」 시는 이러하다.

천 가닥 만 가닥 버들가지 문에 드리우니 千絲萬縷柳垂門
연기처럼 짙푸른 그늘에 마을이 뵈지 않네. 綠暗如煙不見村
문득 소 치는 아이가 젓대 불며 지나가니 忽有牧童吹笛過
온 강의 안개비에 절로 황혼인 듯하구나. 一江煙雨自黃昏

또 「늦봄(暮春)」 시는 이러하다.

웅어 올라오는 절기에 누에 치는 때라 鮆魚時節養蠶天
원근의 봄 산은 다 안개처럼 뿌옇네. 遠近春山摠似煙
병석에 일어나 봄 저문 줄 몰랐더니 病起不知春已暮
창 앞의 복사꽃이 모두 지고 말았네. 桃花落盡小窓前

그 청정함이 당시(唐詩)에 핍진하다. 시집이 있다고 한다.[1]

장지연이 소개한 첫 번째 작품은 『풍요삼선』과 『대동시선』에 「난초 그림(畵蘭)」으로 실려 있다. 굴원의 「이소」에는 미인과 난초가 거듭 등장하는데 미인은 임금을, 난과 같은 향초(香草)는 신하를 비유한다. '미인향초'라는 말 자체가 「이소」의 별칭으로도 쓰인다. 죽향은 먹으로 그린 난초 그림을 보고 굴원이

1 장지연, 「松齋漫筆(逸士遺事)」, 『매일신보』(1916. 8. 19).

충성을 다하였건만 임금으로부터 버림을 받은 상징으로 읽었다. 굴원이 쫓겨나 상강에서 배회하다가 멱라수에 몸을 던진 고사가 널리 알려져 있기에, 난초가 그려진 강남땅이 이러한 뜻이 있다고 풀이한 것이다. 마지막 구절에서 이른 마상란(馬湘蘭)은 명말 남경(南京)의 진회(秦淮)에 살던 기녀로, 시와 그림에 능하였다. 특히 난초를 잘 그렸는데 일본 교토박물관에 소장된 「묵란도(墨蘭圖)」가 그의 작품이라고 한다. 마상란이 그린 난초 그림이 조선에도 들어와 있었다. 죽향이 이를 보고 이 시를 썼다. 마상란이 굴원을 슬퍼하는 뜻을 대나무 그림에 담은 것으로 풀이하였다고 보면 되겠다. 은근히 자신을 마상란에 빗대는 뜻도 읽을 수 있다.

「강마을의 봄 풍경」은 한강인지 대동강인지 확언할 수 없지만 강마을의 풍광을 맑게 묘사하였다. 봄날 수양버들 드리워 짙푸른 그늘 속에 인가 몇 채가 있다. 어디선가 목동의 피리 소리가 들리더니 안개가 끼고 봄비가 흩뿌려 한낮인데 저녁처럼 여겨진다고 하였다. 한 폭의 배경 음악이 있는 풍경화를 보는 듯하다.

이 작품과 함께 「늦봄」도 『풍요삼선』에 뽑혀 있는데 제목이 「늦봄에 구정도인 형님께 드리다(暮春呈女兄鷗亭道人)」로 되어 있다.[2] 구정은 압구정을 이른다. 압구정은 익히 알려진 대로 조선 초기의 권신 한명회(韓明澮)의 정자다. 조선 중기 유영경(柳永慶)과 유정량(柳廷亮) 부자가 소유하다가 18세기에는 진평군(晉平君) 이택(李澤), 윤양후(尹養厚) 등으로 주인이 바뀌었다. 특히 19세기 초에는 조정철(趙貞喆), 권상신 등이 이곳에 머물렀는데 아마 이들 중 어떤 이가 아낀 여성이 있어 구정도인이라는 호를 썼던 모양이다. 김이양과도 절친하였던 권상신이 경혜 여사 등 여러 여인을 데리고 있었으니, 구정도인도 그의 정인이었을 수 있겠다.

---

2 『增補海東詩選』에는 「暮春呈女兄蘸亭道人」으로 되어 있지만 蘸亭道人이 누구인지는 알 수 없다.

이 작품에서 웅어가 올라온다고 하였으니 용산 인근의 한강에서 지은 시로 볼 수 있다. 웅어가 잡히고 누에를 치는 늦봄이 되자 안개로 산들이 모두 뿌옇다. 병석에 누웠다 일어나니 벌써 봄이 다하여 곱던 복사꽃이 저버렸다. 마음에 병이 들어 문을 닫고 살았기에 풍경이 뿌연 것이고, 복사꽃이 지는 것은 청춘이 가는 것이기도 하다. 나른한 봄날의 풍경이 곱고도 여리게 묘사되어 있다. 그래서 장지연은 만당의 풍미가 있다고 한 것이다. 『대한협회회보』 1909년 1월 25일 자에 이 시를 소개하고 평을 달았는데 "음운이 맑아 넉넉히 당 설교서의 아류에 들어갈 만하다.(韻調瀏亮 優入晩唐薛校書之亞)"라 하였다. 설교서는 여교서(女校書)라고 불렀던 설도(薛濤)를 이른다.

1829년쯤에 편찬된 한재락의 『녹파잡기』에도 죽향이 보인다. "죽향은 죽엽(竹葉)의 동생이다. 나는 그녀가 그린 운치 있는 대나무 그림을 보았고, 또 동생의 재주와 미모가 빼어나다고 죽엽이 몹시 추켜세웠기 때문에, 그녀를 미처 보지 못한 것을 한스럽게 여기고 있었다. 그런데 길을 가다가 장경문(長慶門) 밖에서 그녀를 우연히 만났다. 그녀는 다홍치마에 남색 저고리를 입고 옷자락을 나풀거렸다. 조랑말은 우쭐대며 울고 향기 실은 먼지는 몰래 이는데 손님을 보고서는 미끄러지듯이 말에서 내려왔다. 그 말쑥하고 오묘한 자태는 사람의 마음을 움직였다."라 하였다.[3]

죽향은 이조영(李祖榮)의 사랑을 받아 한양으로 와서 명성이 더욱 높아졌다. 이조영은 본관이 전주고 자가 백승(伯繩), 호가 두포(荳圃)로, 승정원 부승지, 성균관 대사성, 사간원 대사간 등을 역임한 인물이다. 1828년 평양서윤(平壤庶尹)으로 나갔는데 이때 죽향과 인연을 맺었고 1832년 호조정랑(戶曹正郎)으로 한양으로 오면서 죽향을 데리고 와서 이화장(梨花莊)에 머물게 하였다. 이를 보면

3 안대회의 『녹파잡기: 조선 문화예술계 최고의 스타, 평양 기생 66명을 인터뷰하다』(휴머니스트, 2017)에서 이력을 자세히 밝혔다. 이하 죽향 관련 자료는 이 번역을 따랐다.

죽향은 19세기 초반에 태어난 듯하다. 신위가 1832년 죽향의 묵죽(墨竹) 그림에 쓴 시에 다음과 같은 주석을 달았다.

> 죽향은 대동강 기방에 속한 여인이다. 이전에 평양서윤 두포 이조영을 좋아하여 그를 따라서 서울에 왔다. 대 그림 그리기를 좋아하여 여러 번 내게 배우고 싶다고 하였으나 내가 산중에 있어서 뜻을 이루지 못하였다. 지금 벌써 따로 좋은 인연을 맺었다고 한다. 두포가 이 권축을 보물로 여겨 한 마디 부탁하였다. 권축 안에는 원래 중국 선비 죽계(竹溪) 여원(余垣)의 제시(題詩)가 있다. 이것만으로도 후세에 충분히 전해지리라.[4]

죽향은 신위의 그림 제자가 될 뻔하였지만 아쉽게 그리 되지 못하였다. 그럼에도 타고난 자질로 그림에 능하였다. 이만용(李晩用)의 시를 보면[5] 승지로 있던 이조영과 종암(鐘巖)에 죽향을 데리고 가서 샘물을 마셨는데 이를 그림으로 그렸던 모양이다. 자신이 아끼는 여인을 데리고 나들이하는 것을 그림으로 그릴 만큼 세상이 변하였다. 이 시의 주석에서 죽향이 이화장에 머물고 있으며 묵죽에 능하고 시도 잘한다고 하였다. 이화장은 동대문의 이화동에 있었을 것 같다. 이조영은 1834년 좌승지로 있었으니 이때의 일이라 하겠다.

죽향은 당시 문인들의 관심을 많이 받았다. 1843년 운초가 낭간의 묵죽 화첩을 가지고 김이양과 신위에게 글을 부탁하였는데 신위는 이때 지은 시에서 "운초와 낭간 두 여사는, 사람을 감동시키는 시와 그림이 평양에 이름났지.(雲楚琅玕兩女史 動人詩畵浿西名)"라 하고 죽향의 묵죽이 송의 소소 시랑(蘇小侍郎)에서 온 것이라 하였다.[6] 소소는 소소매(蘇小妹)로 소식의 누이동생이다. 또 시랑은

---

4 申緯, 「題竹香墨竹橫看, 用余竹溪韻」, 『警修堂全藁』 19책.

5 李晩用, 「題李承宣祖榮携竹姬鐘山飮泉圖」, 『東樊集』 권3.

6 申緯, 「雲楚女史以琅玕墨竹帖, 屬淵泉尙書, 請余題卷尾」, 『警修堂全藁』 29책.

장관(長官) 다음가는 벼슬인데 신위가 소소에게 장난삼아 이런 벼슬 이름을 붙여준 것 같다. 김정희(金正喜)도 평양에 있을 때 죽향을 만나 「평양 기녀 죽향에게 장난삼아 주다(戲贈浿妓竹香)」, 「다음 날 다시 대나무 그림에 시를 써서 가져왔기에 장난삼아 앞의 시에 차운하여 다시 부친다(翌日又以竹幨題詩來到戲以前韻更寄)」(『阮堂全集』 권10) 등 여러 편의 시를 주었는데 이 작품에서도 죽향이 시와 그림에 두루 능한 사실을 언급하고 있다.

그런데 임백연(任百淵)의 『경오행권곤(鏡浯行卷坤)』(1837년 3월 10일)에 평양의 연광정에 일행과 머물 때 상사(上使) 신재식(申在植)과 함께 죽향에게 부채에 대나무를 그리게 하였다고 하고 "손놀림이 민첩하고 오묘하여 사랑스러웠다. 이윽고 노래를 듣고 춤을 구경하는데 다시 나와서 검무를 추었다."라고 한 것을 보면 이 무렵 한양의 이조영을 떠나 다시 평양으로 온 듯하다. 그림과 함께 검무까지 능하였으니 다재다능한 여인이라 하겠다. 또 여항의 문인 나기(羅岐, 1828-1874)가 그의 시집을 읽고 쓴 시가 전한다.

안개 같은 고향 생각 끊어졌다 다시 나니	鄉思如烟斷復生
푸른 창 붉은 문 평양을 꿈속에 그린다네.	綠窓朱戶夢西京
용호에서 만년에 여자 어부라 자칭하였으니	蓉湖晩自稱漁婦
패옥 소리 표연하여 속세에 없는 마음이라네.	環珮飄然不世情[7]

죽향은 '용호어부'라 새긴 인장을 지니고 있었다. 한양으로 올라와서도 고향 평양을 그리워하였고 초연히 속세와 거리를 둔 여인이었다. 죽향이 가장 능하였던 묵죽은 안타깝게 전하는 것이 없고, 국립중앙박물관에 소장된 「화훼초

7 羅岐, 「碧梧堂遺稿」, 『委巷文學叢書』 권7(다른생각, 1991).

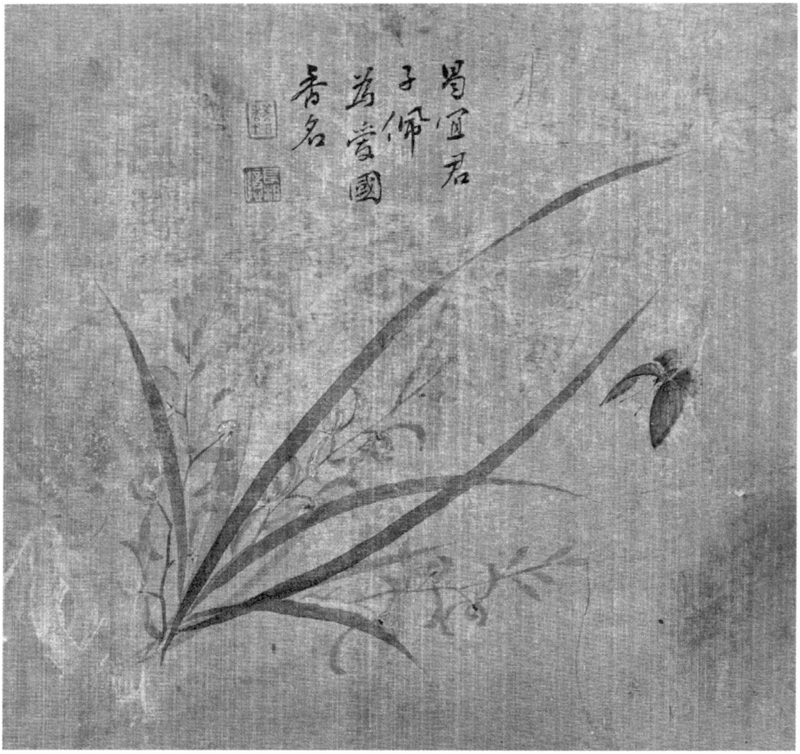

그림 14 「화조도」(국립중앙박물관 소장): 마상란의 그림이다. "어찌 군자가 패용하기에만 마땅하랴, 그 때문에 국향이라는 이름을 좋아하노라.(曷宜君子佩 爲愛國香名)"라 적혀 있다. 국향은 난초의 별칭이다.

충도(花卉草蟲圖)」가 그의 이름으로 전한다. 그나마 몇 수의 시가 남아 있어 그 재주를 볼 수 있게 한다.

92. 오강루의 시희 금원 교서와 경산 여사

앞서 본 대로 운초를 아낀 문인은 연천(淵泉) 김이양(金履陽)이었다. 김이양은 운초여사 부용 외에 경산 여사(瓊山女史) 낙선(洛仙), 금원 교서(錦園校書) 금앵(錦鶯)도 가까이 두었다. 87세의 노인은 이 세 여인을 거느리고 풍류를 즐겼다.

> 연천 김이양은 87세 때 세 여성을 데리고 소일하였다. 운초 여사는 이름이 부용이고 성도(成都; 성천) 사람이며, 경산 여사는 이름이 낙선이고 벽성(碧城) 사람이며, 금원 교서는 이름이 금앵이고 섬강(蟾江) 사람인데 얼마 안 가서 모두 흩어졌다. 금원은 시랑(侍郎) 김덕희(金德喜)에게 귀의하였는데, 시와 문이 모두 화려하다. 나는 그의 작품을 김 시랑이 의주(義州)에 있을 때 본 적이 있다. 또 김 시랑을 애도한 그의 제문을 도성에서 보았는데, 여사의 작품에 비할 것이 아니었다. 내가 양산(楊山)을 유람할 때 여사의 채란선(彩蘭善) 시를 보았는데 그 작품은 뒤에 상서(尚書) 규재(圭齋) 남병철(南秉哲)의 연자루(燕子樓) 속 물건이 되었다. 벽성의 소선(蕭仙)은 자하(紫霞) 신위(申緯)가 상산(象山, 谷山)의 사또로 있을 때 대나무 그리는 것을 배웠다. 내가 30년 전에 경산과 함께 벽성에서 본 적이 있는데 소선은 대나무를 그리고 경산은 시를 썼다. 소선을 다시 벽성에서 보았을 때 경산은 이미 북망산으로 가고 없었다.[1]

1 李裕元,「華東玉糝編」,『林下筆記』권33.

김이양이 87세 되던 1841년 운초 여사 부용, 경산 여사 낙선, 금원 교서 금앵을 데리고 놀던 곳이 용산의 별서 오강루(五江樓)다.[2] 이곳에서 잔치할 때 이만용(李晩用)이 지은 시에서 "미인이 겹겹으로 앉아 꽃이 붓에서 피어나는데, 좋은 손님 가득하여 술은 수레로 날라야겠네.(佳人對壘花生筆 好客盈門酒用車)"라 한 바 있다.[3] 이 시의 주석에 따르면, 김이양이 운초와 오강루에 있었는데 이날 밤 경산과 금원 두 명의 시아(詩娥)가 와서 시사(詩社)의 여러 벗과 밤새 술을 마시고 놀았다고 하였다.

이 무렵 시기 대신 '시희(詩姬)' 혹은 '시아'라는 용어를 사용하고 또 '여사', '교서' 등의 호칭을 붙여 부르는 것이 유행하였다. 남녀가 함께 시회를 가지게 된 것도 이 시기의 새로운 풍상이다. 여사는 원래 중국 고대 왕후(王后)의 의례를 담당하는 벼슬로, 궁궐 내부의 문서 작성을 맡아보았는데 후대에는 여성 중에 문장이 뛰어난 사람을 지칭하는 말로 사용되었다. 또 교서는 한나라 때 전적의 교감을 담당하였는데 당의 시인 왕건(王建)이 이름난 여성 시인 설도(薛濤)를 두고 "만리교 곁의 여교서(萬里橋邊女校書)"라 하여 후대 춤과 노래에 능한 여성을 여교서라 부르는 전통이 생겼다.

이유원은 '운초 여사'라 하고 이만용은 '운초 교서'라 하였는데 이들에게 여사나 교서가 특별한 차이가 있었던 것은 아니다. 이 잔치에서 이만용이 '운초 교서'와 '경산 여사'에게 각기 한 수의 시를 지어 준다고 하였는데 자리를 함께한 신위는 '운초 여사', '경산 여사', '금원 교서'가 지은 시에 화답한다고 하였다.[4]

김이양의 손자 김대근(金大根, 1805-1879)도 이때의 모임을 비슷하게 증언하

2 오강루에 대해서는 필자의 『조선시대 경강의 별서(남호편)』(경인문화사, 2016)에서 자세히 다루었다.

3 李晩用, 「和江樓韻 呈淵泉奉朝賀」, 『東樊集』 권3.

4 申緯, 「金淵泉八十七叟 以席上三女史詩屬和」, 『警修堂全藁』 27책.

였다. "임인년(1842) 정월 11일 조부이신 봉조하 공께서 시사의 여러 공들과 오강루에 모여 시를 지었다. 여인 중의 시에 능한 봉래(蓬萊)의 금원, 일벽(一碧)의 경산이 함께 운초를 따라 내당에 가지런히 모여 있었다. 다들 빼어나서 예림(藝林) 중의 낭자 부대라고 말할 만하였다. 내가 이때 곁에서 모시면서 삼가 시를 지어 함께 즐길 거리로 삼았다."라 하였다.[5] 운초, 경산, 금원이 '예림의 낭자 부대'가 되어 남성들과 어울려 시회를 즐겼다.

앞서 본 신위의 시에서, 경산은 이름이 낙선이고 벽산 출신이라 하였다. 경산은 전설의 곤륜산(崑崙山)이고 낙선은 낙수의 여신 능파선자(凌波仙子) 복비(宓妃)를 이르는데 송의 시인 황정견이 수선화를 낙비에 비하였으니, 낙선이라는 이름은 이 시기 문인의 사랑을 받은 수선화의 뜻을 넣은 것인지도 모르겠다. 그 뜻을 분명히 알기 어렵지만 신선을 동경하는 뜻은 분명한 듯하다. 이만용의 시에서는 경산이 본디 사족의 후예지만 잘못하여 기적에 들어갔다가 이정신(1792-1858)의 시희가 되었다고 하였다. 경산은 경산(鏡山)으로 표기되기도 한다. 운초를 다룰 때 말한 대로, 이정신의 여인으로 오강루 바로 곁에 있던 일벽정에 주로 머물렀다. 이정신은 자가 성린(聖隣)이고 호가 화사(花史)며 경기도 관찰사와 형조판서 등을 지냈으며 신위, 심상규, 이만용 등과 친분이 깊었다. 문집 『화사시고(花史詩藁)』를 엮었다고 하지만 전하지는 않는다. 또 경산 여사 낙선의 작품도 전하는 것이 없다. 신위가 김이양의 87세 잔치에서 지은 시에서 경산이 남긴 "높은 누각에 앉은 사람 위에 배 그림자 지나가네.(高樓人上過帆影)"라는 구절만 알려져 있다.[6]

소선이라는 여인은 더욱 묘연하다. 경산과 같은 벽성 출신의 기녀로, 신위

5 金大根, 「壬寅開歲之旬有一日, 祖父奉朝賀公, 與詩社諸公, 會于五江樓, 賦詩, 而粉黛中有能者, 蓬萊之錦園, 一碧之瓊山, 並從雲楚而齊會內堂, 優可謂藝林中娘子一軍. 余時侍側敬題, 以爲供歡焉」, 『如淵遺稿』 天(국립중앙도서관 소장본).

6 申緯, 앞의 글.

가 1813년 곡산부사로 있을 때 대나무 그리는 것을 배웠다고 하였지만 더 이상의 정보는 확인할 수 없다. 소선이라는 이름은 생소(笙簫)를 잘 불어 봉황의 울음소리를 낸 왕자교(王子喬)가 신선술을 익혀 백학(白鶴)을 타고 간 이야기나 진 목공(秦穆公)의 딸 농옥(弄玉)이 남편 소사(蕭史)와 퉁소를 불며 신선이 되어 봉황을 타고 날아갔다는 이야기와 관련이 있으니, 아마 퉁소를 잘 불었던 모양이다.

이에 비해 금원은 『호동서락기(湖東西洛記)』의 저자로 널리 알려져 있거니와[7] 상당수의 작품이 전하고 또 그 이력도 비교적 소상하게 밝혀져 있다. 이유원은 '여사'의 「채란선」을 높게 평가하였는데 문맥으로 보아 「채란선」은 여사 운초나 경산이 아닌 교서 금원의 시첩으로 추정된다. 운초의 문집에도 「채란선」 관련 기록은 보이지 않는다. 남병철(1817-1863)의 연자루 속 물건이 되었다는 말은 그의 첩이 소장하게 되었다는 뜻이다. 연자루는 당의 상서 장음(張愔)이 애첩 관반반(關盼盼)을 위해 지은 누각인데 후대에는 첩을 이르는 말로 쓰인다. 다만 이학규(李學逵, 1770~1835)의 「성시전도(城市全圖)」를 보고 지은 시에서 "반송지 연못에 가을 물이 푸른데, 연자루 빈 터에 석양이 붉구나.(盤松池漫秋水綠 鷰子樓墟夕陽紫)"라 하였는데[8] 반송지가 서대문 밖에 있던 큰 연못이므로 연자루가 그곳에 있었을 가능성도 있다.

이유원은 금원이 섬강 사람이라 하였는데 동영(東營), 곧 원주 감영의 기녀라는 말이다. 금원은 꾀꼬리 우는 동산이니 이름 금앵과도 잘 어울린다. 김이양의 외종질 이휘정(李輝正)이 1839년 강원도 관찰사로 있을 때 이 여인을 만났는데 김이양과의 인연을 자세히 증언하였다.

7 금원에 대해서는 김경미, 「호동서락기 이본 『錦園集』 연구」, 『한국고전연구』 48(2020)에 그간의 연구사와 함께 『호동서락기』의 이본에 대한 연구가 충실하게 되어 있어 큰 참고가 된다.

8 李學逵, 「城市全圖一百韻」(『洛下生集』 책9).

금앵은 관동의 이름난 기녀다. 시와 그림으로 봉조하 연천 김이양 공을 모시고 금강산을 구경하였으며 단양을 유람할 때도 함께 하지 않은 적이 없었다. 그 후 10년이 지나 공이 시 4수를 지어 뜻을 부쳤다. 이때 공의 연세 84세 경술년(1838) 여름이었고 금앵은 나이가 22세였는데 그 시에 차운하였다. 지금 이 시를 나에게 보여 주면서 옛날 일을 이야기하는데 내가 공에게 인척으로 5촌이기 때문이다. 술이 몇 순배 돌고 낭랑하게 한참 읊조리노라니, 그 울림이 환하게 온 자리를 비추었을 것이라 상상할 수 있다. 아, 얼마나 성대하였던가. 삼가 작품마다 화답하고 이에 금앵에게 맡긴다. 금앵아, 금앵아, 마땅히 보배로 간직하여 오래 전한다면 관동의 운치 있는 하나의 일이 되지 말란 법이 없을 것이다.

기해년(1839) 추7월 상순, 봉래(蓬萊)의 관풍각(觀風閣)에서 쓰다.[9]

김대근이 '봉래의 금앵'이라 한 것과 함께 여기서 '봉래의 관풍각'이라 한 것의 봉래는 원주를 이른다. 금원이 1838년에 22살이었으니 1817년 무렵 태어난 것이라 하겠다. 김원근(金瑗根)의 『호동서락기』 발문에도 금원의 행적이 자세하다.

금원은 시랑 김덕희의 부실로 원주 사람이다. 그가 금강산을 유람하였을 때는 곧 순조 30년 경인년(1830) 춘3월이었고 방년 14세였다. 규당학사(奎堂學士) 김덕희와 결혼한 것도 같은 해다. 규당이 의주 부윤으로 나갔을 때 동행하였는데 곧 헌종 11년 을사년(1845) 초봄이었다. 의주에서 한양으로 돌아와 용산의 삼호정(三湖亭)에 머물 때는 곧 정미년(1847) 연간이요, 이 글을 탈고하였을 때는 철종 원년 경술년(1850) 3월이요, 박씨(朴氏) 죽서(竹西) 여사의 『반아당시집(半啞堂詩集)』에 발문을 썼을 때는 곧 철종 2년 신해년(1851) 황양월(黃楊月) 중순이었다.

9 李輝正, 『方野漫錄』 권4(국립중앙도서관 소장).

금원은 태어나면서 천부적인 재질이 뛰어나 방년 14세 때 문장이 이미 숙성하였다. 산과 물이 수려한 사군(四郡, 제천과 청풍, 단양, 영춘을 이르는 말), 기이한 내금강과 외금강, 빼어난 관동의 팔경을 마음껏 유람하고 돌아와 이 글을 지었는데 곧 규방의 사마천(司馬遷)이라 사람으로 하여금 자신도 모르게 감탄하게 한다.

지재(止齋) 김원근은 향을 피우고 낭랑히 글을 읽은 후 손을 씻고 사실을 기록하여 낙서산방(駱西山房)에서 쓴다.[10]

앞서 본 자료와 종합해 보면 금원은 1817년에 태어났고, 14세 되던 1830년 김이양과 금강산을 유람하였다. 같은 해 김덕희에게 시집갔지만 김이양과의 관계가 끊어지지 않아 1841년 오강루에서 김이양과 운초, 경산 등과 시회를 가졌다. 1845년 김이양이 세상을 뜬 후 김덕희에게 의탁하여 의주부윤으로 부임하는 그를 따라갔다. 그리고 1847년 용산의 삼호정에 기거하였다. 이렇게 정리할 수 있겠지만, 김덕희와 혼인한 시기는 다른 것 같다.

1838년 무렵 홍한주(洪翰周)가 원주 감영의 기생으로 있던 금원을 만난 적이 있었다. 이때 나이가 22세로, 자신의 호를 금원이라 하였으며 노래와 시에 뛰어나 석경(石經) 송주헌(宋柱獻)과 매화를 소재로 한 공동시집을 냈으며 시사도 함께 하였다고 한다.[11] 송주헌은 부친 송상래(宋祥來)와 함께 문인화가로 알려진 인물이며 뒤에서 다룰 죽서 박씨와도 교유가 있었다. 또 서유영(徐有英)은 「관동죽지사(關東竹枝詞)」를 지어 원주에 있던 금원에게 준 바 있다. 금원이 석경 송상래, 능산(綾山) 구행원(具行遠), 우산(愚山) 최헌수(崔憲秀) 등과 원주 감영에서 수창하여 큰 시축을 만들기도 하였다.[12] 김덕희와 혼인을 하였다면 원주 감

10 이능화, 『조선해어화사』 150쪽에서 재인용. 여기서 金德熙는 金德喜의 잘못이다.

11 洪翰周, 「原州營妓有錦鶯者, 自號錦園, 年二十二, 有才貌善歌詩, 名聞東州. 余友石經與有唱和, 遂以梅花諸咏, 歸詑吾社, 又要諸和韵, 手寫一扇以寄, 故戲次之, 凡二律」, 『海翁藁』, 306:339. 같은 해 지은 趙秉鉉, 「和贈妓錦鶯」(『成齋集』, 권6)도 금원의 시에 화답한 작품이다.

12 徐有英, 『雲皐詩抄』(장서각 소장).

영에 매여 있지 않았을 것이니 원주 기녀 신분으로 가끔 김이양의 부름을 받아 오강루에 왔다가, 1845년 무렵에야 김덕희의 소실로 들어갔다고 보는 것이 나을 듯하다.

참판을 지낸 김덕희는 자가 사언(士言)이고 본관이 경주이며 김노응(金魯應)의 아들이다. 김정희가 재종간인 김덕희의 형 김도희(金道喜)에게 보낸 글에서 금원이 지은 김이양의 제문에 대한 평가가 나온다.[13] "어쩌면 이처럼 뛰어난 글이 있단 말입니까?"라 하여 금원의 글재주를 극찬하면서 "턱 아래는 3척의 수염이 휘날리고 가슴속에는 5천 자의 글을 저장해 놓은 내가 곧장 부끄러워 죽고만 싶어질 뿐입니다."라고까지 하였다. 또 "우리 집안에 이런 사람이 있었는데도 어떤 모양인지를 알지 못하고 하나의 보통 테두리 속 일개 보통 사람으로만 보았으니, 한갓 이 사람만 위하여 슬퍼하고 탄식할 뿐이 아닙니다."라 하였다. 앞서 이유원은 이 제문이 운초가 지은 만사보다 훨씬 뛰어나다고 하였는데 안타깝게 금원의 제문은 전하지 않는다. 금원의 성이 김정희와 같은 경주 김씨임도 여기서 분명히 알 수 있다.

금원의 시는 장지연의 『대동시선』에 여러 수 선발되어 있는데 모두 『호동서락기』에도 실려 있다. 먼저 「바다를 보다(觀海)」를 보인다.

모든 강은 동으로 다 흐르는데	百川東匯盡
깊고도 넓어 아득히 끝이 없네.	深廣渺無窮
이제 알겠네, 천지가 드넓어도	方知天地大
가슴 하나에다 담을 수 있음을.	容得一胞中[14]

13 金正喜, 「上再綜兄道喜氏」(『阮堂全集』 권2).

14 『大東詩選』에 '一胞中'으로 되어 있지만 『湖東西洛記』의 '一胸中'이 옳은 듯하다.

『맹자』에 “바다를 본 사람은 웬만한 물은 물이라 여기기 어렵고, 성인의 문하에서 노닌 사람은 웬만한 말은 말이라 여기기 어렵다.(觀於海者難爲水 遊於聖人之門者難爲言)”라는 구절이 보인다. 또 한 양웅(揚雄)의 『법언(法言)』에 “온갖 냇물은 바다를 배워서 바다에 이른다.(百川學海而至於海)”라는 말이 나온다. 금원이 금강산을 유람한 것이 열네 살 때인데, 이러한 뜻을 담아 호방한 기상을 드러내었다는 것이 놀랍다. 다음은 「헐성루(歇惺樓)」다.

헐성루는 골짜기 한가운데 높이 솟았는데	歇惺樓壓洞天心
산문에 들어서자마자 그림 같은 숲이라네.	纔入山門卽畵林
손가락으로 가리키는 온갖 기이한 절경들	指末千般奇絶處
무수한 연꽃 송이 만 개의 뾰족한 봉우리라.	芙蓉無數萬峰尖

앞서 본 작품이 외금강에서 바다를 보고 지은 것에 비해 이 작품은 내금강의 정양사(正陽寺) 헐성루에서 지은 것이다. 이곳에 오르면 내금강의 42개 봉우리를 한눈에 조망할 수 있다. 그림처럼 아름다운 금강산 골짜기를 본 다음 손가락으로 기이한 봉우리 하나하나를 가리키며 탄성을 금하지 못한다. 그 모두가 연꽃 꽃송이처럼 솟구쳐 있다. 18세기 진경산수로 이름난 정선(鄭敾)의 그림 「정양사」를 칠언절구로 다 말하였다 할 만하다.

봄비와 봄바람은 잠깐도 그치지 않는데	春雨春風未暫閒
어느새 봄빛이 물소리와 어우러지네.	居然春事水聲間
보이는 곳 어딘들 우리 땅 아니랴마는	擧目何論非我土
부평초 신세라 이르는 곳이 고향이라네.	萍遊到處是鄕關

「처음 경성에 와서(始遊京城)」로 되어 있는 작품이다. 열네 살에 김이양과

함께 금강산 유람을 마치고 도착한 한양은 막 봄을 맞고 있었다. 고향 땅 원주에서 멀리 떨어진 곳이지만 자신을 알아주는 새로운 주인을 맞은 기쁨이 느껴진다. 『시경』의 「북산」에 "온 천하가 왕의 땅 아닌 곳 없다.(溥天之下 莫非王土)"라 하였거니와 조선의 백성이 된 자로서 한양을 고향으로 삼겠다고 한 것이다.

앞서 말한 대로 금원은 1845년 의주부윤으로 부임하는 김덕희를 따라 의주로 갔는데 그곳에서 지은 「통군정(統軍亭)」도 『대동시선』에서 대표작 중 하나로 뽑았다.

변방의 빼어난 풍광 중에 이 누대가 으뜸이라	關河形勝最斯樓
마이산이 푸르게 다가와서 압록강을 누르네.	馬耳靑來鎭鴨頭
여섯 섬은 별처럼 늘어서 먼 포구에 이어지는데	六島星羅通極浦
수많은 산은 바둑판 펼친 듯 관서를 감싸고 있네.	萬山碁置擁西州
맑은 모래밭 고목 숲에 보이는 황야의 성가퀴	晴沙古木中荒堞
어둑한 안개 속 차가운 구름 아래 사막의 가을.	暝霧寒雲大漠秋
난간에 옮겨 기대니 봉홧불이 꺼져 있는데	徙倚欄干烽點罷
강 가득 군영의 불빛은 태평세월의 덕이라네.	滿江戍火泰平籌

『호동서락기』에는 개시(開市)를 보려고 통군정에 올랐을 때 지은 시로 실려 있다. 통군정은 압록강 기슭 의주읍성에서 제일 높은 봉우리에 자리하고 있다. 그 주변에 마이산(馬耳山), 송산(松山), 백마산(白馬山) 등 많은 산이 솟아 있다. 또 압록강에는 난자도(蘭子島), 체자도(替子島), 위화도(威化島), 오적도(於赤島), 검동도(黔同島), 조몰정도(鳥沒亭島) 등 여러 섬이 있는데 이 일대에서 중강개시(中江開市)가 이루어졌다. 금원이 오른 날에도 통군정은 잔치가 벌어져 기녀들의 풍악 소리가 울려 퍼지고 있었다. "잔치가 끝나자 대포를 쏘고 피리를 불며 좌우에서 불을 올리고, 강변의 각 둔지에서도 일시에 불을 올려 좌우에 둘러싼 진이 황홀하게 별이 한곳에 모여든 것 같다." 이날의 감격을 금원은 이렇게 적었다.

역대 통군정에서 지은 명편들이 많은데 대개 변방의 호탕한 기세를 과시하는 전통이 있다. 금원의 작품도 이들 작품에 부족하지 않다. 함련과 경련에서 '육도(六島)'와 '만산(萬山)', '중황(中荒)'과 '대막(大漠)'의 대(對)는 이 시를 더욱 호방하게 하거니와 특히 마지막 미련에서 태평성세를 지키기 위해 봉홧불이 꺼져 있어도 군사들이 훈련에 열중하는 풍경을 넣은 것이 인상적이다.

1847년 금원은 파직된 김덕희를 따라 한양으로 와서 삼호정에 머물렀다. 『호동서락기』에는 삼호정(三湖亭)으로 표기되어 있는데 신위, 김매순, 조병현(趙秉鉉), 운초 등의 시에는 모두 삼호정(三好亭)이라 되어 있다. 『매일신보』(1933. 1. 27.)에 천주교 신자의 장례 기사를 실으면서 역시 같은 한자를 쓰고 있다. 삼호정(三好亭)으로 표기하는 것이 옳을 듯하다. 삼호정은 원효로에서 마포로 넘어가는 삼개고개 용산성당에 있었다고 한다.[15] 이곳에서 지은 「용산 삼호정에서 운초, 경산, 죽서, 경춘과 수창하면서(龍山三湖亭與雲楚瓊山竹西瓊春酬唱)」도 대표작으로 평가된다.

뱃노래 울리면서 일엽편주를 저어 가니	櫓歌聲裏棹扁舟
석양에 구름과 노을도 멀리 흘러가는 듯.	斜日雲霞遠欲流
30리 안개 낀 물결은 한 가지 물색인데	一色烟波三十里
강변 수양버들 아래엔 모두 이름난 누각들.	近江垂柳盡名樓
봄바람 다 불어도 객은 돌아오지 않는데	送盡東風客未還
구십춘광에 병도 많고 한가함도 많다네.	一春多病更多閒
명리일랑 잊고 술과 시로 함께 즐기리니	觴吟共許名場外
허망한 인생에 몽교관(夢覺關)을 뚫어 보세.	透得浮生夢覺關

15 차옥덕, 「한강변 정자 三湖亭에 관하여」, 『서울문화』 제7집(2003)에 자세한 고증을 한 바 있다.

안개와 파도 아스라한 곳의 흰 갈매기	烟波浩蕩白鷗天
난간에 비스듬히 기대 잠 못 이룬다네.	斜倚欄干夜不眠
언덕 너머 이따금 사람 말소리 들리니	隔岸時聞人語響
달 밝은 남쪽 포구에 배 돌아오나 보다.	月明南浦有歸船

삼호정 곁에 오강루, 일벽정 등이 있어 김이양과 함께 여러 여성 시인들과 어울려 시회를 가졌음은 앞서 본 바 있다. 『호동서락기』에서는 "학사께서 영화로운 길을 버리고 강가의 정자로 물러났다. 내가 마침내 녹거(鹿車)를 타고 따라갔는데 바로 용산 삼호정이다. 아름다운 풀들은 깔개와 같은데 온갖 꽃이 가득 피어 있다. 누대는 강가 구름 덮인 숲 가운데에 우뚝 솟아있다. 연잎이 못에 가득한데 샘물이 섬돌을 둘러 흐른다. 앞으로는 긴 강이 띠처럼 펼쳐지고 뒤로는 푸른 언덕을 등지고 있다. 낚시터 바위에는 어부들이 졸고 있는 갈매기와 한가하게 앉아 있다. 피리 소리가 들리는 가운데 나무하는 아이들이 소를 거꾸로 타고 화답한다."라 한 바 있다. 용산의 아름다운 풍광 속에 맑은 여인들이 시를 읊조리는 소리가 울려 퍼진다. 이것이 첫번째 작품의 뜻이다.

몽교관이라는 말이 있다. 격물치지(格物致知)의 공부를 할 때 잠에서 깨어나는 관문을 지나야 한다는 송 주희의 말이다. 두 번째 작품에서는 이런 문자를 변용하여 세상의 명리(名利)를 잊고 술과 시로 허망한 인생을 즐기자고 하였다. 객이 돌아오지 않는다고 한 데서 삼호정과 인근 누정의 주인은 명리로 바빠 오지 않는다는 은근한 풍자의 뜻이 읽힌다.

세 번째 작품에서도 금원의 학식이 상당하였음을 보여 준다. 두보의 「위좌승 어르신께 22운의 시를 바치며(奉贈韋左丞丈二十二韻)」에서 자신을 갈매기에 비유하면서 "흰 갈매기 광대한 물결 속에 잠기니, 만 리 밖에서 누가 길들이랴.(白鷗沒浩蕩 萬里誰能馴)"라 하였는데 대자연에 은거하는 뜻을 호탕하게 표현한 명구로 알려져 있다. 금원은 이 구절을 끌어들이면서도 유유자적보다는 기다림을 담았다. 언덕 너머에서 말소리 들리는 것을 들어 보니 그 집 주인이 돌아오는 모양이라 하여 그리우니 빨리 오시라는 말을 이렇게 말하였다.

『대동시선』에서는 금원의 칠언율시도 한 수 선발하였는데 제목이 「용산 삼호정에서 운초, 경산, 죽서, 경춘과 수창하면서(龍山三湖亭與雲楚瓊山竹西瓊春酬唱)」다.

서호의 빼어난 물색은 이 누각에 있으니	西湖形勝在斯樓
마음대로 올라서 실컷 한 번 놀아 보리라.	隨意登臨作遨遊
양쪽 언덕은 비단 같은 봄풀이 덮였는데	兩岸綺羅春草合
온 강은 단청을 한 듯 저녁햇살이 흐르네.	一江金碧夕陽流
구름 드리운 작은 포구에 배 한 척 숨어 있고	雲垂短巷孤帆隱
꽃 지는 한적한 바위에 먼 피리 소리 서글프네.	花落閒磯遠笛愁
저 끝없는 풍광을 모조리 시에다 담아낸다면	無限風烟收拾盡
아름다운 이 난간에 시 주머니가 환해지겠지.	錦囊生色畵欄頭

앞서 본 세 편과 함께 다섯 여성의 시회 자리에서 제작된 작품이다. 용산과 마포 일대의 한강이 조선의 서호(西湖)다. 이곳의 가장 아름다운 풍광을 삼호정에서 즐길 수 있으니 마음 맞는 벗들과 실컷 놀아 보겠노라고 시상을 연 다음, 재주를 한껏 뽐내어 한강의 풍광을 곱게 묘사하였다. 강 언덕을 덮고 있는 풀밭은 고운 비단을 깔아 놓은 듯하고 석양 비친 강은 단청을 한 듯 울긋불긋하다. 수양버들 늘어진 곳에 배 한 척 매여 있는데 꽃잎 지는 물가의 바위에서 누군가 슬프게 피리를 분다. 이렇게 아름다운 곳이니 절로 시가 된다. 당의 시인 이하(李賀)는 날마다 명승을 다니면서 하인에게 금낭(錦囊)을 지고 따르게 하여, 시를 지을 때마다 써서 여기에 담은 고사가 있는데 자신의 시도 그러할 것이라 하였다.

금원의 시는 당시 널리 애송되었다. 조언림의 『이사재기문록』에도 그가 지은 명구가 몇 소개되어 있다.

> 원주 감영의 기녀 금앵은 시재가 있었다. "세 섬에 비 내리자 가을이 생겨나고, 한 누각에서 시 짓자 연잎이 고요하네.(秋生三島雨 荷靜一樓詩)", "하늘에서 한 자 되는 땅에 술 단지를 열고서, 먼 산을 담담히 마주하며 물가에 서 있네.(纔容尺地開樽面 淡對遙山立水頭)", "꽃과 새 좋아할 줄 알지만 봄은 저물어 가는데, 생황 소리 그치기도 전에 달은 이미 기울었네.(解憐花鳥春將晩 未了笙歌月已斜)", "괴석의 푸른 이끼에 흰 햇살이 비치고, 높은 누각의 주렴으로 푸른 산이 들어오네.(怪石蒼苔生白日 高樓珠箔入青山)", "아침에 당신 보내고 저녁에 누각에 올라보니, 누각 끝의 초승달이 양주 땅을 비추네.(朝日送君暮上樓 樓頭新月照楊州)" 등과 같은 구절들은 아름답다 할 만하다.

『호동서락기』에도 전하지 않는 작품인데 전편을 볼 수 없지만 하나하나 정교하면서도 곱다. 그의 시집이 나오면 이러한 작품의 아름다움을 충분히 누릴 수 있을 것이다.

그런데 삼호정과 관련하여 '금홍 여사(錦紅女史)'라는 여성이 등장한다. 1834년 신위는 서염순(徐念淳), 이정신, 이만용, 박영보(朴永輔) 등과 함께 삼호정에서 술자리를 가졌는데 이때 여류 시인 금홍 여사가 참석하였다. 이때 신위가 「시랑 서석범이 삼호정으로 나를 초청하여 술을 마셨다. 화사와 동번, 금령이 자리에 함께하였다. 술이 거나하게 오르자 금홍 여사가 갑자기 이르렀기에 운자를 뽑아 함께 짓는다」라는 긴 제목의 시를 지었다.[16] 여기에 금홍의 시도 함께 인용되어 있다.

아스라한 신선의 정원은 강을 내려다보는데	縹緲仙園瞰水濱
칠향거를 타고 오시니 온 누각이 새로워지네.	七香車到一樓新

16 申緯, 「徐石帆侍郎念淳, 邀余飮三好亭, 花史東樊錦舲在座, 酒半錦紅女史忽至, 拈韻共賦」, 『警修堂全藁』 책29.

꽃처럼 붉은 휘장에는 꾀꼬리가 손님을 잡는데	花紅帳額鸎留客
풀처럼 푸른 치마에는 나비가 사람을 좇아오네.	草綠帬腰蜨趁人
술기운과 향로 연기 속에 막 잠에 빠지니	酒氣罏熏初入夢
시인의 등불과 어부의 횃불이 다 헛것인 듯.	詩燈漁火兩非眞
여러 공들의 글솜씨가 천고에 빼어난데	諸公翰墨堪千古
어린 기생 명성도 세상에 드물다 하겠네요.	小妓聲名絶四隣

서염순은 서지수(徐志修)의 증손으로, 자가 경조(敬祖)이고 호가 석범(石帆)인데 벼슬은 판서를 지냈다. 그가 용산의 삼호정에 벗들을 불러 술자리를 가졌는데, 금홍이 와서 함께 시회를 가졌다. 이때 지은 박영보의 시에 "푸른 돛처럼 생긴 바위는 강가의 집이요, 붉은 비단 같은 꽃은 거울 속의 사람이라.(石是翠帆湖上屋 花如紅錦鏡中人)"라 하였으니, 이 시에 등장하는 삼호정은 석범이라는 호에 걸맞게 푸른 돛 모양의 바위 위에 있었던 모양이다.

이에 짝을 맞추어 꽃처럼 아름다운 금홍은 거울 속에 비친 미인처럼 몽환적이다. 금홍은 자를 화여(花如)라 하였기에 이렇게 말을 맞춘 것이다. 또 서염순은 "붉은 치마 달빛 마시니 꽃이 다투어 취하는데, 그림 부채로 바람을 맞으니 대나무가 진짜인 듯(紅帬飮月花爭醉 畵扇迎風竹認眞)"이라 하였다. 금홍은 이들의 시에 화답하여 아름다운 물가의 정원에 귀인들이 와서 삼호정이 산뜻해졌다고 칭송하였다. 이어 꾀꼬리가 노래하여 손님을 잡는다고 한 것이나 푸른 치마 속으로 나비가 좇아온다고 한 데서 질탕한 풍류를 짐작할 수 있다. 시회에 참석한 문인들이 대단한 시인인데 자신들도 그 명성이 빠지지 않는다고 한 데서 그의 자부를 읽을 수 있다.

그런데 이 금홍은 누구인지 알기 어렵다. 신위가 이 시를 지은 1834년에 삼호정의 주인은 서염순이고, 서염순과 나란히 금홍을 언급한 것으로 보아 금홍은 그의 여인이었을 것 같다. 이정신, 신위, 서염순, 박영보, 이만용 등 당대 최고의 문인들과의 시회에 혼자 참석한 것을 보면 대단한 능력을 지닌 여성이었음은 틀림없다. 나이나 다른 정황을 볼 때 금홍이 금원일 가능성도 있지만 확정하기는 어렵다.[17] 이능화의 『조선해어화사』에 금홍이 지은 시 「기녀 옥화와 옥엽에게 부치다(寄妓玉花玉葉)」가 한 수 더 소개되어 있다.

몇 첩의 농염한 노래에 만 첩의 그리움	數疊詞濃萬疊思
시 읊조리니 애간장 끊는 시임을 알겠네.	吟詩知是斷腸詩
원망에 소쩍새처럼 부질없이 피를 토하는데	怨如蜀魂空啼血
그리움은 봄날 누에처럼 그저 실만 뱉을 뿐.	情似春蠶謾吐絲
무협(巫峽)의 비와 구름은 본 적조차 없는데	巫峽雨雲曾不見
요대(瑤臺)의 별과 달은 또 기약이 어긋났네.	瑤臺星月又差期
세상에서 애정을 탐하는 일이 무수하겠지만	世間貪愛應無數
그 누가 있어 우리의 이 곡조를 알아주겠나.	能解伊音復有誰

시의 풍미가 금원과는 다소 다르다. 같은 신분의 기녀에게 보낸 작품인데 정인을 그리워하는 시가 애간장을 끊지만 모두 다 부질없는 짓이라 하였다. 운우지정을 나누어 보지도 못한 늙은 기녀의 신세를 처량하게 노래하였다.

1876년 편찬된 『가곡원류』에 평양 기녀 금홍의 시조가 실려 있다. 한자어가 많아 현대어로 바꾸어 보인다. 품격이 있는 노래지만, 삼호정 시회에 참석한 그 금홍인지는 알 수 없다.

창천의 기러기 소리에 창을 열고 내다보니
마당 가득 밝은 달이 임 계신 곳 비추리니
아마도 심중 안전의 시름은 나뿐인가 하노라

17 『조선시대 경강의 별서(남호편)』(경인문화사, 2016)에서 금홍을 금앵과 같은 인물로 추정하였지만 자신이 없다.

碧天 鴻雁聲에 窓을 열고 닉다보니
雪月이 滿庭ᄒᆞ여 님의 곳 빗취려니
아마도 心中眼前愁는 나뿐인가 ᄒᆞ노라

기러기는 편지를 전달하는 상징물이다. 그래서 혹 임 소식 있나 하여 밖을 내다본 것이다. 창밖에 눈처럼 하얀 달빛이 마당을 비춘다. 달은 임의 얼굴을 떠올리게 하는 매개물이다. 임도 저 달을 보고 나를 그리워하리라. 마음이 이리 시름겨우니 눈앞의 풍경도 절로 시름겹다. 이런 뜻을 말하였다. 이런 솜씨라면 한시도 잘 지었을 것 같다.

93.
삼호정 시사의 또 다른 멤버 죽서 박씨

운초와 함께 이 시기 여성 한시를 대표하는 작가가 죽서(竹西) 박씨(朴氏, 1817-1851)다. 안왕거의 「동시총화」에서는 다음과 같이 죽서를 소개하였다.

> 죽서는 순조 때 사람인데 사족 박종언(朴宗彦)의 서녀요, 서기보(徐箕輔)의 부실이다. 천부적인 자질이 영민하여, 시문을 배우지 않고서도 엇비슷하게 지어낼 수 있었다. 비녀를 채 꽂기도 전에 일찍 죽었다. 『반아당시집(半啞堂詩集)』 1권이 있는데 그 남은 원고다. 서돈보(徐惇輔)가 서문을 짓고 금원 여사(錦園女史)가 발문을 지었다.

떨어진 꽃잎에 날씨는 가을 같은데	落花天氣似新秋
밤이 고요하여 은하는 맑게 씻긴 듯.	夜靜銀河澹欲洗
한스럽다, 내 몸이 기러기 같지 못해	其恨吾身不如雁
해마다 원주 땅에 이를 수가 없기에.	年年未得到原州

'은하(銀河)' 두 글자에다 '안(雁)' 한 글자를 사용하여 가을 풍경과 가을 한을 그린 듯하지만, 1연에서 '사신추(似新秋)' 세 글자를 적어 넣었으니 오묘함을 볼 수 있다.[1]

죽서는 박종언의 서녀요 서기보(1812-?)의 부실이다. 박종언은 본관이 반남(潘南)으로 조선 초기 좌의정을 지낸 박은(朴訔)의 후손인데 다른 행적은 확인되지 않는다. 서기보는 본관이 대구고 자가 치교(穉敎)이며 호는 송호(松湖)다. 강서현감과 영월부사 등을 지냈다.

죽서라는 호는 그가 살던 동네 이름에서 취한 것이다. 죽서는 죽동 서쪽 남학동 일대로, 대구 서씨 본가가 있던 곳이다. 서기보의 부실로 있을 때 이곳에서 살았던 모양이다. 『반아당시집』이라는 이름에서 '반아'는 반벙어리라는 뜻이다. 그가 기거하던 반아당은 함부로 입을 열지 않겠다는 뜻을 담은 집이었다. 시집 『반아당시집』이 전한다고 하였는데 이 서명의 시집은 확인되지 않는 것으로 보아, 재종간인 서돈보가 1851년 간행한 『죽서시집』의 별칭으로 보아도 될 것 같다. 여기에 서돈보의 서문과 금원의 발문이 실려 있다. 금원은 발문에서 죽서가 자신과 동향으로 함께 한양에 와서 왕래하면서 수창한 것이 많다고 한 것으로 보아, 죽서는 원래 원주 출신의 기녀라 하겠다.[2]

위에 든 작품은 『죽서시집』에 「늦봄 품은 생각을 적다(暮春書懷)」로 실려 있다. 꽃 지는 절기인데도 날씨가 가을처럼 느껴진다고 한데다, 은하수와 기러기를 등장시켜, 자칫 가을에 지은 작품처럼 보인다. 그러나 가을 같다는 말 자체가 이미 봄날임을 말한 것이다. 가을이 아니기에 기러기가 될 수 없고 그래서 고향인 원주로 갈 수 없다고 한 것이 묘미가 있다. 죽서가 한양으로 올라간 지 얼마 되지 않은 시절 지은 듯하다.

장지연의 『대동시선』에서는 죽서의 작품을 4수 뽑았으니 비중 있는 작가로 대접한 것이라 하겠다. 다음 「열 살 때 짓다(十歲作)」라는 작품은 아버지 박

---

1 『매일신보』 1917년 12월 30일. 원문에 "徐淳輔爲庶"로 되어 있는데 "徐淳輔爲序"의 잘못이다. 또 "其恨吾身不如雁"으로 되어 있지만 『낙서시집』의 "却恨此身不如雁"이 옳다. 또 '雁之二字'는 '雁之一字'의 잘못인 듯하다.

2 허남욱·김풍기, 『조선 여인의 노래: 박죽서의 삶과 문학세계』(동인서원, 1988)과 최상익, 『죽서시집』(원주시, 2019)에 죽서의 작품이 번역되어 있고 앞에 죽서의 생애가 자세히 기술되어 있다.

종언의 슬하에 있을 때의 작품일 것이다.

창밖에 우는 저 새야	牕外彼啼鳥
어느 산에서 자고 왔느냐.	何山宿便來
산중의 일을 알 것이니	應識山中事
진달래가 피지는 않았던지.	杜鵑開未開

아이가 산새에게 봄소식을 묻는 발상은 자연스러운 동심의 발현이다. 봄소식에 가슴 설레는 젊은 여자아이의 춘심도 읽을 수 있다. 『죽서시집』에는 이 작품 바로 다음에 「늦봄 품은 생각을 적다(暮春書懷)」가 실려 있는데 이와 동일한 제목으로 연이어 지은 칠언율시가 『대동시선』에 뽑혀 있다. 동심과는 거리가 먼 노년의 비애가 보이는 작품이다.

잠에서 깨어 낮은 담장 따라 거니노라니	睡餘散步小墻東
숲은 희끄무레하여 바라볼수록 더욱 휑하네.	樹色蒼然望更空
문 닫으니 산 그림자 너머로 봄이 돌아가는데	閉戶春歸山影外
주렴 드리우자 저녁 햇살 속에 꾀꼬리가 우네.	隔簾鶯語夕陽中
왕손의 고운 풀에는 해마다 비가 내리는디	王孫芳草年年雨
두견의 시든 꽃에는 밤마다 바람이 불어오네.	蜀魄殘花夜夜風
흐르는 강물 같은 세월에 사람은 늙어 가는데	流水光陰人欲老
지난 일을 돌이켜보니 생각이 끝이 없구나.	回尋前事竟無窮

죽서의 눈에 비친 봄은 절로 가을빛을 띠고 있다. 잠시 졸다 일어나 산보하노라니 숲이 오히려 휑하게 보인다. 마음이 그러하기 때문이다. 봄을 외면하고 방으로 돌아오니 가는 봄을 아쉬워하는 꾀꼬리 늙은 울음소리가 들린다.

당의 시인 왕유의 「송별(送別)」에서 "봄풀은 해마다 푸른데, 왕손은 돌아올는지.(春草年年綠 王孫歸不歸)"라 한 구절처럼 사랑하는 사람과 함께하지 못하는 봄날이 한스러운데, 망제(望帝)의 혼이 서린 두견새, 그 새가 피를 토해 생겨난 두견화가 바람에 흔들리는 것을 보니 절로 시름이 인다. 게다가 흐르는 강물처럼 빠른 세월에 청춘은 가는데, 지난 세월 살아온 일들을 돌아보니 더욱 수심이 끊이지 않는다. 이런 뜻을 말하였다. 젊은 나이에 세상을 떠난 그의 삶은 늘 이렇게 우수에 잠겨 있었기에 시도 대개 그러하다.

다음 「새벽에 앉아(曉坐)」에서도 불면의 밤을 보내는 그의 비감을 읽을 수 있다. 역시 『대동시선』에 선발되어 있다.

돌아가는 기러기 떼 먼 바람에 우는데	一陣歸鴻叫遠風
댓잎 소리 때때로 빗소리에 섞여 들리네.	竹聲時雜雨聲中
찬 등불이 가물가물 향불이 막 꺼지는데	寒燈欲滅香初歇
작은 별채 동쪽에 새벽달이 채 돋지 않았네.	曉月猶遲小院東

가을이라 기러기 날아가며 우니 형제들이 그립다. 바람에 흔들리는 댓잎이 빗줄기에 더욱 소리가 요란하다. 그 소리에 자신의 울음소리를 감추었다. 이렇게 밤을 새우고 새벽에 동쪽 하늘을 보니 아직 그믐달이 뜨지 않았다. 그믐달조차 뜨지 않은 암흑의 밤은 이 여인의 마음일 것이다. 『대동시선』에서 선발한 겨울을 배경으로 한 시 「겨울밤(冬夜)」도 비슷한 정조로 되어 있다.

눈 내릴 듯한 하늘에 멀리 기러기 나는데	雪意虛明遠鴈橫
매화가 막 떨어지자 꿈이 더욱 맑아지네.	梅花初落夢逾淸
초가집 처마에 밤새 북풍이 불어오니	北風竟夜茅檐外
몇 그루 찬 대나무가 빗소리를 만들어 내네.	數樹寒篁作雨聲

한바탕 눈을 뿌릴 듯한 하늘에 멀리 기러기가 날아간다. 가족이 그립다. 방안의 화분에 심은 매화는 막 꽃이 떨어지니 꿈조차 절로 맑다. 밤새 대숲에 불어 대는 바람이 마치 빗소리처럼 들린다. 매화와 대나무의 맑음이 죽서가 바라는 마음의 지향일 것이다.

「동시총화」에서는 이 작품과 함께 「동지(冬至)」, 「이른 봄 다른 사람에게 화답하다(早春和人)」 두 수를 더 선발하였는데 여기서는 후자를 보인다. 『죽서시집』에는 제목이 「이른 봄 다른 사람에게 화답하다(早春和人)」로 되어 있다. 죽서의 작품에서 사계를 보게 된다.

시나브로 가벼운 한기가 설핏 창틈으로 스미는데	陣陣輕寒乍透櫺
주렴을 나지막이 드리우고 다경에 비점을 찍노라.	低垂簾箔點茶經
눈은 산 기운 때문에 흰빛이 아직 남아 있는데	雪因山氣殘猶白
풀은 춘심을 얻어 얼었는데도 다시 푸르구나.	草得春心凍更青
시의 땅이 눈앞에 나타나 밤중의 달까지 훤한데	詩境現前通夜月
술 붙은 지명이 예로부터 하늘의 별과 나란하네.	酒名從古列天星
이와 같이 허망한 인생이야 감내할 수는 있건만	浮生若此能消受
흐르는 세월 잠시도 멈추지 않은 것은 한스럽네.	只恨流光不暫停

죽서가 지은 최고의 작품이라 할 만하다. 아직 봄이 일러 한기가 창틈으로 스미기에 주렴을 내리고 『다경(茶經)』을 읽으면서 마음에 드는 구절에 비점(批點)을 찍는다. 산속의 집이라 아직 눈이 곳곳에 흰빛을 잃지 않았지만 풀들이 언 땅을 뚫고 파랗게 돋아난다. 아름다운 시 속에 그려진 풍광이 눈 앞에 펼쳐지는데 맑은 달까지 떠오른다. 백거이의 「가을 연못(秋池)」에서 "한가한 가운데 시의 땅을 얻었으니, 이 땅 호젓함은 설명할 수 없네.(閑中得詩境 此境幽難說)"라 한 구절이 떠오른다. 여기에 짝을 맞춘 하구는 더욱 묘미가 있다. 이백의 「달

아래 홀로 술을 따르며(月下獨酌)」에서 "하늘이 술을 좋아하지 않는다면 하늘에는 주성이 없을 것이며, 땅이 술을 좋아하지 않는다면 땅에는 주천이 없으리라.(天若不愛酒 酒星不在天 地若不愛酒 地應無酒泉)"라 하였다. 원주의 주천(酒泉) 지명에서 이 구절을 만들어 냈으니 죽서 한시의 깊이를 짐작할 수 있다. 이어 이렇게 시를 지으면서 허망한 인생을 보낼 수 있겠지만 그럼에도 흐르는 세월이 아쉽기만 하다고 시상을 맺었다.

죽서는 그 행적이 분명하지 않다. 훗날 자신의 『죽서시집』에 발문을 지어준 금원과 수창한 작품이 여럿 있으니 그와 절친한 것은 분명하다. 또 서유영(1801-1874)의 시에 화답하여 보낸 「운고에게 바치다(奉和雲皐)」에서는 죽서가 낙선, 곧 경산 여사의 시를 매우 칭송하였다고 하니 그와도 친분이 있었음을 알 수 있다. 금원의 『호동서락기』에 이들의 모임이 자세하다.

> 때때로 시를 읊조리는데 함께 수창한 사람은 넷이다. 하나는 운초인데 성천 사람이고 연천 상서 김이양의 소실이다. 재주가 절륜하고 시로 크게 울렸는데 끊임없이 찾아와 여러 날 머물기도 하였다. 하나는 경산인데 문화 사람으로 화사 상서 이정신의 소실이다. 견문이 많고 학식이 넓으며 시에 뛰어난데 마침 이웃에 살면서 서로 찾곤 하였다. 하나는 죽서인데 동향 사람이고 태수 송호 서기보의 소실이다. 재주가 영민하여 하나를 들으면 열을 알았고 문장은 한유와 소식을 사모하였으며 시도 또한 기이하고 예스럽다. 하나는 내 아우 경춘(瓊春)인데 주천군수 홍(洪) 아무개의 소실이다. 총민하고 단아하며 경전과 역사에 박통하고 시도 또한 여러 사람에게 양보하지 않는다. 이들과 어울려 노닐어 아름다운 시축이 상에 가득하고 옥구슬 같은 작품이 시렁을 채웠다.

앞서 본 금원의 「용산 삼호정에서 운초, 경산, 죽서, 경춘과 수창하면서(龍山三湖亭與雲楚瓊山竹西瓊春酬唱)」에 보이는 여성들이 모두 등장한다. 이어지는 글에 따르면 "다섯 사람은 서로의 마음을 알아 좋은 친구가 되었다. 또 아름답고 한가한 땅을 차지하여 꽃 피고 새 울며 구름과 안개 낀 날, 비바람 불거나 해 뜨고 달뜨는 날, 어느 때든 아름답지 않음이 없고 어느 달이든 즐겁지 않은 달이 없었다. 어쩌다 더불어 가야금을 연주하고 풍악을 들으면서 맑은 흥을 풀기도 하고, 담소하는 여가에 천기가 흘러 움직이면 그것을 드러내어 시를 지었다."라고 하였다. 19세기 초중반 새로운 여류 시단의 풍류가 이러하였다.

이 시기 기녀가 양반들과 어우러져 시회를 갖는 새로운 현상이 생겨났다. 이러한 일은 태일(太一)이라는 잘 알려지지 않은 괴산(槐山) 기녀의 일화에서도 확인된다.

> 태일은 괴산의 창기인데 사절정(四絶亭)에서 여러 학사를 만나 즉석에서 시를 지었는데 이러하다.

춘삼월에 집을 떠나 추구월에 돌아오니	三月離家九月歸
북녘 산 남방의 강에 길이 가물거리네.	秦山楚水路依依
이내 신세 마치 볕을 좇는 기러기 같아	此身恰似隨陽鳥
강남땅 다 가면 다시 북으로 날아가네.	行盡江南又北飛[3]

장지연은 「송재만필」에서 괴산의 기녀 태일의 시를 소개하면서 학사들과 시회에서 이런 시를 지었다고 하였다. 이 시는 1857년 편찬된 『풍요삼선』에 「사절정에서 여러 학사님들을 만나 그 자리에서 읊다(四絶亭 遇諸學士席上口吟)」로 실려 있다. 이로 보아 태일은 19세기 전후한 시기의 인물로 추정할 수 있지만 그 이력은 확인되지 않는다. '태일'이라는 이름은 물의 본원 혹은 천지 생성 이전의 혼돈 상태를 이르는 말인데 기녀의 호로는 무척 어색하다. 그리고 괴산

3 장지연, 「松齋漫筆(逸士遺事)」, 『매일신보』(1916. 8. 20).

출신으로 이름을 떨친 기녀도 태일이 유일하다.

이 작품의 공간 사절정은 평안도 영변(寧邊)의 어천(魚川)에 있던 정자인데 강과 산과 바람과 달이 아름다운 곳으로 알려져 있다. 앞서 본 운초가 이곳에서 지은 작품도 있거니와 연회의 공간으로 제법 이름이 난 정자다. 3월에 집을 떠났다가 9월에 돌아왔다고 하였으니 시의 내용으로만 본다면 태일이 고향 괴산을 떠나 평안도로 가서 기녀 생활을 하였을 수도 있다. 진산(秦山)과 초수(楚水)는 중국 북방의 산과 남방의 강을 이르는 말인데 정처 없이 떠돌아다니는 신세를 비유하는 말로 쓰인다. 또 수양조(隨陽鳥)는 계절에 따라 남북으로 오가는 기러기를 이르는 말이다. 태일이 기러기처럼 남북으로 오가는 신세를 한탄한 작품이다. 사절정이 평안도 관찰사나 인근 고을 사또, 그리고 북경에 사신으로 오가던 문인들이 자주 들른 명소니 태일과 시회를 가진 남성들도 당대의 명사였겠지만 이름이 밝혀져 있지 않아 아쉽다.

94.
추향이 아기 옷에 수놓은 수낭사

조선시대 시화에서 기녀의 시는 양반과 만나고 헤어지는 일을 소재로 한 것이 대부분인데, 우초(雨蕉) 박시수(朴蓍壽, 1767-1834)의 첩 추향(秋香)이 시를 남긴 사연은 특이하고도 애처롭다. 뺏긴 아들을 그리워하는 슬픈 사연을 시에 담았기 때문이다. 추향은 가을 향기로 곧 국화를 이른다. 앞서 조선 중기 이름난 장성 출신의 기녀 이름도 추향이었다. 박시수의 첩도 이름으로 보아 기녀 출신인 듯하다. 함경도 추운 고을에서도 국화 같은 절조를 지키고 싶었지만 그 삶은 애잔하였다. 이유원이 그의 사연을 기록으로 남겼다.

> 우초 박시수의 녹의(綠衣) 추향은 함경도 사람이다. 그 어머니가 늙었는데 그가 낳은 아기를 붙들어두고 추향만 쫓아 보내 버렸다. 이듬해 추향이 아기 옷을 부쳐 왔는데 「수낭사(繡囊詞)」 한 편이 들어 있었다. 보자기 겉에 수가 놓여 있는데, 그 노래는 이러하였다.

푸른 중국 비단에다　　綠漢緞
주황색 실로 수놓아　　朱黃絲
마디마다 애간장이 타고　　寸寸回腸
올마다 그리움 엉겨 있네.　　縷縷縈思
촛불 아래에서 눈물을 보태어　　添將燭下淚

수놓아 아이 때때옷 보냅니다. 繡與斑衣兒

참으로 절창이다. 내가 함경도를 유람할 때 그녀의 아들 제길(齊吉)이 그 어머니를 찾으러 왔다가 여비가 없어 머물러 있었는데 내가 몹시 딱하게 여기고 여비를 주었다. 제길은 18세 때 무과(武科)에 합격하였는데 그 아버지 우초가 등과한 나이와 같았다. 우초의 본부인은 제길이 어사화를 꽂고 들어오는 것을 보고 대성통곡하며, "남편이 합격하여 이름이 불릴 때와 모습이 똑같구나."라고 하였다. 내가 함흥(咸興)에 있을 때 이 일이 갑자기 떠올라서 후하게 도와주었다.[1]

박시수는 본관이 반남이고 자가 성용(聖用)이며 우초당(雨蕉堂)을 당호로 삼았다. 외숙 서형수(徐瀅修)가 그의 우초당에 기문을 지어준 바 있다.[2] 1784년 18세 때 문과에 급제하였으니 그 재주를 짐작할 수 있다. 후에 부승지, 호조참판, 대사간 등을 지냈다. 추향은 그의 녹의다. 녹의는 당 최현미(崔玄微)가 녹의(綠衣) 양씨(楊氏), 백의(白衣) 이씨(李氏), 녹의(絳衣) 도씨(陶氏) 등 봉가십팔이(封家十八姨)를 거느리고 술을 마신 고사에서 나온 말인데 첩을 이르는 말이다.

추향은 함경도 영흥(永興) 출신의 기녀로 느지막이 아들을 낳았는데, 박시수의 어머니가 이 아기를 한양에 붙잡아두고 추향만 함경도로 내쫓았다. 박시수는 1822년 9월 영흥부사로 나갔으니 이때 추향을 만나 정을 통하고 아이를 배게 한 듯하다. 그런데 박시수는 10월 바로 파직되고 의금부에 갇혀 고초를 겪다가 이듬해 복직되었다. 추향이 출산한 후 아기를 데리고 한양으로 갔지만 이런 상황인지라 아기만 뺏기고 쫓겨나 다시 영흥으로 가야 하였을 것이다. 그리고 이듬해 추향은 아들을 보고 싶은 마음에 아이의 옷을 보내면서 거기다가

---

1 李裕元, 『林下筆記』 권33.

2 徐瀅修, 「雨蕉堂記」, 『明皐全集』 권8. 徐有榘의 「雨蕉堂記」, 『楓石全集』 권2도 그의 집에 붙인 기문이다.

자신이 지은 시를 수놓았다.

이러한 사연에서 나온 「수낭사」는 진(晉)의 소약란(蘇若蘭)이 자신이 지은 시를 비단에 짜 넣어 남편 두도(竇滔)에게 보낸 「직금도(織錦圖)」의 전통을 따른 것이다. 삼언에서 오언까지 층시(層詩)로 지은 것이니 보자기에도 탑 모양으로 문양을 곱게 수놓았을 것이다. 녹색 비단에 주황색 실로 수를 놓았는데 한 땀 한 땀 애간장이 끊어지고 한 올 한 올 그리움이 엉긴 것이라 하였다. 그리고 그간의 눈물을 함께 담아 어릴 적 입던 색동옷과 함께 보낸다고 하였다. 사연이 기구하거니와 시 자체도 아름답다.

신위도 이러한 사연을 나중에 들었다. 그리고 "내가 그 뜻을 부연하여 4편의 시로 엮어 추향으로 하여금 거문고에 맞추어 노래하게 한다면 박자에 맞을지 모르겠다. 그저 기록하여 우초에게 보이고 어미가 아이를 그리워하는 정을 위로한다."라 하였다.[3] 신위의 이 글은 1832년 지은 것인데 그때 아이 박제길(朴齊吉)의 나이가 11세라 하였다. 신위가 지은 네 편의 시는 다음과 같다.

마음에 흐르는 피	心頭血
손에 수놓을 색실.	手中絲
오색이 서로 어우러지니	五色相宣
온 보자기 다 그리움이라.	一囊皆思
촛불 아래에서 눈물을 더하여	添將燭下淚
아이의 색동옷에 수를 놓았지.	繡兒班衣兒

3 申緯, 「雨蕉侍郞綠衣秋香, 北人也. 以母老留兒而去, 今年寄兒衣, 有繡囊詞一闋, 繡在囊面, 其詞曰, '綠漢緞, 朱黃絲. 寸寸回腸, 縷縷縈思. 添將燭下淚, 繡與班衣兒.' 洵絶唱也. 余則演其意, 疊至四闋, 若使秋香撚琴度曲, 以爲能合拍否乎. 第錄呈雨蕉, 以慰兒戀母之情」(『警修堂全藁』 책 18). 마지막 구절을 직역하면 "아이가 어미를 그리워하는 뜻을 위로한다."가 맞지만 문맥으로 볼 때 어미가 아이를 그리워한다고 풀이하는 것이 자연스럽다.

한 땀의 바느질	一寸針
만 가닥의 색실.	萬頭絲
바늘 부러지고 실 끊어지니	針絶絲絶
붉은 마음에 푸른 그리움이라.	紅情綠思
수놓은 데 천 방울 눈물을 모아서	繡聚千顆淚
눈에 삼삼한 아이에게 날려 보내네.	彈與眼中兒

수도 수가 아니요	繡非繡
실도 실이 아니라	絲非絲
북쪽 변방 남쪽 하늘에	塞北天南
놓은 수에 그리움 많아라.	繡有餘思
수를 놓아도 술 취한 듯 멍하니	唾絨兀兀醉
혼이 날아가 내 아이와 짝하리.	魂去伴吾兒

아들과 엄마의 마음	子母情
바늘이 실 그리는 듯	針戀絲
내가 엄마를 그리워하듯	以我思母
아들도 나를 그리워하겠지.	知兒我思
정이 있다면 하늘조차 늙으리니	有情天亦老
측은하게도 아들과 생이별하였네.	惻惻生離兒

당대 최고의 시인으로 자타가 인정한 신위의 작품이지만 그 간절한 마음에서는 추향을 따르지 못할 듯하다. 박시수의 정실은 풍양 조씨로 조시위의 딸이다. 박제길이 무과에 급제하였는데 대성통곡을 한 것은 아들을 낳지 못하였기 때문인 것 같다. 신위는 1832년 홍현주와 박시수 등과 시회를 하였는데 이때 박시수의 두 아들 금타(琴坨) 박제철(朴齊喆)과 청상(靑棠) 박제긍(朴齊兢)도 다른 명문가의 서얼들과 자리에 있었다. 중인 출신의 대시인 이상적(李尙迪)도 참

석하였는데 비슷한 기록을 남겼다.[4] 박제긍(1807-?)은 신위의 사위인데 1829년 무과에 합격한 바 있으니 박제철은 그보다 나이가 많았을 것이다.

그리고 박제길은 또 다른 아들이었다. 이유원은 박시수가 18세 때 문과에 급제한 것처럼 박제길도 18세 때 무과에 합격하였다고 하였는데 박시수가 1822년 영흥부사 때 추향이 아이를 배었으니 18세면 1839년이겠다. 그런데 박제길이 무과에 합격하였다는 기록은 방목(榜目)에서 확인되지 않는다. 방목의 누락인지도 모르겠지만, 이유원이 함흥에 있을 때 박제길이 어머니 추향을 찾아왔다고 하였는데 여비가 없다고 한 것으로 보아 합격하였다 하더라도 옳게 벼슬을 하지 못한 듯하다. 이유원은 1862년 함경도관찰사가 되었는데 아마 이때 박제길을 만난 듯하다. 박제길이 1822년 무렵 태어났을 당시 추향의 나이는 꽃다운 나이였을 것이라, 박제길이 어머니를 찾아왔을 때 추향의 나이는 환갑을 넘기기 전이었을 것 같다.

---

4 申緯,「九月既望之夜, 海居都尉約與朴雨蕉·侍郎李石見·明府丁酉山·李東樊晩用·洪春山祐吉·洪葯農成謨, 雅集敝居之養硯山房, 拈吳蘭雪集中韻同賦, 兒子命準·命衍·柳問菴·樹軒二秘書·李石顚海遠·雨蕉二哲嗣琴坨齊喆·靑棠齊兢·東樊哲嗣溪堂之衡·徐竹坨眉淳·韓澫人在洛·李灞船, 亦賦二首」『警修堂全藁』19책; 李尙迪,「菊秋既望夜, 雅集紫霞侍郎碧蘆吟舫, 次香蘇館集. 是夜會者朴雨蕉侍郎·洪海君駙馬·李石見復鉉明府·李東樊晩用·洪春山祐吉·洪葯農成謨·丁酉山學淵·李石顚海遠·李谿堂之衡·雨蕉二哲嗣琴坨齊喆·靑棠齊兢·紫霞二哲嗣小霞命準·藹春命衍·柳問菴本學·樹軒本藝昆季·徐竹坨眉淳·韓澫人在洛」『恩誦堂集』권3.

95. 안민영이 아낀 여인 능운, 혜란, 소홍

고종 연간 최고의 가객 안민영(安玟英, 1816-1885 이후)이 1885년 편찬한 『금옥총부(金玉叢部)』에는 그와 사랑을 나누었던 여러 기녀와 함께 또 그들에게 지어 준 노래가 실려 있다.[1] 이 책은 시조사의 전개와 관련하여 주목받고 있는데 여기에 등장하는 인물 중에 한시에 능한 여성도 있었다. 능운(凌雲), 혜란(蕙蘭), 소홍(小紅) 등이 그러한 여인이었다.

두견의 목을 빌고 꾀꼬리 사설(辭說) 꾸어
공산월(空山月) 만수음(萬樹陰)에 지저귀며 울었으면
가슴에 돌같이 맺힌 피를 풀어 볼까 하노라

담양(潭陽)의 기녀 능운은 자가 경학(卿鶴)인데 순창(淳昌)의 금화(錦花), 칠원(漆原)의 경패(瓊貝), 강릉(江陵)의 영월(影月), 진주(晉州)의 화향(花香)과 이름을 나란히 하였다. 그러나 유독 능운만이 가무(歌舞)에 최고였다. 내가 이 사람과 사귐이 깊어 여러 해 함께하였다. 고향으로 돌아간 후, 절로 서로 그리워하는 마음이 없을 수 없다.

1 『금옥총부』와 관련한 안민영의 생애는 김용찬, 「금옥총부를 통해 본 안민영의 가악 활동과 가곡 연창의 방식」, 『시조학논총』(2006)에 자세하다. 이하 『金玉叢部』는 규장각 소장본을 이용하였다.

벽상(壁上)에 봉(鳳) 그리고 머뭇거려 돌아설 제
앞길을 헤아리니 말 머리에 구름이라
이때에 가없는 나의 회포는 알 이 없어 하노라.

내가 호남 여행 중 순천(順天)에서 길이 광주(光州)를 경유하는데 담양에 이르러 능운을 방문하였다. 능운이 장성(長城) 김 참봉(金參奉)의 청탁을 받아 어제 어딜 가고 없었고, 능운의 어미만 집에 있었다. 능운의 어미가 "이제 장성에서 사람을 독차지하고 있지만, 내일 아침이면 집에 돌아올 것입니다. 만나보고 출발하는 것이 좋겠지요."라 하였다. 그러나 내가 돌아갈 일정이 심히 촉박하여 잠시도 머물 수 없어 바로 출발하였다. 쓸쓸하고 답답한 마음을 말로 형용할 수 없어 가곡(歌曲) 한 편을 써서 능운의 어미에게 주고 돌아왔다.

능운은 담양 출신으로 자가 경학인데, 순창의 금화, 칠원의 경패, 강릉의 영월, 진주의 화향 등과 함께 당대 최고의 기녀였고 특히 가무가 독보적이었다. 한양에서 명성을 날리다가 고향 담양으로 내려가자 안민영이 이를 슬퍼하며 노래를 지어 주었다. 두견이와 꾀꼬리가 우는 것처럼 슬프게도 하고 기쁘게도 하는 능운과 함께 달 밝은 밤, 나무 그늘에서 즐기지 못하게 된 것을 한탄하였다.

능운은 구름 높이 올라간다는 뜻으로, 한 무제가 사마상여의 글을 보고 칭송하여 그 제목을 「능운부(凌雲賦)」라 한 바 있다. 자신의 노래와 시가 하늘의 구름 위에까지 퍼졌으면 하는 소망을 담은 이름인데, 어느 정도 뜻을 이루었다 하겠다. 자 경학은 '네가 학이다.'라는 뜻이니 학이 되어 하늘 높이 날아오르는 것이 호와도 연결된다.

『금옥총부』에는 능운과의 여러 일화가 소개되어 있다. 두 번째 이야기는 담양으로 내려가 있던 능운을 찾아갔지만 만나지 못하고 그냥 발길을 돌린 아쉬움을 노래로 지어 남겼다. '봉(鳳)' 자를 벽에 썼다는 말은 제봉(題鳳)의 고사에 보인다. 진(晉)의 여안(呂安)이 벗 혜강(嵇康)을 찾아갔을 때 그의 형 혜희(嵇喜)만 있어 여안은 '봉' 자를 문에 써 붙이고 돌아왔다. '봉'을 파자(破字)하면 범조(凡鳥)가 되니, 봉새는 만나지 못하고 평범한 새만 보게 되었다는 뜻이다. 마음의 벗을 만나지 못하고 돌아올 때 벽에 '봉' 자를 써두는 것이 옛사람의 운치다.

그 후 능운이 세상을 떠났다는 말을 듣고 안민영은 "차차(嗟嗟) 능운(凌雲)이 길이 가니 추성(秋城) 월색(月色)이 임자 없네, 아침 구름 저녁 비에 생각 겨워 어이할까. 묻노니 청가묘무(淸歌妙舞)를 뉘에게 전하고 갔느냐."라 하고 "담양 기녀 능운이 이미 죽어 호남의 풍류가 이로부터 끊어졌다."라 한탄하였다.

특히 능운은 가무뿐만 아니라 한시도 제작할 수 있는 여성이었다. 장지연의 『대동시선』에는 「낭군을 기다리며(待郎君)」가 실려 있다.

낭군께서 달뜨면 돌아오신다더니	郎云月出來
달이 떠도 낭군은 오시지 않네요.	月出郞不來
아마도 낭군이 계신 곳에는	想應君在處
산이 높아 달이 더디 뜨는가 봐요.	山高月上遲

참신한 발상 하나로 시를 짓는 여성 한시의 전형을 보여 주는 작품이다. 달이 뜨면 돌아온다 하더니 달이 떠도 오지 않는 것을 보니, 임이 계신 곳은 산이 높아 달이 더디 뜨는지 물었다. 질박하면서도 간절한 뜻이 담겼다. 혹 능운이 기다리던 임이 안민영이 아닌지 모르겠다.

『금옥총부』에는 평양 기녀 혜란과의 인연도 소개하였다.

임 이별 하올 적에 저는 나귀 한하지 마소
가노라 돌아설 제 저는 걸음 아니런들
꽃 아래 눈물 적신 얼굴을 어찌 자세히 보리요.

평양의 혜란은 자태가 특별할 뿐만 아니라 난초를 잘 그리고 노래와 거문고에 달통하여 명성이 온 성을 흔들었다. 연호(蓮湖) 박사준(朴士俊)이 군막에 있을 때 내가 일이 있어 내려갔는데, 혜란과 7개월 어울려 정분이 깊었다. 작별할 때 혜란이 장림(長林) 북쪽에서 나를 전송하였다. 떠나고 남는 이의 슬픈 마음을 과연 절로 억제하기 어려웠다.

혜란은 평양 출신의 기녀로, 노래와 거문고에 능하고 그 이름처럼 난초를 잘 그렸다. 혜란은 향초의 일종으로 깨끗하고 고움을 비유하는 말이니 그 이름과도 어울린다. 연호 박사준은 안민영의 절친한 벗이었지만 행적은 자세하지 않다. 평양 감영의 무관으로 나간 듯하다. 안민영이 그를 찾아 평양에 갔을 때 혜란을 처음 만나 7개월을 함께 지냈으니 그 정분이 무척 깊었음을 알 수 있다. 헤어지면서 평양의 외곽에 있는 장림(長林)까지 따라와 전송한 것도 그 때문이다.

안민영은 혜란에 대한 시조를 5수나 남겼다. "내가 평양 감영에 처음 내려갔을 때 기녀 혜란과 서로 마주하여 정을 나누었다."라고 하고, "병풍(屛風)에 그린 매화 달 없으면 무엇하리, 병간매월양상의(屛間梅月兩相宜)는 매불표령월불휴(梅不飄零月不虧)라, 지금에 매불표령월불휴하니 그를 좋이 여기노라."라는 노래를 지어 주었다. 매화를 그린 병풍을 두른 방안에 두 사람이 정을 나누면서 지은 작품인 듯하다. 칠언으로 된 중장은 "병풍 사이 매화와 달은 둘이 서로 어울리는데, 매화가 지지 않고 달도 이지러지지 않았네."라는 뜻이다. 매화는 안민영이고 달은 혜란이다. 매화와 가월(佳月)은 서로 잘 어울리는 존재기에 매화를 노래한 시가에는 달이 늘 등장하기도 한다. 매화도 꽃이 지지 않고 달도 이지러지지 않은 것처럼 두 사람의 사랑도 이어가기를 축원한 것이라 하겠다.

안민영은 또 "나와 평양의 혜란은 서로 함께한 것이 7개월인데 정분이 무척 깊어 서로 버릴 마음이 없었지만 작별하게 되었으니 사람의 마음이 정말 그러하다."라 하면서 지은 "옥협(玉頰)에 구르는 눈물 나건(羅巾)을 씻어낼 제, 가는 내 마음을 네 어이 모르는가? 네 정녕 웃고 보내어도 간장(肝腸) 쓸 제 하물며!"도 수록하였다. 여기에 덧붙여 안민영은 혜란의 자태를 추켜세우는 시조도 지었다. "어둑한 구름 가에 숨어 밝은 달 아니면, 희미한 안개 속에 반만 열린 꽃이로다. 지금에 화용월태(花容月態)는 너를 본 것인가 하노라."라 하였다.

그런데 안민영은 평양이 아닌 담양의 기녀 혜란을 두고도 시조도 남겼는데 "이슬에 눌린 꽃과 바람에 부친 잎에, 춘소옥계상(春宵玉階上)에 향기 놓는 혜란(蕙蘭)이라, 밤중만 명월정반(月明庭畔)에 너만 사랑하노라"라 하였다. 이 혜란은 담양 기녀이므로 이름은 같지만 평양 기녀 혜란과는 다른 인물로 보아야 할 것이다. 그런데 장지연의 『대동시선』에 혜란이 지은 「삼가 차운하다(敬次)」를 수록하였다. 아무런 정보가 없어 담양 기녀 혜란인지 평양 기녀 혜란인지는 알 수 없다. 「삼가 차운하다(敬次)」라는 제목으로 다음 작품이 수록되어 있다.

봄볕에 이별한 뒤 몇 번이나 돌아보았던가?	春光別後幾廻旋
한양 나무와 변방 구름 서로의 꿈에 걸렸네.	洛樹關雲兩夢懸
저 앞길에 휘황한 관복 입고 오시기에	紫綬煌煌前度路
다시 만나 기뻤더니 깨고 나니 도로 꿈이라.	重逢喜氣覺□眠

장지연이 『일사유사』에도 이 시를 소개하면서 혜란이 근세의 시기라 하였지만 어느 지역 기녀인지 역시 밝히지 않았다.[2] 4구의 마지막 글자가 결자(缺字)로 처리되어 있는데 '시(是)', '환(還)' 정도로 추정된다. 아름다운 봄날의 이별이라 더욱 아쉬웠고 그 때문에 한양의 임이나 변방의 자신이 모두 꿈속에서 그리워할 것이라 하였다. 앞길에 휘황찬란한 관복을 입고 오는 모습을 보고 기뻐 소리쳤더니 꿈이었다고 하였다. 친분을 생각할 때 혜란이 그리워한 사람 역시

2 장지연, 「송재만필(일사유사)」, 『매일신보』(1916. 8. 20).

안민영일 수도 있겠다.

안민영은 평양에서 혜란과 함께 소홍도 만났다.

낙화방초로(落花芳草路)에 깁 치마를 끌렀으니
풍전(風前)에 이는 꽃이 옥협(玉頰)에 부딪힌다.
아깝다 쓸어올지언정 밟든 말라 하노라

내가 평양 감영에 머물 때 모란봉에 올라 꽃구경을 하는데 멀리서 혜란과 소홍이 꽃을 밟으며 오는 모습이 보였다.

안민영이 봄날 평양의 모란봉에 올라 꽃구경할 때, 혜란과 소홍이 꽃을 밟으면서 오는 것을 보고 이런 노래를 불렀다. 비단 치마를 벗어 깔고 앉아 함께 놀았다. 안민영은 혜란과 평양에서 7개월 함께하였다고 하였는데 "내가 평양에 있을 때 소홍이 7개월 함께한 정분이 있어 돌아온 후 종종 그리운 마음이 들었다."라 한 것을 보면 두 여인을 나란히 데리고 있었던 것이 분명하다. 그와 헤어진 후 "관산천리(關山千里) 멀다 마라 구름 아래 그곳이라, 마음은 가건마는 몸은 어이 못 가는고. 지금에 심거신불치(心去身不致)하니 그를 설워하노라."라 한 바 있고, 또 소홍을 찬미하여 "전천(前川)에 우헐(雨歇)하니 유색(柳色)이 푸르렀고, 동원(東園)에 일난(日暖)하니 백화쟁발(百花爭發) 소홍(小紅)이라, 아이야 소거(小車)에 술 실어라."라 한 바 있으니, 소홍과의 각별한 정도 짐작할 수 있다.

장지연의 『대동시선』에는 소홍의 시를 2수 실었다. 소홍이 평양의 기녀라 하였으니 동일인일 것이다. 먼저 「절구(絕句)」를 보인다.

북풍이 눈을 불어 주렴 물결 이는데	北風吹雪打簾波
긴긴밤 잠 못 이루니 정녕 어이하랴,	永夜無眠正若何
훗날 내 무덤엔 남들이 오지 않으리니	冢上他年人不到

가련하다, 이 세상의 한 송이 꽃이여. 可憐今世一枝花

한겨울 눈보라가 쳐서 물결처럼 흔들리는 주렴, 그 주렴처럼 자신의 마음도 흔들려 잠을 이루지 못한다. 홍안(紅顔)의 젊은 시절이면 찾아주는 이가 있겠지만, 늙어 죽고 나면 아무도 알아주지 않을 것이라 슬퍼하였다. 기녀로 살아가는 여성의 자의식을 보여 준다. 안민영이 사랑한 여인 중에 소홍이 한시에 가장 뛰어난 듯하다. 「영회(詠懷)」도 그의 시재를 잘 보여 준다.

이태백의 집 안에 소홍이 있으니 太白家中有小紅
원래 남모를 한은 고금에 한가지라. 元來幽恨古今同
삼종지도를 어기면 여자라 할 수 없고 孤負三從非女子
죽음도 어려워 말아야 곧 영웅이라지. 無難一死是英雄
내 마음 비 맞아 시름하는 흐트러진 풀인가 心如亂草愁逢雨
이 신세 바람 불어 기뻐하는 수양버들인가. 身似垂楊喜帶風
금비녀 잡혀 술 사 오다 고개를 돌리니 金釵沽酒纔回首
은하수 서쪽으로 기울고 달 동쪽에 떴네. 銀漢西傾月在東

소홍은 송의 문인 범성대(范成大)가 데리고 있는 시비(侍婢)의 이름이기도 하다. 노래를 잘 불렀는데 강기(姜夔)가 그녀에게 「암향(暗香)」과 「소영(疏影)」 두 곡의 사(詞)를 지어주고 부르게 하였다. 이에 범성대는 소홍을 강기에게 주었다. 임포(林逋)의 「산원소매(山園小梅)」에서 "성긴 가지는 맑고 얕은 물 위에 비껴 있는데, 은은한 향기는 황혼의 달빛 아래 두둥실 일렁이네.(疎影橫斜水淸淺 暗香浮動月黃昏)"라 하였으니 소홍은 홍매(紅梅)라는 뜻이 된다. 그런데 조선의 소홍은 그를 범성대가 아닌 이백의 여인으로 착각하였지만 그 뜻은 다르지 않다.

범성대의 명에 따라 강기를 모셔야 하였던 중국의 소홍처럼 조선의 소홍도 사랑하는 이로부터 버려져 다른 사람에게 가야 할 처지에 놓였던 모양이다. 이에 삼종지도를 들어 거부하고 죽음도 두려워하지 않겠노라 하였다. 기녀의 신분이지만 열녀로서 살고자 하는 당찬 뜻을 볼 수 있다. 이어 마음은 유약한 풀처럼 비에 꺾일까 두렵고 몸은 버들처럼 바람에 흔들린다고 하였는데 기녀의 신분을 슬퍼하고 자조하는 뜻을 붙인 것이다. 그리고 사랑하는 사람을 위해 비녀를 팔아 술을 사서 돌아오니 어느새 은하수 서쪽으로 기울고 그믐달이 동쪽에 뜨는 한밤이 되어 헤어질 때가 되었다고 하였다. 이별의 슬픔을 이렇게 은근하게 말한 것이 이 작품의 수준을 높이고 있다.

조면호가 1863년 평양에서 온 사람에게 소홍의 소식을 들었는데 늙어 기적에서 빠졌다고 하였다.[3] 또 15년 전과 평양의 사정이 많이 달라졌다고 하였는데, 조면호는 1848년 평양서윤을 나간 바 있다. 그로부터 15년이 지난 후 조면호가 소홍을 언급한 것으로 보아 그가 평양에 있을 때 소홍을 만났을 가능성이 높다. 그렇다면 소홍은 1830년 무렵 태어났을 듯하며, 혜란 역시 비슷하였을 것 같다.

3 趙冕鎬, 「戲繹平壤人說話」, 『玉垂集』 권10에서 "소홍이는 초췌하여 봄에 기적에서 빠졌고(小紅憔悴春除籍)"라 하고 그 주석에 "기녀 소홍이 이미 늙어 집에 머문다고 이야기하였다."라 하였다.

96.
여성 군자 정일헌 남씨

조선에서 태어났지만 수명이 길어 조선이 망하고 한시도 사라지는 세상을 본 사람들이 제법 있다. 전통적인 삶을 살다가 어지러운 세상을 만났지만 옛 가르침대로 살면서 꼿꼿함을 보여 준 마지막 '여성 군자'가 있었으니 바로 정일헌(貞一軒) 남씨(南氏, 1840-1922)다.

정일헌은 나의 중표자(中表姊) 성(成) 군의 어머니 유인(孺人) 남씨의 호다. 누님은 실로 문충공(文忠公) 남구만(南九萬) 재상의 후손인데, 문간공(文簡公) 성혼(成渾) 선생의 집안으로 시집갔다. 일찍 홀몸이 되었는데 시조부모와 시부모를 2대에 걸쳐 섬겨 친딸처럼 효성을 다하고 시동생을 동기처럼 돌보았으며 만년에 들인 양자를 직접 젖 먹여 키운 아이처럼 자애롭게 대하였다. 집안 다스림은 좋은 관리가 고을을 다스리듯이 하고 노련한 장수가 병사를 다스리듯이 하였다. 일찍 일어나고 늦게 쉬면서 수십 년 동안 몸소 고생하며 절조를 지켰다.

유독 시를 잘 지었는데 그 시는 대개 스스로에 대한 것이 많았다. 친정으로 가고 싶지만 그렇게 하지 못하는 마음, 시부모가 장수하고 후사(後嗣)가 어질기를 축원하는 뜻, 농사가 잘된 것을 기뻐하는 마음을 말하였다. 가끔은 다시 변방으로 출정한 강개한 문사나 신선이 되어 노니는 그윽한 음조, 태극(太極)과 이기(理氣)의 심오하고 단아한 어휘를 지어내기도 하였다. 절대 찬 등불을 마주하거나 궁상맞은 비를 맞은 듯이 처량하고 가련한 자태를 보이려 하지 않았다. 아, 부인으로서 이처럼 시를 지을 수 있었고 또 그 지은 시가 이러하였으니 어찌 여성이 시를 짓는 일이 마땅하지 않다고 할 수 있겠는가?

우리 어머니 윤씨(尹氏)는 성품이 소탈하고 질박하여 글을 알지 못하였지만 남을 인정하는 일이 적었는데 유독 누님에 대해서는 자주 칭찬하였다. 누님도 일찍이 스승처럼 내 어머니를 섬기고 어머니라 불렀다. 내 어머니의 상을 당해서는 사언(四言) 50여 구를 지어 제사를 지냈는데 그 문장이 그 정을 전달하기에 충분하였으며. 또 누님이 내 어머니에 대해 이렇게 증험하였으니 가히 덕을 알아준 사람이라 할 만하다.

누님이 평소 지은 시는 성씨나 남씨 집안의 사람이라 하더라도 본 이가 드문데 오직 나는 이를 볼 수 있었다. 이를 보는 대로 외우고 물러났으며 붓으로 적어 상자에 넣어두었다. 금년 여름 나는 벼슬길에 나아가지 않는다 하여 죄를 입어 해도(海島)에 유배되었는데 누님이 사는 도운산(道雲山) 아래를 지나게 되어 있었다. 마루에 올라 절을 하고 나니 옛일이 느껍고 지금 일이 비통하여 눈물이 줄줄 흘렀다. 누님이 이 때문에 며칠 머물게 하였다. 누님의 아들 경존(景尊, 台永의 자)이 누님을 잘 모셨기에 누님은 다시 집안일에 마음을 쓴 지가 오래되었다. 근력이 그다지 쇠하지 않았지만 또한 시를 다시 짓지 않았으니 그 즐거움이 시보다 나았기 때문이었다. 경존은 몰래 내게 말하였다.

"지난해 토구(土寇)의 난리 때 제 어머니가 온 집안 식구를 데리고 피난을 갔는데 갑자기 그 시고를 불에 던져 넣고 '내가 직접 쓴 필적을 혹 길가에 떨어뜨려 흩어지게 할 수는 없겠구나.'라 하셨습니다. 제가 그 부본(副本)을 다시 수습하여 1권으로 편집하였는데, 생각해 보니 아저씨가 아니면 아무도 서문을 지을 수 없을 것 같았습니다. 산을 넘고 물을 건너 찾아가 부탁하려 하였더니, 이제 아저씨가 불행히도 이곳에 오셨습니다. 나로서는 다행스럽게 아저씨를 뵙게 되었으니 감히 서문을 청합니다."

내가 말하였다.

"자네가 이런 말을 하지 않더라도 내가 또한 상자 속에 보관하던 것을 후세에 전하고자 하였으니 내가 이 일을 돕겠지만, 그러나 자네도 마음 씀씀이가 지극하구나."

마침내 사양하지 않고 그 때문에 서문을 짓는다.

누님이 전에 내게 편지를 보내 말하였다.

"죽지 못한 내 일개 미망인이 아들 하나를 두어 아직 서생일세. 세상이 어지럽고 나라가 위태하네. 내가 감히 근심할 바는 아니지만, 우리 아우님을 위해 밤낮으로 근심할 뿐일세. 『중용』에서 '나라에 도가 있으면 그 말이 나라를 흥하게 할 수 있지만, 나라에 도가 없으면 침묵하여 제 몸을 보전해야 할 것이다.'라고 하지 않았나. 내가 우리 아우님을 위해 외워 드리네."

누님이 나를 이처럼 사랑하였다. 이제 출발하려 할 때 누님이 의연히 "되었구나."라 하였고, 내가 이 때문에 "대가의 가르침을 거듭 들었으니, 여수(女嬃)의 말처럼은 하지 않으리.(重聆大家訓 不作女嬃言)"라는 시를 바쳤다. 이를 보면 누님이 통달한 식견이 있음을 볼 수 있다. 내가 누님의 시를 외울 수 있고 누님의 시에 서문을 지을 수 있지만, 시집 안에 나에게 준 시가 한 편도 없다. 이를 보면 그 법도가 미칠 수 없음을 심히 탄식하게 될 뿐이다.[1]

정일헌 남씨는 본관이 의령으로 남구만, 남학명, 남극관으로 이어지는 조선 후기 대표적인 문한가(文翰家)의 후손이다. 남극관 이후 벼슬을 이어나갔지만 증손자로 현감을 지낸 남영주(南永周) 이후에는 벼슬이 끊어졌다. 정일헌은 남영주의 손녀고 남세본(南世本, 世元으로 개명)의 딸이다. 16세 때 성대호(成大鎬, 1839-1859)와 혼인하였는데 창녕 성씨 이 집안 역시 우계 성혼을 배출한 명문가지만 성문준(成文濬) 이래 벼슬길에서 멀어졌다. 성대호는 21세 때 세상을 떠났고 별 자취를 남기지 못하였다. 그럼에도 정일헌은 『정일헌시집(貞一軒詩集)』을 남겼고 또 「남초가」, 「권효가」, 「규원가」, 「노인탄」 등의 한글가사와 『쇼학집뇨(小學輯要)』, 『녈녀젼(列女傳)』, 『오힝법(五行法)』, 『오륜힝실(五倫行實)』 등 한글로

1 李建昌, 「貞一軒詩藁序」, 『明美堂集』 권10.

필사한 책자가 전한다.[2]

정일헌이라는 호는 『주역』의 「계사전(繫辭傳)」에 나오는 천하 만물은 무궁하게 변화하지만 하나의 이치로 돌아간다는 뜻의 '정부일(貞夫一)'에서 취한 것이니 학자로서 자세를 밝힌 것이라 할 만하다. 「규원가」를 보면 어린 시절에는 사직동에 살았는데 시집간 후에는 결성의 구산(龜山), 지금의 용호리(龍湖里, 龍臥里 혹은 龍骨里로도 불렸다)에 살았다. 남구만이 아버지 남일성의 집 절순헌(折筍軒)에 붙인 기문을 남긴 바 있다. 또 만년에는 도운산, 지금의 도고산 기슭으로 옮겨가 살았는데 이를 취하여 도운각(道雲閣)이라는 호도 사용하였다.

19세기 후반 최고의 문장가 이건창(李建昌, 1852-1898)이 1896년 이곳에 살던 정일헌을 찾았다. 이건창의 대고모가 정일헌의 조부 남영주의 딸이다. 정일헌은 그리 가까운 촌수는 아니지만 이건창의 어머니 파평윤씨(坡平尹氏)를 친어머니처럼 모셨고 이건창도 친누이처럼 가까웠다. 1896년 황해도관찰사로 임명되었지만 부임하지 않았고 그 때문에 고군산도(古群山島)에 유배되어 가던 중 도고산 기슭에 살던 정일헌을 찾은 것이다. 정일헌은 이때 57세의 노인이었다. 이보다 앞서 1894년 동학농민군이 예산 일대를 휩쓸자 정일헌은 피란을 가면서 자신의 필적이 길가에 흩어질까 우려하여 시집을 불태웠다. 다행히 부본이 따로 있었기에 양자로 들인 성태영(成台永, 1862-1934)이 이를 다시 편집해 두었다가 이건창이 찾아오자 바로 서문을 부탁한 것이다. 아마도 정일헌의 뜻이었을 것 같다.

이제 이 서문을 따라 정일헌의 문학을 보기로 한다. 이건창의 이 글은 서두에서 청의 동성파(桐城派)의 대가 요내(姚鼐)의 말을 인용하여 부인이 시를 짓는 일이 마땅하지 않다고 한 것은 잘못이라 선언하고, 정일헌의 시가 "찬 등불

---

2 문희순, 『역주정일헌시집』(예산문화원, 2015). 이하 정일헌의 생애는 문희순, 「조선의 마지막 여성 문인 南貞一軒의 삶과 문학」, 『어문연구』 104(2020)에 자세히 밝혀져 있어 이를 따랐다.

을 마주하거나 궁상맞은 비를 맞은 듯이 처량하고 가련한 자태를 보이려 하지 않았다."고 하여 일반적인 여성의 고단한 신세 한탄과는 거리가 멀다고 하였다. 그리고 부인이 시를 짓는 일이 마땅하지 않다고 여기는 세상의 편견이 잘못된 것임을 정일헌이 입증하였다고 칭송하였다. 그리고 친정을 그리워하는 것, 시부모의 장수를 축원한 것, 후사가 잘 되기를 바라는 것, 농사가 잘된 것을 기뻐한 것 등 일상을 담은 작품, 출새곡(出塞曲)이나 유선시(遊仙詩)와 같은 의고시, 태극이나 이기 등 성리에 대한 문자를 담은 철리시(哲理詩)를 두루 지었다고 하였다. 『정일헌시집』에는 그가 지은 57편의 시가 실려 있는데 이건창이 말한 범위를 크게 벗어나지 않는다. 그중 대표작으로 꼽을 만한 것은 다음 「천하의 봄(天下春)」이다.

석 달 봄소식을 동군에게 물어보니	三春消息問東君
따스한 햇살과 훈훈한 바람으로 보여 주네.	日以暄之風以薰
여러 음기를 물리치려 우레가 진동하고	退却羣陰雷動盪
온갖 만물이 생장함에 기운이 화평하다.	發生庶物氣氤氳
못과 하늘에 활발하게 물고기와 새 즐거운데	淵天活潑禽魚樂
비와 이슬에 흠뻑 적셔 풀과 나무 기뻐하네.	雨露沾濡草木欣
온 천하의 봄이 내 폐부로 다 밀려들어 오니	天下春歸吾肺腑
도운각 위에서 한가한 구름 보며 누웠노라.	道雲閣上臥閑雲

동군(東君)은 봄의 신이다. 봄소식을 동군에게 물었더니 따스한 햇살과 훈훈한 바람으로 답을 한다. 우레와 함께 한바탕 비가 내리고 나니 겨울의 남은 음산한 기운이 사라지고 만물이 생동한다. 『주역』에 지뢰복(地雷復) 괘가 있는데 봄의 시작을 알리는 괘다. 진괘(震, ☳)와 곤괘(坤, ☷)가 합쳐진 것인데 진(震)은 우레를 이르므로 땅 아래에서 우레가 일어나는 형상이다. 이어지는 구절도

이 복괘의 뜻을 말한 것이다. 송의 성리학을 창도한 정자(程子)는 이 괘를 설명하면서 "한 양(陽)이 처음 생겨 지극히 미미하니, 진실로 여러 음을 이겨 만물을 발생시키지 못하고, 반드시 여러 양이 오기를 기다린 뒤에야 물건을 낳는 공을 이루어 어그러짐이 없으니, 이는 벗이 와야 허물이 없는 것이다."라고 하였다. 이를 시로 압축한 것이다. 두보가 「춘야희우(春夜喜雨)」에서 "좋은 비가 시절을 알아서 내리니, 봄을 당하여 만물을 나서 자라게 하네.(好雨知時節 當春乃發生)"라고 한 뜻을 이은 것이기도 하다. 이어 봄날을 맞아 새와 물고기가 활발하게 노닐고 비에 젖은 풀과 나무가 생동한다고 하였다. 『중용』에서 "솔개는 날아 하늘에 다다르고 물고기는 연못에서 뛰어논다.(鳶飛戾天 魚躍于淵)"라 하였는데 천리(天理)의 유행을 비유한 말이다. 정자가 이 구절을 두고 "생기가 충만한 곳(活潑潑地)"이라 한 것을 함께 시에 끌어들인 것이다. 또 이에 대를 맞춘 아래 구도 『맹자』에서 "밤낮으로 만물을 생장시키는 원기와 촉촉이 적셔 주는 비와 이슬이 있어 싹이 움트지 않음이 없다."라는 뜻을 취한 것이다. 그리고 이를 종합하여 천하의 봄이 내 폐부에 다 들어왔다고 하였는데 송의 소옹(邵雍)이 「안락음(安樂吟)」에서 "천하의 봄을 거두어, 폐부에 넣노라.(收天下春 歸之肺腑)"라고 한 뜻을 이용한 것이다.

정일헌의 공부를 이 한 편에서 확인할 수 있다. 특히 마지막 구절에서 자신이 사는 도운각 위의 구름을 보며 누워 있는 정일헌 자신을 그려 넣어 자칫 관념적인 어휘의 나열에 빠지기 쉬운 철리시의 한계를 극복하고 있다. 자신의 학문을 시에 넣되 전체적으로는 봄날 한가하게 살아가는 자기 삶을 그림처럼 묘사한 것이 이 작품의 수준을 높이고 있다.

이건창은 서문의 마지막 대목에서 정일헌과의 일화를 소개하였다. 정일헌은 이건창에게 편지를 보내어 『중용』을 인용하여 나라가 위태한 시절 벼슬길에 나아가지 말고 명철보신(明哲保身)의 도를 지키라 당부하였다. 집으로 찾아온 이건창에게 벼슬을 거부하다 귀양길에 오르게 된 것을 오히려 옳은 선택이라 하자, 이건창은 그 뜻을 「예산에서 인척 누님 정일헌을 예방하고 닷새를 머물렀는데 마침 생일이 지났다(禮山拜戚姊貞一軒, 留五日, 過生朝)」(『명미당집』 권6)로 답하였다.

지금 세상 누가 나를 아껴 주나?	今世誰憐我
오직 우리 누님만 계시는구나.	惟吾姊氏存
엄한 여정에 말 쉬게 하시고	嚴程教歇馬
생일이라 밥 먹으라 권하시네.	生日勸加飡
서재에는 책의 향기가 넘치는데	几閣書香潤
숲속 못엔 비 기운이 어둑하네.	林塘雨色昏
대가의 훈회를 거듭 들었으니	重聆大家訓
여수의 말처럼은 하지 않으리.	不作女嬃言

『정일헌시집』에는 「병신년 5월 26일 유배지로 가는 길에 오언율시를 읊어 도운각의 늙은 누님께 바치다(丙申五月二十六日 赴謫路 詠五律 仰呈道雲閣老姊座下)」로 실려 있다. 이건창이 바쁜 유배 길에 도운각에서 닷새를 머문 것을 보면 그 도타운 정을 짐작할 수 있다. 이건창을 붙들어 충분히 쉬게 하고 생일을 맞은 이건창에게 밥을 더 먹으라고 권하는 정일헌의 자상함과 함께 책이 가득한 도운각의 풍경도 볼 수 있다.

이런 각별한 정 이건창의 어머니 윤씨와의 관계에서 비롯하였다. 이건창은 정일당이 윤씨의 죽음을 애도한 50여 구의 제문에 대해서 언급하였는데 여성 작가의 제문 중 단연 최고의 작품이라 할 만하다. 윤씨를 친척 아주머니라는 뜻의 '척모(戚母)'라 부르면서 이렇게 제문에서 슬픔을 토로하였다. 윤씨는 1884년 세상을 떴으니, 이때 지은 제문이다.

오호라,

슬퍼도 통곡하지 않는다면 통곡하지 않는 슬픔이 통곡보다 심하고

제사에 제문이 없으면 제문 없는 제사는 제사를 안 지낸 것과 같은 법.

내가 어머니 그리던 그리운 마음으로,

내 친척 아주머니의 정을 그리워하여 잔을 올리고

내가 어머니를 통곡하던 통곡 소리로,

내 친척 아주머니를 통곡하는 글을 지어 고하니

친척 아주머니가 지각이 있다면 내 슬픈 글을 듣지 않겠는가?

오호라,

사람이 그 누가 진외가가 없겠는가마는 나의 진외가는 보통 사람과는 달랐네.

인척으로 정이 많아 은의를 두터이 베푸시니 일가와 같았다네.

친척 아주머니[3]가 당신의 친딸처럼 나를 아꼈고 친어머니처럼 나를 도왔다네.

어머니는 나를 불러 반드시 내 딸이라 하고

나는 어머니를 불러 또한 내 어머니라 하였으니[4]

마침내 모녀의 의리를 맺게 되어 천륜의 친함과 같음이 있었고,

지극한 정은 틈이 없었고 지극한 뜻은 숨김이 없었지.

가끔 나를 마주하고 탄식하여 말씀하시기를,

"아깝구나, 내 딸의 재주와 행실이. 재주와 행실이 아름다울 뿐만 아니라

네게는 대장부의 기량이 있으니, 이에 더욱 내 마음으로 사랑하는 것이란다."

늘 내게 가르쳐 하신 말씀,

"이 어미가 죽은 후에, 네 필히 술잔 올려 제사를 지내고 제문을 지어 곡을 하거라."

신신당부하던 가르침이 마음에 잊히지 않으니,

낭랑한 말소리가 아직도 귓가에 선하네.

이제 내가 한 번 통곡하고 제문을 지어 통곡하는 것은

3 원문에 '叔母'로 되어 있으나 '戚母'의 잘못이다.

4 이 두 구에서 '母之呼女'와 '女之呼母'의 女는 余의 잘못으로 보는 것이 나아 그렇게 번역하였다.

또한 지극한 정에서 나온 것일 뿐,

지극한 정은 제문이 없다는, 예법에서 이른 그 말 어찌 믿겠나?

오호라,

내 친척 아주머니를 애도하니 옛날의 여사(女士)라.

타고난 자질이 맑고 자애롭고 사덕(四德)을 갖추었으니[5]

전적을 넓게 섭렵하고 삼대(三代)의 여사와 같았지.

등불 아래 책을 두루 살피고 길쌈하는 여가에

일상에서 실행에 옮기니, 한 부의 내훈서였지.

규방의 법도가 되어 온 가문에서 본받았고

교목세가(喬木世家)라 애환을 함께 하였지.

하늘이 숙인(淑人)을 보우하여 복을 내렸으니[6]

옥 거문고 소리 시원하고 구리 관인이 찬란한데[7]

세 번 피어나는 마당의 영지는 한 가지에 먼저 꽃망울이 터졌다네.[8]

도가 있는 나라라면 조양(朝陽)에서 봉황이 울겠지만

솥과 자리 늘어놓고 효도로 봉양함이 집안과 나라의 영광이라 하셨지.[9]

오호라,

내 친척 아주머니를 애도하니 잊으려 한들 되겠는가?

남들은 모두 어머니가 한 분인데 나만 어머니가 두 분이라

---

5 여성이 갖추어야 할 네 덕목으로 곧고 유순한 婦德, 공손한 몸가짐 婦容, 온순한 말씨 婦言, 길쌈과 조리의 婦功을 이른다.

6 淑人은 3품의 관원 아내에게 내리는 품계인데 李象學이 양산군수를 지내 아내 윤씨가 이 품계를 받았다.

7 옥 거문고 玉徽와 구리 관인 銅章은 모두 목민관을 상징한다. 여기서는 李象學이 여러 곳의 군수를 지낸 것을 이른다.

8 李建昌, 李建昪, 李建冕 등 세 아들 중에 이건창이 가장 먼저 문과에 급제한 것을 비유한 말이다.

9 朝陽에서 봉황새가 우는 것은 『시경』「卷阿」에 나오는 말로 출중한 덕과 강직한 성품을 갖추고 과감하게 直諫을 하는 것을 이른다. 솥과 자리는 고관대작에 있는 사람이 여러 개의 솥을 늘어놓고 먹으며 여러 개의 자리를 포개어 앉는 풍요한 생활을 한다는 列鼎累茵을 이른다. 이 구절은 정일헌이 이건창에게 조정에서 간언을 올리지 말고 물러나 편히 살라고 당부한 말을 이른다.

모녀의 지극한 정은 하늘에서 고루 받은 것.
친어머니도 어머니요, 친척 아주머니도 어머니였다네.
정축년 하늘이 무심하여, 친어머니 세상을 버렸으니
죽지 못한 내 한 가닥 명줄로 삼 년을 피 토하며 울었지.
누구에게 의지하랴 오직 친척 아주머니만 계셨으니
내 어미 없다 불쌍히 여기고 나를 아껴 더욱 사랑하셨지.
천 리 먼 안읍(安邑)으로 가마 타고 가실 때[10]
내 어머니를 찾아뵙고, 모녀가 서로 이별한 후
새 다니는 험한 길 멀다 하나, 서신이 끊어지지 않았지.
어머니가 한양으로 돌아온 후, 우리 집은 호서에 있었는데
이때 서신을 보냈으니, 내 그립다 구구히 말하셨지.
강호가 아득하여 훗날 다시 만날 기약이 없더니
뉘 생각하였으랴, 올봄에 수레가 와서 부고를 전할 줄.
왕년의 한 번 이별이 천고의 이별이 되었구나.
예전에는 두 어머니 계셨건만, 이제 모두 가 버렸구나.
저승길이 어둡고 아득하니 그 자태 영영 볼 수 없겠네.
하늘이 무너져 끝이 없으니 밤낮으로 내 눈물을 흘리노라.
때로 아버님 찾아뵈니 관복 입고 평안하신데
효성 깊은 아들 있어 가문의 명성을 이어 가네.
어머니 지각이 있다면 내 슬픈 제문을 들으리라.
내 분수 넘은 것 아니리니, 지극한 정의 슬픔 때문이라네.
오호, 흠향하소서.[11]

---

10 板輿는 지방관으로 가는 아들을 따라 편한 가마를 타고 간다는 고사에서 나온 말인데, 이건창이 정축년(1877) 이후 1877년 충청도 암행어사로 나갔다가 이듬해 평안도 碧潼에 유배되었고, 1880년 조정으로 복귀하여 홍문관 부교리, 사간원 사간을 지냈지만 지방관으로 간 적은 없다. 부친 李象學이 1881년 安義縣監을 지냈으므로 이때의 일을 가리키는 것으로 보아야 한다.

11 南貞一軒, 「祭戚叔母淑人坡平尹氏」, 『貞一軒詩集』.

제문은 다양한 형식이 있는데 이 작품은 비교적 산문에 가깝지만 동일한 구절을 반복하고 대구를 자주 구사하여 운(韻)이 없는 운문처럼 읽히게 하였다. 다양한 전고를 구사하여 제문의 무게를 더한 것도 이 작품의 품격을 더한 것이라 하겠다.

이 작품은 '오호'라는 통곡의 말을 기준으로 하여 네 단락으로 나뉘는데 첫 단락은 서설로 친어머니를 그리워하고 통곡하는 마음으로 제문을 쓴다고 하였다. 두 번째 단락에서는 이를 이어 친모녀의 관계를 맺어 생전 윤씨의 부탁에 따라 제문을 쓴다고 하였다. 그리고 세 번째 단락에서는 윤씨 부인의 덕과 자식에 대해 기술하고 마지막 단락에서 친어머니의 죽음 이후 서신으로 소식만 전하다가 윤씨 부인도 세상을 떠난 슬픔을 말하였다. 장편의 제문으로 윤씨 부인에 대한 애도가 곡진하다. 정일헌의 지식과 재능을 이 한 편의 제문에서 확인할 수 있다.

97.
조선의 마지막 여성 문인 청한당 김씨

정일헌과 더불어 구한말 어려운 시대를 살면서 여중 군자로서 꼿꼿한 삶을 살았고, 여기에 더하여 세상을 근심하고 시절을 슬퍼하며 조선의 마지막 여성 학자의 모습을 보여 준 사람이 청한당(淸閒堂) 김씨(金氏, 1853-1890)다. 칠실지우(漆室之憂)는 과부의 쓸데없는 나라 걱정을 비웃는 말이다. 김씨는 이런 말에 아랑곳하지 않고 새롭게 도래한 세상에 대처하는 글을 짓기도 하였다. 좀 더 오래 살았더라면 격동의 시기 여성 지식인으로서 큰 역할을 하였을 것이지만 그렇지 못하여 안타깝다.

청한당은 본관이 경주(慶州)로 김홍욱(金弘郁)의 후손이다. 부친은 의금부도사를 지낸 김순희(金淳喜)이고, 어머니는 파평 윤씨로 윤치각(尹致殼)의 딸이다. 한양의 명례방(明禮坊)에서 태어났고 무산군(茂山君)의 후손인 이현춘(李顯春)과 혼인하였으나 17세에 남편과 사별하였다. 시아버지가 이응진(李應辰, 1817-1887)인데 자가 공오(公五), 호가 소산(素山)이며 유신환(兪莘煥)과 홍직필의 문인으로 예조판서를 지냈다. 문집 외에 『소산문집초고(素山文集草稿)』, 『예의속집(禮疑續輯)』이 전한다.

청한당은 1883년 홍문관 제학으로 있다가 황해도 봉산군수로 임명된 이응진을 따라갔는데 이때 그곳에서 지은 시 두 수가 문집에 실려 있다. 이응진은 처음에 김씨에게 유한당(幽閒堂)이라는 당호를 주었다. 앞서 본 대로 홍인모와 영수합의 딸 홍씨가 유한당이라는 호를 썼는데 '유한'은 주 무왕의 어머니 태사(太姒)의 덕을 일컫는 말이다. 김씨는 그 덕을 표상하는 말을 감당할 수 없다 하여 '청한(淸閒)'으로 바꾸었다. 특별한 전고를 갖지 않고 맑으면서 한가하다는 뜻만 취한 듯하다.

청한당의 문집 『청한당산고(淸閒堂散稿)』는 회인군수를 지낸 아우 김상오(金商五)가 편찬한 것으로, 아버지의 문집과 저술을 편찬한 작업을 이은 것이기도 하다. 그의 힘을 입어 청한당의 존재가 역사에 드리워지게 되었다.

> 부인이 늘 말하였다. "대개 부녀자가 글자와 글을 혹 안다 하여 절제하지 못하고 법도를 넘어서 맑은 덕을 유린한다면, 어(魚)와 노(魯) 글자를 분간하지 못하는 무식쟁이보다 못하다. 경전과 역사에 밝되 부녀의 도리에 어둡다면 남자도 아니고 여자도 아닐 것이라, 어디에 쓰겠는가? 내가 이 때문에 깊이 경계하노라." (…)
>
> 한가할 때 문사에 대해 이 못난 아우와 함께 이야기한 적이 있다. 역사를 논할 때는, "명분을 정하여야 하니 『춘추(春秋)』를 읽지 않을 수 없고 주자의 『강목(綱目)』을 그다음으로 하여야 한다."고 하였다. 문장을 논할 때는 "한유의 문장은 태건(汰健)하고 유종원의 문장은 교조(巧雕)하며 구양수의 문장은 외유내강(外柔內剛)이라, 한유와 유종원을 겸하여야 가히 문장이 된다."고 하였다. 시를 논할 때는 "시는 뜻을 말하는 것이다. 뜻을 말함에 두보와 같은 사람은 없다. 그 나머지는 향기를 뱉고 꽃을 씹거나 상자를 사면서 구슬은 팽개치는 것과 같아 사람을 굴복하게 할 수 없는 것들이니 함께 평할 만하지 못하다."라 하였다. 이렇게 논하였으니, 옛글의 심오한 뜻을 완미하고 그 정수를 터득한 사람이 아니라면 어찌 이렇게 사람들의 의표에서 멀리 벗어난 말을 할 수 있었겠는가?[1]

김상오는 1917년 문집을 간행하면서 붙인 서문에서 청한당이 여성으로서

1 金商五, 「淸閒堂散稿序」, 『淸閒堂散稿』.

경전과 역사서에 밝으면서도 부덕까지 겸하였음을 칭송하였다. 그리고 청한당의 학문과 문학에 대한 견해를 소개하였다. 먼저 역사는 명분(名分)을 중시한다는 점에서 『춘추』를 중심에 두되 주희의 『자치통감강목(資治通鑑綱目)』을 읽어야 한다고 하였다. 산문에서는 한유를 '태건'으로, 유종원을 '교조'로, 구양수를 '외유내강'으로 보았다. 한유의 문장이 지나칠 정도로 강건하고 유종원의 문장이 꾸밈이 많으며, 구양수의 문장이 부드러우면서도 힘이 있다는 뜻이다. 이런 평을 한 사람이 따로 없는 듯하니 청한당의 독자적인 품평이라 하겠다. 그러면서 청한당은 한유와 유종원을 겸해야 한다고 하였으니 강건하면서도 치밀한 문장을 선호한 것이라 하겠다.

또 청한당은 특히 시에서 두보를 전범으로 하면서 향기를 뱉고 꽃을 씹는 '토방저화(吐芳咀華)'와 상자를 사면서 구슬은 팽개치는 '매독유주(買櫝遺珠)'를 비판하였다. '토방저화'는 그 영화(英華)를 머금고 씹어서 문장을 지어낸다는, 한유의 「진학해(進學解)」에 보이는 '함영저화(含英咀華)'와 같은 말로, 문학을 감상하고 창작하는 행위를 비유한다. '매독유주'는 춘추시대 목란(木蘭)으로 상자를 만들고 계수나무와 산초나무로 향을 쐬며 옥을 매달아 장식한 다음 구슬을 담아 팔려고 하였는데 상자만 사고 구슬은 그냥 돌려주었다는 『한비자(韓非子)』의 고사에 나온다. 시에서 형식의 화려함보다 내용의 건실함을 강조한 말로 보면 되겠다. 봄날의 애상이 아닌 시절을 아파하는 두보의 정신을 강조한 것이다.

『청한당산고』에는 30여 수의 시가 실려 있는데 「9월의 밤(九月夜)」처럼 시대를 고민하는 학자적 풍모를 엿보게 하는 작품이 많다.

낙엽 지는 찬 창가에 새벽이 가까운데	木葉寒窓近曉時
등잔불 밝히고 송과 명의 시를 읽노라.	懸燈披閱宋明詩
서늘한 바람은 국화 늙음을 아쉬워하나	涼風似惜黃花老
가을 햇살은 열사의 슬픔을 알고 있는지.	秋日如知烈士悲

적막한 질화로에 향불이 묻혀 있는데	寂寂土爐香火伏
아스라한 산과 물에 찬 구름 드리웠네.	迢迢山水冷雲垂
인욕을 깨끗이 없애고 천리를 보존하려	淨除人欲存天理
맹자의 책을 완미하는 자 그 누구인가?	鄒聖書中玩味誰

원과 청에 의하여 망한 송과 명을 알기 위해 열사의 시를 읽는다. 노란 국화가 지는 것을 아쉬워하는 것은 시인의 일이지만 청한당은 열사의 비애를 반추한다. 질화로에 향불이 꺼지고 산과 물에 찬 구름이 드리운 암울한 현실에서 인욕을 막고 천리를 보존하는 '알인욕(遏人欲) 존천리(存天理)'라는 맹자(孟子)의 가르침을 당당히 지켜 가겠노라 하였다.

청한당의 작품 중에 노덕의(盧德儀, 1820-1865)라는 청의 여성을 칭송한 「노덕의를 찬양한 오운의 고시(贊盧德儀五韻古詩)」도 주목을 요한다.

덕행이 규방에 쌓였으니	德行積閨壼
조선까지 명성이 들리네.	隣國聞令名
문장은 고인을 추숭하고	文章追古人
효우는 유생보다 낫다네.	孝友勝諸生
만 리까지 미친 성대한 위의,	萬里相棣儀
한 편 글에 명망이 남았네.	一編留璜聲
재녀는 고운 글을 뽐내지만	才女效艶詞
현부는 효성을 사모한다지.	賢婦慕孝誠
읽고 나니 아끼는 마음 많아	讀罷深愛重
절로 시구가 이루어지네.	自然詩句成

노덕의는 청말(淸末) 대신 왕언위(王彦威)의 어머니로, 자가 여란(儷蘭)이고 호가 매린(梅隣) 혹은 초미각(焦尾閣)이다. 어려서 오경(五經)에 달통하고 문학과

역사에도 능하였는데 아버지의 병구완을 위해 팔뚝의 살을 잘라 약으로 올린 효녀다. 왕유령(王維齡)과 혼인하여 부부가 시로 창화하였다. 문집 『초미각유고(焦尾閣遺稿)』를 남겼는데 33수의 시가 실려 있다. 1870년 간행된 이 책이 조선에 전래되었는데 조면호, 한장석(韓章錫), 이건창, 김택영 등이 이 시집을 읽고 쓴 시가 있다. 청한당도 이 문집을 보고 그 삶을 따르려 하였음을 알 수 있다.

위에서 인용하지 않았지만 김상오의 서문에는 「주식론(酒食論)」, 「무의설(無儀說)」, 「제가론(齊家論)」, 「어하문(御下文)」, 「반첩여설(班婕妤說)」, 「제영찬(緹縈贊)」, 「찬진효부문(贊陳孝婦文)」, 「여교훈서(女教訓書)」, 「성가설(成家說)」, 「용재론(用財論)」 등 청한당이 남긴 상당수의 산문이 소개되어 있다. 그중 「성가설」, 「용재론」이 문집에 실려 있고 나머지는 일실되었다. 「용재론」은 재물이 있어야 사람이 제사와 생계, 양육을 할 수 있지만 이를 잘 사용하여야 한다는 뜻을 말한 것이고, 「성가설」은 집안을 일으키기 위해서는 재주와 덕을 갖추어야 한다는 것이 대체적인 뜻이다. 「주식론」, 「무의설」, 「제가론」 등도 비슷한 내용을 담았을 것으로 추정되고, 「어하문」은 하인을 통제하는 법을 제시한 것 같다. 「여교훈서」는 여성 교육에 대한 내용을 다루었을 것인데, 한 성제의 후궁 반첩여(班婕妤)가 조비연(趙飛燕)으로 인하여 총애를 잃은 일, 한 문제 때 죄를 입은 순우의(淳于意)를 위해 스스로 관비가 되어 아버지의 죄를 대신하고자 한 제영(緹縈)의 고사, 같은 한 문제 때 변방으로 수자리 간 남편이 죽자 개가하지 않고 노모를 모신 진(陳) 효부의 일화 등을 두고 쓴 글인 듯하다. 노덕의를 찬양한 이 시 역시 그 연장선에 있을 것이요, 노덕의의 삶과 문학을 자신의 전범으로 여겼음을 짐작할 수 있다.[2]

2 이혜순 외, 『한국 고전여성작가 연구』(태학사, 1999)에서 연구되기 시작하였지만, 아직 연구가 충분하지 않다.

98.
남전 서기옥과 그 딸 소람 이소도

매창과 그 방손 복아가 부안의 시기로 나란히 이름을 날렸지만, 모녀가 시에 능한 기녀로 이름을 남긴 예는 희귀하다. 우리 한시사의 마지막 대목에서 대구의 기녀 남전(藍田) 서기옥(徐其玉, 1849-1894)과 그의 딸 소도(小桃) 이소람(李小藍)이 나란히 이름을 날렸다.

신묘년(1891) 봄 내가 대구에 도착해 남전 서기옥을 만났다. 그때 나이가 마흔둘이었는데 술이 알딸딸해지자 시를 지어 격정적으로 읊조리며 자신이 여자인 줄 절로 알지 못하는 것 같았다. 하루는 관아로 찾아와 자신이 시를 짓게 된 내력을 말하였는데 이러하였다.

"열 살 무렵 대구부의 기적에 이름이 올랐는데 노래와 춤에 제법 능하여 수많은 재물을 얻었답니다. 얼마 후 예전 조대가(曹大家)와 설교서(薛校書) 같은 분을 생각하고, 하늘이 인재를 낳음에 정말 남녀를 제한하지 않았는데 다만 내가 배우지 못한 것이 잘못이라 여겼지요. 이에 당나라 오언시와 칠언시를 구하여 읽었고, 차츰 능숙해져 시어가 되어 나왔으며 세상에도 칭송받게 되었답니다. 함께 노닌 사람들은 모두 차산(此山) 배전(裵腆), 완산(畹山) 김란(金蘭) 등과 같은 영남의 명사들이었고 이들이 제 집에 이르면 반드시 차와 술을 대접하였습니다. 그러다가 점차 집이 가난해지고 몸도 늙어갔습니다. 천하의 정과 한은 무궁한 것이로되 시가 더욱 심한 것이지요. 이 때문에 치마 입은 여인으로 세상에 몸을 의탁하여 살면서 지기 한 명만 얻고 죽는다면 저는 만족한답니다."

말을 마치고 두세 번 크게 탄식하며 멈출 줄 모르더니, 새벽닭이 울 때야 자리를 파하고 돌아갔다. 그 후 5년이 지나 내가 다시 대구에 이르러 그를 찾았는데 이미 작고한 다음이었다.

그 막내딸 소도도 또한 글 읽는 것을 좋아하고 난초 그림은 가법을 따라 그리는데 최 주사(崔主事)가 그와 정분이 두터워 날마다 지필묵을 댄다고 한다. 소도가 『남전시고(藍田詩稿)』 세 책을 꺼내 보이면서 책 앞에 붙일 서문을 청하였다. 내가 남전을 보았을 때 통통한 몸과 긴 눈썹에 두 눈동자는 가을 강물처럼 맑았다. 성품 또한 탁 트여 얽매임이 없었지만 늘 여인의 신세인 것을 생각하고 울적해하며 기뻐하지 않았다. 이 때문에 그 시가 애절하고 처량한 것이 많았으니, 유연(幽燕) 지역의 선비가 늙어 뜻을 이루지 못하여 시장 거리에서 칼을 두드리면서 길게 소리 지른 것 같다. 그 음조가 맞는지 아닌지는 정말 논할 것이 아니지만, 사람으로 하여금 비분강개한 마음이 들게 하는 데 충분하다. 아, 남전이 죽고 천하에서 지기 한 명을 얻었는가? 그렇지 않다면 그가 눈을 옳게 감지 못하였을 것 같으니, 또한 어찌 차마 이렇게 말하지 않을 수 있겠는가?[1]

서남전과 그의 딸 이소도의 시를 함께 묶은 『남전시고』에 1896년 이기(李沂, 1848-1909)가 붙인 서문인데 이기의 문집에도 실려 있다.[2] 옥의 산지를 이르는 '남전'이라는 호가 반드시 옥이 되라는 뜻인 그의 이름 '기옥'에 잘 맞다. 남전은 또 귀향(貴香)이라는 이름도 있었다. 남전은 경북 칠곡(漆谷)의 가산(架山) 명연(鳴淵)에 살았다. 명연을 두고 남전은 여러 차례 시를 지은 바 있다.[3]

이기는 1891년 대구에 잠시 우거하고 있을 때 남전을 만났다. 이때 지은

1 李沂, 「藍田詩稿序」, 『李海鶴遺書』 권7.

2 남전의 문학은 정우봉, 「19세기 후반 대구지역 여성문인, 徐藍田의 생애와 문학」, 『대동한문학』 30(2009)에서 자세히 다룬 바 있다.

3 李鑢永, 「退妓貴香號藍田, 居漆谷鳴淵, 而曾以詩聞, 故招來偕吟」, 『嶠藩集略』 5책(국립중앙도서관 소장).

시의 주석에서 "남전은 이름이 기옥이고 본디 대구 기녀다. 제법 시에 능하였는데 나이가 마흔 정도다. 칠곡의 가산 남쪽에 물러나 산다. 순찰사 이공이 불러 감영에 와 있는데 하루는 집으로 나를 방문하였기에 잡아 두고 종일 술을 마시고 보냈다."라 하고 다음과 같은 시를 지어 주었다.

삼 년 달성(達城)에서 머물며 먹고 살았는데	三年留食達城烟
나그네 심사는 쓸쓸하여 절로 가련할 뿐이라.	客意蕭條只自憐
소소(蘇小)의 집 곁에 구름이 북으로 가는데	蘇小宅邊雲北去
설도(薛濤)의 창 안에는 해가 서쪽에 걸렸네.	薛濤窗裏日西懸
당신을 만났을 때 도미화가 마침 피었는데	相逢政在酴醾地
술 한 잔 마시니 나비가 날아들기 딱 좋았지.	一飮頗宜蛺蝶天
흘러드는 금호강 저 강물에 부탁의 말 하노니	寄語琴湖江口水
이제부터 돌아가는 배는 건너지 못하게 하라.	從今不許渡歸船[4]

이기는 남전을 백거이의 애첩 소소소와 당대 최고의 시인 설도에 비하고 도미화(酴醾花) 핀 곳에서 만났다고 하였는데 도미가 술 이름이기도 하므로 여기서는 술자리를 중의적으로 말한 것이다. 1891년 이헌영(李𨯶永)이 경상도 관찰사로 있으면서 연회를 베풀고 이기를 초청한 자리에서 이기가 남전을 처음 만났다. 문학에 뛰어난 이기였기에 그의 처소까지 남전이 찾아간 것 같다. 이 작품에서 남전이 고향으로 돌아가고 싶다고 하자, 이기가 붙잡고 싶은 마음에서 남전의 고향 칠곡으로 갈 때 건너야 하는 금호강 강물에게 건너가지 못하게 부탁한 것이다.

남전의 이름 기옥은 『시경』의 「소융(小戎)」에 나오는 "군자를 생각하니, 온

4　李沂, 「謝徐藍田」, 『李海鶴遺書』 권12.

화합이 옥 같네.(言念君子 溫其如玉)"라는 구절을 떠올리게 한다. 이기가 서문에서 말한 대로 평생의 지기를 만나고자 하는 뜻과 절로 맞아떨어진다. 지기를 만나는 것을 평생의 소원으로 생각한다는 그의 바람이 이름에 투영되어 있다. 남전이 당나라 오언시와 칠언시를 부지런히 읽어 시를 깨쳤다고 하였으니 조선시대 지대한 영향을 끼친 원 양사홍(楊士弘)의 『당음(唐音)』을 조선에서 다시 편집한 『오언당음(五言唐音)』과 『칠언당음(七言唐音)』 등과 같은 선집(選集)을 읽었다고 보면 되겠다. 최덕림(崔德林)이 쓴 행장에도 "20세에 이르러 자못 독서를 좋아하여 두루 사우(師友)를 맞아 고금의 경전과 역사서, 제가의 소설(小說)을 섭렵하지 않음이 없고 또 당송(唐宋)의 오언시와 칠언시를 가져다 잠심하여 숙독하여 시구를 엮는 법을 스스로 터득하여 점차 묘한 경지에 이르러, 종종 사람들을 놀라게 하는 말이 있게 되어 보는 이들이 기이하게 여기고 사랑하지 않음이 없었으며, 이에 남전의 시명이 온 성을 기울일 정도였다."라 하였다.[5]

대개 여성 한시는 짧은 절구 형식이 많은데 남전은 율시에도 능하였다. 다음 「가을날 천천히 읊조리다(秋日謾唫)」도 율시에까지 장처를 보였음을 알게 해준다.

노란 국화가 집 가득 산뜻하게 피고	黃花通院淨
붉은 단풍잎이 다리를 수북이 덮었네.	紅葉覆橋深
바위는 늙어 이끼가 둘레에 끼고	石老滋苔暈
소나무는 높아 학을 뱃속에 키우네.	松高養鶴心
호방한 마음은 반쯤 취할 때 일어나고	豪情生半醉
한가한 정취는 낮게 읊조릴 때 생기네.	閒趣在微吟
호젓한 때 흥이 다하지 않아서	未已幽時興
저녁녘에 지팡이를 찾게 된다네.	樇筇日夕尋

5 崔德林, 「行狀」, 『藍田詩稿』.

수련에서부터 정교한 대를 하였거니와 특히 함련의 이끼가 오래된 바위 둘레에 끼고 학이 커다란 소나무 뱃속에서 집을 짓고 산다는 표현이 묘미가 있다. 경련에서 반쯤 취하여 호탕하게 신세를 강개하다가 조용히 시를 읊조리는 정취를 말한 것도 멋이 있다. 특히 미련에서 날이 저물어 가는데도 다시 산책을 나선다고 한 데서 남전의 호탕함을 읽을 수 있다.

남전은 차산 배전, 완산 김란 등 당시의 시인들과 교유하였거니와 특히 우항(雨航) 정내조(鄭來朝)는 그 자신뿐만 아니라 딸 소도도 그가 연 시회에 참여한 바 있다. 배전은 『차산필담(此山筆談)』의 저자로 뒤에 다룰 지재당(只在堂)의 남편이다. 김란은 문집 『완산고(畹山稿)』(국립중앙도서관 소장)를 남겼다. 정내조는 별로 알려지지 않은 대구 출신의 문인인데 『매일신보』 1939년 4월 17일 자에서 그의 유고를 발간하면서 작고한 지 26년 되었다고 한 것을 보면 몰년이 1913년으로 추정된다. 그의 문집은 아직 확인되지 않는다.[6] 다음 「천주사에서 향을 태우고 돌아가면서 사백 정우항에게 부치다(天柱寺燒香歸寄鄭詞伯雨航)」는 정내조에게 준 남전의 대표작이라 할 만하다.

산사에서 돌아오니 온갖 근심 사라지는데	山寺歸來萬慮淸
저녁바람 소매에 불어와 육수의보다 가볍네.	晩風衫袖六銖輕
이 마음 시로 읊조려도 말끔히 풀리지 않으니	惟有吟懷消未盡
강남땅의 자고새 소리 듣던 일이 그리워지네.	江南憶聽鷓鴣聲

천주사는 칠곡 팔공산 기슭에 있는 사찰이다. 청정한 그곳에 다녀오니 온갖 시름이 사라지고 천녀(天女)의 옷인 양 바람에 옷이 가볍기만 하다. 다만 시

6 崔鉉達의 『一和集』 권4에 「雨杭遺稿序」가 실려 있다. 여기에는 徐丙奎의 문집에 붙인 「畬農詩稿序」, 金蘭의 시집에 붙인 「畹山壽藏詩稿序」 등 소람과 교유한 인물과 관련한 글이 보인다.

를 아무리 지어도 사라지지 않는 것은 칠곡의 가산으로 돌아가고 싶은 마음이다. 자고새는 남방에 사는 새로 그 울음소리가 '행부득야가가(行不得也哥哥)'라 하는 것 같다. 고향을 그리워할 때 끌어들이는 새다. 이 작품에서 늙도록 감영의 잔치에 불려 나가야 하는 처지를 슬퍼하였다. 1893년 무렵 지은 「엎드려 징청각에 바치는 절구 5수(伏呈澄淸閣五絶)」에서도 비슷한 뜻을 읽을 수 있다. 이 작품에는 다음과 같은 서문이 앞에 붙어 있다.

> 관찰사 정립재(正立齋) 이용직(李容直) 대감이 나의 시명을 잘못 듣고 지난번 시골집에 있을 때 편지를 보내 안부를 물어주셨지만 내가 받들지 못하였다. 이제 관찰사로 오신 지 사흘 만에 감영의 마당에 잡아 오게 하여 장차 크게 징벌하려 하면서 "네가 만약 즉석에서 운자대로 응대할 수 있다면 마땅히 죄를 묻지 않겠노라." 라 하고 '오(吾)' 자의 몰운(沒韻)으로 절구 다섯 편을 짓게 하였다. 내가 스스로 생각해보니 이미 제멋대로라는 책망을 면치 못할 줄 알면서도 비루하고 졸렬한 솜씨를 사양하지 않고 마침내 뻔뻔스럽게 억지로 시를 지어 바친다.

관아에서 '나'라고 감히 칭하지 못하는데	公庭不敢濫稱吾
그렇게 한 자가 소녀 남전 바로 '나'랍니다.	渠是藍田小女吾
관리를 업신여긴 죄 물어야 마땅하기에	慢冒官司宜有律
상공께서 오늘 '나'를 잡아 온 것이겠지요.	相公今日執禁吾
지난날 헛된 명성 실로 '내'가 창피하네요	舊日虛名實愧吾
제가 반성해야 함은 '내'가 제일 잘 알지요.	以吾自省莫知吾
상공의 한 글자 하명이 천금보다 무거우니	相公一字千金重
당시에 출두하지 못한 '나'를 도로 탓합니다.	却恨當年未及吾
나이 쉰 된 '나'를 누가 가련히 여기겠나요	行年五十孰憐吾

서른 해 전에는 '내' 날씬한 몸매였지만. 三十年前裊娜吾
비바람의 시기를 받아 초췌한 꼴이라 風猜雨妬仍憔悴
점점이 지는 꽃잎 같은 박명한 '내' 팔자. 點點殘花薄命吾

남들 가련히 여기기 전에 '내' 스스로 탄식하니 不待人憐自歎吾
속세에 잘못 굴러떨어진 '내' 신세 가련하다. 塵寰誤落可憐吾
유마(維摩)의 절에서 꽃 뿌리는 천녀가 散花天女維摩室
전생의 '나'란 것을 누가 알아주겠나요? 那識前身不是吾

복사꽃에 봄바람은 '내' 분외의 일이요 桃李春風分外吾
노을 비친 신선 세상은 '내' 꿈속에 보았네. 煙霞仙洞夢中吾
인연대로 풍월을 말하는 것만 원할 뿐 隨緣只願談風月
드넓은 천지에 절로 '나'를 풀어놓았으면. 天地恢恢自放吾

1893년 이헌영을 이어 이용직(1824-?)이 관찰사로 왔다. 이때 남전은 마흔을 훌쩍 넘긴 나이인지라 고향으로 내려가 한가하게 살고자 하였지만, 그의 명성을 들은 관찰사가 거듭 불렀다. 사흘이 지나도록 남전이 대령하지 않자 이용직이 화를 내면서 다시 불렀다. 시를 잘한다고 건방을 떠는 남전을 벌하고 싶지만 자신이 풍류남아임을 과시하고 싶은 마음이 더욱 컸기에 남전에게 몰운(沒韻)으로 시를 지어 바치라고 한 것이다. 몰운은 장편시에서 운목의 글자를 모두 쓰는 것을 이르지만, 여기서처럼 동일한 글자로 운을 다는 것도 몰운이라 한다.

남전은 감영의 징청각(澄淸閣)에 나아가 이렇게 다섯 수의 절구를 지어 올렸다. 먼저 자신을 낮추어 바로 대령하지 못한 데 대해 사죄한 후 자신의 처량한 신세를 말하여 동정을 얻고자 하였다. 유마힐(維摩詰)이 설법하고 있을 때 한 천녀(天女)가 현신(現身)하여 그 방에서 설법을 듣는 여러 보살 제자의 머리 위에 천화(天花)를 뿌려 주었다고 하는 이야기가 『유마경(維摩經)』에 보인다. 남전은 이를 끌어들여 출가하고 싶다는 뜻도 말하였다. 그리고 산천을 유람하면서 시를 읊조리는 것이 자신의 소원이니, 자신이 자유롭게 살도록 놓아달라는 뜻을 말하였다. 시에 능하다는 것 때문에 오히려 기녀의 멍에에서 벗어나지 못하였고 총명한 만큼 자의식이 강하였기에 비분강개한 말이 그의 시에 많아진 것이다.

남전의 딸 소람도 비슷한 시기 시로 명성을 날렸다. 소람의 이름이 이소도(李小桃)로 되어 있으니, 남전이 젊은 시절 이씨 성의 남자 사이에 소람을 낳았겠지만 남편이 누구인지는 알 수 없다. 앞서 본 서문에서 이기는 소람이 시와 함께 난초 그림에도 능하다고 하였다. 소람의 스승 조병유(趙秉瑜)가 보낸 편지에서 "지금 소도는 호가 소람인데 이를 합쳐 소소(小小)라 부르는 것이 마땅할 것이다"라 하였다.[7] 드러내어 말하지는 않았지만 백거이의 애첩 소소소에 비긴 뜻도 있었을 것이다. 그리고 「소소에게 부치다(寄小小)」라는 제목으로 시를 지어 주었다.

자네 사는 집이 금호강 물가에 있는데	家在琴湖江水濱
일찍 기적에서 벗어나 한가로운 신세라지.	早辭香籍做閒身
시명은 능히 남전을 이을 수 있으니	詩聲能繼藍田後
여인의 도상 중에 또 한 명이 들겠네.	女子圖中又一人

이 작품을 보면 소람은 기적에서 벗어나 자유로운 몸이 되어 어머니 남전이 살던 금호강 북쪽 칠곡에 살면서 시인의 명성을 이어가고 있음을 알 수 있다. 조병유는 공신을 표창하기 위해 초상을 그려 능연각(凌烟閣)에 안치하는 것

7 趙秉瑜, 「寄小小」. 『籃田詩稿』에 붙어 있는 『雲坡文詩』에 실려 있다.

처럼 두 모녀가 시의 역사에 길이 이름을 드리울 것이라 하였다.

소람의 연인은 최덕림(崔德林)이라는 사람이었다. 최덕림은 호를 석년(石年)이라 하였는데, 순종 연간에 경상북도 관찰도주사를 지냈다. 『매일신보』 1914년 3월 15일 자에 서경순(徐耕淳), 서병오(徐丙五) 등과 문우회(文友會)를 결성한 것으로 되어 있다. 문집 『석년시고(石年詩稿)』가 있었다고 하지만 아직 확인되지 않는다. 여기에 소람의 시가 부록으로 실려 있다고 한다. 최덕림이 벼슬길에서 물러나 기산(箕山) 아래 우거하면서 소람과 '원앙사(鴛鴦社)'를 결성하여 수창을 한 인연이 있었기 때문이다.[8] 앞서 본 이기의 서문에서 정분이 두터워 날마다 지필묵을 댄다고 한 최 주사가 이 사람이다. 소람이 그의 첩실로 들어갔다고 보면 되겠다.

이 시기 대구에는 여러 명의 여성 시인이 남성들과 시사에서 활동하고 있었다. 남전의 「금호강에서 서울로 가는 벗 초월에게 주다(琴湖江贈同伴楚月之京)」를 보면 초월(楚月)이라는 이름의 기녀와 함께 시회를 가졌음을 알게 한다. 또 소람의 「눈 내리는 밤 우항 정내조, 중산(中山) 서경순, 운곡(芸谷) 최석민(崔錫珉), 송년(松年) 정해식(鄭海植), 완산 김란 등 여러 시사의 어른이 내방하여 그 시에 차운하다(雪夜 鄭雨航來朝 徐中山耕淳 崔芸谷錫珉 鄭松年海植 金畹山蘭諸詩社丈 來訪拈韻)」에서는 소람이 남전을 이어 시사에 출입하면서 남전이 만난 문인들과 교유를 이어간 것도 알 수 있다. 소람의 이 작품은 이러하다.

골목이 궁벽해 문을 닫고 사는데	巷僻柴門掩
고상한 분께서 눈 속에 찾아 주셨네.	高人雪裏尋
이야기가 길어지자 촛불을 밝히고	話長仍剪燭
흥이 넘쳐나 다시 거문고 탄다네.	興溢復調琴

8 崔鉉達, 「石年詩稿序」, 『一和集』 권4. 최석년이 같은 집안의 崔德林이라 하였다.

매화 감실엔 꽃향기 막 풍기는데 梅榼香初動
차 화로에는 냉기가 스며들지 않네. 茶爐冷不侵
종소리 가물가물 새벽닭 우는데도 鍾殘鷄已唱
마주하고 큰 소리로 시를 읊조린다네. 相對一高吟

칠곡이 아닌 대구 감영 근처에도 소람의 집이 있어 눈 내리는 밤 정내조, 서경순, 최석민, 정해식, 김란 등이 찾아와 시회를 가졌다. 그의 방에는 매화 감실의 화분에 매화가 막 꽃을 피워 은은한 향기가 나는데, 매화가 얼지 않게 화로를 피워 놓았기에 방이 더욱 훈훈하다. 서로 마음이 맞기에 새벽까지 시회가 이어진다.

이 시회에 참석한 서경순은 유도진흥회(儒道振興會) 대구지회 회원으로 낙동강 시회에서 지은 시가 『매일신보』 1922년 9월 26일 자에 보이는데 박지원(朴趾源)의 『연암집(燕巖集)』을 간행한 박영철(朴榮喆)의 이름이 나란히 보인다. 또 정해식은 고종 때 경상도 고성부사를 지낸 인물이다. 또 소람의 「9월 16일 동강시사에서 계모임을 하고 시회 사람들과 달성에 올라 시를 읊조리다(九月十六日東岡詩社稧會 與諸員登達城吟)」를 보면 모임의 이름이 동강시사(東岡詩社)였음을 알 수 있다. 이 시사에는 정내조, 서병규(徐丙奎) 외에 고추인(高秋人) 등 이름을 알 수 없는 사람들이 더 있었다.[9]

또 서병규의 문집 『여농시고(畬農詩稿)』(장서각 소장)에는 「중춘에 여사 이추당(연옥)과 이소람(소도)이 내방하여, 술자리를 열고 머물게 하며 시를 읊조리다(仲春女史李秋塘(蓮玉)李小藍(小桃)來訪, 設酌留吟)」가 실려 있다. 『여농시고』에서는 '여사(女史)'라는 칭호와 함께 소람의 시 9수와 이추당의 시도 9수를 수록하였다. 여기에 실린 소람의 「이른 봄 여자 벗 조계재, 이추당이 서여농 어른의 서

---

9 李秋塘, "趁高秋人丈招待, 時諸詩員在座." 『藍田詩稿』.

실을 찾아와(早春與女伴曺桂齋李秋塘訪徐畬農丈書室)」를 보면 조계재(曺桂齋), 이추당(李秋塘) 등의 여성 시인이 있었음을 알 수 있다. 먼저 이추당의 작품을 보인다.

사나운 봄바람에 구름이 어둑한데	料峭東風暗澹雲
봄이면 어느 날 당신 그립지 않겠나요.	春來無日不思君
잠시 찾아 주셔서 이야기를 나누노라니	暫時相訪聊相話
먼지 구덩이의 세상 근심 잠시 잊겠네요.	忘却塵中世慮紛

봄이 왔건만 날이 흐리고 스산한 바람이 부니, 우울한 자신의 마음을 닮은 날씨다. 자신을 아껴주는 문인들이 늘 찾아주기를 기다리고 있었기에 잠시라도 발걸음을 해 주면 세상사 근심을 다 잊는다 하였다.「봄을 보내고 사흘 후 서여농 어르신의 서옥에 가서 함께 시를 읊조리다(送春後三日往徐畬農丈書屋會吟)」라는 작품도 이들의 시회에서 제작된 것이다.

창가에서 졸다 일어나니 붉은 화장 희미한데	閑窓睡起捐紅粧
나비가 봄을 찾아 느릿느릿 담장을 지나가네.	蝴蝶尋春懶過墻
꽃잎 날린 것 다 보면서 문 꼭 닫고 있노라니	看盡飛花深閉戶
맑은 하루 낮이 한 해처럼 기니 이를 어찌하랴.	不堪淸晝抵年長

올 사람이 없으니 낮잠을 자고 그러다 보니 얼굴도 꾸미지 않는다. 담장 너머 봄을 찾아가는 나비가 오히려 부럽다. 아름다운 봄이 다 가건만 그 봄을 같이 할 사람이 없다. 이런 뜻을 말한 작품이다.

『매일신보』 1920년 3월 17일 자에 소람이 함께 시회를 가진 이추당과 조계재의 시가 보이니 제법 시로 행세하였다고 하겠다.「연초에 모여서 함께 술을 마시며(歲初會飮)」라는 제목으로 두 사람의 시가 나란히 실려 있다.

폭죽 소리 가운데 해가 한 번 나뉘는데	爆竹聲中歲一分
새봄 맞아 담소를 나누니 술이 얼큰하구나.	新春談笑酒醺醺
책을 읽는 창밖에는 눈이 부슬부슬 내리고	看書窓外霏霏雪
기러기 돌아가는 하늘가에 구름이 아득하네.	歸雁天涯渺渺雲
허망한 인생 득실을 어찌 굳이 말로 하랴	浮生得失何須說
세상사 잘잘못 비평은 듣고 싶지 않다네.	世事雌黃不願聞
말 잘하는 앵무새의 혀를 가졌다 하더라도	縱有能言鸚鵡舌
시를 논하면 예전 탁문군에게 부끄럽다오.	論詩多愧古文君

새해맞이로 도소주(屠蘇酒)를 마시는 것이 예전 사람의 풍속이었다. 추당도 새해를 맞아 폭죽소리를 들으면서 사람들과 덕담을 나누며 술을 몇 잔 마셨다. 글을 읽노라니 창밖에 눈이 날리는데 객지에 떠도는 신세라 고향을 바라보니 하늘이 어둑하다. 눈 내리는 날 기러기가 날 리 없다. 여기서 기러기는 고향과 형제 생각을 비유한 말일 뿐이다. 남의 잘못을 꼬집고 세상을 개탄하는 말을 듣기보다 그저 시 이야기만 하였으면 좋겠다. 마지막 구절에 나오는 탁문군은 사마상여와 부부가 되어 문학을 함께 한 여성이다. 해어화로서 시를 제법 짓기는 하지만 탁문군에게 부끄럽다고 하였는데 은근한 시에 대한 자부심을 드러낸 것이기도 하다. 이어지는 조계재의 시는 이러하다.

내 화장 거울 보니 한 해 바뀌는 것 안타까워라	我看粧鏡惜年分
도리어 새봄 마주하고 한번 얼큰해야 옳겠구나.	還對新春可一醺
이렇게 좋은 일 그 누가 밤까지 이어 가게 하랴	誰將勝事飜爲夜
우리 평생 함께 생각하니 반쯤 구름과 같았지.	同憶平生半似雲
겨울 지낸 늙은 나무는 봄을 함께 맞았는데	經寒古木春同遇
얼음 녹은 개울물 울리는 소리 이제 듣겠네.	解結流泉響始聞

훗날 눈 위의 기러기 발자국 자취를 찾으리니	他時鴻雪應尋跡
사물에 흥을 부친 시를 지어 자네와 함께하리.	寓物成章好與君

또 나이를 한 살 더 먹어가니 새벽거울이 새롭다. 당의 시인 이상은이 「무제(無題)」에서 "새벽 거울에 구름머리 세는 것만 시름겹다네.(曉鏡但愁雲鬢改)"라 한 말이 연상된다. 그래서 새해맞이 술을 얼큰하도록 마시는 것이다. 늦은 밤까지 문학을 함께 논할 사람이 있으면 좋겠지만 설날 누가 기녀에게 그런 호강을 시켜 주겠는가? 지난날 생각해보면 늘 이리저리 불려 다니느라 구름처럼 떠돌지 않았던가. 그래도 새해를 맞았으니 이제 봄이다. 늙은 나무도 잎이 나고 꽃이 필 것이요, 얼음 녹은 봄물이 졸졸 흐를 것이니 혹 내 인생도 회춘이 될 것인가. 우리 같은 기녀의 행적은 눈 위에 난 기러기 발자국처럼 금방 사라지겠지만 그럼에도 함께 시를 지어 남기면 누군가가 우리를 기억하지 않겠는가. 이런 뜻을 말하였다. 그의 말처럼 이 시가 있어 계재라는 호가 희미하게나마 전하게 되었다.

추당의 시는 『동아일보』 1932년 5월 18일 자에도 정만조(鄭萬朝)가 가작(佳作)으로 뽑은 작품이 실려 있는 것으로 보아[10] 이 무렵까지 왕성하게 시를 짓고 있었겠지만 더 이상의 행적은 찾기 어렵다. 추당은 이름이 연옥(蓮玉)이라는 것은 확인되지만 계재는 이름조차 찾을 수 없다.

소람에게 시를 가르친 조병유[11]는 1905년 지은 『남전시고』의 서문에서 남전의 시를 칭송하면서 19세기 기녀의 한시사를 다음과 같이 적었다.

---

10 『畬農詩稿』에는 실려 있지 않은데 "東風吹雪暗書窓"으로 시작하는 작품이다.

11 趙秉瑜는 「和趙雲坡丈秉瑜寄詩二首」에서 "余於公有師事之分, 而公已入支那者久矣. 適見新聞紙, 有華陰老傖寄我詩二首記載, 認公所著仍和韻答揭報章, 後更按書函, 始知其還寓於溫陽雪華山之陰."라 하였다. 1907년 義興郡守를 지낸 후 중국으로 갔다가 귀국하여 온양의 설화산 기슭에 기거하였음을 알 수 있지만 더 이상의 정보는 확인하지 못하였다.

성품이 총명하고 재질이 영민하여 그 마음이 안에서 쉽게 감동받고 그 감정이 바깥에서 쉽게 표현되는 것은 여자다. 여자가 시를 배우면 쉽게 깨우쳐 인공(人工)을 거치지 않고 천성에서 얻어지는 것이 많다. 비유하자면 앵무새가 말을 쉽게 하고 공작새가 길들이기 쉬운 것처럼 타고난 것이 같지 않기 때문이다. (…)

우리 동방은 개성의 진랑(眞娘)이 뛰어나니, 굉걸한 문사가 시원하여 박연폭포와 웅장함을 다툰다. 그 후 해주의 부용(芙蓉)이 연천(淵泉)의 관반반(關盼盼)으로 연자루(燕子樓)의 눈물이 귀신을 울게 할 만하였고,[12] 원주의 금앵(錦鸎)은 우산(愚山)의 소소(小小)로 수레를 타고 시를 읊조린 것이 사람을 놀라게 하기에 족하였다. 죽서(竹西)가 창의 새에게 물은 것과 금원(錦園)이 마당의 꽃을 읊조린 것이 제각기 묘한 의경을 다하였다.[13] 태평성대 문교가 번창함을 여기서 볼 수 있다.

달성의 남전은 그 뒤를 이어 우뚝하게 근세의 명가가 되었다. 내가 그 시를 보니 고운 것은 서시(西施)가 찡그리고 양귀비(楊貴妃)가 웃는 것과 같고, 가벼운 것은 조비연(趙飛燕)의 춤과 반비(潘妃)의 걸음 같으며, 정교한 것은 소혜(蘇蕙)가 회문(回文)을 비단에 짠 것 같고, 원망한 것은 문희(文姬)의 호가십팔박(胡笳十八拍)과 같으며, 시원하기는 기정(旗亭)에서 봄바람 부는데 관아의 기녀가 버들을 노래하는 것 같고, 처량하기는 심양(瀋陽)의 달밤에 늙은 기녀가 비파를 연주하는 것 같다. 안으로 감동을 주고 바깥으로 표현되는 것이 『시경』 시대 시를 채집하던 사람의 뜻에 딱 맞는다. 이 어찌 성품이 총명하고 재질이 영민하여 인공을 거치지 않고서 천성에서 얻은 것이라 한 것이 아니겠는가?[14]

조병유는 여성이 감수성이 뛰어나고 이를 표현하는 능력이 남성보다 낫다고 하여 주목할 만한 발언을 하였다. 그리고 황진에 이어 19세기를 대표하는 기녀의 문학을 개관하였다. 운초가 연천 김이양에게 당의 문인 장건봉(張建封)

---

12 원문에 '泉淵'으로 되어 있는데 '淵泉'의 잘못이다.

13 조병유의 이 글에서는 금앵과 금원을 다른 사람인 것처럼 기술하고 있다.

14 趙秉瑜, 「藍田詩稿序」, 『藍田詩稿』.

이 아낀 관반반과 같다고 하고 운초의 「연천 어르신을 애도하여(挽淵泉老爺)」에서 "뉘 알리오, 연자루에서 흘리는 눈물이, 뜰의 꽃에 두루 뿌려져 진달래가 된 것을.(誰知燕子樓中淚 灑遍庭花作杜鵑)"이라 한 것을 대표작으로 꼽았다. 또 금원이 우산 최헌수의 첩실로 백거이의 애첩 소소소처럼 뛰어난 시기인데 함께 금강산을 유람한 일을 특기하였다.[15] 또 죽서는 「열 살 때 짓다(十歲作)」에서 "창밖에 우는 저 새야, 어느 산에서 자고 왔느냐.(牕外彼啼鳥 何山宿便來)"라 하였는데 이를 대표작으로 꼽았다. 김금앵과 다른 인물처럼 금원을 소개하면서 마당의 꽃을 노래한 작품을 언급하였지만 김금앵의 시에서 이러한 구절은 찾을 수 없다.

그리고 남전이 이들을 이은 시인이라 하여 효빈(效顰)의 고사를 남긴 서시, 백거이가 「장한가」에서 한번 웃으면 온갖 아름다운 자태가 생겨난다고 한 양귀비, 손바닥 위에서 춤을 추었다고 하는 조비연, 걸음마다 연꽃이 피어난다는 반비, 변방의 남편에게 회문시를 짜서 보낸 소혜, 오랑캐에게 잡혀간 서러움을 「호가십팔박」에 담은 채문희의 문학에 비하였다. 또 왕지환(王之渙)이 벗들과 기정에 갔을 때 함께 함께 놀던 기녀를 두고 "오랑캐 피리 소리 버들을 원망할 것 있는가(羌笛何須怨楊柳)."라고 한 「양주사(涼州詞)」, 백거이가 심양강에서 비파를 타는 여인을 만나 지은 「비파행」에 등장하는 여인에 비하였다. 남전에게 최고의 찬사를 바친 것이라 하겠다.

---

15 愚山 崔憲秀의 첩실이라 하였는데 금앵이 원주의 기적에 이름이 올라 있을 때 최헌수와 수창한 기록은 확인되지만 그의 첩실이 되어 여행을 함께 하였다고 한 것은 잘못이다. 금앵이 금강산 유람을 같이 한 사람은 김이양이고, 나중에 김덕희의 첩실이 되었다.

99.
마지막 해어화 지재당 강담운

20세기에 들어와서도 기녀 제도가 사라지지 않았고 또 기녀 중에는 제법 시에 능한 이도 있었다. 그럼에도 전통 시대 기녀의 삶을 살면서 뛰어난 시를 남겼고 자신을 알아주는 사람을 만나 함께 문학을 누린 지재당(只在堂) 강담운(姜澹雲)이 가히 마지막 해어화라 할 만하다.

담운(澹雲)은 금릉(金陵)의 기녀다. 제법 시명이 있고 또 주련(柱聯)을 쓸 줄 알았는데 그다지 높은 수준은 아니다. 시인 차산(此山) 배전(裵塡)의 첩이 되었다. 갑오년 연간에 내가 금릉의 수명루(水明樓)로 차산을 방문하였는데 수명루에 미인도(美人圖)가 걸려 있었다. 모습이 자연스럽고 화제(畫題) 한 연이 적혀 있는데 구법이 난잡하였다. 시를 지은 사람이 누구인지 물었더니 좌객들이 모두 담운이 지은 것이라 하였고 차산도 또한 고개를 끄덕였다. 내가 차산에게 말하였다. "수염 난 소식(蘇軾)이 조운(朝雲)에게 이름을 도둑맞았다는 이야기는 들어 보지 못하였소." 좌객들은 그 뜻을 알지 못하였는데, 차산은 얼굴에 부끄러운 빛이 있었다.

한이 있어도 심중의 일을 말하지 못하니	有恨不言心內事
무정하게 꿈속의 사람을 마주한 듯하여라.	無情如對夢中人[1]

---

1 안왕거, 「열상규조」, 『중외일보』(1927. 1. 31).

근대의 문인 안왕거의 「열상규조」에 실린 기사다. 담운은 성이 강씨고 호는 지재당이다. 금릉, 곧 김해의 기녀인데 배전(1843-1899, 裵琠으로 된 데도 있다)의 첩이 되었다. 배전은 초명이 용오(龍五)고 자가 중견(仲見)이며, 호가 차산이다. 당의 시인 가도(賈島)의 「은자를 찾아가도 만나지 못하고(訪道者不遇)」에서 "그저 이 산속에 계시지만, 구름 깊어 어딘지는 모른다오.(只在此山中 雲深不知處)"에서 온 것이니 산중의 은자로 살고자 한 뜻을 담은 것이다. '지재차산중'에서 차산과 지재라는 호가 나왔으니, 지재와 차산이 한 몸으로 살자는 뜻을 취한 것이라 하겠다.

배전은 김해 출신으로 1873년 무렵 한양으로 올라가 당대 최고의 시인으로 추앙받던 강위(姜瑋, 1820-1884)가 중심이 된 육교시사(六橋詩社)에서 활동하였는데 이보다 조금 앞선 시기 담운을 만난 듯하다.[2] 담운이 스스로의 삶을 돌아본 「옛날을 추억하고(憶昔)」에서 "옛날이여, 옛날이여, 유영(柳營)의 봄날 나고 자라, 여덟 살에 어머니를 따라, 배 타고 남쪽 나루를 건넜더니, 분성 객관에 잘못 떨어져, 청루에 이 몸을 맡겼네.(憶昔復憶昔 生長柳營春 八歲隨慈母 乘湖南渡津 誤落盆城舘 句欄委此身)"라 하였으니 원래 담운은 유영(柳營), 곧 평양에서 생장하다가 8세 때 서울로 올라왔고 다시 분성(盆城), 곧 김해 관아의 기적에 오르게 되었음이 분명하다. 또 "열다섯 살에 군자를 만나, 머리를 올려 정이 깊더니, 어쩌랴 박복한 내 팔자, 헤어져 짝을 돌아만 보네. 열일곱 살에 어머니 여의고, 삼 년 동안 눈물 거두지 못하였네.(十五逢君子 結髮意綢繆 那堪妾薄命 離鴻顧侶儔 十七違慈母 三年涕未收)"라 하였으니, 15세 때 배전을 만났지만 17세 때 모친상을 당하기 전에 헤어졌음도 확인할 수 있다. 이 작품은 모친상을 당한 시기에서 그리 멀지 않았을 때 제작된 듯하다.

---

2 이하 담운의 생애는 이성혜, 「지재당 강담운의 시세계-그리움으로 머뭇거리는 서성임의 美學」, 『동양한문학연구』 제18집(2003)과 박영민, 「강담운, 명기의 내적 성찰과 비분의 서사」, 『우리어문연구』 20(2003)을 참고하였다. 담운의 생년을 이성혜는 1840년, 박영민은 1857년으로 보았다.

담운이 15세 때 배전의 첩이 되었다고 하였는데 그 시기는 분명하지 않다. 1873년 배전이 한양으로 올라가기 이전인 것은 분명하다. 담운은 이재긍(李載兢, ?-1881)이 대교(待敎)로 있을 때 '낙천(樂天)'이라 찍힌 붉은 인찰지를 선물로 주었는데 이에 사례하는 시를 지었다.[3] 이재긍이 1874년 3월 대교로 있었는데 이때 담운이 배전의 첩으로 있으면서 이런 시를 지은 것이라 하겠다.

함께 배전과 육교시사에서 활동한 역관 백춘배(白春培)가 「새로 첩 지재당을 얻은 배차산에게 주다(贈裵此山新卜只在)」에서 "강남의 시인은 귀밑머리 서리가 되었는데, 밤낮 갈매기 날고 파도치는 초당을 꿈속에 그린다지. 연못의 만 송이 연꽃에 가을빛이 두루 펴져 있으니, 어떤 잎이 원앙을 가려줄 수 있을지 모르겠네.(江南詞客鬢成霜 日夜鷗波夢草堂 池上萬荷秋色遍 不知何葉覆鴛鴦)"(『조야시선』)라 하였다. 배전이 귀밑머리가 센 나이에 바닷가 고향 김해를 그리워한다고 한 다음, 첩을 들여 원앙새처럼 사랑을 나누면 가을이라 연잎이 시들어 가려주지 못할 것이라 농담을 한 작품이다.

배전이 첩을 들이고 얼마 있지 않은 시기에 이 시를 지은 것으로 보아야 할 것이다. 그렇다면 담운은 1858년 무렵 평양에서 태어났고 1865년 8세 때 어머니와 함께 김해로 이주하여 기녀 생활을 하였으며, 1872년 15세 무렵 배전의 첩이 되었고 1874년 17세 때 어머니를 잃은 듯하다. 이재긍에게 준 시는 모친상을 당하기 전인 1874년 무렵 지은 것이고, 백춘배가 지은 시는 이보다 앞선 1873년 가을에 제작된 것으로 추정할 수 있다.

담운의 문집 『지재당고(只在堂稿)』는 배전의 '교(校)'로 되어 있으니 그가 편집하고 교정을 보았을 것이다. 이재긍이 1877년 서문을 썼고 안광묵(安光默)이 같은 해 12월 발문을 썼는데 담운의 죽음을 암시하는 표현은 보이지 않는다. 『지재당고』에도 담운이 노년의 정서를 보인 작품은 실려 있지 않다. 담운이 스

3 姜澹雲, 「又響李待敎惠賜樂天齋詩牋」, 『只在堂稿』.

무 살 무렵까지 지은 시가 『지재당고』에 실려 있다고 보면 될 것이다. 생전에 문집이 간행된 사례가 극히 드문 것을 고려한다면 이재긍도 담운의 재주를 아껴 『지재당고』를 간행해 준 것이라 하겠다. 고종의 사촌인 이재긍이 녹규관(綠葵館)에서 이 시집을 간행함으로써 담운의 명성이 세상에 크게 알려지게 되었다.

배전은 한양으로 올라와 과거를 통해 벼슬을 꿈꾸었지만 뜻을 이루지 못하였다. 『승정원일기』의 1882년 11월 6일과 8일 기사에 배전이 김해 백성으로 상경하여 이두영(李斗永)이라는 이름을 도용하였다 하여 전라도 강진의 고금도(古今島)에 유배하라는 내용이 보인다. 배전은 다행히 오래지 않아 유배에서 풀려났고 김해로 돌아왔다. 아마 이 시기에는 배전과 담운이 함께 생활한 듯하다. 갑오년(1894) 안왕거가 김해의 수명루로 배전을 찾아갔을 때 담운이 동석했는지는 밝히지 않았지만,[4] 이때 배전이 머물던 수명루에 미인도가 걸려 있고 담운이 지은 화제가 적혀 있었다. '소염(蘇髥)'은 소식의 별칭이고 조운은 그의 첩이다. 화제가 담운이 지은 것이 아니라 배전이 지어 준 것임을 간파한 안왕거가 수염 난 소식이 조운에게 이름을 도둑맞았다고 한 것이다. 이 화제가 배전의 것인지, 아니면 담운의 것인지는 확인할 수 없지만 미인도에 쓴 글로 운치가 있다. 미인도의 여인이 누군가를 그리워하지만 말할 수 없는 안타까움에 꿈속에서만 그리워한다고 한 것이다.

담운은 남녀의 염정을 노래한 작품을 주로 남겼지만 이재긍은 그러한 작품보다 담운이 김해에서 지은 「금릉잡시(金陵雜詩)」를 높게 평가하였다.

> 녹규관에 세 번째 눈 오는 밤, 수선화가 처음 피고 매화가 꽃망울 맺힐 때, 홀로 깨끗한 궤안에 기대앉아 있으니 가슴속이 시원하여 한 점 티끌도 사라졌다. 마

4 박영민의 앞논문에서 위의 기사에서 배전을 찾아간 사람을 이능화로 보았지만, 『조선해어화사』가 안왕거의 「열상규조」를 인용한 것이다.

침 차산 선생이 소매에서 여인의 시첩 하나를 꺼내어 내게 보여 주면서, "이것은 지재당 담운의 시고입니다."라고 하였다. 내가 열어 보았더니 정을 뿌리로 하고 말을 싹으로 하여 말갛게 더럽혀지지 않아 그림처럼 빛이 났다. 금릉의 풀 하나, 꽃 하나 산 하나 물 하나까지 마치 눈 안에 있는 것처럼 환하였다. 찬란하고 영롱하여 남전(藍田)의 옥이 햇살에 따스하고, 여룡(驪龍)의 구슬이 밤에 환한 듯하여 차마 손에서 놓지 못하였다. 몇 번이나 만지작거리면서 불후(不朽)로 전할 방도를 생각하였다. 아! 현재나 미래에 문득 이를 알아줄 사람이 있어 왕왕 오색 비단병풍과 흰 비단부채에 써서 전하고자 하면 내가 차마 손에서 놓지 못한 마음을 반드시 알게 될 것이다.

담운은 차산 선생의 조운이다. 당호 지재(只在)는 '지재차산(只在此山)'의 뜻을 취한 것이리라. 이날 밤 이 시집을 읽고 있는데 마침 설중매(雪中梅)와 수선화가 곁에 있어 이 사정을 알 것이니 이 또한 특이한 양상의 오묘한 증거라 할 뿐이다.

통정대부(通政大夫) 행(行) 홍문관(弘文館) 부제학(副提學) 겸(兼) 규장각(奎章閣) 검교대교(檢校待敎) 지제교(知製敎) 완산(完山) 이재긍이 쓰다.[5]

이재긍이 멋을 한껏 부린 글이다. 담운의 시를 두고 '근정묘언(根情苗言)'이라 하였는데 당 백거이의 「원구에게 보내는 편지(與元九書)」에서 "시라고 하는 것은 정을 뿌리로 하고 말을 싹으로 하며 소리를 꽃으로 하고 뜻을 열매로 한다.(詩者 根情苗言 華聲實義)"라고 한 시론을 끌어들인 것이다. 또 『사기』 「굴원열전(屈原列傳)」에서 "말갛게 진흙탕에서도 더럽혀지지 않은 사람(皭然泥而不滓者)"이라고 한 말을 빌려 담운 시의 맑음을 칭송하였다. 또 송(宋) 방악(方岳)의 「차운산중소집(次韻山中小集)」에서 "매화가 곁에 있어 모두 사정을 알 것이라(梅花在傍具知狀)"라 한 구절을 가져와 겨울에 맑게 꽃을 피우는 수선화와 매화에 맑은 구름 담운을 비유한 것도 묘미가 있다. 이 글에서 이재긍은 담운이 김해의

5 李載兢, 「只在堂小稿序」, 『只在堂稿』.

풀과 꽃, 산과 물을 직접 보게 해주었다고 칭송하였는데 34수 연작의 「금릉잡시」를 이른다. 김해의 「죽지사」라 할 만한 작품이다. 연자루(燕子樓), 망북루(望北樓), 금천교(金川橋), 만세교(萬世橋), 봉산(鳳山), 응암(鷹巖), 불암(佛菴), 산산창(蒜山倉), 청뢰각(晴雷閣), 내장대(內將臺), 분산(盆山) 등 김해의 명소를 두루 소개하면서 이를 배경으로 살아가는 사람들의 모습을 낭만적으로 담았다.[6] 그중 몇 수를 보인다.

홀로 높다란 망북루 난간에 기대니	望北樓高獨倚欄
호각소리 그치자 몰래 애가 끊어지네.	角聲初斷黯銷魂
가랑비 내리는 교방 남쪽 길에는	微雨教坊南畔路
떨어진 꽃잎에 비단신 자국 붉게 찍혔네.	落花紅印繡鞋痕

목화가 순채 자라는 못가에 꽃을 피웠는데	木棉花發傍蓴池
중년 부인 앞에 가고 젊은 부인 뒤따르네.	中婦前行少婦隨
논골에 가벼운 물레소리가 밤새 울리니	畓谷輕車終夜響
내일 아침 앞 장터에서 새 실을 팔겠네.	明朝南市賣新絲

춘삼월 해창에 쌀 실은 배가 내려가는데	海倉三月下漕航
꽃단장한 여인이 주막에서 맛난 술 빚네.	紅粉當壚綠醖香
고래 파도에 무사히 돌아오게 해 달라	鰐浪鯨濤無恙願
배 가득 북과 피리 울리며 성황당에 비네.	滿船簫鼓賽船王[7]

6 박영민, 「「金陵雜詩」의 대립구도와 그 의미」, 『한국고전여성문학연구』 7(2003)에서 이 작품을 자세히 다룬 바 있다.

7 船王은 선황당을 이른다. 李德懋의 「西海旅言」, 『靑莊館全書』 권62에서 "길가에 돌무더기가 있고 나무숲이 무성한 곳을 시속에서 선왕당이라 하는데, 그것은 성황사가 와전된 말이다.(路傍聚石叢樹婆娑 俗謂舡王堂 此城隍祠之訛也)"라 하였다.

첫 번째 작품은 김해 교방 기녀의 삶을 노래하였는데 떨어진 붉은 꽃잎을 밟은 기녀의 발자국을 인상적으로 그려 넣었다. 망북루는 관아에 있던 누각인데 대궐을 바라본다는 뜻으로 같은 이름의 누각이 도처에 있었다. 두 번째 작품은 밤새 물레를 돌려 실을 뽑고 이를 시장에 내다 파는 여인의 삶을 풍속화처럼 그렸다. 답골[畓谷]은 김해의 마을 이름인 듯하다. 세 번째 작품은 조운선이 오가는 김해 포구의 목로주점 술 파는 여인과 무사귀환을 비는 어부의 삶을 나란히 보였다. 이학규(李學逵)의 「금관죽지사(金官竹枝詞)」와 함께 김해의 풍정을 가장 잘 그려 낸 작품이라 할 만하다.

보론

조선시대 여성의 문자 생활과 한시

궁중 여성의 문자 생활

1446년 세종이 훈민정음(訓民正音), 곧 한글을 창제하였다. 창제 초기에 한글은 국왕과 왕자를 비롯한 일부의 최상층에서만 사용되다가 곧바로 상하 여성들에까지 매우 빠르게 보급되었다. 『세조실록』에 따르면 세조의 비인 정희왕후(貞熹王后)가 한글로 쓴 글을 세조에게 올렸다고 하였고, 이보다 앞서 시녀가 나인

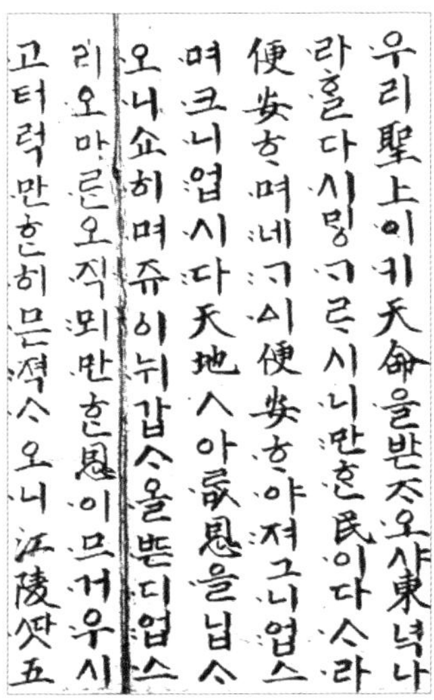

그림 15 신미(信眉)가 1464년 쓴 「오대산상원사중창권선문(五臺山上院寺重創勸善文)」(월정사 소장): 훈민정음 창제 이후에는 상당한 시기까지 국한문 혼용 혹은 병용이 일반적이었다. "우리 聖上이 크게 天命을 받자오샤 東녘나라를 다시 만드시니 많은 民이 다스려저 便安하며 네 가가 便安하여 적은 이 없으며 큰 이 없이 다 天地 아름 恩을 닙ᄉᆞ오니 속이며 중이 뉘 갚사올 뜻이 없으리오마는 오직 뫼한한 恩이 무거우시고 터럭만 한 힘은 적사오니"로 시작된다. 세조와 왕비, 세자와 세자빈의 수결이 뒤에 있어 이들도 이 글을 읽었음을 알 수 있다.

의 간통 사실을 언문으로 세종의 후궁 혜빈(惠嬪)에게 알렸으며 혜빈도 다시 언문으로 이를 보고한 기록이 『단종실록』에 보인다. 1446년 훈민정음이 창제된 지 몇 년 지나지 않아 왕실의 상하 여성이 한글을 자유롭게 구사하였음을 알 수 있다. 성종 때에 이르러서는 대비나 비빈(妃嬪), 종실의 부인 등 최상류층을 포함하여 궁녀나 시녀, 유모, 의녀(醫女)까지도 한글로 편지를 쓸 수 있을 정도가 되었다.[1]

이에 따라 궁중의 여성들에게 한글은 공식적인 문자로서 지위를 차츰 굳히게 되었다. 정희왕후(貞熹王后)는 한글로 쓴 글을 세조에게 올렸거니와 성종 때 수렴청정(垂簾聽政)하면서 한글 전교(傳敎)를 여러 차례 내려 왕실 여성의 문서가 한글로 제작되는 전범을 마련하였다. 대비가 한글로 전교를 내리는 이러한 전통은 조선이 망할 때까지 지속되었다.

왕실 여성의 행적을 기록하는 글도 한글로 제작하는 것이 관례였다. 나라에서 성종의 전기(傳記)를 편찬할 때 자순대비(慈順大妃)가 남편 성종의 행적을 직접 한글로 지었고, 또 자신이 죽은 후 전기를 만들 때 쓸 수 있도록 자신의 행적을 한글로 적었으며, 문정왕후(文定王后) 역시 남편 인종(仁宗)의 행적을 한글로 적었다는 기록이 실록에서 확인된다.

여성과 관련한 제문(祭文)이나 책문(冊文) 등도 한글로 번역되는 것이 관례였다. 1505년 연산군이 죽은 궁녀를 위해 제문을 짓고 이를 한글로 번역하여 의녀로 하여금 읽게 하였고, 중종 때에는 혼인 및 책봉과 관련한 책인 『세자친영의주(世子親迎儀註)』와 『책빈의주(冊嬪儀註)』를 한글로 번역하여 대궐과 세자빈의 집에 보낸 기사가 실록에 보인다. 이러한 사례에서 왕실에서는 여성과 관련된 문서나 책을 한글로 번역하는 것이 통상적인 예가 되었음을 확인할 수 있

1 필자의 「조선시대 여성과 아동의 한시 향유와 이중언어체계」, 『진단학보』 104(2007). 이하에서 상당 부분은 이 원고를 바탕으로 개고한 것이다. 조선시대 여성의 문자 생활은 백두현, 『한글생활사 연구』(역락, 2021)에서 종합적으로 다룬 바 있어 큰 참고가 된다.

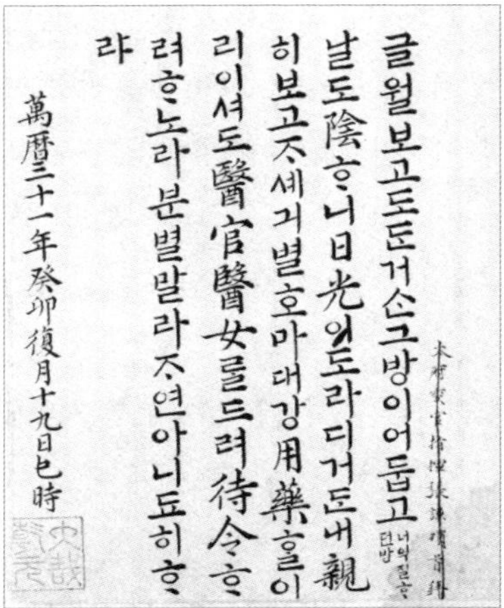

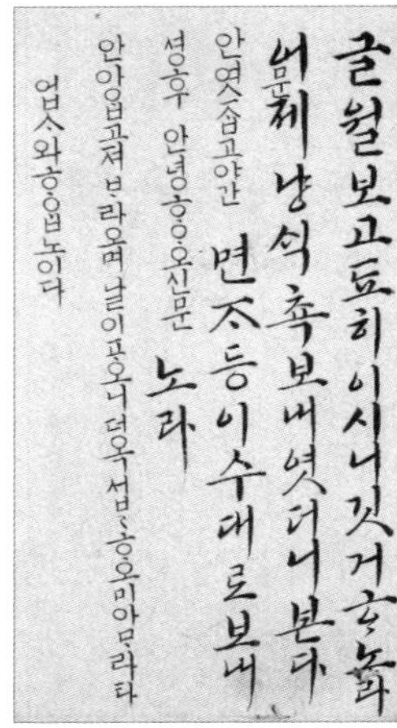

⇦ **그림 16** 선조가 1603년 딸 정숙옹주에게 보낸 편지(규장각 소장): "글월 보고 돋은 것은 그 방이 어둡고[너 역질 하던 방] 날도 陰(음)하니 日光(일광)이 돌아지거든 내 親(친)히 보고 자세히 기별하마. 대강 用藥(용약)할 일이 있어도 醫官(의관) 醫女(의녀)를 들여 待令(대령)하려 하노라. 분별 말라. 자연히 아니 좋이 하랴"

⇨ **그림 17** 『숙명신한첩(淑明宸翰帖)』(국립청주박물관): 효종(재위: 1649–1659)과 숙명공주가 주고받은 한글 편지. "문인 여쭈옵고. 야간(夜間) 성후(聖候) 안녕하오신지 문안(問安) 아옵고저 바라오며 날이 파오니 더욱 섭섭하옴이 아무렇다 없사와 하옵노이다."(숙명공주), "글월 보고 좋이 있으니 기뻐하노라. 어제 양색촉(兩色燭) 보내었더니 보았는가. 면자등을 수대로 보내노라"

다. 비록 후대의 자료이기는 하지만 『숙종실록』에는 대비의 장례에 여관(女官)이 시책문(諡冊文)과 애책문(哀冊文)을 읽게 하도록 한문과 한글 두 가지로 작성하였다는 기록이 보인다. 물론 한글이 국가 기록물에서는 공식 문자가 되지 못하여 한문으로 다시 번역되었다. 성종 때 처음 대비의 한글 전교를 한문으로 번역하도록 하였다는 기사가 실록에 보이거니와, 이러한 전통 역시 후대에까지 지속되었다. 왕과 대비 등의 한글 행장도 한문으로 번역되어 남겨졌다.

이러한 과정을 거쳐 한글은 여성의 공식적인 문자로 자리하게 되었다. 이때 공식적인 문자로서의 한글은 글을 짓는 사람뿐만 아니라 그 대상이 여성일 때에도 적용되었다. 『명종실록』에 따르면 조정의 대신들이 나이 어린 임금의 행실을 경계한 글을 지어 바치면서 임금에게는 한문으로 쓴 것을, 대비에게는 한글로 된 것을 올렸다. 이후 한글편지에서도 동일한 현상이 발견된다. 발신자가 여성이거나 수신자가 여성일 때 어느 경우든 모두 한글이 공식적인 문자가 된 것이다. 민간에서뿐만 아니라 발신자가 국왕일 때에도 사정은 마찬가지였다. 선조가 옹주에게 내린 편지는 한자를 섞어 한글로 되어 있지만 효종이 공주에게 준 편지는 한글 전용으로 바뀌었다.

민간에서도 점차 여성들의 공적인 문서에 한글을 전용하게 되었다. 『광해군일기』에 한글로 작성된 소지(所志)를 올렸는데 전례가 없다고 한 것으로 보아 이 무렵 여성들이 국가에 올리는 공식문서도 한글로 작성하게 되었음을 알 수 있다. 그러나 한글 문서의 출납은 법으로 금지되어 있었다. 현존하는 상당수의 한글 고문서 역시 관인(官印)이 찍혀 있지 않으므로 공문서의 효력을 갖지 못한 듯하다.

이러한 상황에 이르면 여성들은 한문을 알아도 한글을 써야 하고, 한문으로 된 책을 읽고자 하여도 한글로 된 책을 읽어야 하는 문자 차별의 시대가 된 것이라 하겠다. 이와 관련하여 순조의 비 순원왕후(純元王后)의 한글 전교가 이채롭다. "죵고후비지님텽됴뎡 내유국지대불행야라 미망인이 이만만불행지인쳐만만불행지디하여 거연위칠년지구의라…"로 필사되어 있어,[2] 번역이라기보다 한문 원문에 한글로 구결을 달아 적은 것에 불과하다. 조선 초기 한글 전교는 구어에 가까웠겠지만, 조선 후기 한글 전교가 관례화되어 공식적인 기능을 수행하게 되었을 때는 비록 한글로 표기하였지만 한문으로 적은 것과 다름이 없는 체재를 따르게 된 것이다.

이러한 전통에서 여성들을 대상으로 한 책은 한글 전용으로 표기되었다.

---

2 "예로부터 대비와 왕비가 조정에서 정치에 관여하는 것은 국가의 큰 불행이다. 내가 매우 불행한 사람으로 불행한 처지를 당한 지 어언 7년이나 오래되었다."라는 뜻이다.

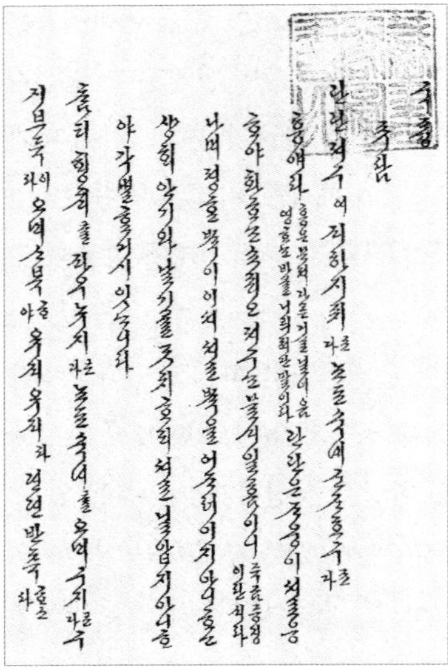

그림 18 『국풍(國風)』(장서각 소장): "주남(周南) 관관져구(關關雎鳩)여 재하지쥐(在河之洲)로다 뇨됴숙네(窈窕淑女) 군자호구(君子好逑)로다.[흥(興)애라. 흥(興)은 먼저 다른 것을 일러 음영하는 바를 일렀다는 말이라.] 관관은 자웅(雌雄)이 서로 응하여 화(和)하는 소리요 져구는 물새 이름이니…"

한글로 된 텍스트라야 여성들의 공식적인 접근이 가능하였다. 조선 후기에 왕실 여성의 교화나 교양과 관련하여 많은 한글 번역서들이 나온 것은 이 때문이다. 『시경』을 발췌하여 번역하고 이를 여성들에게 읽혔는데 여성의 교화, 혹은 교양 증진을 위한 것으로 보인다. 같은 『시경』이라 하더라도 남성을 독자로 한 것과 여성을 독자로 한 것은 그 체재가 아예 다르다. 남성 아동을 위한 책은 원문 한 글자마다 그 뒤에 한글로 음을 적고 구결을 달았으며 이어 축자역의 번역을 하였지만, 여성을 독자로 한 책은 한글 전용으로 되어 있다.

19세기 무렵 『시경』을 발췌하여 번역한 『국풍』이라는 책도 마찬가지다. 여기에 선발된 작품은, 왕실 여성의 직분을 중심으로 한 것이어서 이 책의 소용처가 여성 독자였음을 짐작케 한다. 『국풍』은 "관관져구여 재하지쥐로다 뇨됴숙네 군자호구로다"처럼 토를 달아 원문을 한글만으로 적고[3] 한자는 전혀 쓰지 않았다. 더욱 주목되는 것은 원문의 번역을 하지 않았다는 점이다. 주희(朱熹)의 『시집전(詩集傳)』에 나오는 주석 중 시를 이해하는 데 필요한 기본적인 것을 추려 번역하였을 뿐이다. 이러한 체재는 여성들이 『시경』의 원문을 한글로 한번 읽어보고 주석을 통해 여성의

3 "울음 우는 물새가 물가에 있는데, 행실이 바른 여성이 군자의 좋은 짝이라네."라는 뜻이다.

미덕을 배우라는 뜻으로 해석할 수 있다. 작품 자체의 축자적 해석은 중요하지 않기 때문이다.

『시경』을 번역한 책이 여성의 교화를 위하여 널리 읽혔거니와, 특히 역대 왕실 인물의 행적에 대한 서적도 상당히 많이 번역되었다. 앞서 살핀 대로 조선 전기부터 왕실 여성과 관련한 행사에 필요한 글이 한글로 번역되었거니와, 이러한 전통을 이어 조선시대 왕과 왕비의 비문과 전기를 모은 『열성지장통기(列聖誌狀通紀)』의 한글본이 18세기 전반에 나온 이래, 『열성후비지문(列聖后妃誌文)』 등 유사한 책들이 지속해서 번역되었다. 특히 『열성지장통기』에는 왕과 왕비의 전기, 비문, 제문, 한시 등 다양한 글들이 두루 수록되어 있다. 한시만 원문을 한글로 적었을 뿐, 나머지 양식은 모두 번역문만 수록하였다. 이 책을 번역한 것은 왕실의 여성들이 역대 왕과 왕비의 행적을 알게 하기 위한 것이겠지만, 이를 통하여 왕실의 여성들이 한시나 제문, 악장 등 한문학 작품도 한글로 향유하게 되었다는 사실도 주목할 만하다.

왕실을 중심으로 여성들의 교양을 위하여 수많은 책이 한글로 번역되었는데 한글 전용이다. 50책이 넘는 『조야회통(朝野會通)』, 『조야기문(朝野奇聞)』, 『조야첨재(朝野簽載)』, 70책이 넘는 『정사기람(正史紀覽)』 등이 한글로 번역되어 전하는데, 『정사기람』을 번역한 윤용구(尹用求)의 서문에서 고종이 궁중의 대비와 왕비, 후궁들이 역사를 알아야 함을 강조하였다 하므로, 이러한 책자들이 왕실 여성들의 역사 교육을 위하여 번역되었음을 알 수 있다. 단순한 왕실 여성의 교육을 넘어 19세기 이후 왕실 여성이 정사에 관여하는 일이 잦아지면서 이를 위한 광범위한 독서물이 요구되었으리라는 추정도 가능하다.

중국 여행기인 한글본 연행록(燕行錄)이 궁중으로 들어온 것도 왕실 여성의 견문을 넓히기 위한 목적이 있었던 듯하다. 대표적인 연행록인 김창업(金昌業)의 『노가재연행록』과 홍대용(洪大容)의 『을병연행록』, 서유문(徐有聞)의 『무오연행록』, 홍순학(洪淳學)의 『연행록』, 최부(崔溥)의 『표해록(漂海錄)』 등도 왕실의 도

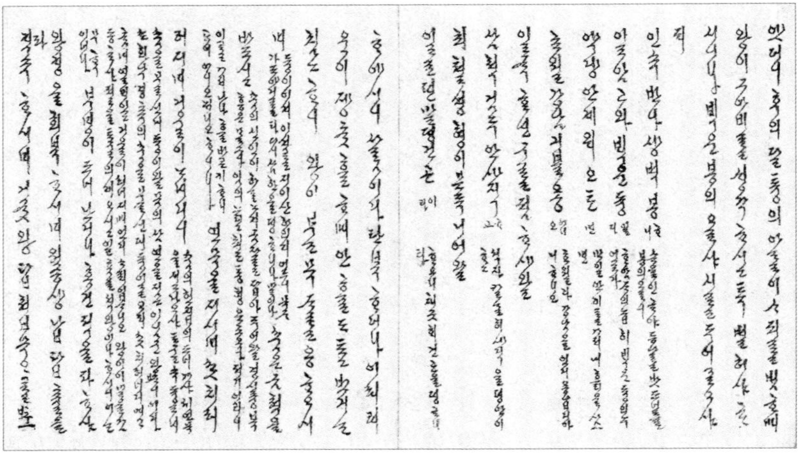

그림 19 『조야회통(朝野會通)』(장서각 소장): (太祖가) 백운봉에 오르시어 시를 두어 가라사대 "引手攀蘿上碧峯 一庵高臥白雲中 若將眼界爲吾土 楚越江南豈不容."(손을 인하여 등나무를 받들어 푸른 봉에 오르니, 한 암자에 높이 백운 중에 누웠도다. 만일 안계를 가져 내 흙을 삼으면, 초월과 강남을 어찌 용납지 아니하리오.) 한글로만 적혀 있다.

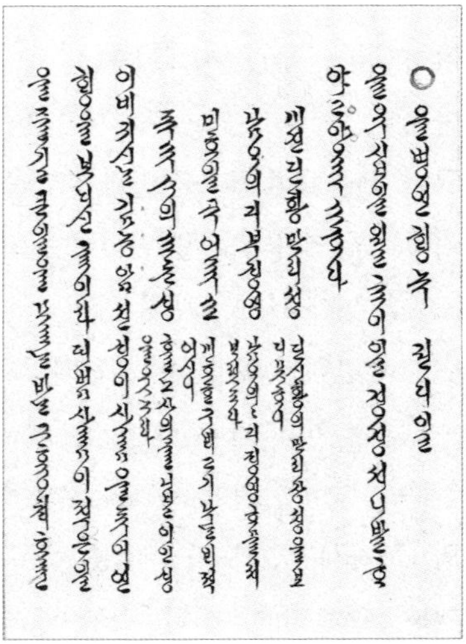

그림 20 『을병연행록(乙丙燕行錄)』(장서각 소장): 1765–1766년 중국 여행록이다. 김창협(金昌協)이 중국으로 가는 홍세태(洪世泰)에게 준 시 "未見秦皇萬里城, 男兒意氣負崢嶸, 渼湖一曲漁舟小, 獨束簑衣笑此生."(진시황의 만리장성을 보지 못하니, 남아의 의기 쟁영함을 저버렸도다. 미호 한 구비 고기 낚는 배 적으니, 홀로 사의를 입고 이 인생을 웃노라)가 첫머리에 인용되어 있다. '獨束'은 『농암집』에 흔들리는 모습을 형용하는 '獨速'으로 되어 있다.

서목록인 『대축관서목(大畜觀書目)』에 보이니, 왕실 여성들이 이들 한글본을 통하여 해외의 견문까지 넓혔음을 짐작할 수 있다. 물론 이들 책자 역시 일반 기사문은 한문 원문 없이 번역문만 한글로 되어 있지만, 한시는 원문을 한글로 토를 달아 번역과 함께 제시하였다. 홍대용이 한글로 제작하였다는 『을병연행록』에는 조선과 중국 문인들의 한시가 상당수 번역되어 있는데, 홍대용이 모친을 위하여 지은 것이라는 설을 감안할 때, 조선 후기 여성들의 독서 취향에 한시가 상당한 비중을 차지하고 있음을 확인할 수 있고, 또 한시를 한글 원문과 번역문으로 향유한다는 전통도 확인할 수 있다.

한글로 향유하는 한시

여성의 공식적인 문자로서 지위를 굳힌 한글을 통하여, 조선 왕실의 여성들은 한문 자료를 광범위하게 섭렵하였다. 이러한 환경에서 조선 후기에는 양반가의 여성을 위한 번역이 왕성하게 나왔는데 이들 역시 철저할 정도로 한글로만 되어 있다. 특히 가문의식의 성장과 함께 여성들이 선조의 행적을 알게 하기 위하여 가승(家乘)이나 실기류(實記類)가 널리 번역되었다. 더욱 주목되는 것은 여성들의 문집이 한글로 번역되어 읽히게 되었다는 점이다. 현재 여성들의 한글 번역 문집은 호연재(浩然齋) 김씨(金氏)의 『호연재유고(浩然齋遺稿)』, 의유당(意幽堂) 남씨(南氏)의 『의유당유고(意幽堂遺稿)』, 작가가 알려지지 않은 『기각한필(綺閣閒筆)』 등이 전하고 있으며, 빙허각(憑虛閣) 이씨(李氏)의 『빙허각전서(憑虛閣全書)』에도 한글로 번역된 한시가 100수 이상 있었다고 한다. 이러한 시집은 오로지 한글로만 표기되어 있다. 한시 원문조차 한글로만 표기되고 간혹 어려운 단어가 있으면 역시 한글로 간략한 주석을 달았다. 이러한 것이 여성이 한시를 향유하는 기본적인 문자 생활이었다.

규장각에 소장된 『익종간첩(翼宗簡帖)』에도 효명세자(孝明世子)와 그의 누이

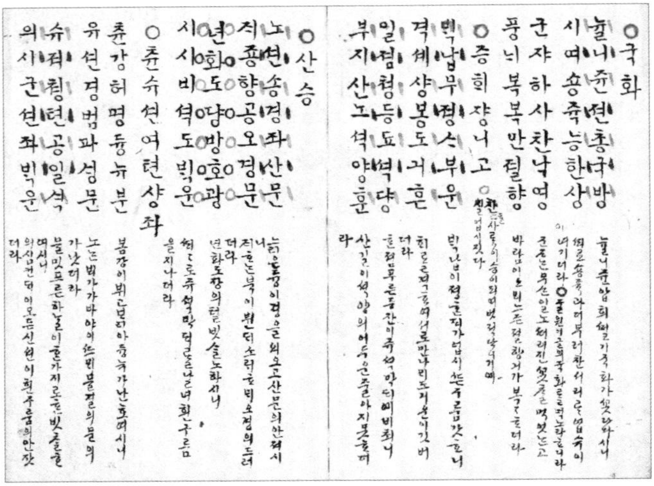

그림 21 『기각한필(綺閣閒筆)』(장서각 소장): “栗里樽前叢菊芳, 時與松竹凌寒霜, 君子何事餞落英, 風來撲撲晩節香.”(율리 준 앞에 떨기 국화가 꽃다우니, 때로 송죽과 더불어 찬 서리를 업수이 여기더라. 군자는 무슨 일로 떨어진 꽃을 먹었는가, 바람이 옴에 늦은 절 향기가 복복하더라.)

명온공주(明溫公主)가 주고받은 한글 편지에 한시가 수록되어 있는데, 한글로 한시를 적는 전통이 유지되고 있음을 확인할 수 있다. 효명세자의 문집 『학석집(鶴石集)』은 한문본과 함께 한글본이 전한다. 한글본 『학석집』은 앞서 소개한 한글로 표기된 여성의 한시집과 같은 체제로 되어 있다. 누이 명온공주를 위한 책이었기 때문으로 추정된다. 이 점에서 남성조차 여성과 함께 한시를 향유하고자 할 때 한문보다 한글을 우선하였음을 확인할 수 있다.

그런데 이들 한글로 번역된 여성의 시집에는 원문이 잘못 필사되거나 음이 잘못 표기된 경우가 상당수 발견된다. 이 점에서 한글로 된 문집을 읽는 이들이 한문 원문 자체에는 큰 관심이 없었고, 그저 한시의 독음을 우리말로 한번 읊조리고 다시 그 풀이를 읊조리는 방식으로 향유하였을 가능성이 크다 하겠다. 시의 뜻을 중심으로 향유될 때 원시의 한자음이 부분적으로 잘못된 것이

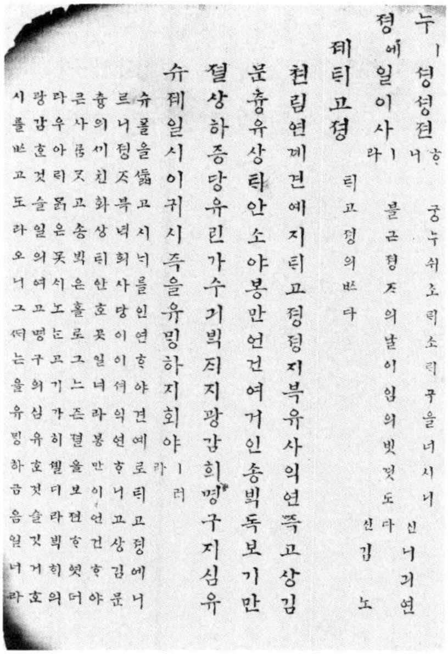

그림 22 효명세자, 『학석집(鶴石集)』(장서각 소장): 제태고정(題太古亭)–태고정에 쓰다. "수풀을 뚫고 시내를 인연하여 견예로 태고정에 이르니 정자 북녘에 사당이 있어 익연(翼然)하니 고상(故相) 김문충(金文忠)의 끼친 화상(畫像) 타안(妥安)한 곳일러라. 봉만(峯巒)이 언건(偃蹇)하여 큰 사람 같고 송백(松栢)은 홀로 그 늦은 절(節)을 보전하였더라. 위아래 맑은 못에 노는 물고기 가히 헤아릴지라. 백 해 광감(曠感)한 것을 일으키고 명구(名區)의 심유(深幽)한 것을 기뻐하여 시를 쓰고 도라오니 그때는 을유(乙酉) 맹하(孟夏) 그믐일러라." 한시뿐만 아니라 산문으로 된 서문도 토를 달아 한글로 적고 다시 번역문을 붙였다.

나 행의 착간 등은 문제가 되지 않기 때문이다.

이러한 한시의 새로운 향유 방식은 한글 소설로도 확대되었다. 『명행정의록』이나 『삼강명행록』 등 상층 여성을 대상으로 한 소설에는 수많은 한시가 한글로만 된 원문과 번역문이 삽입되어 여성들에게 향유되었다. 『명행정의록』에는 등장인물들이 가족과 어울려 시회를 여는 장면이 나오는데, 그 시회에서 제작되었다고 하면서 『명시종(明詩綜)』이나 『산당사고(山堂肆考)』 등 17세기 널리 읽힌 중국 책에 실린 한시를 여러 편 삽입하고 있다.[4] 이러한 상황은 상층 여성들이 읽는 장편 소설뿐만 아니라 판소리계 소설 등 일반 대중을 대상으로 한 통속 소설에까지 확대되었다. 소설을 읽으면서 그 안에 삽입된 한시를 한글

4 서정민, 「명행정의록 연구」, 서울대학교 박사학위논문(2006)에서 자세히 밝힌 바 있다.

로 읽는 즐거움이 새로운 소설 문화의 한 양상으로 나타나게 된 것이다. 소설에 삽입된 한시의 원문과 번역문을 옮기는 과정에서 상당한 오탈자가 발견되므로, 앞서 말한 대로 한글 소설의 독자들은 글이 아닌 말로 한시를 즐기게 된 것이라 하겠다.

물론 지금 전하는 여성의 한시는 대부분 한글이 아닌 한문으로 되어 있다. 여성의 시를 읽을 사람이 남성이라면 당연히 한자로 표기하기 때문이다. 다만 여성이 향유할 때는 한문 대신 한글이 그 역할을 맡는다는 말이다. 이 점 때문에 한시의 표기가 한문인가 한글인가의 문제는 작가의 문제가 아니라 독자의 문제라 할 수 있다.

한시를 이용한 여성의 놀이

조선 후기에는 한시가 대중적인 장르가 되면서, 여성들도 한시 제작에 가담하는 이들이 많아졌다. 사족의 부인이나 첩, 기생 등에 의하여 꾸준히 여성작가의 맥이 유지되어 왔거니와, 조선 후기에는 더욱 많은 여성이 한시를 제작하고 향유하기에 이른다. 특히 18세기 이후에는 사대부가의 부인뿐만 아니라 평민이나 천민 출신의 여인도 한시를 창작하고 향유하였다.

이러한 분위기에서 소설이 여성들에게 중요한 소일거리가 되었거니와, 한시 자체도 중요한 여성의 놀이도구가 되었다. 조선 후기 여성들이 소설과 한시를 즐기는 양상은 『규방미담(閨房美談)』에 잘 드러난다. 『규방미담』은 미국 캘리포니아대학교(버클리)에 소장된 한글 소설로 필사본 1책이다. 명나라 가정 연간에 항주 사람 종백희라는 사람이 편모 황씨를 모시고 살다가 열세 살에 정부인 황씨와 혼인하고 계상서의 딸을 두 번째 부인으로 맞는다. 과거에 급제하여 옥당의 한림에 오른 후 성묘하고 모친을 뵙기 위해 고향인 항주로 내려갔을 때 천진교에서 낙양기생 사홍련을 만나게 되어 첩으로 들인다. 벼슬이 상서에 올

그림 23 『규방미담』(버클리대학교 소장본) 중 사홍련의 시그림: 소첩홍련(小妾紅蓮) 재배헌시(再拜獻詩) 소주자사상공합하(蘇州刺史相公閤下)

라 2처 1첩을 거느리고 행복하게 지낸다. 그 후 엄숭이 현신 양계성을 죽이려 하자 종백희가 상소를 올리는데 이 때문에 소주자사로 좌천된다. 3년 후 엄숭이 처단되고 호부상서로 복귀한 이후 4자 2녀를 두어 부귀영화를 누린다. 이런 지극히 단순한 줄거리로 되어 있다.[5]

5 이 책은 필자의 「놀이로서의 한시」, 『문헌과해석』 통권 37호(2007)에서 자세히 소개한 바 있다.

『규방미담』은 이런 줄거리가 중심에 있지 않다. 이 소설은 여성이 놀이로서 한시를 즐길 수 있게 만든 일종의 오락서다. 『규방미담』에는 「귀문도(龜文圖)」와 「직금도(織錦圖)」와 같은 선기도(璇璣圖)가 여러 종 삽입되어 있다. 「귀문도」와 「직금도」는 합쳐서 빙글빙글 돌려서 읽는다 하여 선기도라고 한다. 진(秦)의 소약란(蘇若蘭)이 시를 짓고 이를 비단에 짜 넣어 사막으로 유배된 남편 두도(竇滔)에게 보낸 데서 유래한다. 이러한 배경으로 인하여 선기도는 여성에게 환영받는 양식이 될 수 있었다. 『규방미담』에는 5종의 선기도를 실어 시를 가지고 다양한 놀이를 할 수 있게 하였다.

그중 기생 사홍련이 지은 선기도를 읽어 보기로 한다. 큰 글씨로 쓴 것만 종서로 읽으면 '소첩홍련(小妾紅蓮) 재배헌시(再拜獻詩) 소주자사상공합하(蘇州刺史相公閤下)'가 되는데 이것이 제목이다. 시는 하단 크게 쓴 '사(使)' 아래 칸의 '거(去)'에서 시작하여 그 우측 '랑(郎)'으로 돌아오게 되어 있다. 『규방미담』에 풀이된 것을 함께 보인다. 한글로 된 것만 읽으면 한 편의 애정 가사를 읽는 듯하다.

작년에 낭군이 소첩을 이별하고, 금년에 소첩이 낭군을 그리워합니다.
저의 마음으로 낭군을 위하여 한하노니, 낭군의 마음이 소첩과 어떠한가요?
낭군은 다정한 낭군이 되고, 소첩은 박명한 소첩이 되었네요.
낭군의 눈물은 청삼을 적시고, 소첩의 눈물은 붉은 뺨에 흘러내립니다.
(…)
낭군의 마음은 반석 같고, 소첩의 마음은 연실 같아서
연실은 끊어져도 끌면 나오지만, 반석은 박혀 있어 움직이지 않네요.
낭군이 하늘가에 있는데, 소첩은 홀로 독수공방합니다.
소첩의 정을 담은 글을 가지고, 정이 있는 낭군에게 부칩니다.

去年郎別妾 今年妾思郎

妾意爲郎恨 郎心似妾慷

郎爲多情郎 妾作薄命妾

郎淚濕靑衫 妾淚下紅頰

(…)

郎心如盤石 妾心如藕絲

藕絲有牽戀 盤石無轉移

郞在天一涯 妾獨守空房

把妾有情詩 寄與有情郎

사홍련의 시 그림과 이를 풀이한 것 다음에 1면 남짓한 분량의 서사 단락이 나오고 소설은 끝이 난다. 적당한 스토리를 엮어 놓고 시 그림을 통하여 게임을 즐기는 것이 이 소설을 읽는 재미가 되는 셈이다.

그런데 『규방미담』은 시의 제목을 가지고 퍼즐을 하나 더 만들었다. '당언문(唐諺文)'이 그것이다. 당언문은 'ㄱㄴㄷㄹㅁㅂㅅㅇㅈㅊㅋㅌㅍㅎ'에 1부터 14까지의 숫자를 대응시킨 것이므로, 이에 따라 오른편 첫 번째 것은 남옥란의

그림 24 『규방미담』 중 당언문(唐諺文): "이 열두 자는 남소저 귀문시 제목", "이 두 귀는 남소져 귀문시 끝의 두 귀", "이 열여섯 자는 사낭자 시 제목", "이상은 당언문으로 쓴 것". "남옥난효소혜귀문니(시)정부눅(도)", "소첩홍년재배흔(헌)시쇼주자사샹공합하"

시 그림 제목을 적은 '남옥난효소혜귀문니경부눅'으로 풀이된다. 또 왼편 사홍련의 시그림 제목은 '소첩홍년재배흔시쇼주자사샹공합하'로 풀이된다. 암호풀이 게임을 하듯 언어의 유희를 한 번 더 즐기게 한 것이다.

이규경(李圭景)의 『오주연문장전산고(五洲衍文長箋散稿)』의 「언문변증설(諺文辨證說)」에서 "언문 중에서 후인이 다시 언문의 글자를 모방한 것이 있는데 당언(唐諺), 갑언(甲諺) 등의 글자가 있다. 일자(一字)에서 조자(兆字)까지로 자모(字母)를 삼아 한결같이 반절(反切) 글자처럼 한 것이 당언문이다. 갑(甲)에서 규(癸)까지로 자모(字母)를 삼은 것도 또한 당언(唐諺)을 본떠 글자를 만든 것인데 갑언이다. 이 두 가지 언문에는 한자처럼 전주(篆籒), 팔분(八分), 예서(隸書)가 있다. 별다른 소용이 없으니 있고 없는 것이 무슨 문제겠는가?"라 하였으니, 당언문의 실체가 확인된다.

이처럼 그림을 이용하여 한시를 즐기는 선기도를 배열해 놓은 책이 『규방미담』이다. 이러한 선기도는 조선 후기 여성들에게 큰 인기를 끌었던 것으로 보인다. 이에 대해 19세기의 문인 이규경은 당시 규방의 부녀자들이 선기도를 언문으로 번역하여 노는 이가 많다고 하면서 자신의 집에도 「선기도」를 소장하고 있다고 한 바 있다. 앞서 본대로 효명세자 역시 「귀문도」를 제작하고 다시 이를 한글로 풀이하여 누이동생에게 준 바 있다. 이 역시 19세기 선기도가 규방에서 널리 유행하였음을 반영하는 사례라 하겠다.

한글 전용과 여성

16세기 이래 일반 대중의 교화를 목적으로 하는 교화서를 중심으로, 한문 원문 자체의 비중이 급격하게 줄어들면서 번역문의 한글 전용이 서서히 이루어졌다. 또 한글이 왕실에서 여성들의 공식적인 문자로 자리하면서, 조선 후기에는 왕실 여성의 교화나 교양을 위한 번역이 대규모로 이루어졌고, 이러한 번역서는 철저하게 한글만으로 표기되는 현상이 일어났다. 여성이 한문으로 문자 생활을 하는 것이 금기시되던 사회 분위기에서는, 한문을 알면서도 한글로 된 책을 읽어야 하였고 또 한글로 글을 적어야 하였다. 한글이 여성의 공식어로 자리하였기에, 상대가 여성일 때에는 남성 지식층도 그들의 공식어인 한문이 아니라 한글을 이용하게 되었다.

이러한 상황에서 여성들이 한문으로 지은 한시도 번역문뿐만 아니라 원문까지 한글로 읽는 전통이 생겼다. 특히 왕실 여성의 경우 광범위한 교양의 습득을 위해 한글로 번역된 역사서나 여행기를 읽었고, 이들 역사서나 여행기에 이미 교양의 일부가 된 한시가 수록되어 있었으므로, 이들 한시 역시 한글로 향유하게 되었다. 한글로 원문과 번역문을 읽는 체재가 확립되면서 원문은 장식으로만 존재하고 번역문을 통하여 대충 시의 뜻을 파악하는 것이 여성들의 한시 향유 방식이 된 것이다.

이러한 현상은 결국 한문에 능통하지 않은 일반 대중들의 한시 향유와 크게 다르지 않다. 여성들이 한글 자료를 통하여 일상적으로 한시를 접하였던 것처럼, 일반 대중들도 한글로 제작된 소설을 통하여 한시를 접하였다. 예를 들어 『춘향전』의 클라이맥스 대목에 암행어사가 된 남자 주인공인 이도령이 "금준미주는 천인혈이요, 옥반가효는 만성고라. 촉루락시만누락이요, 가성고처원성고라."라 쓴 한시가 한 수 적혀 있다.[6] 그리고 이어지는 대목에서 "이 글 뜻은 '금동이의 아름다운 술은 일만 백성의 피요, 옥소반의 아름다운 안주는 일만 백성의 기름이라. 촛불 눈물 떨어질 때 백성 눈물 떨어지고, 노래 소리 높은 곳에 원망소리 높았더라.' 이렇듯이 지었으되…"라 적고 있다.

그러나 대부분의 한글소설처럼 『춘향전』 역시 한글만으로 표기되어 있

6 이 한시를 한자로 쓰면 "金樽美酒千人血 玉盤佳肴萬姓膏 燭淚落時民淚落 歌聲高處怨聲高"가 된다. 이 시는 명나라 장수 趙都司라는 사람이 광해군을 풍자하기 위하여 쓴 시 "淸香旨酒千人血 細切珍羞萬姓膏 燭淚落時民淚落 歌聲高處怨聲高"와 흡사하다.

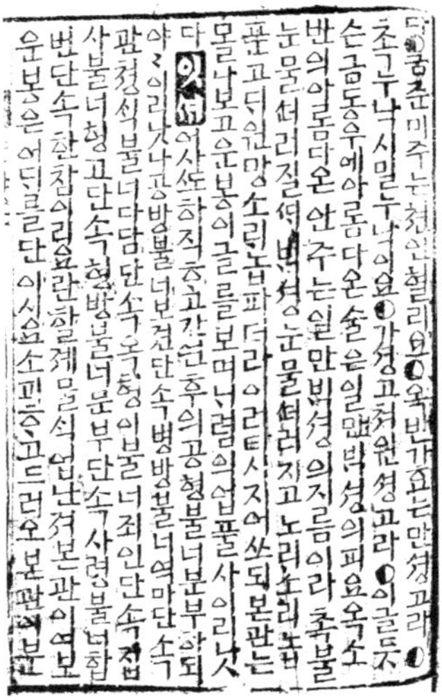

그림 25 『춘향전』(장서각 소장): "금준미주는 천인혈이요, 옥반가효는 만성고라. 촉루락시만누락이요, 가성고처원성고라."

고 또 삽입된 한시 역시 한글로만 적혀 있다. 한시만이 아니다. 한글 소설에서는 제법 긴 제문이나 공문서를 삽입하면서 원문을 한글로만 표기해 놓은 사례를 쉽게 찾을 수 있다. 이러한 상황에서 평민들이 한글로 써놓은 한시를 보고 한자를 재구성할 수 있었을까? 아마도 대부분은 그렇게 할 수 없었을 것이다. 그저 다음에 이어지는 한시의 풀이를 참고하여 대충 어떠한 내용일 것이라 짐작할 뿐이었으리라. 『춘향전』의 예에서 알 수 있듯이 평민들은 한시에 구결을 달아 원문을 읽고 한글 번역문을 다시 읽는 방식으로 한시를 향유하였던 것이다. 주변부의 언어인 자국어로 문명권의 보편어인 한시를 이렇게 향유하였다.

대중적인 한글 소설에서 한시가 인용된 것은 한글을 읽을 수 있는 대중에게도 한시가 생활의 일부였기 때문이다. 소설적인 문맥에서는 굳이 한시를 원래의 형태대로 인용할 필요는 없다. 삽입 시를 통해 극적인 효과를 거두려 한다면, 알기 어려운 한시 원문을 한글로 적어두는 것보다는 그 번역문을 시처럼 읽히도록 인용하여도 무방할 것이다.

그럼에도 한시를 직접 인용한 것은 리얼리티를 강조하기 위한 장치다. 『춘향전』에서 이도령이 클라이맥스 대목에 등장하면서 멋있는 시 한 수 정도는 읊어야 그림이 되지 않겠는가? 더구나 조선 후기에는 대중들도 한시를 자주 접하게 됨에 따라 유명한 시는 그 뜻을 모르더라도 한두 구절 정도는 입으로 외울 수 있게 된 현상을 반영한 것이기도 하다. '문자(文字)'를 넣어 유식한 척 말하는 화법으로 한시가 인용되었다. 이 때문에 대중이 향유한 소설이나 가사 등에도 한시 구절을 쉽게 확인할 수 있다. 일반 대중들이 아예 절구(絶句)와 같은 한시의 형식을 빌리되 한자가 아닌 한글로 한시를 짓는 이른바 언문풍월(諺文風月)까지 생겼다. 판소리나 탈춤, 굿판에도 광대나 배우, 무당 등이 한두 마디 한시 구절을 집어넣은 것도 비공식적이고 비주류의 언어인 '한글'을 이용하여 주류의 문화인 '한시'로 자신들의 비주류 문화를 '장식'하고자 한 의도라 하겠다.

찾아보기 [여성 인명]

ㄱ

ㅈ

ㅅ

ㄱ

ㅅ

ㅇ

ㅊ

이종묵李鍾默

서울대학교 국어국문학과 교수. 서울대학교를 졸업하고 같은 대학에서 석사학위와 박사학위를 받았다. 한국학중앙연구원 교수로 있다가 2003년 자리를 옮겨 서울대학교 국어국문학과 교수로 재직하고 있다. 선비의 운치 있는 삶을 좋아하여 옛글을 읽고 스스로 즐거워 가끔 글을 쓴다. 우리 한시를 사랑하여 『한국 한시의 전통과 문예미』, 『우리 한시를 읽다』, 『한시 마중』 등을 내고, 조선 선비의 삶을 추적하여 『조선의 문화공간(1-4)』, 『조선시대 경강의 별서(1-3)』, 『부부』, 『알고 보면 반할 매화』 등도 낸 바 있다. 또 좋아하는 옛글을 번역하여 『부휴자담론』, 『누워서 노니는 산수』, 『사의당지』, 『글로 세상을 호령하다』, 『양화소록』 등을 출간하였다.